과학적 실재론

Scientific Realism: How Science Tracks Truth
Copyright © 1999 Stathis Psillos
All rights reserved.

Authorised translation from the English language edition published by Routledge, a member of the Taylor & Francis Group.
Korean translation copyright © 2024 by April Books

이 책의 한국어판 저작권은 PubHub 에이전시를 통해 Routledge, a member of the Taylor & Francis Group LLC와 독점계약한 사월의책에 있습니다. 저작권법에 의해 한국 내에서 보호를 받는 저작물이므로 무단 전재와 무단 복제를 금합니다.

Scientific Realism : how science tracks truth

과학의 진리를 둘러싼
100년간의 과학철학 대논쟁

과학적 실재론

스타티스 프실로스 지음
전현우 옮김

과학적 실재론

1판 1쇄 발행 2024년 10월 10일

지은이 스타티스 프실로스
옮긴이 전현우
펴낸이 안희곤
펴낸곳 사월의책

편집 박동수
디자인 김현진

등록번호 2009년 8월 20일 제2012-000118호
주소 경기도 고양시 일산서구 중앙로 1388 동관 B113호
전화 031)912-9491 | 팩스 031)913-9491
이메일 aprilbooks@aprilbooks.net
홈페이지 www.aprilbooks.net
블로그 blog.naver.com/aprilbooks

ISBN 979-11-92092-32-4   93100

* 책값은 뒤표지에 있습니다.

차례

머리말   11
들어가는 글   17

I부 경험론과 실재론적 전회

1장 경험론과 이론 담화   37
    검증주의의 실패   39
    입증으로의 완화   46
    불가피성 논증   52
    의미론적 실재론   54
    헴펠의 중도적 노선   60

2장 이론은 도구인가?   63
    마흐의 주제   65
    이론가의 딜레마는 어찌된 일인가?   73
    도구주의와 확률 진술   82
    뒤엠 I: 반설명주의적 도구주의   85
    뒤엠 II: 도구주의에 대한 비판   95
    뒤엠 III: 실재론과 도구주의 사이에서   101

3장 카르납의 중립주의   107
    두 언어 모형   108
    형이상학적 실재론 대 경험적 실재론   110
    초기 구조주의   121
    카르납, 램지를 만나다   123
    존재 양화된 구조주의   129
    중립주의   143
    경험론과 균열 없는 실재론   149

4장 과학적 실재론에 대한 옹호 165
우주적 우연과 과학의 성공 168
실재론에 대한 설명주의적 옹호 179
실재론에 대한 설명주의적 옹호와 순환성 187
과학의 성공에 대한 더 나은 설명이 가능할까? 204
설명에 대한 요구 수준을 낮출 수는 없을까? 211
다윈이 도움이 될 수 있을까? 215

II부 회의적 도전들

5장 비관적 귀납에 맞서기 221
라우든의 귀류 논증 223
실재론자에게 있어 '도박'의 의미 227
너무 낮은 성공의 기준 228
각개격파 작전 235

6장 역사적 소묘 247
열에 대한 칼로릭 이론
열은 질량 없는 유체인가, 운동인가 247
소리의 공기 중 전파 속도에 대한 라플라스의 예측 255
카르노와 칼로릭 258
증거에 의한 지지 관계를 국지화하기 264
칼로릭 이론에서 열역학으로 268
19세기 광학: 이론과 모형
추상적 역학 대 구체적 모형 273
맥스웰의 전자기장 이론 285
이론과 모형—유비적 접근 290
모형, 발견법, 실재론 295

7장 워럴의 구조적 실재론 301
구조적 실재론 대 과학적 실재론 303
푸앵카레 서곡 307
구조적 실재론 대 비관적 귀납 311

구조 대 본성?	317
빛의 사례	320
맥스웰이 주는 통찰	325

8장 미결정성 논증에 대한 반박 — 329

미결정성 논증의 구조	332
증거와 함축	340
이론적 덕목의 역할	346
진리 없는 규범적 자연주의?	355

III부 실재론에 대한 최근의 대안들

9장 구성적 경험론에 대한 상세한 검토 — 371

소박한 불가지론적 경험론에 반대하여	373
오즈와 이드—두 세계 이야기	384
관찰 가능성의 변덕스러움	387
다시 오즈로 돌아가서	400
잠재적 믿음으로서의 '인정'	401
진리에 대한 믿음이 더 낫다	407
반 프라센의 귀추 비판에 대하여	421
귀추와 상식적 추론	423
불량품목 논증	430
무차별성 논증	442
새로운 인식론?	449

10장 자연스러운 존재론적 태도, 인지적으로 완벽하다는 것, 존재자 실재론 — 451

파인의 축소주의	454
진리에 대한 여러 관점들	457
소극적 태도	464
적극적 태도	475
상호성과 오염	483
성공과 진리	486

우리에게 과학의 인식론이 필요한가?	490
자연스러운 존재론적 태도 이상의 것	496
'인지적으로 완벽한 상태'	499
'존재자 실재론?	503

Ⅳ부 실재론의 도구상자

11장 진리 근접성 — 511

'박진성'에 대한 포퍼의 견해	512
'가능세계' 접근법	517
'유형간 위계' 접근법	526
진리 근접성에 대한 기어리의 접근법	532
'직관적' 접근법	536

12장 이론 명사의 지시 — 543

인과적 지시 이론	546
자연종 명사에 얽힌 문제들	551
이론 명사에 얽힌 더 많은 문제들	560
인과적 기술주의와 이론 변동	564
대단원: 이론 명사는 어떻게 그 지시를 획득하는가?	567

주	581
참고문헌	599
옮긴이 해제	615
찾아보기	627

나의 부모님 마리아와 데메트리스에게
이분들이 없었더라면,
그리고 아내 아테나에게

머리말

이 책은 거의 10년을 런던에서 보내면서 대단히 활기찬 철학적 환경에서 철학을 연구하고 작업을 진척시킬 수 있었던 행운이 내게 없었다면 쓰기 어려웠을 것이다. 영국은 내게 두 번째 고향이었으며, 킹스칼리지런던(KCL)과 런던 정경대 철학과는 가능한 한 최대의 호의와 친절을 내게 베풀어 주었다. 이 책은 데이비드 퍼피뉴를 사사하며 박사 학위논문을 작성하던 시기에 싹을 틔웠다. 그는 진정한 스승이자 친구였다. 나는 그가 상상하는 것보다 훨씬 더 많은 빚을 그에게 지고 있다. 퍼피뉴는 여러 해 동안 내게 아이디어를 공유해주고, 연구를 계속할 수 있도록 격려하였으며, 영감을 불어넣고, 지원을 아끼지 않았다. 내 논문 심사위원이자 중요한 동료이며 친구인 존 워럴은 엄청난 양의 도움과 지원, 그리고 지적 자극의 원천이 되어주었다. 나는 전반적인 철학적 관점이 꽤나 다른 이들 두 명의 실재론자와 함께 일하는 데서 큰 도움을 얻었다. 설사 이 책 내용이 그들의 견해와 많이 다르다고 해도 이 때문에 그들이 실망하지 않았으면 한다. 이 책에 들어있는 어떠한 종류의 오류, 잘못된 개념 제시, 불일치도 그들의 책임은 아니다.

런던 정경대에서 함께 일한 낸시 카트라이트, 콜린 하우슨, 토머스 위벨, 크레이그 칼렌더 등의 동료들은 나의 작업에 아주 훌륭한 지적 환경이 되어 주었다. 런던 정경대에 있는 '더 비버'라는 펍—내 기억 속에 영원히 즐거운 곳으로 남은 곳—에서 진짜 에일을 놓고 토론을 벌이며 아주 많은 시간을 보냈다. 카르납과 논리실증주의에 대해서는 토머스에게서, 그리고 베이즈주의와 확률 이론에 대해서는 콜린에게서, 현대 물리학에 대해서는 크레이그에게서, 모형과 인과에 대해서는 낸시에게서 아주 많은 것을 배웠다. 특히 나는 실재론에 대한 카트라이트의 관점을 이 책에서 논의하는 데 더 많은 시간과 에너지를 사용하고 싶었다. 부족한 부분은 이 책에 이어서 쓸 논문들에서 펼쳐보려 한다. 그러나 정말로 그렇게 하려면 조금 더 기다려야 할 것이다. 피터 립턴 역시 수많은 토론과 비평을 통해 나를 도왔고, 내 작업과 마음에서 우러나온 그의 격려가 함께 어우러져 지금의 이 책을 만들어냈다. 더불어, 존 워럴과 함께 내 박사논문을 심사했고 여기에 큰 도움이 된 비평을 더해주었으며 이 책을 자신이 편집하는 시리즈의 한 책으로 받아들인 빌 뉴턴-스미스의 관대한 도움도 언급하지 않을 수 없다.

그리고 그 밖의 동료들과 친구들도 이 책의 각 부분—특히 이 책의 뼈대가 된 논문—에 비평을 남겨 주었다. 다만 이 비평들 가운데 어떠한 부분도 최종 결과물에 처음의 형태로 남아있지는 않다. 특히 다음 사람들에게는 가장 깊은 감사를 드리고 싶다. 로버트 알메더, 새멋 백스, 오타비오 부에노, 마르코 델세타, 크리스 달리, 윌리엄 데모풀로스, 이고르 도번, 로버트 폭스, 스티븐 프렌치, 조나단 가네리, 코스타스 가브로글루, 도널드 질리스, 애덤 그로블러, 로빈 헨드리, 키스 호색, 제임스 레이디먼, 제프 케트랜드, D. H. 멜러, 앤드루 파월, 타우픽 쇼마르, 스콧 스터전, 존 왓킨스, 엘리 자허 등이 그들이다. 학계 저널의 수많은 독자들, 이 책을 어떻게 더 좋게 만들지에 대해 여러 흥미로운 제안을 남겨준 여러 익명의 독자들, 이 책을 강의 형태로 듣고 수업과 세미나에서 가차없이 비판을 남겨준 런던 정경대의 내 학생들, 철학과 세미나와 컨퍼런스에 참여한 몇몇 철학 청중들, 그리고 내가 미처 깨닫지는 못했지만 내게 도움을 준 수많은 사람들 모두에게도 감사한다. 몇 차례 만나거나 서신으로 의견을 교환했던 아서 파인, 미셸 프리드먼, 클리프 후커, 테오 쿠이퍼, 앙드레 쿠클라, 래리 라우든, 어넌 맥멀린, 앨런 머스그레이브, 일카 니닐루오토, 바스 반 프라센, 티머시 윌리엄스는 내 생각을 분절시켜 명확하게 만드는 데 아주 큰 도움을 주었다. 이들 모두가 내 특별한 감사를 받을 자격이 있다. 특히 나는 실재론을 지키기 위해 제시한 나의 자연주의적 논증에 대해 스스로 확신을 가질 수 있도록 많은 격려와 영감을 담아 심사평을 해준 리처드 보이드에게 특별한 감사를 표하고 싶다. 이 책의 출간을 준비하던 마지막 단계에는 매우 운이 좋게도 론 프라이스와 담당 편집자로 손발을 맞출 수 있었다. 우리는 매우 긴밀하게 소통하였고, 덕분에 이 책은 스타일과 내용 모두에 걸쳐 초고보다 더 읽기 편한 책이 될 수 있었다. 루틀리지 출판사의 애드리언 디스콜, 애나 거버, 앤 오언 역시 빼놓을 수 없는 도움을 주었다.

그리스 국가장학금 재단과 영국 아카데미는 내게 박사 장학금 및 박사후과정 펠로십을 각각 제공했다. 이들에게도 감사를 표한다.

'카르납 아카이브'에서 얻은 모든 자료는 피츠버그 대학의 허가를 받아 수록한 것이다. 판권은 모두 해당 대학에 있다. '파이글 아카이브'에서 얻은 자료는 미네소타 과학철학센터의 허가를 얻어 활용하였다. 판권은 모두 해당 센터에 있다. 사용 허가를 해준 이들 아카이브의 큐레이터들에게 큰 감사를 드린다. 특히 내가 카르납, 파이글 아카이브에서 찾은 자료로 작업을 하고 있을 때 관대한 도움의 손길을 내밀어 준 콘스탄츠 대학의 철학 아카이브 큐레이터인 브리기테 울헤만에게도 감사드린다.

마지막으로는 아주 중요한 개인적 메모도 빼놓을 수 없을 것이다. 박사학위를 받기 위해 연구하는 동안 내게 수많은 도움과 헌신을 다한 아스파시아 다스칼로풀루에게 감사를 표하고 싶다. 그의 도움이 없었다면 이 책은 생각할 수조차 없었을 것이다. 아내 아테나 크세니쿠가 베풀어 준 수많은 격려, 인내, 사랑에 대해서도 크나큰 감사를 표하고 싶다. 아내가 없었다면 이 책은 완성될 수 없었을 것이다. 이 책의 마지막 작업은 내가 그리스 해군에서 의무 복무를 하던 시절에 이뤄졌는데, 이때 아테나의 격려와 무조건적인 사랑이 없었더라면 나는 당시 있었던 일들을 견딜 수 없었을 것이다. 부모님, 형제자매, 그리고 조카들은 언제나 모두 내게 응원과 행복의 놀라운 원천이었다. 이들에게도 전적인 감사를 표한다.

이 책의 상당 부분은 이미 출판된 논문에서 나온 것이다. 다만 이들 대부분은 이 책에 포함되기 위해 추가로 개정 작업을 거쳤다. 이들 논문의 목록은 다음과 같다.

- 5장은 다음 논문에 기초한 것이다. 'Scientific Realism and the "Pessimistic Induction"', *Philosophy of Science* 63(3) (1996): 306~314. 시카고 대학 출판부의 허락을 받아 수록. ©1996 Philosophy of Science Association. All Rights Reserved.

- 6장 전반부는 다음 논문을 축약하고 조금 개정하여 쓴 것이다. 'A Philosophical Study of the Transition from the Caloric Theory of Heat to Thermodynamics: Resisting the Pessimistic Meta-Induction', *Studies in History and Philosophy of Science* 25 (1994): 159~190. 엘스비어 사이언스의 허락을 받아 수록.
- 6장의 후반부는 다음 논문에 기초한 것이다. 'The Cognitive Interplay between Theories and Models: The Case of 19th Century Optics', in W. E. Herfel, W. Krajewski, I. Niiniluoto and R. Wojcicki (eds) *Theories and Models in Scientific Processes: Poznan Studies in the Philosophy of the Sciences and the Humanities* 44 (1995): 105~133. 로도피 출판사의 허락을 받아 수록.
- 7장은 다음 논문을 축약하고 개선하여 쓴 것이다. 'Is Structural Realism the Best of Both Worlds?', *Dialectica* 49(1) (1995): 15~46. 저널 편집자의 허락을 받아 수록.
- 8장은 다음 논문에 기초한 것이다. 'Naturalism Without Truth?', *Studies in History and Philosophy of Science* 28(4) (1997) 699~713. 엘스비어 사이언스의 허락을 받아 수록.
- 9장의 핵심은 다음 논문에서 비롯된 것이다. 'Agnostic Empiricism vs Scientific Realism: Belief in Truth Matters', *International Studies in the Philosophy of Science* 13(3) (1999). 저널 편집자의 허락을 받아 수록. 'On van Fraassen's Critique of Abductive Reasoning', *The Philosophical Quarterly* 46 (182) (1996): 31~47. 그리고 'How Not to Defend Constructive Empiricism—A Rejoinder', *The Philosophical Quarterly* 47(188) (1997): 369~372. 블랙웰 출판사의 허락을 받아 수록.

• 11장의 일부는 다음 글들에 대한 논평에서 왔다. *Realism Rescued* by J. Aronson, R. Harré and E. C. Way; *International Studies in the Philosophy of Science* 9(2) (1995): 179~183; 'Kitcher on Reference', *International Studies in the Philosophy of Science* 11(3) (1997): 259~272. *International Studies in the Philosophy of Science*의 편집자 허락을 받아 수록.

스타티스 프실로스

1998년 12월 / 그리스, 아테네

들어가는 글

현대 과학은 우리가 세계에 대해 생각하는 방법을 바꾸어왔다. 이제는 누구도 우리의 감각이 보여주는 방식대로 자연이 존재한다고 여기지 않는다. 현대 과학에 따르면, 전자기파, 전자, 양성자, 중성미자, DNA 분자 등 육안으로는 볼 수 없는 존재자(entity)와 메커니즘이 세계를 가득 채우고 있으며 동시에 관찰 가능한 현상들을 일으킨다고 한다. 그런데 대체 우리는 왜 과학 이론을 참이라고, 또는 거의 참이라고 받아들여야만 하는가? 왜 우리는 인류가 가진 최선의 이론이 상정하고 있는 존재자들이 모두 실재한다고 믿어야만 하는가? 이들 이론이 상정한 관찰할 수 없는 존재자가 실재한다고 보지 않고, 단지 체계화와 현상의 예측이라는 목표를 위해 만들어진 도구에 지나지 않는다고 볼 수는 없는가? 또는, 관찰 불가능한 존재자에 대한 이론이 제시하는 주장의 진릿값에 대한 판단을 유보하고, 문제의 이론들이 단지 경험적으로만 적합할 뿐이라고, 즉 무엇이 되었든 이 이론들의 내용 가운데 관찰 가능한 현상에 대한 내용, 오직 그것만이 참이라고 볼 수는 없는가?

과학적 실재론에 대한 철학적 논쟁은 대부분 이들 질문을 둘러싸고 벌어진다. 이 책은 과학적 실재론을 옹호하려 한다. 이 입장에 따르면, 성숙하고 정말로 성공적인 과학 이론은 거의 참이라는 점을 반드시 받아들여만 한다. 나는 과학적 실재론이 직관적으로 받아들일 수밖에 없는 철학적 입장이라고 늘 생각해 왔다. 하지만 철학을 깊이 연구할수록 나는 내 직관이 더 명료하게 표현되어야 하며 논증으로 보강되어야 한다고 생각하게 되었다. 또 내 직관이 모두가 공유하는 생각은 아니라는 점도 확실히 알게 되었다. 과학적 실재론을 공격하는 논증들 가운데 몇몇은 그 직관적 설득력의 토대를 침식시킬 만큼 강력한 듯하다(물론 그 논증이 견실하다는 전제 위에서). 따라서 나는 과학적 실재론을 옹호하려면 그 내용을 철저히 밝히려는 시도는 물론, 체계적인 옹호 논증 또한 필요하다는 데 동감하게 되었다. 결국 이 필요 때문에 이 책이 나온 것이다. 즉 이 책은 과학적 실재론이 지닌 직관적으로 받아들일 수밖에 없는 지위를 다시금 역설하기 위한 작업이며, 이 입장에 맞선 가장 체계적인 비판 앞에서도 그것이 여전히 살아남을 수 있음을 보여주기 위한 연구이다.

『순수이성비판』 초판 서문 서두의 몇 줄에서 임마누엘 칸트는 철학(더 구체적으로 말하면 형이상학)이 끝없는 논쟁의 '전장'이라고 말했다. 나는 이 이미지에 공감한다. 과학적 실재론에는 수많은 논쟁이 연루되어 있다. 한 논쟁은 과학이 마음 독립적 세계를 기술할 수 있는지를 두고 다툰다. 이 논쟁의 핵심 질문은 이렇다. 과연 과학이 기술하고 설명하려고 하는 마음 독립적 세계가 존재한다고 말하는 일이 유의미할 수 있는가? 다른 논쟁의 초점은 이렇다. 과학은 육안으로 관찰할 수 있는 범위를 넘어설 수 있는가? 또는 육안에 보이는 현상의 관찰되지 않은 논쟁이다. 이를 위해 래리 라우든의 비판적 귀납에 의한 논증, 그리고 어떤 증거든 증거만으로는 무슨 이론을 택할 것인지 결정하기에 불충분하다는 미결정성 논증에 맞서서 실재론을 옹호하는 데 많은 분량이 할애될 것이다. 또 바스 반 프라센의 '구성적 경험론'은 유력한 논거를 갖추고 있는 만큼 가장 큰 노력을 기울여 비판할 것이다.

좀 더 넓은 인식론적 쟁점에 대해 논의하기 위해 이 책은 다음 주장을 옹호할 것이다. 이 책은 일종의 광범위한 외재론적-자연주의적 관점을 전제하고 있으며, 동시에 실재론적 입장이 이 관점에 의해 가장 잘 옹호될 수 있다고 제안한다. 나는 이런 교훈을 내가 가장 존경하는 두 철학자에게서 얻었다. 바로 데이비드 퍼피뉴와 리처드 보이드이다. 실재론으로 가는 길이란 곧 인간 지식에 대한 자연주의적 접근과, 이 세계는 객관적인 자연종 구조로 이뤄져 있다는 믿음을 두 성분으로 하는 **철학적 입장**으로 가는 길이다.

그런데 대체 과학적 실재론이란 정확히 무엇인가? 나는 이 이론을 세 논제로 나눌 수 있다고, 다시 말해 **형이상학적/의미론적/인식론적** 논제로 분석할 수 있다고 본다. 각 논제는 과학 이론에 제기되는 특정 유형의 비실재론적 주장을 물리치고, 그 제안을 통해 과학적 실재론을 더 명료하게 표현해준다.

1. 형이상학적 논제에 따르면, 이 세계는 확고하며 마음 독립적인 자연종 구조를 지닌다.
2. 의미론적 논제에 따르면, 과학 이론은 액면 그대로 받아들여야 한다. 즉 이들 이론은 그것이 규명하려는 (관찰 가능하거나 관찰 불가능한) 대상에 대한 진리 조건적 기술구로 간주해야 한다. 따라서

과학 이론은 참이거나 거짓일 수 있다. 이론적 주장(assertion)은 행동이나 관찰 가능한 대상으로 환원되지도 않고, 관찰 가능한 대상 사이를 연결시키기 위해 만들어진 도구적 장치에 불과한 것도 아니다. 이론 내에 등장하는 이론 명사는 추정적으로 사실을 지시한다. 따라서 어떤 과학 이론이 참이라면, 이 이론이 상정하는 관찰 불가능한 존재자는 세계에 실제로 존재한다.
3. 인식론적 논제에 따르면, 성숙하고 예측 면에서 성공적인 과학 이론은 잘 입증된 이론이자 우리 세계에 대해 근사적으로 참이다. 따라서 이들 이론이 상정한 존재자, 또는 어떤 식으로든 이론이 상정하는 존재자와 유사한 무언가가 이 세계에 거주한다.

첫 번째 논제는 과학적 실재론이 기초하는 기본적인 철학적 전제다. 이 논제로 과학에 대한 모든 종류의 반실재론과 과학적 실재론을 구분할 수 있다. 이러한 반실재론의 사례로는 전통적인 관념론과 현상론, 또는 마이클 더밋과 후기 힐러리 퍼트넘이 제안한 더 현대적인 검증주의적 입장, 다시 말해 이 세계에 존재하는 것이라면 무엇이든 그것을 인식적 실천과 조건의 집합에 의해 자격을 획득한 대상들로 환원하고자 하는 기획을 들 수 있다. 그와 달리 과학적 실재론의 형이상학적 논제는, 어떤 과학 이론에서 상정한 관찰 불가능한 자연종이 어떤 식으로든 존재한다면, 이들 자연종은 인간의 앎, 검증, 지각 능력과는 독립하여 존재한다고 본다. 과학 이론과 과학적 이론화란 세계에 어떤 구조를 투사하는 활동이라기보다는 이미 구조화되어 있는 마음 독립적 세계를 발견하고 일종의 지도를 그리는 활동이다. 카르납의 융화론적(irenic) 입장에 맞서 실재론을 옹호하려는 내 시도는, 과학적 실재론을 옹호하는 시도

라면 모두 이 형이상학적 논제를 필요로 한다는 점을 보여주게 될 것이다.(3장)[1]

두 번째 논제 즉 의미론적 실재론의 본질을 이루는 논제는 과학적 실재론을 제거적 도구주의 또는 환원적 경험론(이들은 1장과 2장에서 분석된다)과 구분해준다. 간단히 말해 제거적 도구주의란, 관찰 가능한 세계에 대해 과학 이론이 말하는 내용만으로도 그 이론의 '액면가'가 완전히 포착된다는 입장이다. 이 입장은 이론적 주장을 진리 조건이 결여된 통사론적-수학적 구성물로 취급한다. 다시 말해서 어떠한 종류의 주장 내용(assertoric content)*도 지니지 못한 것으로 취급한다. 나는 제거적 도구주의를 내가 '통사론적 도구주의'라고 부르는 입장의 한 종류라고 생각한다. 나는 이 입장을 다른 종류의 통사론적 제거주의 즉 비제거적 도구주의와 구분하고자 한다. 제거적 도구주의는 피에르 뒤엠이 서 있던 입장, 즉 반(反)설명주의적 입장과 연결될 것이다. 이 입장은 현상 너머의 관찰 불가능한 실재가 존재한다고 볼 필요도, 과학을 성공적으로 수행하기 위해서는 그런 실재를 기술해야 한다고 볼 필요도 없다는 견해다. 한편 환원적 경험론은 조금 다르게 이 문제를 설명한다. 과학이 제시하는 이론적 담화는 관찰 가능한 대상과 그 행동에 대해 약간의 위장을 덧씌운 말에 불과하다는 것이다. 환원적 경험론은 이론적 주장이 진릿값을 지닌다는 생각에는 동의하지만, 그 주장의 진리 조건을 환원주의적 방식으로 이해한다. 다시 말해서, 이론적 주장들이 관찰 어휘로 완전히 번역될 수 있다고 본다. 환원적 경험론이 관찰 가능한 존재자의 현존을 받아들이는 한, 그리고 특정한 이론적 진술이 오직 관찰 어휘만으

---

* 참, 거짓을 판별할 수 있는 내용이라는 의미다.

로 이뤄진 진술로 완전히 번역되는 한, 경험론자는 '이론적' 주장이 진릿값을 지닌다는 점을 받아들일 수 있다. 하지만 이 입장은 관찰 불가능한 존재자의 현존은 받아들이지 않는다. 이들 두 입장과 달리 과학적 실재론은 '존재론적으로 팽창주의적인' 관점이다. 과학적 실재론에 따르면, 과학 이론은 문자 그대로 해석해야만 한다. 즉 세계는 관찰 불가능한 존재자와 과정들로 가득 차 있다고, 또는 적어도 그럴 수 있다고 보아야 한다.

과학적 실재론의 세 번째 논제, 즉 '인식론적 낙관주의'라고 부를 수 있는 이 논제는 불가지론적, 회의론적 형태의 경험론과 대비된다. 이 논제의 요점은 과학 이론이 관찰적 진리에 도달하는 것 못지않게 이론적 진리에도 도달할 수 있다는 것이다. 여기서 '이론적 진리'란 관찰 불가능한 존재자와 과정에 대해 과학 이론이 한 말의 진릿값이라고 이해할 수 있으며, '관찰적 진리'란 이론이 관찰 가능한 존재자와 과정에 대해 한 말의 진릿값이라고 볼 수 있다. 이 논제는 과학자들이 이론적 믿음에 도달하기 위해 사용하는 확충적*-귀추적(ampliative-abductive) 방법이 신뢰할 만하다는 것이다. 과학자들은 이런 방법을 통해 근사적으로 참인 믿음과 이론을 만들어 내는 경향이 있다. 그런데 불가지론적 경험론자도 과학자가 이론적 진리를 정말로 성취할 수 있다는 점은 부정하지 않는다. 불가지론자들은 이렇게 설명한다. 설사 과학자들이 이론적 진리에 정말로 도달했다고 하더라도, 그런 일은 단지 우연히 일어났을 따름이다. 이들은 과학이 이론적 진리를 이룩해 온 역사가 합당한 자격을 갖추고 이뤄졌다는 입장을 부인한다. 따라서 과학적 실재론자들이 '인

---

* 결론이 전제들로 환원되지 않는 추론. 진리를 보존하는 추론인 연역추론의 반대말이다.

식론적 낙관주의'를 취하는 데는 과학이 최소한 어떠한 시점에는 이론적 진리에 도달할 수 있다고 믿는 것이 합리적이라는 점을 강조하려는 의도가 있다. 달리 말해, 실재론의 세 번째 논제는 이론적 주장이 참(또는 거의 참)이라는 믿음에 대해 모종의 정당화가 가능하다고 강조한다. 이 정당화는 주로 확충적-귀추적 방법에 의해 이뤄질 것이다.

여기서 불가지론적 경험론에는 두 가지 버전 즉 **소박한** 입장과 **세련된** 입장이 있다는 사실을 먼저 지적하고자 한다. 소박 버전에 따르면, 이론적 주장의 진릿값에 대한 판단을 미래로 미루는 방법만이 유일하게 합리적인 대안이다. 반 프라센의 접근법과 관련이 있는 세련된 버전에 따르면, 과학적 실재론자가 되는 일은 불가지론자가 되는 일보다 더 합리적이지 않다. 나는 반 프라센의 주된 입장을 본문에서 다룰 것이다. 이에 따르면, 이론적 진리가 우연하지 않은 방식으로 달성될 수 있다는 점이 실제로 입증되더라도, 그 이유만으로 반드시 실재론을 선택할 필요는 없다. 왜냐하면 과학을 실제로 수행하는 데 어떤 손상도 주지 않은 채 이론적 진리에 대한 탐구와 이론의 진리에 대한 믿음을 배제한 과학의 이미지, 즉 과학에 대한 경험론적 이미지가 있을 수 있기 때문이다. 반 프라센의 구성적 경험론이 이런 입장이다. 과학을 철학적으로 반성하는 과정을 통해 과학의 두드러진 특징과 그 경험적 성공을 해명하려면, 과학을 이론적 진리를 탐구하고 수용하는 일체의 활동이라고 해석해서는 안 된다는 것이다. 이 견해를 논박하려는 실재론자는, 이론적 진리를 추구하고 그 진리를 수용하는 일과 과학이 무관하다고 보는 입장이 실재론자가 권하는 입장보다 좋지 않다고 말할 것이다. 이런 논의의 논거 가운데 일부 구체적인 측면은 경험론자 역시 인정할 만한 내용이다. 상세한 논의는 9장에서 계속한다.

과학적 실재론의 기초적인 논제들과 그 주된 라이벌 입장을 맞세우려면 용어에 대해서도 몇 마디 설명할 필요가 있다. '실재론'과 '반실재론'은 사람에 따라 서로 다른 의미로 사용되고 있기에 이들 용어를 사용하는 방식을 명쾌하게 짚어두는 일이 매우 중요하다. 많은 철학자들, 특히 미국의 철학자들은 과학적 실재론의 어떤 라이벌 이론이든 그것을 '반실재론'이라고 부른다. 나는 이런 용어법을 따르지 않는다. 이 책의 목적을 위해 나는 '실재론'이라는 말을 '과학적 실재론'을 지시하는 말로 사용할 것이다. 하지만 나는 '반실재론'이라는 용어를 마이클 더밋과 그 동료들이 취하는 입장을 지시하는 말로 남겨둘 것이고, 또 과학적 실재론의 또 다른 라이벌 이론을 지시하기 위해서는 더 특별한 용어를 채택할 것이다. 내가 보기에 이 실재론 논쟁에 대해서는 더 폭넓은 이해 방식(나는 이를 지지한다), 즉 **진리**가 비인식적이라는 관점과 실재론을 연관시키는 이해 방식이 있다. 이 관점은 두 가지를 함축한다. 첫째, 어떤 이론적 주장이든 그것은 진리 담지자(truth-maker)이고, 둘째, 이 진리 담지자는 근본적으로 세계의 내용과 얽혀 있다는 것이다. 진리 개념에 대한 비인식적 해명은, 과학의 담론이 '마음 독립적' 세계에 대한 것이라는 직관을 최선의 방식으로 제시하려는 동기에서 나온 것이다. 즉 어떤 구조와 내용을 지닌 세계는 과학이 이론을 알리기 위해 사용하는 인식적 표준과는 논리적/개념적으로 독립되어 있다는 직관이 이 해명의 논점이다. 이에 대항하는 반실재론적 직관에 따르면, 진리 개념은 본질적으로 인식적 영역 내에 제한되어 있다. 즉 어떤 주장의 진릿값은 그 주장의 대상을 지각할 수 있는 가능성과 개념적으로 연결되어 있다는 것이다. 전형적인 반실재론의 해명에 따르면, 만일 어떤 주장이 참이라고 생각할 수 없거나 참이라고 지각될 수 없다면, 그 주장은 참이 될 수 없다. 진리란 '보증된 주장가능성'(warrented assertibility), 이상적인 정당화 또는 다른 유의 인지적 개념과 같다. 결국 이 해명에 따르면, 이 세계에 대해 참인 것과 그렇게 주장할 수 있다는 보장이 있는 것 사이에는 틈새가 있을 수 없다.

이 모든 내용에 대해서는 10장에 해명되어 있다. 내가 지금 강조하려는 바는 이렇다. 오늘날의 반실재론자는 더 이상 존재론적 경제성에 대해 주장하지도 않고, 이론적 담화가 관찰적 담화로 환원될 수 있을 가능성이 있다고도 주장하지 않으며, 이론적 담화를 제거할 수 있다고 주장하지도 않는다. 사실 이들은 이론적 존재자, 예를 들어 전자가 존재한다는 데 흔쾌히 동의할 것이다.[2] 그렇다면 이렇게 동의하는 사람이 곧 과학적 실재론자인가? 나는 그렇게 생각하지 않는다. 과학적 실재론자는 진리가 우리의 인식 여부와 무관한 것이라 보기 때문이다.[3] 초기 경험론자와 많은 입장 차이가 있기는 하지만 여전히 오늘날의 반실재론자는, 무언가가 존재한다는 주장은 어떤 종류의 검증가능성과 연결되어 있어야만 한다는 견해—과학적 실재론자가 거부하는 견해—를 초기 경험론자들과 공유하고 있다. 물론 검증의 엄격한 개념은 '보증된 주장가능성'과 같은 더 약한 개념에 의해 대체될 수 있다. 하지만 오늘날의 반실재론자들에게 있어 어떤 존재자가 현존한다는(또는 실재한다는) 주장은 우리가 그 주장이 곧 xx를 의미한다는 사실을 모를 경우(xx 자리에는 적절한 인식적/개념적 조건이 들어갈 것이다), 아무런 의미도 가질 수 없다. 퍼트넘은 이 xx 자리에 '가령 전자(electron)가 존재한다는 것 정도는 (이상적으로 볼 때) 합리적으로 받아들일 만하다'고 넣기를 좋아할 것이다. 반면 더밋은 그 자리를 '보증된 주장가능성'과 관련지으려 할 것이다. 그러나 대개의 과학적 실재론자들은 세계의 내용이란 원칙적으로 인간이(아무리 이상적인 관찰자라 해도) 접근할 수 있는 범위를 넘어설 수 있다고 주장하기 때문에, 이들 현대 반실재론자들은 누구도 과학적 실재론자라고 할 수 없다.

과학적 실재론과 연관된 이런 인식론적 낙관주의를 옹호하는 주된 논증은 '기적 없음 논증'(no miracle argument)이다. 이는 다음과 같은 퍼트넘의 표어에 기반을 둔다. "과학적 실재론은 과학의 성공을 일종의 기적으로 만들지 않을 수 있는 유일한 과학철학이다." 과학적 실재론을 옹호하는 오늘날의 학자들은, 과학 이론이 현상 뒤에 실재한다고 상정하고 사용하는 존재자/과정/인과적 메커니즘을 받아들이지 않는다면, 그건 곧 과학 이론의 예측적/설명적 성공을 해명하지 않은 채로 내버려두는 일이라고 생각한다. 실재론자들이 볼 때, 과학 이론에 대한 도구주의적 해명은 곧 과학의 성공을 해명하지 않고 방치하는 입장에 지나지 않기에 기각되어야 마땅하다. 만약 어떤 이론이 관찰된 현상에 대해 가장 경제적인 분류법만을 제공하는 데 지나지 않는다면, 프랑스의 철학자/과학자인 피에르 뒤엠이 말했듯이, 과학 이론이 '우리를 위한 예언자'가 될 수 있다고 보아야 할 이유는 결코 없을 것이다. 이들 '블랙박스'가 경험적으로 적합하다고, 즉 이들 이론이 모든 현상을 구제할 수 있다고 반론한다고 해서 도구주의적 입장이 강화된다고는 생각할 수 없을 것 같다. 여기서 설명해야 할 문제는 과학 이론이 어떻게 현상을 구출하는지(save the phenomena)에 대한 것이다. 이론이 이런 효력을 가지고 있다는 말은, 단지 설명할 필요가 있는 문제를 반복해서 말하는 데 지나지 않는다.

이런 입장에 대한 한 가지 유력한 비판 방식은, 경험적 성공이 이루기 너무 쉬운 일이라는 것이다. 이론이 올바른 관찰 결과를 기술하기만

하면 경험적 성공을 성취할 수 있기 때문이다. 기술이 충분히 정교하면, 문제의 이론으로 경험적 결과를 예측하는 데 실패할 이유가 없다. 따라서 실재론 논증을 지키기 위해서는 논거를 더 체계화해야만 한다. 이론에 대한 실재론적 이해를 뒷받침할 수 있는 종류의 예측, 즉 '참신한 예측'이 이뤄져야 한다. 왜 이론이 새로운 현상의 존재를 예측하는지에 대한 최선의 설명(유일한 설명은 아니지만)은 문제의 현상 배후의 이론적 메커니즘이 실재한다고 말하는 것이다. '참신한 예측'은 때로는 '시간적으로 참신한 예측'이라고 간주되기도 한다. 즉 어떤 이론이 그 존재를 제시한 후에야 그 현존이 확인되는 현상도 있다는 것이다. 그러나 이것이 전부는 아니다. 왜냐하면 이론은 이미 알려진 현상을 설명할 수 있는 능력에 의해서도 확립되기 때문이다. 따라서 실재론자는 '참신성'에 대해 '시간적 관점'을 넘어서는 접근방식을 찾아내야 한다. 존 워럴과 존 이어먼을 따라, 제5장에서 나는 '이미 알려진 것에 대한(in use) 참신성'에 따른 예측이라는 관점을 옹호할 것이다. 이미 알려진 현상에 대한 예측도 특정 이론의 관점에서는 이미 알려진 것에 대한 참신성을, 즉 사용 참신성(use-novel)을 지닐 수 있다. 해당 이론을 구성할 때, 그 현상에 대한 기존 정보를 사용하지 않는 한 그러하다.[4]

그러나 과학의 성공에 대한 실재론적 설명은 더 많은, 어쩌면 더 깊은 철학적 쟁점에 직면해 있다. 첫 번째는 실재론의 핵심 논증인 '기적 없음' 논증이 순환논증과 선결문제 미결의 오류를 범하고 있다는 비판이다. 왜냐하면 이 논증은 '최선의 설명으로의 추론'(inference to the best explanation, 또는 귀추)이 합리적이고 신뢰할 만하다는 점을 옹호하는 데 목표가 있는데, 그 논증 자체가 바로 그 논증이 옹호하려는 추론 규칙의 한 사례이기 때문이다. 두 번째 쟁점은 과학의 역사 자체에서 비롯된 것이다. 이에 따르면, 과학의 역사는 한때는 어떤 현상에 대한 '최선의 이론적 설명'이었으나 결실을 맺지 못하고 중단된 이론으로 가득한 공동묘지일 따름이다. 따라서 어떤 현상에 대해 우리가 지금 가지고 있는 최선의 설명이 근사적으로 참이라고 하는 실재론자들의 낙관주의는 과학의 역사에 정면으로 반하는 것이며, 그 신뢰도 역시 매우 낮다는 것이다. 이것이 바로 '비관적 귀납' 논증의 핵심이다. 세 번째 쟁점은 서로 다른 둘 이상의 이론이 동일한 증거 뭉치에 기초해 있을 수 있고, 때로는 정말로 그러하다는 관찰에서 비롯된다. 증거가 이론을 결정하지 못하기 때문에, 결국 증거는 합리적인 이론 선택을 유도할 수 없다. 결론적으로 동일한 증거를 수반하는 두 가지 이상의 이론 중 하나를 선택해야 하는 상황에서 우리가 할 수 있는 최선은 어떤 이론이 진리인지에 대한 판단을 유보하고 실용적인 근거에 따라 선택하는 것뿐이다.

나는 이들 쟁점 모두를 4~8장에서 상세히 논의할 것이다. 만일 실재론에 대항하는 이들 논증에 맞서는 내 반론이 성공적이라면, 인식론적 낙관주의를 방어할 여지가 여전히 남아있다는 것을 보여줄 수 있을 것이다. 동일한 관찰 결과 뭉치에서 도출될 수 있는 여러 이론 사이에서 합리적인 선택이 가능하다는 것뿐만 아니라, 더 심층적인 역사적 도전에 맞서 과학적 실재론을 지킬 수 있다는 점이 더욱 중요하다. 성숙하고 진정으로 성공적이었던 과거의 이론들을 세심하게 연구해보면, 이들 이론이 단순히 틀렸기 때문에 버려진 것은 아니라는 점을 알 수 있다. 또한 이 이론들이 경험적 뒷받침을 받았으며, 그 성공에 기여한 이론적 구성요소가 그것을 계승한 이론에 전달되었다는 점도 알 수 있다. 따라서 과학에서의 이론 변동에는 매우 중대한 이론적 연속성이 존재한다. 실재론자의 인식론적 낙관주의는 좀 더 새로운 이론이 그에 앞서 있던 이론의 구성요소를, 특히 경험적으로 성공한 부분을 공유한다는 사실 위에 자리 잡고 있다. 이처럼 실재론은 그것과 적대하는 논증으로부터 많은 것을 배움으로써 더욱 더 강력해진다. 과학에는 완벽한 진리, 그리고 논의의 여지가 없는 진리란 결코 없다는 점을 인정할 필요가 있다. 하지만 이런 필요가 과학 이론이 우리 세계의 관찰 불가능한 구조에 대해 중요한 진리 또는 진리에 가까운 무언가를 손에 쥐고 있지 않다는 뜻으로 해석되어서는 안 된다. 이론 변동에서 찾을 수 있는 중대한 연속성은, 이론적 원리와 설명적 가설 사이의 안정적인 연결망이야말로 우리 세계에 대한 과학적 이미지의 일부분이며, 거듭된 진화를 거쳐 혁명적 변화가 일어나더라도 살아남을 것이라는 암시를 준다.

이미 내가 본문의 내용에 대해 이야기해왔지만, 이 책에서 무엇이 논의되는지 보여주는 일은 확실히 도움이 될 것이다. I부의 시작인 1장은 환원적 경험론이 어떻게 실패했는지, 그리고 의미론적 실재론은 어떻게 옹호될 수 있는지 설명한다. 2장은 제거적 도구주의의 한계를 밝히고, 실재론-도구주의 논쟁에서 중립적인 지점을 찾기 위해 노력한 뒤엠의 시도에 대해 어느 정도 상세히 논의한다. 3장은 이론에 접근하기 위한 도구로서 램지 문장을 재발명하는 한편, 실재론-도구주의 논쟁에 대해 경험론이 중립적일 수 있다는 논제에 기반을 둔 후기 카르납의 시도에 대해 체계적으로 검토한다. 4장은 과학적 실재론이 선호하는 '기적 없음 논증'을 분석, 설명한다. 이를 통해 과학적 실재론이 순환논증에 불과하다는 비판에도 불구하고 그것을 옹호할 수 있으며, 이런 옹호 노선을 포괄적인 외재론적-자연주의적 인식론이라는 관점의 일부로 생각해야 한다는 점을 보여주려 한다.

II부의 첫 장인 5장은 비관적 귀납에 대해 집중적으로 논의한다. 특히 이 논증을 격퇴하는 실재론의 방법 즉 일종의 각개격파(*divide et impera*)를 보여줄 것이다. 6장은 성숙하고 진정으로 성공적이었으나 많은 경우 거짓이라는 평가를 받았던 두 개의 이론, 즉 열의 칼로릭 이론과 19세기 광학 이론을 검토함으로써 비관적 귀납에 맞서 과학적 실재론을 더 강력하게 옹호할 수 있음을 보여주려 한다. 7장은 '기적 없음 논증'과 '비관적 귀납'을, 구조적 실재론을 옹호하는 방식으로 조합하려는 시도를 검토한다. 워럴의 논지에 따르면, 변동을 겪은 이론이라고 할지라도 이들의 형식적-수학적 차원에서는 유의미한 연속성이 있다. 푸앵카레의 생각처럼, 이 연속성은 경험적으로 성공적인 이론은 이 세계의 구조에 꽉 맞물려 있다는 암시를 준다. 8장은 증거에 의해 이론이 완전히 결정되지 않는다는 추론, 즉 미결정성 논제에 기초해 실재론을 반박하는 논증에 초점을 맞추는 한편, 이런 논증이 과학 속에는 합리적인 선택의 여지가 없다는 주장을 입증하지는 못한다고 말할 것이다. 또한 여기서는 래리 라우든에 의한 최근의 시도, 즉 규범적 자연주의에 대한 옹호 시도와 더불어 진리란 과학의 인식적 목표일 수 없으며 일종의 '유토피아적 목표'일 뿐이라는 논증에 대해서도 논의한다. 라우든에게 반박하기 위해, 나는 진리란 기본적인 인지적 가치이며 본래 우리의 탐구 너머에 있는 것은 아니라고 주장하려 한다.

Ⅲ부를 이루는 9장은 소박한 불가지론적 경험론과 반 프라센의 세련된 대안, 즉 구성적 경험론이 과학적 실재론에 비해 과학에 대한 해명으로는 합리적이지 못하다는 관점에서 나온 대안에 대해 검토할 것이다. 10장은 아서 파인의 '자연스러운 존재론적 태도'에 대해 상세히 검토하는 부분으로 시작하여, 몇몇 논자들의 '존재자 실재론'이 불안정한 철학적 중간 입장에 지나지 않는다고 주장하는 내용으로 끝난다.

Ⅳ부에 해당하는 11장에서는 진리 근접성(truth-likeness)이라는 개념에 대해 살펴볼 것이다. 이는 개념적 명확성이나 형식화의 필요성이 섞이지 않은 직관적 인식에 따른 접근법이다. 12장은 이론 명사의 지시에 대한 혼합 이론, 즉 데이비드 루이스의 표현대로 '인과적 기술 이론'이라 부를 수 있는 지시 이론에 대해 개괄한다.

독자들은 언제든지 이 책의 야심이 현실적인지 아닌지 판단해 볼 수 있다. 나로서는, 이 책에 쓰이지 않은 내용도 과학적 실재론을 풍부하게 만들 수 있으며, 충분히 중요하면서도 예리하게 기여할 수 있는 이론일 수도 있다는 점을 강조하고 싶다. 이 책의 어조가 비판적이고, 아마도 때로는 적대적이라고 해도, 나는 과학적 실재론에 찬동하는 사람들에게 배운 만큼이나 반대하는 사람들에게서도, 특히 반 프라센과 라우든에게서 많은 것을 배웠다. 만일 이 책이 과학적 실재론을 둘러싼 논쟁을 조금이라도 더 진전시켰다면, 그것은 실재론을 너무 많은 측면에서 옹호하려 한다는 비판에 대응함으로써, 그리고 가장 강력한 라이벌 주장들에 맞서 실재론적 답을 내놓으려 함으로써 그런 진전이 가능했을 것이다.

이 책에 인용된 원전의 1차 출처에 대해 짧게 말하겠다. 나는 가능하다면 18~19세기 과학자들이 쓴 저술의 본래 출판 연도를 제시했다. 하지만 이 연도와 함께 제시된 쪽 번호는 가장 최근에 간행된 판본을 기준으로 명시했다. 명기된 쪽 번호가 실제 들어있는 판본의 출판년도는 참고 문헌에서 확인할 수 있다.

I

경험론과 실재론적 전회

1장 경험론과 이론 담화

과학 이론은 수없이 많은 관찰 불가능한 존재자들이 있다고 보고, 관찰에 따른 명사 외에도 '전자' '양성자' '전자기장' 'DNA 분자' 같은 이론 명사(theoretical term)도 사용한다. 이런 이론 명사가 사용되는 이론 담화(theoretical discourse)는 어떻게 이해해야 하는가? 이 질문에 답하는 방법으로는 두 개의 장대한 철학적 전통, 즉 경험론과 실재론이 있다. 넓게 말해서 경험론 전통은 이론 담화가 관찰 불가능한 존재자의 현존을 인정*하지 않더라도 충분히 가능하다는 점을 보여주려 한다. 반면 실재론 전통은 과학의 이론 담화를 완전하고 적절하게 풀어 해명하려면 관찰 불가능한 존재자의 현존을 인정해야만 한다는 점을 보여주려 한다. 1부

---

* 'commitment' 용어에 대해서는 한국 철학계에 여러 번역어가 제시되어 있으나 학자 개개인의 언어적 직관에 따를 뿐 다수의 지지를 받는 번역어는 없다. 이것은 영어 술어 'commit'와 일대일 대응하는 한국어 술어가 없기 때문에 벌어진 일이다. 나는 이론적 존재자가 정말로 존재하는가를 묻는 실재론 논쟁에서 그것을 받아들이는 태도를 가리키는 술어라는 점을 감안해, "이론적 존재자의 현존을 '인정'한다"고 옮기는 것이 한국어 술어나 문장 구조상 적절하다고 본다. 이를 이 책 전체에서 활용할 것이다.

전체에 걸쳐서 나는 이 두 전통 사이에서 벌어진 논쟁의 과정을 살펴봄으로써 실재론의 입장이 얼마나 강력한지 보여주고자 한다.

경험론 전통은 실제로 여러 종류의 입장으로 이뤄져 있다. **개념 경험론자**에 따르면, 유의미한 담화는 언제나 특정한 종류의 경험적 검증가능성과 결부되어 있다. 의미의 검증가능성(verifiability) 기준에 따르면, 어떤 주장은 그것이 검증될 수 있는 경우이면서 오직 그런 경우에만[*] 유의미하다. 일부 경험론자들은 '붉다' '네모나다' '~보다 무겁다' 같은 관찰 명사(observational term)가 그 의미를 경험에서 직접 얻는다고 제안한 바 있다. 관찰 명사와 결부된 주장이 검증되는 조건은 그 명사가 참[**]인 조건과 합치한다. 그러나 이론 명사일 경우 상황은 달라진다. 이것들과 결부된 주장(assertion)은 검증될 수 없다. 바로 이것이 문제다. 이론 명사는 의미가 없는가? 이론적 주장은 진정한 주장이라고 할 수 없는가?

환원 경험론자는 그럴 필요가 없다고 본다. 그러나 이들 역시 이론적 주장이 유의미한 것은 그것이 결국에는 관찰 가능한 존재자에 대한 주장이기 때문에 그렇다고 본다. 이론적 주장이란 실제로는 관찰 가능한 존재자에 대한 주장이지만 일종의 '위장'으로 그렇게 쓰였다는 것이다.[1] 어떻게 이런 위장이 가능한가? 환원적 경험론자는 의미론이 형이상학을 포괄할 수 있다고 생각한다. 바람직하지 않은 존재자, 다시 말해 이론적 존재자를 인정하는 것처럼 보이는 어떤 주장도 사실은 그런 인정

---

[*] 'If and only if'의 번역어로 철학에서 널리 쓰는 문구이다. 이 문구의 전건과 후건이 서로 필요충분조건 관계임을 보여주는 표현이다.
[**] 형용사 true는 '참'으로 옮기고 명사 truth의 번역어로는 '진리'와 '참'을 혼용한다. 흔히 경험론 전통에서는 특정 진술이 '진리 조건'과 부합하는지 여부를 나타내려는 의도에서 의미론적 뜻이 강한 '참'을 쓰고, 실재론 전통에서는 그 진술이 실재하는 사태를 정말로 지시하는지 여부를 나타내려는 형이상학적 의도에서 '진리'를 주로 쓴다.

이 정말로 이뤄졌다고 볼 필요가 없다. 그 주장의 진리 조건은 그들이 선호하는 존재론을 활용해, 가령 관찰 가능한 존재자만을 인정하는 진술을 활용해 일관되게 제시할 수 있을 것이다. 그리고 이런 작업이 정말로 가능하다면, 어떤 이론적 주장의 진릿값은 관찰 언어로 표현된 진리 조건(이를 '관찰 조건'이라 하자)에 의해 결정될 것이다. 환원적 경험론자에게 관찰 조건은 곧 검증(verification) 조건이다. 따라서 이론적 주장은 그에 대응하는 검증 조건과 함께 제시될 수 있으며, 이 조건에 의해 유의미해질 수 있다. 또 검증 조건이 현실의 경험 세계에 의해 실제로 검증되면 참일 수 있다. 이것이 바로 **번역가능성** 프로젝트가 내놓은 거대한 약속이다. 요컨대 이 약속에 따르면, 관찰 가능한 존재자 및 수리논리적 존재자 너머로 존재론을 넓히지 않고도 이론 주장에 대한 검증 조건을 제공할 수 있다.

검증주의의 실패

젊은 시절의 루돌프 카르납은, 아마도 이론 명사/술어를 관찰 명사/술어만을 가지고 **명시적으로 정의**할 수 있는지 시험해야 한다는 문제에 진지하게 임한 유일한 철학자일 것이다. 곧 보게 되겠지만, 이 프로젝트는 환원적 경험론을 옹호하기 어렵다는 점만 보여주며 실패로 끝났다. 이론 명사의 의미를 관찰 명사만을 활용하여 완전히 정의할 수는 없다.

정의항(b와 c)을 통해서 피정의항(a)을 명시적, 언어적으로 정의하는 데는 다음 두 가지 특징이 있다. 첫째, a의 의미는 b와 c의 의미에 의해 완전히 결정된다. 이 경우, 정의항이 유의미하면 피정의항도 유의미하다. 둘째, a에 대한 명시적 정의가 주어진다면, a는 어떠한 손실도 입지 않은 채 그 정의항으로 대체될 수 있다. 그렇다면 이론 명사가 오직 관찰 명사만으로, 즉 후험적으로 유의미한 명사만을 포함하는 어휘들을 활용해 명시적으로 정의될 수 있다고 보는 입장은 경험론자에게 상당한 호소력이 있다. 이론 명사 Q에 대한 명시적 정의는 다음과 같은 꼴로 제시할 수 있다.

(D) $\forall x (Qx \leftrightarrow (Sx \rightarrow Ox))$

(D)는 이런 말이다. 이론 명사 Q는, 임의의 대상(또는 시공간적 점의 집합) x가 시험 조건 S를 만족시켰을 때 x가 관찰 가능한 반응 O를 보여주는 경우이면서 오직 그 경우에만 대상 x에 적용된다. 따라서 가령 이론 명사 '온도'를 예로 들면, 그것에 대한 명시적 정의도 같은 형식을 취해야 한다. 임의의 대상 a는, 만일 a가 어떤 온도계와 접촉했을 때 그 온도계가 c라는 값을 나타내는 경우이면서 오직 그 경우에만 섭씨 c 수준의 온도를 지닌다. 조건문 $S \rightarrow O$는 카르납이 '과학적 표시장치(indicator)'라고 부른 바 있는 통사 구조이다. 과학적 표시장치는 어떤 명사를 가져다 쓸 때 관찰 가능한 사태를 그것의 정의항으로 쓸 수 있도록 표현하는 역할을 한다. 일찍이 카르납은 "원리상 모든 과학적 사태에 대해서는 그에 대응하는 표시장치가 존재한다"(1928: §49)고 주장했다.[2] 이런 발언은 이미 의미에 대한 검증성 기준을 인정하지 않는다면 할 수 없는 말이다. 카르납은, 과학의 언어 속에 도입된 모든 이론 명사는 유의미해야 하며, 해당 이론의 유의미성을 보장하려면 원리상 모든 합당한 이론 명사들 하나하나를 정의하는 데 적합한 과학적 표시장치를 활용할 수 있어야 한다고 생각했다. 그러나 이런 식의 주장은 검증 규준의

신빙성에 의존하는 가설 이외의 어떤 것도 아니다. 검증 규준이 없다면, 모든 이론 명사 하나하나가 과학적 표시장치에 의해 정의될 수 있어야 한다는 요구는 토대를 잃고 말 것이다. 곧 상세히 살펴보겠지만, 오히려 경험론자들은 이론 명사가 명시적으로 정의되지 않는다고 해도 그것들이 얼마든지 유의미할 수 있다고 본다.

명시적 정의의 과정은 누구도 원치 않는 결과를 낳는다. 만일 어떤 이론적 개념을 명시적으로 정의하기 위해 조작을 가할 경우, 우리는 그 개념이 특정한 실험 조건에 의해 정의되는 수많은 개념들로 산산이 흩어져 버리는 결과에 봉착할 것이다. 그 결과 단일한 온도 개념 대신 그것을 대신하는 수많은 개념들—예를 들어 공기 온도계로 측정한 온도, 알코올 온도계로 측정한 온도, 수은 온도계로 측정한 온도, 그밖에 우리가 가진 이러저러한 장치로 측정한 온도 등의 개념들이 그 자리를 대신할 것이다. 온도와 같은 개념에 대한 조작적 이해에 따르면, 이 모든 개념들이 동일한 물리량에 대응한다고 생각해야 할 이유가 없다. 이는 어떤 개념을 바로 그 개념으로 만들어주는 근거가 바로 조작적 절차이기 때문이다. 조작적 절차가 다르면, 그것을 통해 정의되는 개념 역시 달라진다. 그렇다면 공통의 물리량이 **존재한다**는 관점을 먼저 인정하지 않은 상태에서, 대체 어떻게 순수하게 조작적으로만 성립된 이 모든 정의들을 활용하여 동일한 물리량을 포착할 수 있을까? 일부 근본적 조작주의자(가령 Bridgman 1927)는 이 문제의 귀결들을 기꺼이 수용한다. 단 하나의 물리량, 예를 들어 **온도**란 존재하지 않으며 이를 측정하거나 실험 데이터에 적용하는 서로 다른 여러 방식의 집합만이 존재한다는 것이다. 브리지먼의 시각에서 보면, 우리가 단일한 개념이라고 잘못 보았던 물리량 개념은 사실 다수의 물리량 개념이다. 그러나 이런 생각은 현실의 과학적 관행과 충돌한다. 문제의 조작 절차나 개념이 하나의 동일한 이론적 물리량을 측정한다는 입장을 받아들이는 편이 과학의 관행을 해명하는 데 더 적절하다.(Hempel 1965 참조) 이로부터 온도와 같은 이론적 개념은 그 어떤 조작적 절차들의 집합으로도 환원할 수 없다는 결론이 나온다. 또한 이들 물리량은 지금까지 알려진 실험 절차들 가운데 하나를 선택하는 것[disjunction, 選言]으로도 환원되지 않는다. 아직 알려지지 않은 절차를 통해 문제의 물리량을 측정할 수 있는 가능성도 있기 때문이다.

의미론의 문제는 이 정도로 해두고, 이제 논리학으로 인해 벌어진 문제를 살펴보도록 하자. 조건문 $S \rightarrow O$를 실질 함축(material implication)으로 이해할 경우, 실질 함축 조건문의 진리 조건으로 인해 시험 조건 S가 실제로 발생하지 않더라도 $S \rightarrow O$는 참일 수 있다. 그러나 이런 진리 조건을 받아들이면 명시적 정의는 그다지 의미가 없게 될 것이다. 전건에 대한 검증 가능한 시험 조건이 실제로 만족되었는지 여부와 조건문 전체의 진리 조건 사이에 별다른 연계성이 없기 때문이다. 예를 들어 어떤 대상 a가 단 하나의 온도계와도 전혀 접촉하지 않았고, S는 '어떤 물체가 온도계와 접촉한다'라고 해보자. 이에 따르면 $S \rightarrow O$의 전건은 거짓이며, 이에 따라 $S \rightarrow O$ 전체는 참이 된다. 또한 이러한 '온도' 개념의 명시적 정의로부터 a라는 대상에 직접 적용될 개념, 즉 '섭씨 c도 수준의 온도'라는 개념이(여기서 c는 일정한 숫자이다) 따라 나온다. 이런 문제를 피하기 위해 조건문 $S \rightarrow O$는 실질 함축이 아니라 엄격 함축(strict implication)으로, 즉 전건이 참인 경우에만 조건문 전체가 참인 주장으로 이해해야만 한다. 그러나 이 경우에도 또 다른 심각한 문제가 생겨난다. 조건문 $S \rightarrow O$를 엄격 함축으로 읽을 경우, 문제의 물리량과 결부되어 있는 성질은 오직 시험 조건 S가 현실로 실현될 경우에만 유의미하다는 결론을 피할 수 없다. 그러나 실제 과학의 현장에서 시험 조건 S가 현실로 실현되는 경우에만 해당 속성이 있다고 보는 경우는 없다. 예를 들어 물체는 질량, 전하, 온도 등의 속성을 지니며, 이는 해당 물리량이 측정되지 않더라도 그렇다.

실제 과학과의 이런 충돌을 피하기 위해 조건문 $S \rightarrow O$는 반사실적 또는 가정법적 진술로 이해해야만 한다. 이 경우 Q의 명시적 정의는 이렇다. 어떤 대상 a가 시험 조건 S 아래 있을 때 a가 고유의 반응 O를 보이는 경우이면서 오직 그 경우에만 a는 이론적 속성 Q를 지닌다. 결국 이론 명사는 특정한 성향 명사와 짝을 이루고 있는 명사로 이해되어야 한다.

그러나 '녹을 수 있음', '깨질 수 있음' 같은 성향 명사를 도입하는 일은 또 다른 문제들을 일으킨다. 문제의 핵심은 이것이다. 성향 명사를 반사실적 방식으로 도입하려면, 반사실적 조건문의 '논리'에 대한 선이해가, 특히 대체 정확히 무엇이 반사실적 조건문을 참으로 만드는지에 대한 선이해가 필요하다. 모든 이론 명사가 궁극적으로 성향 명사와 짝을 이룰 경우, 문제는 더욱 심각해진다. 반사실적 조건문의 논리를 이해하지 못하면 이론 명사를 사용할 수도 없다는 뜻이기 때문이다. 이 문제를 자연스럽게 다루려면, '만일 a를 물에 담그면, a는 용해될 것이다'와 같은 가정법 문장을 '모든 x에 대해, x가 물에 들어가면 x는 용해될 것이다'와 같이 일반 법칙과 특정 초기조건에 지배되는 상황에 포섭시키는 방식, 즉 법칙 진술에 호소해 가정법 문장을 해명하는 방식을 택하는 게 좋다. 반사실적 조건문에 일정한 진리 조건을 제시하고, 이를 성향 명사 일반을 도입하는 토대로 활용하려는 움직임이 있기는 했다.(Goodman

1946 참조) 그러나 이런 식으로 반사실적 조건문을 해명하는 노선 역시 몇 가지 중대한 문제에 봉착한다는 점은 철학계에 이미 널리 알려져 있다.(Horwich 1987) 이론 명사의 명시적 정의 가능성이라는 쟁점을 다루는 데 있어 여기서 강조할 가치가 있을 만큼 중요한 논점은 법칙 진술이 정말로 자연법칙을 표현하느냐는 문제다. 자연법칙이란 관찰 불가능한 것일 뿐만 아니라, 법칙 진술이 관찰 가능한 명사를 통해 명시적으로 정의되는 것도 **아니기** 때문이다. (최소한 분자 차원을 지시하는 명사가 아닌 이상 그렇다.) 또한 법칙 진술의 의미가 검증 조건을 통해 구성되는 것도 아니다. 법칙 진술은 통상 한정되지 않은 영역에 적용되기 때문이다. 결국 문제의 프로젝트가 이론 명사를 관찰 가능한 명사와 술어로 이뤄진 어휘군을 통해 정의하려는 기획인 한, 이들이 제시하는 명시적 정의를 반사실적 진술로 읽는 입장이 근거를 잃을 가능성은 없다.

명시적 정의와 연결된 이런 문제 모두를 쉽게 다룰 수 있다고 하더라도, 과학자들이 완벽하게 유의미하다고 보는 모든 이론 명사에 대해 명시적 정의를 제시할 수 있는지는 그리 확실하지 않다. '자기장 벡터' '세계선(世界線)' '중력 포텐셜' '지능'과 같은 명사들은 (D)와 같은 방식으로는 효과적으로 정의할 수 없다. (D)에 어떠한 문제도 없다 하더라도 이는 마찬가지다.

카르납은 1936년 그의 유명한 논문 「검증가능성과 의미」에서 명시적 정의를 제시하려는 기획이 사실상 무용하다고 밝혔다. 이 실패는 환원적 경험론 중에서 하나의 강경한 노선이 이제 끝나버렸다는 표지였다. 만일 어떤 이론 명사를 명시적으로 정의할 수 없다면, 의미론적 수단에 의해서는 환원이라는 과업을 달성할 수도 없다. 물론 더 나쁜 상황도 가능한데, 문제의 명사가 결국 무의미할 수도 있기 때문이다. 그러나 사실은 그와 정반대였다. 어떤 이론 명사가 있을 때, 그것과 결부된 주장이 완전하게 검증될 수는 없기 때문에 무의미하다는 관점이 채택된 상태라고 가정해보자. 이 가정은, 오직 관찰 명사/술어만이 결부되어 있는 진술이라고 해도 결국 검증될 수 없다는 문제를 발생시킨다. 그렇다면 검증이 유의미성으로 이끌어주는 안내자라 한들 이론 명사도 관찰 명사도 결국은 유의미성을 지니지는 못한다. 바로 이 점이 의미에 대한 검증 이론이 지닌 진짜 문제다. 관찰 가능한 대상에 대한 단칭 진술이라 해도, 엄격히 말하면 검증 가능하지는 않다.

그렇다면 이제 법칙 진술에 검증가능성 개념을 적용해보자. 근본주의적 경험론자라면 법칙 진술이 엄격히 말해 검증 불가능하기 때문에 무의미하다는 주장을 기꺼이 받아들일 것이다. 이들은 법칙 진술을 설명해줄 수 있는 추론을 약속하는 티켓을 취소하는 쪽을 선택하리라. 엄격히 말해서 법칙 진술은 무의미하다. 그러나 법칙 진술들은 소전제와 결론이 포함된 전체 논증 가운데 대전제만큼은 검증 가능한 형태로 제시한다. 예를 들어 '모든 까마귀는 검다'라는 진술은 무의미하지만, 'a는 까마귀다'로부터 'a는 검다'를 추론하는 데 쓰이는 **추론 규칙**을 활용하면 이 진술을 검증 가능한 형태로 변형하여 활용할 수 있다. 모리츠 슐리크는 상당한 시간을 투자하여 이 생각을 다룬 바 있다.[3] 그러나 이런 관점을 기꺼이 받아들일 수 있더라도, 검증주의는 여전히 성공할 수 없다. 앞서 지적했듯이 관찰 가능한 대상에 대한 단칭 진술조차도 엄격히 말해 검증할 수 없는 진술이다. '까만 까마귀 하나가 정원에 앉아 있다'라는 진술을 떠올려 보라. 어떠한 증거도 이 진술을 논리적으로 반드시 수반하지는 않는다. 이 까마귀가 환상일 가능성을 떠올려 보라. 달리 말해서 모든 증거는 특정 진술과 일치하는 동시에 그 진술을 부정하는 진술과도 완벽히 일치할 수 있다. 검증은 결코 확실하지 않다. 따라서 의미 또는 유의미성이 검증 조건에 의존한다면, 모든 관찰 주장 역시 결국 무의미하게 될 것이고, 환원적 경험론의 토대 역시 침식되고 말 것이다. 카르납(1936, 1937)은 이 문제를 일찌감치 파악했으며, 검증(verification)을 버리고 입증(confirmation)으로 입장을 선회하였다.

입증으로의 완화

지금까지 논의한 내용에서, 의미에 대한 경험론자들의 규준은 완화되어야 한다는 결론이 나온다. 이런 귀결은 이론 담화에 대한 경험론자의 태도에 중대한 영향을 미쳤다.

카르납은 명시적 정의 가능성이라는 생각을 버렸지만, 이 때문에 이들 명사가 관찰 가능한 대상에 대한 지시적 의미를 가져야 한다는 경험론적 요구까지 버리지는 않았다. 이론 담화의 제거 가능성이라는 쟁점에 있어, 이들 명사의 의미가 누가 보더라도 가능한 한 명확하게 특정되는 지시 대상에 맞춰 정해져야 한다는 그의 관점이 바뀐 것은 아니었다. 그는 여전히 경험론자였고, 따라서 관찰과 잠재적으로 연결되어 있지 않은 한 어떤 기술적 술어나 그것을 이용한 종합 진술도 과학의 언어 속에 수용되어서는 안 된다고 주장했다. 하지만 관찰과의 실질적인 연결은 분명 명시적 정의 가능성 이외의 다른 방식에 의해서도 성립될 수 있다. 결국 카르납은 환원에 대한 좀 더 온건한 해명을 자신의 입장으로 채택했다. 다음 발언에서 이런 입장을 확인할 수 있다. "환원가능성을 주장할 수도 있다. 그러나 제한 없는 제거의 가능성, 그리고 이론 명사의 번역 가능성은 그렇지 않다."(1936: 464)

임의의 이론 명사 Q를, 다음과 같은 **환원 쌍**을 이용해 경험적 사태를 지시하는 명사로부터 도입해 보자.

$$\forall x(S_1 x \rightarrow (O_1 x \rightarrow Qx))$$
$$\forall x(S_2 x \rightarrow (O_2 x \rightarrow \neg Qx))$$

여기서 S_1, S_2는 시험 조건을 가리키며, O_1과 O_2는 특징적 반응 즉 가능한 실험 결과를 가리킨다. 이제 $S_1 \equiv S_2 (\equiv S)$, $O_1 \equiv \neg O_2 (\equiv O)$라고 가정할 경우, 위 환원 쌍은 다음의 **쌍조건 환원 문장** 형태가 된다.

$$\forall x(Sx \rightarrow (Ox \leftrightarrow Qx))$$

이제 '섭씨 c 수준의 온도'라는 명사를 환원 문장을 통해 도입해보자. 만일 시험 조건 S를 획득한 상태라면, 즉 온도계가 섭씨 c라는 값을 보여준다면, 오직 그 경우에만 대상 a는 섭씨 c 수준의 온도를 지닌다. 이론 명사를 환원 문장을 통해 환원적으로 도입하려는 시도는 분명 명시적 정의가 봉착했던 문제를 겪지 않는다. 어떤 대상 a가 시험 조건 S 아래 포괄되지 않으며, 환원 문장의 조건문을 실질 함축으로 본다고 해보자. 이 경우 실질 함축의 의미에 따라 문장 $Sa \rightarrow (Qa \leftrightarrow Oa)$는 참이다. 그러나 Sa의 진릿값과 무관하게 이 문장이 참이 되는 이상, 이 문장으로부터 대상 a가 이론적 속성 Q를 지녔는지 여부에 대해 알 수 있는 것은 없다. 게다가 제시된 환원 문장으로 이론적 술어 Q를 정의할 수도 없다. 환원 문장이 Q가 언제 참인지에 대해 필요충분조건을 제공하기는 하지만, 이들 조건을 구성하는 조건문의 진리 조건에서는 서로 모순을 찾을 수 있다. $S \to (Q \leftrightarrow O)$는 $(S\&O) \to Q$와 $(S\&\neg O) \to \neg Q$의 연언 문장과 같다. 이론적 개념 Q는 $S\&Q$를 만족시키는 모든 대상에도 동일하게 적용된다. 그러나 $\neg(S\&O)$를 만족시키는 모든 대상에는 전혀 적용되지 않는다. 논리학의 연산을 통해 $(S\&O)$를 $\neg(S\&\neg Q)$로 다시 옮길 수는 있다.* 그러나 이런 식의 연산을 반복하더라도, 이론적 개념 Q가 적용되는 모든 대상 그리고 오직 그 개념만이 적용되는 대상을 이런 식의 모순이 담긴 정의로는 결정할 수 없다.

따라서 Q의 의미는 관찰 술어에 의해 완전히 결정될 수 없다. 환원 문장으로 할 수 있는 최선의 일은 Q에 대해 일종의 조작적 정의를 제시하는 것뿐이다.(Carnap 1936: 443) 따라서 이런 분석은 이론 명사의 경험적 유의미성에 대해 오직 부분적인 해명만을 제시할 수 있다. 어떤 이론 명사든 그 명사가 적용될 수 있는 경험적 상황을 세밀히 적어놓은 환원 문장의 전체 집합이라 해도 해당 명사와는 부분적으로만 연관될 수 있다.(ibid.: §9) 그러나 아무리 많은 환원 문장으로도 이들 명사를 명시적으로 정의하기에는 충분하지 않다. 파이글은 카르납의 기획을 '만일 ~이라면 주의'(if-thenism)가 일반화된 사례라고 정확히 지적했다. 이는 카르납이 이론 명사의 도입을 그 이론 명사에 적용될 수 있는 관찰 조건을 명시한 '~이라면' 문장의 집합이라는 수단을 통해 해명했기 때문이다. 그러나 그 최종 결과는, 이들 명사를 관찰 언어로 완전히 해석할 만큼 충분히 많은 환원 문장을 엮을 수 없기에, 이론 명사가 '내용의 개방성' 상태에 처하고 만다는 결말이었다.(Hempel 1963: 659)

명시적 정의에서 환원 문장으로의 이행은 동시에 '검증'에서 '입증'으

---

* 앞서 정의된 쌍조건 환원문장에 따라 O와 Q의 외연이 동일하므로 해당 연산이 가능하다.

로의 이행을 나타내는 것이기도 하다. 이론 담화는 그것이 입증될 수 있기 때문에 유의미하다. 그리고 이론 담화는 특정한 관찰 가능 상황에 이론 명사들이 적용될 수 있는 조건을 환원 문장이 세세히 제시하고 있기 때문에 입증될 수 있다. 이론적 주장은 몇몇 관찰 가능한 예측을 함축하고 있다. 관찰 가능한 예측을 입증할 수 있다면, 이론적 주장도 입증할 수 있다. 결국 환원 문장이 하는 역할은 이론적 주장(예컨대 '전선에 전류가 흐른다'와 같은)에 대한 입증을 몇 가지 관찰 가능한 예측(예컨대 '자석 바늘이 움직일 것이다' 같은)에 대한 입증으로 어떻게 환원할 수 있는지 보여주는 데 있다. 관찰 가능한 예측은 더 이상 검증될 필요는 없다. 이 예측들은 입증될 수만 있다면 그 기능을 다하기에 충분하다. 카르납은 어떠한 경험 과학이라 하더라도 높은 수준의 입증이 필요하다는 점을 깨닫고 있었다. 실제로 높은 수준의 입증은 소수의 관찰로도 달성할 수 있다. 그러나 한 이론이 관찰 가능한 예측을 제시할 수 있더라도 그 이론에 대한 시험은 계속될 수 있으며, 추가 증거를 통해 그 이론이 틀렸다는 점을 밝혀내는 일 또한 이론적으로는 충분히 가능하다.

  이런 논의에 따르면, 이론 주장과 관찰 주장 사이의 차이는 오직 수준 차이일 뿐이다. 관찰 주장은 입증 가능하지만 이론 주장은 그렇지 않다고 말할 수 없다. 둘의 유일한 차이는 관찰 주장이 이론 주장보다 **더 쉽게** 입증될 수 있다는 데 있다. 이처럼 질적 차이가 아니라 수준 차이만 있다는 입장은 관찰 가능한 명사나 술어가 무엇인지에 대한 카르납의 생각을 반영한다. 이는 관찰 명사와 이론 명사 사이의 뚜렷한 이분법을 카르납이 인정했다는 널리 퍼진 믿음과는 상반된다. 카르납은 다음과 같은 놀랄 만한 지적을 내놓은 바 있다.

관찰 가능한 술어와 그렇지 않은 술어 사이에는 어떠한 뚜렷한 경계선도 없다. 그것은 사람들이 어떤 문장에 대해 신속하게 판단할 수 있는 능력을 각자 더 많이 지니고 있거나 적게 지니고 있기 때문이다. 즉 사람들은 각자 문장을 확인한 뒤 일정한 시간이 지난 다음에도 그 문장을 알아보는 능력을 지니고 있기 때문이다. 단순성을 추구하기 위해, 우리는 관찰 가능한 술어와 관찰 불가능한 술어 사이에 뚜렷한 구분을 설정하게 될 것이다. 그러나 연속된 수준으로 이루어져 있는 관찰 가능성의 공간에서 관찰 가능한 술어와 불가능한 술어 간에 임의의 선을 그릴 필요는 있으므로, 우리는 특정 술어가 어떤 사람에게 관찰 가능하느냐는 물음에 대해 그 답을 부분적으로는 미리 정해 놓는다. (1936: 455)

카르납에게 있어 어떤 언어에 속한 임의의 술어 P는, 어떤 사람이 적절한 조건 하에서 임의의 대상이 술어 P의 외연에 속하는지 여부를 '약간의 관찰'을 통해 판단할 수 있을 경우 관찰 술어다. 다시 말해서 (단칭) 술어 P는 임의의 대상 a에 대한 약간의 관찰이 Pa인지 $\neg Pa$인지 여부를 높은 정도로 입증할 경우 관찰적이다.(Carnap 1936: 445~446 참조) 이와 마찬가지로, 이론 술어는 방금 제시한 조건을 만족하지 않는 술어다. 하지만 관찰 불가능한 술어가 누리지 못하지만 관찰 술어는 누릴 수 있는 유일한 특권은, 상대적으로 빠른 시일 내에, 그리고 '약간의 관찰'만으로도 그 술어가 결부된 문장을 높은 수준 입증해낼 수 있다는 것뿐이다.

여기서 한 가지 흥미로운 질문을 제기할 수 있다. 왜 카르납은 단지 수준 차이만 있는 이러한 구분을 제안한 것일까? 카르납이 원한 것은 어떻게 특정 이론에 대한 상호주관적 입증이 가능한지 보여주는 것이었다. 이것이 가능한 이유는, 논쟁 없이 쉽게 입증될 수 있는 주장의 집합, 즉 관찰 술어를 사용하는 주장들이 있기 때문이다. 이들 관찰 술어와 관찰 불가능한 술어 사이의 경계는 문제의 술어가 관찰 가능한 존재자에 대한 것인지 여부를 언급하는 말만으로는 충분히 그을 수 없다. 관찰 가능성이란 모호한 개념이며, 따라서 어떤 대상이 관찰 가능한지 여부를 확정할 수 있는 자연스러운 방법은 없다. 오히려 관찰 가능한 술어란 정확히 말해 좀 더 높은 수준까지 쉽게 입증될 수 있는 술어다. 입증 절차가 기초적인 도구나 육안에만 결부되어 있든 그렇지 않든 말이다. 따라서 카르납은 그의 논문 「검증가능성과 의미」에서 명사의 추상성 수준에 기초한 구분을 제안한다. 더 기초적인 명사는 "다른 것보다 더 직접적인 방식으로 관찰에 기초"(1936: 61)하므로 구체적인 사례에 적용될 수 있다. 더 추상적인 명사는 "더욱 복잡한 절차에 기초하지만 궁극적으로는 관찰에 기초해"(같은 곳) 적용되는 명사다. 그러나 여기서 카르납은 '추상성의 수준'에 대해 명확한 정의를 내리는 일을 회피했다. 오히려 그는 소수의 예시에 안주한다. 어떤 경우든 관찰 술어 집합의 경계선은 유동적이고 변화 가능함에도, 여전히 의도된 역할을 수행할 수 있다. 그 역할이란 이론을 입증하는 데 있어 상대적으로 논쟁의 여지가 없는 기초를 제공하는 데 있다. 카르납은 이렇게 말하기도 했다. "만일 어쨌든 간에 입증이란 것이 실제로 이뤄질 수 있는 것이라면, 다른 술어에게 입증을 다시 맡기는 과정은 어떤 지점에서는 끝이 나야만 한다."(1936: 456) 그러나 이렇게 끝에 도달한다 해도 결코 절대적 객관성에 도달하는 것은 **아니다**. 왜냐하면 그와 같은 상태는 존재하지 않을 뿐만 아니라, 카르납이 원했던 목표는 단지 손쉽게 그리고 논쟁 없이 입증될 수 있는 술어의 집합일 뿐이었기 때문이다.

불가피성 논증

관찰 담화와 이론 담화가 입증의 견지에서 등가적임을 인정한 일은 경험론 프로그램에 있어 중요한 전환점이었다. 이는 이론 담화의 대체 불가능성을 수용하는 것으로 귀결된다. 이런 수용은 이론 담화가 관찰 담화로 완전히 대체될 수 없다는 사실의 자연스러운 귀결이다. 이 모든 것을 인정한 카르납은 다음과 같은 명시적 형태로 대체불가능성 논증을 제시하기에 이른다.

1. 이론 명사를 사용하지 않은 채 "강력하고 효과적인 법칙들의 체계에 도달하는 일은 가능하지 않다."(1939: 64) 다시 말해서 이론적 존재자에 호소하지 않고서는 넓은 범위의 현상에 적용 가능한 법칙을 정식화하는 일은 불가능하다. (카르납은 "이는 경험적 사실이지, 논리적 필연성은 없는 일"이라고 신중히 덧붙였다.) 관찰 명사만 결부된 법칙은 포괄적일 수도, 정확할 수도 없다. 이런 법칙은 언제나 예외와 마주치며, 결국 수정되거나 그 적용 범위를 좁혀야만 한다. 달리 말해서 이론 명사와 결부된 법칙이야말로 더 넓은 범위의 현상을 포괄하고 종합할 수 있다. 아주 짧게 말하면, 카르납의 대전제는 이렇다. 이론 명사 없이는 포괄적 법칙도 없다.

2. 과학 이론은 이론 명사의 도움 없이는 포괄적 법칙을 구성할 수 없다.

∴ 따라서 이론 명사는 불가피하다.

우리는 이제 이렇게 완화된 경험론 프로그램, 즉 검증주의 이후의 프로그램들이 따르고 있는 두 가닥의 실을 하나로 엮을 수 있다. 한 가닥의 실은 관찰 담화와 이론 담화가 (수준 차이는 있을지언정) 동등하게 입증될 수 있다는 사실을 인식하는 데서 찾을 수 있다. 또 한 가닥의 실은 이론 담화가 환원 불가능하고 대체될 수도 없다는 사실을 받아들이는 데서 찾을 수 있다. 이 두 가닥의 실은 동시에 다음 질문으로 이어진다. 이제 관찰 가능한 존재자는 물론이고 관찰 불가능한 존재자 또한 완전히 인정해야만 하는가? 방금 살펴본 검증주의 이후의 새로운 경험론적 접근에 의하면, 이론 담화에 대한 완전한 해명은 환원할 수 없는 이론 존재자의 존재를 인정해야만 가능하다. 이는 관찰 담화가 환원할 수 없는 관찰 대상을 인정해야만 하는 것과 마찬가지다. 최소한, 관찰 담화가 존재론적으로 인정되는 상황에서 이론 담화가 그렇지 않다는 주장은 더 이상 문제없이 옹호할 만한 명증한 주장일 수 없다.

지금 논의한 쟁점에 대응하기 위해 경험론자는 세 가지 선택을 했다. 하나의 선택은 **의미론적 실재론**이다. 또 다른 선택은 **도구주의**이며, 나머지 선택은 **중립적** 또는 **융화론적**(irenic) 입장이다. 파이글의 저술(1950)로 대표되는 의미론적 실재론에 따르면, 이론 담화에 대한 완전하고 올바른 해명은 관찰 불가능한 존재자를 실제로 지시하는 이론 명사를 필요로 한다. 전기 에른스트 네이글로 대표되는 도구주의자들에 따르면, 이론은 그것이 언급하는 이론적 존재자가 있어야만 제대로 작동하지만, 그렇다고 해서 이 이론이 관찰 진술의 집합으로 번역되거나 환원될 수 있는 것은 아니다. 중립적 입장에 머물러 있기를 원했던 전기 헴펠이나 1950년대 카르납 등은 실재론 대 도구주의 논쟁에서 중립적인, 새로운 방식으로 완화된 경험론을 내놓으려 했다.

나는 이제부터 의미론적 실재론에 대해 상세히 검토할 것이다. 그리고 의미론적 실재론에 대해 헴펠이 제시한 발 빠른 반응도 검토할 것이다. 2장에서는 도구주의로 논의의 초점을 옮길 것이다. 3장에서는 실재론과 도구주의 사이의 논쟁에 경험론이 휘말리지 않을 수 있는 입지를 찾으려 했던 카르납의 시도에 대해 상세히 논의할 것이다.

의미론적 실재론

의미론적 실재론에 따르면, 관찰 주장과 이론 주장 모두는 상대 유형의 어휘군을 사용하는 주장으로 환원되지 않는다는 의미에서 '액면가' 그대로 받아들여야 한다. 즉 관찰 주장 '저 고양이가 매트 위에 있다'는 바로 그 고양이가 매트 위에 있는 경우이면서 오직 그 경우에만 참이고, 또 이론 주장 '모든 쿼크에는 그에 대응하는 렙톤이 있다'는 모든 쿼크에 대해 그에 대응하는 렙톤이 있는 경우이면서 오직 그런 경우에만 참이다. 이런 말이 사소해 보이는가? 다음 쟁점에 비춰보면 그렇지 않다는 점을 알 수 있다. 한 주장의 진리 조건을 명세화하는 문제는 그리 녹록치 않다. 그리고 이 문제는 이런 주장이 참으로 받아들여질 조건을 명세화하는 과제와 주의 깊게 구분되어야 한다. 즉 어떤 주장의 진리 여부를 결정하는 증거가 무엇인지를 명세화하는 문제와 구분되어야 한다.

허버트 파이글(1950: 48)이 지적했듯이(이런 지적은 파이글에 의해 최초로 이뤄졌을 것이고, 그렇지 않더라도 그가 선도적인 역할을 했다는 점은 분명하다), 경험론 프로그램은 오랜 세월 동안 검증주의에 사로잡혀 있었다. 검증주의는 서로 구분되는 두 쟁점으로 이뤄져 있다. 어떤 주장에 대한 '인식적 환원', 즉 그 주장의 진리가 기초하는 증거에 대한 주장이 하나다. 또 하나는 '명명이 가진 의미론적 관계'(즉 '지시')이다. 이 말은 검증주의란 **어떤 주장의 진리에 대한 증거를 구성하는 것이 무엇이냐**는 쟁점과 **이 주장을 참으로 만드는 방법이 무엇이냐**는 쟁점에 일관되게 답하는 입장이라는 뜻이다. 만일 증거에 대한 논점과 진리 조건에 대한 논점이 분리된다면 검증주의는 공중분해될 것이다. 관찰 주장과 이론 주장 모두는 그 진리 조건이 성립하는 경우이면서 오직 그런 경우에만 참이다. 양 주장이 그 시험가능성에서는 다르다는 점을 인정할 수도 있다. 이 차이는 각각의 주장이 누리는 입증의 수준을 반영한 것일 수 있다. 그러나 시험가능성의 차이에는 어떠한 의미론적 의미도 없어야 한다. 양 주장 모두는 의미론적으로는 동등하게, 곧 진리 조건을 지닌 주장으로 취급되어야만 한다. 이는 이론 명사가 관찰 명사만큼이나 추정상의 지시체를 가져야 한다는 요구를 담고 있다. 관찰 명사가 관찰 가능한 대상을 추정상 지시하듯이, 이론 명사는 관찰 불가능한 대상을 추정상 지시한다. 결국 의미론적 실재론에 따르면, 이중의 의미론적 기준 즉 한편은 관찰 주장이 따르고 다른 한 편은 이론적 주장이 따르는 이중 기준이 있어서는 안 된다. 만일 이론적 주장이 이론적 존재자 없이 이뤄진 존재론만으로는 진리 조건을 가질 수 없다면, 이론 담화를 완전하게 해명하기 위해서는 환원 불가능한 이론적 존재자를 인정하지 않을 수 없다. 이는 관찰 담화가 관찰 존재자에 대한 인정을 필요로 하는 것과 다를 바 없다.

의미론적 실재론이 반(反)환원주의적 입장이라는 점은 강조할 만한 가치가 있다. 진리 조건은 몇 가지 조건이 조합된 것으로 취급되어야만 한다. 즉 어떤 주장의 진리 조건은 지시되고 있는 존재자에 대해 지시하고 있는 관계가 성립될 때 달성된다. 예를 들어 '중성미자는 질량이 없다'는 주장의 진리 조건은 중성미자가 실제로 질량을 가지고 있지 않아야 달성된다. 그러나 그보다 우선하여, 지시 대상인 존재자 자체나 그런 지시 대상과의 관계가 환원적 기초 위에서 재구성될 수 있는 것은 아니다. 관찰 불가능한 대상에 대한 주장들을 쟁점으로 다룰 때, 이 주장들은 관찰 불가능한 대상, 그 속성, 그 관계에 대한 주장으로 간주해야만 한다. 여기에 더해서 나는, 의미론적 실재론은 과학 이론이 상정한 존재자가 마음 독립적이라는 실재론적 직관을 적절하게 포착할 수 있다고 생각한다. 이제 그 이유와 방법을 살펴보자.

  실재론자가 마음 독립적 존재자에 대해 말할 때, 이들의 입장을 마음 독립적 존재자가 심적 존재자이거나 또는 그것으로 구성된 존재자(예를 들어 관념, 감각자료 등)로 밝혀질 가능성으로부터 스스로를 보호하려는 것으로만 이해한다면, 이는 상당한 잘못이다. 이런 식의 이해는 관념론과 현상론의 극단적인 형태를 차단하는 데는 충분하지만, 환원적 경험론을 실재론과 **양립 가능한** 것으로 만드는 난점이 있다. 이미 지적했듯이 환원적 경험론자도 이론적 존재자를 수용할 수 있고, 동시에 그런 존재자가 마음과 무관한 존재자라고 간주할 수도 있다. 그러나 이들이 이론적 존재자를 받아들이는 이유는, 이론적 존재자가 존재한다는 주장을 관찰 가능한 대상에 대한 주장으로 완전히 환원할 수 있는 가능성과 연결할 수 있기 때문이다. 환원적 경험론자는 이론 담화를 관찰 가능한 존재자와 그 실제적, 기능적 행동에 대한 우회적(disguise) 표현으로 간주할 수 있고, 이론적 존재자를 바로 이런 기능 덕에 나름의 역할을 하는 존재자로 취급할 수 있다. 이론적 존재자는 경험론의 존재론 속에 쉽게 수용될 수 있지만, 환원 불가능한 존재자로서 그러한 것은 아니다. 그보다 이른바 이론적 존재자(또는 '이론적 개념'이라는 말이 더 나을지도 모른다)는 관찰 가능한 현상들 간의 복잡한 관계를 나타내는 축약기호 **그 이상도 이하도** 아니기에, 경험론자의 존재론 속에 별다른 문제 없이 수용될 수 있는 것이다. 어떤 정의가 정당한 것으로 받아들여지는 때는 언제인지 떠올려 보라. '총각'을 '결혼하지 않은 남자'라고 정의할 때, 이미 '결혼하지 않은 남자'라는 무언가가 존재론에 포함되어 있는 경우에는 총각이란 말을 도입한다고 해서 어떠한 것도 존재론에 추가되지 않는다. 마찬가지로 '전자'라는 말을 관찰 가능한 존재자(예를 들어 안개상자 속의 궤적)에 대한 지시를 통해 정의할 경우, 이미 전자는 존재론 속에 포함되어 있다고 할 수 있으며 어떠한 것도 존재론에 추가할 필요가 없다. 결국 환원적 경험론은 과학 이론에 의해 상정된 이론적 존재자가 존재한다는 생각과 기꺼이 함께할 수 있으며, 이런 존재자들이 심적 존재자가 아니라는 생각과도 함께할 수 있다. 다만 이들은, 이론 명사가 관찰 명사의 조합으로 완전히 환원될 수 있어야만 이론적 존재자의 존재에 대한 주장이 정당할 수 있다고 보는 점에서 실재론자와 다르다.

그런데 환원적 경험론자들은, 어떤 이론적 존재자가 존재한다고 받아들이는 경우에 그 존재자 자체가 비록 심적인 것은 아니라고 해도 그 현존이 어떤 의미에서는 마음에 의존한다고 보았다. 이를 이해하기 위해서는 먼저 경험론자들이 이론 담화를 환원시키려는 이유가 존재론적 경제성에만 있는 것이 아니라 환원 토대(reductive basis)인 관찰 가능한 존재자들이 **인식상의 특권**을 가진다고 보는 데도 있다는 것을 주목해야 한다. 이를테면, 환원의 토대가 되는 존재자들이 우리와 특별한 인식적 관계에 있다고 하자. 즉 우리가 그 존재자에 대한 주장을 검증할 수 있거나, 합리적으로 받아들일 수 있는 입장에 있다고 하자. 과학 이론이 다루는 이론적 존재자들이 환원 토대로 환원될 수 있는 한, 우리는 이들 추가적 존재자에 대해서도 정확히 동일한 인식적 관계를 맺을 수 있을 것이다. 그리고 이들 이론적 존재자에 대한 주장 역시 특권적인 인식적 관계가 실현되었기 때문에 참이 될 것이다. 예를 들어 우리가 안개상자 속의 궤적에 대한 주장을 이미 받아들이고 있고, 전자에 대한 논의가 안개상자 속의 흔적에 대한 논의로 환원될 수 있다면, 우리는 이미 전자에 대한 주장도 받아들인 것이다. 이 모든 것의 결과, 이론적 존재자는 실재론자들의 생각과는 또 다르게 넓은 의미에서 마음 독립적이라는 데로 귀착된다. 이론적 존재자의 존재는 그에 대한 주장의 입증가능성 또는 합리적 수용가능성에 달려 있다. 특히 그러한 존재자가 존재한다는 주장은 그것이 특정한 인식적 관계를 실현시키지 않는 한 타당하지 않다. 이런 관점에서 볼 때, 세계의 내용은(즉 어떤 존재자가 그 안에 있는지는) 경험으로 알 수 있고 검증될 수 있는 것이 무엇인지에 따라 전적으로 결정된다.

    이론적 존재자에 대한 실재론의 입장을 환원적 경험론과 구분해주는 기준은 이것이다. 우리 인간과, 그게 무엇이든 존재한다고 간주되는 것 사이에 성립하는 적절한 인식적 관계가 실제 존재하는 것과 일정하게 연관되어 있다는 견해를 **부인**하는지, 받아들이는지. 실재론자들은 만일 과학 이론이 상정하는 존재자가 존재한다면 그 존재자들은 우리 인간이 주장할 수 있는 것, 합리적으로 수용 가능한 것, 검증 가능한 것 등과는 무관하게 존재한다고 주장한다. 이 주장을 정확히 포착하기 위해서는 '마음 독립성'을 좀 더 폭넓은 의미로 이해해야 한다. 어떤 존재론에서 비(非)-심적 존재자라고 간주된 무언가가 **마음 독립적**이라는 말은, 이 존재자에 대한 주장이 진리 조건을 달성하기 때문에 그리고 달성하는 한 참이라는 뜻이지, 그 주장이 검증될 수 있다거나, 합리적으로 수용할 수 있다거나, 믿을 수 있다거나, 기타 인식적 개념 때문에 참이라는 말이 아니다. 달리 말해 그와 같은 주장을 참으로 만들어주는 것은 마음 독립적으로 존재하는 존재자와 그 행동의 실제 모습을 포착했는지 여부다. 진리 조건과, 그 검증가능성이나 합리적 수용가능성을 구분하기 위해 후자를 지금부터 검증 조건(verification condition)이라 부르도록 하겠다. 즉 실재론자는 진리 조건을 검증 조건과는 구분해서 본다는 것이다. 이론적 존재자에 대한 주장은, 우리가 그 주장의 진리 여부에 대해 가질 수 있는 어떠한 종류의 증거가 주어지든 그로 인해 참이 되지는 않는다. 그런 증거들이 이론적 존재자에 대한 주장이 진리라는 우리의 믿음을 정당화하는 데 나름대로 중요한 역할을 한다는 점은 이와 아무런 상관이 없다. 오히려 그 주장은 지시 대상 존재자가 지시의 초점이 되는 관계를 실제로 맺고 있을 때 참이다.

의미론적 실재론자들이 이론 담화를 실재론적으로 이해하기 위해 설정한 기준점이 바로 진리 조건과 검증 조건의 구분이다. 이 구분을 통해, 검증주의자들이 사실은 검증 조건과 진리 조건을 연결시키고 있다는 점을 포착할 수 있으며, 이론적 존재자가 마음 독립적이라는 실재론적 직관의 의미도 이해할 수 있다.

그러나 진리 조건과 검증 조건을 분리해서 본다고 해서, 의미론적 실재론자들이 관찰 불가능한 존재자란 지식의 대상이 아니라거나 인식적으로 접근하기 어렵다는 등의 주장을 하고 있다고 볼 수는 없다. 원리상 세계에는 우리가 알 수 있는 한계를 초과하는 내용이 있을 수 있다. 의미론적 실재론은, 과학이 그럼에도 세계를 기술할 수 있다는 말이 무슨 뜻인지 해명해줄 따름이다. 이론 명사가 실제로 무언가를 지시하며 이론 명사의 진리 조건이 그 검증 조건과 대립하지 않는다는 제안은, 물리적으로 획득할 수 있는 관찰 증거가 포괄하는 범위를 넘어서는 더 많은 것이 세계에 존재한다는 점을 보여주려는 의도를 지니고 있다.

이제 논의를 요약해보자. 의미론적 실재론은 이론 담화가 (지시 대상 그 자체가 환원 불가능하다는 의미에서) 환원 불가능한 진리 조건을 지닌다고 보며, 또 어떤 주장의 진리 조건은 증거나 검증 조건으로 전적으로 환원되지 않는다고 보는 입장이다.

헴펠의 중도적 노선

경험론자는 의미론적 실재론을 꼭 따라야만 하는가? 전기 헴펠(1959)은 그렇지 않다는 점을 보여주고자 했다. 그는 이론적 주장에 '초과적 내용' 즉 어떤 종류의 관찰 주장 집합으로도 완전히 처리될 수 없는 자체의 내용이 있다는 점을 받아들였다. 헴펠은 의미론적 전체론을 받아들였으며, 이론 명사가 그것이 속한 언어를 반영한다는, 즉 해당 존재론에 속한 다른 모든 것과 맺은 논리적 관계의 전체상을 반영하는 명사라는 바로 그 이유 때문에 '초과적 내용'을 지닌다고 주장했다. 문제의 관계는 엄격 함축 관계와 입증 관계였다. 또한 그는, 이론적 주장이 해당 이론이 내놓은 실험적 결과에 대체 불가능한 방식으로 기여한다는 관점을 수용한 바 있다. 그러나 이론의 초과적 내용이 관찰 불가능한 존재자(즉 이론 명사의 지시 대상) 때문에 성립한다는 주장을 그가 선뜻 인정하는 것은 아니다. 그는 중도적 노선을 제안한다. 이론 명사가 관찰 불가능한 존재자를 지시한다는 관점을 꼭 수용할 필요는 없지만, 관찰 불가능한 존재자를 실재하는 것으로 받아들이는 데는 여전히 모종의 의미가 있을 수 있다는 것이다. 헴펠에게 있어 잘 입증되고 정합성 있는 이론 체계를 받아들이는 일은 특정 관찰 불가능한 존재자의 실재성을 확인할 수 있는 기반을 만드는 일과 같다. 그의 주장을 확인해보자.

> 어떤 가설이 지닌 '잉여 의미'에 대한 해석[즉 전체론적 해석]*은 내가 보기에 과학적 용법과 일치하는 듯하다. 이 잉여 의미는 이쪽 편의 가설과 저쪽 편의 관찰 문장 내지 다른 이론적 진술 사이에 있는 체계적인 상호관계에 관심을 기울이게 한다. 또한 이 잉여 의미는 한 이론 체계가 경험적 입증과 함께 지니고 있는 논리적 정합성을 가리키기도 하는데, 이런 논리적 정합성은 이론 체계가 어떤 종류의 가설적 존재자를 상정하든 그것의 '현실적 존재' 또는 '실재'를 확인하는 기반이 된다. (1950: 172)

그런데 헴펠의 중도적 노선은, 이론 담화에 대한 완전한 해명을 위해 환원 불가능한 이론 명사를 인정할 필요가 있느냐는 쟁점에 대해서는 결코 만족스러운 해법을 제시할 수 없다. 이에 더해 내가 의미론적 실재론을 옹호하면서 말했던 내용을 추가하여 헴펠의 전기 입장을 비판해볼 수도 있다. 완화된 경험론은 이론의 입증을 허용하기 때문이다. 그런데 만일 이론적 진술이 진리 조건적이지 않다고 한다면, 이들 진술은 대체 어떻게 증거에 의해 입증되거나 입증되지 않을 수 있는가? 어떤 이론 주장이 증거를 통해 입증된다는 말은 증거가 그 주장을 참으로 만들거라는 뜻이거나, (입증이 점진적으로 진행된다는 입장에 선다면) 쟁점 가설이 이전보다 참에 더 가까워진다는 뜻이다. 마찬가지로 어떤 이론

---

* 이하 인용문에 나오는 대괄호 [ ]는 모두 저자 프실로스가 삽입한 문구들이다.

주장이 증거에 의해 입증되지 않는다는 말은, 그 증거가 해당 이론 주장이 참이게 되는 조건과 합치하지 않는다는 말이다. 만일 이론 주장이 진리 조건을 요구하며, 또한 그 진리 조건이 관찰 명사로는 더 이상 규정할 수 없는 것이라면, 문제의 이론 주장은 곧 관찰 불가능한 존재자를 지시하는 것이다. 이런 이론적 주장의 진리 조건은 직접 경험의 범위를 한참 넘어서 있다. 하지만 이론적 주장 역시 관찰 주장처럼 증거를 통해 입증해 나갈 수 있기 때문에, 이론 주장의 진리 조건을 만족시키는 증거가 있을 수 있다는 것만은 분명하다.

그러나 이런 논의가 의미론적 실재론이라는 극본의 종막은 아니다. 여전히 경험론자들은 이론 명사에 대한 적절한 해석, 예를 들어 이론적 진술이 관찰 불가능한 존재자를 지시하고 있다고 보지 않아도 되는 해석을 찾기 위해 노력할 수 있다. 이런 시도는 원숙한 시기의 카르납이 보여주었던 것으로, 이에 대해서는 3장에서 상세히 살펴볼 것이다. 그러나 그에 앞서 우리는 도구주의에 대해 논의해야 할 필요가 있다.

2장 이론은 도구인가?

이론 담화가 '초과적 내용'(excess content)을 지닌다는 것을 받아들이는 경험론은 이런 입장을 취하는 듯하다. 이론 담화를 완전히 해명하려면, 더 이상 환원되지 않는 관찰 불가능한 존재자를 인정하지 않을 수 없다는 것이다. 이는 관찰 담화가 관찰 가능한 동시에 더 이상 환원되지도 않는 관찰 가능 존재자를 인정할 필요가 있는 것과 마찬가지다. 이런 결론을 피하기 위해 택할 수 있는 노선 가운데 하나는, 내가 **통사론적 도구주의**(syntactic instrumentalism)라고 부르고자 하는 급진적 관점을 채택하는 데 있다.

네이글(1950)이 지적했듯이, 도구주의자들은 이론이 관찰 진술의 집합으로 번역되지도, 그와 동치이지도 않다는 점을 이미 파악하고 있다. 그러나 이들은 이론적 존재자에 대한 인정이 다른 무언가로 대체될 수 있다고 생각한다. 이들은 이론에 '초과적 내용'이 있다는 걸 알고 있다. 하지만 이론적 진술은 엄격히 말하면 주장(assertion)이 아니다. 이들 진술은 경험을 조직화하고, 다른 식으로는 유관하지 않았을 경험 법칙과 관찰을 연결하며, 추가적인 경험적 발견을 안내하기 위한 통사적 구성물에 지나지 않는다. 이론은 경험을 조직화하는 데 쓸 수 있는 기호 구성물이며, 경험보다 더 '깊은' 어떠한 종류의 의미도 가지지 않는다.

통사론적 도구주의는 제거적 버전, 그리고 비제거적 버전으로 분류할 수 있다. **비제거적 버전**(뒤엠과 관련된다)에 따르면, 현상 배후의 관찰 불가능한 실재를 상정할 필요도 없고, 과학을 성공적으로 수행하기 위해 그런 실재를 기술하겠다는 목표를 세울 필요도 없다. 나는 이번 장 후반부에서 이 견해에 대해 논의할 것이다. 그럼 제거적 버전에 대해 먼저 논의하기로 하자.

제거적 도구주의는 더 강력한 관점을 채택한다. 이론의 목적은 경험보다 더 깊이 있는 무언가를 표현하는 것이 아니다. 궁극적으로 경험보다 깊이 있으며 표현할 가치가 있는 것은 존재하지 않기 때문이다. 그럼에도 이 입장은 이론 담화를 번역하여 제거하려는 프로젝트에는 대체로 저항한다. 그 대신, 이론 담화를 고유의 이론적 내용이 없는 단순 기호 조작으로 취급한다. 그렇다면 제거주의자들은 과학 이론이 상정하는 여러 관찰 불가능한 존재자와 과정, 그리고 이들을 추정적으로 지시하는 이론 명사의 사용에는 어떻게 대응할까? 만일 과학 이론에 오직 도구적 가치만 있다면, 이론 담화를 통해 과학이 얻을 수 있는 것은 대체 무엇이란 말인가?

제거주의자들은 일종의 곤경에 빠진다. 이들은 과학에서 사용되는 이론 담화의 역할을, 관찰 불가능한 존재자의 현존을 전혀 인정하지 않은 채로 해명하거나, 이들 담화가 궁극적으로 대체가능하며 결국 [관찰 불가능한 존재자의] 존재를 인정하지 않는 방식으로 분석될 수 있다는 점을 보여줄 필요가 있다. 다음 두 절에서 진행할 논의는 제거적 도구주의가 어떻게 이 곤경을 다루는지 살피는 데 있다. 우리는 과학의 목표가 '사유의 경제성'(economy of thought)이라는 점을 입증하려 한 마흐의 시도를 먼저 살펴볼 것이다. 이어서 크레이그의 도구주의가 이론 담화를 어떤 식으로 완전히 제거하려 했는지 살펴보겠다.

마흐의 주제

'과학은 사유의 경제다'라는 구호 아래, 에른스트 마흐는 과학의 목표가 현상을 간결하고 체계적인 방식으로 **분류**하는 데 있다고 제안한 바 있다. 또는 그의 표현에 따르면, "사실을 사유 속에서 재생산하고 예견하는 과정을 통해 경험을 대체하거나 구출하는 데"(1893: 577) 과학의 목적이 있다. 마흐의 유명론에 있어 존재하는 모든 것은 특정한 사실뿐이다. 마흐는 이들 존재에 쓰이는 중립적 용어로서 **원소**(element)라는 표현을 사용한다.(1910: 208~209 참조) 이른바 자연법칙은 이런 사실을 체계화하고 대략적 방향을 잡는 데 쓰이는 편의상의 장치에 지나지 않는다는 것이다. 예를 들어 빛의 굴절 사례를 검토해보자. 마흐는 특정한 광선이 특정 각도로 굴절되었다는 사실들만이 존재한다고 생각한다. 그런데 과학자들은 이 모든 정보를 **하나의 표현**으로 '포장'(pack)한다. 즉 $\sin a / \sin b = n$이라는 굴절의 법칙으로 포장한다(a = 입사각, b = 굴절각, n = 굴절률). 굴절의 법칙은 이런 사실 모두를 기억하고 떠올리기 쉽게 해주는 편리한 방법에 지나지 않는다. 마흐는 이렇게 말한다. "자연 속에는 굴절의 법칙 같은 것은 없으며, 오직 굴절의 서로 다른 사례만이 존재할 뿐이다"(1893: 582) 이른바 '굴절의 법칙'은 간결한 규칙이며, 사실들을 마음속에서 간결하게 재구성하기 위해 고안된 규칙일 따름이다.

관찰 불가능한 존재자 또한 법칙과 다르지 않다. 관찰 불가능한 존재자를 요청하는 일, 예를 들어 원자 구조에 대한 요청은 관련 현상을 분류하고 체계화하기 위해 사용할 수단으로서만 허용될 수 있다. 마흐에 따르면, 원자 가설은 "사실을 마음속에서 다시 떠올리는 일을 돕는 수리적 모형"(ibid.: 589) 이상도 이하도 아니다. 마흐는 관찰 불가능한 존재자와 이론적 개념을 오직 '잠정적인 수단'으로서만 받아들여야 한다고까지 주장한다. 궁극적으로는 '더 만족스러운 대체물'을 확보해야만 한다는 것이다. 마흐는 이런 대체물들을 "널리 확장된 사실 영역에 대한 직접적 기술구"(1910: 248)라 부른다. 이론적 개념은 연구 지침으로서 도움을 줄 수 있지만, 이들은 오로지 직접적 기술구(direct description)의 구성을 돕는 장치로만 사용되어야 한다. 직접적 기술구는 기본적으로 사실에 대한 현상적 기술이며, 이런 기술구는 "필수적이지 않은 어떠한 내용도 품고 있지 않으며, 사실에 대해 이뤄지는 추상적인 인식을 구속한다."(1910: 248) 마흐가 말하는 '필수적이지 않은'이라는 말은 현상의 유사 법칙적(law-like) 작용을 설명하는 데 쓰이는 원자 가설 같은 모든 이론적, 설명적 가설을 포괄한다.

　마흐의 통찰은 일관성을 추구하는 도구주의자들이 이론 담화를 어떻게 제거하고 또한 무엇으로 대체하려 하는지 보여준다. 과학을 수행할 때 이론 명사와 이론적 존재자를 대체할 무엇이 없다면 이것들을 단지 '잠정적 수단'으로 보아야 한다는 주장은 전혀 만족스럽지 못하다. 이론적 장치가 오직 '잠정적 수단'만을 제시할 수 있다면, 분명 이론적이지 않지만 더욱 만족스러운 수단을 찾아내는 일이 가능해야만 한다. 달리 말해, 이론 명사가 단지 경험의 조직화를 돕는, 즉 독립적인 의미 없이 통사적 기능만 하는 구성물에 불과하다고 말하는 것만으로는 충분하지 않다. 이런 입장은 이론 명사가 그 사용자에게 유의미한 무언가로 취급된다는 사실과 정면으로 배치되기 때문이다. 자신이 진릿값을 지닌 유의미한 주장으로 담론을 펼치고 있다고 생각하는 사람에게, 그가 하는 일이 결국 기호 조작에 불과하다고 말할 경우 호의적인 반응을 얻기는 힘들다. 그에게 명백히 유의미해 보이는 담론이 어떻게 대체가능한지, 또는 단순한 기호 조작이 어떻게 일정한 내용을 가질 수 있는지, 나아가 이론적 담론의 내용이 결국은 관찰 담론의 내용에 기생하는지를 실제로 보여주지 못하는 한 그를 설득할 수는 없을 것이다. 이론 담화가 관찰 담화에 기생한다는 생각은 경험론의 환원주의 버전이며, 이에 대해서는 1장에서 이미 그 실패를 목격한 바 있다. 한편 마흐 시대에 담론의 대체 가능성은 단순히 추후 논의가 있을 것이라는 주석에 불과했지만, 크레이그의 정리가 발견된 시점 이후에는 실질적인 뒷받침을 받을 수 있었다. 이 주제에 대해서는 다음 절에서 논의할 것이다. 지금은 다음 질문에 집중하도록 하자.

왜 관찰 불가능한 대상에 기대어 과학을 해명하는 방향이 마흐의 관심을 끌 수 없었을까? 여기서 마흐는 소박한 **관념론적** 관점, 즉 어떤 대상은 그것이 직접 지각될 수 있는 경우이면서 오직 그 경우에만 존재한다는 관점과는 거리를 두고자 했다는 점을 지적할 만하다. 그는 이런 식의 관념론이 과학에 너무 큰 제약을 가한다는 점을 정확히 인식했다. 여기서 마흐가 제시한 사례 하나를 살펴보자. 길고 탄성 있는 막대 하나가 집게에 꽉 잡혀 있다고 해보자. 이 막대를 건드리고 또 그 진동을 관찰할 수도 있다. 이제 해당 막대를 아주 짧게 자른 다음, 다시 튕겨보았다고 하자. 어떠한 진동도 여기서 관찰되지 않거나, 진동과 비슷한 무언가가 관찰되었다고 해도 매우 미약할 것이다. 이런 상황에서 진동이 전적으로 멈춰버렸다고 추론해야만 하는가? 그렇게 추론해서는 안 된다. 마흐는 진동의 개념을 변화 없이 그대로 사용하는 한, 즉 진동이 관찰되지 않는 상황에서도 그 자리에 진동이 존재한다고 가정할 경우, 진동의 현존에 덧붙는 몇 가지 효과, 즉 막대에 충격을 가할 경우 만질 수 있는 느낌이 예견되며 또한 탐지될 수 있을 것이라고 본다.(1893: 587) 비가시적인 진동의 존재를 받아들이는 일은 여전히 '유용하고 쓸모 있으며 경제적'이다. 이는 현상을 체계화하고 조직화하며 예견하는 데 도움이 된다. 어떤 대상이 비가시적인 경우에도 존재한다고 인정하는 일은, "우리로 하여금 경험을 이해 가능하게 해주며, 또한 경험을 보완하고 직접적인 경험을 대신할 수 있게 해준다."(ibid.) 결국 마흐는 직접 볼 수 없는 존재자나 과정을 상정하는 일이 합당할 수 있다고 제안하는 것처럼 보인다. 물론 이 제안은 그런 존재자 및 과정이 '경제적' 역할을 할 수 있는 경우에만 한정된다.

이런 이유를 어떤 존재자의 현존을 인정하는 다른 이유만큼이나 좋은 이유라고 볼 수도 있다. 이 이유를 '경제적'이라 부를 수도 있지만, 용어법은 진정한 문제가 아니다. 만일 어떤 존재자가 경험을 이해 가능하게 해준다면, 그리고 그 경험을 다른 방식으로는 이해할 수 없다면, 우리에게는 이런 존재자가 존재한다는 점을 받아들일 만한 이유가 생긴 것이다. 결국 경험을 이해할 수 있는 방식으로 짜맞추는 데 물리적 대상(감각자료의 집체와는 구분되는)을 상정하는 핵심 이유가 있는 것이 아닌가? 그리고 유용하면서도 경제적인 설명을 가능하게 해주는 존재자의 현존을 거부하는 데 있어 비가시성은 충분히 좋은 이유가 **될 수 없다**는 마흐의 견해가 옳다면, 예컨대 원자의 존재를 우리가 믿지 않아야 할 이유는 대체 무엇인가?

비가시적인 진동과 원자는 대체 무엇이 다른가? 원자는 분명 비가시적이긴 하지만 과학에서 동등한 경제적 역할을 수행하고 있는 것 아닌가? 이미 비가시적인 진동을 받아들였다면, 왜 비가시적인 존재자인 원자는 받아들일 수 없는가? 마흐는, 진동과 달리 원자는 감각에 의해 지각될 수 없다는 예리한 논증으로 이 반론에 대응한다. 게다가 과학자들이 원자를 상정할 때 이들은 자신의 경험을 극적으로 수정해야만 한다. 마흐는 이런 차이를 그가 '연속성의 원리'(principle of continuity)라 부른 원칙을 활용하여 해명했다.

> 특정 사례에 적용된 임의의 이론에 이미 도달했다고 해보자. 우리는 그 사례가 처해 있던 조건을 사유를 통해 계속해서 수정해 나갈 수 있으며, 이를 통해 당초 도달했던 이론을 지속적으로 고수하려고 노력할 것이다. (1893: 168)

모호해 보이기는 해도 이 말의 핵심은 단순하다. 방금 마흐의 사례에서 진동시켰던 막대를 짧게 잘랐다고 해보자. 이렇게 짧아진 막대 사례에 적용하기 위해 진동의 본래 개념을 수정할 필요는 없다. 우리는 문제의 진동이 다만 비가시적이라고 말하면 된다. 진동을 관측할 수 없다고 해도, 우리는 경험을 통해 그 진동의 효과를 예견하고 또 탐지할 수도 있다. 하지만 마흐에 따르면 원자는 성격이 다른 사례다. 원자가 일으킨다고 상정된 화학적/전기적/광학적 현상으로부터 원자의 현존으로 이행하는 과정에서 "우리는 물체에서 관측할 수 있는 속성과 전적으로 모순된 속성을 원자에 부여함으로써" 원자를 발명한다. 원자의 개념은, 그것을 통해 설명되는 현상을 기술할 때 쓰는 개념들과는 근본적으로 다르다. 원자의 속성은 문제의 현상에서 관찰된 현상과 특정한 방식으로 불연속적이다. 이런 식으로 원자를 상정하면 '연속성의 원리'에 위배된다. 마흐에게 이는 "마음속에서 만든 원자"(mental artifact atom)가 의심스럽다는 뜻이었다. 아마도 그것은 잠정적으로는 사용될 수 있겠지만, 궁극적으로는 언젠가 사용되지 않고 폐기될 것이다.

원자와 그것에서 나왔다고 상정된 거시적 사실 사이에 커다란 차이가 있음을 지적했다는 점에서 마흐는 옳다. 그러나 둘 사이에 연속성이 전혀 없는가? 사실 원자와 거시적 존재자는 무수히 많은 속성을 관찰 가능한 존재자와 공유하며, 동일한 법칙에 따라 움직인다. 막스 플랑크 (1909)가 제시한 예를 보면, 수소 원자의 원자량은 잘 정의되고 정확히 계산된 속성이다. 우리는 저울을 사용해 이것을 측정할 수는 없으나, 달의 무게를 계산하고 그 값이 매우 정확하다고 말할 때도 저울을 쓰지 않는다. 달의 가시성과 원자의 비가시성은 지금 다루는 주제와 무관할 수도 있다. 그러나 우리는 달의 질량을 계산하는 데 사용한 바로 그 방법을 써서 관측할 수 없었던 행성의 무게를 계산할 수도 있다. 해왕성이 망원경으로 관측되기 이전에 그랬던 것을 생각해보라.

어찌되었든 연속성 원리가 힘이 있다면, 그것은 다음 요구가 설득력 있기 때문이다. 이 원리는 인과적 간극을 허용하지 않으며, 따라서 현상 간의 인과적 연속성을 복원해야 한다는 요구를 제기한다. 보이지 않는 진동을 상정하는 일은, 이것이 막대의 진동이 가시적일 때와 어떠한 진동도 가시적이지 않을 때 이들 현상 사이의 **인과적 연속성**을 가능하게 하기 때문에 합당하다. 연속성의 원리에 따르면, 진동이 내놓는 몇 가지 효과를 탐지할 수 있기 때문에 보이지 않을 때도 진동은 여전히 그 자리에 있다. 하지만 이런 식의 인과적 연속성이 잘 작동한다면, 이 연속성을 진동에만 국한할 이유가 없고, 또한 원자까지 이 논증을 확대하지 못할 이유도 없다. 게다가 원자 역시 몇몇 이론에서는 현상과 물리량 사이의 인과적 연속성을 성립할 수 있도록 상정된 존재자였다. 예를 들어 [이상 기체 이론ideal gas theory에서] 기체의 온도와 압력 사이의 관계가 바로 그런 사례다. 보이지 않는 존재자는 그것을 상정할 경우 존재론적으로 서로 떨어진 현상 사이의 인과적 연속성이 복원된다는 사실 때문에 '쓸모 있다.' 이것이 보이지 않는 존재자를 상정하는 진정한 핵심 이유다.

원자 가설을 거부한 마흐의 견해는 (연속성의 원리를 위배한 것임에도 불구하고) 원자 과학 그 자체로부터 상당히 심각한 타격을 받았다. 프랑스의 물리학자 장 페랭(1870~1942)은 그의 책 『원자』(Les Atomes)에서 자신의 실험을 요약하는 한편 분자 및 원자의 실재에 대한 증거를 제시했다. 그는 아보가드로 수($1mol$의 기체 안에 들어있는 분자의 수)의 정확한 값을 계산해낸 13가지의 서로 독립적인 방식을 제시했다. 이런 놀라운 발전은 원자 실재론자들에게 막강한 논거를 제시하였으며, 원자 가설에 대해 앙리 푸앵카레가 쓴 뒤늦은 전향서를 통해 적절히 표현되었다. "우리는 그것이 얼마나 많은지 셀 수 있으며, 따라서 그것은 존재한다." 좀 더 표어다운 형식으로 써보면, **"우리는 그것을 셀 수 있으며, 그러므로 그것은 존재한다."** 여기서 푸앵카레가 쓴 길고 아름다운 전향서를 함께 확인해보자.

페랭이 계산한, 원자 수에 대한 명민한 결정 방식은 원자 가설의 승리를 완성시켰다. 이 모든 것의 설득력은 전적으로 다른 과정에 의해 획득된 결과가 서로 여러 차례 부합한다는 데서 온다. 얼마 전까지만 해도 [서로 다른 방법으로 구한] 아보가드로 수의 자릿수가 동일하기만 해도 그건 지독한 행운일 것이라는 생각이 일반적이었다. 우리는 유효 숫자 첫 자리가 동일해야 한다고 요구했던 적도 없다. 그러나 바로 그 첫 자리 수가 이제 결정되었다. 또한 여기에 원자가 지닌 것 가운데 가장 다양한 속성이 반영되었다는 점 역시 주목할 만하다. 브라운 운동에서 도출된 과정이나 방사선 관련 법칙에서 유도한 과정에서는 원자의 수를 직접 계산하는 것이 아니라 자유도를 계산한다. 하늘의 파란색을 사용하는 측정 방법에서는 원자들의 역학적 성질이 어떠한 역할도 수행하지 않는다. 해당 방법에서 원자들은 광학적 불연속성의 원인으로 간주된다. 마침내 라듐이 사용되자 발사체(projectile)의 방출량을 셀 수 있게 되었다. 우리는 설사 불일치가 있더라도 그리 이상하지 않은 지점에 도달했다. 하지만 운 좋게도 우리는 그런 불일치와 마주하지 않았다. 화학자들의 원자는 이제 실재다. (1913[1963]: 91)

푸앵카레는 아주 흥미로운 지점을 지적하고 있다. 원자는 비록 비가시적이지만 우리는 그 존재에 대한 수많은 간접적 증거를 축적할 수 있다. 특히 (일정한 부피 안에 있는) 원자의 수를 세는 서로 다른 방법들 모두는, 그리고 그렇게 헤아린 원자의 수가 일정한 수치로 수렴한다는 점은 이들 미시 존재자가 실재한다는 주장을 상당히 설득력 있게 만든다. 만일 우리가 그 실재성을 받아들이지 않는다면, 우리는 (이들 측정을 위해 사용된) 관찰 가능한 현상을 설명할 수도 없을 것이다. 또한 일정 부피 안에 담긴 원자의 수가 얼마나 되는지에 대해 그처럼 매우 정확한 값을 계산해낼 수도 없었을 것이다. 달리 말해, 원자가 존재하지 않음에도 원자 이론이 예측한 대로 모든 실험적 발견이 흘러간다면, 이는 대단한 우연일 것이다. 원자가 특정한 관찰 가능 현상을 일으키는 데 인과적으로 작용하는 다수의 그리고 서로 구분된 영역으로부터 원자 가설에 대한 경험적 지지를 확인할 수 있다는 사실은, 원자를 실재로 받아들여야 할 좋은 이유가 된다. 따라서 제거적 도구주의를 받아들일지 여부는 일정 부피 내에 얼마나 많은 원자가 포함되느냐와 같은 원자의 특정 속성을 다룰 경우 적합한 실험을 통해 완전히 결정될 수 있다.[1]

이론가의 딜레마는 어찌된 일인가?

마흐식 도구주의의 실패는, 도구주의가 살아남으려면 이론 담화가 겉보기와 달리 불필요하다는 점을 보여줘야 한다는 것을 시사한다. 크레이그 정리는 정확히 이 문제를 풀기 위해 등장한 것이다. 그 정리에 따르면 도구주의는 더 이상 환원가능성을 염두에 둘 필요도 없고, 이론 담화를 진릿값 없는 진술로 취급하는 파멸적인 귀결을 염려할 필요도 없다. 오히려 도구주의자들은 이론 명사의 의미론에 대해 모든 것을 잊어도 된다. 그렇다면 크레이그 정리는 제거적 환원주의를 더욱 강력하게 부추기는 방법일 수도 있다. 그 지지자들로서는 과학 이론이 현상의 영역 너머를 전혀 표상하지 않는다는 논제를 몸을 던져 옹호할 필요가 없다. 즉 제거적 도구주의의 지지자가 반드시 마흐의 노선을 따를 필요는 없다. 오히려 현상 너머에 무언가 있든 말든 사람들이 과학 이론의 범위를 관찰 가능한 현상에 묶어두기를 원하는 한, 제거적 도구주의자는 크레이그의 정리가 그런 일을 쉽게 수행할 수 있다고 지적하기만 하면 충분하다. 과학 이론의 이론적 부분은 이 정리를 통해 완전히 제거될 수 있다. 결국 과학 이론의 이론적 부분은 실재하는 무언가를 나타낼 수 있는 후보로 간주할 수 없다. 이 모든 것을 고려하면, 도구주의를 옹호하기 위해 고안된 크레이그 정리의 용례를 논박하는 일은 실재론자에게 매우 중요한 일이다.

1951년 발표한 박사논문에서 윌리엄 크레이그는 특정 조건 하에서 이론을 재구성할 수 있는 일반적인 방법을 제시했다. 어떤 일차 이론 T가 주어져 있고, T의 하위 어휘로서 유효하게 지정되어 있는 O가 있다면, T의 정리와 일치하면서도 하위 어휘 O에 속하는 상항(constant) 이외에는 어떤 상항도 포함하지 않는 다른 이론 T'를 구성할 수 있다. 헴펠은 이 정리가 폭넓은 의미의 중요성을 가진다는 것을 깨달은 첫 번째 철학자이다. 어떤 과학 이론 T에 대해서든, T는 관찰 어휘 V_O로 정식화된 T 속의 모든 정리와 오직 그 정리만으로 구성된 다른 이론인 Craig(T)로 대체가능하다.

크레이그는 그렇게 하려면 다음 두 조건이 만족되어야 한다고 요구한다.

1. 본래 이론 T에서 논리 연결사를 제외한(non-logical) 어휘들이 상호 배타적인 두 개의 집합으로 나뉠 수 있고, 또한 두 집합 중 아무 데도 속하지 않는 부분은 없다고 해보자. 이때 한 집합은 모든 이론 명사를 포함하는 동시에 오직 이론 명사만을 포함하며, 다른 집합은 모든 관찰 명사를 포함하는 동시에 오직 관찰 명사만을 포함한다. 이제 $V_T (= T_1, T_2, \cdots, T_n)$를 이론 어휘, $V_O (= O_1, O_2, \cdots, O_n)$를 관찰 어휘라 부르자.

2. 이론 T는 공리화될 수 있으며, T 속의 증명 집합(이론 T를 이루는

공리들과 그로부터 이미 추론된 모든 것들에 대해 추론 규칙을 적용한 결과들의 집합)은 유효하게 정의되어 있다.

그런 다음, 크레이그는 이런 공리로 어떻게 새로운 이론 Craig(T)를 구성할 수 있는지 보여준다. 무한히 많은 공리 집합이 있지만(본래 이론 T의 공리 집합이 아무리 단순하더라도 논리 연산을 반복하면 무한개의 공리 집합을 산출할 수 있다), 임의의 공리가 어떤 공리 집합에 속하는지 결정하는 효과적인 절차가 있다. 본래 이론 T를 대체하는 Craig(T)는 T의 모든 관찰 가능한 결과가 Craig(T)에서도 도출된다는 점에서 T와 '기능적으로 동치'이다. 또 Craig(T)는 T에서 성립되는 관찰 문장들 사이의 연역적 연결을 모두 성립시킬 수 있다. 따라서 V_O로 이루어진 문장 O_O의 경우, T가 O_O를 함축한다면 Craig(T) 역시 O_O을 함축한다.(Hempel 1958: 75~76, 1963: 699 참조)[2]

크레이그 정리가 경험론 프로젝트에서 어떠한 중요성을 지니고 있는지는 명백하다. 도구주의자들은 과학을 이해하기 위해 어떤 이론적 존재자의 존재도 인정할 필요가 없다고 주장한다. 크레이그 정리는, 이론이 설정한 관찰 가능한 대상들 사이의 연역적 연결에 어떠한 손실도 없이 이론 명사를 모조리 관찰 명사로 대체할 수 있음을 입증함으로써 도구주의에 날개를 달아준다. 헴펠(1958: 49~50)은 크레이그 정리의 중요성을 **이론가[*]가 마주치게 되는 일종의 딜레마 형태**로 보여준 바 있다. 만일 어떤 이론 명사나, 특정 과학 이론이 제안한 일반 원리가 해당 이론의 경험적 귀결을 연역적으로 체계화하는 목적에 부응하지 않는다면,

---

[*] 여기서는 일반적 의미의 이론가를 말하는 것이 아니라, 이론 명사로 법칙적 이론을 구성할 수 있다고 보는 과학이론가를 가리킨다.

그런 명사나 원리는 불필요하다. 그러나 해당 이론에 대한 크레이그 정리가 있다면, 해당 이론 명사나 원리가 그 목적에 부응한다고 하더라도 결국 이들은 크레이그 이론으로 대체될 수 있다. 법칙에 대한 해석 진술이라면, 그것은 관찰 가능한 대상을 지시하는 전건 및 후건을 직접 연결하는 또 다른 법칙에 의해 대체될 수 있기 때문이다. 그런데 무엇이 되었든 이론 명사 또는 원리라면 그것은 관련된 경험적 귀결을 설명하는 목적에 부응하거나 그렇지 않거나 둘 중 하나다. 결국 어떤 이론에 속하든, 모든 이론 명사와 원리는 경험 명사와 법칙으로 대체가능하다.

과학 언어의 부자연스러운 분할

그러나 사실 크레이그 정리는 방금 말한 것만큼 그렇게 위력적인 것은 아니다. 무엇보다도 크레이그 정리를 활용하려면 이론의 언어를 두 어휘군으로 나눌 필요가 있다. 따라서 이 정리를 활용할 수 있다는 제안에는 과학의 언어를 이론/관찰 어휘로 나눌 수 있다는 주장 이상의 의미가 없다. 그런데 이론 명사와 관찰 명사를 나눌 때 의존할 수 있는 원리는 어디에도 존재하지 않는다.

이것은 1960년대 초 논리경험주의에 가해졌던 공격이 그간 당연시되던 이론 명사와 관찰 명사 사이의 이분법을 무너뜨리는 일을 가장 중요한 과제의 하나로 삼았다는 점에서도 잘 드러난다. 관찰 가능한 존재자와 관찰 불가능한 존재자 사이에 차이점이 분명 있다 하더라도 이 차이는 매우 산발적이고 맥락 의존적이다. 따라서 관찰 불가능한 실재만을 지시하는 명사와 관찰 가능한 존재자만을 지시하는 명사를 절대적이고도 엄격하게 구분하는 기준선을 그을 수 없다는 것이 한 가지 주된 반대 논거였다. 예를 들어 명사 '전자'(electron)를 살펴보자. 이 명사를 안개상자를 활용한 입자 검출 실험을 기술하기 위해 사용할 경우 이론적이다. 그러나 이 명사를 오늘날의 입자 가속기를 통한 다른 기초 입자 검출을 기술하기 위해 사용할 경우 관찰적이다. 이런 사례와 다른 많은 사례에 기초하여, 피터 애친스타인(1965)과 다른 저자들(Feyerabend 1958, 1965; Hesse 1970a)은 맥락에 따라 이론 명사의 집합을 다르게 기술할 수 있다고 제안했다. 특정한(아마도 대부분의) 단어는 맥락 C_1에서는 '이론적'이라고 분류할 수 있으나, C_2에서는 '관찰적'이라고 분류할 수 있다. (물론 역의 상황도 벌어질 수도 있다.) 그렇지만 이들을 서로 구분할 수 있는 원리는 어디에도 없다. 하나의 집합은 관찰 가능한 모든 술어와 오직 그것만을 포함하는 반면, 다른 하나의 집합은 관찰 불가능한 모든 술어와 오직 그것만을 포함하게끔 설정하는 것은 불가능하다.

퍼트넘은 이런 생각을 극단까지 밀어붙이기 위해 다음과 같이 말한다. "만일 관찰 명사가 원리상 오직 관찰 가능한 대상에 대해서만 사용될 경우, 관찰 명사란 전혀 존재하지 않는다."(1962: 218) 이 논증에서 중요한 부분은 관찰 명사가 없다는 말이 아니다. 오히려 이 논증은 관찰 명사와 이론 명사 사이를 깔끔하게 자르는 이분법이 가능하다는 논제가 귀류적*이라는 주장을 담고 있다. 어떠한 관찰 명사라도 그 의미를 바꾸지 않은 채 관찰 불가능한 대상에 적용할 수 있기 때문에, 이른바 '관찰 명사'는 관찰 불가능한 존재자를 지시할 수 있다. 퍼트넘이 이용한 사례는, 뉴턴이 적색광을 설명하기 위해 적색 미립자를 사용했던 경우다. 이 같은 사례는 쉽게 떠올릴 수 있다. 또 그와 반대로 많은 이론 명사는 관찰 가능한 사태를 지시할 수 있다. (예컨대 손을 전선에 뻗으면 전

---

* *Reductio ad absurdum*. 상식이나 초기 조건상 참인 것으로 보아야 하는 진술이나 명제가 논증 과정에서 거짓인 것처럼 결론이 나오는 논증을 귀류 논증이라고 부른다.

기에 감전된다고 말할 수 있다.)

나는 관찰 명사나 관찰 술어가 **없다**는 견해를 지지하려는 것이 아니다. 오히려 관찰 가능한 명사와 이론 명사 사이의 어떠한 구분이든 그것은 많은 부분 실용적 고려에 기초하고 있으며, 따라서 의미론적으로든 인식적으로든 중요하지 않다는 견해를 강조하려는 것이다. 일정한 맥락 하에서는, 또는 어떤 이론이 다루고 있는 특정 집합에 있어서는, 이른바 '관찰' 명사와 '이론' 명사를 구분할 수도 있다. 다시 말해 지시되는 대상의 존재 여부가 주로 날 것 그대로의 감각(unaided sense)에 의존하고 있거나 기초적인 도구 및 통상적인 배경 이론과 쉽게 합치될 수 있는 명사인 '관찰' 명사와, 오직 간접적으로 또는 추론을 통해서만 지시되는 존재자를 가리키는 '이론' 명사를 구분할 수도 있다. 하지만 그와 같은 구분은 어떤 경우라도 절대적이거나 뚜렷한 구분이 아니다. 이런 구분의 유일한 목적은 입증을 돕는 데 있다. 과학 이론을 입증하기 위해서는 관찰 명사와 이론 명사를 느슨하고 실용적인 수준에서 구분하는 것만으로도 충분하다. 과학 이론은 그 관찰 언어의 경계선이 변동할 수 있음에도, 그리고 이 언어 안에 포함된 어떤 명사가 다른 맥락에서는 이론적이라고 간주될 수 있음에도, 공통의 '관찰' 언어 내에 안착해 있는 예측을 여전히 필연적인 수준으로 함축하고 있는 것으로 보인다.

이렇듯 관찰 명사와 이론 명사 사이의 구분이 절대적이지 않으며 다만 맥락 의존적이라면, 크레이그 정리를 응용하는 일도 맥락 의존적일 것이며, 이렇게 되면 크레이그 정리의 위력 또한 대부분 상실되고 말 것이다. 어떤 명사들은 그것이 이론적이라고 간주되는 곳에서는 결국 제거될 수 있을지도 모른다. 그러나 바로 그 명사가 '관찰적'이라고 간주되는 곳에서는 제거될 수 없다. 크레이그 정리는 이른바 '총체 과학', 즉 모든 명사가 두 개의 하위 집합으로, 모든 맥락에서 이론적인 집합과 나머지로 나뉘는 과학에 적용하기 위한 의도를 가지고 있다고 주장할 사람이 있을지도 모르겠다.(Hooker 1968 참조) 그 어휘가 두 개의 집합으로 완전히 분할될 총체 과학을 구현하기 위해 대체 어디까지 상상력을 넓혀야 하는지를 논외로 한다면, 이러한 입장은 **논리적**이다. 크레이그 정리는 만일 우리가 그렇게 하고자 한다면, '원치 않는' 명사의 집합을 생략할 수 있다는 것만큼은 보장한다. 그러나 비록 어떤 논리적 관점에서는 이론 명사 없이 논의를 할 수 있다고 하더라도, 과학 이론이 크레이그 정리의 활용에 의해 결과적으로 더 궁색한 처지에 빠지게 되는 데는 도구주의자들이 이미 인정한 대로 두 가지 흥미로운 이유—이 가운데 두 번째는 더욱 강력한 이유라고 할 수 있는데—가 있다.

통시적 이득과 귀납적 지지

어떤 이론을 크레이그 변형으로 대체한다면, 그 이론은 중요한 특징 가운데 일부를 잃게 될 것이다. 특히 이론의 단순성 및 예측적 풍부함을 잃을 것이다. $\text{Craig}(T)$가 어떤 이론 T를 대체한다면, 이론 체계를 비교하는 방법의 단순성은 사라질 것이다. $\text{Craig}(T)$는 본래 이론의 공리가 얼마나 적고 단순하며 우아한지와는 무관하게, 언제나 무한히 많은 수의 공리를 포함하게 된다. 또한 T를 $\text{Craig}(T)$로 대체한다면, 과학 이론은 예측적 풍부성을 상실할지도 모른다. 동일한 관찰 어휘 및 이론 어휘를 포함하며, 서로 일치하는(개별적으로도 일치하며 한데 묶어서도 일치하는) 두 이론 T_1과 T_2가 있다고 해보자. 또한 T_1과 T_2를 $T_1 \& T_2$로 결합해보자. 일반적으로 $T_1 \& T_2$는 T_1 단독 또는 T_2 단독으로는 함축하지 않으며 관찰 가능한 추가적인 예측을 함축한다. 만일 T_1을 $\text{Craig}(T_1)$으로,

T_2는 Craig(T_2)로 대체한다면 Craig(T_1)&Craig(T_2)라는 연언 이론을 구성할 수 있겠지만, 이런 연언 이론은 결국 추가적인 예측을 제시하는 데 실패할 것이다. 따라서 일반적으로 Craig(T_1)&Craig(T_2)의 관찰 가능한 예측 집합은 T_1&T_2의 관찰 가능한 예측에 포함되는 부분집합일 것이다. 여기서는 본래 이론 T가 Craig(T)를 초과하는 **잠재력**이 있다는 점이 핵심이다. T의 이론 명사는 새로운 예측을, 즉 Craig(T) 단독으로는 결코 만들어낼 수 없는 관찰 가능한 예측을 가져올 수 있을 것이다.[3]

하지만 이 논증이 이야기의 전부는 아니다. 완고한 크레이그주의자들은 그들의 무기에 여전히 위력이 남아있으며, 동시에 아주 거칠지만 그럼에도 불구하고 크레이그 형으로 바뀐 총체 과학은 이론 명사가 대체가능하다는 점을 보여준다고 말한다. 하지만 이런 결론은 너무 성급하다. 크레이그의 정리를 상세히 살펴보면, 이 정리가 우리에게 무언가를 버리기를 강요하면서도 어떤 선택지를 제공한다는 점이 명백해진다. 헴펠은 이를 다음과 같은 천재적 방식으로 보여준 바 있다. (이 문장은 그의 '이론가의 딜레마'가 제시되기 오래 전에 쓰인 것이다.) "발표되지 않은 박사논문에서 크레이그는 어떤 이론이 필수적이라는 생각 **또는** 설명이 연역적이라는 생각에 타격을 입히는 정리를 증명한 바 있다."(Carnap Archive, University of Pittsburgh, Doc. 090-62-06. p. 4) 따라서 누구든지 관찰 가능한 현상에 대한 연역적 체계화를 다루려면 이론 명사가 대체가능하다는 선택지를 택하거나, 이론은 단순히 연역적 연결을 성립시킬 뿐만 아니라 귀납적 연결 또한 성립시킨다는 선택지를 택해야 할 것이다. 이론 명사를 폐기하는 대신, 관찰 가능한 대상 사이에서 이들이 수행하는 **귀납적 연결**을 성립시키는 역할을 확대하는 선택지를 취할 수 있다. 이 경우, 이론 명사는 더 이상 대체가능하지 않을 것이다. Craig(T)

는 더 이상 T와 기능적으로 동치가 아니다.

헴펠(1958, 1961)은 이론이 대체 어떻게 관찰 가능한 대상 사이에서의 귀납적 추론을 성립시킬 수 있는지를 검토하면서 몇 가지 사례를 제시한 바 있다. 기본적 생각은 다음과 같다. 많은 과학 이론은 몇 가지 관찰 가능한 예측을 함축하지만, 자체적으로는 그런 예측을 함축하지 않는 이론적 가설들도 포함하고 있다. 그렇다면, 예를 들어 어떤 가설 H(또는 가설들의 다발)는 관찰적 예측 $O_1, O_2, \cdots, O_n$을 함축할 것이다. 이런 예측이 있다면, 비록 이들 관찰적 예측으로부터 H를 연역적으로 추론할 수는 없다 해도 H라는 결론을 귀납적으로 도출할 수는 있다. 여기에 더해 H가 다른 이론적 가설들과 한데 뭉쳐 검사 가능한 예측 O_{n+1}을 추가로 함축하게 된다고 가정해보자. 이러한 새로운 예측은 관찰적 귀결 $O_1, O_2, \cdots, O_n$ 그 자체에 의해서는 제기되지 않을 것이다. 오히려 방금 제시한 논리적 가정에 비춰보면, 도출 결과 O_{n+1}은 본질적으로 귀납적으로 추론된 이론적 가설 H를 받아들이는 데 의존한다. 따라서 $\text{Craig}(H)$가 $O_1, O_2, \cdots, O_n$과 O_{n+1} 사이의 귀납적 연결을 성립시키지 못할 경우 H는 대체할 수 없다.[4]

주로 이 마지막 지적에 기초하여 헴펠 자신은 크레이그 정리가 "거짓 전제 위에서 출발하고 있다"(1958: 87)라는 말로 이론화의 역설을 처리했던 바 있다. 과학 이론은 데이터를 연역적으로 체계화한 것 **이상이다**. 도구주의자들에게도 호소력 있는 과학의 성과 가운데 일부가 완전히 뒤집히지 않는 이상, 과학 이론이 연역적 체계의 일종이라고 해석해야 할 강력한 이유는 없다.

도구주의와 확률 진술

나는 모든 종류의 통사론적 도구주의를 흔드는 또 다른 논증을 제시하고 싶은 유혹을 참기가 어렵다. 통사론적 도구주의가 과학 이론을 해석되지 않은(또는 반만 해석된) **통사적 구조**로 취급하려는 입장인 한 그렇다.

통사론적 도구주의자는 관찰 가능한 예측에 대한 해석과 무관하게, 이론을 분석하고 사용하는 데 필요한 모든 것은 이론의 통사적 구조를 포착하는 작업뿐이라고 주장한다. 과학 이론은 진릿값을 가진 진술들로 구성되어 있지 않을 수도 있고, 더 나아가서는 관찰 가능한 대상 이외의 것에 대해서는 진릿값을 가진 어떤 주장도 내놓지 못할 수도 있다. 만일 이런 식의 도구주의가 과학 이론에 대한 적합한 해명으로 받아들여진다면, 과학 이론으로는 특정한 관찰 가능 현상이 일어날 확률이나 예측이 맞게 될 확률이 얼마인지 그 값을 할당할 수 없을 것이다. 또한 그 누구도 일정한 예측 하에 수행된 특정 실험 절차를 해석할 수 없을 것이다. 그러나 우리는 과학 이론으로 이런 목표들을 충분히 수행할 수 있으므로 통사적 도구주의의 해석은 틀린 것임에 분명하다. 이제 그 이유를 설명하겠다.

원자 가설을 문자 그대로 받아들일 경우, 방사성 물질 U_{235}(우라늄 235)가 일정량 이상 함유된 두 암석 덩어리가 서로 결합하면 핵폭발이 일어날 것이라는 예측에 일정한 확률을 할당할 수 있다. 할당된 확률 값은 임계 질량과 두 암석 덩어리의 질량을 합한 값 사이의 차이, 즉 원자 이론으로부터 도출된 질량 값과 물체에서 측정한 질량 값의 차이에 의존한다.* 물론 원자 이론은 보통의 암석과 우라늄 암석의 차이 또한 짚어준다. 이제 우리가 원자 이론을 이해하려고 노력하는 대신 이를 단순한 통사적 연산, 즉 몇몇 관찰 명사와 술어로 포장되어 있으며 논리-수리적 구조에서 주로 사용되는 파라미터로 가득 차 있는 이해 불가한 구조물로 취급한다고 가정해보자. '암석'이나 '폭발'도 관찰 명사 및 술어에 해당하므로, 원자 이론의 도구주의적 버전 역시 두 암석이 합쳐지면 폭발이 일어날지 모른다고 예측할 것이다. 하지만 이론에 대한 해석이 없을 때도 이런 관찰 가능한 예측만은 남는다고 말할 수는 없다. 더욱 중요한 것은 이것이다. 원자 이론에 대한 문자 그대로의 해석 없이는 이런 관찰 층위의 예측, 즉 두 암석의 충돌 사건 O_1이 폭발 사건 O_2를 일으킨다는 예측을 구체적으로 해명할 수 있는 어떠한 토대도 존재할 수 없다. 두 암석이 한데 합쳐지면 임계 질량이 넘게 되는 우라늄 암석인지 여부가 확인되지 않는다면(이런 사실에 대한 언급을 기술구 T라 부르자), $prob(O_2/O_1)$의 값은 결정될 수 없다. 그러나 기술구 T를 받아들일 경우, $prob(O_2/O_1 \& T)$의 값은 결정될 수 있고 쉽게 계산될 것이다.[5]

따라서 해석되지 않은 연산 체계는 그것을 통해 일정한 통사적 틀 아래에서 여러 관찰 가능한 현상을 체계화할 수 있다고(즉 이론의 외양을 가졌다고) 할지라도, 해석된 이론과는 달리 그로부터 특정한 예측을 도출하는 데 사용할 수 없다. 물론 이런 논점이 유효하다고 해도, 과학 이론을 의미 있는 것으로 취급하면서도 그 진위에 대해서는 불가지론적 태도를 취하는 입장에 반대하여 우리가 그 이론이 실재를 보여주고 있

---

* 우라늄 235의 임계 질량은 54kg이다. 이보다 가벼운 우라늄괴에서는 방사성 붕괴에서 나온 자유 중성자의 수가 외부 탈출, 타 우라늄 원자핵으로의 흡수 등으로 인해 안정적이다. 그러나 임계 질량을 넘으면 탈출 비율이 낮아지고 방사성 붕괴하는 원자핵이 점차 늘어나면서 내부의 자유 중성자가 계속 늘어나서 연쇄 핵분열을 일으키고 결국 핵폭발로 이어진다. 즉 임계 질량과 실제 질량의 차이로 핵폭발 확률을 알 수 있는 것이다.

다고 반드시 믿어야 한다는 뜻은 아니다. 그러나 이 논증을 받아들인다면, 우리는 분명 과학 이론을 단지 현상을 분류하는 통사적 구조 이상의 무언가로 보고 있는 것이다.

여기서의 초점은 이론 담화가 언제나 관찰 존재자를 능가하는 '초과적 내용'을 지닌다는 것이다. 물질적 대상에 대한 이론적 주장을 관찰 주장으로 환원할 방법은 없다. 따라서 관찰 가능한 존재자에 국한된 존재론만으로는 이론 주장의 진리 조건을 제시할 수 없다. 나아가 만일 제거적 도구주의에 반대하는 논증을 받아들일 경우, 유일하게 가능한 선택지는 의미론적 실재론을 받아들이는 것뿐이다. 이것이 많은 계몽된 경험론자들이 택한 선택지이기도 하다. 경험론자들 사이에서 이 선택에 대한 저항이 있었던 것은 어딘가에 대안이 있을 것처럼 보였기 때문이다. 다시 말해서 실재론을 받아들이지 않을 방법이 있는 것처럼 보였기 때문이다. 바로 이것이 뒤엠의 도구주의 노선이었다. 요약하자면, 이 주장은 관찰 불가능한 존재자를 인정하지 않고도 이론적 담론을 이해할 수 있다는 내용이었다. 즉 과학 이론이 제시하는 이론적 설명은 등가의 다른 설명으로 대체가능하다는 데 기초하여 이론적 존재자를 인정하지 않을 수 있다는 것이 뒤엠의 입장이었다. 뒤엠의 도구주의는 과학의 목적에 대해 실재론과는 다른 관점을 받아들임으로써 실재론에 맞서려 한다. 뒤엠에 따르면, 실재론자들의 주장과 달리 이론은 현상을 설명한다는 목표를 가지고 있다고 할 수 없다. 다음 절에서는 이런 뒤엠의 생각 가운데 일부를 상세히 검토할 것이다. 이 노선의 뒤를 잇는, 그리고 수많은 흥미진진한 변형을 거친 한 타래의 사유 방향에 대해서는, 반 프라센의 '구성적 경험론'에 대해 논의하는 9장(371~372쪽)에서 살펴볼 것이다.

뒤엠 I : 반설명주의적 도구주의

원자에 대한 페랭의 실험 이전은 물론 그 이후에도 원자의 존재는 (다른 관찰 불가능한 존재자와 마찬가지로) 원자 가설을 해명할 수 있는 그 설명적 가치에 주로 근거했다고 할 수 있다. 다시 말해, 원소의 화학적 조합에서 기체에 대한 역학적 이론을 거쳐 브라운 운동에 이르는 광범위한 현상을 설명할 수 있는 가치가 있었기에 원자의 존재를 상정했던 것이다. 앞서 우리는 푸앵카레조차 그와 같은 생각에 기울어져 있었다는 점을 목도한 바 있다. 그런데 이 같은 생각, 곧 과학 이론이 현상을 설명하려는 목표를 지녀야만 한다는 주장을 거부하는 데서 도구주의의 한 가지 흥미로운 분파가 생겨난다. 이 분파가 바로 뒤엠이 옹호한 입장이다. 뒤엠은 매우 심원한 사유를 전개했던 사람이며, 따라서 그의 복잡한 생각을 몇 쪽의 서술만으로 올바르게 평가할 수는 없을 것이다. 여기서 나는 오로지 뒤엠이 실재론 대 도구주의 논쟁에 대해 취했던 입장에 대해서만 살펴볼 생각이다.[6]

뒤엠의 입장은 코페르니쿠스의 책 『천구의 회전에 관하여』(1543)에 익명으로 붙인 유명한 서문에서 이미 예견된 것이다. 서문의 실제 저자 안드레아 오시안더는 이렇게 말한다.

> 천문학자의 일은 다음과 같이 구성된다. 끈덕지고 정교하게 진행되는 관측이라는 수단을 통해 천체 운동의 역사를 수집한 다음, (어떤 추론으로도 이러한 운동의 진정한 원인에 도달할 수는 없기에) 기하학의 원리를 사용하여 과거와 미래의 동일한 운동을 계산할 수 있도록 자신이 원하는 가설을 고안하거나 구성하는 것이다. (…) 이들 가설이 참일

필요는 없다. 그 비슷한 것일 필요도 없다. 그가 이끌어낸 계산이 관측 결과와 부합한다면 그것으로 충분하다. (뒤엠의 인용 1908: 66)

비록 여기서는 오시안더가 천문학에 대해서만 이야기하고 있으나, 그의 말은 과학 이론에 대해 뒤엠의 도구주의가 어떤 접근방식을 취하고 있는지를 가장 정확하게 진술한 말이다. 이들은 오직 **현상을 구출하는** 일, 다시 말해 현상을 그 안에 포함시킬 수 있는 (대부분 수학적인) 틀을 제공하는 것을 목표로 삼고 있다. 반대로 과학 이론에 대한 실재론적 접근방식―코페르니쿠스 자신이 옹호한 방식―은 뒤엠이 천문학의 사례에서 말했듯이 다음과 같다. "완전히 만족스러운 천문학은 참이면서 사물의 본성에 일치하는 가설의 토대 위에서만 구축될 수 있다."(1908: 62)

뒤엠은 설명이란 과학의 관심사가 아니며 오히려 형이상학의 관심사라는 전제에서 출발한다. 어떤 현상의 집합에 대한 설명은 "마치 베일과도 같이 실재를 가리고 있는 외양을 벗겨내고 벌거벗은 실재 그 자체를 보려는" 목표를 가지고 있다. 그러나 뒤엠은 '외양의 베일' 뒤에 있는 것을 살펴보겠다는 생각은 형이상학의 영역에 속하는 것이라고 보았다. 과학은 오직 경험에만 관심을 기울이며, 이런 관심의 목표는 "설명이 아니다. 그것은 **몇몇 원리에서 도출된 수학적 명제들의 체계, 즉 가능한 한 단순하고 완전하며 정확하게 경험 법칙의 집합을 나타내는** 것을 목표로 한다."(ibid.: 19) 따라서 물리학은 현상을 설명하는 일을 목표로 하지 않으며, 현상 '밑에' 있는 실재를 기술하는 것을 목표로 하지도 않는다. 문제의 현상에 귀속시킬 수 있는 기술을 수학의 틀로 제시하는 것이 바로 물리학의 목표이다. 분명 문제의 현상은 어떠한 수학적 틀 속에도 들어있지 않으나, 이 틀은 가장 포괄적인 분류를 제공할 것이다.

이러한 시각을 통해서 뒤엠은 이론에 얽매여 있는 관찰을 구해낼 수 있었다. 왜냐하면 현상들의 특정 집합을 포괄할 수 있는 수학 체계는 언제나 하나 이상 존재할 수 있기 때문이다. 그렇다면 과학자들은 이 가운데 무엇을 선택해야 할까? 뒤엠이 사례로 든 것은 프톨레마이오스의 지구 중심 행성계와 코페르니쿠스의 태양 중심 행성계 사이의 논쟁이다. 두 체계는 서로 다른 가설 집합을 수단으로 사용하지만, 둘 다 행성의 겉보기 운동에 아주 훌륭하게 들어맞는다. 그런데 만일 문제가 되는 것이 관련된 현상을 체계적으로 분류하는 작업일 뿐이라면, 그리고 프톨레마이오스 체계가 이를 달성하였다면, 도구주의자들이 코페르니쿠스 체계를 수용해야 한다고 주장할 수 있는 이유는 무엇인가? 실재론자의 관점에서 보면 그 답은 명백하다. 프톨레마이오스 체계는 거짓인 반면, 코페르니쿠스 체계는 근사적으로 참이기 때문이다. 뒤엠 역시 코페르니쿠스 체계를 수용하라고 권하고 싶어 한다. 그러나 진리가 문제가 아니라면, 이런 선택은 과연 무엇에 근거할 수 있는가?

뒤엠의 제안은 이렇다. 가설 체계는 그것이 **"하나의 동일한** 공리 집합에 의해"(1908: 116) 모든 현상에 대해 가장 포괄적인 분류를 제시하는 경우 받아들일 만하다. 위 사례에서 이런 조건을 만족시키는 체계는 뉴턴의 체계다. 이 체계는 **모든** 현상을 정역학적, 동역학적으로 통합하고 구출하며, 우리 주변은 물론 우주의 가장 먼 구석의 현상까지 그렇게 한다. 코페르니쿠스 이론은 이 체계 내에 들어있으나 프톨레마이오스 체계는 그렇지 않기 때문에 뒤엠은 코페르니쿠스 이론을 받아들이기를 원하며 "프톨레마이오스 이론이 그릇됨을 인정해야 한다"(ibid.: 109~110)고 주장한다.

하지만 뒤엠은 오직 경험적 사실에 대한 주장만이 참과 거짓의 관점에서 평가받을 수 있다고 강조한다. 그는 이렇게 말한다. "우리는 경험적 사실에 대해 주장하는 명제를 말할 수 있으며, 또한 오직 이것들만이 **참**이나 **거짓**이다."(1906: 333) 반면에 이론적 가설은 진릿값을 가지지 못한다. 그는 이렇게 말한다. "이론에 의해 도입된 명제들은 참도 거짓도 아니다. 이들은 다만 **편리**하거나 **불편**한 것일 따름이다."(ibid.: 334) 또한 다른 곳에서는 이렇게 말하기도 한다. "[이론이 제시한] 가설은 사물의 본성에 대한 판단이 아니며, 다만 실험법칙에 부합하는 결과를 제공하기 위한 전제일 뿐이다."(ibid.: 39) 따라서 뒤엠의 시각에서 볼 때 과학이론을 통해 주장되는 모든 것은 그 이론들이 현상과 부합하거나 그렇지 않다는 점뿐이다. 부합한다면 이론은 경험적으로 적합한 것이다. 부합하지 않는다면 이론은 경험적으로 부적합한 것이다.(ibid.: 21)

그러나 뒤엠의 반설명주의적 입장 역시 특정한 형이상학에 근거하고 있는 것 아닌가? 사람들은 뒤엠의 입장이 경험의 역할과 한계 모두를 불필요하게 팽창시켰다고 정당하게 생각할 수도 있다. 알 수 있는 것, 그리고 인식적으로 접근 가능한 것을 제한하는 '인식의 베일'을 드리운다는 것이다. 뒤엠의 관점을 따른다면, 과학은 이 베일을 관통하여 숨겨져 있고 관찰 가능하지 않은 존재자를 드러낼 수 없다. 아마도 뒤엠은 과학이 현상을 넘어 도달할 수 있는 것은 아무것도 존재하지 않는다고 보고 있을 수도 있다. 그런데 이런 입장은 결국 경험론적 형이상학이라고 해야 하는 것 아닌가? 그렇다면 형이상학에 아예 발을 들이지 말아야 한다는 그의 주장은 자신의 입장의 일관성을 해치는 것 아닌가?

하지만 여기에 긍정으로 답하는 건 잘못일 것이다. 그 이유는 이런 형이상학적 입장을 뒤엠이 취하지 않았기 때문이다. 그는 물리학이 다음 두 질문에 먼저 답하지 않고서도 발전할 수 있다고 제안하려 한다. 감각적 외양과 분리된 물리적 실재가 존재하는가? 그리고 그런 것이 존재한다면, 그런 실재의 본성은 무엇인가?(1906: 10 참조) 뒤엠은 이들 질문을 답할 수 없는 질문이라고 주장하지 않았다. 오히려 그가 제안했던 것은, 이들 질문에 대해 답하는 것을 피하고 **불가지론적 태도**를 취하는 데 있었다. 더 구체적으로 말해보겠다. 뒤엠은 물리학을 성공적으로 수행하기 위해 이들 질문에 답할 필요는 없다는 관점을 지지했다. 바로 이것이, 뒤엠이 물리학의 '자율성'에 대해 말할 때 염두에 두었던 뜻이다. 과학은 현상에 대한 설명에만 전념할 필요가 없으며, 또한 관찰 가능한 현상 너머의 존재자에만 전념할 필요도 없다.(1906: 19~21)

뒤엠은 이렇게 말한다. 만일 과학 이론이 적절히 재구성되고 분석된다면, 문제되는 현상의 원인에 대한 설명과 가설(가령 원자 가설)에 과학자들이 매달려야 할 어떠한 필요도 없을 것이다.(ibid.: 304~305)[7] 하지만 뒤엠은 마흐와 달리, 관찰 어휘로만 이뤄진 **직접적 기술구**를 통해 이론 담화를 제거하려는 계획을 세우지 않았다. 사실 뒤엠은 그와 같이 분리된 어휘만을 가지고 유용한 말을 할 수 있다고 생각하지 않는다. 뒤엠은 모든 관찰이 이론 의존적이라는 논제로도 유명하다. 뒤엠의 주장은 이것이다. "물리학에서의 실험은 어떤 현상에 대한 단순한 관찰이 아니다. 오히려 이는 문제의 현상에 대한 이론적 해석이다."(1906: 144) 실험실 하나를 골라 들어가서, 도선과 연결된 전류계의 바늘이 보여주는 움직임을 관찰하는 물리학자를 바라보는 관찰자를 상상해보자. 그는 관찰된 사실에 대해 보고할 수 있다. 그 바늘은 특정한 방향으로 움직일 것이다. 하지만 물리학자들이 실제로 보여주고자 하는 것은 바늘의 움직임 자체가 아니다. 물리학자는 자신이 도선을 통해 흐르는 전기 흐름의 강도를 측정하고 있다고 말하고 싶을 것이다. 이 물리학자는 자신이 관찰한 것에 대해 이렇게 보고할 수 있다. "이러저러한 강도로 된 전류가 이 도선을 타고 흐른다." 과학에서의 관찰은 어떤 현상을 보고하는 행위 이상의 의미(그 현상의 의미가 무엇이든)를 가진다. 이는 어떤 현상을 몇몇 이론과 배경지식 아래서 **해석하는** 일이다. 또 엄격하게 말하자면, 과학자가 관찰한 현상 역시 이미 해석을 거친 규칙성 또는 사건이라고 해야만 한다.

그렇다면 뒤엠의 입장에는 어떤 균열이 있을지도 모른다. 한편으로 이론이란 진릿값을 가진 진술들의 구조물이 아니며, 다만 현상들을 포섭할 수 있다는 의미에서 편의성을 가진 체계일 뿐이다. 다른 한편으로 현상이란 어떤 이론을 통해 해석할 경우에만 의미 있으며, 결국 그 위치는 이론 내에서만 가능한 것이다. 뒤엠이 지적했듯이 이들 이론에 대한 이해가 없다면 우리는 "[물리학자들이] 제시한 진술의 의미를 이해할 수"(1906: 159) 없다. 하지만 이론이 현상을 분류하기 위해 사용되는 단순한 수행적 체계에 불과하다면, 우리는 대체 어떻게 그 이론을 이해할 수 있는가? 달리 말해, 만일 이론을 최소한의 진리 조건적 진술로 보지 않는다면, 대체 어떻게 그것을 이해할 수 있는가?

나는 여기서 이 주제에 대해 상세히 논의하지 않을 것이다. 이 주제가 이번 장에서 다루는 논지의 중심은 아니기 때문이다. 그러나 지금 제시하는 지적은 분명 곱씹어 볼 가치가 있다. 뒤엠이 이론 담화를 허구로 보는 허구론자들과 마찬가지의 입장을 가졌다고 보는 것이 유용해 보인다. 과학의 언어는 관련 이론을 이해하지 못하고는 과학자들이 하는 일을 아예 이해할 수 없을 만큼 이론에 감염되어 있다. 하지만 내가 보건대, 뒤엠에게 있어 이론의 언어를 이해하는 일은 다만 유용한 허구에 대한 이론적 이야기를 내놓는 장치로서 그 언어를 받아들이는 일이었을 뿐이다. 어떤 현상에 대한 해석이란 결국 이론이 제시하는 허구적 이야기의 체계 속에 그 현상에 대한 진술이 잘 들어맞도록 조정하는 문제이다. 그렇다면 전압계의 바늘이 보여주는 움직임을 '도선을 통한 전기적 흐름'으로 해석한다고 해서, 그런 해석을 하는 사람들이 어떤 이론적 이야기나 특정한 이론적 기술을 참으로 받아들인다고 할 수는 없다. 해석자들은, 다만 허구적 이야기를 받아들이거나 그 이야기를 확장해서 바늘의 움직임이 이론 속에서 자기 자리를 찾도록 함으로써 물리학자들이 말하는 내용을 이해하려고 노력할 뿐이다. 상황이 이와 같다면, 문제는 경험 과학을 포함한 모든 과학의 언어가 모두 이론 담화에 감염되어 있기 때문에 이론 담화가 결코 제거될 수 없다는 데 있다. 이론 담화를 유용한 허구로 취급할 수도 있지만, 이런 방향을 택한다 해도 그리 만족스러운 느낌을 받을 수는 없다. 우리가 실재한다고 보는 존재자, 그리고 허구적이라고 보는 존재자 사이의 구분선은 대체 어디에 그려야만 하는가?

나는 뒤엠이 비록 이론 담화가 어떤 현상을 해석해내는 데 있어 제거 불가능하다고 하더라도 여전히 그것이 잉여적이라는 결론으로 가려는 상당히 세련된 논증을 제시하고 있다고 본다. 뒤엠은 과학 이론의 이론적/설명적 가설이 잉여적인 것이라고 주장했다. 과학사는 이들 가설이 이론이 변화할 때 버려진다는 사실을 보여준다. 결국 뒤엠은 이론적 주장의 지위를 낮추는 **역사적–인식적 논증**을 제시하고 있는 셈이다. 이론적 주장이 문제의 현상을 해석하는 데 유용하게 쓰일 수 있다고 해서, 이들이 제공하는 설명이 과학 지식으로 수용된 총체의 일부를 이루는 것은 아니라는 것이다. 오히려 이런 설명들 모두는 궁극적으로 경험에 의해 진압되고 말 것이다.

이 논증을 뒷받침하기 위해 뒤엠은 이론을 두 부분으로 나눈다. **표상적**(분류적) 부분—실험법칙의 집합을 분류하는 부분—과 **설명적** 부분—"문제되는 현상의 기저에 있는 실재에 대해 무언가를 주장하는" 부분—이 바로 그것이다. 어떤 이론의 표상적 부분은 경험 법칙, 그리고 이들을 표현하고 체계화하며 이들을 서로 연관시키는 데 쓰이는 수학적 형식으로 구성되어 있다. 반면 설명적 부분은 문제 현상의 관찰 불가능한 원인에 대한 설명적 가설의 구축과 연관된다. 뒤엠은 어떤 이론의 설명적 부분이 표상적 부분에 **기생한다**는 과격한 주장을 내놓는다. 이런 관점을 뒷받침하기 위해 그는 과학사, 특히 광학 이론과 역학에 관심을 돌린다. 그는 어떤 이론 T가 새로운 실험적 사실 및 법칙을 밝혀내는 데 실패했기 때문에 포기되었다면, 그 표상적 부분은 그것을 계승한 이론 T' 속에 부분적으로 또는 온전히 남지만, T에 의해 제시되었던 설명은 **포기**된다고 주장한다. "과학에서 진압된 설명은 항상 파기된다"(1906: 33)는 것이다. 이것이 바로 과학적 실재론에 반대하는 중요한 논증의 핵심인 이른바 **비관적 귀납**이다. 결국 뒤엠의 초점은, 과학사란 자연 현상에 관해 제시되었던 설명들의 무덤으로 이루어져 있다는 것이다. 따라서 현행 과학이 제시하는 설명 역시 아직은 낙관적으로 받아들여도 된다는 아주 약간의 보장만 가지고 있을 뿐이다. 이들의 운명에 대해 우리가 알 수 있는 것은 이들 역시 결국에는 진압될 것이라는 사실뿐이다. 이 논지에 대한 충분한 논의는 5장까지 잠시 기다리도록 하자. 여기서 나는 이론을 두 부분으로 나눈 뒤엠의 구분에 대해서만 논의할 것이다.

뒤엠은 과학 이론의 표상적 부분과 설명적 부분이 아주 소수의 예외를 제외하면 대부분의 실제 과학 이론에서는 서로 뒤섞여 있다는 점을 아주 잘 알고 있었다. 그렇다면 두 부분은 대체 어떻게 구분해야만 하는가? 그의 기본적인 생각은 이런 것 같다. 이론의 표상적인 부분은 현상을 부호화하는 **수학적 형식**이며, 설명적 부분은 해당 현상의 **원인**이 무엇인지에 대한 가설이다. 가령 뉴턴이 말한 보편 중력의 법칙(만유인력의 법칙)을 생각해보자. 뒤엠은 이 법칙이 많은 부분 뉴턴 이론의 표상적 부분에 속한다고 보는데, 그것은 이 법칙이 모든 천체 현상을 포괄하는 법칙을 '농축하고' 있기 때문이다. 하지만 중력에 의한 이끌림 현상의 원인을 규정하려는 어떤 시도라도 그것은 설명의 영역에(또는 뒤엠의 말로는 형이상학에) 속하며, 이러한 영역은 물리학자의 관심 대상이 되어서는 안 된다.(1906: 47)

뒤엠은 여기서 너무 성급했던 것일까? 나는 표상적 부분과 설명적 부분의 구분이 의심스럽다고 본다. 다음 질문을 검토해보자. 왜 뉴턴의 법칙은 표상적이기만 하고 설명적이지는 않은가? 뉴턴의 법칙은 태양과 궤도를 도는 행성 사이에 서로 잡아당기는 힘이 있다고 보고 행성 운동이라는 현상을 설명한다. 이런 과정을 통해 이 법칙은 이론적 존재자, 곧 '중력'이라는 힘을 상정한다. 또한 이 법칙은 중력이라는 힘이 따르는 기본 방정식을 진술하고, 그 힘으로 행성 운동이 어떻게 설명되는지를 보여주면서 또한 수학적 방법으로 그 힘을 표현한다. 뉴턴의 법칙은 그 자체로는 중력에 의한 이끌림의 유래를 설명하지 않는다. 이 법칙은 중력을 그저 상정할 뿐이다. 하지만 이는 분명히 뉴턴의 법칙을 단순한 표상으로 만들지는 않는다. 중력에 의한 이끌림이 어떤 근원에서 나온 것인가 하는 문제는 그 자체로 설명을 필요로 한다. 즉 중력의 근원은 그 자체로 설명이 필요할 수 있지만, 그렇다고 해서 그러한 힘을 가정하는 것이 케플러의 하위 수준 법칙을 설명할 수 없다는 것을 내포하지는 않는다. 더 일반화해서 말하면, 과학적 설명(즉 이론적 가설)은 대체로 수학적 형태로 표현된다는 점에서 표상적이라 할 수 있지만, 일반적으로는 시험될 수 있는 예측 또한 포함한다. 또한 역으로, 자연법칙을 설명하는 수학 방정식 역시 다른 하위 수준의 법칙을 도출하기 위한 전제로 사용된다면 설명적이라 할 수 있을 것이다. 하지만 적어도 설명에 대한 주요 철학적 견해에 따르면(Friedman 1974, Kitcher 1981), 어떤 현상이나 법칙에 대한 설명은 그것이 어떻게 더 포괄적이고 근본적인 법칙 아래 포섭될 수 있는지를 보여주어야만 한다. 가령 케플러의 법칙은 뉴턴의 법칙에 몇몇 초기 조건을 더해 도출할 수 있다는 걸 보여줌으로써 **설명된다**는 것이다. 이런 식의 작업은 설명적인데, 그것은 이런 설명이 하위 층위의 법칙에 대한 이해를 증진시키기 때문이다. 또한 이 설명에 따르면 행성들은 케플러의 법칙을 따르지만, 동시에 궁극적으로는 뉴턴의 법칙에 따라 움직이는 것이기도 하다.

지적할 필요가 있는 다른 쟁점도 남아있다. 이론이 변화할 때 수학적 형식(방정식)이 상당 부분 보존된다는 데 의심의 여지가 없는 것은 사실이다. 그러나 이처럼 비경험적 영역에서 보존되는 것 모두가 수식의 층위에만 있는 것은 아니다. 이런 쟁점은 7장에서 워럴의 구조적 실재론에 대해 논의하면서 상세하게 다룰 것이다. 여기서는 과학이 하나의 이론에서 다른 이론으로 이행할 때 옛 이론이 새 이론에 의해 전적으로 대체되는 경우는 드물다는 점을 지적해 두는 것으로 충분하겠다. 경험 법칙의 층위와 수학적 방정식의 층위만큼이나, 관찰 가능한 현상을 해명하기 위해 일정한 인과적 존재자에 귀속된 이론적 속성이 보존되는 것 또한 흔한 일이다. 문제되는 현상을 설명하기 위해 옛 이론이 상정한 존재자와 새 이론이 상정한 존재자는 많은 측면에서 다르지만 또한 많은 측면에서 유사하다. 이론의 변화에도 불구하고, 이들 존재자들은 일정한 현상의 집합 속에서 동일한 인과적 역할을 수행하게 될 것이다. 또한 그것들은 몇 가지 기본 속성, 즉 현상을 일으키는 데 (인과적으로) 영향을 미치는 것으로 여겨지는 속성을 공통적으로 가지고 있다고 간주되기에 그런 역할을 수행하는 것인지도 모른다.

이처럼 일정한 존재자에 귀속되는 속성을 다루는 이론적 층위에 어떤 실질적 연속성이 있다고 할 경우, 새로운 이론과 그것에 의해 대체된 이론이 각기 상정한 존재자 또는 메커니즘 사이에는 **설명적 연속성**이 있다고 말할 수 있다. 또한 이러한 연속성은 설명 중인 현상 즉 피설명항 사이에서만 찾을 수 있는 것이 아니라, **설명항**의 층위에서도 나타난다. 여기서 언급한 논지는 5장에서 상세히 전개할 것이다. 즉 실재론을 '비관적 귀납'에 맞서 옹호하는 부분에서 상세히 논의할 것이다.

뒤엠 II: 도구주의에 대한 비판

뒤엠 이론의 도구주의적 부분이 어떻게 작동하는지 살펴보았으니, 이제는 과학 이론에 대한 도구주의적 이해에 맞서서 뒤엠 자신이 제시한 세 가지 주요 논증에 대해서도 언급해야 할 것이다.

이론가는 무엇을 하는가?

뒤엠의 첫 번째 논증은 도구주의가 과학적 직관과 모순된다는 것, 즉 과학 이론이 실험을 통해 축적된 정보를 분류하는 수단 이상이라는 직관과 모순된다는 것이다. 이 직관에 따르면, 이론은 이 세계에 대한 이해를 촉진하는 것을 목표로 한다. 이제 어떤 물리학자가 과학 이론을 다만 경험 법칙의 체계화에 불과한 것으로 이해해야 한다는 도구주의자

들의 조언을 따른다고 해보자. 뒤엠은 그 물리학자가,

> 얼마 지나지 않아 자신이 품고 있는 가장 강력하고 깊은 열망이 그의 분석이 내놓은 실망스러운 결과에 의해 무너졌다는 사실을 깨달을 것이다. 왜냐하면 그는 물리 이론을 단지 실천적 결과의 집합이자 **도구로 가득 찬 선반**으로만 볼 수는 없기 때문이다. (…) 그는 물리적 사실의 본성을 어떤 식으로든 변형하거나 실험만으로는 새길 수 없는 특징을 그 사실들에 부여하지 않고, 자신이 단지 경험 과학이 축적한 정보를 분류하는 작업만을 하고 있다고 믿을 수 없다. 만일 물리 이론 속에서 오로지 자신의 비판적 접근을 통해 예상했던 것만 발견한다면, 그는 그렇게 빈약한 중요성을 가진 작업에 더 이상 시간과 노력을 기울이지 않을 것이다. (1906: 334)

이 논증은, 자신들이 고통스러울 만큼 복잡한 재구성 과정을 거쳐 내놓은 산물이 상당히 적은 인지적 가치만을 지닌다는 점을 느끼고 있을 도구주의적 이론의 옹호자들을 심적으로 불편하게 만들기 위한 것이 아니다. 오히려 이 논증은, 과학 이론의 목적이 이 세계에 대한 우리의 이해를 증진시키는 데 있지 않고 실험을 통해 누적된 정보를 편리한 수학적 틀 안에서 분류하는 데 있다는 주장이, 과학자들의 선-철학적 직관과는 어긋난다는 것만을 보여줄 뿐이다. 이러한 선-철학적 직관에는 아무런 문제가 없으므로, 버려야 할 것은 이런 직관이 아니라 직관과 모순되는 철학적 이론이다.

참신한 예측

뒤엠이 제시한 나머지 두 논증의 의도는 과학의 목표를 다시 세우려는 데 있다. 과학 이론의 목표가 이미 알려진 경험 법칙의 단순한 분류 작업이라고 이해해보자. 두 번째 논증에 따르면, 이러한 이해 하에서는 왜 그리고 어떻게 과학 이론이 기존에 제시하지 못했던 **참신한 예측**을 내놓을 수 있는지 설명하기 어렵다. 이는 만일 어떤 이론이 단지 '도구로 가득 찬 선반'에 지나지 않는다면, 이것이 어째서 우리에게 '예언의 능력'을 선사하는지 이해하기 어렵다는 뜻이다.(1906: 27) 뒤엠은 지금까지 예측하지 못했던 현상을 예견하는 일부 과학 이론의 능력에서 마땅히 받아야 할 큰 인상을 받았다. 예를 들어 프레넬의 회절 이론은 어떤 광원에서 나온 빛을 불투명한 원판으로 차단할 경우 그 원판의 그림자 한가운데에 밝은 점이 나타난다는 아주 놀라운 예측을 했고 그것은 사실로 드러났다. 해당 이론이 만일 "가시적 존재자 사이의 실제 관계를 전혀 반영하지 못하는 (…) 순전히 인위적인 체계"라면, 이러한 '투사력'(projection)*을 기대하는 것은 부자연스러운 일이거나 단지 "우연의 놀라운 일치"에 불과할 것이다.(ibid.: 28) 하지만 "해당 이론이 사물들 사이의 심오하고 참다운 관계를 표현한다면" 이와 같은 투사는 지극히 자연스러워 보인다. 이론과 실재 사이의 이런 관계는 해당 이론이 적용되는 영역 전반에서 유지될 것이며, 또한 지금까지 예측되지 않았던 참신한 현상을 밝혀줄 것이라고 쉽게 상상할 수 있다. 이제 어떤 이론의 예측이 성공했다고 해보자. 그리고 이들 이론이 인위적 체계에 불과하다

---

* 넬슨 굿맨에 따르면 귀납 추론을 할 때 추론자는 미래에 지금까지의 정보를 바탕으로 진행한 귀납 추론의 결론을 투사(projection)한다. 이러한 투사의 도구가 특정 대상에 적용하는 술어이며, 추론자가 술어를 적용해도 될 만큼 술어가 과거에 충분히 안정적으로 쓰여 왔는지가 굿맨이 말하는 '투사력'의 핵심이다.

는 선택지와 '**자연스러운 분류**'라는 선택지 가운데 하나에 판돈을 걸어야 하는 상황이라고 해보자. 결국 판돈을 걸어야 할 곳은 후자이다. 뒤엠은 이렇게 말한다.

> 어떤 분류 체계를 자연스러운 것이라 말하려면, 가장 큰 판돈은 그 체계가 오로지 미래에만 드러날 것들을 미리 지시할 수 있는지 여부를 확신할 때까지 아껴두어야만 한다. 그런 다음 실험을 통해 해당 이론에서 얻은 예측이 입증되면, 우리는 추상적 개념들 사이의 추리를 통해 세운 관계가 사물들 간의 관계와 진정으로 일치한다는 확신을 더욱 강화하게 될 것이다. (1906: 28)[8]

뒤엠의 초점은 과학 이론에 대한 순전한 도구주의적 이론을 통해서는 해명할 수 없는 **참신한 예측**을 일부 과학 이론이 내놓는다는 사실에 있다. 알려진 실험법칙의 집합에 대한 임의적인(인위적인) 분류—즉 오로지 편의성만을 고려한 분류—가 어떻게 이 세계 속에 있지만 아직 우리에게 알려지지 않은 현상을 밝혀낼 수 있겠는가? 물론 이런 발견이 우연에 의해 일어나는 경우도 있을 것이다. 그러나 지속적이고 참신하며 성공적인 예측이 단순히 우연 때문에 일어난 일이라고 진지하게 생각할 수는 없는 노릇이다. 이는 동전던지기보다 더 지속적으로 성공을 거둔 예측이 단순한 우연으로 인해 그렇다는 말이기 때문이다. 우연이 지속적으로 벌어지는 드문 경우를 빼고, 어떤 이론이 참신한 예측을 제시하는 능력을 갖는 이유는 그 이론이 어떤 식으로든 이 세계를 '붙잡고' 있으며, 그 원리와 가설이 이들 현상을 생성하는 메커니즘이나 과정을 정확하게 기술하기 때문이라고 말하는 것이 적절하다. 예를 들어 프레넬 이론이 설명하는 것과 같은 광파가 존재하지 않는다면, 그리고 이 광파가 프레넬 이론이 설명한 것과 다르게 움직인다면, 어떻게 프레넬 이론은 과거에는 관찰되지 않았던 현상을 예측할 수 있다는 말인가? 혹시 요행 아닐까? 뒤엠은 참신한 예측을 생성하는 이론의 능력은 **자연 분류 덕분이라고** 이해할 수 있으며, 과학의 목적은 이렇듯 문제되는 현상에 대한 자연 분류를 구축하는 데 있다고 결론 내린다.

이론이 제시하는 참신한 예측, 그리고 자연 분류의 달성이 서로 연결되어 있다는 입장은 뒤엠의 사유에서 중심적이다. 이론이 성공적이기 위해서는 당시까지 알려진 모든 사실에 잘 부합하는 것만으로는 충분하지 않다. 이론이 성공적인지에 대한 평가에서 핵심 문제는, 이 이론이 결국에는 참으로 입증될 참신한 예측을 제시하는지 여부이다. 어떤 참신한 예측이든 그것이 참으로 밝혀지면 이런 예측을 해낸 이론을 곧 자연 분류의 기반이라고 보는 생각의 설득력은 더더욱 커질 것이다. 여기서 뒤엠이 해왕성 발견에 대해 남긴 논평을 살펴보도록 하자.

> 자신이 채택한 원리가 천체 운동을 자연 분류하는 진정한 원리임을 입증하려는 이론가가 있다고 해보자. 이를 위해 그는 천체에서 관측된 섭동(攝動)이 자신이 미리 계산한 값과 일치한다는 것을 보여주어야 한다. 천왕성의 행로에서 어떻게 새로운 행성의 존재와 위치를 추론할 수 있었는지 보여주어야 한다. 또한 그는 자신의 망원경이 향한 방향에서 해왕성을 찾아내야 한다. (1906: 195)

통합성 추구

뒤엠이 말한 '자연 분류'의 의미를 이해하려고 시도하기 전에, 도구주의에 반대하고 자연 분류를 지지하는 세 번째 논증을 검토해보자. 이 논증은 다음 질문에서 출발한다. 만일 이론이 경험 법칙을 분류하고 체계화하려는 도구에 불과하다면, 왜 과학자들은 여러 이론들을 하나의 거대한 이론적 틀 내에 통합하려 하는가? 그리고 모든 현상이 그 안에 들어갈 수 있는 정합적이고 총괄적인 체계를 제시하기 위해 노력하는가?

도구주의적 설명에 따르면, 우리는 단편적인 접근방식으로도 똑같이 잘할 수 있다. 특정 목적, 특정 영역이나 측면, 단일 현상 등 그 무엇에 대해서도, 우리는 서로 다르거나 심지어 모순되지만 그 대상에는 부합하는 분류 체계를 가질 수 있다. 서로 다른 설명들을 한데 뒤섞지 않는 한, 도구주의자들은 상호 일관성이 없는 이론들을 가지고도 행복하게 지낼 수 있다. 도구주의적 입장을 견지하던 시절(1908), 뒤엠은 도구주의자들이 통합된 이론 체계를 최우선적인 목표로 삼아야 한다는 생각을 부정했던 것으로 보인다. 각각의 이론들은 추가적인 정당화 없이도 그 자체로 좋고 욕심낼 만하다. 이후 좀 더 실재론적인 입장에 가까이 서게 되면서 뒤엠은 만일 과학이 자연 분류를 달성하는 것을 목표로 한다면, 무엇보다도 통합 과학이야말로 추구할 가치가 있는 가장 자연스러운 목표라고 주장하게 되었다. 관련 이론들 전부가 제각기 어떤 현상을 설명해주고 있다 할지라도, 자연 분류는 "양립 불가능한 이론들로 이뤄진 일관성 없는 모음"(1893: 67)이 될 수는 없다는 것이다. 그것이 실제로 무엇이든, 자연은 모순을 자연에 어울리는 일로 받아들일 수 없다.

과학의 통합은 결국 이론들 사이의 불일치를 제거하고 뒤엠이 '완벽한 이론'이라 부른 것에 가까이 접근하는 방법처럼 보인다. 과학에 대한 실재론적 설명에 따르면, 모순되는 두 가지 모형과 이론 가운데 참인 것은 오로지 하나뿐이다. 따라서 만일 우리가 진리를 목표로 한다면, 모순은 반드시 제거되어야 한다. 이러한 과제는 서로 부합하지 않는 이론들의 집합에서 하나를 제외한 모든 것을 거부함으로써, 또는 이런 갈등의 원인을 제거하여 겉보기에 모순적인 여러 이론을 종합하고 옹호하는 틀을 고안함으로써 달성할 수 있을 것이다. 전기와 자기를 전자기 '파동' 이론으로 통합한 것이 그런 예이다. 빛에 대한 전자기 이론은, 전기 및 자기 현상에 대한 이론과 빛 이론 사이의 중요한 불일치점들을 제거하면서 비로소 가능해졌다. 패러데이와 맥스웰 이전에 전기 현상과 자기 현상은 원격 작용에 의한 것으로 알려져 있었고, 빛 현상은 빛이 유한한 속도로 진행한다는 데 기초하는 것으로 알려져 있었다. 패러데이와 맥스웰이 제시한 매질 기반의 전자기장 법칙은 전자기 작용이 미치는 데는 시간이 걸린다는 개념을 도출했고, 이를 통해 광파도 곧 전자기파임을 보여줄 수 있는 가능성이 열렸다.

뒤엠 III: 실재론과 도구주의 사이에서

뒤엠의 논증들은 과학 이론이 자연 분류를 목표로 해야 한다고 주장하기 위한 것이었다. 그렇다면 자연 분류란 정확히 무엇인가? 뒤엠이 '완벽한 이론'이라 부른 것과 관련지어 생각하면 이를 가장 잘 이해할 수 있다. 완벽한 이론이란 "물질적 대상에 대한 완전하고도 적합한 형이상학적 설명"(1893: 68)을 말한다. 그러한 이론은 실험법칙을 자연스러운 방식으로 분류해줄 것이다. 즉 그것은 "법칙을 일으키는 본질들이 서로 맺고 있는 형이상학적 관계의 표현 그 자체가 되는 질서로서, 완벽한 이론은 진정한 의미에서 실험법칙들의 자연 분류를 우리에게 제공해줄 것이다."(ibid.) 뒤엠은 여기서 본질들의 형이상학적 관계에 대해 말하고 있는 듯 보이지만, 그가 정말로 언급하고자 한 것은 관찰 불가능한 존재자들 사이의 관계이다. 그가 볼 때 원자 가설은 (관찰 불가능한 존재자를 지시하는 다른 모든 가설과 마찬가지로) 형이상학적 가설이다. 뒤엠에게 '형이상학적'이란 경험적 검증과 관찰이 이뤄질 수 있는 좁은 범위 바깥만을 지시한다는 점을 여기서 언급해두어야 한다.

결국 완벽한 이론은 참인 이론이며, 또한 자연 분류는 참인 이론에서 얻을 수 있는 수확물이다. 그러나 우리가 그런 완벽한 이론에 도달하게 될 것이라고 가정할 만한 어떠한 이유도 없다. 하지만 그것을 지향하는 일은 그 자체로 중요하다. 우리가 노력을 지속하는 한, 세계에 대한 이해 역시 향상될 것이기 때문이다. 뒤엠의 두 번째와 세 번째 논증—참신한 예측이라는 논지와 과학이 통합성을 지향한다는 논지—은 이런 노력으로 발전이 이뤄질 수 있다는 점을 보여주기 위한 것이다. 즉 여러 이론들에서 같은 예측이 도출되고 서로 다른 이론적 틀이 성공적으로 통합되는 것을 볼 때, 우리는 과학이 현상들의 자연 분류를 제대로 뒤쫓고 있다고 합리적으로 기대할 수 있다는 것이다. 예측에 성공하는 이론일수록, 그리고 사물을 통합하는 데 더 기여하는 이론일수록 그 이론은 자연 분류에 가까이 가고 있는 이론이며, 그 이론이 말하는 대로 세계가 존재할 가능성도 높다. 결국 뒤엠의 논증들은 어떤 이론이 언급하는 관계가 "본질들 사이에 실제로 존재하는 관련성을 진정으로 나타내는 관계"(1893: 68)일 가능성을 높여주기 위한 논증이다.

그렇다면 뒤엠은 실재론자일까? 사실 딱 잘라 말하기는 어렵다.[9] 한편으로 뒤엠은 원자 가설이나, 관찰 불가능한 존재자를 상정하는 다른 이론을 거부하는 방식으로 실재론이라는 결말을 피하고자 했다. 반면 자연 분류를 지지하는 뒤엠의 입장은, 그가 말한 '자연 분류'를 **관찰 불가**

능한 존재자들 사이의 실제 관계를 밝혀내는 무언가로 이해한다면, 충분히 실재론적이라 볼 수도 있는 듯하다. 그러나 뒤엠의 실재론은 오직 구조적 층위에만 국한된 것이라 할 수 있다. 다시 말해서 자연 분류는 관찰 불가능한 존재자 사이의 **관계**를 올바로 포착할 수 있지만, 관찰 불가능한 존재자 자체를 꼭 포착해야 하는 것은 아니다. 이런 생각의 방향은 얼핏 보기에는 지속가능한 실재론적 입장, 이른바 **구조적 실재론**으로 발전할 수 있다. 워럴이 바로 이런 입장을 옹호하는데, 그는 그런 관점의 연원이 어디에 있는지 추적하여 뒤엠과 푸앵카레에게서 유사한 생각을 확인한 바 있다. 이에 대해서는 7장에서 상세히 논의할 것이다.

여기서 강조할 것은 뒤엠이 도구주의에 반대하기 위해 제시한 논증이 매우 강력하다는 점이다. 그 논증들은 이론에 대한 단순한 도구주의적 이해로는 과학과 과학 이론의 특징들 가운데 너무 많은 부분을 설명할 수 없다고 말한다. 과학이 직관적으로 세계에 대한 이해를 목표로 삼는다는 사실은 물론, 더 중요하게는 과학 이론이 참신한 예측을 제시하는 경향이 있다는 것, 나아가 이 세계에 대한 통합적 이론의 일부가 되려는 경향이 있다는 사실도 설명하지 못한다는 것이다. 이 세계에 대한 우리의 이해를 향상시키는 일이 겉보기에 서로 구분되는 과학 이론들을 통합하는 이론적 틀을 고안하는 일과 서로 깊이 연관되어 있다는 주장은 상당한 설득력이 있다. 따라서 과학이 이 세계에 대한 더 나은 이해를 목표로 한다는 직관이 이론적 통합을 추구하는 과정 속에서 적절히 포착되고 정식화된다는 점에서, 도구주의에 반대하는 뒤엠의 첫 번째 논증과 세 번째 논증 사이에도 밀접한 연관성이 있다고 볼 수 있다.

나는 뒤엠이 도구주의에 반대하면서 원래 보여주려고 했던 입장, 즉 과학이 다음 질문들에 답하지 않고도 충분히 전진할 수 있다는 입장을 스스로 허물어뜨리고 말았다고 생각한다. 그 질문들은 이러하다. "감각 가능한 외양과 구분되는 물리적 실재는 존재하는가? 그렇다면 이 실재의 본성은 무엇인가?" 물론 뒤엠의 논증이 이 질문들에 과학이 답해야 한다는 주장을 직접 포함하고 있는 것은 아니다. 하지만 이런 질문들에 우리가 답하지 않는다면, 그리고 이 질문들에 답하기 위해 참신한 예측의 성공과 과학의 실제 관행을 활용하지 못한다면, 과학의 목표와 그 구조에 대한 우리의 이해는 불완전하고 뭔가 제 구실을 못하는 상태가 되고 말 것이다. 이들 질문에 어떻게 답하든, 뒤엠의 논증은 과학이 관찰 불가능한 실재를 어떻게든 '붙잡고' 있다고 가정할 때만이 과학의 참신한 예측과 성공도 설명될 수 있으며, 이론에 대한 실재론적 이해와 통합적 틀에 대한 추구 역시 이런 가정을 통해서만 설명될 수 있다는 점을 보여준다.

내가 방금 말한 내용 중에 아주 중요한 단서가 있다. 뒤엠은 자신이 제시한 논증 모두가 전적으로 "물리과학의 방법" 바깥에 있다고 말한 바 있다.(1906: 27, 334~335) 이것은 매우 결정적인 발언이다. 자연 분류에 대해 논의할 때, 그는 늘 어느 한 이론이 자연 분류를 제시해준다는 결론을 내려서는 안 된다고 조심스럽게 말하곤 했다. 다음을 살펴보자.

> 그럼에도 실험법칙들을 질서 짓는 이론의 논리적 질서가 존재론적 질서를 반영한다는 것을 우리가 더 많이 이해할수록, 그리고 이론이 관찰 데이터들 사이에 설정한 관계가 실재하는 관계와 일치한다고 우리가 더 많이 짐작할수록, 나아가 이론이 자연 분류가 되려는 경향이 있음을 우리가 더 많이 느낄수록, 이론은 더 완전해질 것이다. (1906: 26~27)

뒤엠은 어휘를 신중하게 사용하고 있다. 우리는 **이해하고, 짐작하고, 느낀다**는 것이다. 뒤엠의 지적은 단순히 자연 분류에 대한 우리의 판단이 실패할 수 있다는 데 있지 않다. 오히려 (그리고 이 점이 더 결정적인 논점일 텐데) 그는 이론들이 자연 분류가 되려는 경향이 있다는 주장이 그럴 듯하게 들린다고 해서 그런 주장이 과학적 방법 그 자체에 의해 정당화될 수는 (또는 그로부터 나올 수는) 없다고 논증하려는 의도가 있었다.

이런 뒤엠의 입장에 대한 내 답변은 두 가지다. 첫째, 우리는 자연 분류를 지지하는 뒤엠의 논증을 **철학적** 논증으로 생각할 수 있다. 그도 그럴 것이, 이런 논증은 과학적 방법의 범위를 벗어난 것이기 때문이다. 그러나 이 경우에도 합리적인 힘이 없는 것은 아니다. 즉 그것은 설득력(plausibility)이 있는가에 근거를 둔 논증으로서, 여기서 설득력은 확실히 하나의 입장을 다른 입장보다 더 선호하는 이유가 될 수 있다. 우리는 4장(168~179쪽)에서 이 문제를 다시 살펴볼 텐데, 스마트와 맥스웰이 참신한 예측에 근거한 뒤엠의 논증을 변형하여 실재론을 옹호하는 그들 입장의 핵심적 내용으로 삼았다는 점을 확인할 수 있을 것이다. 둘째, 나는 과학 이론에 대한 뒤엠의 반도구주의적 독해와 과학적 실재론자 사이의 진정한 논점은 도구주의에 반대하는(또는 실재론의 한 종류에 찬성하는) 뒤엠의 두 번째 논증을 얼마나 설득력 있는 것으로 받아들이는지 여부에 있다고 본다. 그 논증은 **설명적** 논증이다. 그 논증은, 도구주의가 어떤 설명을 제시하든 그것은 과학 이론이 가진 명백한 특징에 대한 매우 불충분한 설명일 뿐이라고 주장한다. 그런데 4장에서 자세히 살펴보겠지만, 현대 실재론자들은 과학자들이 항상 이런 형식의 설명적 논증을 활용한다는 근거로서 뒤엠의 논증을 들고 옹호한다. 실제로 과학자들은 경쟁하는 이론의 집합 가운데서 무엇을 받아들일지 결정하기 위해 그와 같은 설명적 논증을 사용한다. 따라서 뒤엠과는 **반대로**, 실재론자들은 합리적 믿음을 형성하고 옹호하기 위해 보충적 논증과 설명적 고찰에 의존하는 것이 과학의 일부를 구성하는 방법이라고 주장한다. 바로 이곳이야말로 과학적 실재론을 옹호하는 현대의 입장이 자리하고 있는 지점이다. 뒤엠이 도구주의에 반대하여 제시한 논증은, 과학자들이 자신의 이론을 평가하고 채택하고 옹호하는 데 사용하는 바로 그 자원과 방법을 공유하는 과학적 실재론에 대한 옹호로 통합될 수 있다. 이것이 4장의 중심 주제이다.

  우리는 이제 느슨한 결론을 맺어야 할 준비가 되었다. 지금까지 도구주의를 자세히 검토하였으니, 이제는 도구주의가 실재론의 특정 형태와 양립 가능하다는 점을 보여주고자 했던 카르납의 시도를 살펴볼 차례이다.

3장 카르납의 중립주의

과학적 실재론 논쟁에서 루돌프 카르납이 취한 입장은 아직 충분히 검토되거나 평가받지는 않은 상태이다. 이번 장의 목표는 바로 이 작업을 수행하는 데 있다. 1950년대와 60년대 초, 카르납은 실재론 논쟁 속에 **융화론적**(irenic) 입장을 위한 공간이 존재한다는 점을 보여주기 위해 노력했다. 그 공간에서는 과학 이론에 대한 실재론자와 도구주의자의 입장이 양립 가능하다. 이런 입장을 발전시키려는 시도 속에서 카르납은 일종의 **구조주의적 전회**를 구상한다. 그는 이론에 대한 이른바 '램지 문장 접근법'을 재발명했다. 이는 케임브리지 대학의 프랭크 플럼턴 램지가 1920년대 말에 처음 개발했으나 카르납이 널리 알리기 전에는 그 가능성을 온전히 평가받지 못했던 기법이다.

이번 장에서 자세히 살펴보겠지만, 카르납은 램지 문장 접근법을 통해 이론 담화 속 관찰 불가능한 존재자를 인정하기를 꺼려하는 도구주의자들의 태도를 수용할 기반을 마련할 수 있다고 생각했다. 또한 이 접근은 관찰 불가능한 존재자를 지시함으로써 관찰 가능한 현상을 설명하고 예측한다는 실재론적 관점에 잘 부합하기도 한다. 얼핏 보기에 지금 언급한 타협의 가능성은 가당치도 않은 듯하다. 하지만 우리는 카르납이 이러한 타협을 위한 명쾌한 논거를 마련했다는 점을 보게 될 것이다. 그러나 결과적으로 그의 입장은 약한 실재론과 그리 전형적이지 않은 형태의 도구주의를 한데 묶어놓은 것이다. 다시 말해서 오직 관찰 불가능한 존재자에 대한 구조적 주장만이 알려질 수 있고 주장될 수 있다는 입장, 그리고 관찰 불가능한 존재자의 존재를 부인하지는 않는 입장을 한데 묶어 놓은 것이다.

카르납의 입장을 상세하게 설명하기 위해 나는 한 가지 결정적인 반대 논증에서 출발할 것이다. 1928년 케임브리지의 수학자 M. H. A. 뉴먼이 버트런드 러셀의 구조주의에 맞서 제기한 반대 논증이다. 이 논증의 핵심은 관찰 불가능한 세계의 구조를 알 수 있다는 구조주의자들의 주장이 거짓이거나 사소한 참에 불과하다는 데 있다. 이런 논증에서 출발해 카르납의 융화론을 비판하는 이번 장에서 나는, 실재론에 대한 어떠한 옹호라 하더라도 결국 그것은 이 세계가 이미 자연종으로 낱낱이 나뉘어 있다는 견해, 즉 이 세계는 특정한 자연종 구조로 이뤄져 있다는 견해를 전제하지 않을 수 없다는 사실을 강조하려 한다.

두 언어 모형

원숙기 카르납의 작업에서 이론 담화가 '초과적' 또는 '잉여적' 의미를 지닌다는 아이디어는 과학 이론에 대한 그의 표현에도 드러나 있다. 이런 생각이 실린 문헌이 「이론적 개념의 방법론적 특징」(1956, 이하 'MCTC'로 표기)이다. 이 논문에서 카르납은 과학 이론이 발전해갈 때 사용할 수 있는 일반적인 논리-언어적 틀 L을 제안했다. 과학의 언어 전체는 두 개의 하위 언어로 나뉜다. 관찰 언어 곧 완전히 해석 가능한 언어 L_O와, 이론 언어 곧 이론 명사로 구성된 기술적 어휘군 L_T이다. L_O는 그 변항의 값이 구체적이며 관찰 가능한 사물이고(카르납은 이를 '유명론의 요구조건'이라 부른다), 또한 그 정의역은 유한하다(이것은 '유한주의의 요구조건'이라 불렀다).

이론적 하위 언어 L_T는 관찰 언어보다 좀 더 풍부하다. 이 언어는 무한수열의 정의역 $D^0, D^1, D^2\cdots$으로 이루어진 유형 이론(type-theory)의 논리 구조를 갖고 있다. 여기서 D^n은 n번째 층위의 정의역을 말한다.[1] 각각의 변항과 상항은 어떤 지정된 층위에 속한다. D^0는 무한수열 O^0, $O^1, O^2\cdots$를 포함하며, 이는 자연수 전체를 정의역으로 한다고 생각할 수 있다. 그렇다면 각 D^{n+1}의 정의역은 D^n의 모든 하위 집합의 정의역이다. L_T는 고전 수학 전체를 포함한다. 즉 고전 수학에서 쓰이는 모든 항목에 대한 표현과 변항을 포함한다.

이 강력한 언어는 카르납이 원하던 특별한 이론적 이점을 가지고 있다. 즉 과학 이론에 들어있는 모든 물리적 개념을 D의 원소를 지시하는 표현으로 나타낼 수 있는 것이다. L_T는 모든 시공간 지점을 4순서쌍*으로 표시하는 시공간 좌표계로 담아낼 수 있다. 물리량 또한 시공간 지점(4순서쌍)을 각 유형별 수치(숫자)에 대응시킨 함수로 표시할 수 있다. 결국 물리적 대상(예컨대 입자)이란 특정한 물리량이 일정하게 분포하며 그 내부를 점유하고 있는 4차원 영역이라 할 수 있는 것이다.

언어 L을 통해서 하나의 과학 이론은 이론적 공리들의 집합 T(이른바

---

* x, y, z축에 시간축을 더한 것. n순서쌍(n-tuple)은 집합과 달리 소속 원소뿐만 아니라 원소 사이의 순서도 고유 정보로 포함한다.

이론 공준 또는 T공준)와 대응 규칙(또는 C공준)으로, 다시 말해서 이론 어휘 V_T와 관찰 어휘 V_O가 연결되어 있는 혼합 문장으로 규정할 수 있다. 따라서 어떤 이론이란 곧 T공준과 C공준의 연언에서 도출되는 논리적 귀결의 집합이다. T공준과 V_T명사는 C공준에 의해 부분적으로 해석된다.

이러한 조합에서 이론은 '초과적 내용'을 가지게 되는데, 그것은 바로 이론만이 환원 불가능한(그리고 제거 불가능한) 이론 명사와 T공준을 환원시키지 않고 온전하게 사용하기 때문이다. T공준은 C공준과 함께 이중의 역할을 수행한다. 즉 한편으로 이들은 쟁점 언어 속 이론 명사가 가진 의미의 원천이 된다. 하지만 다른 한편으로 이들은 쟁점 이론의 경험적 내용과 그 이론이 주장하는 사실 관계(과학 이론은 기본 자연법칙에 대해 말한다)에 대해서도 원천이 된다.

형이상학적 실재론 대 경험적 실재론

카르납이 과학 이론의 존재 함축에 대한 논쟁에 뛰어들었을 때, 그의 주된 입장은 헴펠의 중도적 노선(60~62쪽 참조)과 유사했다. 우리에게 익숙한 구식의 경험론은 이론적 존재자가 [이론과] 독립적으로 존재한다는 의미에서 실재한다는 점을 받아들일 경우 위태롭게 될지 모른다. 이것이야말로 또 다른 종류의 형이상학적 주장에 불과하지 않은가? 나는 여기서 카르납의 목표가 과학 이론의 존재 함축에 답하여 일종의 **진정한 중립주의**를 옹호하려는 데 있다는 점을 보여줄 것이다. 즉 관찰 불가능한 존재자에 대한 존재론적 인정이 과학 이론에 의해 확립되지는 않지만, 그렇다고 해서 과학 이론이 단순히 '예측과 통제'를 위한 도구인 것도 아니라는 입장이다. 검증주의를 포기하면서도, 그리고 이론에는 '초과적 내용'이 있다고 주장하면서도, 이런 중립적 입장을 성공적으로 유지할 수 있을까? 나는 비록 이 질문에 부정적으로 답하겠지만, 카르납이 이런 목표를 달성하기 위해 정확히 어떤 식으로 노력했는지 살펴보는 일은 유익할 것이다.

잘 알려져 있듯이, 카르납은 존재론적 질문을 떨쳐내고자 했다. 최소한 그런 질문을 전통적인 형이상학적 의미로 쓸 때는 그러했다. 수, 집합, 시공간상의 지점, 물체, 마음 등의 '실재'(물론 이는 형이상학적 의미로 쓰인 말이다)에 대한 통상의 존재론적 질문은 인지적 내용이 없는 거짓된 질문이다.(1956: 44~45) 하지만 그는 "'실재'라는 낱말에는 훌륭한 의미가 있다, 다시 말해 일상 언어와 과학에서 사용되는 의미가 있다"는 점은 받아들인다. 그는 존재 질문에는 두 가지 다른 종류가 있으며, 이에 따라 '실재'에도 두 가지 의미가 있다고 제안한다. (그는 이렇게 덧붙인다. "그럼에도 실제로는 이 단어를 두 가지 의미로 뚜렷하게 구별해서 사용하지는 않는다.") L_O에서 특정한 관찰 가능 사건이 실재한다고 주장하는 것은, 이 사건을 기술하는 L_O의 문장이 참이라고 주장하는 것과 동격이다.

이와 달리 L_T에 실재라는 말을 도입하면 상황이 복잡해진다고 카르납은 지적한다. 이론 명사로 기술된, 특정 사건의 실재에 관한 질문(일례로, 어떤 정해진 방식으로 이동하는 전자의 특정 배열이 실재하는지에 대한 질문)을 L_O로 이루어진 질문과 동일하게 취급하면 그렇다는 것이다. "이런 종류의 실재에 대한 진술(곧 이론 명사로 기술된 사건의 실재)을 받아들이는 것은 결국 그 사건을 기술하는 L_T의 문장을 받아들이는 것과 같다."(1956: 45) 그러나 전자 일반이나 전자기장 일반과 같이 존재자들 일반으로 이루어진 체계의 실재성에 관한 질문이 성립할 수 있는지는 "모호하다". 하지만 카르납은 덧붙이기를, 이러한 질문들에도 진정한 과학적 의미를 부여할 수 있다고 한다.

> 예를 들어 고전적인 의미에서 전자기장의 실재를 받아들이는 일이란 어떤 언어 L_T와 그 속의 [이론적 존재자를 지시하는] 명사 E, 그리고 전자기장에 대한 고전적 법칙(예를 들어 맥스웰 방정식)을 포함하는 공준 T의 집합 모두를 받아들이는 일이라고 이해하는 데 동의한다면, 우리는 이것에 충분한 과학적 의미를 부여할 수 있다. 어떤 관찰자가 T라는 공준을 '받아들인다'는 것은 여기서 단순히 T를 해석되지 않은 수식으로 취한다는 뜻이 아니라, T와 함께 구체적으로 명시된 대응규칙 C 또한 사용한다는 뜻이다. 즉 T와 C의 도움을 받아 미래의 관찰 가능한 사건에 대한 예측을 도출함으로써 관찰자의 기대를 이끌어 나가겠다는 것이다. (1956: 45)

카르납은 이론 명사가 실제로 무엇을 지시하느냐는 쟁점에 대해서는 어떠한 것도 말하기를 피했다. 비록 그가 이론 명사에는 초과적 의미가 있고, 또 그것이 해당 이론에 따른 실험 결과에 기여한다는 점을 알고 있었음에도 그러하다. 그는 또한 이론에 대한 엄격한 도구주의적 견해, 즉 우리가 2장에서 보았듯이 이론적 '초구조'는 단순한 통사적 구성물에 불과하다는 견해와도 거리를 두었다. 그러나 그는 이중적 존재 표준(double existential standards)을 받아들이고 있는 듯하다. 관찰 가능한 사건에 대한 주장만큼이나, 특정한 이론적 존재자에 대한 주장들도 제각기 진릿값을 가진다는 것이다. 그리고 이들 주장이 참이라면 해당 존재자가 실제로 존재한다는 인정(existential commitments) 또한 함축할 수밖에 없다. 그러나 카르납은 이론적 존재자들로 이뤄진 체계 전체의 실재에 대한 주장은 방금 언급한 주장과는 전적으로 다른 종류라고 본다. 이런 주장은 특정한 논리-언어적 틀거리를 수용하느냐의 질문으로 이해되어야만 한다는 것이다.

이론적 존재자에 대한 카르납의 '이중적 존재 표준'은 그가 「경험론, 의미론, 존재론」(1950[1956], 이하 'ESO'로 표기)에서 구상했던 외적 질문과 내적 질문의 구분을 상기시킨다는 점 또한 지적할 만하다. 카르납은 그 글에서 특정 존재자에 대해 말하는 일과 양화*하는 일은 그 존재자에 대한 형이상학적 인정을 함축하며, 여기서의 인정이란 그 존재자들의 독립적 존재(existence)에 대한 것이라고 밝혔다. 카르납은 특정한 존재자의 종(류)이 존재하느냐는 질문은 두 가지 방식, 즉 외적 질문과 내적 질문으로 이뤄질 수 있다고 보았다. 외적 질문이란 본성상 형이상학적 의미를 지닌다. 이런 질문은 "존재자들의 체계가 전체로서"(ESO: 206) 실재 또는 존재하는지를 묻는다. "이러저러한 본성을 가진 존재자(예컨대 수, 속성, 집합 등등)는 존재하는가?"와 같은 질문에 답하려면, 그와 같은 존재자의 존재가 특정한 담화와는 독립하여 주장되거나 부인될 수 있다고 전제하지 않으면 안 된다. 외적으로 그러한 질문을 하려면, 먼저 해당 존재자에 대해 말하기 전에 이 존재자의 존재를 확인해야 한다. 카르납에 따르면 이런 모든 생각은 근본적으로 틀린 것이다. 새로운 존재자 종을 도입하는 데 있어 그 본성에 대한 형이상학적 통찰이 꼭

---

* 특정 문장에 대해 이뤄지는 논리학의 연산으로, 어떤 문장이 언급하는 속성을 가진 존재자가 적어도 하나 이상은 존재한다는 존재 양화, 해당 속성을 모든 관련된 존재자가 가지고 있다는 보편 양화로 나뉜다.

필요한 것은 아니다. 필요한 것이 있다면, 그 존재자에 대해 말할 때 사용할 수 있는 언어적 자원을 담은 특정한 언어적 틀거리를 채택 또는 구성할 것인가가 전부라는 것이다. 일단 이런 틀거리를 채택한다면, 이제 해당 존재자의 존재 또는 실재에 대한 질문은 어떤 형이상학적 의미도 없는 질문이 될 것이다. 그것들은 내적 질문이 된다. 이런 틀거리를 수용하는 것 자체가 그와 같은 존재자들의 현존을 인정하는 일이기 때문이다. 결국 문제의 존재자가 존재한다는 주장은 분석적* 참에 지나지 않게 된다.

이런 논의에 따르면, 외적 질문에 남는 것은 임의의 언어적 틀거리를 수용할 것인가에 대한 모종의 실천적 결단뿐이다. 카르납은 어떠한 경험적 사실이라 해도 우리로 하여금 언어적 틀거리를 수용하도록, 다시 말해 적어도 언어의 대상이 되는 존재자의 독립적 현존 또는 실재를 받아들이도록 강요하지는 않는다고 주장했다. 여기에 관련된 것은 오로지 실천적 고려사항뿐이라는 것이다. 제안된 언어적 틀거리 각각이 가진 효율성, 생산성, 단순성 등이 바로 그런 사항들이다. 예를 들어 시공간적 점의 존재에 대한 질문을 생각해보자. 카르납은 이를 외적 질문이라고 본다. 이 질문은 형이상학의 엉터리 질문("정말로 시공간적 점이 존재하는가?")이거나, 과학 이론의 발전을 위해 특정한 틀거리를 수용할지 여부를 묻는 질문이기 때문이다. 가령 시공간적 점과 같은 여러 변항을 치역으로 삼는 과학 이론의 경우를 생각해 볼 수 있다. 그런데 이미 관련된 틀거리를 수용했다면, 시공간적 점이 존재한다는 진술은 분석적 참일 것이다.(ESO: 212~213)

---

* 칸트의 용례에 따른 말로, 경험적 정보와 무관하게 이미 도입된 언어적 틀거리의 규칙에 따라 참이라는 뜻이다.

그렇다면 대체 무엇이 새로운 틀거리 또는 카르납이 말하는 '존재자들의 체계'를 도입하는 일인가? 그는 두 가지 조건을 내세운다.

1. 새로운 종류의 존재자를 위해 새로운 일반 명사 T(수, 속성, 명제 등 등)를 도입하는 경우. 이를 통해 우리는 "ϕ는 T이다"라는 꼴의 진술을 할 수 있게 된다.
2. 이들 새로운 존재자를 치역으로 삼는(range over) 새로운 유형의 변항을 도입하는 경우. 이를 통해 우리는 "$\forall \phi$ 만일 ϕ가 이러저러하다면, ~이다"* 꼴의 진술을 할 수 있게 된다. (ESO: 213~214 참조)

새로운 일반 명사와 새로운 유형의 변항을 해당 틀거리 내에 받아들이고 난 다음에야 우리는 이들 존재자에 대한 내적 질문을 할 수 있다. 이에 대한 답은 분석적일 수도, 종합적일 수도 있다.

이러한 분석을 염두에 두고서 이론적 존재자의 실재에 대한 질문으로 돌아가 보자. 카르납은 외적/내적 질문의 구분을 다시 반복한 다음 응용하려 할 것이다. 외적 또는 형이상학적 질문에 대한 논의에서 보았듯이, 이론적이고 관찰 불가능한 존재자의 존재 또는 실재에 대한 질문은 엉터리 쟁점이다. 내적 질문에 대한 논의에서 보았듯이, 이론적 존재자를 양화하는 변항을 지닌 틀거리를 수용하는 데서 분석적으로 따라 나오는 것이 이들 질문이기 때문이다. 이론적 존재자가 어떤 총체(예컨대 전자)로 존재한다는 것은 일종의 틀거리 내적 원리(framework principle)인 반면, 특정한 존재자(예컨대 전자들의 일정한 배열)의 존재

---

* 이 문장에서 $\forall$는 전칭양화사 기호로, $\forall \phi$는 '모든 ϕ에 대해'라는 뜻이다.

는 전자라는 틀거리가 수용된 다음 제기되고 탐구되어야 하는 경험적 쟁점이다.

논의가 불필요하게 복잡해지지 않도록 나는 사실과 틀거리 사이의 구분에 대해서는 논의하지 않으려 한다. 이 논의를 위해 나는 카르납이 둘의 구분에 호소함으로써 형이상학적 인정의 문제로부터 벗어날 수 있었다는 점을 받아들이는 것으로 기꺼이 만족한다.[2] (하지만 파이글이 이 구분을 사용한 것과 관련해서는 몇 가지 간단한 논평이 필요할 듯하다. 그 내용은 이 책의 117~121쪽 참조.) 나는 다만 이 구분을 인정하더라도 카르납의 중립주의가 여전히 문제에 봉착한다는 점을 보이려고 한다. 이론적 존재자의 존재가 가진 이른바 형이상학적 측면을 엉터리 쟁점으로 취급한다고 해보자. 그런데 이 경우에도 카르납의 경험론은 관찰 불가능한 물리적 존재자에 대한 내적인 존재 주장을 기꺼이 받아들여야만 하는 것으로 보인다. 이것은 분명 도구주의자들이 받아들이지 않는 입장이다. 따라서 카르납의 경험론이 취하고 있는 이른바 중립성은 중요한 약점을 지닌 개념일 수밖에 없다. 이 약점을 간단히 요약해 보자. 왜 카르납의 입장은 실재론자가 언제나 주장해온 그 입장이 아니란 말인가?

이 질문을 조명하기 위해, 카르납이 그은 구분선과는 다르지만 그것과 연관된 또 다른 구분선에 초점을 맞출 필요가 있다. 그 구분은 형이상학적 실재론과 경험적 실재론 사이의 구분이다. 파올로 파리니가 지적한 바(1994: 262)에 의하면, 카르납의 초기 저술에서 이 구분은 다음과 같이 작용한다. 형이상학적 실재에 대한 주장은 실재론자, 관념론자, 현상론자 사이에서 논의되었던 존재에 대한 전통 형이상학의 질문에 속해 있었다. 다시 말해서 물질적 대상은 마음 독립적 방식으로 존재하는가, 그렇지 않은가? 하지만 사람들은 그러한 질문 또는 쟁점을 생략하고 여전히 어떤 대상의 경험적 실재성에 대해 의심할 수도 있다. 이 경험적 대상은 실재하는가? 아니면 환상, 꿈, 신화 같은 것에 불과한가? 형이상학과 경험론 사이의 구분은 카르납의 후기 저술에서도 간략한 방식으로 나타난다. 하지만 지금 얘기하는 카르납의 용례는 경험적 실재론을 수용해야 한다는 파이글의 호소에 따른 것이다. 파이글은 이렇게 말한다.

> '실재'라는 명사는 일상생활과 과학에서 명확한 의미로 사용되며, 일반적으로 시공간 속에 위치한 대상을 지시하거나 인과관계의 사슬을 이루는 연결고리를 지칭하려는 훌륭한 이유로 사용된다. 따라서 그것은 환상이나 거짓, 그리고 순전히 개념적인 존재와는 대비된다. 이런 의미에서 바위와 나무, 별과 원자, 방사선과 힘, 인간의 마음과 사회적 집단, 역사적 사건과 경제 순환과정 등의 실재는 경험적 검사의 대상이 될 수 있다. (1943[1949]: 16)

파이글이 볼 때 경험론은 경험적 실재론으로 확장되어야 했다. 그리고 여기에는 과학적으로 관찰 불가능한 대상뿐 아니라 중간 크기의 물질적 대상*의 경험적 실재성에 대한 인정 또한 포함되어 있었다.

파이글의 '의미론적 실재론'(1장에서 설명한)은 "일부 논리실증주의자나 경험론자들이 주장한 경험적 실재론의 정제되고 수정된 형태"(Feigl 1950: 50)로 제안된 것이다. 그에게 '지시'(reference)라는 의미론적

---

* 인간이 자신의 감각 기관만 가지고 쉽게 관찰할 수 있는 크기의 사물.

개념은 독립적 존재자에 대한 타당한 주장 속에 담겨 있는 여러 내용을 있는 그대로 포착하는 개념이다. 전자가 존재한다는 말은 곧 '전자'라는 명사가 사실을 지시한다는 말이다. 다시 말해서 '전자'라는 명사가 지시하는 것들이 이 세계 안에 존재한다는 말이다. 파이글이 말했듯이, 관찰 불가능한 존재자가 현대 과학의 "법칙적 틀거리 안에 동등하게 있다"(ibid.)면, 관찰 가능한 존재자만큼이나 실재하는 것이다. 따라서 어떤 존재자가 실재한다는 것이 해명되었다면, 그 존재자가 실재한다고 간주해야 하는지 여부는 이 존재자가 잘 확인된 과학의 법칙적 틀거리 안에서 대체 불가능하고 환원 불가능한 요소인지 여부에 의존할 것이다.[3]

파이글의 형이상학적 실재와 경험적 실재에 대한 구분은, 카르납의 외적/내적 질문의 구분과 몇 가지 측면에서 유사한 것처럼 보인다. 실제로 카르납은 ESO에서 "이들 질문과 밀접하게 연관된 관점"(1950[1956]: 214) 즉 어떤 틀거리를 어떻게 수용할 수 있느냐는 질문을 검토하기 위해 파이글을 언급하고 있다. 또한 거꾸로 파이글은 의미론적 실재론에 대한 옹호 논의에서 카르납을 언급하고 있다.(1946[1949]: 345) 그 인용에서 카르납은 이렇게 말한다. "나는 여기서 통상적인 실재론적 언어를 일상생활과 과학에서 사용하는 것처럼 사용하고 있다. 이런 사용은 형이상학적 논제로서 실재론을 수용한다는 의미가 아니고, 파이글이 말한 '경험적 실재론'을 수용한다는 의미이다. 더 일반적으로 말하면, 파이글 역시 경험적 실재론의 '틀'을 수용하는 일 자체가 경험적 입증의 대상은 아니라고 주장한다. 오히려 그는 이것을 기본 규약의 문제로 받아들인다. 파이글은 이 틀거리에 대한 자신의 선택이 궁극적으로는 실재론적 틀거리를 현상에 대한 경험론과 실재론적 설명의 기초로서 받아들이겠다는 실천적 결단에 따른 것이라고 지적한다. 다시 말해서 이 틀거리는 방법론적으로 유익하기 때문에 선택된 것이다."
(Feigl 1950: 57 참조)

파이글의 이 주장, 즉 경험적 실재론의 틀거리를 선택하는 것이 궁극적으로 규약에 따른 일이라는 주장은 과연 실재론적 입장의 설득력을 위협할까? 물론 규약에도 결단이 수반되지만, 이 결단이 반드시 임의적인 것은 아니다. 가령 우리가 언어를 선택할 수 있다는 말이 어떤 식으로든 의미 있게 들린다면, 그것은 언어 선택이 언제나 특정 목표와 관련 있기 때문일 것이다. 언어는 의사소통, 특정 정보의 전달, 특정 사실의 파악 등을 위해 설정되거나 선택된다. 이제 우리가 이 가운데 일정 목표를 달성하기 위해 특정한 언어를 필요로 한다고 가정해보자. 이때 **모든** 언어가 동등하게 좋은 것은 아니므로, 우리는 아무렇게나 언어를 선택하지는 않을 것이다. 이와 마찬가지로 우리가 어떤 이론적 개념을 받아들이는 언어적 틀거리와 그렇지 않은 틀거리 가운데 하나를 선택한다고 해보자. 예컨대 실재론적 언어(관찰 불가능한 존재자를 지시하려는 목적으로 이론 명사를 받아들이고 있는 언어)와, 이론 명사 없이 이론을 정식화하는 언어(즉 크레이그 정리 스타일로 이론을 정식화하는 언어) 사이에서 하나를 선택한다고 하자. 두 틀거리 사이의 선택은 임의적이고 규약적인 것과는 거리가 멀다. 관찰 가능한 현상을 설명하는 것이 목표일 경우 선택은 이미 정해져 있다. 오직 실재론적 틀거리만이 문제의 현상에 대해 적절한 설명의 원천이 될 수 있다. 하지만 이 논증이 옳다고 해도 목표의 선택은 여전히 결단의 문제라는 반론이 가능할지 모른다. 특히 관찰 가능한 현상의 설명을 목표로 삼는 것 **그 자체가** 규약적인 것이라고 말할 수도 있을 것이다.

이에 대해 나는 그로버 맥스웰(1962)이 제안한 방식을 언급하는 것으로 답하고자 한다. 다시 말해서 과학 이론을 발전시키기에 알맞은 언어적 틀거리를 채택할 때는, 쟁점 현상에 대한 설명을 발전시키는 데 있어 그 틀거리가 **적합성의 조건**(condition of adequacy)*을 갖추고 있는가를 보아야 한다는 것이다. 이 조건을 충족시키지 못하는 틀거리는 너무 협소하다. 이런 틀거리는 이미 알려진 관찰 가능한 현상과 규칙성을 잘 포착할 수 있을지는 몰라도, 아직 관찰된 바 없는 관찰 가능한 현상과 규칙성은 포착할 수 없다. 특히 이런 식의 틀거리는 쟁점 현상에 대한 이론적 설명이 정식화된 다음에야 성립될 수 있는 참신한 경험적 예측을 제시할 수 없다. 다시 말해서, 어떤 이론적 가설로 예측을 한 다음에야 드러나는 자연의 규칙성을 확인하는 데는 도움이 되지 않는다. 이것은 결국 관찰 가능한 현상에 대한 설명이 이론적 개념들과 이론적 존재자에 대한 [존재론적] 인정을 필요로 한다는 뜻이다. 그렇다면 맥스웰이 제안했던 대로, "우리가 과학적 설명에서 활용하는 (이론적) 존재자에 대한 사실들은, '세계에 대한 사실'의 총체에서 대체 불가능한 영역을 형성하고 있다"(1962: 136)고 보아야 하며, 그밖에는 다른 어떤 주장도 필요치 않을 것이다. 이런 주장 속의 어떠한 내용도 규약적이지 않다. 입증의 부담은 분명 반실재론자에게 있다. 이들은 반드시 적합성 조건을 만족시키는 틀거리를 만들어야 하지만, 이들 이론적 존재자에 대한 (존재) 양화 없이 그렇게 해야만 한다. 만일 그와 같은 틀거리를 만들 수 없다면, 실재론적 틀거리를 수용하는 것은 충분한 이유가 있는, 피할 수 없는 일처럼 보인다. 우리가 1장에서 이미 보았듯이, 실제로 이론 명사를 대체할 수 있는 경험론적 틀을 고안해내는 데 실패한 결과 경험론자

---

* 가령 현재의 과학이 성취한 예측력 등을 설명하는 데 적합한가와 같은 조건을 말한다.

들은 그들의 주장을 완화해야만 했다.

카르납이 뭐라고 했든, 결국 경험적 실재론은 실재론에 대한 충분히 강력한 인정을 함축하고 있다. 즉 경험적 실재론자의 관점에서 볼 때, 과학 이론은 관찰 가능한 존재자에 대한 인정만큼이나 관찰 불가능한 존재자에 대한 [존재론적] 인정을 함축하고 있는 것이다. 게다가 관찰 불가능한 존재자는 그 존재에 대한 직접적 증거를 확보할 수 있는 우리의 역량과 독립하여 존재한다. 따라서 우리는 관찰 불가능한 존재자의 독립적 존재를 주장할 수 있으며, 이는 (파이글의 용례에 따라) 형이상학적이라기보다는 경험적이다. 그리고 최소한 파이글에게 있어 이것은 그를 충분히 실재론자로 볼 수 있게 하는 입장일 뿐 아니라 경험론이 나아가야 할 방향이기도 했다.

초기 구조주의

카르납이 경험적 실재론에 대해 말뿐인 지지를 표명한 것과 달리, 그의 중립주의적 입장은 매우 진지한 것이었다. 이를 위해 그는 과학 이론에 대하여 물리적이면서 관찰 불가능한 존재자에 발을 들여놓지 않은 경험론적 해명 방식을 제시하려 했다. 이 주장을 뒷받침하기 위해, 나는 카르납이 MCTC(1956: 43~47)에서 '이론적 존재자의 허용가능성이라는 문제'를 다룬 방식에 대해 간단히 논의하고자 한다.

논리-언어적 틀거리 L에는 두 유형의 변항이 있다는 얘기로 돌아가보자. 이 가운데 L_O의 변항은 관찰 가능한 사건을 치역으로 삼는다. 반면 L_T의 변항은 D 즉 고전 수학의 정의역을 치역으로 삼는다. 결국 L_T의 변항은 **수학적 존재자**를 치역으로 삼는다.

카르납은 이들 변항의 치역 관계를 "문자 그대로 받아들여서는 안 되며" 그저 "교육적 도움"(1956: 45~46) 정도로 받아들여야 한다고 지적한다. 그러나 그의 논의를 따라가다 보면, 이 모든 것은 그의 입장에서 그리 중요하지 않다는 사실이 드러난다. L_T의 가산(可算) 정의역 D^0가 지닌 중요한 특징은, 이것이 "특별한 종류의 구조, 즉 첫 항은 있으나 마지막 항은 없는 수열"(1956: 46)을 가진다는 데 있다. 이 구조는 자연수와 동형사상적(同型寫像的, isomorphic)*이다. 따라서 L_T의 변항은 자연수의 구조와 동형사상적인 특정 구조의 원소들을 치역으로 삼는다. 그렇다면 자연수를 L_T의 변항을 양화하는 정의역으로 편의상 받아들일 수 있다. 하지만 진정한 문제는 해당 이론의 정의역이 지닌 구조이지 그 원소들이 아니다. 카르납이 말하듯이, "이론의 구조는 고유하게 정해질 수 있으나 이론의 정의역에 있는 원소는 그렇지 않다. 이는 우리가 문제의 원소들이 어떤 본성을 가졌는지에 대해 무지하기 때문이 아니다. 그보다는 우리가 그 본성에 대해 어떠한 질문도 가지지 못하기 때문이다." (ibid.)

카르납의 입장이 무엇인지 여전히 모호하다고 생각하는 사람들이 있을 수 있다. 그러나 나는 그의 이런 입장을 구조주의에 대한 상당히 과감한 동의로 받아들일 것이다. 이론이 실제로 작동하는 걸 보이려면, L_T의 정의역을 이루는 구조를, 그리고 결국 L_T 내에 포함된 이론 TC를 명세화하지 않으면 안 된다. 고전 수학은 어떤 물리적 개념이든 그것을 나타내는 데 적합하므로, 어떤 이론 TC는 C공준을 통해 관찰 가능한 세계와 연관된 특정한 논리-수리적 구조를 예화하는 표현으로 나타낼 수 있

---

* 어떤 두 대상이 있을 때, 두 대상의 구조가 동일하며 논리적 동치라는 말이다.

다. 이 이론의 정의역이 이루고 있는 구조를 우리가 좀 더 정확히 알아 낸다면, 이론 TC에 의해 표현되는 존재자들이 어떤 종류냐 하는 질문은 답이 되지 않더라도 그리 큰 의미가 없게 될 것이다. 우리는 이들을 수학적 존재자(궁극적으로는 자연수, 그 집합 등)로 받아들일 수 있다. "우리가 이런 정식화로 인해 형이상학적 거짓 질문을 묻는 길로 나아가지 않는 한"(1956: 46) 말이다.

따라서 카르납의 초기 구조주의는 그의 경험론을 확장하기 위해 제시된 입장이며, 또한 그의 중립주의를 뒷받침하기 위한 입장으로 보인다. 이론적 개념은 과학의 언어에 잘 부합해야 한다. 그 '초과적 내용'은 그것이 관찰 개념으로 환원되지 않는다는 사실 덕에 인지적 필요성을 보장받게 될 것이다. 하지만 구조주의에 호소함으로써 카르납은 과학 이론의 존재 함축에 대한 어떠한 명시적인 실재론적 해명에 대해서도 자유로운 입장에 서게 된 것처럼 보인다. 더욱 중요한 점은, 카르납이 이론 명사의 지시 대상, 즉 관찰 불가능한 물리적 존재자에 대한 어떠한 **이론 내부적** 인정에 대해서도 자유로운 입장에 서 있다는 점이다. 왜냐하면 구조주의는 이론의 정의역이 지니는 논리-수리적 구조가 문제이지, 그 구조 안에 있을지 모르는 구성요소들에 대한 인정 여부가 문제는 아니라는 주장을 내포하고 있기 때문이다.

카르납, 램지를 만나다

이제 논리경험주의 역사의 한 흥미로운 에피소드에서 논의를 시작해보자. 자신의 구조주의를 발전시키고 중립주의를 방어하기 위해 카르납은 스스로 **이론의 존재 양화된 형식**이라 부른 램지 문장 접근법을 재발명했다. 하지만 이 모든 것이 이미 프랭크 램지에 의해 제안되었다고 카르납에게 알려준 사람은 헴펠이었다.

헴펠이 「이론가의 딜레마」를 발표한 것은 1958년이었다. 2장에서 지적했듯이, 이 논문의 핵심 주제는 크레이그 정리의 철학적 중요성이었다. 하지만 이 논문의 진정한 참신함은 램지 문장에 대한 해명 방식에 있었다. 내가 아는 한 헴펠은 논리경험주의자들 가운데서 처음으로 램지 문장의 철학적이고 방법론적인 중요성을 깨닫고 거론한 사람이다. 나는 헴펠이 브레이스웨이트의 책 『과학적 설명』을 읽고 나서 램지의 잠재력 있는 초기 논문 「이론들」(1927)을 알게 되었다고 본다. 이 책은 1953년에 출간되었다. 그 내용은 브레이스웨이트가 1946년 케임브리지에서 진행했던 타너 강연(Tarner Lectures)에 기초하고 있다. 이 책의 제3장 「과학에서 이론 명사가 지닌 역할」은 램지의 논문 「이론들」에 대한 상세한 논의를 담고 있다.

헴펠의 「이론가의 딜레마」가 인쇄되었을 당시, 카르납은 폴 아서 실프가 편집한 『루돌프 카르납의 철학』(1963)에 들어갈 헴펠의 기고에 대한 답변을 쓰고 있었다. 헴펠은 자신의 글을 1954년 7월에 카르납에게 보여주었지만, 그 글에는 아직 램지의 아이디어에 대한 어떠한 언급도 포함되어 있지 않았다. 하지만 그러던 중 정확히 1956년 6월에 이르러 카르납은 헴펠의 「딜레마」 논문 초고를 받아보게 되었다. 놀라운 우연의 일치로 카르납은 곧바로 이 논문의 6절과 7절을 읽게 되었는데, 이 절들은 카르납의 MCTC를 논하고 있었고, 실프의 책에 실리게 될 헴펠의 1963년 글에서 제기한 쟁점과도 직접적인 관계가 있었다. 너무 바쁜 나머지 카르납은 헴펠 논문의 나머지 부분은 검토하지 않은 채 남겨두었다. 하지만 헴펠이 이런 종류의 글에서는 최초로 램지 문장 접근법을 소개, 논의하고 '램지 문장'이라는 이름까지 붙인 것은 「이론가의 딜레마」 9절이 끝나가는 부분에서였다. 카르납은 약 2년을 더 방치해두었다가 우연히 9절을 읽게 되었으며, 한동안 그를 괴롭히던 여러 문제들에 대한 궁극적 해결책을 갑작스레 찾아내게 되었다. 이들 문제 가운데는 그토록 원했지만 이해하기 어려웠던 이론 언어의 분석성에 대한 해명과, 그가 MCTC에서도 언급한 초기 구조주의에 대한 해명이 포함되어 있었다. 따라서 그가 1958년 2월 헴펠에게 편지를 쓰면서 그토록 기뻐하고 고마워한 것도 그리 놀랄 일은 아니다.

> 친애하는 란테에게, 1958년 2월 12일
> 지난 주 저는 당신에 대해, 특히 당신의 생각과 저술에 대해 많은 생각을 했습니다. 실프의 책에 수록될 당신 논문에 대한 답변을 작성하던 중이었으니까요. 당신이 쓴 「딜레마」 논문을 바탕으로 저는 많은 분량의 작업을 다시 했고, 몇 가지 새로운 아이디어도 얻게 되었습니다. 이 논문은 전체 문제 상황을 명확히 하는 데 큰 도움이 되는 아주 가치 있는 논문이라 생각합니다. 원래는 6, 7절만 읽었는데, 그건 당신이 이 부분에서만 이론적 개념에 대한 제 논문을 언급했다고 귀띔해주었기 때문입니다. 불행히도 저는 (마지막 두 절을 포함해서) 나머지 부분을 읽지 않고 미뤄두었는데, 실프의 책에 실릴 다른 원고들에 대한 답변을 작성하느라 바빴던 탓도 있었습니다.
> 램지 문장의 사례는 어떤 아이디어의 출처에 대해 우리가 얼마나 쉽게 자신을 속이는지 보여주는 매우 교훈적인 예입니다. 파이글이 1955년 여기서 개최한 회의[LA 컨퍼런스]에서 팝(Arthur Pap), 보너트(H. G. Bohnert) 등이 이 회의에 참가한 가운데 저는 이론의 존재 양화된

형식을 최근 제가 생각해낸 독창적 아이디어라고 설명한 적이 있습니다. 회의가 끝나고 얼마 후 보너트는 기억해내기를, 이미 몇 년 전에 자신이 이 아이디어를 생각했고 제가 시카고에 있을 때 보낸 편지에서 그것을 설명했다고 일깨워주었습니다. 비록 그 편지를 서류더미에서 찾아내지는 못했지만, 그가 옳다는 데는 의심의 여지가 없었기에 저는 아이디어의 우선권을 그에게 돌렸습니다. 보너트는 이 아이디어에 대해 더 많이 생각하고 이론의 존재 양화 형식에 대해 더욱 열정을 기울였으며, 심지어는 이전의 논문 작성 계획(과학의 '성향적' 용어에 대한 연구)마저 포기한 채 과학의 수많은 방법론적 문제들을 명확히 하기 위해 이론의 존재 양화 형식을 어떻게 활용할 것인가에 대한 새 아이디어를 발전시켰습니다. 그가 논문으로 쓰려고 했던 아이디어가 바로 이것입니다. 그러던 중 저는 지난여름 「딜레마」의 나머지 부분을 읽게 되었고, 당신이 램지를 언급한 것을 보고 깜짝 놀랐습니다. 당신이 언급한 부분을 램지의 책에서 찾아보니 제 손으로 가지런히 밑줄을 그어 놓았더군요. 제가 이전에 램지의 책에서 그 부분을 읽은 적이 있다는 건 의심할 바 없었습니다. 아마도 제가 빈 또는 프라하에 있었던 시절 같네요. (프라하에서 이것에 대해 대화했던 것을 기억하는지요?) 어쨌든 간에 저는 당시의 아이디어와 그 출처를 까맣게 잊고 있었던 거죠. 다행히 지금 저는 당신의 논문을 읽은 덕분에 이 아이디어를 제가 생각해낸 거라 주장하지 않게 되어 기쁩니다. 또한 보너트가 혹시라도 그의 논문에서 이 아이디어를 자기 것이라 주장하고, 그의 펜실베이니아 대학 동료들이 램지의 책에서 같은 내용을 발견한다면, 그 역시 보너트에게 매우 좋지 않은 일이 될 겁니다. (…) 몇 주 전 제가 실프의 책에 실릴 당신 글에 답하는 작업을 재개했을 때, 저는 한편으로는 램지의 생각과, 다른 한편으로는 일련의 환원 문장을 분석적 부분과 종합적 부분으로 나눌 수 있다는 (그동안 거의 잊고 있었던) 저의 제안을 처음으로 머릿속에서 하나로 정리할 수 있었습니다. 저의 이 제안은 당신이 실프 수록 논문에서 설명한 것이기도 하죠. 그러다가 갑자기 제가 환원 문장들의 대표 문장이라 불렀던 것 대신 램지 문장을 채택하면 저의 오랜 아이디어를 일반화할 수 있다는 생각이 떠올랐습니다. 이런 방식으로 저는 여러 공준을 [분석적인] 의미 공준과 종합적인 P공준으로 나누는 문제에 대한 해결책을 찾아냈던 것이고, 이제 이것을 이론 명사가 포함된 문장의 분석성을 설명하는 데도 쉽게 사용하게 될 것입니다. (Carnap Archive 102-13-53)

카르납이 말하는 '이론의 존재 양화된 형식'이란 과연 무엇인가? LA 회의를 시작하면서 카르납은 크레이그의 결과를 '유형 이론'으로까지 확장했다고 보고했다. 이것은 오로지 관찰 명사만을 참된 상항으로 포함하는 '긴' 문장 내에, 이론 명사를 존재론적으로 일반화된 함수적 변항이 아닌 보조 상항으로서 도입하는 작업이었다.(Feigl Archive 04-172-02: 14) 그는 또한 "비관찰 명사를 사용하여 (다시 말해서, 비관찰 명사를 존재 양화하는 방식으로 보편화함으로써) 주어진 이론과 동일한 연역적 관찰 내용을 갖는 관찰 이론을 형성할 수 있다"는 것을 보여주었다.(ibid.: 19) 카르납이 크레이그의 결과에서 영감을 얻어 램지 문장 접근법을 재발명했다는 건 의심의 여지가 없다. 하지만 그는 MCTC를 쓰던 당시에는 이 접근법을 이용하지 않았다. 이처럼 존재 양화된 형식의 이론과 가장 가까운 형태는 카르납의 초기 구조주의다. 비록 카르납이 램지의 논문 「이론들」을 읽은 것은 분명하지만, 1958년 이전에 램지의 작업을 언급한 문헌은 수학의 기초에 대한 램지의 관점에 대한 것이 유일하다.

카르납이 그의 새 관점을 처음으로 공식 발표한 것은 「관찰 언어와 이론 언어」(Beobachtungs-sprache und Theoretische Sprache)에서였다. 이 논문은 『변증법』(Dialectica) 지에 독일어로 실렸고, 또 1959년 파울 베르나이스에 헌정된 기념 논문집(Logica: Studia Paul Bernays Dedicata)에 다시 수록되었다. 이 글이 1975년까지 영어로 번역된 적은 없었다. 카르납은 자신의 새로운 견해가 여러 군데 발표되었고, 최소한 세 군데에서 이에 대한 문헌이 출판되었으며, 컨퍼런스에서 발표되기도 한 것에 대해 감격했다. 이들 모두는 같은 시기에, 즉 1958년~61년 사이에 진행되었으나 그 가운데 일부는 1966년 시기에 진행된 것도 있다. 이제 나는 이러한 작업의 진행 순서에 대해 간략히 설명하고자 한다. 실프의 책에 수록될 헴펠의 논증에 대한 카르납의 답신은 1958년에 작성되었지만 책이 출판된 1963년까지는 공개되지 않았다. 그런데 1958~59년에 카르납은 '물리학의 철학적 기초'라는 강의를 개설했는데, 1959년 1월 6일에 있었던 제 14강에서 자신의 새로운 견해에 대해 말하게 된다. 이 강연은 1966년 『물리학의 철학적 기초』(한국어판은 『과학철학입문』, 이하 한국어판 제목으로 표시)이라는 책의 기초가 되지만, 램지 문장에 대한 장은 1961년 작성되어 1964년에야 마무리되었다. 1959년 12월 산타바버라에서 '과학에서의 이론적 개념에 대한 카르납의 견해'라는 제목으로 개최된 심포지엄에서 그는 「과학에서의 이론적 개념」이라는 (아직도 출판되지 않은) 강연을 했다.[4] 이어서 1960년 5월 카르납은 「과학 이론에서 힐베르트의 ε 연산자의 사용에 대하여」라는 논문을 완성했으며, 이를 아브라함 프랭켈에게 헌정된 기념 논문집(*Essays on the Foundations of*

Mathematics)에 발표했다.

이들 출간물 모두가 정확히 같은 것을 말하지는 않는다. 사실 이 글들은 사소한 차이점과 더 중요한 차이점을 가지고 있음에도 모두 램지 문장 접근법의 온전한 철학적 의미와 그 용례가 보여주는 철학적 의미를 이해하고 평가하려는 카르납의 시도를 반영하고 있다. 카르납은 램지 문장 접근법을 통해서 여러 해 동안 그를 괴롭히던 모든 주요 방법론적 문제를 처리하는 길을 찾아냈다고 생각했다. 이론 언어의 분석성을 해명하는 일, 의미 원자론[5]의 일부 형태를 옹호하고 카르납 자신의 중립적 경험론을 옹호하는 일 등이 그것이다.

이 장의 남은 부분은 이들 세 쟁점에 초점을 맞춘다.

존재 양화된 구조주의

이론 TC의 램지 문장[*] $^R(TC)$를 얻으려면 우리는 먼저 모든 이론 상항을 서로 구분되는 변항 $\{u_i\}$로 대체해야 하며, 그 다음에는 그것과 같은 수의 존재양화구 $\exists u_i$를[**] 변환 결과식 앞에 위치시킴으로써 이들 변항을 속박해야 한다. 이제 이론 TC는 $TC(t_1, \cdots, t_n; o_1, \cdots, o_m)$로 나타낼 수 있고, TC는 순수 논리적 관점에서 n개의 t술어와 m개의 o술어만으로 이뤄진다고 해보자. TC에 대한 램지 문장 $^R(TC)$는 다음과 같다. $\exists u_1 \exists u_2 \exists u_3 \cdots \exists u_n\, TC(u_1, \cdots, u_n; o_1, \cdots, o_m)$. 단순화를 위해 TC의 T명사는 n순서쌍 $t = \langle t_1, \cdots, t_n \rangle$을, TC의 O명사는 m순서쌍 $o = \langle o_1, \cdots, o_m \rangle$을

---

[*] 램지 문장에 대한 상세한 설명은 카르납, 『과학철학입문』, 윤용택 옮김, 서광사, 1993의 26장을 참조하라.
[**] 여기서 ∃는 존재양화사로, 이 연산자 바로 뒤에 오는 항이 최소한 하나 이상 있다는 뜻이다.

이룬다고 하자. 이 경우 $^R(TC)$는 좀 더 간편한 형태, 즉 $\exists u\ TC(u,o)$로 표기할 수 있다.

이제 우리는, 어떤 이론에서 관찰 어휘로 표현된 문장 S가 그 이론의 램지 문장에서도 도출되는 경우이면서 오직 그런 경우에만 그 문장이 해당 이론에서 도출됨을 보여줄 수 있다. 램지는 이를 증명하지 않았으나 카르납은 그렇게 했다.[6] 하지만 램지 문장이 말하는 것은 대체 정확히 **무엇**인가? 램지 자신은 이 부분에 대해 거의 설명하지 않았다.(Ramsay 1929 참조) 그는 이론이 판단을 표현하기 위해, 즉 진릿값이 있는 주장을 하기 위해 사용된다고 지적하면서 논의를 시작한다. 하지만 그는 덧붙이기를, 진릿값이 있는 주장을 내놓는 일은 이론의 '법칙과 그 귀결'에만 관련이 있다고 한다. 즉 "이론이란 단순히 법칙과 그 귀결을 포장하는 언어일 뿐이며, 동시에 이들 법칙과 그 귀결을 이해하지 않고서도 우리가 사용할 수 있는 언어"(1924: 120)라는 것이다. 그리고 그는 마지막으로 이렇게 지적한다. "우리의 이론을 기술하는 최선의 방법은 이것이다. '$(\exists \alpha, \beta, \gamma)$: 이론의 용어 사전 & 이론의 공리'."(ibid.) 여기서 α, β, γ는 이론 언어의 명제 함수들(램지의 '2차 체계', 1929: 103)을 나타내는 기호들이다.

나는 램지의 통찰이 다음과 같은 것이라고 본다. 경험론적 관점에서 볼 때, 정말로 문제가 되는 것은 이론의 경험적 내용이다. 어떤 이론을 표현하기 위해 누구든 이론 명사와 술어를 사용하게 마련이다. 하지만 이들을 [실재하는 존재자들의] 이름으로 취급할 필요는 없다. 이는 이론의 정당한 사용을 위해 꼭 필요한 일이 아니다. '2차 체계'의 명제 함수(즉 이론 명사와 술어)를 진변항(genuine variable)로 취급할 수도 있다. 이런 진변항은 함수에서 도출된 구문(construction)이 하나의 문장(양화되지 않은 식과는 반대되는)이 될 수 있도록 존재양화사로 속박되어 있다. 함수에서 도출된 구문은 이렇게 양화사에 의해 속박된 문장이 됨으로써 진릿값을 가지게 되며, 이에 따라 이 구문은 어떤 판단을 표현하는 데 쓰일 수 있다. 그러나 해당 물리 이론의 램지 문장 $\exists u\, TC(u,o)$는 본래 이론의 경험적 내용보다 더 많은 것을 함축한다. 이 램지 문장에는 "u는 o에 대해 관계 TC를 맺고 있다"라는 형식의 진술 모두가 거짓인 것은 아니라는 함축이 있고, 따라서 여기에는 관계 TC가 현실에 실현되었다는 함축도 있다. 달리 말해서, 이 램지 문장에는 바로 그 램지 문장을 실현할 수 있는 집합(그리고 집합의 집합)이 존재한다는 함축이 있다. 그러나 이 램지 문장은 그와 같은 존재자들로 구성된 특정 집합의 존재는 인정하지 않는다. 램지의 관점에서 볼 때, 쟁점 이론의 인지적 내용은 (즉 진릿값이 있는 내용은) 이론의 경험적 내용은 물론 [문제의 관계가 현실에 적어도 한 차례는] 실현되었다는 추상적 주장에 의해서도 포착된다.

따라서 램지는 더 강력한 식 $TC(t,o)$ 대신 더 약한 식 $\exists u\, TC(u,o)$를 활용하여, 과학 이론을 경험론의 방식에 따라 더 잘 설명할 수 있는 방법을 제안한 것이다. 분명 이 약화된 식 곧 존재 양화된 식은 엄격한 경험론보다, 다시 말해 모든 이론 명사는 관찰 명사로 환원되어야 한다는 주장보다 더 많은 것을 이야기한다. 하지만 램지 문장을 현실에 실현하는 존재자는 순전히 외연적으로만 받아들여야 한다. 즉 이들 존재자가 정확히 무엇이냐는 질문은 별도의 쟁점이다. 램지가 제안하듯, 문제의 이론을 사용하기 위해, 그리고 이 이론이 관찰 가능한 세계에 대해 말하는 바를 이해하기 위해 이 쟁점을 다뤄야 할 필요는 없다. 램지 본인의 말을 살펴보자. "따라서 우리는 2차 체계에 속한 '명제'의 불완전성이 우리의 논쟁에는 영향을 끼치겠지만 우리의 추론에는 그렇지 않다고 말할 수 있다."(1929: 121) 여기서 초점은 이것이다. 비록 램지 문장이 실현된다는 것이 정확히 무엇인지에 대해 논쟁의 양편이 동의하지 않을 수 있다 해도, 양쪽 모두는 관찰 가능한 귀결을 도출하기 위해 동일한 램지 문장을 사용할 수 있다. 램지는 이런 2차 변항이 순전히 외연적으로 받아들여질 수 있다는 데에 대해 상당히 명확하게 인지하고 있었다. 그는 이렇게 강조한다. "여기서 α, β, γ가 순전히 외연적으로 받아들여진다는 점은 명백하다. 이들의 외연은 내포로 가득 차 있을 수도 있고 아닐 수도 있으나, 이 문제는 1차 체계에서 연역할 수 있는 것과는 무관하다." (ibid.: 120)

램지의 견해를 널리 알린 브레이스웨이트는, 이론 담화에 대한 램지의 방법이야말로 어떤 과학 이론이 참이라는(예컨대 전자가 존재한다는) 실재론자의 주장과 그에 대한 경험론자의 입장—이론적 존재자가 실재한다는 주장을 **부인하지는 않지만**, 현대 물리학의 연역적 체계 내에서 중요 역할을 하는 이론 명사가 정말로 실재하는 대상을 지시한다는 점은 받아들이기를 망설이는 입장—을 절충하는 타협안이라고 본다.(Braithwaite 1953: 80~81) 브레이스웨이트에 의하면, 이론적 개념(가령 전자)의 지위를 설명하는 램지의 방법은 다음과 같다.

어떤 속성 E('전자가 됨'이라고 부르자)가 존재한다. 즉 이 속성에 대한 특정한 상위 차원의 명제가 참이며, 또 이들 상위 차원의 명제에서 경험적으로 검사 가능한 하위 차원의 명제가 따라 나오는 속성이 존재한다. 이 속성 E의 '본성'에 대해서는 어떤 것도 주장되지 않았다. 주장된 모든 것은 속성 E가 존재한다는 점, 즉 E의 사례 다시 말해 전자가

존재한다는 점뿐이다. (Braithwaite 1953: 79)

브레이스웨이트는 이론적 개념이 다음 어구에 의해 경험론적으로 다시 서술된 과학 이론에 도입되어야 한다고 말한다. "이러저러한 속성 X, Y, Z가 존재한다." 이 어구가 의미하는 바는 단순하다. 첫째로, 우리가 이론을 연역적 체계로 받아들일 때에도 이론은 그 이론을 실현시키는 속성의 존재를 함축하고 있다고 여전히 간주할 수 있다. 그러나 해당 이론은 이러한 속성이 존재한다는 것 외에는 아무것도 제시하지 않는다. 둘째로, 우리는 이런 이론에 담겨 있는 존재론적 인정을 명시적으로 드러내기 위해 존재 진술(existential statement)을 작성할 수 있다. 브레이스웨이트에 따르면, 본래 이론(연역적 체계)에서 '전자'라는 명사를 사용하는 경우, [램지화된] 이론은 관찰 가능한 현상과 유사한 존재자의 집합이 존재한다고 주장하며, 이들 존재자의 집합을 이론 내에서는 '전자'라는 명사로 지칭하는 것일 뿐이다. 램지 문장에서 이론적 개념은 다른 것으로 대체되지 않는다. 이것들은 좀 더 무규정적인 방식으로, 즉 특정한 이름 대신 존재 양화에 묶인 변항을 사용하는 방식으로 표현될 따름이다.[7]

하지만 나는 램지에 대한 브레이스웨이트의 해석이 알려진 것처럼 실재론과 경험론의 타협이라고 보는 생각에 의심이 간다. 이론적 존재자의 존재를 부인하지는 않지만, 이론이 관찰 불가능한 물리적 존재자의 존재에 대한 인정을 함축하고 있다는 점은 받아들이기를 꺼려하는 경험론자들은 브레이스웨이트의 해명에 설복되지 않을 것이다. 브레이스웨이트의 해명은 이론의 정의역에 속해 있는 개개 변항과는 독립적으로 이론적 속성이 존재한다고 이미 가정하고 있기 때문이다. 이런 입장은 이미 과학 이론에 대한 엄격한 경험론적 이해, 즉 이론 명사를 이론적 존재자를 지시하는 것으로 받아들이지 않는 입장을 넘어서는 것이다. 어떤 이론에 대한 전적으로 실재론적인 해명과 브레이스웨이트의 노선 사이에 있는 유일하게 명백한 차이는, 어떤 이론을 만족시키는 속성에 [이론적 존재자의] 이름을 붙이느냐, 아니면 브레이스웨이트처럼 그와 같은 이론적 속성만이 존재할 뿐이라고 주장하느냐 하는 것밖에 없다. 경험론자는 이를 부정할 필요가 없으나, 실재론자에게 동의하지 않기 위해 이를 긍정하는 일도 역시 자제할 것이다.

카르납이 램지 문장의 해석 방식을 통해 제시한 것은 오히려 그 자신의 중립주의에 부합하는 철저한 독해 방식이었다. 카르납은 램지 문장 접근이 실재론과 지나치게 닮게 되기를 원하지 않았다. 따라서 그는, **어떤 식의 n순서쌍을 이루는 존재자들이든** 해당 이론의 램지 문장을 현실에서 실현시키는 것이라면, 이론 명사는 그것들을 치역으로 삼는 진변항으로 대체된다는 램지의 아이디어만을 취한다. 램지를 좇아서 그는 변항의 치역을 외연적으로만, 즉 그 치역이 이론적 존재자(또는 이론적 속성)의 집합으로까지 확장되지는 않는다고 이해한다. 램지 문장이 말하는 바가, 본래의 이론이 제시한 관계에 따라 관찰 가능한 존재자와 관계 맺는 존재자들의 집합이 적어도 공집합은 아니라는 것이라면, 카르납은 그 집합을 '수학적 대상들'의 집합으로 자유롭게 생각해도 좋다고 제안하고 있는 것이다.

카르납은 『변증법』지에 실린 그의 논문에서 램지 문장 접근법을 발전시킨 이후에도, 여전히 이론 언어 L_T가 물리적 세계의 이론적 존재자에 대해 존재 양화를 요구하지 않는다고 강조한다. 즉 T명사는 **수학적 존재자**이긴 하지만 물리적 성질을 띤 것으로서, "C공준에 의해 설정된 관찰 가능한 과정과 관계를 맺는 동시에, T공준에서 제시된 조건 역시 만족시키는"(1958: 81) 그런 존재자로 생각할 수 있다는 것이다.

사례를 들어 보자. 카르납은 '행성의 기수(基數)'로 정의되는 상항 'n_p'는 비록 기술구[*]이기는 하지만 정의역 D^0에 속하는 하나의 자연수를 지시한다고 지적한다. 수 n_p의 외연은 숫자 9와 동일하지만, 동일성 진술인 '$n_p = 9$'는 [분석명제가 아닌] 종합명제라는 것이다. 현실 세계가 이 진술이 참인지 여부를 판단하는 데 기여하기 때문이다. 카르납의 말은 과학 이론의 기술구 상항이 수학적 대상을 지시할 수 있다는 식의 동어반복이 아니다. 그의 요점은, 기술구로 이루어진 어떠한 이론 상항 L_T에 대해서도 외연적으로 동일한 수학적 함수(의 유형)가 적어도 하나는 대응하기 때문에, 이들 함수가 지시하는 수학적 존재자는 해당 이론 상항의 외연으로 볼 수 있다는 것이다.(Carnap Archive, 『과학철학입문』 제14강: 42 참조)

좀 더 실제적인 상황일 경우 확실히 우리는 어떤 기술구 상항의 외연이 무엇인지 알지 못할 것이다. 가령 E를 전기장 벡터를 나타내는 기술구 함수라고 해보자. 진술 $E(x_1, x_2, x_3, t) = (u_1, u_2, u_3)$는, 시점 t에 3차원 상의 특정 지점 x_1, x_2, x_3의 전기장이 지닌 값이 세 개의 실수라고, 즉 시공간상의 한 점에서 전기장의 벡터 값이 이 세 실수라고 주장한다. 여기서 우리에게는 이 함수의 외연이 무엇인지에 대해서는 어떠한 단서도 주어져 있지 않다. 하지만 현실의 시공간에 걸쳐 있는 전자기장의 실제 분포를 알기 위해서는 바로 이런 단서가 필요하다. 과학자들이 보통 이 단서를 얻기 위해 하는 일은 특정한 셋업 또는 지역, 예를 들어 특정

---

[*] 기술구란 '태양으로부터 세 번째 행성'처럼 특정한 존재자에 귀속되는 속성을 기술하는 언어 표현을 말한다.

3장 카르납의 중립주의

한 도체 내 전자기장 분포에 대한 함수들의 값을 찾아내는 작업이다. 카르납은 말하기를, 어떤 사례에 대해서든 우리는 E가 특정한 **논리적 유형**이라는 점을, 즉 실수 넷으로 이뤄진 네 순서쌍에서 실수 셋으로 이뤄진 세 순서쌍으로 가는 함수라는 점을 이미 알고 있다고 본다. 따라서 우리는 E와 외연이 동일한 수학적 함수 f가 존재한다는 것을, 즉 어떠한 고려 항에 대해서도 E와 f가 동일한 값인 경우가 존재한다는 점을 알고 있다. 어떠한 x_1, x_2, x_3, t에 대해서든 $E(x_1, x_2, x_3, t) = f(x_1, x_2, x_3, t)$라는 것이다. 이는 '$n_p = 9$'처럼 종합적으로 참인 동일성 문장이다. '$E = f$'와 '$n_p = 9$'라는 두 진술은 모두 기술구 상항과 수학적 상항 사이에 있는 동일성을 나타내며, 동시에 이들은 종합 진술이기도 하다.(Carnap Archive, 『과학철학입문』제11강: 40~41) 따라서 비록 램지 문장에 '초과적 내용'이 있다고 해도, 외연적으로 양화된 변항은 [현실 세계의] 이론적 존재자를 그 치역으로 하지 않으며 오히려 수학적 대상을 그 치역으로 한다. 이런 '초과적 내용'이야말로 물리적 세계의 수학적 존재자를 특징짓는다. 그렇다면 이런 이행으로 카르납의 중립주의를 지킬 수 있을까?

별로 놀랄 것도 없이, 파이글은 카르납이 이런 이행을 통해 '통사론적 실증주의'를 입증했다고 보았다.[8] 1958년 7월 21일 카르납에게 보낸 편지(Carnap Archive 102-07-06)에서 파이글은 이렇게 말한다. "[우리는] 당신의 '통사론적 실증주의', 다시 말해 경험과학에서 쓰이는 이론적 개념에 대한 수리적 해석에 놀라고 말았습니다. 우리는 좀 더 '실재론적' 해석을 시도하려 합니다. 그것이 형이상학적이라면, 그 수준을 최소화할 겁니다."

같은 해 8월 4일 작성한 답신에서 카르납은 『변증법』에 실린 논문에서의 정식화가 "실로 너무 짧았던 탓에 제 관점에 대한 명쾌한 그림을 제시할 수 없었다"고 인정하면서, 파이글이 더 명확한 답변을 원한다면 실프 책에 실릴 헴펠의 글에 대한 카르납 본인의 답신 「과학 이론에 대한 헴펠의 견해」를 읽어보라고 권했다. 하지만 1958년 2월 『변증법』에 실린 논문 이후에 완료된 그 글에서도 추가적인 해명은 없었다. "램지 문장은, 추상적 변항의 사용에 의해 실제로 이론적 존재자를 지시한다." 하지만 그는 곧바로 덧붙인다. "이들 존재자는 원자나 전자 등 관찰 불가능한 물리적 대상이 아니라, 오히려 (최소한 내가 MCTC §VII에서 택한 이론적 정의의 형식 안에 있는) 순수한 논리-수리적 존재자, 즉 자연수, 자연수의 집합, 그리고 집합의 집합 등이다."(1963: 963) 이 독해에 따르면, 램지 문장이 말하는 것은 이런 내용이다. "이 세계 속의 관찰 가능한 사건은 일정한 방식으로 해당 사건과 상관성을 가진, 그리고 그것 자체로 특정한 관계를 그 자체 사이에 지닌 숫자, 숫자들의 집합 등이 존재하는 것처럼 존재한다. 또한 이러한 주장은 분명 이 세계에 대한 사실적 진술이다."(ibid.) 하지만 우리는 분명 이 생각을 수학적 대상이 관찰 가능한 현상과 상관성을 가진다는 식으로 문자 그대로 해석할 수는 없지 않은가? 그렇다면 카르납이 생각했던 것은 대체 무엇인가?

어떤 이론의 램지 문장의 특징은, 본래 이론이 가진 구조 또는 형식을 보존한다는 데 있다. 그렇다면 카르납의 주장을 다음과 같이 해석해도 틀리지는 않을 것이다: 누군가가 $^R(TC)$를 받아들였다고 해서, 그가 물리 세계에 이론적 존재자가 실재한다고 인정하는 것은 아니다. 그가 인정하는 것은 다음뿐이다.

- 본래 이론 TC의 관찰 가능한 귀결
- 관찰 가능한 현상(그리고 그에 대한 기술구)을 포괄하는 특정한 논

리-수리적 구조
- 문제의 구조를 현실 세계에 실현하는 존재자(및 공집합이 아닌 그것들의 집합)가 존재한다고 말하는, 특정한 추상적 존재 주장.

L_T에는 각각의 물리적 개념과 외연이 동일한 수학적 개념이 존재하기 때문에, 그에 해당하는 램지 문장이 참이면 이 램지 문장을 실현시키는 존재자는 수학적 대상으로 이뤄진 수열로 보면 된다.

여전히 카르납은 도구주의로부터, 또는 파이글이 말한 '통사론적 실증주의'로부터 그리 멀리 나간 것이 아니다. 여전히 카르납은, 이론이란 본질적으로 관찰 가능한 현상을 그 안에 품고 있는 수학적 모형이라고 본다. 따라서 과학적 실재론과 거리를 두려고 시도하는 중에 카르납은 자신의 중립주의를 한 차례 더 배신하는 것처럼 보인다. 물론 카르납이 '통사론적 실증주의'라는 생각을 그다지 달가워하지 않았다는 것은 누구나 예상할 수 있다. 파이글에게 보낸 편지(1958년 8월 4일)에서 그는 "이런 입장 속에 '실증주의'는 들어있지 않다"고 말한다. 카르납은 계속해서 설명한다.

> 램지 문장 내의 변항이 지시하는 존재자는 순수하게 논리적으로 규정되지는 않으며, 기술의 방식으로 규정됩니다. 이것이야말로 본질적인 사항입니다. 이들 존재자는 오직 통상적인 외연적 발화에 의해서만 수학적 존재자와 동일합니다. 10쪽에 대괄호로 묶은 사례를 살펴보시죠.[9] 내포적 언어에서(제가 생각하기로, 저는 이런 종류 가운데 하나를 주로 사용했지만요) 9의 내포와 n_p의 내포 사이에는 중요한 차이가 있습니다. 전자는 L-결정적이지만 후자는 그렇지 않습니다. 따라서 만일

'논리적' 또는 '수학적'이라는 말이 'L-결정적'이라는 뜻이라면, 램지 문장 내의 변항이 지시하는 존재자는 논리적이지 않습니다. 이 설명이 당신의 혼동을 줄여주기를 바랍니다. (Carnap Archive 102-07-05)

파이글에 대한 카르납의 답신은 그의 'L-결정성'이라는 개념을 상세히 살펴봄으로써 명확히 이해할 수 있다. 이 개념은 그의 저서『의미와 필연성』에서 처음 소개된 것으로(1947[1956]: 72~73), 기술구와 논리적 지시어 사이의 차이를 포착하려는 목적을 지니고 있다. 어떤 지시어든 부가적인 사실 정보와 무관하게 어떤 언어 L의 의미론적 규칙만이 그 외연을 결정하는 경우이면서 오직 그런 경우에만 그 지시어는 언어 L 내에서 L-결정적이다. 따라서 위 인용문에서 '9'는 9와 동형사상적인 모든 집합의 집합이 그 외연일 경우 L-결정적이다. 그러나 n_p 곧 '행성의 기수'는 L-비결정적인데, 그것은 그 외연을 결정하기 위해 사실적 정보가 필요하기 때문이다. $n_p = 9$는 참인 동일성 문장이지만 종합 문장이며, 따라서 우연하게 참이다. n_p의 외연은 세계가 존재하는 방식에 의해 결정되지만, L-결정적 지시어 9의 외연과 동일하다. 달리 말해서, '$n_p = 9$'가 참이라 해도 n_p는 9와 필연적으로 동일하지는 않다. 따라서 n_p와 9의 뜻, 즉 내포는 서로 다르다. 하지만 이런 내포적 의미는 L_T와 같은 외연적 언어에서는 포착될 수 없다. 외연적 언어에서 '$n_p = 9$'는 동일성을 나타내며, 'n_p'와 '9'는 다만 대상들로 이뤄진 동일 집합을 나타내는 두 표현, 즉 한 변에는 기술구 상항에 의해, 또 반대쪽 변에는 논리 상항에 의해 지시되는 동일 외연 집합을 나타내는 두 표현일 따름이다.[10]

외연적 언어만을 사용하는 한, 경험론자들은 램지 문장의 2차 변항이 수학적 존재자를 그 치역으로 삼는다고 볼 것이다. 외연적으로 이해된 이들 변항은 집합, 집합의 집합 등을 치역으로 삼는다. 그렇다면 이들 집합은 무엇을 대상으로 하는가? 이들 질문에 답하는 하나의 생각에 따르면, 이들은 시공간상의 점 집합이다. 그러나 '시공간상의 점'이라는 말부터가 일종의 이론 명사다. 따라서 이는 제거되어야만 할 것이다. (카르납의 경우 그 대체물로 숫자 네 개로 이뤄진 네 순서쌍을 선호했다.) 하지만 이들 변항이 시공간상의 점의 집합을 치역으로 삼는다는 식으로 이 문제에 대처한다 해도, 여전히 무언가를 놓칠 수밖에 없다. '질량'이라는 명사를 존재 양화된 변항으로 대체해보자. 외연적 관점에서 볼 때, 질량을 나타내는 램지 문장은 수학적 존재자가 존재한다고 주장할 것이다. 즉, 시공간상의 점 집합에서 수로 가는 함수를 인정할 것이다. 그런데 외연적 언어 L_T는 이론적 개념인 **질량**, 그리고 그것과 유관하며 외연이 동일한 수학적 함수 사이의 차이를 포착할 자원을 보유하고 있지 않다.

하지만 내포적 관점에서 보면 램지 문장 접근법은 전혀 다르게 보인다. 각각의 t명사에 대해 그에 대응하는 외연적으로 동일한 수학적 지시어가 있다고 해도, 그 t명사의 **내포**는 물리적 개념이지 수학적 존재자가 아닌 것이다. 그렇기에 t명사의 내포는 논리-수리적 명사의 내포와는 다르다. 우리가 선택할 언어를 내포 언어로 변환해보면, 변항과 그 치역을 선택하는 문제에서 무슨 선택을 해야 하는지가 드러난다. 외연과 내포를 다루는 카르납의 방법(1947[1956] 참조)에서, 변항들은 외연적 값만큼이나 내포적 값으로도(즉 집합만큼이나 속성으로도, 또한 개체만큼이나 개별 개념으로도.) 해석될 수 있다. 카르납의 방법은 동일한 변항을 수학적 대상(t명사의 외연)으로 양화하여 사용하는 것뿐만 아니라, 이론적 존재자(속성 즉 t명사의 내포)로 양화하여 사용하는 일도 허용한다.

따라서 그 외연이 수학적 존재자라 해도 해당 변항의 내포는 이론적 존재자일 것이다. 여기서 카르납은 자신이 원하던 중립주의를 한 차례 더 훼손하고 있다. 만일 내포적 언어를 허용한다면, 그는 관찰 불가능한 존재자(속성)를 존재론적으로 인정하지 않을 수 없기 때문이다.

기술적 명사의 외연이 수학적 존재자라는 주장은, 어떤 또 다른 동기가 없다면 카르납 체계의 인위적 구성물에 지나지 않는 것으로 볼 수밖에 없다. 그러나 카르납이 이론적 개념과 수학적 개념 사이의 외연적 동일성을 주장한 데는 깊은 이유가 있다. 카르납의 주된 관심은, 이론 언어에 대한 그의 분석이 기대고 있는 틀거리가 물리학자들이 미래에 도입할지도 모를 새로운 이론적 개념을 포괄할 수 있을 만큼 충분히 적응력을 지니도록 만드는 데 있었다. 카르납은 이 문제를 『변증법』에 수록한 논문에서 명확하게 진술한 바 있다. 그의 말을 들어보자.

> 물리학이 이미 받아들이고 있는 틀에 들어맞을 뿐만 아니라 현재로서는 우리에게 어떠한 접근방식도 없지만 어떤 물리학자가 미래에 도입하게 될지도 모르는 힘, 입자, 또는 전적으로 새로운 부류의 특별한 대상에 들어맞을 수 있는 일반 개념들을 대체 어떤 식으로 구성해야 하는가? (1958: 80)

외연적 동일성에 대한 카르납의 주장은 정확히 이 문제에 대해 답하려 한다. 새로운 물리적 개념을 도입할 때 카르납이 말한 방식대로 제안된 틀은 그것에 상당히 쉽게 부합할 수 있는데, 그것은 [새로 도입되는 물리 개념과] 외연적으로 동일하며 관련성이 있는 수학적 함수를 언제든 제시할 수 있기 때문이다. 새로운 물리량의 특징이 무엇이든 간에 그 논리적 유형은 외연적 언어 L_T에 의해 표현될 수 있는 특정 수리적 함수와 동일할 것이다. 따라서 새로운 존재자가 도입되더라도 과학 이론의 발전을 반영해 언어적 틀거리가 근본적으로 바뀔 필요는 없게 된다.

카르납의 동기는 성장 중인 이론에도 충분히 합치하고, 여러 과학 이론들을 비교하는 수단을 충분히 제공할 수 있는 틀거리를 도입하는 데 있었다. 각각의 이론들이 서로 다른 개념을 사용하더라도, 이론적 개념에 해당하는 수학적 함수를 찾는 한편, 이들이 외연적으로 서로 동일한지 여부, 즉 정해진 모든 지점에서 동일한 값을 갖는지 여부를 검사함으로써 그 이론들을 외연적 관점에서 서로 비교할 수 있다. 다시 말해서 카르납의 주된 동기는 과학 이론의 발전에 필요한 안정적인 논리-언어적 환경을 만들어내는 데 있었다. 파이글에게 보낸 편지에서 카르납은 자신의 동기를 이렇게 밝히고 있다.

> 변항의 유형에 대한 제 강조는, 요구되는 변항의 논리적 유형이 새롭고 이상한 유형이 아니라 수학에서는 익숙한 종류의 유형이라는 점을 드러내려는 목적 때문에 이뤄진 것뿐입니다. 이런 변항에는 예를 들어 『논리적 통사론』[1937a]에서 소개한 언어 II에서와 같이, 대상에서 시작하지 않고 자연수에서 시작하는 단순한 유형 위계가 있습니다. (Carnap Archive 102-07-05)

마찬가지로 『과학철학입문』에서도 그는 다음과 같이 강조하고 있다.

> 이로써 나는 물리학자들이 미래에 도입할지도 모르는 이상한 존재자를 어떻게 예측할 수 있는지에 관한 문제를 완전히 제거했다고 믿는

다. 이런 이론적 존재자를 전자처럼 아무도 본 적이 없는 대상이라 생각한다면, 우리는 물리학자들이 어떤 이상한 종류의 대상을 불러낼지 예측할 수 없다고, 즉 현재의 우리로서는 상상조차 할 수 없다고 생각할 것이다. 하지만 앞으로 도입될 모든 물리적 성질의 이론 명사가 특정 [수학적] 유형에 속한다고 가정하면, 물리학에 새로운 개념을 도입하는 일은 이들 유형으로 충분할 수 있다. 나는 심지어 앞서 개괄한, 모든 제한된 유형들로 이루어진 체계조차도 꽤 오랫동안 물리학의 모든 개념을 충분히 담아낼 것이라 생각한다. (Carnap Archive 111-23-01)[11]

중립주의

그럼에도 카르납의 중립주의는 유지되기 힘들어 보인다. 경험론적 원칙하에 과학적 실재론과 도구주의 사이에서 등거리 외교를 펼침으로써 중립적 위치를 찾아보려는 모든 시도는 카르납을 두 입장 가운데 하나로 전락시킨다. 카르납은 이를 피하고자 했지만 결국 그렇게 하지 못했다.

어쨌든 그에게는 여전히 사용 가능한 대안이 하나 있다. 두 입장이 서로 충돌하지 않는다고 말하는 입장이다. 그는 이 입장을 『과학철학입문』양장본 초판(1966)에서 분명히 밝히고 있다.

> 분명히 도구주의자들의 어법과 실재론자들의 어법은 그 의미 면에서 서로 차이가 있다. 나는 여기서 그 차이를 자세히 논의하지 않겠다. 나의 견해는 다음과 같다. 두 접근법 사이의 갈등은 본질적으로 언어적이다. 이 갈등은 당면한 상황에서 더 선호되는 말하기 방식이 무엇이냐의 문제이기도 하다. 어떤 이론이 믿을 만한 도구라고 말하는 것은,

다시 말해 관찰 가능한 현상에 대한 그 이론의 예측이 입증될 것이라고 말하는 것은, 본질적으로 그 이론이 참이며 그 이론이 말하는 이론적이고 관찰 불가능한 존재자가 존재한다고 말하는 것과 동일하다. 따라서 도구주의의 논제와 실재론의 논제 사이에는 어떠한 양립불가능성도 없다. 적어도 도구주의가 다음과 같은 부정적 주장을 하지 않는 한 말이다. "(…) 이론은 참인 문장으로도, 거짓인 문장으로도 이뤄져 있지 않으며, 원자, 전자 등등은 실제로 존재하지 않는다." (1966: 256)[12]

나는 위 인용문에 표현된 논제를 **강한 양립가능성 논제**(strong compatibility thesis)라 부를 것이다. 이 주장이 많은 철학자들의 눈살을 찌푸리게 한 것도 당연하다.(예를 들면 Creath 1985, Salmon 1994a 참조) 도구주의자가 그의 도구주의적 신념을 포기하기만 하면 자동적으로 두 라이벌 입장은 양립 가능해진다는 얘기이기 때문이다. 과연 카르납은 이렇게 사소한 지적만을 목적으로 했던 것일까? 그리고 혹시 그랬던 것이라면, 이것은 과학적 실재론에 판 전체를 내주는 일 아닐까? 그렇다면 두 입장은 양립 가능하겠지만, 그것은 도구주의가 더 이상 도구주의가 아니기 때문일 것이다.

여기서 우리는 좀 더 천천히 나아갈 필요가 있다. 카르납은 자신의 입장을 정식화하는 데 많은 어려움을 겪었으며, 『과학철학입문』 제 26장의 원고를 여러 차례 수정하기도 했다.(Carnap Archive 111-23-04) 이 부분에서 카르납은 램지 문장 접근에 대해 상세히 논의한다. 이 주제에 대한 그의 마지막 말은 이렇다.

램지의 견해에 따르면, 전자들이 실제로 존재하는지 묻는 것은 양자

역학이 참인지 묻는 것과 동일하다. 이에 대한 대답은 다음과 같다. 양자 역학이 실험을 통해 입증된 한, 이론의 언어로 '전자'라고 부르는 사건들의 사례가 존재한다고 말하는 것은 정당하다. (1966: 255)

이 관점은 특정한 이론적 존재자가 존재한다는 주장을 인정하기 때문에, 많은 과학적 실재론자들이 기꺼이 받아들일 만한 관점이다. 그러나 카르납은 이런 입장을 실재론적인 것으로 여기지 않는다. 실제로 카르납은 "이런 관점을 때로는 이론에 대한 '도구주의적' 관점이라 부르기도 한다"고 덧붙이고 있다.

만일 도구주의에서 가능한 모든 것이 '램지 방법'에 의해서도 포착된다면, 실재론과 도구주의가 양립 가능하다고 말한 카르납이 옳을 것이다. 카르납은 26장 초고에서 도구주의와 실재론 사이의 갈등을 "본질적으로 언어적"이라고 한 다음, 이런 양립가능성을 매우 명확한 방식으로 설명한다. "전자에서 은하에 이르는 어떤 대상이라도 그것은 램지 문장으로, 또는 과학이 사용해온 전통적인 기술적(실재론적) 언어로 이야기할 수 있다. 여기서 내가 강조하고자 하는 것은, 이론의 설명력과 예측력 측면에서 검토했을 때 두 언어 형식은 동등하다는 점이다."(Carnap Archive, 111-23-04) 이 구절에서 표현된 논제를 **약한 양립가능성 논제**라고 부르기로 하자.

상당히 이상하지만, 카르납은 실재론과 '램지 방법'의 약한 양립가능성을 옹호하는 구절을 삭제하고, 그 자리에 도구주의 일반과 실재론 사이의 강한 양립가능성을 주장하는 구절을 넣기로 마음먹었다. 따라서 그가 강한 양립가능성 논제를 주장한 다음, 곧바로 다음과 같은 단서를 달아 그것을 약화시킨 것은 별로 놀라운 일이 아니다. 도구주의가 "다음과 같은 부정적 주장을 하지 않는 한, 즉 '이론은 참인 문장으로도, 거짓인 문장으로도 이뤄져 있지 않으며, 원자, 전자 등등은 실제로 존재하지 않는다'고 하지 않는 한"이라고 한 단서 말이다. 카르납이 염두에 두고 있었던 대안은 '램지 방법'이다. 그가 강조하려 했던 것은, 도구주의가 통상적인 도구주의가 아닌 램지 방법에 찬동하는 종류라면 도구주의와 실재론이 양립 가능하다는 입장이었다.

 카르납이 약한 양립가능성 논제를 포기해버린 것은 분명 가장 나쁜 선택이었다. 이것이야말로 그의 중립주의를 강조해주는 논제이기 때문이다. 경험론자는 이론의 설명력과 예측력에 관심이 있으며, 또한 이런 능력 면에서 실재론과 '램지 방법'은 서로 동등하다. 분명 통상적인 실재론자는 램지 문장의 옹호자보다 더 많은 것을 주장한다. 실재론자는 t 명사를 사용하는데, 이는 외연 이상의 초과적 의미를 존재자에게 부여하고 비가시적 존재자를 지시하기 위해서다. 반면 램지 문장은 t명사를 제거한다. 하지만 이렇게 함으로써 이론의 '초과적' 내용을 축소하려는 것이 아니다. 램지 문장으로 번역된 이론도 여전히 관찰 가능한 대상 이외의 무언가가 존재한다는 인정을 함축한다. 물론 실재론과 달리 램지 문장은 그 문장의 내용이 현실에서 실현되더라도 '전자'가 존재한다고 주장하지는 않을 것이다. 하지만 램지 문장은 이론을 실현시키는 무언가가 존재한다고 주장하기는 한다.

 한편 카르납(1958)이 관찰했듯이, 과학 이론 TC는 다음 연언과 논리적으로 동치다. $^R(TC)$ & $(^R(TC) \rightarrow (TC))$. 여기서 조건문 $^R(TC) \rightarrow (TC)$는 이런 뜻이다. 해당 이론의 램지 문장을 만족시키는 존재자가 존재할 경우, 그 이론의 t명사가 이루는 n순서쌍은 바로 그 존재자를 지시한다. 카르납은 이런 조건문에는 사실적 내용이 없으며, 다만 의미 공준으로 받아들여야 할 문장일 뿐이라고 말한다.[13] 과학 이론을 이렇게 재구성하는 데 있어 램지 문장 옹호자와 실재론자 사이의 차이는, 전자가 $^R(TC)$에만 매달리는 반면 후자는 $^R(TC) \to (TC)$ 역시 수용한다는 데 있다. 해당 조건문은 일종의 분석 진술이며, 따라서 $^R(TC)$를 초과하는 추가적인 경험적 내용을 가지고 있지 않다. 결국 전자(電子)가 존재한다고 주장할 때, 실재론자들은 '램지 방법' 옹호자에 비해 더 큰 위험 부담을 지지 않아도 된다. 그렇다고 해서 경험적 근거가 있는 한 전자의 존재를 받아들이라고 '램지 방법' 옹호자들을 설득할 수도 없다. 실재론자들이 기대할 수 있는 것은, 램지 방법 옹호자들 역시 '전자'처럼 $^R(TC)$를 현실에서 실현하는 존재자들에 대해 뭔가를 말해도 된다고 설득하는 것뿐이다. 반면 램지 문장 접근법의 옹호자들은 '이론 TC가 참이라면 전자는 존재한다'와 같은 문장만큼은 받아들일 수 있다. 이런 식으로 램지 문장을 받아들이는 태도에 대해, 카르납은 의미 공준은 받아들이지만 동시에 경험론의 한계 즉 형이상학이 시작되는 한계선을 넘어서지는 않는 태도라고 보았다.

따라서 카르납의 경험론은 여전히 중립적일 수 있는 것으로 보인다. 경험적 판단의 한계 안에 있는 한 과학적 실재론과 '램지 방법'은 동치인 듯하다. 또한 둘 가운데 어느 쪽을 택하든 이 선택이 이론의 설명력과 예측력을 위협하지 않을 것이다. 하지만 '램지 방법' 자체가 이론에 대한 도구주의적 이해와 동일시되어서는 **안 된다**는 부분은 다시 강조해 둘 만큼 중요하다. 전형적인 도구주의는 이론적 존재자의 존재를 부인하지만 $^R(TC)$는 그렇지 않기 때문이다. $^R(TC)$는 이론 담화에 대한 외연적 취급 방식만을 제시할 뿐이다. 이 모든 것은 카르납의 중립주의가 일정한 자격 증명을 필요로 한다는 점을 뜻한다. 그의 완화된 경험론이 중립적이라 함은 실재론과 도구주의 사이의 논쟁에서 그렇다는 것이 아니다. 그의 경험론은 과학 이론에 대한 실재론적 이해와 램지 문장에 따른 이해 사이의 논쟁에 대하여 중립적인 것이다.[14]

그렇다면 카르납의 강한 양립가능성 논제가 『과학철학입문』의 보급판(1974)에서 철회된 사실은 전혀 놀라운 일이 아니다. W. C. 새먼(1994a)은 램지 문장 접근과 도구주의를 동일시할 수 없다는 그로버 맥스웰의 주장을 통해 카르납의 입장 변화를 기록한 바 있다. 다음 절에서 확인하겠지만, 사실 맥스웰은 '램지 방법'을 **구조적 실재론**으로 볼 때 가장 잘 이해할 수 있다고 생각했다. 카르납의 램지 문장 용례에 대해 논의하면서, 맥스웰은 카르납에게 이렇게 말하고 있다. "저는 이론적 존재자를 '램지 방식'으로 생각하는 일이 도구주의와 연관되어야 한다는 생각에 동의하지 않습니다."(카르납에게 보내는 맥스웰의 서한, 1966. 6. 24; Carnap Archive 027-33-29) 꽤나 흥미롭게도 카르납은 1969년 12월 9일 이렇게 답신했다.

> 램지 방식이 도구주의와 연결되어서는 안 된다는 당신의 결정적인 지적은 분명 옳습니다. 원고의 좀 더 초기 버전에서, 저는 존재자의 실재성(reaility) 문제를 바라보는 관점을 두 가지가 아닌 세 가지로 구분했습니다. 도구주의를 다시 두 가지 형태로, 곧 이론적 존재자의 실재성을 부정하는 형태와, 내가 램지 방식과 동일시한 중립적인 형태로 나누었기 때문이죠. 이 원고를 읽어본 어떤 독자는 이런 구분이 통상적인 용어법과 부합하지 않는다고 지적했으며, 특히 '도구주의'라는 명사가 언제나 부정적 의미로 사용되어 왔다고 말했습니다. 이로 인해 나는 근본적인 변경을 원고에 가했고, 크게 두 가지 관점만을 구분하

게 되었습니다. 너무 급하게 일을 진행하다 보니 여러 가지가 뒤섞여 버렸던 거죠. 이 책의 향후 판본에서 나는 당신이 이 답신에 동봉한 글에서 보는 것과 같은 재정식화를 넣기로 했습니다. (Carnap Archieve 027-33-28)

경험론과 균열 없는 실재론

카르납의 최종 입장은 어떤 면에서 이득이 있는가? 무엇보다 카르납은 자신의 완화된 경험론과 특정한 형태의 실재론 사이에서 그가 원하던 타협안을 얻은 것 같다. 왜냐하면 카르납이 생각하기에, 이러한 화해에 도달하기 위해 필요한 일은 t명사의 n순서쌍과 [관찰 언어로] 이미 해석된 o명사의 m순서쌍에 대한 의미 공준 $\exists u\, TC(u,o) \to TC(t,o)$를 채택하는 것뿐이기 때문이다. 이 의미 공준은 이런 뜻이다. 만일 세계가 $^R(TC)$를 만족시키는 존재자들의 집합이 존재하는 방식으로 구성되어 있다면, t명사는 이들 집합을 지시하는 명사로 이해해야 한다. 이처럼 카르납은 과학 이론에 대한 램지 문장 접근을 옹호함으로써 엄격한 경험론을 넘어선다. 램지 문장 접근이 램지 문장을 현실에서 실현해주는 존재자의 실재를 어느 정도는 인정하고 있기 때문이다. 하지만 이는 전적으로 실재론적인 입장은 아니다. 왜냐하면 이런 존재자들이 있다는 주장은 실질적인 쟁점이라기보다는, 어떤 의미 공준을 채택하느냐에 따라 결정되는 언어적 문제로 축소되어 있기 때문이다.

카르납이 시도한 타협안은 너무 성급한 것이었고 효과적이지도 못했다. 내가 강조하고 싶은 부분은 [관찰 언어로] **해석된 과학 이론**과 그 **램지 문장** 사이의 커다란 비대칭성이다. 해석된 이론의 참, 거짓은 경험적인 문제이다. 특히 어떤 이론은 경험적으로 적합하면서도 여전히 거짓일 수 있다. 그러나 그 이론의 램지 문장은 경험적으로 적합하기만 하면 참이라는 것이 보장된다. 즉 어떤 추가적인 제약 사항이 없다면, 램지 문장을 참으로 만드는 2차 변항의 해석이 있음이 보장되는 것이다. 결국 카르납처럼 과학 이론으로 정당하게 포착할 수 있는 모든 것을 램지 문장으로 표현하는 사람은, 과학 이론이 세계에 대한 실질적인 주장을 한다는 사실을 제대로 파악하지 못하고 있는 셈이다.

따라서 실재론자들은 조건문 $\exists u\, TC(u,o) \rightarrow TC(t,o)$의 전건 즉 "이 세계는 $^R(TC)$를 만족시키는 존재자로 구성되어 있다"는 진술이 참인지 아닌지, 경험적 근거에 따라 그 진릿값이 달라지는 열린 질문이라는 점을 강조할 필요가 있다. 다시 말해서 실재론자들은 t명사가 무언가를 지시하는지 여부가 열린 쟁점이어야 한다는 점을 강조해야만 한다. 어떤 이론의 t명사로 이뤄진 n순서쌍은 램지 문장이 참인 경우에는 무언가를 지시하겠지만, 램지 문장이 거짓인 경우—즉 세계가 TC를 만족시키는 존재자들의 집합이 존재하는 방식으로 구성되어 있지 **않은** 경우—에는 어떠한 것도 지시하지 않는다. 이러한 점을 모두 강조할 때 비로소 실재론자들은, 이론이 이 세상에 대하여 실질적인 주장을 하고 있다는 철학 이전의 직관을 정당화할 수 있다. 그리고 이 부분이야말로 정확히 카르납의 접근이 엇나간 지점이다. 카르납의 접근법은 경험적으로 적합한 이론이면 무엇이든 세계에 대해 참인 이론으로 만들어버린다. 어째서 그러한지 간단히 설명하겠다.

램지 문장 속 2차 변항의 치역에 어떠한 제한도 없다면, 그리고 그 램지 문장이 **경험적으로 적합**하다면, 해당 이론의 램지 문장을 만족시키는 집합이나 집합의 집합 등이 존재한다는 주장은 **언제나 참**일(즉 결코 거짓이 될 수 없을) 것이다. 그 이유인즉, 어떤 이론의 정의역이 어떠한 자연적 구조도 지니고 있지 않은 대상의 집합일 뿐이라면, 이 정의역은 얼마든지 그에 대한 램지 문장이 참이자 결코 거짓일 수 없는 방식으로 '나눌' 수 있을 것이기 때문이다. 따라서 램지 문장이 경험적으로 적합한 경우, 조건문 $\exists u\, TC(u,o) \rightarrow TC(t,o)$ 곧 "세계는 TC를 만족시키는 존재자들의 집합이 존재하는 방식으로 구성되어 있다"는 주장은 **언제나** 참이다. 이것이 참인지 여부를 확인하는 데는 어떠한 추가적인 경험적 조사도 필요치 않다. 이제 램지 문장 $\exists u\, TC(u,o)$가, 그리고 $\exists u\, TC(u,o) \rightarrow TC(t,o)$가 참이라면, 이로부터 $TC(t,o)$도 참으로 추론할 수 있다.* 이 말은 이런 뜻이다. 경험적으로 적합한 램지 문장을 만들어내기만 한다면, 우리는 존재자가 이론을 실현시킨다는 점을, 즉 관찰 불가능한 존재자가 이 세계를 가득 채우고 있다는 점을 오로지 선험적 추론에만 의존해서도 발견할 수 있다. 여기에는 어떠한 경험적 탐구도 불필요하다. 결국 램지 문장 속 변항의 치역에 대해 어떠한 제한도 가하지 않을 경우, 가령 전자가 존재한다는 진술은 **선험적이면서 사소한 의미에서 참인 주장**이 된다. 물론 이것은 분명코 받아들일 수 없는 결론이다. 왜냐하면 이론 $TC(t,o)$가 아무리 경험적으로 적합하다고 해도, 그 이론은 실제로는 거짓일 수 있기 때문이다. 가령 이론 TC가 상정한 관찰 불가능한 존재자가 이 세계의 구성요소가 아니라면 그 이론은 거짓이다. 그런데 어떤 이론이 거짓일 수 있다면, 해당 이론이 참일 경우 참이 된다는 겉보기에 동어반복적인 주장도 실질적 주장으로 볼 수 있을 것이다. 언어적 규칙에 따라 거짓일 수 없는 선험적 추론을 통해서는, 이 세

---

* 전건 긍정식에 따른 진리 보존적 추론이다.

계에 대해 어떠한 실질적인 주장에도 도달할 수 없다. 카르납의 논증은 이론 $TC(t,o)$의 참 여부를 사소한 것으로 만들어버린다. 왜냐하면 이론 $TC(t,o)$에 있어 그 램지 문장이 경험적으로 적합할 경우, 이 논증은 이론 $TC(t,o)$가 거짓일 어떠한 가능성도 남겨두지 않기 때문이다.

내가 지금 카르납의 견해에 맞서 제기하는 반대 의견은 데모풀로스와 프리드먼(1985)이 최근 제기한 문제의 좀 더 확대된 버전이라 할 수 있다. 그러나 그 최초 저자는 러셀의 『물질에 대한 분석』(1927)에서 표현된 러셀의 구조주의에 반대하여 이 문제를 제기한 수학자 M. H. A. 뉴먼(1928)이었다.

러셀은 자신의 책에서 관찰 불가능한 세계에 대한 지식이 제시될 때 알 수 있는 것은 오직 그 구조—즉 그 형식적, 논리-수리적 속성—뿐이라고 했다. 관찰 불가능한 존재자의 모든 일차 속성—러셀이 '성질'이라 부른 것—은 본래 알 수 없다. 러셀은 생각하기를, 세계의 논리-수리적 구조가 특별한 이유는 적절한 방식을 따를 경우 관찰 가능한 세계의 구조로부터 추론될 수 있다는 것 때문이었다. 따라서 러셀의 구조주의는 경험론과 실재론을 종합하려는 시도로 보인다. 그의 입장은, 경험이라는 기초 위에서 알 수 있거나 추론할 수 있는 것에서 벗어나지 않기 때문에 충분히 경험론적이다. 반면 이는 관찰 가능한 현상보다 더 많은 것을 상정하기 때문에 실재론적이기도 하다. 러셀은 관찰 불가능한 세계의 현존을 받아들였으며, 그에 앞서 그 구조가 알려질 수 있다고 주장했다. 그로버 맥스웰은 도구주의와 램지 문장 접근을 구분하면서, 러셀이 취한 입장이 사실상 일종의 실재론이 될 수 있다고 제안한 바 있다. 그가 생각하기에, 이러한 종류의 실재론은 과학 이론에 대한 램지 문장 접근에 의해 완전히 포착할 수 있다. 주어진 이론에 대한 램지 문장이 본래 이론의 구조를 보존하고 있는 한, 맥스웰은 '램지 방식'을 '구조적 실재론'으로 이해하는 것이 가장 좋은 노선이라고 제안한다. 이 제안에 따르면, 과학 이론은 결국 관찰 불가능한 존재자에 대한 존재론적 인정으로 나아갈 수밖에 없으며, 관찰 불가능한 대상에 대한 모든 비관찰적 지식은 **구조적인** 것, 다시 말해 그 대상의 일차적(또는 본래적) 속성에 대한 것이 아니라 고차적(구조적) 속성에 대한 지식이 된다.(Maxwell 1970, 1970a 참조) 맥스웰의 말을 들어보자. "이론적인 것에 대한 우리의 지식은 순수하게 구조적인 특성에 한정되어 있으며, (…) 우리는 그 본래 속성에 대해서 무지하다."(1970a: 188)

맥스웰이 보지 못했던 것은, 러셀 프로그램에 대한 또 하나의 치명적인 반대 의견이 있었다는 점이다. 이 의견은 바로 수학자 뉴먼(1928)이 내놓은 것이다. 그는 램지 식의 구조적 실재론이 제시한 핵심 논제들이 **사소하거나 비정합적**이라고 주장했다. 왜 그러한지 계속해서 살펴보자.

사소성

뉴먼이 지적했듯이(1928: 144), 개체들로 이뤄진 집합의 구조에 대해 말하는 일은 개체 사이의 관계가 명시되지 않는다면 무의미한 일이다. 서로 간에 어떠한 관계도 설정되지 않은 대상들로 이뤄진 집합은 어떤 구조도 지니지 않을 것이다. 그렇다면 대체 어떤 관계(또는 그 집합)가 관찰 불가능한 대상의 구조를 이루는가? 이 관계가 정확히 무엇인지 알아내는 일이야말로 경험 과학에 주어진 과제라 할 수 있을 것이다. 경험 과학은 구체적 대상들과 그것들 사이의 구체적 관계를 다루기 때문이다. 구조주의자들은 더 약한 입장에 서기를 원한다. 그들은 다만 그러한 관계 TC — 여기서 TC는 순수하게 형식적인 논리-수리적 술어로 표현된다―가 존재하며, 그것에 대해 알려진 것은 관계 TC에 의해 생성된 구조 W뿐이라고 주장하기를 원한다. 특히 이들은 이 관계 W가 정확히 무엇인지 말하는 것을 피하고자 한다. 하지만 외연적 관점에서 보면, 그러한 관계에서 생성된 구조 W는 이 정의역 속의 개체들로 이뤄진 순서쌍의 집합 이외에 아무것도 아니라고 할 수 있다. 구조주의자들이 이 입장을 채택하고 있는 한, 그들은 어쨌든 이론적 존재자의 집합이 존재한다고 상정한 것이라고 볼 수 있다. 이는 이미 엄격한 경험론을 한 걸음 넘어선 주장이다. 그러나 구조주의자들은 이보다 더 많은 것을 원한다. 그들은 이 집합에 대해 뭔가 다른 것이 알려져 있다고, 즉 그 구조 W에 대해 말하고 싶어 한다. 그런데 과연 이 집합이 그들이 요구하는 구조 W를 지니지 않는 경우가 있는가? 그런 경우는 없다. 왜냐하면 사실상 어떤 집합의 정의역은 그 원소의 수에 대응하는 **모든** 종류의 구조를 보유하기 때문이다. 직관적으로 보면 이 생각은, 해당 집합의 정의역에 속한 원소들을 순서쌍으로 배열하여 그 정의역이 구조 W를 나타내도록 할 수 있다는 뜻이다.

만일 우리의 목표가 오로지 구조 W를 생성하는 특정 관계가 존재한다는 점을 보여주는 데 있다면, 구조 W에 대응하도록 정의역 내의 원소들을 배열하는 데는 어떠한 장애물도 없다. 더 형식적으로 말하면, 2차 논리에서 도출된 따름 정리만 보여주는 것으로도 충분하다. 즉 모든 집합 A에 있어 그 속에 포함될 수 있는 전체 구조는 정해져 있다. 다시 말해서 이 전체 집합의 모든 부분집합은 정해져 있으며, 이에 따라 이 집합이 포함하는 모든 외연관계 역시 결정되어 있다.[15] 이에 따르면 어떤 이론이 상정하고 있는 모든 외연관계는 관찰 불가능한 존재자들이 상정되어 있는 정의역(이 역시 하나의 집합이다) 내에 포함되며, 이에 따라 해당 정의역에 대해 구조주의자들이 요구한 구조 W를 제시하는 데는 실패할 수 없다는 결론이 도출된다. 따라서 '관찰 불가능한 세계의 구조는 곧 W'라는 식의 관계가 **존재한다**는 주장, 또는 그것으로 이뤄진 네트워크가 존재한다는 주장은 아주 적은 것만을 말할 뿐이다. 사실상 이것이 말해주는 바는, 관찰 불가능한 대상으로 이루어진 정의역은 특정한 농도*를 지닌다는 것밖에 없다. 그 밖의 모든 것들, 특히 외연관계 TC가 존재한다는 주장―예를 들어, 이런 관찰 불가능한 세계의 구조가 곧 W라는 주장―은 집합의 농도에 대한 주장에서 논리적으로(사소하게) 파생된 것에 불과하다. 뉴먼은 이 논증을 다음과 같이 요약했다. "따라서 오로지 세계의 구조만을 알 수 있다는 선언은, 존재한다는 단순한 사실에서 논리적으로 도출되지 않는 것은 구성 대상의 수를 ('이론적으로') 제외하면 그 어떤 것도 알 수 없다는 선언과 떼려야 뗄 수 없는 주장이다."(Newman 1928: 144)[16]

우리는 램지 문장 접근이 부딪히는 두 가지 문제를 세심하게 구분해 볼 필요가 있다. 첫 번째는 **복수 실현**(multiple realization) 문제다. 이 문제는, 이론의 구조가 그 정의역을 결정하는 것은 오로지 동형사상적인 면에서만 그러하다는 사실로부터 파생된 귀결이다. 즉 (내포적으로) 상이한 여러 정의역이 동일한 구조를 실현시키는 경우가 있을 수 있는 것이다. 하지만 해당 이론의 구조가 순수 형식 이상의 내용을 가지고 있다면, 복수 실현은 넘을 수 없는 문제가 아니다. 이것은 러셀 본인이 깨닫고 있었듯이(1927: 5), 누구든 정의역에 대한 중요한 해석과 중요하지 않은 해석을 가려낼 수 있기 때문이다. 두 번째 문제 곧 뉴먼이 제기한

---

* 농도란 집합의 원소 개수를 말하며, 무한집합의 경우 서로 일대일 대응이 되는 두 집합은 농도가 같다.

문제는 아마도 이론 구조의 **사소한 실현**(trivial realization) 문제라고 부를 수 있을 듯하다. 이 문제는 다음과 같다. 관찰 불가능한 존재자들로 이뤄진 정의역에 대해 어떤 구조 W를 만들어내는 임의의 관계가 존재한다는 논제는, 문제의 정의역 안에 충분한 수의 개체가 존재한다는 사실에서 논리적으로 도출되는 사소한 주장이다.

뉴먼이 제기한 문제는, 이론 담화의 정의역에 대한 일정한 해석이 확정되어 있는 경우(예컨대 수 또는 시공간상의 점)에도 여전히 풀리지 않은 채 남는다. 간단히 말해 이 문제는 o에 대해 TC가 성립되는 존재자가 존재한다고 말할 때, 이렇게 지시된 관계의 본성이 무엇인지 특정하는 문제이다. o에 대해 TC가 성립되는 존재자가 있다고 말할 때, 지시된 그 관계는 정확히 무엇인가? 아무리 이론 담화의 정의역이 확정되어 있다 해도, 관계 TC는 결정되지 않은 채 있을 뿐만 아니라 그 존재 또한 논리적 진리에 지나지 않을 것이다.

뉴먼이 제기한 문제는 특히 램지 문장에 대한 카르납 자신의 이해 방식에 치명적인 타격을 입힌다. 이미 살펴보았듯이(109~110쪽), 카르납에 따르면 이론이 주장할 수 있는 것은 관찰 가능한 현상과 일정한 관계에 있는 수학적 존재자가 존재한다는 것뿐이며, 이 관계는 순수한 논리-수리적 술어 TC에 의해 표현된다. 하지만 L_T로 이뤄진 담화의 정의역은 D^0의 멱집합(즉 자연수 집합의 모든 부분집합들로 이뤄진 집합)이기 때문에, (외연적으로 이해된) D^0 상의 모든 관계가 포함된다. 따라서 이 정의역은 어떠한 관계든 포함할 수 있으며, 특히 TC에 의해 부과된 구조가 무엇이든 간에 원하는 구조를 포함할 수 있다. 결국 $\exists u\, TC(u,o)$가 참인지 아닌지 확인하는 데는 어떠한 경험적 탐구도 필요치 않다. 이론 담화의 정의역이 충분히 많다는 바로 그 사실이 $\exists u\, TC(u,o)$가 참임을 보증하기 때문이다. 다시 말해서 o에 대한 관계 TC를 성립시키는 숫자의 집합(및 그 부분집합들의 집합)이 존재한다는 사실로부터 $\exists u\, TC(u,o)$가 관찰 가능한 사실과 부합한다는 결론이 당연히 도출되는 것이다. 카르납은 램지 문장 속 변항의 치역에 어떠한 제한도 두지 않고 이 상황을 어떻게든 수습하려 했던 것으로 보인다. 그러나 이미 살펴보았듯이(151~152쪽), 카르납은 이로 인해 경험적으로 적합한 과학 이론이 제시하는 모든 이론적 주장들을 사소한 것으로, 그리고 선험적으로 참인 주장으로 만들고 말았다.

비정합성

그렇다면 '램지 방식'의 옹호자들이 이론에서 주장된 관계의 본성이 무엇인지에 대해 말한다면 사소성을 피할 수 있지 않을까? 그 관계들에 대해 '중요도' 같은 개념을 적용할 수는 없을까? 이 쟁점은 다음과 같은 방식으로 다시 표현할 수 있다. 구조주의자들은 과연 그들의 구조주의적 견해를 포기하지 **않은** 채로 뉴먼이 제시한 사소성 논제를 피할 수 있을까? 나는 그럴 수 없다고 답하겠다. 핵심은 바로 '중요한 관계'라는 개념을 순수한 구조주의적 이해로는 파악할 수 없다는 데 있다. 뉴먼은 이 부분을 아주 분명하게 포착했다. 문제는 "한데 집합해 있는 구성요소들 사이에 있다고 하는 관계의 체계들을" 정확히 구분할 수 있는가에 있다. "주어진 사례에서 우리는 (모든 관계에 있어 동일한) 발생률을 제외하고는 아무것도 알려져 있지 않은 관계들 각각의 중요도를 비교할 수 있어야만 한다."(1928: 147) 뉴먼은 여기에 이렇게 덧붙인다. "[구조적으로 동일한 관계 사이에서] 이런 비교를 가능하게 해주는 기준은 존재하지 않기 때문에, '중요성'은 이 세계의 구성요소 가운데 가장 우선되는 분석 불가능한 특질의 하나로 간주해야만 하는데, 이것은 터무니없는 얘기다."(ibid.) 어떤 정의역에서 동일한 구조를 만들어내는 많은 관계들 가운데 어느 하나가 가진 중요성을 포착하기 위해서는 그 구조 밖으로 나가야 하며, 이런 관계가 **무엇**이고 **왜** 그 가운데 일부가 다른 관계보다 중요한지에 대해 이야기할 수 있어야 한다.

한 가지는 분명하다. 만일 이런 중요성을 부여함으로써 사소성을 회피했다면, 해당 정의역 상에서 정의된 관계들에는 모종의 제한이 가해져야 한다. 즉 이론 담화의 정의역의 멱집합에 속하는 모든 부분집합을 다 중요한 집합으로 보아서는 안 된다. 그 가운데 일부는 제외해야 하는 것이다. 해당 정의역은 '전체 구조'가 아니라 더 제한적이고 더 한정된 구조를 지녀야만 한다. 달리 말해서, 문제의 정의역은 **일정한** 관계에 의해 이미 구조화되어 있어야 한다. 여기서 자연스럽게 제안할 수 있는 것은, 동일한 구조를 만들어내는 외연관계 가운데 오로지 **실재**를 나타내는 관계만이 중요하게 고려되어야 한다는 것이다. 하지만 이미 지적했듯이, 어떤 관계가 실재적인지를 명세화하는 일은 구조 **이상의** 무언가를 알 때 가능하다. 이것은 곧 어떤 외연이 '자연스러운지', 즉 이론 담화의 정의역이 이루는 멱집합 가운데 어떤 부분집합이 자연 속성과 자연 관계에 대응하는지 명세화하는 일이다. 이들 자연 관계를 명세화한다면, 그 내용을 추상화하여 구조를 연구할 수도 있을 것이다. 하지만 구조에서 출발한다면, 그 관계들 가운데 무엇을 연구해야 하는지, 그리고 그 관계들이 자연적인지 아닌지 여부에 대해 아무 말도 할 수 없는 상황에 처하게 된다.

따라서 램지 방식의 구조적 실재론자는 일종의 딜레마에 빠진다. 이들은 어떤 구조가 이론과 그것의 램지 문장을 통해 명세화될 수 있는가

하는 쟁점을 아예 회피하는 길을 택해야만 한다. 즉 그렇게 함으로써 해당 이론이 공허하게 그리고 선험적으로 참이라고 주장하는 길을 택해야만 한다. 아니면 이들은 어떤 구조가 중요한지 답하기 위해 **비구조적인** 고려사항들에 기대야만 한다. 즉 구조주의적 인식론과 이론 이해가 기초하고 있는, 구조에 대한 지식과 자연에 대한 지식 사이의 구분을 훼손하는 길로 나아가야만 한다. 이 딜레마를 다른 방식으로 표현하면 이러하다. 구조적 실재론자는 램지 문장 속 변항의 치역을 제한하지 않을 수도, 제한할 수도 있다. 범위를 제한하지 않는다면, 주어진 이론이 경험적으로 적합한 한 참이라는 주장은 선험적이고 사소한 진리가 될 것이다. 반면 변항의 치역을 제한하려 한다면, 예를 들어 자연 집합(자연종, 자연 속성)을 포괄하기 위해 그렇게 한다면, 이런 자연 집합과 비자연 집합을 구분하기 위해서라도 구조적 실재론자들은 특정한 비구조적 지식이 가능하다는 점을 받아들여야만 한다. 즉 어떤 집합은 자연스럽고 다른 집합은 그렇지 않다는 점을 수용해야만 한다. 그리고 이것을 실제로 구현하는 유일한 방법은 해석된 과학 이론에 의존하고, 이 이론들을 세계의 자연적 구성 성분인 속성과 관계에 대한 안내자로 삼는 것밖에 없다는 점을 받아들여야 한다.

관찰 가능한 현상은 램지 문장의 2차 변항이 대응하는 치역에 대한 해석을 제한하는 듯하다. 즉, 관찰 가능한 현상 o에 대해 관계 TC를 성립시키는 집합(또는 집합의 집합)이 존재한다는 주장을 더 이상 사소하지 않게 만드는 것 같다. 하지만 실제로는 그렇지 않다. 다음 진술로 이뤄진 단순한 이론 하나를 검토해보자.

$$\forall x(Px \to Fx) \ \& \ \forall x(Fx \to O_1 x) \ \& \ \forall x(Px \to O_2 x)$$

여기서 P와 F는 이론 술어이며, O_1과 O_2는 관찰 술어이자 시공간적 점에 대응하는 1차 변항이다. 이 이론의 램지 문장은 다음과 같다.

$$\exists \phi \exists \psi [\forall x(\phi x \rightarrow \psi x) \,\&\, \forall x(\psi x \rightarrow O_1 x) \,\&\, \forall x(\phi x \rightarrow O_2 x)]$$

이 문장은 거짓인가? 이 문장에 대한 외연적 그림은 그림 3.1과 같다.

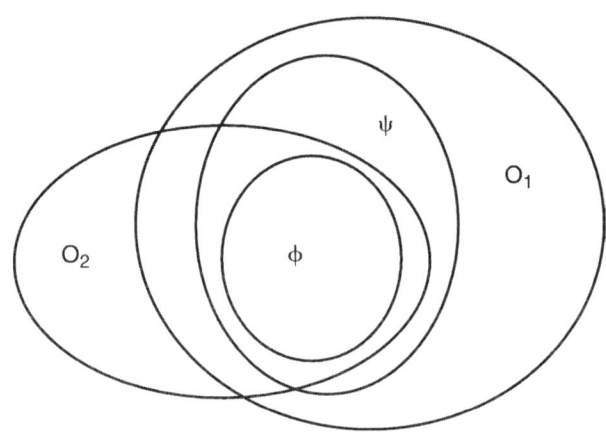

그림 3.1 사소한 실현

ψ를 부분집합으로 가지고 있는 ϕ와 같은 여러 집합이 존재한다는 점, 그리고 이들 집합 모두는 관찰 가능한 속성에 대응하는 집합에 대해 특정한 하위집합 관계를 맺고 있는 집합이라는 주장은 사소하게 만족된다. (나는 이들 집합을 단지 그렸을 뿐이다. 그와 같은 집합이 존재한다는 점은 명백하다.) 만일 ϕ와 ψ가 존재한다는 진술에 대해 어떠한 것이든

말할 수 있다면, 이것이 말하는 모든 것은 집합 ϕ와 ψ가 공집합이 아니라는 점뿐이다. 여기서의 문제는 복수 실현 가능성이 아니다. 여기서 문제가 되는 것은 뉴먼이 제기한 사소한 실현 문제다.

해결책

이 모든 것은 우리에게 어떤 결과를 가져다주는가? 잘 알려져 있듯이, 데이비드 루이스(1970)는 어떻게 이론적 존재자에 대한 지시가 이뤄질 수 있는지 보여주기 위해 카르납이 썼던 바로 그 장치를 사용했다. 그런데 그는 말하기를, t명사는 오직 TC를 **고유하게 실현시키는** 이론적 존재자가 존재하는 경우에만 그것을 지시한다고 하였다. 즉 o명사에 대해 TC가 성립되는 존재자들의 집합이 다수가 아닌 경우에만 t명사는 실재하는 존재자를 지시한다. 만일 그런 집합이 하나보다 많다면 t명사는 지시가 없는 것으로 간주되어야 한다. '고유 실현'(unique realization)이라는 말은 뭔가 애매하다. 이 말은, 동일한 구조를 실현시키는 대상의 여타 정의역을 배제한다는 의미에서 복수 실현을 배제한다는 뜻일 것이다. 하지만 이런 의미에서의 고유성은 뉴먼이 제기한 사소성 문제를 피하는 데 아무런 도움도 되지 못한다. 따라서 지금의 맥락에서 고유성을 요구하는 이유는, 특정한 정의역에 속한 존재자가 o에 대해 TC를 성립시킬 경우에 그 정의역에 일정한 구조를 부여하는 **고유한 외연관계** TC **가 존재한다**고 말하기 위해서이다. 이런 종류의 고유성을 요구하는 일은 문제의 정의역이 이미 자연종으로 나뉘어 있고 그 속에 자연 관계가 존재한다고 요구하는 것 이외에는 아무것도 아니다. 요구된 관계를 생성하기 위해 t명사의 외연을 임의대로 설정하는 일은 이런 목표를 달성할 수 없는데, 그것은 이렇게 설정한 t명사의 외연이 객관적인 자연종 구조를 반드시 따르지는 않을 것이기 때문이다. 내가 알기로, 루이스는 1970년 논문에서 이 점을 명확히 밝히지 않았다. 하지만 자연종에 대해 그가 쓴 후속 저술 모두는(특히 Lewis 1984 참조) 바로 이것이 그가 옹호하는 입장임을 명확히 설명해주고 있다.

따라서 실재론에 대한 구조주의적 접근을 옹호하는 일이 의미가 있으려면, 최소한 자연종에 대한 실재론을 전제해야만 한다는 것이 나의 결론이다. 달리 말해서, 그 구조가 연구되고 있는 정의역은 **이미 현실세계 그 자체에 의해 구조화**되어 있으므로, 가능한 모든 외연관계가 그 안에 존재하는 것은 아니라는 점을 인정해야만 한다. 만일 문제의 정의역이 이미 자연종으로 '나뉘어' 있다면, 특정한 형식적 구조를 만들어내는 관계들의 네트워크를 찾아내는 일은 결코 사소한 활동이라 할 수 없다. 그와 같은 네트워크의 존재 여부는 해당 정의역의 농도에 의존하지 않는다. 이때 요구되는 것은 올바른 외연을 찾아내는 일, 즉 자연종 및 그 관계들의 경계를 표시해주는 외연과 **오직** 그 외연만을 확인하는 것뿐이다. 이것을 통해 우리는 정의역을 나누는 방법들을 비교할 수 있는 **외적 기준**을 얻는다. 어쩌면 단 하나의 분할 방법만이 해당 정의역의 자연종 구조에 부합할 수 있는지도 모른다. 또는 하나 이상의 분할 방법이 해당 정의역의 자연종 구조에 부합하는 경우도 있을 수 있다. 이런 일이 일어난다면 그런 자연종 관계들의 외연에는 일정한 미결정성이 빚어질 것이다. 그러나 이런 문제는 논리의 문제가 아니라 시험에 열려 있는 경험적 문제다.[17]

내 결론에 대해 몇 가지 논의를 덧붙일 수 있을 것이다. 이 세계가 고유한 자연종 구조를 가지고 있다는 논제는, **무엇이 정확히** 이런 자연종인지 명시하지 않고 이 구조에 대해 **할 수 있는** 말은 그것이 존재한다는 것뿐이라는 주장과 분명 양립 가능하다. 따라서 구조주의자들은 어쨌든 실재론까지 갈 필요는 없어 보인다. 그들은 자연종이 존재한다는(또는 내포 관계가 있다는) 관점을 고수하되, 이것들이 자연적이라는 것 말고는 아무것도 주장하지 않음으로써 뉴먼 문제를 피해갈 수 있다.

 이것은 채택할 만한 입장일 수도 있다. 하지만 두 가지 점을 지적하지 않을 수 없다. 첫째, 이 입장은 더 이상 순수한 구조주의가 아니다. 둘째, 이 세계가 고유한 자연종 구조를 가진다는 점을 일단 인정하고 나면, 과학 이론에 대한 램지 문장 접근을 받아들이는 것만이 유일하게 합리적인 입장이라 할 수 없게 된다. 왜냐하면 과학이 이미 자연종으로 나뉜 세계의 구조를 포착하고 있다는 논제를 옹호할 때는, 과학 이론을 추상적 구조로 취급하기보다는, 과학 이론이 상정하는 자연종이 세계를 채우고 있음을 주장하기 위해 그런 세계를 **해석하는** 이론의 성공에 호소하는 것이 최선이기 때문이다. 그렇게 함으로써 우리는 사소한 실현의 문제를 쉽게 회피할 수 있을 뿐만 아니라—왜냐하면 전자, 양성자 등이 존재한다는 주장은 결코 사소한 주장이 아니므로—, 더 중요하게는 자연종과 '인위적' 또는 '자의적'으로 나눈 집합을 구분할 수 없다는 문제 역시 회피할 수 있다. 이런 구분은 루이스(1984)가 물리학의 '불평등성'이라 부른 것 때문에 가능한데, 그에 따르면 우리가 가진 최고의 과학 이론들이 상정하고 이야기하는 이론적 종은 자연종이다.

 나는 두 가지를 지적하면서 이 긴 장을 마무리하고자 한다. 첫째, 카르납은 자신의 경험론을 지키는 최선의 방법으로 램지 문장 접근에 대한 지지를 제안한 바 있다. 그는 이것으로 자신의 중립주의를 방어했지만, 그의 경험론을 구조적 실재론으로 추락시키는 대가를 치러야만 했다. 구조적 실재론은 궁극적으로 관찰 불가능한 세계의 구조만을 알 수 있다는 논지를 포기할 때만 유익한 실재론적 입장이 될 수 있는 것처럼 보인다. 둘째, 과학적 실재론이 램지 식의 구조적 실재론과 다른 점은 자연종이 존재한다는 것, 그리고 어떤 자연 정의역은 자연종으로 이뤄진 고유한 구조를 가진다는 형이상학적 논제를 받아들인다는 데 있다. 이 모든 것을 염두에 두고, 이제 과학적 실재론을 특징짓고 옹호하는 과제로 넘어가도록 하자.

4장 과학적 실재론에 대한 옹호

지금까지 나는 환원적 경험론과 도구주의의 몇 가지 버전, 즉 제거적 버전이나 뒤엠 식의 (비제거적) 버전에 대응하는 논증을 제시했다. 또한 이 입장들과 '램지 방식'이 실재론과 도구주의 사이에서 안정적이고 만족스러운 타협점을 제공하지 못한다는 점도 확인했다. 그렇다면 유일한 대안은 현재 최선의 과학 이론들이 상정하는 관찰 불가능한 존재자에 대해 실재론적 태도를 받아들이는 데 있다. **의미론적 실재론**을 수용한다면, 우리는 다음과 같은 질문에 분명하게 답할 수 있다. 어떤 과학 이론을 받아들일 경우, 이 세계는 무엇과 같은가? (또는 어떤 과학 이론이 참일 경우, 이 세계는 무엇과 같은가?) 그 답은, 이 세계는 과학 이론이 설명하는 (문자 그대로의) 방식으로 존재한다는 것 말고는 어떤 것도 될 수 없다.

이 답변은 인식론적 질문들에 대해서도 중요한 함의를 지닌다. 간단히 말해서, 의미론적 실재론을 채택하면, 관찰 불가능한 존재자의 실재에 대해 보증된 믿음을 가질 수 있느냐는 문제 역시 저절로 해결될 것이다. 어떤 과학 이론이 잘 입증되는 한, 그 이론이 상정하는 존재자의 존재를 믿는 것은 합리적이기 때문이다. 이 세계에 대해 무엇을 믿는 것이 합리적인지 판단하기 위해 현재 우리가 가진 최선의 이론을 제외한 무언가를 살펴보는 일은 어리석다. 무엇을 실재로 인정할 것인지 결정할 최선의 지침에서 최선의 과학을 배제한다면, 그 무엇도 그와 같은 자격을 얻을 수 없다.

1960년대 초 이래 과학철학에서 진행된 **실재론적 전회**는 과학 이론의 입증가능성 및 실제 입증을 가로막던 마지막 장애물을 제거하는 일을 목표로 했다. 당시 실재론자들은 우리가 가진 최선의 과학 이론에 대한 과학적 실재론의 태도를 옹호하는 한편, 과학 이론을 근사적 참으로 받아들일 수 없다는 반대자들의 논증을 물리치는 데 필요한 일련의 논증들을 제시했다. 따라서 실재론적 전회는 이 책의 '들어가는 글'에서도 설명했듯이, 과학적 실재론을 통해 인식적 낙관주의를 지향하려 한 지적 운동이기도 했다. 이번 장에서 나는 인식적 낙관주의라는 이 태도가 정당한 이유를 가지고 있고, 튼튼한 지지 논증 역시 확보하고 있다는 점을 보여주고자 한다.

과학적 실재론을 옹호할 때 쓰이는 중심 논증은 바로 '기적 없음 논증'(no miracle argument)이다. 이 논증은 우리가 가진 최선의 과학 이론이 근사적 참임을 합리적으로 믿을 수 있다는 점을 보이기 위해 고안된 것이다. 기적 없음 논증의 '교과서적' 정식화는 힐러리 퍼트넘의 글에서 확인할 수 있다.

> 실재론을 지지하는 논증은 오직 실재론만이 과학의 성공을 기적으로 만들지 않을 수 있는 유일한 철학이라고 말한다. 성숙한 과학 이론 속의 명사들은 (리처드 보이드가 제시한 정식화에 따르면) 통상적으로

다음과 같은 성질을 가진다. 즉 성숙한 과학이 받아들인 이론들은 통상 근사적으로 참이다. 또 이들 이론들에서 쓰이는 동일한 명사는 그것이 서로 다른 이론 내에서 쓰일 때도 동일한 것을 지시한다. 이런 진술들을 필연적인 참으로 볼 수는 없으나, 과학의 성공에 대하여 유일하게 과학적인 설명의 일부로 볼 수 있으며, 따라서 과학에 대한 적절한 설명이자 과학과 그 대상의 관계에 대한 적절한 설명이다. (1975: 73)

따라서 기적 없음 논증은 과학 이론에 대한 실재론적 주장, 곧 성공적인 과학 이론은 관찰 가능한 측면은 물론 관찰 불가능한 측면에서도 이 세계에 대해 참인(또는 거의 참인) 기술로 받아들여야 한다는 주장을 옹호하는 데 목표가 있다. 특히 실재론자들은 성공적인 과학 이론이 관찰 불가능한 세계를 참되게 기술한다고 받아들일 때, 기적 없음 논증은 왜 이런 이론이 경험적으로 성공적인지를 **가장 잘 설명한다**고 주장한다. 즉 기적 없음 논증은 왜 관찰 가능한 현상이 성공적인 과학 이론에 의해 예측되는지를 가장 잘 설명한다.

퍼트넘이 주장했듯이, 기적 없음 논증은 '최선의 설명으로의 추론'(inference to the best explanation, 또는 '귀추abduction')의 한 사례로서 제시된 것이다. 여기서 설명되어야 하는 것 곧 피설명항은 과학이 전반적으로 경험적 성공을 거두어 왔다는 사실이다. 기적 없음 논증은 과학적 실재론의 주요 논제들, 특히 성공적인 이론은 근사적으로 참이라는 논제야말로 이 문제에 대해 최선의 설명을 제공한다고 본다. 따라서 이들 논제는 최선의 설명으로의 추론이라는 바탕 위에서 받아들여야 한다. '최선의 설명으로의 추론'에 기초하여 기적 없음 논증을 이해하는 독해는 실재론에 대한 최근의 옹호 방식으로서(리처드 보이드가 최근의 발전을 대표한다), 이 장에서 내가 자세히 논하려는 것이기도 하다. 따라서 나는 이 논증을 퍼트넘-보이드 논증이라고 부를 것이다. 하지만 퍼트넘-보이드 논증은 순환논증에 빠져 있으며, 실재론에 대한 비판에 대응하느라 선결문제 미결의 오류를 범하고 있다는 지적 역시 계속 제기되고 있다. 이러한 지적은, '최선의 설명으로의 추론'이 믿을 만한 추론법임을 실재론의 비판자들이 부정하고 있음에도 기적 없음 논증은 그 신뢰성을 이미 전제하고 있다는 데서 나온다. 아서 파인(1991: 82) 등에 따르면 최선의 설명으로의 추론에 기초한 실재론 옹호는 어떠한 설득력도 없다. 이 추론이 "설득력이 있는지 자체가 쟁점인 바로 그런 유형의 논증"으로 설득을 시도하고 있기 때문이다. 결국 순환논증과 선결문제 미결의 오류라는 비판에 대응하는 일이야말로 실재론에 대한 내 옹호의 중심이 될 것이다. 하지만 그에 앞서 실재론적 논증의 핵심 구조에 대한 상세 논의가 필요하다. 특히 다음 절에서 나는 기적 없음 논증의 몇몇 버전들을 구분해보려고 한다. 그리고 그 다음 두 절에서는 내가 보기에 기적 없음 논증의 가장 강력한 버전을 초점으로 삼아 그 내용을 상세히 살펴보고자 한다. 그 논증이 철저히 외재론적이고 자연주의적인 실재론적 인식론의 구성요소임을 보여준다면, 실재론에 대한 공격에 맞서는 훌륭한 방어책으로 삼을 수 있을 것이다.

우주적 우연과 과학의 성공

기적 없음 논증의 변형으로 볼 수 있는 논증은 퍼트넘의 교과서적 정식화가 등장하기 훨씬 전에 J. J. C. 스마트와 그로버 맥스웰에 의해 제시된 바 있다. 스마트는 도구주의에 반대하면서, 도구주의자들은 "반드시

우주적 우연을 믿을 수밖에 없다"(1963: 39)고 주장했다. 물론 그가 도구주의를 "이론적 존재자들에 대한 현상론"이라고 지칭한 것도 분명하지만, 그는 그것을 주로 제거적 도구주의의 주장 즉 "전자 등에 대한 진술은 다만 도구적 가치만을 지니며, 검류계와 안개상자 수준에서 일어나는 현상만을 예측하게 해준다"(ibid.)라는 주장으로 받아들였다.

우리가 2장에서 이미 보았듯이, 제거적 도구주의는 과학 이론을 통사론적이고 수학적인 구성물로만 본다. 실험적이고 경험적인 사실들을 조직하고, 다른 상황이라면 서로 무관한 것으로 여겨질 경험 법칙과 관찰을 하나로 엮은 구성물에 불과하다는 것이다. 이 관점에 따르면, 이론적 주장은 진리 조건적이지 않으며(다시 말해서 참이거나 거짓일 수 없으며), 또한 이론은 관찰 불가능한 대상에 대한 존재론적 인정을 함축하고 있지도 않다. 크레이그 정리는 이런 견해가 최고조에 이르렀을 때 등장한 것이다. 앞서 확인했듯이(73~76쪽), 크레이그 정리는 도구주의자들에게 이론 명사를 제거하는 체계적 방법을 제공해준다.

제거적 도구주의의 해명에 따르면, 존재론적으로 연결이 끊어져 있는 방대한 숫자의 관찰 가능한 현상들은 순전히 도구적인 이론의 힘에 의해서만 '연결'된다. 이들은 다만 **발생**할 뿐이며, 크레이그식 이론이 참인 방식으로 일어나 다른 현상들과 연결될 뿐이다. 그렇다면, 크레이그식 이론을 참으로 만드는 것은 거대한 우연이 아니면 무엇이란 말인가? 크레이그식 이론이 함축하고 있는 방대한 숫자의 순전히 도구적인 연결은, 특히 이 모든 우연을 한 번에 해결할 수 있는 간편한 해결책이 있을 경우 굳이 받아들일 이유가 없다. 반면, 스마트가 말한 방식대로 과학적 실재론을 살펴보자. 이 입장에는 우주적 규모의 우연이 들어설 어떠한 여지도 없다. 그것은 과학 이론이 참이기 때문이며, 과학 이론이 상정하는 관찰 불가능한 존재자가 현상이 보여주는 대로, 그리고 그 현상들이 서로 관계 맺는 방식대로 존재하기 때문이다. 이제 스마트의 말을 통해 두 입장을 대조해보자.

> 이 세계의 현상이 순전히 도구적인 이론을 참으로 만드는 방식으로 일어난다는 것은 이상한 일 아닌가? 그와 달리 우리가 어떤 이론을 실재론적 방식으로 해석한다면, 그와 같은 우주적 우연은 더 이상 필요치 않다. 검류계와 안개상자가 관찰되는 바로 그 방식대로 움직이는 것은 놀라운 일이 아닌데, 정말로 전자 등이 있다면 그런 움직임이야말로 우리가 예측한 바로 그것이기 때문이다. (1963: 39)

스마트의 논증은 퍼트넘이 제시한 '기적 없음' 논증의 한 변형으로 이해할 수 있다. 언뜻 봐도 우리는 실로 하나의 동일한 주장을 대하고 있는 것처럼 느껴진다. 차이가 있다면 단어 선택밖에 없는 듯하다. 스마트가 '우주적 우연'을 배제하였다면 퍼트넘은 '기적'을 배제하였을 뿐이다. 스마트 자신도 결국에는 '우주적 기적'(1979: 364)에 대해 말하기도 했다. 두 논증 모두 왜 관찰 가능한 현상이 과학 이론이 예측한 대로 일어나는지에 대한 최선의 설명에 의존한다. 대체로 이 말은 옳을 것이다. 그러나 두 논증의 세부 내용을 자세히 살펴보면, 스마트의 버전과 퍼트넘-보이드가 제시한 기적 없음 논증은 서로 구분하는 편이 좋다.

스마트의 논증은 최선의 설명으로의 추론을 의미하지 않는다. 이것은 좀 더 일반적인 철학적 논증으로, 때로는 설득력(plausibility) 논증으로 부르기도 하는 것이다.(Smart 1963: 8~12) 스마트가 볼 때, 실재론 옹호 논증은 많은 부분 선험적이다. 그는 철학 고유의 방법론에는 경험적 검사를 통해서는 해결할 수 없는 개념상의 논쟁을 명료하게 하는 일도 포함된다고 보았다. 이 관점에 따르면, 철학자의 임무는 논쟁에 참여한 양편 모두 선호할 만한 논증을 제시하는 데 있다. 일관성은 여기서 요점이 아닌데, 왜냐하면 충분한 노력을 투여할 경우 모든 입장은 일관성 있는 것이 될 수 있기 때문이다. 오히려 철학자는 각 입장의 설득력이나 임의성을 검토하는 데 목표를 두어야 한다. 특히 "우리의 총체적인 세계 그림"(Smart 1963: 8)에 영향을 미치는 거대 논쟁에서라면 더욱 그러하다. 따라서 스마트의 '우주적 우연 없음' 논증은 무엇이 설득력 있는지, 그리고 무엇이 설명을 필요로 하는지에 대한 직관적 판단에 우선적으로 의존한다. 이 논증은, 실재론이 도구주의보다 설명할 수 없는 우연적인 것들을 덜 남기기 때문에 도구주의보다는 실재론을 받아들이는 편이 직관적으로 더 설득력 있다고 주장한다. 이 논증이 지닌 힘은, 열린 마음과 상식을 갖춘 사람이라면 누구나 직관적으로 그럴듯하고 설득력 있고 합리적으로 받아들일 만한 결론을 이 논증에서 얻을 수 있고 얻을 것이라는 데서 온다. 물론 이런 결론이 논리적 타당성을 갖춘 것은 아닌데, 그것은 문제의 논증을 신뢰할 수 있는 추론의 사례로 인정해서가 아니라 무엇이 더 설득력 있고 덜한지를 다만 직관적으로 고려한 것이기 때문이다.

실재론에 대한 이와 유사한 논증으로는 맥스웰의 것(1962a)이 있다. 내가 아는 한, 그는 실재론을 옹호하기 위해 과학 이론의 성공에 명시적으로 호소한 최초의 인물이다. 과학 전반이 거두어온 경험적 성공은 일정한 설명이 필요한 사실들이다. 도구주의자들은 과학 이론을 일종의 '블랙박스'로 보면서 참된 관찰 차원의 전제를 입력하면 참된 관찰 차원의 결론을 산출해준다고 주장하지만, 이들 '블랙박스'가 왜 그토록 성공적인지에 대해서는 어떤 설명도 제시하지 않는다. 이것에 비추어 그는 주장한다. "내가 알고 있는 이론의 성공 사례에 대한 유일하게 합리적인 설명은, 잘 입증되는 이론이란 곧 잘 입증되고도 진실된 진술들의 결합체이며, 또 그 진술들이 언급하는 존재자가 어떠한 확률로든 존재한다는 것뿐이다."(1962a: 18) 그가 다른 여러 곳에서도 지적했듯이, 과학에 대한 실재론자와 도구주의의 차이는 다음과 같은 점에 있다.

> 우리가 가진 이론적 지식의 범위와 힘이 증대될수록 실재론의 경쟁자들은 점점 더 뒤엉키고 임시방편적이며 실재론보다 미약한 설명을 제시할 뿐이다. 한 가지 예를 들면, 인지적으로 무의미한 도구에 불과하다고 생각하는 과학 이론이 왜 그토록 성공적이고 왜 그토록 강력하고 성공적인 예측을 할 수 있는지 그들은 설명하지 못한다. 반면, 실재론은 예측이 이론을 구성하는 참된(또는 참에 가까운) 명제들의 결과라는 점을 지적함으로써 이것을 매우 간단하게 설명한다. (Maxwell 1970: 12)

맥스웰의 논증은 한 가지 흥미로운 점에서 스마트의 논증과 다르다. 그의 논증에는 실재론을 옹호하는 데 필요한 설득력 판단에 근거를 제시하고, 그런 판단이 어쨌든 철학에 고유한 것은 아님을 보여주려는 시도가 포함되어 있다. 어떤 의미에서 맥스웰의 논증은 스마트의 선험적 논증, 그리고 그 뒤에 이어진 퍼트넘-보이드의 **자연주의적** 시각 사이를 잇는 교량이다. 맥스웰은 단순성, 포괄성, 그리고 비 임시방편성에 대한 고려야말로 이런 고려 없이 이뤄진 판단에 비해 더욱 설득력 있는 판단을 만들어내는 덕목이라고 본다. 더 나아가 맥스웰은 실재론에 대한 그의 논증에 베이즈 기법을 가미한다.(1970) 입증에 대한 표준 확률론적 설명에서 볼 때, 서로 일치하지 않는 두 개 이상의 가설이 서로 동일한 증거를 함축할 경우 해당 증거를 통해 다른 가설(들)보다 어느 한 가설을 더 지지할 수 있는 유일한 방법은 이들 경쟁 가설들이 지닌 초기 설득력 순위를 참조하는 것뿐이라는 것이 맥스웰의 초점이다. 이 순위는 경쟁하는 각 가설에 부여된 사전 확률을 반영할 것이다. 실재론에 대한 맥스웰의 논증은 이 오래된 사실을 정확히 이용하고 있다. 그는 이렇게 말한다. 실재론(R)과 도구주의(I) 모두가 증거, 즉 과학 이론이 성공적이라는 점(S)을 받아들인다고 해보자. 이 경우, 실재론이 참이면서 증거 S를 확인할 확률, 그리고 도구주의가 참이면서 증거 S를 확인할 확률은 서로 등가이면서 1의 확률 곧 필연이다. 즉,

$$prob(S/R) = prob(S/I) = 1$$

베이즈 정리에 따르면, 실재론의 사후 확률은 다음과 같다.

$$prob(R/S) = prob(R)/prob(S)$$

또한 도구주의의 사후 확률은 이러하다.

$$prob(I/S) = prob(I)/prob(S)$$

*이상에서 $prob(R)$은 실재론의 사전 확률,
　$prob(I)$는 도구주의의 사전 확률,
　$prob(S)$는 '증거'의 확률 곧 과학이 성공할 확률

prob(*S*)가 실재론과 도구주의 양자에서 등가라면, *R*와 *I*에서 확인할 수 있는 어떠한 입증 수준의 차이라 할지라도 그 각각의 사전 확률에 *prob*(*S*)가 영향을 주지는 못할 것이다. 과학의 성공에 대한 실재론적 설명이 어떠한 도구주의적 설명보다 더 단순하고 포괄적이며 덜 임시방편적이라는 생각에 기초하여, 맥스웰(1970: 17~18)은 실재론의 **사전 확률**이 도구주의의 사전 확률보다 높다고 주장했다. 즉 *prob*(*R*) > *prob*(*I*). 따라서 입증이 진행되어 갈수록 실재론의 입증 수준은 도구주의에 비해 높아질 것이다.

나는 맥스웰의 지적이 이중적 의미를 갖고 있다고 생각한다. 한편으로, 사전 확률에 의존하는 것은 모든 인간 판단이 지닌 일상적 측면이다. 과학을 수행할 때도 마찬가지다. 동일한 증거를 수반하는 이론적 가설 모두가 과학자들에 의해 똑같은 지위의 설득력을 부여받지는 않는다. 실제로 과학자들은 단순성, 포괄성, 비 임시방편성 같은 덕목들을 서로 경쟁하는 과학적 가설들의 순위를 정할 때 사용한다. 다른 한편으로, 실재론과 도구주의 사이의 논쟁과 같은 철학적 문제는, 경쟁하는 두 가설을 구분할 수 있는 어떤 증거도 주어지지 않은 과학적 문제보다 특별히 더 어려운 것도, 질적으로 다른 것도 아니다. 따라서 이 문제는 통상적인 과학적 문제와 동일한 방식으로 처리해야 한다. 이에 대한 그로버 맥스웰의 말은 다음과 같다. "내가 실재론을 받아들이는 이유는, 현행 증거를 설명하는 점에서는 마찬가지인 다른 과학 이론보다 특정한 과학 이론을 더 받아들이는 것과 같은 이유에서다."(ibid.)[1]

이 모든 것이 너무 성급하다고 독자들은 생각할지도 모른다. 사전 확률은 확충적 추론에서는 정말로 긴요한 게 사실이다. 그러나 대체 어떤 근거에서 실재론의 사전 확률이 도구주의의 사전 확률보다 더 크다고 할 수 있는가? 이 논증의 결론은 실재론과 도구주의에 얼마만큼의 사전 확률을 할당하는지에 따라 결정되기 때문에, 이런 결론은 도구주의를 실재론 위에 두는 초기 순서를 받아들일 경우 뒤집힐 것이다. 그렇다면 어떻게 이 순서를 결정할 수 있는가? 특히 이 순서는 주관적인가 객관적인가? 만일 후자라면, 우리는 왜 실재론의 사전 확률이 **객관적으로** 더 높은지에 대해 추가적 논증을 제시해야 할 것이다. 만일 전자라면, 주관적인 믿음의 정도 또는 사전 확률에 대한 주관적 평가로 어떻게 실재론의 우월성을 지지할 수 있는지 매우 의심스럽다.

  내가 생각하기에, 실재론 대 도구주의 논쟁에서 실재론에 더 높은 사전 확률을 부여하는 일은 다음 두 가지 의미에서 합리적(따라서 객관적)임을 강조하는 것이 좋다. 첫째, 이론의 초기 설득력에 대한 판단은 합리적인 숙고의 대상이자 그 결과다. 따라서 실재론의 초기 설득력이 더 크다고 주장하는 한 가지 방법은, 실재론 논쟁의 모든 당사자가 합리적이라고 보는 판단—중간 크기의 물질적 대상을 상정해서 실재성을 주장하는 것과 같은 판단—에서 실재론이 더 큰 설득력을 지닌다고 지적하는 데 있다. 제거적 도구주의에 맞서, 실재론자들은 감각 경험의 질서정연하고 일관된 흐름을 설명하기 위해 중간 크기의 물질적 대상을 상정하는 일과, 관찰 가능한 현상을 설명하기 위해 과학적으로 관찰 불가능한 대상을 상정하는 일 사이의 유사성—그리고 연속성—을 올바르게 강조하고 있다. 전자를 상정할 때는 상식이 그것에 필요한 전부라면, 후자의 경우에는 상식이 그것을 상정하는 데 보다 더 유리한 조건을 만들어준다고 할 수 있다. 이와 달리, 제거적 도구주의는 관찰 불가능한 존재자의 존재를 부정하기 위해 '이중적 존재 표준'을 채택해야만 한다. 하지만 우리가 이미 보았듯이(65~73쪽), 이러한 이중적 표준을 뒷받침하는 좋은 논증은 없는 상태이다.

둘째, 초기 설득력에 대한 판단은 합리적이고 객관적일 수 있는데, 그것은 이 판단이 바로 견실한(sound) 예측에 의존한 것이기 때문이다. 왜 과학 이론에 대한 실재론적 해석이 더 많은 초기 설득력을 갖는가? 도구주의적 해석—과학 이론을 단지 '블랙박스'나 통사적 연산 등으로 보는—에서는 **이론이 경험적으로 성공적일 것이라고 기대할 아무런 이유가 없다**. 분명 '블랙박스'는 이미 알려져 있는 관찰 가능한 규칙성을 체계화하도록 구성되었을 것이다. 그러나 이로부터 문제의 블랙박스가 지금까지 알려지지 않은 규칙성이나 알려진 규칙성들 사이의 예상치 못한 연관성을 예측할 능력을 지니고 있다는 결론은 도출되지 않는다. 또 그런 예측이 어쨌든 합리적 근거가 있다고 기대되지도 않는다. 그러나 만일 과학 이론을 실재론적으로 이해할 경우, 해당 현상에 대한 참신한 예측 내용이 현실로 나타나는 것이 오히려 당연한 일이다. 실재론적으로 이해했을 때, 과학 이론은 너무나 많은 참신한 주장들을 내놓고 있으며, 그 가운데 대부분은 관찰 불가능한 존재자들에 대한 것이다. (예를 들면 '전자가 존재한다', '빛은 질량을 지닌 물체 옆에서 휜다' 등.) 이들 이론이 예측하는 참신한 이론적 사실 가운데 일부가 관찰 가능한 참신한 현상을 일으키는 무엇이라거나, 이미 알려진 현상들 사이에서 지금껏 예상치 못했던 연관성을 밝혀내곤 한다는 사실은 놀라운 일이 아니다. 예컨대 제임스 클러크 맥스웰이 빛과 전자기파의 동일성을 이론적으로 규명한 일은, 빛의 전파 법칙과 전자기파의 전파 법칙 사이에 있는 당시까지는 알려지지 않은 연관성을 예측한 것이었다. 어쨌든 과학 이론이 상정한 존재자들의 인과 관계가 이미 알려진 경험적 현상의 발생으로 샅샅이 밝혀지고 이론의 도입으로 이어졌다는 것은 상당히 놀라운 일이 아닐 수 없다. 따라서 이론에 대한 실재론적 이해 위에서 우리는 참신한 예측과 진정한 경험적 성공을 기대할 수 있다. (물론 세계가 협조해준다는 전제 하에서.)

중요한 것은 위와 같은 판단이 표준적인 도구주의의 입장을 약화시킬 만큼 강력하다는 데 있다. 그래서 2장에서 보았듯이 피에르 뒤엠이나 앙리 푸앵카레 같은 '교과서적 도구주의자들'도 이와 비슷한 설득력 판단을 내놓았던 것이다. 참신한 예측의 성공은 그로버 맥스웰이 충분히 강조하지 않은 부분이지만, 뒤엠과 푸앵카레는 모두 이 점이야말로 과학 이론을 '도구로 가득 찬 선반'(Duhem 1906: 334)이나, '단순한 실용적 요리법'(Poincare 1902: 174)으로 보는 제거적 도구주의의 해석과 현실의 과학이 서로 충돌하는 지점이라 주장한 바 있다. 이것은 그리 놀라운 이야기가 아니다. 도구주의적 해명에 따르면, 참신한 예측의 성공은 그것이 무엇이든 이론의 우연한 특징일 뿐이다. 맥스웰의 논증은 바로 이런 주장에 딱 맞게 대응할 수 있도록 만들어진 것이다. 그의 논증은 과학적 실재론이야말로 도구주의를 설득력 없게 만드는 문제, 즉 참신하고 성공적인 예측이 어떻게 가능한가 하는 문제를 해결하는 유일한 대안임을 보여준다. 내가 생각하기에, 여기에 추가되어야 할 것은 다음과 같다. 의미론적 실재론의 제안에 따르면, 이론의 참신한 경험적 성공은 오로지 이론이 입증되는 데서 오는 것이다. 즉 예측의 실현 가능성이 낮을수록 이론은 필요한 입증의 수준을 더욱 높임으로써 예측 성공의 의미도 높인다.

스마트와 맥스웰의 논증이 제거적 도구주의의 논거를 극적으로 무너뜨리고 있다는 점에는 의심의 여지가 없다. 그러나 이들 논증은 반 프라센(1980, 1989)이 제시한 세련된 경험론적 입장에는 효과적이지 않다.

오랫동안 제거적 도구주의는 과학 이론에 대한 실재론적 이해 방식의 지배적인 대안이었다. 스마트와 맥스웰(그리고 파이글도 마찬가지)은 일거양득의 효과를 노렸다. 이들의 초점은 과학 이론의 성공이 다음 두 논제에 신빙성을 부여한다는 것이었다.

- 과학 이론은 실재론적으로 해석되어야 하며,
- 그렇게 해석된 이론은 잘 입증될 터인데, 그 속에 잘 입증되는 예측을 포함하고 있기 때문이다.

따라서 이들의 논증은 다음과 같은 가정 위에서 성립하는 것이기도 하다. 즉 과학 이론의 실재론적 해석을 위한 논증은 사실상 과학 이론이 상정하는 존재자들의 현존을 **믿기 위한** 논증이기도 하다. 1장과 2장에서 언급했듯이 환원적 경험론과 제거적 도구주의가 처하게 될 운명을 상기해보면, 이것은 합리적인 가정이다. 과학 이론을 실재론적으로 해석해야 한다는 입장을 받아들인다면, 남는 문제는 이들 이론이 잘 입증되는지 여부뿐이다. 하나의 동일한 논증으로 두 과제 모두를 달성할 수 있다면 실재론자에게는 더욱 좋은 일이다.

그런데 반 프라센이 옹호하는 경험론적 입장은 과학 이론에 대한 의미론적 실재론을 받아들이지만, 이들 이론이 (참일 경우에) 함축하는 관찰 불가능한 존재자들의 현존을 믿는 것이 합리적이라는 데는 이의를 제기한다. 따라서 어떤 의미에서 반 프라센의 입장은 정확히 스마트와 맥스웰의 주장이 멈춘 지점에서 시작한다고 할 수 있다. 그 주장인즉, 과학에 포함되어 있는 이론적 존재자에 대한 존재론적 인정을 제거적이고 환원적으로 해명하는 방식은 방향을 잘못 잡은 것이며 신뢰할 수 없다는 것이었다. 9장에서 자세히 살펴보겠지만, 과학적 실재론에 반대하는 반 프라센의 핵심 논지 가운데 하나는, 이론적 믿음을 형성하는 수단으로서 귀추적이고 설명적인 추론은 진리에 도움 되는 것으로 볼 수 없으며, 따라서 특정 이론이 근사적으로 참이라는 믿음은 합리적 설득력이 없다는 것이다. 다시 말해서 그는 과학자들이 자신의 이론적 믿음에 도달하기 위해 사용하는 방법을 신뢰할 수 있는지 묻고 있는 것이다. 반 프라센의 관점에 따르면, 제거적 도구주의가 실패했다고 해서 실재론이 유일하게 합리적인 선택지가 되는 것은 아니다. 그 사실로 인해 경험론의 불가지론적 분파가 완전히 제거되는 것은 아니며, 어떤 이론이 제시하는 특정한 이론적 설명의 진릿값에 대해서는 여전히 누구든 불가지론적 태도를 취할 수 있다.

어쨌든 지금 내가 주목하는 것은 보이드가 과학적 실재론 논쟁에서 중요한 기여를 했다는 점이다. 그는 과학에서 쓰이는 확충적이고 귀추적인 추론이 지닌 신뢰성과 합리성을 옹호하기 위한 시도로서 '기적 없음' 논증을 채택하는 한편, 그 힘을 더 강화시켰다.

실재론에 대한 설명주의적 옹호

보이드가 제시한 '실재론에 대한 설명주의적 옹호'는 **과학에 대한 실재론적 인식론**을 발전시키고 옹호하기 위한 프로그램이다. 보이드는 이 인식론이 철저히 자연주의적이어야 한다고 제안했다. 한편으로 이 인식론은 과학 이론이 이론적 진리를 제시할 수 있고 실제로 제시한다는 사실 역시 이 세계에 있어 근본적으로 우연한 사실일 뿐이라는 주장에 근거해야 한다. 다른 한편으로 과학에 대한 실재론적 인식론은 과학의 인식적 자격, 특히 왜 과학적 방법론이 도구적으로 신뢰할 만한지 묻는 질문에 답하는 데 있어, 과학자들 자신이 사용하는 방법 이외에는 어떠한 방법도 사용해서는 안 된다. 실재론에 대한 보이드의 이런 옹호 방식은 **설명주의**(explanationism)라 할 수 있는데, 그것은 과학 이론이 근사적으로 참이라는 실재론의 논지가 바로 과학의 경험적 성공에 대한 **최선의 설명**이라는 주장이 그의 기본 입장이기 때문이다. 보이드의 자연주의는 '기적 없음 논증'을 스마트의 용법과는 확연히 다르고, (정도는 덜하지만) 맥스웰의 용법과도 다른 방식으로 사용한다. 보이드의 용법에 따르면, 과학적 방법에 선행하거나 일차적인 과학 논쟁을 해소하는 데 쓸 수 있는 고유한 철학적 방법이란 없다. 이번 단락에서 나는 실재론에 대한 설명주의적 옹호에서 기적 없음 논증이 차지하는 위치가 무엇인지에 대해 초점을 맞추고자 한다.

보이드[2]는, 성숙한 과학 이론들이 왜 도구적, 예측적 성공을 거둘 수 있는지에 대한 최선의 설명으로 이들 이론이 근사적으로 참이기 때문이라는 주장을 제시한 바 있다. 적어도 그 도구적 성공과 관련된 측면에서는 그러하다는 것이다. 그의 중심 논증은 다음과 같이 요약할 수 있다.

> 과학자들이 이론적 예측을 도출하고 시험하기 위해 사용하는 방법이 이론 의존적이라는 데는 논란의 여지가 없다. 과학자들은 예측을 구성하고, 이론을 시험할 적절한 방법을 선택하고, 실험 조건을 설정하고, 도구를 보정하고, 실험에서 얻은 증거를 평가하고, 경쟁하는 이론들 가운데 하나를 선택하고, 새로 제안된 가설을 평가하는 등등의 작업을 위해 이미 인정되고 있는 배경 이론을 사용한

다. 과학적 방법론의 모든 측면은 깊은 이론적 이해와 이론 의존성에서 온다. 본질적으로 과학적 방법론은 이미 인정된 배경 이론에 곧바로 의존한다. 즉, 과학자들이 세계와 상호작용하는 방법과, 측정을 실시하고 이론을 시험하기 위해 밟는 절차를 채택, 발전 또는 수정할 수 있게 해주는 것은 바로 이런 이론들이다.

이러한 이론 의존적 방법은 정확한 예측과 실험의 성공을 이끌어낸다.

이 사태를 어떻게 설명할 것인가?

과학적 방법론의 도구적 신뢰성에 대한 최선의 설명은 다음과 같다. 즉, 과학적 방법을 통해 성공적인 예측을 하게 해주는 어떤 인과적 관계 또는 메커니즘이 존재한다는 이론적 진술은 근사적으로 참이다.

기적 없음 논증은 근사적으로 참인 이론과 가설을 산출하는 과학적 방법론의 신뢰성을 옹호하려는 목표를 지닌 철학적 논증이다. 하지만 이 논증의 힘은 과학이 언제나 수행해왔던 설명적 추론의 더 구체적인 유형에 바탕을 둔다. 이 추론을 명시적으로 진술해 보자. 어떤 배경 이론 T가 제시한 바에 따르면 결과 X를 발생시키는 인과적 과정 $C_1, \cdots, C_n$을 방법 M이 채택하고 있다고 하자. 이에 따르면 이론 T는 방법 M이 X의 발생에 기여한다고 주장한다. 또한 인과적 과정 $C_1, \cdots, C_n$의 일부 또는 전부를 교란함으로써 X의 발생을 방해하는 요소들을 실험 설정에서 배제하기 위해, T와 이미 확립되어 있는 다른 보조 이론들을 따른다고 해보자. 그리고 마지막으로 M을 통해서 X를 실제로 얻는다고 해보자. 기대하던 결과 X가 예측대로 일어났을 경우, (C_1, ···, C_n과 X 사이에 인과적 연결이 있다고 주장하는) 이론 T가 문제의 인과적 연결을 올바르게 또는 거의 올바르게 포착했다는 것보다 이 사실을 더 잘 설명해줄 수 있는 방법이 어디 있겠는가? 이러한 최선의 설명으로의 추론이 타당하다면, 적어도 X에 대한 예측이 이론 주도적으로 이루어졌을 경우 T를 근사적 참으로 수용하는 일은 합리적이다. 더 정확히 하자면, T를 근사적 참으로 수용하기 위해서는 좀 더 많은 것이 필요하기는 하다. 예를 들어 T는 다른 대체 가설들과 대조했을 때에도 여전히 최선의 설명임을 보여주어야 한다. 또한 T는 그 자체만으로도 그것이 '충분히 좋은' 설명임을, 즉 실험으로 얻은 사실의 모든 두드러진 특징을 적절하게 밝혀줄 수 있는 설명임을 보여주어야 한다.[3] 그러나 이러한 고려사항은 과학에서의 설명적 추론을 더 구체적으로 적용하는 과정에서 살펴볼 문제다. 물론 우리가 항상 어떤 가설을 최선의 설명으로 선택할 수 있는 상태에 있는 것은 아니지만, 그렇다고 해서 이 사실이 우리가 결코 그럴 수 없다는 것을 의미하지는 않는다.

과학에서 사용하는 설명적 추론의 이런 구체적 유형과 기적 없음 논증 사이의 관계는 명백하다. 이러한 추론의 성공적인 사례들은 좀 더 일반적인 귀추 논증을 위한 기반과 초기 **논거**를 제공한다. 하지만 기적 없음 논증이 단지 과학자들의 귀추를 일반화하기 위한 것만은 아니다. 기적 없음 논증은 그 자체로 과학자들이 사용하는 방법의 한 종류이기는 하지만, 더 폭넓은 목표를 지향한다. 최선의 설명으로의 추론 및 귀추법이 (추론법의 한 유형으로서) 신뢰할 만하다는 논제를 옹호하는 것이 바로 그 목표이다. 설명적 추론의 사례들은 특정 이론이 근사적으로 참임을 받아들이는 것이 합리적이라는 주장을 내포한다. 그렇다면 기적 없음 논증은, 과학이 **이론적 진리**를 제시할 **수 있다**는 좀 더 일반화된 주장을 이들 사례에 근거하여 옹호하려는 논증이다. 기적 없음 논증은 일종의 **메타** 귀추이다. 기적 없음 논증이 설명하려는 것 즉 피설명항은 과학적 방법론의 일반적 특징—즉 올바른 예측을 산출해줄 거라는 믿음—이다. 기적 없음 논증은 왜 과학적 방법론이 올바른 예측의 산출이라는 우연적 특징을 띠는지에 대한 최선의 설명으로, 그 방법론에 포함되어 있는 이론이 근사적으로 참이기 때문이라는 답을 제시한다.

따라서 기적 없음 논증을 실재론을 위한 논증으로 만드는 것은 이 논증이 바로 이론적 진리의 실현 가능성을 옹호하는 논증이라는 데 있다. 그런데 이 논증은 최선의 설명으로의 추론을 정확히 어떻게 지지해주며, 어떻게 과학에 대한 실재론적 인식론의 중심축이 될 수 있는가? 앞서 언급했듯이, 과학적 방법론의 도구적 신뢰성에 대한 최선의 설명은 배경 이론이 근사적으로 참이라는 데 있다고 이 논증은 주장한다. 이러한 배경 이론 자체는 대개의 경우 귀추에 의해 도출된 것이다. 따라서 귀추는 근사적으로 참인 이론을 만드는 경향이 있으므로, 그것이 신뢰성 있다고 믿는 것은 합리적이다. 이 결론은 선험적인 참을 말하려는 것이 아니다. 귀추가 신뢰할 만하다는 것은 경험적 주장이며, 그것이 참이라면 이 세계에 의해 그렇게 된 것뿐이다.

이에 더하여, 기적 없음 논증은 적절한 범위 내로 제한되어야 한다는 것을 강조할 필요가 있다. 첫째, 과학 이론들이 성공만큼이나 많은 실패를 겪었다는 점, 둘째, 한때 경험적으로 성공을 거둔 덕분에 증거에 대한 '최선의 설명'으로 받아들여졌던 몇몇 과거 이론이 결국 부적절하고 잘못된 이론으로 폐기되었다는 점 등 선의의 실재론자를 설득할 만한 역사적 증거는 충분하다. 이러한 점을 고려할 때, 실재론적 논증은 두 가지 측면에서 제한되어야 한다.

1. 실재론적 논증은 실패한 과학 이론이 있다는 것을 인정해야 한다. 그렇다고 해서 이런 사실이 과학적 방법론을 손상시키는 것은 아니다. 또한 이 사실이 근사적인 참과 경험적 성공, 특히 참신한 경험적 성공 사이의 설명적 연관성을 끊어버리는 것도 아니다. 가령 내가 잃어버린 열쇠를 찾는 데 종종 실패했다고 해서, 열쇠 잃은 장소를 샅샅이 뒤지는 일이 열쇠를 찾는 신뢰할 만한 방법이 아니라는 결론을 내릴 필요는 없다. 어쨌든 실재론자들은 이론이 이끌어 낸 **구체적인** 성공 사례들―그리고 그러한 성공 사례가 매우 많다는 것―에 대해 주목해야 하며, 이런 성공 사례야말로 설명해야 할 대상이라고 주장해야 한다. 결국 과학적 방법론이 경험적 성공을 이끌어낸다는 사실은 이들 방법론의 두드러진 특징이다. 사실들이 그러하지 않았더라면 과학 이론은 **총체적으로** 실패했을 수도 있다. 따라서 과학 이론이 올바른 예측, 특히 참신한 예측을 산출하는 것이 어떻게 가능한지 묻고, 과학적 방법론의 이러한 우연적 특징에 대해 설명을 제시하는 일은 과학을 이해하는 데 있어 필수적이다. (실재론자들이 별도로 이용하는 '예측에서의 참신성' 개념은 5장에서 분석할 것이다.)

2. 실재론적 논증은 좀 더 국지적인 범위에서 이루어져야 한다. 따라서 실재론자들은 다음 사항을 지적해야 한다. 어떤 이론의 경험적 성공, 그리고 관찰 불가능한 세계에 대한 그 이론의 진리 사이에 설명

적 연관성이 있다는 것을 대부분의 실재론자들이 인정할지라도, 이 세계에 대해 그 이론이 주장하는 **모든 것**이 그런 연관성에 의해 입증된다는 주장은 (어떻든 방어 가능하다고 해도) 너무 낙관적이다.

따라서 실재론자들은 한편으로는 경험적 성공과 예측적 성공 사이의 설명적 연관성을, 다른 한편으로는 경험적 성공과 진리 근접성 사이의 설명적 연관성을 상세히 해명해야 한다. 실재론자들은, 과학 이론의 성공이란 해당 이론이 **진리 근접성을 지닌 이론적 구성요소**로 이뤄져 있다는 사실에 의해 가장 잘 설명된다고 주장해야 한다. 즉 인과적 메커니즘, 자연종 같은 존재자, 자연법칙 등에 대한 진리 근접적 기술이 바로 그런 것들이다.

진리 근접성을 가지고 있기에 그 경험적 성공을 가장 잘 설명할 수 있는 이론적 구성물이란, 바로 예측의 생성 및 그 예측을 만들어내는 방법론의 설계에 본질적이면서도 제거 불가능한 방식으로 결부되어 있는 이론적 구성물을 가리킨다. 성공적인 이론의 모든 이론적 구성물이 그 이론의 성공에 의해 실재한다고 보증받지는 못하며 반드시 보증될 수도 없다는 사실로부터, 그 어떤 이론적 구성물도 그 실재를 보증받지 못한다는 (또는 반드시 그러하다는) 결론이 따라 나오는 것은 분명 **아니다**. 더구나 과거 이론의 성공에 핵심적 기여를 했던 이론적 구성물이 폐기되지 않고 동일한 주제를 다루는 후속 이론에서도 그대로 유지된다면, 실재론자의 입장은 더욱 강한 설득력을 가질 것이다. 5장에서는 이런 논점을 더 자세히 설명할 텐데, 방금 언급한 논증이야말로 '비관적 귀납'으로부터의 논증을 물리치기 위해 사용하는 방법을 간단히 요약한 것이기 때문이다.

이제부터 나는 지금까지 고찰한 내용들이 기적 없음 논증을 일정한 의도로 독해한 결과라고 가정하고자 한다. 실재론에 대한 설명주의적 옹호는 과학철학자들 사이에서 격렬한 논쟁의 원인이 되었기 때문이다.(Laudan 1984; McMullin 1987, 1991; Musgrave 1988; Newton-Smith 1987; Lipton 1991 참조) 이미 지적했듯이, 비판의 주된 줄기는 실재론에 대한 설명주의적 옹호가 순환논증에 빠져있다는 것이다. 이 논증은 최선의 설명으로의 추론을 채택하고 있는데, 비판자들은 이 논증이 먼저 보여줘야 할 것, 즉 최선의 설명으로의 추론이 신뢰할 만한 추론 방법이라는 점을 미리 전제하고 있다고 본다.

아서 파인(1986, 1986a, 1991)은 이 같은 비판 노선을 가장 강력하게 요약하고 옹호했다. 그는 실재론자들이 "그 타당성 자체가 논쟁 중에 있는 원리의 타당성을 가정하는 잘못에서 벗어나지 못하고 있다"(1986: 121)고 말한다. 그가 많은 곳에서 지적했듯이, 최선의 설명으로의 추론에 기초한 실재론의 옹호는 "설득력이 있는지 자체가 쟁점인 바로 그런 유형의 논증"(1991: 82)을 채택하고 있기 때문에 어떠한 논증적 힘도 갖지 못한다. 파인은 "일반적으로 말해서 실재론을 합리적으로 옹호할 방법은 없다"(1986a: 163)고 결론짓는다. 그런데 여기서 또 파인은 두 가지 반론을 추가로 제시하고 있다. 그는 귀류 논증을 위해 일단 귀추를 신뢰할 만한 방법으로 가정해보자고 한다. 그럼에도 실재론자들이 실재론을 옹호하기 위해 귀추 논증을 사용하는 것은 지혜롭지 못한 일이다. 그것은 이들이 자신의 철학적 교설을 증명하기 위해 더 엄격한 방법을 필요로 하기 때문이다.(Fine 1986: 114 참조) 어쨌든 그는 과학의 성공에 대한 더 좋은 도구주의적 설명이 있다고 지적한다.(Fine 1986a: 154)

다음에서는 실재론자가 앞서 언급한 반론을 차단하기 위해 시도할 수 있는 몇 가지 새롭고도 체계적인 방법을 살펴보고자 한다.

실재론에 대한 설명주의적 옹호와 순환성

어떤 논증을 순환논증으로 본다는 말은, 해당 논증이 그 논증과는 독립해서 보여줄 필요가 있는 것을 어떤 식으로든 미리 전제하거나 가정함으로써 **설득력**을 갖지 못하게 된 논증이라고 본다는 뜻이다. 순환논증의 전형적인 예로는 결론이 전제 중 하나와 동일하거나 전제 중 하나를 단순히 바꿔 쓴 것에 불과한 논증을 들 수 있다. 하지만 전제가 결론과 동일하다는 사실만으로 어떤 논증을 순환논증으로 치부할 충분한 근거를 얻었다고 보기는 어렵다는 점에 유의하자. 어떤 논증이 순환논증임을 밝히기 위해서는 그 논증에 사용된 문장들을 살펴보는 것만으로는 충분치 않고, 그 논증이 그 문장으로 보여주려는 내용이 무엇인지 고려해야 한다. 가령 우리가 논증의 통사적 구조만 본다면, '$a \& b$이다, 따라서 $b \& a$이다' 같은 유형의 논증은 순환논증이 될 것이다. 하지만 이 문장은 논리적 연언 문장에서 교환 법칙이 성립한다는 점을 보여주는 용도이므로 순환논증이 **아니다**. 마찬가지로 'p, 따라서 p'라는 유형의 논증 역시 모든 문장이 논리적으로 그 자신과 동일하다는 점을 보여주기 위한 것이라면 순환논증으로 보아서는 안 된다. 하지만 이 논증이 p가 참임을 보여주기 위한 것이라면 순환논증이 될 것이다. 그런 경우라면 p가 참이라고 단지 가정만 되어 있는 상태에서 이미 p가 참이라는 것이 입증된 듯 주장하는 것이기 때문이다.

어떤 논증이 순환논증인지를 올바로 판단하기 위해서는 그 논증이 특정 문장(결론)을 참이나 거짓으로 받아들여야 하는 이유를 정말로 제시하고 있는지 살펴보아야 한다. 여기서 이유가 제시되는 곳은 해당 문장 자체여야 한다. 이제 브레이스웨이트(1953)를 따라서 순환논증을 '전제 순환'(premiss-circular)이라 부르자. 이런 논증을 제시하는 사람은 물론 a가 참이라는 논증을 제시했다고 하겠지만, a는 그 전제 속에 이미 명백히 가정되어 있다. 그와 같은 논증은 a가 참임을 먼저 받아들이지 않는 사람에게는 설득력이 없다.[4]

브레이스웨이트(1953: 274~278)는 경험으로부터의 귀납적 학습에 대한 귀납적 입증을 옹호하려고 시도하는 가운데, 전제 순환과는 다른 유형의 순환논증에 대해서도 언급했다. 표면적으로 보면 이 논증은 다른 많은 논증처럼 비순환적이다. 이 논증은 전제 $P_1, \cdots, P_n$으로 시작한 다음 추론 규칙 R을 사용하여 결론 Q를 도출한다. 하지만 이 순환논증의 Q는 특정한 논리적 속성을 지닌다. 즉 Q는 논증에 **사용된** 추론 규칙 R에 대해 무언가를, 특히 R이 신뢰성 있음을 주장하거나 암시한다. 브레이스웨이트는 이러한 유형의 논증을 '규칙 순환'(rule-circular)이라 불렀다. 일반적으로 규칙 순환 논증이란 해당 논증 자체가 결론에 의해 정당화되는 추론 규칙의 형태를 띠고 있거나, 본질적으로 그런 추론 규칙을 적용하여 이루어진 논증을 말한다.

그런데 브레이스웨이트는 규칙 순환성을 순환논증으로 보지 않는데, 나는 그가 옳다고 생각한다. 전제 순환과 규칙 순환 사이에는 몇 가지 유의미한 차이가 있다. 규칙 순환 논증에서의 결론은 그 논증의 전제를 이루지 **않는다**. 또한 결론이 참임을 옹호하기 위해 제시하는 **이유가** 바로 결론 그 자체인 논증도 아니다. 따라서 규칙 순환 논증을 적어도 **명백한** 순환논증이라 하기는 어렵다. 귀납과의 관련 하에 규칙 순환 논증을 옹호한 사례로는 브레이스웨이트(1953), 반 클레브(1984), 퍼피뉴(1993) 등이 있다. 하지만 이런 첫 인상에도 불구하고, 규칙 순환 논증이 순환논증이라는 의심은 **여전히** 남는다. 이런 의심을 불식하기에 앞서, 일단 나는 '기적 없음 논증'도 어떤 종류의 버전이든 규칙 순환 논증에 해당한다는 것을 보여주고자 한다.

앞 절에서 살펴본 것처럼, 기적 없음 논증은 과학 방법론의 이론 의존성과, 널리 인정되는 그 방법론의 도구적이고 예측적인 성공을 전제로 삼고 있다. 그런 다음 이 논증은 '최선의 설명으로의 추론'에 대한 메타 추론, 즉 과학이 늘 수행하는 추론에 대한 2차적 추론을 통해 해당 논증이 의존하는 이론이 근사적으로 참이기 때문에 이러한 성공이 가능하다고 결론 내린다. 근사적으로 참인 이들 이론은 대개 최선의 설명으로의 추론의 **1차 추론**을 통해 도달한 것이므로, 이 정보에 그것의 메타 추론을 더하면 최선의 설명으로의 추론이 신뢰성 있다는 결론을 얻을 수 있다. 따라서 기적 없음 논증의 결론이 참이라는 점은 최선의 설명으로의 추론의 신뢰성을 받아들이기 위한 충분조건(의 일부)을 이룬다. 기적 없음 논증은 분명 전제 순환이 **아니다**. 최선의 설명으로의 추론의 메타 추론에서 얻은 결론(해당 이론이 근사적으로 참이라는 결론)이 논증의 전제를 이루지는 않기 때문이다. 사실, 과학 이론의 근사적 참에 대한 어떠한 가정도 명시적이든 암묵적이든 이 논증의 전제들 안에 들어있다고 할 수 없다. 게다가 이 논증이 전제 순환이라면 분명히 나올 얘기인데, 기적 없음 논증이 반드시 과학 이론이 (근사적으로) 참이라는 결론에 이른다는 데 대한 선험적 보장도 이 논증 속에는 없다. 물론 이 결론이 전제에 대한 최선의 설명을 제공한다는 데 근거하여 그것을 참이라 하는 것이지만, 실제로는 전제에 대한 최선의 설명이 아닐 수도 있을 것이다. 이미 살펴보았듯이, 이런 지적은 기적 없음 논증의 비판자들이 암묵적으로 인정하는 부분인데, 이는 그들이 과학의 성공에 대한 더 나은 설명이 있음을 논증할 임무를 받아들이고 있기 때문이다. 즉 기적 없음 논증이 실재론들이 바라는 결론에 필연적으로 이르는 것은 아니라고 주장함으로써 그들은 이 논증이 전제 순환이 아님을 암암리에 인정하고 있는 셈이다.

이제 우리가 더 상세히 검토해야 할 부분은 규칙 순환이 과연 순환논증인지 여부다. 어떤 점에서 그럴 수 있을까? 일단 우리는, 규칙 순환 논증 안에 이미 그 논증이 채택하고 있는 규칙의 신뢰성이 가정되어 있는 것 아니냐고 생각할 수 있다. 이러한 가정이 규칙 순환 논증의 결론을 미리 받아들인 데 근거한 것이라면, 이 논증의 옹호자들은 순환논증의 고리에 갇혀 있다고 할 수 있을 것이다. 왜냐하면 이들은 결론을 도출하는 데 쓰인 규칙을 받아들이기에 **앞서** 결론을 증명해야 하는데, 규칙의 신뢰성을 **먼저** 받아들이지 않으면 결론을 증명할 수가 없기 때문이다.

이런 반론에 대해 나는, 먼저 어떤 규칙을 사용했다는 것이 곧 그 규칙이 신뢰성 있다는 가정을 명시적으로든 암묵적으로든 받아들인 것은 아니라고 답하려 한다. 물론 정당한 방식으로 규칙을 사용할 수 있기 **전에** 그 규칙의 신뢰성을 확정해서는 안 된다. 그러나 이것은 꽤 논쟁적인 주장이다. 이 지점에서 내게는 뜻을 함께하는 좋은 동료들이 있다. 특히 인식론에서의 외재론이 이 문제를 광범위하게 다룬 바 있다.(Goldman 1986 참조) 요점은 다음과 같다. 어떤 추론 규칙이 (참인) 전제들의 집합과 결론 사이의 연결고리를 제공하고 있다고 해보자. 이 경우 결론의 옳음을 좌우하는 것은 그 규칙이 신뢰할 만한지 여부, 곧 규칙의 신뢰성을 위해 동원할 만한 임의의 가정들을 실제로 가지고 있는지 여부일 것이다. 만일 해당 추론 규칙이 (객관적 속성으로서) 신뢰성이 있다면, 전제가 참인 한 결론도 참이 될 (규칙에 확충적 특성이 있다면, 참에 '가까울') 것이다.[5] 즉 추론 규칙의 신뢰성을 위해 어떤 가정들이 명시적 혹은 묵시적으로 준비되어 있든, 그런 가정이 있다는 것과 결론의 옳음은 서로 무관하다는 얘기다. 따라서 이런 가정을 옹호하는 일이 결론의 **옳음**을 확보하는 데 꼭 필요한 것은 아니다.

방금 설명한 요점을 더 명확히 하기 위해 다음을 떠올려보자. 가령 튜링 머신과 유사하게 생긴 어떤 '추론 기계'를 우연히 갖게 되어 이 기계로 게임을 시작한다고 해보자. 우리는 이 기계에 참인 전제들 몇 가지를 입력한 다음, 이 전제들로부터 결론을 도출해달라고 할 수 있다. 그리고 (거의) 모든 경우마다 '추론 기계'가 참인 결론을 도출한다고 해보자. 이 경우 우리는 '추론 기계'가 신뢰성 있다고 (또는 그런 것 같다고) 결론 내릴 것이다. 나아가 우리는, 이 '추론 기계'가 전제들이 입력되면 어떤 규칙을 작동시켜 특정 결론을 도출하는 방식으로, 그러니까 일정한 추론 규칙들에 따라 돌아가는 것이 틀림없다고 생각할 수 있다. 하지만 추론 기계는 그저 기계에 불과하기에 그것이 작동시킨 규칙에 대해서는 아무런 가정도 하지 않는다. 단지 그런 규칙을 작동시킬 뿐이다. 이제 이 '추론 기계'가 참인 결론을 도출하는 데 성공한다면, 우리는 먼저 이 기계가 작동시킨 규칙을 확인하고 그 규칙이 신뢰성 있는지를 증명한 다음에야 이 '추론 기계'를 신뢰성 있는 것으로 받아들여야 한다고 요구할 수 있을까? 나는 이런 요구야말로 불합리하며, 어쨌든 비생산적이라고 생각한다. 만일 이 '추론 기계'가 지속적으로 거짓인 결론을 산출하기 시작한다면, 그제야 비로소 우리는 이 기계의 신뢰성에 대해 합리적인 걱정을 할 수 있을 것이다. 그렇지 않다면 걱정은 불필요하다.[6]

앞의 사례를 좀 더 이어가보자. 만일 우리가 추론자를 '의식을 가진 추론 기계'라고 생각한다면 문제가 더 복잡해진다고 반대할 사람이 나올지도 모르겠다. 왜냐하면 추론 규칙의 신뢰성을 옹호하는 일은 곧 추론자가 결론을 참으로 (또는 참에 가까운 것으로) 받아들일 것인지를 정당화하는 문제와 직결된다고 그 반대자는 지적할 것이기 때문이다. 이것이 바로 규칙 순환의 순환논증 비슷한 성격이 드러나는 지점이다. 결론의 정당화를 위해 규칙의 신뢰성을 입증하는 작업이 과연 필요한지 여부는, 사람들이 어떤 인식론적 관점을 취하고 있는가에 따라 달라질 가능성이 매우 높다는 얘기다. 잘 알려져 있듯이 **외재론적** 설명은 신뢰성 있는 추론 규칙의 사용을 정당화하는 일과, 이 규칙이 신뢰성 있음을 알고 있거나 그 사실을 믿을 이유를 갖고 있는 것 사이의 연관성을 잘라 버린다. 외재론적 설명에서는, 규칙이 신뢰할 만하다면 전제가 참인 한에서 이 규칙을 사용하여 도출한 결론에 대해서도 정당성을 부여할 수 있다. 따라서 외재론을 받아들이면, 규칙 순환 논증에 대해 우리가 요구해야 할 것은 논증에 사용된 추론 규칙이 신뢰성이 있어야 한다는 것뿐이며, 다른 보통의 (일차) 논증에서처럼 그 이상도 그 이하도 필요치 않다. 규칙 순환 논증이 그 논증에 포함된 규칙의 다른 일차적 적용 사례보다 더 악성의 순환논증으로 치부될 이유가 없다. 일차 적용이 순환논증이 아니라면, 규칙 순환 논증과 결부된 이차 적용도 순환논증이 아니다. 규칙 순환 논증에서 특별한 것은 결론의 내용이다. 그 결론은 추론 규칙이 신뢰성이 있다고 주장한다. 그러나 이 결론이 옳은지는 규칙이 신뢰성 있는지에 달려 있지, 규칙이 신뢰할 만하다고 생각할 어떤 이유를 가지고 있는지에 달린 것이 아니다. 일차적 확충(귀추) 논증의 결론 못지않게 규칙 순환 논증의 결론은 하나의 믿음, 특히 여기서는 추론 규칙 자체에 대한 믿음을 수반하며, 이 믿음은 규칙이 신뢰성 있을 경우 정당화될 것이다. 그러나 우리가 외재론을 따른다면, 중요한 것은 이 믿음이 과연 옳은지와 그 믿음을 생성하는 규칙이 (객관적) 신뢰성이 있는지 여부이다. 정당화에는 **신뢰성**과 **옳음** 이상의 아무것도 필요치 않다.

정당화 문제에서 외재론과 경쟁하는 **내재론**의 설명에 따르면, 정당화에는 사실 이상의 무언가가 필요하다. 규칙이 신뢰성 있다는 것, 즉 논증에 사용된 추론 규칙이 신뢰성 있음을 아는 것(또는 정당하게 믿는 것) 이상이 필요하다는 얘기다. 따라서 내재론적 접근법을 취한다면, 규칙에서 얻은 믿음을 참으로 받아들여도 좋다는 것을 추론자에게 전반적으로 보증해주기 위해 규칙의 신뢰성을 별도로 정당화하는 과정이 필요하다. 정당화에 대한 이러한 이해를 따르게 되면, 규칙 순환 논증은 순환논증처럼 보일지도 모른다. 왜냐하면 해당 논증에 애초부터 포함되어 있는 추론 규칙을 정당하게 사용하기 위해서는, 규칙 순환 논증의 결론을 믿는 일이 필수불가결해 보이기 때문이다. 따라서 내재론은 규칙에 대한 **독립적인** 정당화, 즉 규칙 순환 논증이 제공할 수 없는 종류의 정당화를 요구할 가능성이 높다.

따라서 규칙 순환 논증이 순환논증인지 여부는 정당화에 대해 어떤 입장을 채택하느냐에 따라 달라진다. 기적 없음 논증을 진지하게 받아들이는 실재론자는 외재론자가 될 수밖에 없다. 반면, 그 비판자가 기적 없음 논증은 곧 순환논증이라는 혐의를 계속 밀고 나가려면 내재론을 옹호해야만 할 것이다. 외재론의 관점을 채택할 경우, 기적 없음 논증은 최선의 설명으로의 추론이 갖는 신뢰성에 대해 아무것도 가정할 필요가 없고, 다른 누군가가(특히 실재론의 비판자들이) 그 신뢰성을 아무리 부정한다 해도 그 어떤 것도 가정할 필요가 없다. 확실히 기적 없음 논증의 옹호자는 실재론에 대한 비판자라면 받아들이지 않을, 정당화에 대한 외재론적 입장을 취해야만 한다. 하지만 이것은 종류가 다른 문제이다. 이 문제를 둘러싼 전투는 일반 인식론의 영역에서, 즉 순환성이라는 쟁점과는 관련이 없는 전장에서 벌어져야 할 종류의 것이다.

방금 지적한 내용에 대해 추가 반론이 제기될지도 모르겠다. 그중 하나는, 외재론을 받아들인다 하더라도 기적 없음 논증은 최선의 설명으로의 추론이 신뢰성 있다는 가정에 의존하고 있다는 주장이다. 기적 없음 논증이 이를 전제하거나 가정하지 않는다면, 왜 그것은 실재론을 옹호하기 위해 하필이면 최선의 설명으로의 추론을 사용하는가? 또한 정말로 그런 가정이 없다고 해도, **다른** 유형의 추론에 의존하지 않는 이유는 무엇인가? 그리고 만약 기적 없음 논증이 이 가정에 의존한다면, 실재론자들은 이 논증을 반드시 독립적인 방식으로 정당화해야 하는 것 아닐까? 또 다른 하나는, 실재론이 외재론을 가정하고 있다면 굳이 기적 없음 논쟁을 제시하려고 애쓰는 이유는 무엇이냐는 반론이다. 실재론자들은 이 논증을 제시함으로써, 최선의 추론으로의 논증이 신뢰성 있다고 믿을 만한 이유가 필요하다는 가정을 은연중에 하고 있는 것 아닌가? 다시 말해서 내재론자들이 오래도록 주장해온 것을 이미 받아들이고 있는 것 아닌가? 이러한 반론들을 차례로 살펴보자. 첫 번째 반론에 대한 답은 간단하게 제시할 수 있으나, 두 번째 반론은 추가 작업 없이는 답하기 어렵다.

첫 번째 질문부터 답해 보자. 왜 기적 없음 논증은 실재론을 옹호함에 있어 최선의 설명으로의 추론에 의존해야 하는가? 이것이야말로 최선의 설명으로의 추론이 신뢰성 있다고 가정한다는 뜻 아닌가? 나는 그렇게 생각하지 않는다. 어떤 추론 규칙이 신뢰성 없다는 것을 안다면 그것을 사용하는 것은 어리석은 일이다. 그렇다고 해서 이것이 규칙을 사용하기에 앞서 먼저 규칙이 신뢰성 있다는 것을 증명할 수 있어야 한다는 의미는 아니다. 여기서 요구되는 것은 규칙의 신뢰성을 의심할 만한 이유가 없어야 한다는 것, 즉 규칙을 믿지 못하게 하는 그 어떤 것도 현재까지는 존재하지 않는다는 것뿐이다. 기적 없음 논증의 옹호자는 어쩌면 '유죄'일 수도 있다. 신뢰성이 없다고 생각할 이유가 주어지면 최선의 설명으로의 추론을 사용하지 않을 것이기 때문이다. 하지만 우리에게는 그럴 이유가 없다. 이 모든 것을 받아들이는 데 있어 순환논증은 없다. 누군가가 귀추가 신뢰성 있다는 것을 부인한다면, 그는 왜 그런지의 이유를 제시해야만 한다. 이 논쟁은 순환논증의 문제와는 독립적으로 진행될 수 있으며, 최선의 설명으로의 추론을 신뢰해서는 안 된다는 점을 보여주는 논쟁이 될 것이다. (이 논증은 9장에서 다룰 것이다.) 여기서는 프랭크 램지(1926 [1978: 100])의 비유를 소개함으로써 원래의 논지로 돌아오는 게 좋겠다. 우리는 오로지 기억을 통해서만 기억의 신뢰성을 조사할 수 있다. 심지어 그것을 조사하기 위해 실험을 수행한다 해도 우리는 여전히 기억에 의존할 수밖에 없다. 그 실험의 결과를 기억해야만 하기 때문이다. 하지만 기억의 정확도 수준을 결정하고 높이기 위해 기억을 사용한다 해도 순환적 증명을 하는 것은 아니다. 기억의 전반적인 신뢰성을 의심할 이유가 없기 때문이다.

이제 두 번째 반론에 초점을 맞춰보자. 실재론자들은 기적 없음 논증을 제시함으로써 최선의 설명으로의 추론이 신뢰성이 있다고 믿어야 할 **이유**를 은연중에 제시하고 있는 것 아닌가? 그렇다면 이렇게 믿을 만한 독립적인 이유가 있어야만 하는 것 아닌가? 나는 이 반론에 맞서 두 가지 사항을 지적하고자 한다.

1. 이 반론은 기적 없음 논증이 무엇을 목표로 하는지 잘못 이해한 것이다. 기적 없음 논증은 최선의 설명으로의 추론을 신뢰성 있게 만들기 위한 것이 아니다. 그 신뢰성에 무언가를 더하려는 논증도 아니다. 기적 없음 논증은 최선의 설명으로의 논증이 신뢰할 만하다고 정당화된 상황에서만 그 신뢰성에 **대한** 새로운 믿음을 산출할 뿐이다.

2. 그러나 우리는 기적 없음 논증이 최선의 설명으로의 추론이 가진 신뢰성을 옹호하려는 목표를 가지고 있다고 가정할 수는 있다. 이것은 분명 외재론적 인식론이 배제하는 입장은 아니며, 단지 선택의 문제라고 할 수 있을 것이다. 그렇다면 실재론에 대한 옹호가 규칙 순환 논증에 의존한다는 사실만으로 실재론의 옹호가 순환논증이 되고 따라서 합리적 설득력을 잃게 될까? 나는 그렇게 생각하지 않는다. 만일 이런 옹호의 규칙 순환성이 명백히 순환논증이라면, 우리는 어떠한 **기본적** 추론 행위에 대해서도 설명하거나 옹호하려고 시도할 수 없을 것이다. 이것이 의미하는 바는, 심지어 내재론적 인식론에 따른 옹호마저도 궁극적으로는 규칙 순환 논증에 의존할 수밖에 없다는 것이다. 추론의 **기본적** 양식인 확충적(귀추적) 추론과 연역적 추론조차도 그것들을 옹호함에 있어 우리는 아무런 합리적 옹호 방식도 제시하지 못하거나, 아니면 시도하는 옹호 방식마다 규칙 순환이 되는 결말을 맞이할 것이다.

이런 딜레마는 연역 추론의 경우에도 이미 확인된다. 이 딜레마는 루이스 캐럴이 쓴 「거북이가 아킬레우스에게 한 말」까지 거슬러 올라가는데, 그 글에서 캐럴은 궁극적으로 **전건 긍정식**(modus ponens)을 사용하지 않고서는 전건 긍정식의 견실성(soundness)*을 증명할 수 없다고 지적한다. 우리가 전건 긍정식이나 다른 연역 규칙을 필요로 하는 이유는, 진리 보존적 추론 규칙—전제가 참이면 결론도 언제나 참이 되는 규칙—이 우리에게 필요하기 때문이다. 하지만 과연 어떻게 전건 긍정식이 진리 보존적이라는 것을 증명할 수 있을까? 우리가 할 수 있는 최선의 방법은 대상 언어 내의 전건 긍정식이 진리 보존적이라는 메타 정리를 증명하는 것뿐이다. 그러나 이런 메타 증명을 위해서는 메타 언어가 이미 전건 긍정식이나 다른 연역 규칙을 규칙으로 가지고 있어야 한다. 직관적으로 볼 때 이 생각은 어떤 종류의 증명도 (심지어 전건 긍정식이 진리 보존적이라는 증명마저도) 그것이 유효하려면 일정한 추론 규칙이 필요하다는 얘기로 이어진다. 전건 긍정식의 경우, 그것에 필요한 규칙 역시 진리 보존적이어야 한다. 그러나 이 규칙에도 또다시 진리 보존적이라는 증거가 필요하지 않을까? 등등. 새먼(1965: 54)이 생생하게 표현한 한 가지 모범 답변은, 전건 긍정식이 진리 보존적이라는 것을 의심할 아무런 이유가 없기 때문에 우리는 그것을 신뢰**해야 한다**는 것이다. 즉 우리는 전건 긍정식의 사례들을 '성찰'할 수 있고, 이를 통해 모든 전제가 참이고 결론이 거짓인 논증이란 있을 수 없음을 알 수 있다는 것이다.

사실 전건 긍정식이 항상 옳은지 여부조차 여전히 논란 속에 있다. 반 맥기(1985)와 윌리엄 라이컨(1994)은 전건 긍정식의 반례가 있다는 사

---

* 어떤 논증 A에 대해, A가 형식적으로 올바른 규칙을 사용하고 구성 전제가 모두 참이라면 A는 '견실하다'고 부를 수 있다. 논리학에서는 일반적으로 '건전성'이라는 번역어가 정착되어 있으나, 이 말이 논리 외적인 일상적 의미로도 널리 쓰이기 때문에 오해를 낳는 일이 많다. 따라서 여기서는 부득이 '견실'이라는 번역어를 썼다.

실을 제시한 적이 있다. 즉 전건 긍정식의 한 예이지만 참인 전제와 거짓인 결론을 가진 논증이 있다는 것이다.[7] 내가 여기서 이 논쟁에 참여하고 싶은 것은 아니다. 하지만 이런 반례에 대한 모범적인 답변은, 전건 긍정식의 견실성에 대한 옹호가 짐짓 (그리고 아무런 전제 없이) 해보는 연습활동이 전혀 아니라는 것을 보여준다. 그런 답변으로는 힐러리 콘블리스(1994)의 논의를 들 수 있다. 그는 만일 'p이면 q이다'라는 형식의 조건문(전건이 거짓이거나 후건이 참이면 조건문 전체가 참이 됨)에 사용된 논리 연결사의 표준적 의미를 사용하여 전건 긍정식을 정의하면, 어떤 반례도 성립할 여지가 사라진다고 설명했다. 알려진 어떤 반례도 '$p, p \rightarrow q$, 따라서 q'라는 도식의 한 사례로 형식화되지는 않기 때문에 결국 기각될 수밖에 없다는 것이다. 여기서 문제는 이런 기각이 옳은지 여부가 아니다. (예컨대 Lycan 1994a는 그것이 옳은지 의심한다.) 그보다 주목해야 할 점은, 어떤 전제에 의존하지 않고서는 전건 긍정식의 정당화가 불가능하다는 것이다. 우리가 할 수 있는 것은, 이 전제에 대한 **설명**과 **옹호**의 과정에 참여하는 것뿐이다. 이렇게 전건 긍정식(그리고 우리가 사용하는 다른 연역 규칙)을 숙고함으로써 우리는 그것을 체계화하고, 그것을 어떻게 사용해야 하는지 스스로에게 설명하며, 논리적 연결사들의 의미와 진리표(truth-table)가 주어지면 바로 참인 결론이 도출된다는 것을, 즉 진리 보존적이라는 것을 보여줄 수 있다.[8]

조금 더 복잡하기는 하지만 비슷한 상황이 귀납 추론의 경우에도 발생한다. 귀납 추론은 진리 보존적인 추론이 아니다. 연역적 기준을 귀납 추론에 적용하는 일은 잘못이다. 연역은 진리 보존과 관련이 있지만, 귀납은 경험을 통한 학습에 관련된 추론이기 때문에 그러하다. 귀납이 연역이 아니라는 사실은, 각각을 서로 다른 추론 양식으로 다루어야 한다는 것 말고는 아무것도 알려주지 않는다. 하지만 규칙 순환 논증을 이용하지 않는다면, 과연 어떻게 경험으로부터 합리적 학습이 가능하다는 주장을 옹호할 수 있을까? 카르납의 작업은 이 문제를 체계적으로 다루는 데 도움이 된다. 카르납의 주요 과제는 그가 채택한 귀납 논리 체계 가운데 어떤 종류의 귀납적 논증이 타당성을 갖는지 규명하는 일이었다. 즉 어떤 논증이 높은 귀납적 확률로(또는 높은 입증 수준으로) 결론을 보증해주는지 보여주는 것이었다. 특히 그는 여러 가지 확충적 추론 규칙(직입률, 라플라스 승계율, C^* 함수, $C^†$ 함수 등) 가운데서 어떤 것이 경험으로부터의 귀납적 학습을 가장 잘 대표할 수 있는지 알아보고자 했다. 그러나 우리 모두는 **특정** 형태의 귀납 추론을 사용하지 않고서는 귀납적 논증의 타당성을 옹호할 수 없다는 점을 잘 알고 있다. 이를 반영하여 카르납(1968: 265~267)은 귀납 추론의 타당성을 입증하려는 시도에 수반되는 순환성은 피할 수 없으며 해롭지도 않다고 주장했다. 그의 논증은 다음과 같이 재구성할 수 있다.

> 추론자가 **귀납맹**—귀납 추론을 하지 않거나 할 생각이 없는 추론자—이거나 아니라고 해보자. 그가 귀납맹이라면 우리는 그에게 어떤 주장이 귀납적으로 타당하고 다른 주장은 그렇지 않은지 보여줄 수 없다. 두 경우를 구분하는 법과, 그리하여 귀납적으로 타당한 논증을 가려내고 부당한 논증을 기각하는 법을 배우기 위해서는 '귀납적 직관'이 필요하기 때문이다. 이 직관은 지식의 오류 불가능한 원천에 대한 데카르트적 관념과는 구분해야 한다. 그보다는 귀납 추론을 사용할 줄 알고 어떤 논증이 귀납적으로 타당한지를 부정확하게나마 알아차리는 특정 종류의 **성향**으로 보아야 한다. 만

일 (불운하게도) 그런 귀납맹인 사람이 있다면, 그는 경험으로부터 배우려는 성향이 없기에 귀납에 어두울 것이다. 그에게 경험으로부터 배우는 것이 왜 합리적인지 설득하려면, 우리는 오로지 또 다른 귀납 논증에 의존할 수밖에 없다. 즉 귀납 추론이 과거에 거둔 성공에 의존할 수밖에 없다는 얘기다. 이런 식의 방법은 피할 수 없는데, 왜냐하면 다른 어떤 논증으로도 경험으로부터의 학습이 합리적임을 보여줄 수 없기 때문이다. 또한 여기에 규칙 순환 논증이 개입되어 있다는 사실도 해가 되지 않는데, 대화 상대가 귀납맹이라면 귀납적으로 추론하도록 설득할 수 있는 아무런 방법도 없기 때문이다. 이제 문제의 추론자가 귀납맹이 아니라고 해보자. 즉 그가 이미 경험으로부터 배우려는 성향을 가진 사람들의 무리 안에 속해 있다고 해보자. 이 경우에도 어떤 귀납 추론이 타당하거나 타당하지 않은 상황을 설명하기 위해 규칙 순환 논증을 이용하는 일은 불가피한 동시에 해롭지 않다. 불가피하다고 함은 어떤 비-귀납 논증도 이용할 수 없기 때문이고, 해롭지 않다고 함은 이것이야말로 자기 명료화 절차의 한 사례이기 때문이다.

따라서 어떤 경우든, 경험으로부터의 학습을 정당화할 때 규칙 순환 논증을 사용하는 것은 불가피한 일이며 해롭지 않다. 이런 상황은 연역 추론을 옹호하는 경우와 전적으로 유사하다. 가령 **연역맹**인 사람에게 연역 추론의 견실성 또는 합리성을 설득할 수 있는 방법이란 없기 때문이다. 그러나 연역적 직관을 공유하는 모든 사람들, 즉 논리적 연결사 등의 의미를 알고 있는 사람이라면 타당한 논증과 타당하지 않은 논증을 구분할 수 있다.

카르납의 논증은, 기초적인 추론 관행을 옹호하는 논증을 제시할 때 우리가 실제로 하는 일이 정확히 무엇인지에 대해 전혀 새로운 관점을 제시한다. 어떠한 추론 규칙도 절대적으로 합리적인 강제력을 띠는 것은 없다. 이런 강제력은 그 규칙에 전제되어 있는 것들을 당연한 것으로 받아들이는 직관과 그런 성향이 있는 사람에게만 유효하다. 이를테면 연역 추론의 경우에는 진리 보존성, 귀납 추론의 경우에는 경험으로부터의 학습, 귀추의 경우에는 설명력의 추구 등이 그런 전제들이다. 우리가 어떤 추론 규칙(예컨대 특정한 연역적, 귀납적, 귀추적 규칙)을 정당화하거나 옹호한다고 해보자. 이런 옹호는 그 규칙들을 아무런 가정 없이 정당화할 수 있다거나 지각 있는 모든 존재에게 합리적 강제성을 갖는다는 점을 입증하기 위한 것이 아니다. 이런 작업을 하는 이유는 우리가 현재 수행하고 있는 추론 관행을 평가하기 위해서다. 우리가 무비판적으로 사용하고 있거나 사용하려는 규칙을 성찰하고, 이들 규칙이 얼마나 신뢰성 있고 어떤 점에서 신뢰성이 있는지 검토하기 위해서다. 그런데 이런 평가는 중립적 인식론의 관점에서는 이루어질 수 없다. 어떤 평가든 그것 역시 특정한 추론 방법을 사용하기 때문이다. 최종 분석 단계까지 가면 우리는 몇 가지 기본적인 탐구 방법에 의존할 수밖에 없다. 규칙 순환 논증을 옹호하기 위해 그 논증에 의존하는 일은, 그런 옹호가 꼭 필요하다면 불가피한 일이고 해롭지도 않다.[9]

이처럼 모든 추론 규칙은 규칙 순환성과 연루된다는 점에서 동등하므로, 만일 누군가가 귀추적으로 추론하는 성향이 있다면, 최선의 설명으로의 추론이 신뢰성 있다고 주장하기 위해 기적 없음 논증을 사용하는 것에 아무런 문제도 느낄 필요가 없다. 기적 없음 논증이 전건 긍정식이나 귀납 추론을 옹호하려는 시도보다 더 나쁜 논증이라고 볼 수 없다. 사실 귀추 사용 추론자는 최선의 설명으로의 추론이 가진 신뢰성에 대해 성찰하고 기적 없음 논증을 제시함으로써 이를 옹호하려는 성실한 실재론적 인식론자보다 훨씬 광범위한 범위에 걸쳐 있다. 귀추 사용자 집합에는 비실재론자들, 곧 실재론 논쟁에서 어느 편도 들지 않는 사람들이 거의 확실히 포함될 것이다. 또한 귀추를 사용하지만 기적 없음 논증의 결론(과학 이론이 근사적으로 참이라는)에는 동의하지 않는 실재론 비판자들도 포함될 것이다. 앞서 언급했듯이, 심지어 기적 없음 논증에 대한 비판자들조차도 과학의 성공에 대한 실재론적 설명보다 더 나은 설명이 가능하다는 것을 보여주려 한다는 점에서 귀추 사용자 집합에 포함된다. 이처럼 논증이 견실하기만 하다면, 기적 없음 논증은 실재론자와 비실재론자 모두에 대해 합리적인 강제력을 가질 수 있다.

따라서 기적 없음 논증은 순환논증으로 볼 이유가 없다. 상황이 이렇다면, 기적 없음 논증에 무슨 문제가 있다는 것인지 나는 모르겠다. 오히려 파인(1986: 115)이 기적 없음 논증을 "별로 중요성이 없"다고 본 점에서 실수한 것이다.

그럼에도 파인은 실재론에 대한 설명주의적 옹호에 대해 또 다른 비판을 가한다. 그에 따르면 이 입장은 "실재론을 옹호하려는 전체 전략에 깊고도 (…) 극복할 수 없는 문제"(1986: 114)를 남긴다. 그는 논증의 전개를 위해, 실재론에 대한 설명주의적 옹호가 이미 실재론을 참이라고 받아들이고 귀추를 사용하는 이들을 납득시키는 데는 성공적인지도 모른다고 가정한다. 그런 다음 그는 이렇게 묻는다. "그것은 최소한 실재론자에게는, 일종의 자기위안에 불과한 것 아닌가?"(ibid: 117)

파인은 실재론에 대한 설명주의적 옹호 방식이 실재론자에게 단순한 자기위안이 되어서는 안 된다고 생각했다. 메타 이론에 대한 증명은 메타 이론의 대상이 되는 이론의 증명보다 더 엄격해야 한다는 요구가 있기 때문이다. 이를 위해 파인은 가장 엄격하고 안전한 수단만을 사용하여 수학 이론의 일관성을 보여주려 했던 힐베르트의 프로그램에 호소했다. 특히 힐베르트는 그런 엄격성의 조건을 만족시키려면, 검토 중인 이론이 사용하는 증명 도구에는 포함되지 않는 수단만을 사용해야만 한다고 말했다. 파인은 이렇게 주장한다.

> 힐베르트의 아이디어는 비록 실행 불가능한 것으로 판명되었지만 옳았다고 생각된다. 메타 이론상의 논증은 대상 이론에서 진행되는 논증보다 더 엄격한 요건을 충족해야만 한다. 그렇지 않다면 해당 이론에서 활용하는 추론의 중요성이 무의미해지기 때문이다. 나는 이런 교훈이 실재론에 대한 논의에 특히 강력하게 적용된다고 생각한다. (1986: 114)

그러나 자연주의적 관점에서 볼 때, 어떤 요구사항이 너무 이상적이라는 것이 명백하면 그 요구사항을 수용할 필요는 없다. 페아노 산술의 무모순성에 대한 힐베르트적 의미의 엄격한 증명이란 불가능하다는 점이 괴델의 제2 불완전성 정리에 의해 밝혀진 것만 봐도 그러하다. 특히 그와 같은 공리적 형식을 띤 이론의 무모순성 증명은 그 공리 이론이 정식화한 형식적 방법보다도 어떤 의미에서는 덜 근본적이다. 힐베르트의 엄격성 요구는 원칙적으로 옳을지도 모른다. 그러나 증명의 정확한 개념과 철저하고도 엄격한 연역적 구조를 가진 수학조차 만족시키지 못하는 요구조건을 철학 이론이 만족시켜야 한다는 주장은 불합리하다. 과학에 대한 실재론의 설명이 "보통의 과학적 관행보다 더 엄격한 방법"을 따라야 한다는 파인의 요구(1986: 115)는 부자연스러울 정도로 과하며 부자연스러울 정도로 비자연주의적이다.

과학의 성공에 대한 더 나은 설명이 가능할까?

실재론자가 입증해야 하는 것이 또 있다. 기적 없음 논증의 결론이 정말로 과학 이론의 도구적 성공에 대한 최선의 설명인지 여부가 바로 그것이다. 이것은 중대한 문제인데, 만일 기적 없음 논증이 최선의 설명이 아니라면 그것으로는 더 이상 [과학 이론이 사용하는] 귀추의 신뢰성을 적절히 옹호할 수 없기 때문이다. 나아가 파인은 과학의 성공에 대해 더 나은 설명을 제시하는 비실재론적 논증도 있다고 주장했다. 실제로 파인(1986a: 154)은 실재론자가 할 수 있는 것이라면 무엇이든 도구주의자도 할 수 있으며, 더 나은 방식으로 할 수 있다는 다소 대담한 논제를 옹호한다.

파인의 주장에 따르면 과학 이론의 **도구적 신뢰성**이라는 개념이야말로 과학의 성공을 가장 잘 설명한다. 여기서 '도구적 신뢰성'이란 과학 이론의 한 특징으로서, "우리가 그 이론을 사용하여 이르게 될 실용적이고 이론적인 목표에 맞춰 사물을 유용하게 다루게 해주는"(1991: 86) 덕목이다. 그러나 파인의 전략은 한 가지 일반적인 문제에 부딪힌다. 그가 도구주의의 **옳음**을 추론하기 위해 최선의 설명으로의 추론을 사용한다고 해보자. 이 경우 그는 귀추가 신뢰성 있다는 점을 받아들이는 것처럼 보이지만, 실재론자의 기대와는 달리 실재론이 과학의 성공에 대한 최선의 설명이 아니라 오히려 도구주의가 최선의 설명이라는 결론에 이를 것이다. 그러나 그러하다면 파인은 이미 귀추가 신뢰성 있다는 입장을 받아들인 것이다.

따라서 파인이 사용하는 최선의 설명으로의 추론은 뭔가 다른 것임에 틀림없다. 즉 파인의 추론은 최선의 설명, 다시 말해 과학이 도구적으로 신뢰할 만하다는 설명이 참임을 보여주려는 추론으로 보아서는 안 된다. 실은 파인도 "최선의 설명으로의 추론의 도구주의적 버전"(1991: 83)에 대해 말했다. 이 버전 역시 최선의 설명을 다른 설명보다 더 선호하는 것은 틀림없지만, 그것이 참이라서가 아니라 **경험적으로 적합해서**라고 주장한다. 도구주의는 반 프라센이 그랬듯이 경험적으로 적합하기에 채택된 것이다. 그래도 나는 여전히 문제가 남는다고 생각한다. 도구주의가 과학의 도구적 성공에 대한 최선의 설명으로 밝혀진다 해도, 그것을 실재론보다 경험적으로 더 적합하다고 볼 이유가 없기 때문이다. 실재론과 도구주의는 똑같이 경험적으로 적합하다. 두 입장은 모두 과학의 경험적 성공 없이는 성립할 수 없다. 또한 대부분의 도구주의자들에게 있어 경험적 적합성은 과학의 성공에 대한 설명이 만족해야 할 유일한 인식적 덕목이며, 설명의 신뢰도를 결정하는 유일한 특징이라는 점에 주목해보자. 만일 파인이 이런 통상적인 도구주의 견해를 받아들이는 것이라면, 도구주의는 그것이 아무리 과학의 성공에 대한 최선의 설명이라 하더라도 실재론과 똑같이 경험적으로 적합하기 때문에 그보다 더 높은 신뢰도를 갖는다고 할 수 없을 것이다. 그럼에도 만일 파인이 어떤 설명이 경험적 적합성 외에도 특정한 설명적 장점을 추가적으로 갖기 때문에 다른 설명보다 더 신뢰도가 높다고 생각했다면, 그는 최선의 설명으로의 추론의 도구주의적 버전에서 벗어난 것이다. 그는 설명적 장점이 궁극적으로는 인식적 덕목에 속한다는 실재론의 주요 요점을 인정하는 대가를 치름으로써만 도구주의를 옹호할 수 있을 것이다.

일단 이런 염려들은 제쳐두고 핵심적인 질문에 집중해보자. 과학의 성공에 대한 도구주의적 설명이 실재론적 설명보다 더 나은가? 파인(1986a: 153~154, 1991: 82~83)은 과학의 성공에 대한 두 가지 형태의 (간략화한) 귀추적 설명을 대조한 바 있다.

(a)	(b)
과학은 경험적으로 성공적이다.	과학은 경험적으로 성공적이다.
따라서 (아마도) 이론은 도구적으로 신뢰성 있을 것이다.	따라서 (아마도) 이론은 근사적으로 참일 것이다.

파인은 이렇게 제안한다. 피설명항이 과학적 방법론의 경험적 성공이라면, 우리는 "결과를 설명하는 데 유용하다는 것 이상의 특징"(1991: 83)을 갖는 설명으로 설명의 기준을 올릴 필요가 없다. 바로 이런 근거에서 논증 (a)는 언제나 논증 (b)보다 더 낫다. 그래서 파인은 "도구주의자들은 이처럼 유리한 고지에 서있다고 느끼기에, 과학의 도구적 성공을 설명하기 위해서는 과학의 가설과 이론이 도구적으로 신뢰성 있다고 가정하기만 하면 된다고 제안할 것"(1991: 82~83)이라 한다.

나는 파인의 논증이 숨겨진 가정에 의존하고 있다고 본다. 즉 과학의 도구적 성공을 설명하는 데 유용하다는 특징을 넘어, 배경 과학 이론의 (근사적) 참에 호소하고 있다는 얘기다. 그러나 파인은 그의 논문 「부자연스러운 태도」(1986a: 153)에서, 도구적 신뢰성 이상의 어떤 것을 인정하는 것은 곧 "어떠한 설명도 하지 않는 것"과 같다고 주장한 바 있다. 그의 논증은 다음과 같다. 실재론자가 어떤 이론의 성공을 설명하려 한다고 해보자. 그는 해당 이론이 특정한 경험적 과제를 성공적으로 수행한 데 대한 최선의 설명으로서, 그 이론이 제시하는 이야기가 근사적으로 참이라는 점에 호소할 것이다. 그러나 이 설명이 뭔가 타당성을 가지려면, "해당 이론이 참이라는 사실과 실제 성공 사이에 어떤 중간 연결고리가 있음을 인정해야 한다. 여기서 양자를 연결시켜주는 매개물은 실용주의자의 신뢰성이다."(1986a: 154) 따라서 파인은 어떤 이론의 성공에 대한 설명에서 진리[참]가 하는 역할은 실제로는 중간의 **실용적** 신뢰성에 의해 수행되는 것이라고 주장한다. 그렇다면 어떤 이론의 참 여부는 이론의 성공을 설명하는 데 있어 불필요한 요소일 것이다. 나아가 이론의 성공에 대한 실재론적 설명에서 진리가 하는 역할을 실용적 신뢰성이 대신한다면, 우리는 도구적 신뢰성에 관하여 또 하나의 대안적 설명을 하고 있는 것이다.(ibid.: 154) 파인은 이렇게 결론짓는다. "실용적 신뢰성이라는 매개물로부터 실재론자의 '진리'로 올라가는 데는 어떠한 추가적 작업도 가해진 바 없기 때문에 도구주의적 설명이 실재론적 설명보다 더 나은 것으로 간주되어야 한다. 이런 방식으로 실재론적 논증은 결과적으로 도구주의에 이르게 된다."(ibid.) 이런 논증을 바탕으로 파인은 한 가지 메타 정리를 제시한다. "설명해야 할 현상이 실재론에 의존적이지 않다면, 모든 좋은 실재론적 설명에는 그보다 더 나은 도구론적 설명이 대응할 것이다."(ibid.)

그러나 파인의 논증에는 두 가지 미심쩍은 측면이 있다.

1. 실재론자들이 과학의 성공을 설명할 때 고려해야 하는 신뢰성의 **실**

용적 개념 같은 것이 있는지는 전혀 분명치 않다. 성공적인 경험적 예측과 이론 사이에는 방법, 보조 가정, 근사치, 이상화, 모형화와 같은 여러 기법이 있다. 이런 것들을 파인이 말한 '실용적 매개물'이라고 해보자. 또한 이들 매개물만으로도 이론의 경험적 성공을 설명할 수 있다고 가정해보자. 이런 매개물들이 과연 이론의 참됨에 대한 질문을 불필요하게 만들까? 분명 그렇지 않다. 왜 특정 모형은 해당 물리 체계를 성공적으로 표현하는 반면 다른 모형은 그렇지 못한지, 왜 한 모형이 다른 모형들보다 해당 물리 체계를 특별히 잘 표현하는지, 왜 어떤 방법은 성공적인 예측을 생성하는지, 왜 특정 방식의 이상화가 다른 것보다 더 나은지에 대해서도 우리는 알고 싶기 때문이다. 실재론자가 어떤 과학 이론을 근사적 참이라고 주장하는 것은 이 매개물들이 성공적인 이유(또는 도구적 신뢰성을 갖는 이유)를 실제로 설명하고 싶어서이다. 그들이 근사적 참에 호소하는 이유는, 이론이 모형을 구축할 때 설정한 제약 사항이 왜 성공적인지, 그리고 성공적 결과를 산출하게 해주는 과학적 방법론의 특징이 무엇인지를 설명하기 위해서다. 따라서 파인이 과학 이론의 (근사적) 참과 실제 성공 사이에 있는 실용적 매개물에 대해 말할 때, 이런 모형 및 방법론 등을 염두에 두었다면 이런 실용적 매개물 때문에 근사적 참이 설명에 있어 불필요하다는 결론에 도달하지는 않았을 것이다.

2. 우리는 이렇게 가정할 수도 있다. 근사적 진리와 경험적 성공 사이에 끼워 넣을 수 있는 신뢰성의 또 다른 **실용적** 개념도 있을 수 있고, 이 개념을 파인의 도구적 신뢰성 개념과 동등한 것으로 볼 수

있지 않을까? 그러나 아무리 그렇다고 해도 그것이 진정한 설명적 의미를 갖는지는 여전히 의심할 여지가 있다. 도구적 신뢰성이란 해당 이론이 실제 작업을 성공적으로 수행한다는 사실을 요약적으로 말해주는 진술에 지나지 않는다. 만일 해당 이론의 경험적 성공을, 배경 이론이 도구적으로 신뢰성 있다고 말함으로써 설명하려 한다면, 그것은 설명할 필요가 있는 것을 단순히 풀어쓴 것, 즉 설명해야 할 대상을 다른 말로 바꿔 쓴 것에 불과하다. 설명할 대상을 '이론은 성공적이다'라고 쓸 것인지, '이론은 도구적으로 신뢰성 있다'라고 쓸 것인지는 실질적인 문제가 아니다. 이것으로는 어떤 설명도 제시한 것이 아니며, '이론의 성공'을 '이론의 도구적 신뢰성'이라는 말로 바꿔 쓰는 일만 한 것이다. 이런 상황은 망치가 못을 박는 데 성공적이라는 사실을, 망치가 못을 박는 데 도구적으로 신뢰성 있다는 말로 '설명'하려는 시도와 완전히 유사하다. 여기서 쟁점은 도구주의적 설명이 실재론적 설명보다 더 나은지 여부라는 점을 기억하자. 파인의 그 어떤 계책에도 불구하고, 그가 제시하는 것은 전혀 설명이 아니다.

파인은 도구적 신뢰성에 호소하는 설명이 다소 부실하다는 것을 암묵적으로 인정한 바 있다. 왜냐하면 도구적 신뢰성에 대한 주장을 설명력 있게 만드는 방법을 나중에(1991) 따로 제안했기 때문이다. 그 방법이란 과학의 도구적 신뢰성을 성향의 문제로 이해하는 것이다. 이 견해에 따르면, 도구적 신뢰성은 올바른 경험적 결과를 산출하려는 **성향**과 결부되어 있다. 파인을 주장하기를, 과학의 성공에 대한 이러한 성향적 설명은 "그러한 [즉 도구적으로 신뢰성 있는] 결과를 산출하는 능력(또는 '힘')을 가진 투입물을 통해 결과를 설명하는 방식"(1991: 83)이라고 했다.

도구적 신뢰성에 대한 이런 새로운 이해 방식은 설명적이다. 그것은 어떤 **능력**이나 성향에 호소하여, 즉 그것 덕분에 이론이 성공적이 되는 것들에 호소하여 경험적 성공을 해명한다. 이런 해명은 확실히 올바른 방향인 것은 맞지만 여전히 불완전하다. 불완전하다는 것은 자연 속에 성향이나 힘이 없어서가 아니다. 그보다는 이론이 왜 그리고 어떻게 그런 성향을 도구적으로 신뢰성 있는 것으로 가지고 있는지에 대한 설명 역시 제시되어야 하기 때문이다. 사람들은 특히 몰리에르가 예로 들었던 설명, 즉 왜 아편이 사람을 잠들게 하는지에 대해 '최면력이 있어서'라고 답하는 식의 난점을 피할 수 있는 설명을 기대한다. 인간의 전형적 구성물인 이론이 도구적으로 신뢰성 있는 성향을 가진다는 것은 그저 자연에서 볼 수 있는 단순한 사실에 불과한가? 그렇다고 믿기는 어렵다. 만일 이런 종류의 성향에 어떤 근거가 필요하다면, 그 명백한 후보는 다음이 될 것이다. 즉 근사적 참이라는 속성이야말로 과학 이론을 도구적으로 신뢰성 있게 해주는 근거라는 것이다. 그러나 파인은 분명 이런 설명을 거부할 것이므로, 그는 이 성향을 다른 어떤 방식으로 근거 지을 수 있는지에 대한 대안적 이야기를 들려주어야 한다. 그와 달리 이 성향을 따로 근거지을 필요가 없다고 한다면, 그는 왜 그러한지 보여줘야 한다.

따라서 나는 파인이 도구주의를 지지하기 위한 그의 메타 정리를 증명하는 데 실패했다고 결론지으려 한다. 실재론적 설명은 과학의 경험적 성공에 대한 최선의 포괄적인 설명이다.

설명에 대한 요구 수준을 낮출 수는 없을까?

실재론에 대한 파인의 비판에는, 내가 아직 다루지는 않았으나 **직관적** 인식 면에서 급소를 찌르는 부분이 있다. "주어진 자료를 넘어" "이론적 존재자"를 상정하는 것이야말로 직관적으로 매력 있어 보이는 귀추의 특정 형식을 포기하는 일보다 더 큰 문제라는 지적이 바로 그것이다. 특히 파인의 실재론 비판을 옹호하는 사람들은 이론적 존재자들의 존재를 인정하는 위험을 추가로 짊어지지 않고도 설명에 대한 요구 수준을 낮추어, 과학의 성공 이유에 대한 역추정(retrodiction)과 예측(prediction)의 기반이 되어주기만 하면 충분하다고 주장할지 모른다. 어떻게 그럴 수 있을까? 앞에서 다룬 전제 순환과 규칙 순환의 구분뿐 아니라 귀추적 내지 설명적 직관의 존재 또한 받아들이는 철학자 P가 있다고 해보자. 그가 받아들인 전제로 인해 P는 과학적 방법론의 신뢰성을 설명하라는 요구에 먼저 직면한다. 그러나 그는 이런 요구에 대한 응답으로 실재론적 설명을 제시하는 대신 역추정 및 예측을 설명과 동등한 것으로 제시할 것이고, 과학의 귀추 관행을 인식적으로 정당화하기 위해 귀추에 대한 (콰인 식의) 2차 귀납을 시도할 것이다. 즉 과거의 귀추가 경험적으로 성공적인 이론을 낳게 해주었으므로, 이에 대한 2차 귀납에 근거하면 귀추가 경험적으로 성공적인 이론을 계속 낳으리라 예상하는 일은 합리적이라는 것이다. 이로부터 P는 이렇게 결론지을 것이다. 특정 사례들에 사용된 과학적 방법론의 도구적 신뢰성을 예측하거나 역추정할 수 있다는 데 근거하여, 귀추적인 과학적 방법론의 도구적 신뢰성에 대해 귀납적 일반화를 할 수 있다고 말이다. 하지만 P는 자신이 제시한 귀납적 일반화 때문에 관찰 불가능한 존재자의 존재를 인정할 필요도 없고, 또 귀납 추론을 이론적 진리에 이르는 신뢰성 있는 안내 방법으로 생각할 필요도 없다고 강조할 것이다. 귀납적 일반화에 수반되는 것은 도구적으로 신뢰성 있는 이론을 얻기 위해 귀추에 의존할 수 있다는 것뿐, 그 이상은 아무것도 없기 때문이다. 나는 이것을 '귀추에 대한 귀납' 작전이라 부를 것이다.

나는 이런 작전이 앞 절 말미에서 논의한, 도구적 신뢰성이 일종의 '성향'이라는 파인의 설명의 핵심을 이룬다고 생각한다. 사실 과학적 방법론의 도구적 성공에 대한 귀납적 일반화는, 과학적 방법론의 성향이 도구적으로 신뢰할 만하다는 주장을 근거 짓는 한 가지 방법일지도 모른다. 이에 대해서는 서로 연결된 두 가지 반론이 가능하다. 첫째, 이런 일반화는 왜 과학적 방법론이 신뢰성 있는지를 실제로 설명하지 못한다. 둘째, 이런 일반화로 이론적 존재자에 대한 인정 문제를 벗어날 수 있는 것은 아니다. 이들 반론을 차례로 살펴보자.

귀추가 도구적으로 신뢰성 있는 이론을 산출해준다는 (2차) 일반화를 생각해보자. 이를 A라고 부르도록 하자. A는 다음 두 주장의 연언으로 풀어쓸 수 있다.

A_1: 귀추는 과거와 현재에 도구적으로 신뢰성 있는 이론을 산출해왔다.
A_2: 귀추는 미래에도 도구적으로 신뢰성 있는 이론을 산출할 것이다.

이제 우리가 설명하려는 것이 무엇인지 다시 떠올려보자. 과거-현재-미래에 걸친 과학 이론의 도구적 신뢰성이 바로 그것이다. 그렇다면 A_1 & A_2는 단지 설명해야 할 대상을 바꿔 쓴 것에 불과하다. 더 구체적으로 말해, 우리는 이 일반화가 과연 예측과 역추정을 정당화해주는지

의문을 가질 수 있다. 만일 우리가 도구적 신뢰성의 미래 사례를 **예측**하기 위해 $A(=A_1 \& A_2)$를 사용한다면, $A(=A_1 \& A_2)$가 이미 잘 입증되었다고 가정해야 하는데, 이는 지금 쟁점이 되고 있는 것을 가정해야 한다는 의미이다. 즉 A_1이 그 자체로 A_2에 대한 좋은 귀납적 증거를 제공하고 있다고 가정해야 한다는 것이다. 그렇다면 A_1이 A_2를 지지해준다고 보는 근거는 정확히 무엇인가? 어떤 영역에서 도구적으로 신뢰성 있던 이론이 새로운 영역으로 확장되었을 경우 실패하는 일은 종종 있다. 해당 이론을 근사적으로 참인 이론으로 가정하지 않는 한, 그런 일은 언제든 벌어진다. 우리가 이렇게 이론의 진리 근접성에 호소하는 것은, 그것을 통해 왜 어떤 이론은 도구적으로 신뢰성 있는지 (또는 왜 그런 경향이 있는지) 설명할 수 있고, 이론의 도구적 신뢰성을 미래에까지 투사할 수 있기 때문이다. 반면에 우리가 $A(=A_1 \& A_2)$를 사용하여 과학 이론이 과거에 보여준 도구적 신뢰성(A_1)을 **역추정**한다면, 우리는 은연중에 미래의 신뢰성(A_2)에, 즉 A_1이 설명해야 하고 근거지어야 할 바로 그 사실에 호소하는 셈이 된다. 어떤 경우든 과학 이론의 진리 근접성을 가정하는 일은 그 이론의 도구적 신뢰성을 예측하고 역추정하는 데 더 만족스러운 길을 열어주며, 결코 사소하지 않은 방법을 제공해준다. 과학 이론이 근사적으로 참이라는 점에 근거하여 우리는 다음과 같은 일을 할 수 있다.

- 어떤 이론이 특정 사례에 대해 도구적으로 성공적인지 역추정할 수 있다.
- 미래의 성공을 예측할 수 있다.
- 귀추가 경험적으로 성공적인 이론을 산출한다는 일반화를 입증할 수 있다.

이 마지막 주장은 실제 과학에서 흔히 이뤄지는 경험적 일반화를 확정하는 일과도 부합한다. 경험적 일반화는, 일반화에 관련된 속성들이 어떻게 서로 연동하여 변하는지, 그리고 잘 뒷받침된 다른 일반화와 어떻게 연결되는지를 설명해주는 더 큰 이론적 구조 안에 포함되어 있을 때 특히 잘 입증되는 것으로 여겨지기 때문이다. 과학 이론이 (근사적으로) 참임을 인정하는 관점이야말로 과학적 방법론의 도구적 신뢰성과 과학 이론의 도구적 성공을 설명하는 데 있어 정확히 이런 역할을 해낼 수 있다.

어쨌든 '귀추에 대한 귀납' 작전으로 이론적 존재자가 존재한다고 인정하는 문제를 완전히 회피할 수 있다는 주장은 매우 의심스럽다. [과학 이론이 성공적인 이유를 이론의 근사적 참을 통해 설명한] 보이드 역시 귀추의 신뢰성을 옹호하는 그의 시도에 대해 비슷한 반론이 나올 것을 예상했다.(1984: 68~70, 1985: 236~241 참조) 요점은 간단하다. 과거에 경험적으로 성공적이었던 과학 이론에 대한 귀납을 수행하기에 앞서, 우리는 과학 이론의 도구적 성공이야말로 관찰 가능한 대상에 대해 이들 이론이 제시하는 귀납적 일반화가 참이라는 증거라고 받아들여야만 한다는 것이다. 그러나 이런 판단은 이론적 존재자에 대한 존재론적 인정과 결코 별도로 이뤄지지 않는다. 과학자들은 관찰 가능한 대상들에 대한 무수한 일반화 중에서 진정으로 경험적 뒷받침을 받고 확정된 것들만을 선택한다. 그리고 이런 선택은 이론 의존적으로 이루어진다. 이론은 지금까지 서로 무관했던 관찰 가능한 현상들 사이의 연관성을 제시하고, 어떤 술어가 미래에도 투사 가능한지, 어떤 개체들의 집합이 자연종을 형성하는지도 결정한다. 이처럼 관찰 가능한 것들에 대한 귀납적 일반화 가운데 무엇을 선택할지 판단하는 문제가 이론적 존재자에 대한 인정과 결부되어 있다면, 그런 인정과 무관하게 '귀추에 대한 귀납'을 수행하려는 어떤 시도라 해도 심각한 결함을 가진다고 보아야 할 것이다.[10]

다윈이 도움이 될 수 있을까?

반 프라센은 과학의 성공에 대해 다른 방식의 설명을 제시한 바 있다. 그 설명은 이러하다.

> 과학의 성공은 기적이 아니다. 이것은 과학의 (특히 다윈주의적) 정신으로 볼 때 그리 놀랄 것도 없는 일이다. 왜냐하면 모든 과학 이론은 치열한 경쟁, '이빨과 발톱이 피로 물든'* 정글에서 태어나기 때문이다. 오로지 성공적인 이론, 즉 자연의 실제적인 규칙성을 사실 그대로 포착한 이론만이 살아남는다. (1980: 40)

이 설명에서 현행 이론이 경험적으로 성공적이라는 점은 놀라운 일이 아니다. 적자생존이라는 다윈의 원리가 작동한 결과이기 때문이다. 현행 이론이 살아남을 수 있었던 것은 경쟁자들 중에서 최적의 이론, 즉 보편적 규칙성에 가장 잘 부합하는 이론이기 때문이다. 분명 이것은 현행 이론이 성공적이라는 사실에 대한 우아하고 단순한 설명이다. 하지만 이것이 실재론적 설명을 훼손하는 것은 아닐까?

반 프라센의 이야기를 좀 더 자세히 뜯어보면, 이것은 **표현형**에 기반

---

* 다윈이 『종의 기원』 서문에서 알프레드 테니슨의 시구 "Nature, red in tooth and claw"를 인용하여 쓴 말이다.

한 설명임을 알 수 있을 것이다. 동일한 표현형을 가진 여러 후보들, 즉 경험적으로 성공적인 후보 가운데 일부를 선택하는 암묵적 메커니즘을 제시하고 있기 때문이다. 그러나 표현형에 따른 설명이 **유전형**에 따른 설명을 배제하는 것은 아니다. 즉 성공적인 모든 이론이 공유하는 어떤 기저의 특징, 무엇보다도 그 이론들을 성공으로 이끈 특징에 대한 설명을 배제하는 것은 아니다. 실재론적 설명은 이론의 참에 대해 언급하는 점에서 바로 이런 종류의 유전형적 설명을 제시한다. 특정한 표현형을 가진 모든 이론 즉 경험적으로 성공적인 모든 이론은 동시에 이 표현형을 설명해주는 특정 유전형으로서 근사적 참이라는 속성을 지니고 있다. 요점을 좀 더 정확히 이해하기 위해 반 프라센의 이야기를 (피터 립턴에게서 따온) 다음 이야기와 비교해보자. 한 무리의 사람들이 모두 붉은 머리카락을 가지고 있다. 이것은 그리 놀라운 일이 아니다. 이 그룹이 붉은 머리카락을 가진 성원들만 받아들인다는 사실로 이를 설명할 수 있기 때문이다. (어떤 의미에서 이 모임은 붉은 머리카락의 사람들만을 선택하는 메커니즘이라 이해할 수 있다.) 하지만 이런 관찰은 왜 조지의 머리카락이 붉은지는 설명하지 못한다. 조지의 붉은 머리카락에 대해 설명하려면 이와는 다른 종류의 이야기가, 다시 말해 유전학이 제시하는 종류의 이야기가 제시되어야 할 것이다.

여기서 주목할 것은 실재론적 설명이 반 프라센의 다원주의적 설명과 **양립 가능**하다는 점이다. 하지만 여기서는 실재론적 설명이 더 바람직하다고 할 수 있다. 그것이 더 심층적인 설명을 제시하기 때문이다. 이 설명은 피상적인 데 머무르지 않는다. 즉 경험적으로 성공적인 이론들만 통과시키는 선택 메커니즘을 제시하는 데 그치지 않는다. 그것에 더해 선택된 이론들을 경험적으로 성공적이게끔 만들어주는 더 깊은 공통적 특성이 무엇인지에 대해 이야기한다.

립턴이 제시했듯이(1991: 170ff.), 다원주의적 설명보다 유전형적 설명을 선호하는 또 다른 이유도 있다. 표현형적 설명이 보증하는 것이라고는 선택 메커니즘을 통해 살아남은 이론이 아직 **반박**되지 않았다는 것밖에 없기 때문이다. 이들 이론이 미래에도 성공할 것이라는 보증은 없다. 그것에 대한 어떠한 보증도 표현형적 이야기 외부의 것일 수밖에 없다. 예를 들어, 이러한 보증은 표현형적 설명과 귀납의 원리를 조합하는 경우에 가능할 것이다. 반면에 유전형적 설명은 일정 조건만 맞으면 이런 성공이 가능하다고 보증해준다. 다시 말해서 어떤 이론이 참이기 때문에 경험적으로 성공한 것이라면, 그 이론은 계속해서 경험적으로 성공적일 것이다.

요약해보자. 과학의 성공에 대한 설명 가운데 실재론적 설명보다 더 나은 것은 없다. 그러나 지금까지의 논의를 통해서 최선의 설명으로의 추론과 실재론 논쟁에서 그 추론이 맡은 역할에 대한 모든 반박이 완전히 해소된 것은 아니다. 더 자세한 논의는 반 프라센의 입장을 다루는 9장에서 계속될 것이다. 이외에도 기적 없음 논증에 반대하는 강력한 주장에 대해서도 반박할 필요가 있다. 래리 라우든이 개진한 이른바 '비관적 귀납' 논증이 그것이다. 급소를 찌르는 이 논증은, 과학의 역사라는 것이 증거에 대한 '최선의 설명'이라 여겨졌던 것들의 무덤이라는 (잘 알려진) 사실에 정면으로 위배되기 때문에 기적 없음 논증을 진지하게 받아들일 수 없다고 한다.

나는 이어지는 II부를 비관적 귀납에 맞서 실재론을 옹호하는 데 할애할 것이며(5장과 6장), 이후에는 '증거에 의해 이론이 완전히 결정되지

는 않는다는 추론, 곧 미결정성 논제에 기초한 논증을 반박하는 작업을 이어갈 것이다.(8장)

II

회의적 도전들

5장 비관적 귀납에 맞서기

　과학의 경험적 성공 덕분에 실재론적 설명의 신뢰성이 확보된다는 주장은 과학의 역사 자체를 살펴보기만 해도 곧 무너진다고 래리 라우든은 말했다. 라우든의 이 공격으로 인해 실재론에 대한 설명주의적 옹호는 꽤나 심각한 타격을 받았다. 한때 경험적으로 성공했지만 결국 거짓으로 드러난 이론들이 과학의 역사를 가득 채우고 있기 때문이다. 과학적 실재론에 반대하는 라우든의 주장[1]은 단순하지만 강력하다.

> 　과학의 역사는 여러 시대 그리고 긴 기간 동안 경험적으로 성공적이었으나 세계에 대한 심층 구조적 주장에서는 거짓으로 드러난 이론들로 가득 차 있다. 마찬가지로 성공적인 이론 속에 포함되어 있지만 아무것도 지시하지 않는 이론 명사 역시 얼마든지 있다. 따라서 지금까지의 과학 이론에 대한 단순 (메타) 귀납에 따르면, 경험적으로 성공적인 현행 이론들 가운데 대다수는 거짓일 가능성이

> 높으며(또는 비율이 어떠하든 참보다 거짓일 가능성이 높으며), 대부분의 이론 명사는 실제로는 아무것도 지시하지 않는 것으로 드러날 것이다.
>
> 따라서 어떤 이론의 경험적 성공은 그 이론이 근사적으로 참이라는 주장에 대해 어떠한 보증도 제공하지 않는다. 과학의 이론적 층위 내지 심층 구조적 층위에서 실질적으로 유지될 수 있는 것은 아무것도 없으며, 이론의 변화에도 불구하고 안정적으로 유지되는 지시 대상 또한 없다.

라우든은 '역사적 도박'이라는 개념으로 자신의 논증을 구체화했다. 아래 목록—라우든이 "지겨울 정도로 확장할 수 있다"고 한 목록—은 한때 경험적으로 성공적이었고 유익했지만 실제 대상을 지시하지도 못하고 참인 것도 아닌 이론들을 보여준다. 이것들은 **그냥 거짓인** 이론들이다.

- 고·중세 천문학이 상정한 투명 천구
- 의학에서의 체액설
- 정전기학에서의 자기소(磁氣素) 이론.
- 지질학에서의 격변설(노아가 겪었던 종류의 대홍수를 인정)
- 화학에서의 플로지스톤 이론
- 열에 대한 칼로릭(熱素) 이론
- 열에 대한 진동 이론
- 생리학에서의 생기론

- 원형 관성 이론
- 생물학에서의 자연발생설
- 중력 에테르에 의한 접촉 운동(페티오와 르 세이지가 제시)
- 광학적 에테르
- 전자기적 에테르

라우든의 말이 옳다면, 과학의 성공에 대한 실재론들자의 설명은 과학의 역사를 마주하는 순간 무너질 수밖에 없다. 과학사는 현행의 성공적인 이론들이 근사적으로 참이라는 실재론자의 믿음에 대해 어떤 보증도 해주지 않는다. 실재론자의 그 믿음이 '기적 없음' 논증에 근거하고 있는 한 그러하다. 이어서 나는 라우든의 논증 구조를 분석하는 한편, 그의 주장 앞에서 과학적 실재론을 어떻게 옹호할 수 있는지 보여주고자 한다.

라우든의 귀류 논증

'비관적 귀납'은 귀류 추론의 한 종류로, 다음과 같은 실재론의 논제를 그 표적으로 한다.

(A) 현행의 성공적인 이론들은 근사적으로 참이다.

라우든은 현재 성공적인 이론들이 **우연히** 진리 근접적일 수 있다는 점을 직접적으로 부정하지는 않는다. 그의 논증은 경험적 성공과 진리 근접성 사이에는 실재론자의 주장 (A)를 뒷받침할 만큼 연관성이 있다는 주장을 기각하는 데 목표가 있다. 이 목표를 위해 이 논증은 과거의 여러 이론과 현행 이론을 비교한 후 이렇게 주장한다.

(B) 만일 현행의 성공적인 이론들이 진리 근접적이라면, 과거 이론들은 **그럴 수 없다**.

여기서 과거의 이론이 진리가 아닌 것으로 간주되는 이유는, 그것들이 상정한 존재자가 더 이상 존재한다고 믿을 수 없거나, 그것들이 상정한 법칙과 메커니즘이 세계에 대한 현행의 이론적 기술과 상충하기 때문이다. 바로 이 다음에 '역사적 도박'이 등장한다.

(C) 그럼에도 불구하고 실패한 이들 거짓 이론은 경험적으로는 성공적이었다.

따라서 경험적 성공은 진리 근접성과 관련이 없으며, 진리 근접성이 경험적 성공을 설명해주는 것도 아니다. 즉 (A)에 대한 보증이 가능하다고 하는 실재론자의 주장은 틀렸다.

> 이들[대부분의 과거 이론]은 현재 우리가 근본적으로 잘못된 이론적 모형과 구조라고 믿고 있는 것에 기초하고 있기 때문에, 실재론자는 이들 이론이 누렸던 경험적 성공을, 그것에 내포된 이론적 주장들의 진리 근접성을 통해 설명하려는 희망을 더 이상 품을 수 없다. (1984a: 91~92)

따라서 비관적 귀납은 "인상 깊은 일련의 시험들을 통과한 이론까지 포함해서 **오늘날의** 이론들이 (셀라스가 적절하게 제시한 이미지대로) '세계를 그 관절에서 자르는'* 이론이라고 가정하는 실재론자가 의존하는 보증에 의문을 제기한다."(Laudan 1984b: 157)

라우든의 이런 주장이 **일부** 설득력 있다는 점을 부정하는 실재론자는 없을 것이다. 귀납적 근거에서 보면, 총체적 진리나 틀림없는 진리 같은 것은 과학에 존재하지 않을 가능성이 높기 때문이다. 즉 모든 과학 이론은 엄밀히 말해서 거짓으로 판명될 가능성이 높다. 실재론자들은 이런 입장을 이미 받아들이고 있다. 그러나 거짓 이론 역시 여전히 **근사적으로 참**일 수 있다. 근사적 참의 개념에 대해서는 11장에서 자세히 논의할 것이다. 일단 지금은 어떤 이론이 그 핵심적 부분을 기준으로 현실 세계에 근접한 세계를 기술하고 있다면, 그 이론을 근사적 참으로 볼 수 있다는 점에 주목하자. 그렇다면 실재론자가 보여줘야 할 것은 과거의 성공적인 이론이 엄밀하게는 거짓임에도 불구하고 근사적으로는 참이었다는 사실이다. 이것이야말로 실재론자가 진열을 재정비하여 반격을 시작할 방어선이다.

라우든의 제1파 공격은 이러하다. 어떤 이론의 핵심 명사가 실제 세계를 지시한다는 점을 입증하지 못하는 한 그 이론을 근사적 참이라고 말할 수 없다.(1981: 33) 이 요구는 설득력 있어 보인다. 그러나 바로 여기가 함정이다. 실재론자의 주장은, 이론이 정말로 **진정한** 경험적 성공을 거두었다면 그로부터 그 이론이 상정한 존재자들이 실재하며 우리 세계의 실제 거주자라고 정당하게 추론할 수 있다는 것이기 때문이다.

---

* 플라톤의 『파이드로스』 265e에 나오는 표현.

이런 가정이 없다면, 이론의 경험적 성공을 어떻게 설명할 수 있는지 알수 없다. 해당 이론의 옹호자들이 이론 '바깥으로' 나가서 그런 존재자들이 정말 존재하는지 체크할 방법이 없기 때문이다. 우리는 그저 그 이론을 세계의 구조가 어떻게 이루어져 있는지에 대한 최선의 안내자로 보고 그것에 의존할 뿐이다. 그런데 과학의 과거 기록에서 라우든이 관찰한 것은, 우리는 그렇게 할 수 없다는 점이었다. 과학 이론이 수세기에 걸쳐 제시해온 핵심적인 존재론적 주장에서조차 근본적 변화가 있었다는 역사적 사실로부터, 그 어떤 주장을 내놓는다 해도 다른 주장들처럼 되고 말 것이라는 귀납적 결론이 가능하다는 것이다. 다시 말해서 역사적으로 승인된 그 어떤 이론도 그렇지 않은 이론 이상의 특권을 누릴 수 없다. 메리 헤세는 이러한 생각을 '특권 없음 원리'라는 형식으로 제시하면서, 그것을 '과학사에 대한 귀납'으로부터 자연스럽게 따라 나오는 원리라고 말했다. 이 원리에 따르면, "우리의 과학 이론은 과거 이론들이 보여주었던 것처럼 근본적인 개념 변화에 크게 좌우된다고 할 수 있다."(1976: 264) 이 '특권 없음 원리'를 반박하려면 실재론자들은 다음을 보여주어야 한다.

1. 이론의 변화에서 볼 수 있는 불연속성은, 라우든이 제시한 것처럼 그렇게 광범위하거나 근본적인 것이 아니었다.
2. 오히려 세계가 어떤 것인지에 대한 최선의 설명으로서, 좀 더 안정적이고 잘 뒷받침된 이론적 주장들과 일단의 가설들이 등장했다
3. 과거 이론에서 중심적 역할을 했던 것으로 정당하게 인정받은 이론 명사는 여전히 지시 기능을 수행한다. 즉 이론 명사는 과학의 현행 이론 속에서 제시되는 존재자를 여전히 지시한다.

요컨대, 실재론자들은 성공적인 이론이 대체로 근사적 참이라는 실재론의 주장과 역사적 기록을 합치시키기 위해 노력해야 한다. 이런 과제를 어떻게 수행할 수 있을까?

실재론자에게 있어 '도박'의 의미

위 질문에 대해 논의하기에 앞서, 두 가지 점을 먼저 짚어두도록 하자. 첫째, 과학자들에게 [참이 아닌] 거짓 믿음만을 취하는 성향 같은 건 없다는 점에 유의해야 한다. 과학이 발전함에 따라 과학자들은 더 많은 증거와 한층 더 새로워진 경험적 데이터를 축적하고, 그것을 통해 자신의 믿음과 어떤 이론적 존재자의 존재를 인정할 것인지를 업데이트하고 수정할 수 있다. 또한 과학자라면 어떻게 하면 자신의 이론을 더 잘 시험할 수 있는지, 특히 거짓되고 부당한 믿음을 생성할 가능성이 높은 이론 구성 방식을 어떻게 가려낼 수 있는지 알 수 있다. 이렇게 하여 과학자들은 증거와 데이터로 더 강력하게 뒷받침되는 이론적 믿음을 형성할 수 있다. 이들은 자신의 믿음에 필요한 증거를 어떻게 가려내고, 자신의 방법을 어떻게 개선하며, 신뢰할 수 없는 방법을 어떻게 피할 수 있는지에 대해 배워나간다. 물론 과거의 경험에서 배우는 이 과정을 거쳤다고 해서, 그것을 통해 거짓 이론에서 더 참된 이론으로 나아간다는 보장이 있는 것은 아니다. 하지만 과학자들이 과거의 경험으로부터 긍정적인 배움을 얻을 수 있다면, 그들은 거짓된 이론적 주장을 버리고 증거에 의해 더 잘 뒷받침되는 새로운 이론을 받아들이는 데 있어 더 유리한 고지에 서 있다고 할 수 있다. 따라서 이들 이론은 지금은 폐기된 주장보다 진리에 근접할 확률이 더 높다.

둘째, 현행 과학을 얼핏 훑어보기만 해도, 과거 이론이 상정한 수많은 존재자, 법칙, 과정, 메커니즘—유전자, 원자, 운동에너지, 화학 결합, 전자기장 등—이 여러 차례의 혁명에서도 살아남아 현행 이론 속에 유지되고 있음을 알 수 있다. 즉 라우든이 과학적 실재론에 반하는 사례만 모아 그것을 과장하고 있다는 것을 금방 알 수 있다. 거칠게 말해서, 비관적 귀납은 과학이 성장하면 할수록 이론적 거짓들만이 축적된다는 점을 확인할 수 있다는 데 그 핵심이 있으며, 몇몇 이론적 진리를 우연히 발견했다고 생각할 이유도 전혀 없다는 주장으로 요약된다. 그러나 이것은 믿기 어려운 억지 주장이다.

너무 낮은 성공의 기준

이제 라우든의 귀류 논증에 대응해 결정적 반격을 가할 때가 되었다. 앞서 개괄한 논증의 구조에 비추어 볼 때, 라우든의 귀류 논증을 차단하려면 '역사적 도박'이라는 개념 또는 전제 (C)를 공략 목표로 삼아야 한다. 그가 제시한 목록의 규모를 줄여 전제 (C)를 실질적으로 약화시킬 수도 있다. 우리가 이러한 메타 귀납의 기초를 공략해낸다면, 진정한 경험적 성공과 근사적 참이 서로 관련이 없다는 그의 결론은 근거를 잃을 것이고, 문제의 '역사적 도박'은 실재론 논쟁에서 중립적 위치에 있게 될 것이다.

라우든의 '역사적 도박'은 이런 형식이다. 라우든이 예로 든 몇몇 연구 영역 $T_1, \cdots T_n$에 대한 과거의 모든 이론적 개념화는 경험적으로는 성공적이었지만 거짓이었다. 따라서 이 논증은 **어떤** 임의의 성공적 이론 T_{n+1}도 거짓일 것이라는 (또는 비율이 어떠하든 참보다 거짓일 가능성이 높다고) 귀납적 결론을 내린다.

 이런 논증은, 그 귀납적 근거가 비관적 결론을 보증할 만큼 충분히 크고 대표성이 있는 게 아니라는 관찰을 통해 공략할 수 있다.(Devitt 1984: 161~162, McMullin 1984: 17 참조) 라우든의 귀납이 서있는 기반은, 목록에 있는 모든 이론이 실제로 성공적이었는지, 그리고 그것들이 이론적으로 성숙했다고 할 만큼 충분히 향상된 발전 단계에 도달한 과학 분과를 대표하는지 여부를 질문함으로써 무너뜨릴 수 있다.

 일단 우리는 라우든이 제시한 목록 속의 모든 이론이 경험적으로 성공적이었다는 주장에 이의를 제기할 수 있다. 그는 이론이 "합리적으로 잘 작동하는 한, 즉 다양한 설명적 맥락에서 작동하고 여러 가지 입증된 예측을 이끌어내며 폭넓은 설명 범위를 갖고 있는 한"(1984a: 110) 성공적이라고 본다. 확실히 그는 이것이 바로 실재론자들이 '기적 없음' 논증에서 과학 이론이 성공적이라고 말할 때 의도하는 뜻이라고 생각했다.(ibid.) 그러나 경험적 성공이란 단순히 사실을 제대로 파악하거나 사실에 맞는 이야기를 하는 것보다 **더 엄격한** 기준을 만족시킬 때 도달할 수 있는 개념이다. 그 어떤 이론도 (그리고 어떤 거친 사변도) 올바른 경험적 결과를 그 이론에 단순히 '기입'하기만 하면 사실에 들어맞는—그리하여 성공적으로 보이는—이론이 될 수 있기 때문이다. 그러나 실재론자가 기꺼이 받아들일 수 있는 경험적 성공의 개념에는 해당 이론이 참신한 예측을 생성하는가 하는 기준도 포함된다.[2] 그렇다면 라우든이 제시한 목록 속의 모든 이론이 진정으로 성공적이었는지 다시 따져볼 만하다. 예를 들어, 르 세이지와 하틀리가 제안한 중력 에테르에 의한 접촉 운동이나 투명 천구에 대한 이론이나 원형 관성 이론이 진정한 성공을 거두었는지는 매우 의심스럽다.(McMullin 1987: 70, Worrall 1994: 335 참조) 실재론자들은 라우든의 목록에 포함된 이론들이 결코 성공적이었다고 보지 않을 것이다. 오히려 실재론자에게 진짜 문제는 이것이다. 과거에 **진정으로** 성공적이었던 이론이 어떻게 하여 거짓이 되었는가?

실재론을 옹호하는 데 있어 참신한 예측이 갖는 중요성을 고려할 때, 이 개념을 더 명확히 이해하고 특정 종류의 오해를 피하기 위해 그것을 좀 더 분석해보는 것이 현명하겠다. '참신한' 예측이란 대체로 이론이 그 존재를 제시한 **이후에** 존재가 입증되는 현상에 대한 예측을 말한다. 이런 관점에서 볼 때, 예측은 예측된 현상이 **시간적으로** 새로운 현상일 때만, 즉 예측된 현상이 지금까지 알려지지 않은 것일 때만 참신한 것으로 간주된다. 그러나 이것이 참신성의 전부는 아니다. 가령 어떤 이론은 이미 알려져 있었으나 제대로 설명되지 않았던 현상을 설명하는 그 능력에 의해서도 뒷받침을 받는다. 또 다른 점으로는, 새로운 현상을 누가 예측했든지 간에 그 예측이 이론을 뒷받침하는지 여부에 대해서는 아무런 관계도 없다고도 할 수 있다. 시간적으로, 새로운 현상을 예측한 이론가는 그 현상을 미처 모르고 있지만, 실험자들에게는 문제의 현상이 이미 알려져 있는 경우를 우리는 쉽게 상상할 수 있기 때문이다. 예측이 참으로 드러남으로써 해당 이론을 뒷받침하게 될 때, 과연 이런 정보가 영향을 미치는가? 가령, **오직** 진정으로 시간적 참신성을 가진 예측만이 이론을 뒷받침할 수 있다고 해보자. 그렇다면 우리는 일단 그 존재가 파악된 현상에 대한 예측으로는 이론의 경험적 성공을 뒷받침하기 어렵다는 점을 인정해야만 할 것이다. 이런 반직관적 함정을 피하려면 참신성의 개념을 '시간적 참신성'이 의미하는 것보다 더 폭넓게 이해해야 한다. 이어먼(1992: 4장 8절)에 따르면, 우리는 '사용 참신성'(use novelty)에 대해 말해야 한다. 즉 어떤 현상을 예측한 이론을 구성함에 있어 이 현상에 대한 어떠한 정보도 사용되지 않았을 경우, 알려진 사실에 대한 예측 P는 이론 T에 있어 **상대적으로** 사용 참신한 것이다.[3]

그러면 어떤 이론 T가 이미 알려져 있는 현상에 대해 사용 참신한 예측을 한다는 주장을 정확히 어떻게 이해해야 하는가? 나는 이 쟁점을 이해하기 위해서는 워럴(1985, 1989c)이 했던 대로, 알려진 사실 E가 과학 이론 T에 수용되는 방식에 대해 일정한 분석을 제시해야만 한다고 본다. 일반적으로 여기에는 두 가지 방식이 있다.

- 알려진 사실 E에 대한 정보가 이론 T를 구성하는 데 사용된다. 그리고 T는 E를 예측한다.
- 현상 E가 이론 T가 제안된 시점에 알려져 있었다. T는 E를 예측하지만, E에 대한 어떠한 정보도 T의 구성에 사용된 적이 없다.

예를 들어, 조석 현상은 뉴턴 이론으로 예측되지만 그 이론을 구축하는 데 쓰이지는 않았다. 그렇다면 어떤 알려진 사실이 특정 과학 이론의 범위에 수용되었지만 그 사실에 대한 정보가 이론을 구축하는 데 사용되지 않은 경우를 '참신한 수용'이라고 부르도록 하자. 나아가 참신한 수용을 임시방편적 수용과 대비해보도록 하자. 러커토시 학파가 임시방편적 수용의 여러 층위를 세밀하게 구분한 바 있지만(Lakatos 1968: 399, 1970: 175; Zahar 1973: 101 참조), 나는 좀 더 일반적인 경우를 예로 들겠다.

임시방편성 조건: 어떤 이론 T는, 다음 두 조건을 각각 만족시키는 경우이면서 오직 그런 경우에만 쟁점 현상 E에 대하여 임시방편적이다.

1. 배경지식 B에 현상 E의 존재가 내포되어 있다. E에 대한 정보가 이론 T를 구성하는 데 사용되며, T는 E를 수용한다.
2. 배경지식 B에 현상 E의 존재가 내포되어 있다. 그러나 이미 통용되는 특정 이론 T는 E를 예측/설명하지 않는다. T는 이론 T'가 되어 E를 예측하도록 수정되지만, 이런 수정의 유일한 이유는 E를 예측/설명하기 위해서다. 특히 T'는 T를 초과하는 어떠한 이론적, 경험적 내용도 갖지 않는다.[4]

이러한 분석을 고려해볼 때, 알려진 사실의 참신한 수용(또는 사용 참신성)은 다음과 같이 설명할 수 있다.

사용 참신성: 어떤 현상 E에 대한 예측 P는, 이론 T가 제시되기 전에 E가 알려져 있고, T가 임시방편성 조건 중 어느 하나도 만족시키지 않으면서 T가 E를 예측하는 경우, 이론 T에 대해 사용 참신하다.

그렇다면 여기서 실질적인 쟁점은, 사용 참신성과 시간적 참신성이 이론을 경험적으로 뒷받침하는 데 있어 각기 다른 영향을 미치는지 여부이다. 내 목적은 단지 참신한 수용과 임시방편적 수용을 대조하는 데 있기 때문에, 이 쟁점의 세부사항은 여기서 다루지 않으려 한다. 어쨌든 내 견해는, 사용 참신성과 시간적 참신성이 현상에 대한 임시방편적 수용과 뚜렷이 구별되는 한, 두 참신성은 모두 이론을 입증하는 데 있어 **상보적** 영향을 미친다는 것이다. 이론은 알려진 현상을 임시방편적이지 **않은** 방식으로 수용해야 하며, **그것에 더하여** 시간적으로 참신한 예측을 내놓아야 한다고 요구할 수 있기 때문이다. 그러나 사용 참신한 예측과 시간적으로 참신한 예측이 특정 이론을 함께 뒷받침하는 경우, 그것들이 어느 정도로 이론을 입증하는지에 대해서는 두 종류의 예측에 서로 다른 가중치를 부여할 수 있을 것이다. 새로운 현상을 제시하는 이론은 반박의 위험에 더 크게 노출되기 때문에, 시간적으로 참신한 예측에 **추가적** 가중치를 부여하는 것이 타당하다. 이미 알려져 있는 사실을 어떤 이론에 '억지로' 끌어들일 수 있는 여지는 늘 존재하지만, 이론에 대해 지금까지 알려지지 않은 사실을 도출하도록 강제할 수는 없기 때문이다. 따라서 새로운 효과—이론으로부터 자연스럽게 그 존재가 도출되는—를 예측하는 일은, 그 이론을 더 큰 위험에 노출시키는 일이며, 그 이론을 논파할 수도 있는 추가적인 실험 조사에 내맡기는 일이다.[5]

요약하자. 나는 사용 참신성과 시간적 참신성의 대조가 중요한 게 아니라 이들 모두를 임시방편적 수용과 대조하는 것이 중요하다는 것을 강조하고 싶다. 왜냐하면 사용 참신성과 시간적 참신성 사이에는 기껏해야 **정도**의 차이가 있을 뿐이지만, 참신한 수용과 임시방편적 수용 사이에는 질적인 차이가 있기 때문이다.[6]

라우든의 귀류 논증을 반박하는 방법으로는 이상과 같이 경험적 성공의 개념을 더 엄격하게 해석하는 방법 외에도, 그가 제시한 목록의 크기를 줄이는 방법도 있다. 즉 특정 연구 영역들에서 이뤄진 과거의 모든 이론적 개념화를 진지하게 받아들여서는 안 된다고 제안하는 것이다. 실재론자들은 라우든의 목록이 **성숙된** 이론, 즉 특정 분과가 시작된 '이륙 지점'(보이드)을 통과한 이론만을 포함해야 한다고 요구한다. 이 이륙 지점은, 해당 연구 영역에 대한 잘 확립된 믿음의 뭉치가 배후에 있다는 특징을 갖는다. 이 믿음은 연구 영역의 경계를 사실상 설정하고, 이론 연구에 정보를 제공하며, 이론과 가설의 무분별한 제안을 규제하는 역할을 한다. 또 이런 믿음의 뭉치는 같은 현상을 연구하는 라이벌 이론들에 하나의 공통 기반으로 기능함으로써, 해당 분과에 전반적인 정체성을 부여해준다. 어떤 과학 분과가 언제 '이륙 지점'에 도달하는지를 알아내는 것은 경험적 문제이지만, 대부분의 분과에는 그런 지점 또는 시기가 존재한다. 예를 들어 열 현상의 경우, 그 이론적 성숙기는 영구운동이 불가능하다는 원리, 열이 따뜻한 물체에서 차가운 물체로만 흐른다는 원리, 그리고 뉴턴 역학이 제시한 법칙과 같은 배경지식들과 믿음이 확고히 자리 잡았을 때 도달되었다. 성숙도에 대한 이런 요구조건을 감안한다면, '의학에서의 체액설'이나 '정전기학에서의 자기소 이론' 같은 것은 라우든의 목록에서 제거될 것이다. 그렇게 하여 라우든의 **목록**이 **성숙하고 진정으로 성공적인** 과거 이론들로만 축소된다면, 더 이상 비관적 귀납을 보증해줄 만큼 강력하지 않을 것이다.

실재론자들로서는 라우든이 제시한 모든 과거 이론에 대해 걱정할 필요가 없지만, 지금까지의 작전만으로는 '비관적 귀납'을 격퇴하기에 충분하지 않다. 왜냐하면 경험적 성공과 성숙도라는 실재론의 시험 모두를 통과한 과거 이론들 가운데 적어도 몇몇은 그럼에도 거짓으로 드러났다는 사실을 설명하기 어렵기 때문이다. 그 적절한 사례가 열에 대한 칼로릭 이론과 19세기의 광학 에테르 이론이다. 이들 이론이 명백히 성공적이고 성숙된 것임에도 거짓이라면, 경험적 성공과 진리 근접성 사이의 설명적 관계는 손상을 받을 수밖에 없다. 그렇다면 우리는 어떻게 이 설명적 관련성을 방어할 수 있을까?

각개격파 작전

라우든의 귀류 추론에서 결정적인 전제는 (B)이다.(224쪽 참조) 현행 이론을 진리 근접적이라고 본다면, 과거 이론은 진리 근접적인 것이 될 수 없다. 그 이론이 상정했던 존재자의 존재를 더 이상 믿을 수 없을 뿐만 아니라, 지금은 폐기된 법칙과 이론적 메커니즘을 과거 이론이 가정하고 있기 때문이다. 그리고 이 전제 없이는 비관적 귀납도 성립하지 않을 것이다.

그렇다면 이러한 전제 (B)를 어떻게 물리칠 수 있을까? 한 가지 작전이 가능하다. 과거 이론이 거둔 성공이, 이제는 우리가 근본적 결함을 가지고 있다고 믿는 이론적 주장에 의존해서 이뤄진 것이 아니라는 점을 보여주면 된다. 긍정적 표현으로 바꾸자면, 과거 이론의 성공을 창출해냈던 이론적 법칙과 메커니즘이 우리의 현행 과학적 이미지 속에 여전히 건재한다는 점을 보여주면 된다. 나는 이것을 **각개격파** 작전(the *divide et impera* move)이라 부르고자 한다. 이것은 어떤 이론이 폐기되었더라도 그 이론적 구성요소, 즉 이론이 상정한 메커니즘과 법칙을 모조리 거부해서는 안 된다는 생각에 기초한 것이다. 물론 이들 이론적 구성물 가운데 일부는 지금 우리가 받아들이는 것과 일치하지 않으며, 따라서 거부해야 한다. 그러나 이것이 전부는 아니다. 이들 가운데 일부는 후속 이론의 실질적 구성요소로서 살아남는다. 각개격파 작전은, 폐기된 이론의 경험적 성공에 기여했던 이론적 구성물이 우리의 현행 과학적 이미지 속에 건재할 경우, 과학적 실재론의 기본 주장이 여전히 옹호 가능하다고 제안하는 작업이다.

이 작전은 진정한 경험적 성공과 후일 거짓으로 밝혀진 주장을 분리한다. 나아가 성공과 진리 근접성 사이에 '올바른 종류의' 설명적 관계를 놓는 길을 열어준다. 실재론자들은 라우든이 뭔가 중요한 가르침을 선사했다고 보아야 한다. 역사적 기록과 상충되는 고통이 있지만, 한 이론이 경험적으로 성공했다고 해서 그 이론이 말하는 모든 것이 진리 근접성을 가진다는 점을 보증하지는 않는다는 가르침이다. 만일 옛 실재론자들처럼 경험적 성공이 제공하는 보증에 대해 모 아니면 도의 관점을 취한다면, 이런 입장은 아무리 잘 봐줘도 비현실적인 주장에 지나지 않을 것이다. 그러나 이론의 진정한 성공에도 불구하고 그 이론이 말하는 모든 것이 거짓이라고 주장하는 경우도 어불성설이긴 마찬가지이다. 여기서 올바른 길은, 이론이 진정한 경험적 성공을 거둔 경우 **그 이론의 구성요소들 가운데 일부는 진리 근접적**이라 믿는 게 합리적이라는 것이다.

더 나아가 과거 이론의 경험적 성공을 도왔던 이론적 구성물이 후속 이론 속에도 여전히 남아있다고 해보자. 이 사실은 우리가 이론의 진리 근접성에 대해 좀 더 낙관적이어도 되는 이유를 제공한다. 이런 이론적 구성물들 모두가 현대 과학의 이미지에서 불변의 안정적 요소로 존재하며, 여러 번의 '혁명'에서도 살아남아 과학의 경험적 성공에 기여하고 있기 때문이다. 나는 실재론자들이 필립 키처(1992)의 주장을 따라야 하며, 실재론을 옹호하는 최선의 방법은 진화하고 있는 과학의 이미지 속에 불변의 안정적 요소가 생성되고 있다는 점을 보여주는 것이라고 여긴다. 이들 요소는 이제까지 있었던 이론적 메커니즘과 법칙 가운데 무엇이 우리가 판돈을 걸 최선의 선택지인지 보여준다.

각개격파 작전에 대한 이 서론적 이야기는 '비관적 귀납'에 대한 최근의 두 가지 반응, 즉 키처(1993) 및 워럴(1989, 1994)의 작업과도 통하는 바가 있다. 두 사람 모두 나와 비슷하게, 실재론자들이 어떤 종류의 진술을 거짓으로 폐기하고 어떤 진술을 보존해야 할지 명확히 규정해야 한다는 견해를 밝혔다. 키처는 '단순 전제상의 가정'(presuppositional posits)과 '실제 작동 중인 가정'(working posits)을 구분할 것을 제안한 반면, 워럴은 대체되어야 할 이론적 진술의 '내용'과 보존되어야 할 그 '구조' 사이의 구분을 제안한다. 내가 옹호하는 입장은 약간의 차이점은 있지만 키처의 입장과 유사하다. 어쨌든 각개격파 작전의 의도는 구조와 내용에 대한 워럴의 구분을 취하거나 반영하는 데 있지 않다. 둘을 구분해야 한다는 워럴의 입장에 대해서는 더 상세한 논의와 비판이 필요할 텐데, 이 내용은 7장에서 다룰 예정이다.

그렇다면 실재론자들은 과거에 진정으로 성공적이었던 이론에 들어 있는 진리 근접적인 구성요소를 어떻게 가려낼 수 있는가? 나는 먼저 특정 이론의 구체적 성공에 초점을 맞추어야 한다고 본다. 예를 들어, 프레넬의 회절 이론에서는 광원에서 나온 빛이 불투명 원반에 의해 가로막히면 원반의 그림자 중앙에 밝은 점이 나타날 것이라고 예측한다. 또한 라플라스는 소리의 전파가 단열 과정이라고 가정함으로써 소리의 공기 중 전파 법칙을 예측할 수 있었다. 그렇다면 우리는 이런 질문을 던질 수 있다. 이러한 성공은 어떻게 이루어졌는가? 특히 어떤 이론적 구성요소가 이런 성공에 핵심적인 기여를 한 것인가? 일반적으로 이론적 구성요소 가운데 **아무것도** 그 이론의 성공에 기여하지 않는 경우는 없다. 마찬가지로, 이론적 구성요소 **모두**가 이론의 경험적 성공에 기여(또는 동등하게 기여)하는 경우도 거의 없다. (예를 들어, 뉴턴은 우주의 질량 중심이 절대적 정지 상태에 있다고 주장했다. 이 주장은 중력 이론의 성공에 아무런 기여도 하지 않았다.) 이론의 성공에 핵심적인 기여를 하는 이론적 구성요소는 그 이론의 형성에 있어 대체 불가능한 역할을 맡는다. 라우든과 레플린의 최근 표현(1991: 462)을 빌리자면, 이들은 "추론에 실제로 연료를 공급해주는" 요소라 할 수 있다.

그렇다면 이론적 구성요소 H가 성공적인 예측을 도출하는 데 핵심적으로 기여하는 경우는 언제인가? H가 H를 포함하지 않는 다른 가설 H'(그리고 보조가설 A)와 함께 예측 P를 일으켰다고 가정해보자. H'와 A만으로는 P를 도출할 수 없고, H' 및 A와 양립하는 어떤 가용 가설 H^*도 P를 도출하는 데 있어 아무런 수정 없이 H를 대체하지 못하는 경우, H는 P의 생성에 필수불가결하게 기여한 것이다. 물론 모든 이론적 주장이 제거 가능하다고 생각할 수도 있다. 예를 들어 우리가 크레이그 식의 이론 변환을 받아들이거나, P를 임의로 기입함으로써 어떤 가설 H^*를 '요리'하는 경우라면 그럴 수 있다. 그러나 만일 우리가 이론을 대체하는 방식에 대하여 몇 가지 자연스런 제한—예를 들어 이런 대체가 독립적인 동기를 가져야 하고, 임시방편적이어서는 안 되며, 설명력을 가져야 한다는 등의 제한—을 부과할 경우, 알맞은 대체물을 언제든 발견할 수 있다고 자신하기는 매우 어렵다. 최근 워럴은 한 이론이 다른 이론으로 대체되는 경우 언제나 "대체되는 이론만으로도 이전 이론의 '제거 가능성'을 건설적으로 증명할 수 있다"(1994: 339)고 지적한 바 있다. 이전 이론을 폐기한다는 말이 온전한 전체로서의 그 이론을 폐기한다는 뜻임은 말할 필요도 없다. 그러나 이 때문에 대체된 이론의 경험적 성공에 기여했던 특정한 이론적 구성요소들이 모두 폐기되었다고 볼 이유는 없다. 각개격파 작전이 옳다면, 이들 구성요소는 대개의 경우 후속 이론에 '승계'될 것이다. (때로는 이들 구성요소 가운데 일부만이 승계될 것이다.)

따라서 이론에 진리 근접적인 구성요소가 있다는 주장을 통해 그 이론의 성공을 설명하고자 한다면, 실재론자는 진리 근접성을 띤 이 구성요소가 (다른 요소보다 더 그럼직하게) 이론의 성공에 핵심적으로 기여하거나 성공의 '연료'를 공급해주었다고 주장해야 한다. 실재론자는 이론의 성공에 기여한 구성요소에만 관심을 기울이면 되고, 그 구성요소가 과연 이론의 성공을 해명하는 데 사용될 수 있는 요소인지, 그러기에는 부족한 요소인지만 검토하면 된다. 이와 유사하게 실재론자가 신경 쓰지 않아도 되는 이론적 구성요소로는 '따로 노는'(idle) 구성요소가 있는데, 이론이 거둔 경험적 성공에 아무런 기여도 하지 않는 요소들이다.

그러면 각개격파 작전을 성공적으로 수행하기 위해서는 무엇이 필요할까? 무엇보다도 과거에 진정으로 성공적이었던 이론의 구조와 내용을 면밀하게 연구해야만 한다. 이에 필요한 것은 주의 깊은 사례 연구일 것이다. 이런 사례 연구를 통해 우리는,

- 과거에 진정으로 성공적이었던 이론의 구성요소 가운데 그 성공에 핵심적으로 기여했던 구성요소들을 확인하고,
- 이들 구성요소가 그 특징상 거짓과는 거리가 멀며, 동일 분야에 속한 후속 이론에서도 여전히 유지되고 있음을 보여주어야 한다.

만일 우리가 현재 받아들이고 있는 이론과 일치하지 않는 모든 이론적 주장이 참신한 예측을 도출하고 주어진 현상을 탄탄하게 설명하는 작업에서 핵심적 기여를 했다고 한다면, 우리는 이론의 경험적 성공을 설명하기 위해 진리 근접성에 호소할 수 없을 것이다. 이렇게 되면 라우든이 이긴다. 그러나 이론의 성공에 핵심적인 기여를 한 구성요소가 후

속 이론에 '승계'되었다면, '비관적 귀납'은 무너질 것이다. 이 주장을 확정하려면 진정으로 성공적이라고 평가되는 몇 가지 과거 이론에 대한 상세한 연구가 필요하다.

실재론자들에게 좋은 소식은, 열에 대한 칼로릭 이론의 몇몇 국면과 19세기 광학 에테르 이론에 대한 여러 연구가 앞서 언급한 두 가지 요구조건 모두를 만족시킨다는 점이다. 이 사례는 다음 장에서 자세히 살펴볼 예정이다. 하지만 지금까지 제시한 논증 **일반**과 관련해서 이런 사례 연구의 세부 사항을 (조명할 만한 가치는 있지만) 꼭 살펴보아야 하는 것은 아니다. 이 논증은, 실재론자들이 위에서 제시한 두 가지 과제를 성공적으로 수행할 경우 이들 사례가 과학적 실재론을 옹호하는 근거가 될 수 있음을 보여주는 데 목적이 있다. 또한 이들 과제를 어떻게 수행할 수 있는지, 특히 예시된 사례 연구가 하는 역할은 무엇이고, 어떤 쟁점에 초점을 맞추고 있으며, 과학적 실재론 대 '비관적 귀납'의 논쟁을 해결하는 데 어떤 관계가 있는지 보여주는 데 그 목적이 있다.

또 다른 문제로, 각개격파 작전이 키처의 접근방식과 너무 유사한 건 아닌지 하는 질문도 제기될 수 있다. '따로 노는' 이론적 구성요소는 키처가 말한 '전제상의 가정'으로, 핵심적 구성요소는 '작동 중인 가정'으로 볼 수 있지 않을까? 이러한 동일시가 타당할 수도 있지만, 두 접근방식 사이에는 차이점이 있다. 내가 따로 노는 구성요소와 핵심적 구성요소를 구분한 이유는, 한 이론의 성공이 어떻게 여러 이론적 구성요소들을 서로 다르게 뒷받침하는지 포착하기 위해서다. 반면에 전제상의 가정과 작동 중인 가정에 대한 키처의 구분은 지시적인 명사와 비지시적인 명사의 차이를 포착하기 위한 것이다. 작동 중인 가정이 "문제 해결 도식 안에서 발견되는, 어떤 명사가 지시하는 추정상의 대상"을 가리킨다면, 전제상의 가정은 "이 도식이 참이 되려면 분명히 존재해야만 하는 존재자들"을 말한다.(Kitcher 1993: 149) 그러나 이 구분에는 문제가 있다. 왜냐하면 문제 해결 도식의 성공은 이 도식에서 중요한 역할을 하는 몇몇 명사의 지시 대상이 존재한다는 것을 뒷받침해주지만, 그렇다고 해서 이 성공이 전체 도식을 참으로 만드는 데 필요한 추정상의 존재자가 실제 존재한다는 것을 뒷받침해준다고 할 수는 없기 때문이다. 그렇다면 어떤 이론의 경험적 성공이 그 이론이 제시하는 존재 주장 전체가 아니라 그 가운데 일부만을 뒷받침한다는 점을 보여주지 않는 한, 키처의 논지는 라우든의 방앗간에서 빻아질 낱알 신세가 되고 말 것이다. 키처는 지적하기를, 에테르와 같은 추정적 지시체는 명백히 해당 도식의 참을 위해 전제된 것일 뿐, 실제로는 물리학의 추론에서 별다른 손해 없이 제거 가능한 것으로 드러났다고 한다.(1993: 145) 그러나 이 제안은 소급 적용에 불과하며, 임시방편적이라는 공격에 대해 무방비일 수밖에 없다. 제거 가능한 가정은 곧 버려질 거라는 식의 임시방편적 대응으로 보이기 때문이다. 그러나 우리가 곧 살펴보겠지만, 각개격파 작전은 이런 공격을 격퇴함으로써 키처의 관점을 개선할 수 있다.[7]

   지금까지 내가 제시한 노선에 대해 핵심적 반론이 나온다면 다음과 같을 것이다. 즉 사후적 고찰이 갖는 이점을 등에 업고, 과거 이론의 성공에 기여한 것으로 추정되는 이론적 구성요소를 후속 이론의 요소로 바꿔버리는 것은 누구든 쉽게 할 수 있는 일이라는 반론이다. 따라서 실재론자들은 먼저 지금까지 유지되고 있는 과거 이론의 구성요소를 파악한 다음, 해당 이론의 경험적 성공에 기여했고 증거의 뒷받침을 받은 것은 그 구성요소들뿐임을 밝혀야 한다. 실재론자들이 과연 그보다 더 잘 해낼 수 있을까? 과거의 요소가 현행 이론에도 유지되고 있는지 여부는 일단 제쳐두고, 과거 이론의 성공에 기여한 이론적 구성요소들을 독립적으로 확인하고, 그 요소들만이 진리 근접성을 지닌다는 점을 보여줄 수 있을까?

이들 문제에 대한 답으로, 우리는 저명한 과학자들이 언제나 위에서 요구된 과제를 수행해왔다고 지적할 필요가 있다. 과거 이론의 성공을 가능케 한 이론적 구성요소를 가려내기 위해 누군가 미래로부터 와야 하는 것은 아니다. 과학자들은 자신이 제시한 이론의 성공에 기여했다고 생각되는 구성요소를 스스로 찾아내는 경향이 있으며, 이 경향은 이론에 대한 그들의 태도에도 반영된다. 이런 태도에 비추어 볼 때 과학의 성공은 전부이거나 전무의 문제일 수 없다. 앞으로 자세히 살펴보겠지만, 대개의 과학자들은 성공적인 이론이 말해주는 모든 것이 진리 근접적이라거나, 그 성공에도 불구하고 이론이 말하는 어떤 것도 진리 근접적이지 않다고 믿는 경우란 없다고 해도 좋다. 오히려 라부아지에, 라플라스, 카르노 같은 과학자들은 그들의 이론(예를 들면, '칼로릭'이라는 열 입자에 관한 이론 등)에 대해 선택적 태도를 보였는데, 일부 이론적 주장은 진리 근접성을 지닌다고 믿었으나 다른 이론적 주장은 너무 사변적이거나 증거의 뒷받침이 없어서 진리 근접성을 지니는 것으로 보기 어렵다고 생각했다. 이런 식의 차별적 태도는, 예측을 도출하고(예를 들면, 소리의 공기 중 전파 법칙을 라플라스가 정확하게 예측한 것) 현상을 탄탄하게 설명(예를 들면, 카르노 기관으로 최대의 열효율을 얻을 수 있다는 카르노의 설명)하는 데 있어 이론의 여러 구성요소가 어떤 방식으로 관여하는지를 보면서 형성된 것이다. 따라서 열이 물질적 유체라는 가정이 그렇듯이, 이론의 성공에 핵심적 기여를 하지 않은 이론적 주장은 의심스러운 것으로 취급되었다. 반면, 열이 잠열의 형태로 남아있을 수 있다는 주장이나 소리의 공기 중 전파가 등온이 아닌 단열 과정이라는 주장이 그렇듯이, 이론의 성공에 '연료'가 되어준 주장들은 증거의 뒷받침을 받는, 진리 근접적인 것으로 여겨졌다.

내 주장은, 과학자들 스스로가 이론의 성공에 기여했다고 믿은(따라서 증거에 의해 뒷받침된다고 믿은) 이론적 구성요소들만큼은 이론의 변화 속에서도 여전히 유지된다는 것이다. 반면, 과학자들 스스로가 너무 사변적이고 근거가 부족하여 진지하게 받아들일 수 없다고 본 구성요소들은 미래의 변화 속에서 살아남지 못하는 경향이 있다. 이 해석이 옳다면, 각개격파 작전은 임시방편적이지 않을 뿐만 아니라, 과학자들이 자신의 이론을 대하는 방식과 각각의 이론적 주장들을 선택적으로 인정하는 방식 때문에 [기존의 실재론에는 없는] 그것만의 설득력을 얻게 될 것이다. 따라서 과학자들이 실재론자에게 가르쳐주는 교훈이 있다면, 전부 아니면 전무의 실재론을 위해서는 싸울 가치가 없다는 점일 것이다.

다음 장에서 나는 두 가지 세부적인 사례 연구를 통해 이상의 철학적 요점 일반을 구체적으로 보여주고자 한다. 두 사례는 라우든의 목록에서 논란이 되고 있는 것으로, 하나는 열에 대한 칼로릭 이론이고, 또 하나는 19세기의 광학 에테르 이론이다. 여기서는 이 사례 연구가 제기하고 옹호하게 될 요점들만을 요약해보겠다.

칼로릭 이론에 대한 연구는, 열의 원인을 물질적 유체인 칼로릭으로 표현하는 것이 라우든(1984a: 113)의 주장처럼 그리 핵심적인 것도, 의심에서 자유로운 것도, 제대로 뒷받침된 것도 아니라는 점을 보여줄 것이다. 칼로릭은 가장 저명한 과학자들이 열 현상의 실제 인과적 작용인이라고 인정하던 추정상의 존재자가 아니었다. 더 중요한 것은, 칼로릭 이론의 경험적 성공이 어떤 물체에 흡수(방출)되어 온도를 상승(하강)시키는 질량 없는 유체의 존재에 대한 주장에 근본적으로 의존하지 않았다는 점이다. 과학자들은 열의 원인이 물질적 실체라는 가설과 **별개로**, 이용 가능한 증거들과 이론의 도출에 사용된 배경 가설만으로도 열에 관한 법칙을 잘 뒷받침할 수 있다고 생각했으며, 칼로릭과 관련된 어떤 가설도 이 법칙을 도출하거나 예측하는 데 사용하지 않았다. 즉 과학자들이 증거에 의해 잘 뒷받침되며 칼로릭 이론의 경험적 성공을 창출한 것으로 보던 법칙은 열의 원인이 물질적 실체라는 가설을 필요로 하지 않았다. 이 연구는 다음과 같은 점을 시사해준다. 즉 과학자들이 칼로릭 이론에서 믿었던 부분은 증거에 의해 잘 뒷받침되어 열에 관한 후속 이론에 계승된 반면, 포기된 가설은 증거에 의해 뒷받침되지 않는 부분이었다는 것이다. 그러므로 첫 번째 사례 연구에서 주목할 요점은 이러하다. 어떤 이론에 의해 확립된 법칙이 그 이론의 중심인 이론적 존재자에 관한 가정과 무관한 것으로 판명되는 경우, 이론 명사 모두가 이론의 참을 가리키지는 않더라도 그 이론의 근사적 참에 대해 이야기하는 것은 완벽하게 합리적이라는 것이다.

두 번째 사례 연구는 19세기의 **역학적 광학 에테르 이론**에 대한 논의로, 조금 다른 방식으로 실재론을 구원한다. 이 연구는 광파의 매질이 지닌 역학적 작용에 관한 연구 프로그램에서 근간이 되었던 일반 이론―라그랑주 역학과 에너지 보존 법칙의 견지에서도 폭넓게 일반화할 수 있는 이론―이 이후 전자기학의 틀에서도 그대로 유지되었다는 점을 보여준다. 이 일반 이론은 발광성 에테르의 연구에 적용되었는데, 발광 에테르는 빛 전파의 기초를 이루는 역학적 구조로, 광파가 광원을 떠난 다음 도착지에 이를 때까지의 시간 동안 광파를 유지하고 그 에너지

(*vis viva*, '활력'이라 부르던)를 저장하는 매질로 여겨졌다. 그런데 광파를 전달하는 매질이 이처럼 그 성분이 알려지지 않은 역학적 구조를 이룬다면, 과학계는 세부 성분은 모르더라도 라그랑주 역학을 응용하여 그 작용을 연구함으로써 이 역학적 구조의 가장 일반적인 속성(예를 들면, 일반 운동 법칙)을 탐구할 수 있을 것이다. 한편, 광파의 매질이 될 수 있는 성분에 대한 탐구는 모형 구축(예를 들면, 그린의 탄성고체 에테르 모형)을 통해 이루어졌는데, 이 모형 구축은 광파의 매질(예를 들면, 횡파transversal wave를 유지하는 능력)과 다른 물리적 체계(예를 들면, 탄성고체) 사이의 유추에 기초한 것이었다. 물론 이 모형들 대부분은 나중에 폐기되었다. 내가 이 사례 연구를 통해 보여주려는 것은 19세기 광학 이론에 대한 잘못된 독해 방식이다. 즉 탄성고체와 같은 모형 때문에 그 이론적 내용이 소진되었다고 읽는 방식은 모형과 (아직은 숨겨져 있던) 실제 역학 체계—과학자들이 이해하고자 했던 작용—를 혼동한 독해인 것이다. 만일 비관적 귀납의 옹호자들이 실패한 과거 모형, 즉 과학자들이 단지 발견을 위한 장치로 여겼던 그 모형들에 호소하여 현재 또는 미래의 모든 물리 이론이 거짓일 가능성이 있다고 추론한다면, 그들은 그저 부당한 공격을 벌이는 것으로 볼 수밖에 없다.

이 두 번째 연구의 요점 가운데 하나는, 버려진 이론 명사인 '발광성 에테르'의 지위와 관련이 있다. '에테르'라는 명사로 지칭되는 빛 전파 매질에 대한 가정이 19세기 광학 이론의 발전에 밑바탕이 되었다는 점은 부인하기 어렵다. 그럼에도 '에테르'는 아무것도 지시하지 않는 과학 용어의 대표적 예로 간주되어 왔다. 그렇다면 이로부터 에테르가 중심 기능을 하는 광학의 광범위한 역학 이론들이 근사적 참이 될 수 없다는 결론이 나오는가? 이 문제에 대한 논의는 이론 명사의 지시 기능을 검토하는 12장에서 이뤄질 것이다. 12장에서는 지시에 대한 인과적 기술 이론(causal descriptive theory of reference)의 필요성을 밝히고, '발광성 에테르'를 전자기장을 지시하는 것으로 생각하는 것이 설득력 있다는 견해를 옹호하고자 한다.

6장 역사적 소묘

열에 대한 칼로릭 이론

열은 질량 없는 유체인가, 운동인가

18세기 말에서 19세기 초까지의 열 이론이 다룬 핵심 문제들은 이러하다. 물체의 온도를 상승 또는 하강시키는 원인은 무엇인가? 뜨거워진 기체의 팽창을 일으키는 원인은? 몇몇 화학 반응에서 열이 방출되는 현상은 무엇 때문이며, 특히 연소의 원인은? 조지프 블랙, 앙투안 라부아지에, 피에르-시몽 라플라스 같은 과학자들이 칼로릭의 인과적-설명적 모형을 도입한 것도 바로 이들 일련의 문제 때문이었다.

칼로릭은 이론적 존재자로 간주되었고, '칼로릭'이라는 말은 그것을 흡수한 물체의 온도 상승을 일으키는 물질, 곧 미세 입자로 이루어진 파괴될 수 없는 유체를 지시하기 위한 이론 명사였다.(Lavoisier 1790:

1~2 참조) 열은 뜨거운 물체에서 차가운 물체로 칼로릭이 이동할 때 관찰되는 현상으로 여겨졌다.(ibid.: 5) 칼로릭은 하나의 물질적 실체이기에 모든 열 과정에서 보존되는 것으로 간주되었다. 1780년대에 라부아지에는 칼로릭을 그의 반(反) 플로지스톤 체계에서 중요 요소로 사용했다.(ibid.: I부 및 Lilley 1948) 이와 함께 열이 보존된다는 가정 역시 실험적 열량측정법의 발전과 그 이론적 탐구에서 중요한 역할을 수행했다.(Laplace와 Lavoisier 1780: 156 참조) 물질의 상전이 과정(예를 들어 물의 증발)에는 아주 많은 양의 열이 필요하지만, 이 과정이 진행되는 동안 물질의 온도는 동일하게 유지된다. 이 때문에 블랙(1803) 역시 열이 잠열의 상태로 존재할 수 있다고 가정했다. 아니, 라부아지에가 이미 칼로릭이 자유 칼로릭(calorique sensible)과 결합 칼로릭의 두 가지 형태로 존재할 수 있다고 가정한 바 있다. 결합 칼로릭은 "친화력이나 전기적 인력에 의해 물체에 고정되어 해당 물질의 일부, 심지어 고체로 굳었을 때도 그 일부를 형성하는"(1790: 19) 것으로 생각되었다. 즉 잠열의 존재가 결합 칼로릭에 의해 설명되었던 것이다.

하지만 열에 대한 역학적 접근법은 결합 칼로릭 이론이 제시된 이후에도 늘 칼로릭 이론의 라이벌 이론으로 존재했다. 역학 이론에 따르면 열의 원인은 물질적 유체가 아니었다. 그보다는 물질을 구성하는 입자의 운동이 열의 원인이었다. 따라서 열은 어떤 물체를 이루는 분자들의 운동 이상도 이하도 아닌 것으로 여겨졌다. 라플라스와 라부아지에는 역학 이론에 대해 다음과 같이 설명했다. "열은 물질을 이루는 분자들의 무의식적인 운동의 결과일 뿐이다. (…) 우리가 검토한 가설[즉 역학 이론]에 따르면, 열은 '활력'(force vive) 곧 물체를 이루는 분자들의 무의식적 운동에서 나온 결과인 것이다."(1780: 151~152)

당시에 열의 원인에 대한 역학적 설명은 칼로릭 이론보다 덜 발전된 상태였다. 그러나 온도가 다른 물체들이 서로 접촉해 있을 때 열이 전달되고 평형을 회복하는 현상은 설명할 수 있었다.(ibid.: 152, 154) 칼로릭 이론의 지지자들 대부분은 역학 이론을 만만찮은 경쟁자로 보긴 했지만, 당시 이용 가능했던 증거로 볼 때는 승리할 가능성이 적은 경쟁자로 간주했다.(Black 1803: 44) 역학적 설명이 과학자들의 관심을 이끌었던 주된 이유는 마찰에 의한 열 생성을 설명할 수 있었기 때문이다. 험프리 데이비(1799: 9~23)는 일련의 실험을 통해 열이 물질적 실체라는 주장을 반박하는 귀류 추론을 제시했는데, 두 물체를 서로 문지르는 등의 운동에 의해서는 물질이 생성되거나 산출될 수 없다는 것이 그의 논지였다. 따라서 이런 경험적 사실들은 열의 원인이 생성 또는 파괴되지 않는 물질적 실체라는 주장을 무너뜨리는 사례들로 받아들여졌다. '럼퍼드 백작' 벤저민 톰슨(1798: 70)은 칼로릭 이론에 대한 데이비의 우려를 받아들여 열이 마찰에 의해 생성된다는 사실을 증명하는 몇 가지 실험을 수행했다. 그는 또 마찰에 의해 열이 **무한정** 생성될 수 있지만 어떤 물질적 실체도 그처럼 무한정 생성되지는 않기 때문에, 열의 원인은 물질적 실체일 수 없다고 주장했다. 반면 열이 운동이라면, 역학 이론의 지지자들이 제시했던 것처럼 마찰에 의한 열 발생을 쉽게 설명할 수 있다고 했다.

하지만 대부분의 칼로릭 이론가들은 럼퍼드 백작의 이의 제기에 별다른 영향을 받지 않았다. 마찰에 의한 열 생성에 사용된 물체가 닳아 없어지기 전까지 그 물체로부터 얻을 수 있는 열량이 한정적이었기 때문이다. 따라서 마찰에 의한 열 생성은 무한할 수 없다는 것이 그들의 주장이었다. 게다가 열에 대한 역학적 표현법은 물리적으로나 수학적으로 발전되지 못한 상태였으며, 그 표현법이 카르노-클라페롱의 역학 이론 및 칼로릭 이론의 기본 법칙과 양립할 수 있음을 클라우지우스와 윌리엄 톰슨이 보여주기 전까지는 큰 관심을 끌지 못했다. 하지만 칼로릭 이론의 표현법에 문제가 없었던 것은 아니다. 가장 중요한 난점은 칼로릭의 질량에 관한 것이었다. 칼로릭 이론의 비판자와 옹호자 모두 칼로릭이 물질적 실체라면 분명 질량과 무게를 지닐 것이라고 생각했다. 그러나 1785년까지 수행된 모든 실험은 가열된 물질이 가열되지 않은 물질보다 더 무겁지는 않다는 점을 보여주었다. 칼로릭의 무게가 측정되지 않는다는 사실은 그 이론에 있어 중요한 문제였다. 몇몇 실험을 검토한 후 블랙(1803: 45)은 이렇게 말한다.

> 따라서 물체가 가열되거나 그 물체 안에 열이 존재함으로써 물체의 무게가 증가한다는 주장은 어떤 실험에서도 입증되지 않았다. 이것은 내가 (…) 언급한 열의 본성 및 원인에 대한 생각[즉 열의 원인이 어떤 물질적 유체라는 생각]과 전혀 일치하지 않는다. 위에서 언급한 실험들은 열의 원인이 물질적 유체라는 가정에 대한 강력한 반례로서 제시할 수 있음을 지적하지 않을 수 없다.

1787년부터 1790년대 말까지 벤저민 톰슨은 '열로 인한 무게'를 계산하기 위해 일련의 실험을 수행했다. 톰슨은 액체를 냉각시켜 온도를 낮췄을 때 무게가 변하는지 조사했는데, 결과는 부정적이었다. 이에 따라 그는 칼로릭에 무게가 없다는 점을 칼로릭 이론이 설명하지 못한다고 결론지었다. "아무리 응축을 해도 그 중력을 확인하려는 우리의 모든 시도가 실패할 만큼 칼로릭은 극단적으로 희소하다"는 가정 외에는 설명할 길이 없다는 것이다. 그와는 반대로 "열이란 가열된 물체의 구성 부분에서 일어나는 내부 진동 운동일 뿐"이라는 이론을 채택한다면, "물체의 무게가 그러한 운동의 영향을 결코 받지 않는다"는 점을 명확히 설명할 수 있다고 주장했다.(1799: 100) 따라서 칼로릭 이론은 칼로릭이 가진 무게가 측정되지 않는다는 실험 결과에 부합하기 위해 인위적인 조작을 해야 했지만, 이와 경쟁하는 역학 이론은 이 사실에 좀 더 자연스럽게 부합할 수 있었다.

그렇다면 열 연구의 초기 단계에서 칼로릭 이론이 우위를 차지하고 있었다고 해서, 당시 과학자들이 칼로릭 이론을 사실로 믿었다고 보아야 하는가? 내가 보여주려는 것은, 이 이론의 가장 저명한 옹호자들조차 이 이론의 인식적 가치를 표현하는 데 매우 신중했다는 점이다. 다음 사항들을 검토해보자.

1. 칼로릭 이론의 저명한 옹호자들 대다수는 이 이론이 직면한 난점을 알고 있었다.
2. 이들은 열에 대한 대안적 표현이 더 이점이 있다는 것, 특히 마찰로 인한 열 생성을 설명하는 데 더 유리하다는 것을 알고 있었다.
3. 또 이들은 실험적 증거의 불확실성에 대해, 또 이용 가능한 대부분의 실험 결과가 부정확하다는 데 대해서도 잘 알고 있었다.

이러한 요인들 때문에 칼로릭 이론에 대해 연구하던 대부분의 저명한 과학자들은 매우 조심스럽게 발언하고 이 이론에 대한 주장에 신중했다. 이 같은 태도를 가장 잘 보여주는 예는 아마도 블랙일 것이다. 블랙은 강의에서 열에 대한 당대 이론을 다 다루었다. 그는 "열에 대한 우리의 지식이 열 이론을 자신 있게 제안하거나 열의 즉각적인 원인을 결정할 수 있을 만큼 완벽한 상태에 이르지는 못했다"는 점을 특히 강조했다.(1803: 42) 그는 열이 물질적 유체라는 '가정'이 "가장 가능성 있다"고 보았지만, "이 가정들[물질적 가정과 역학적 가정] 가운데 어떠한 것도 그 가정을 내놓은 학자들에 의해 충분하고도 정확하게 검토되지 않았으며, 열에 관련된 **사실과 현상 전체**를 설명하는 데 쓰이지 않았다"고 덧붙였다. "따라서 그들은 열의 본성에 대한 적절한 **이론**이나 **설명**을 제시했다고 볼 수 없다"는 것이다.

블랙이 칼로릭 이론에 대해 신중한 태도를 보인 것은, 당시 가능했던 열에 대한 두 이론 가운데 어느 쪽도 그때까지 알려진 **모든** 열 현상을 적절히 설명할 수 없었기 때문이다. 그는 칼로릭 논자들이 그 이론을 발전시키기 위해 기존 설명에 부합하지 않는 경험에 대응하여 사용했던 방법 대부분이 임시방편적이라고 말했다. 블랙은 또 임시방편적 수정에 대해서도 매우 훌륭한 설명을 제시했다.

> 많은 사람들이 물체와 열의 결합에 대한 사변을 통해 자신만의 독창적인 관점을 제시했다. 하지만 그것들은 모두 가설일 뿐이고, 이들 가설들은 실제로는 또 다른 가설을 가설적으로 적용한 것에 지나지 않기 때문에 그 본성상 극도로 복잡할 수밖에 없다. 이런 점에서 나는 그것에 주목하여 유용한 정보를 많이 얻을 수 있으리라 기대하지 않는다. **실험 조건만 잘 조정하면 그 어떤 가설도 현상에 거의 들어맞게 될 것이다.** 이것이 우리의 상상력을 흡족하게 할 수는 있지만 지식을 발전시키지는 못할 것이다. (1803: 46)

열의 원인이 물질적 실체라는 가설에 대해 더 나은 증거가 나올 때까지 판단을 유보하는 태도는 비단 블랙만의 특이한 행동이 아니었다. 라플라스와 라부아지에 역시 열에 대한 두 이론을 제시한 다음, 실험적 열량측정 이론이 열의 원인에 대한 고찰과 무관하다고 주장했기 때문이다. 이들의 설명을 들어보자.

> 우리는 앞서 언급한 두 가설[열에 대한 물질 이론 대 역학 이론]에 대해 판단하지 않을 것이다. 몇 가지 현상들은 두 번째 가설[역학 이론]에 더 잘 들어맞는 것처럼 보인다. 예를 들어, 두 고체의 마찰에 의해 발생하는 열이 그렇다. 하지만 다른 현상들은 첫 번째 가설[열에 대한 물질 이론]에 의해 더 간단히 설명된다. 아마도 일부 현상은 두 이론에 다 부합되기도 할 것이다. 따라서 (…) 우리는 두 이론의 공통된 원리를 받아들여야 한다. 다시 말해서, 어느 이론에서든 단순한 물체 혼합물에 있어 자유 열의 양은 항상 동일하게 유지된다는 것이다. (…) 그렇다면 단순한 물체 혼합물에서 자유 열의 보존은 열의 본질에 대한 두 가설과는 독립적으로 성립하는 것이다. 이것이야말로 물리학자들이 일반적으로 인정하는 사실이며, 우리 역시 다음 연구에서 이 사실을 채택할 것이다. (1780: 152~153)

이 설명은 두 가지 점을 시사해준다. 먼저 열량 보존의 원리를 이들이 채택한 것은, 열의 원인이 특정 물질이라는 주장으로부터 그 원리가 결과로 도출되었기 때문이 아니었다. 그보다는 열량측정 실험에서 나온 **이론적 일반화**로 열량 보존의 원리를 받아들일 수 있었기 때문에 그 원리를 고수한 것이다. 한편, 열량측정과 관련된 법칙들은 열의 원인에 대한 연구와는 무관하게 얻은 것이기 때문에, 열의 원인에 관한 두 이론을 시험하는 데 쓸 수 없었다.

라부아지에는 칼로릭 이론에 대한 유보적 입장을 그의 기념비적 저서 『화학 원론』(*Traité Élémentaire de Chimie*, 1789)에서 다시 피력했다. 이 저서에서 그는 열 현상의 원인에 대한 후보로 열의 물질 이론을 제시했지만, 그것을 인정하고 후보 자격을 부여하는 데 신중을 기했다. "엄격히 말해서 우리는 열을 실재하는 물질로 가정해야만 하는 의무가 없으며, 이 책의 후속편에서 더 분명히 밝히겠지만, 그 정체가 무엇이든 물질 입자들을 제각각 흩어버리는 반발 현상의 원인이라 보면 충분할 것이다."(1790: 5)

이 모든 것으로부터 우리는 이 시기의 과학자들이 열의 원인이 물질적 실체라는 가설을 옳다고 인정한 건 아니라는 결론을 내릴 수 있다. 따라서 칼로릭은 라우든이 제시한 것처럼(1984a: 113) 그렇게 중심적 가정의 위치에 있었던 게 아니다. 마찬가지로 열의 원인을 찾으려는 이론적 시도 역시 칼로릭이 바로 그 원인이라는 의심할 바 없는 믿음을 중심으로 수행된 것도 아니었다. 대부분의 과학자들이 보여준 신중한 태도는 다음의 몇 가지 중요한 방법론적 고려에서 나온 것이었다.

1. 칼로리 이론은 쉽게 설명할 수 없는 이상 현상에 부딪히곤 했다.
2. 칼로릭 이론이 부딪힌 이상 현상들 중 일부를 설명할 수 있는 대안 이론이 존재했다.
3. 열의 원인이 물질적 실체라는 가설은 열량측정 법칙들의 도출과 설명에 본질적이지도, 불가분의 관계에 있지도 않았다.
4. 몇몇 이상 현상을 설명하기 위해 칼로릭 이론에 가해진 수정은 인

위적이고 임시방편적이었다.
5. 실험적 열량측정에 관한 연구 대부분은 열에 대한 어떠한 이론과도 독립적으로 수행되었다.

하지만 이로부터 칼로릭 이론에 대한 과학자들의 태도가 도구주의적이었다고 추론하는 것은 잘못일 것이다. 오히려 나는 오늘날의 철학적 용어법을 사용해서 이들의 입장을 이렇게 표현하고 싶다. 이 이론에 대한 과학계의 태도는 **의미론적** 실재론의 입장이었다. '칼로릭'은 한 물체에서 다른 물체로 이동하면서 온도 변화를 일으키는 물질적 유체를 추정적으로 지시하는 명사였다. 과학자들의 태도는 **인식적으로** 신중했고 또한 세분화되어 있었다. 그들의 인식적 태도는 전부 아니면 전무가 아니었고, 오히려 이론의 여러 이론적 구성요소를 뒷받침하는 증거에 의해 결정되었다.

소리의 공기 중 전파 속도에 대한 라플라스의 예측

칼로릭 이론이 기여한 가장 주목할 만한 성공적 예측 가운데 하나는 공기 중 음속에 대한 라플라스의 예측이다. 1816년 라플라스는 회고록을 통해 소리가 단열 방식으로 전파되며, 이를 통해 음속을 정확하게 예측할 수 있다고 제안했다. 이것은 아주 놀라운 성공이었는데, 공기 중 음속에 대한 뉴턴의 계산을 바로잡은 것이었기 때문이다. 소리가 기체를 통과할 때 기체의 팽창과 수축이 등온 과정으로 이뤄진다고 가정했던 뉴턴과 달리, 라플라스는 소리의 전파가 단열 과정이라고 주장했다. 그는 공기를 압축할 때 풀려나는 일정량의 잠열이 소리 전파 과정에서 발생한다고 가정했다. 이 열은 일반적으로 기체 중으로 확산된다. 그러나 라플라스에 따르면, "이러한 확산 과정은 소리로 인한 진동 속도에 비해 대단히 느리게 진행되기 때문에, 우리는 한 번의 진동이 일어나는 동안 인접한 두 분자 사이에 열의 양이 동일하게 유지된다고, 감지 가능한 오차 없이 상정할 수 있다."(1816: 181) 그런 다음 그는 기체의 등온 압축에 의해 소리 전파의 근사치를 구했고, 이어서 부피를 일정하게 한 채 기체를 가열했을 때의 효과를 검토했다.

라플라스는 뉴턴이 기체의 압력(또는 탄성)에 미치는 두 번째 과정의 효과를 제대로 이해하지 못했다고 주장했다. 라플라스는 "두 번째 원인 [일정한 부피 상태에서 기체 가열]이 공기의 탄성을 증가시키기 때문에 소리의 속도를 증가시킬 것이 분명하다"(ibid.)고 보았다. 그런 다음 그는 음속이 다음의 공식으로 표현된다는 것을 보여줄 수 있었다.

$$v^2 = (c_p/c_v)dP/d\rho$$

여기서 c_p는 압력이 일정한 상태인 공기의 비열*이고, c_v는 부피가 일정한 상태인 공기의 비열이다. 그리고 P는 압력, ρ는 공기의 밀도이다.[1] 값은 345.18 m/s로 계산되었다. 라플라스는 이 값과 실험에서 측정된 값 사이의 차이를 "실험에서 쓰인 측정 장비의 불확실성"(1816: 181 참조)에 돌렸다. 실제로 그는 옳았다. 그는 $\gamma(=c_p/c_v) = 1.5$로 계산했는데, 이 값은 드 라로슈와 베라르가 라플라스와는 무관한 목적으로 계산한 값

---

* specific heat(比熱). 어떤 물질 1g의 온도를 1℃만큼 올리는 데 필요한 열량. 특정 단위의 질량에 열량이 가해졌을 때 이에 따른 온도 변화의 비율을 말한다.

과 같았기 때문이다.[2]

이 성공적이고 참신한 예측은 열을 물질적 실체로 보는 가설에 어떤 방식으로든 의존하고 있었을까? 비록 라플라스가 칼로릭 이론의 옹호자였다 하더라도, 그의 설명이 열에 대한 어떤 특정 표현에 명시적으로 의존한 것은 아니었다. 소리의 전파를 단열 과정으로 설명하려고 한 라플라스의 시도는 본질적으로 옳았으며, 열에 대한 이후의 이론적 설명에서도 그대로 유지되었다는 점 역시 주목할 만하다.

1823년 푸아송은 단열 과정을 지배하는 일반 법칙으로 PV^γ = 상수라는 법칙을 이론적으로 정립했는데, 여기서 γ는 온도가 일정한 동일 기체의 부피가 변화할 때 보여주는 두 비열 간의 비율이다.(1823: 328~329 참조) 그러나 여기서도 이 법칙은 열의 원인에 대한 어떠한 특정 가설과도 **독립된** 것으로 드러났다. 확실히 푸아송은 어떤 물체가 흡수하거나 방출하는 열의 양이 해당 물체가 지닌 세 가지 거시적 특성, 즉 압력 P, 온도 T, 부피 V의 **상태 함수**라는 가설에 의존하여 자신의 법칙을 도출했다. 여기서 검토할 가치가 있는 부분은, 어떤 과정에 관여하는 열의 양이 거시적 매개변수(압력, 온도, 부피)의 상태 함수라는 가정을 성숙한 칼로릭 이론의 기본 가설로 받아들여야 한다는 점이다. 만약 그러한 열의 상태 함수가 존재한다면, (V_1, T_1)에서 다시 (V_1, T_1)으로 돌아오는 전체 순환과정에서 흡수된 열의 양과 방출된 열의 양은 변화가 일어나는 방식과는 무관하게 서로 같다는 계산이 나올 것이고, 이로부터 열은 일종의 보존적 물리량이라는 결론을 얻게 될 것이다. 열역학에 대한 클라우지우스의 연구 이후, 열은 더 이상 어떤 기체가 지닌 거시적 특성들의 상태 함수로 인식되지 않는다. 그와 달리, 물체가 방출하거나 흡수하는 열의 양은 그 과정이 어떻게 일어나는지에 따라 달라지는 것으로 드러났다. 더 구체적으로 말하면, 열 순환과정에서 일이 산출될 때 이 순환 과정에 관여하는 열의 양은 변화를 겪는 물체가 처해 있는 초기 상태와 최종 상태에 고유하게 의존하지 않는다. 결국 모든 열 과정에서 열이 보존되는 것은 아니다.

하지만 푸아송이 단열 과정의 이론적 법칙을 도출했던 과정은 근사적으로 옳은 것이었다. 비록 열이 기체의 상태 함수는 아니라 하더라도, 푸아송의 방법―즉 열의 극미한 변화를 두 개의 거시적 매개변수의 부분 도함수로 보고 분석하는 방법―을 사용하면 단열 과정에서 일어나는 것과 같은 기체 열량의 극미한 변화를 근사적으로 예측할 수 있기 때문이다.(Fermi 1936: 20, 21~26 참조) 따라서 발전된 칼로릭 이론에서 열을 상태 함수로 수리적으로 표현할 수 있다는 가정을 통해 열의 원인이 물질적 실체라는 가설을 구체화할 수 있었다 해도, 소리 전파에 대한 라플라스의 설명은 이 가설에 의존한 것이 아니었다. 나아가 단열 과정의 법칙을 이론적으로 도출했던 푸아송의 시도 역시, 열이 상태 함수라는 수학적 표현법을 도출하는 데 그 법칙이 사용되었음에도 근사적으로 옳은 것이었다.

카르노와 칼로릭[3]

이제 논의의 초점을 옮겨 카르노의 연구에서 칼로릭 이론이 수행한 역할을 검토해보자. 카르노는 「불의 원동력에 대한 고찰」이라는 논문에서, 어떤 기체가 일정한 변화를 겪고 초기 상태로 돌아갈 때(즉 전체적이고 가역적인 열 순환과정을 거칠 때) 거기서 산출되는 '일'에 대한 이론적 연구를 수행했다.

열의 원동력에 대한 이론적 설명에서 카르노는 열량 보존의 원리와 상태 함수의 존재를 받아들인 것처럼 보인다. 예를 들어 그는 (비록 각주에서만 언급했지만) "이 사실(열량 보존의 법칙)은 한 번도 의문을 불러일으킨 적이 없다. 처음에는 별다른 검토 없이 받아들여졌지만, 이후 열량계를 사용한 다수의 실험에서 검증되었다. 그것을 부정하는 것은 그것을 토대로 하는 열 이론 전체를 뒤엎는 일일 것이다"(1824: 19/76)[4]라고 썼다.

하지만 카르노는 열이 어떤 과정에서나 보존된다는 가설이 부딪히는 난점에 대해서도 잘 알고 있었다. 심지어 그는 칼로릭 이론의 핵심 공리로 여겨지는 이 가설의 견실성에 대해 의문을 표시하는 논문을 발표하기도 했다. 그는 이렇게 지적했다.

> 그러나 우리가 확인을 위해 제안한 기본 법칙[즉 열이 상태 함수라는 것]이 의심의 여지가 없는 것이 되기 위해서는 여전히 새로운 검증이 필요한 듯하다. 그것은 오늘날 이해되고 있는 열 이론에 기초하고 있는데, 이 기초를 의심할 바 없이 견고하다고 말해서는 안 될 것이다. 이 질문에 답할 수 있는 것은 오로지 새로운 실험뿐이다. 한편, 우리는 위에서 표현한 이론적 생각을 정확한 것으로 간주하고서, 열의 원동력을 입증하기 위해 지금까지 제시된 다양한 방법을 검토하는 데 적용할 수 있다. (1824: 46/100~101)[5]

열의 원동력과 관련하여 카르노는 증기기관이 일을 산출하는 이유는 기관의 각 부분에 **칼로릭이 재분배**되기 때문이라고 말했다. 그는 기관의 보일러에서 나온 증기가 칼로릭을 냉각기로 운반하는 데 사용되기에,

이 과정에서 어떠한 열량 소모도 일어나지 않고 역학상의 일이 산출되는 것이라고 보았다. 열이 물질적 실체라는 이 가설은 다음의 논제들을 함축한다. 즉 칼로릭이 하나의 물질이라면 파괴되지 않아야 하고, 그렇다면 칼로릭은 열기관에서 소비되지 않고 단지 재분배되는 것만으로도 일을 산출할 수 있다는 것이다.

하지만 카르노는 열 보존 가설을 사용하지 않도록 세심한 주의를 기울였다. 이 주장을 뒷받침하기 위해 잘 알려진 카르노 사이클(行程)과 관련된 정리를 살펴보자. 카르노는 온도는 서로 다르지만 각각의 값이 일정하게 유지되는 두 물체 A와 B를 고찰한다. T_1과 T_2는 두 물체의 온도이고 $T_1 > T_2$이다.(그림 6.1) 여기서 일하는 물질은 탱크 $abcd$에 들어 있는 기체로, 윗면 cd는 피스톤에 의해 이동 가능하다. 카르노는 다음 네 단계로 이루어진 과정을 제시했다.

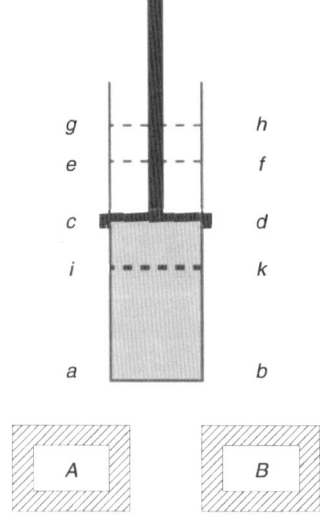

그림 6.1 카르노 사이클(Carnot 1824에서 인용)

1. 기체가 온도 T_1을 유지하는 물체 A와 접촉하게 되며, T_1을 유지한 채 ef 지점까지 천천히 팽창한다.(V_1에서 V_2로의 등온 팽창)
2. 물체 A는 이 과정 이후 기체로부터 제거되며, 이어서 해당 기체는 ef 지점에서 gh 지점까지 팽창해 나간다. 이 지점에서 기체 온도는 물체 B와 같은 온도 T_2가 된다.(T_1에서 T_2로의 단열 팽창)
3. 그 다음 이 기체는 온도 T_2를 유지하는 물체 B와 접촉하게 되고, T_2를 유지한 채 gh에서 cd로 압축된다.(V_2에서 V_1으로의 등온 압축)
4. 물체 B가 제거되고 기체는 cd에서 그 최종 온도가 T_1이 되는 지점 ik까지 압축된다. 마지막으로 이 기체는 물체 A와의 접촉에 의해 초기 상태 ab로 되돌아간다.(T_2에서 T_1으로의 단열 압축)

네 단계를 같은 순서로 반복하면 이 과정을 무한히 반복할 수 있다. 카르노는 이 사이클을 이용하여 다음의 명제들을 증명한다.

(1) 일의 최대량은 어떤 물질이 카르노 사이클에서 변형되는 경우와 오직 그 경우에만 산출될 수 있다. (1824: 19/76 참조)

이 정리의 가장 흥미로운 부분은 카르노가 독립적으로 확립된 배경지식에 호소하여 그것을 증명한다는 점이다. 카르노가 말한 것처럼, 카르노 사이클 C에서 산출되는 일 W의 양보다 다른 사이클 C'에서 산출되는 일 W'의 양이 더 많다고 해보자. 그렇다면 영구 운동을 만드는 것이 가능할 것이다. 왜냐하면 먼저 물질에 사이클 C'의 변형을 가한 다음, 거기서 생긴 여분의 원동력 $W' - W$를 냉각기(차가운 물체)에서 보일러(뜨거운 물체)로 보내고, 마지막으로 물질에 카르노 사이클 C의 변형을 가하면, 이로부터 초과 동력이 산출될 수 있기 때문이다. 하지만 "(…) 이것은 영구 운동일 뿐만 아니라, 칼로릭이나 여타의 어떤 물질도 소모하지 않는 원동력을 무한히 창출하는 것이기도 하다. 이런 창출은 현재 받아들여지는 생각들, 곧 역학 및 소리 물리학의 법칙과 전적으로 반대된다."(1824: 12/69) 따라서 카르노는 영구 운동을 피하기 위해서는 $W'-W$의 값이 반드시 음수이거나 0이어야 한다고 결론 내린다. 따라서 W는 가역적 사이클에서 산출할 수 있는 일의 최대량이다.

(2) 어떤 사이클에서 산출되는 일은 그것에 사용되는 물질과는 무관하며, 열량이 일정하다면, 오직 그 사이클 안에 있는 물체들의 온도 차이에만 의존한다.[6]

카르노에게 있어, 역학적 일의 산출 과정에서 결정적 역할을 하는 요소는 증기기관의 보일러와 냉각기 사이의 온도 차이이다. 따라서 그는 올바르게도 사이클에서 산출되는 일이 관여 물질과는 무관하다고 결론 지었다. 또한 카르노는, 어떤 사이클에서 산출되는 일은 그 과정이 진행되는 동안 (뜨거운) 물체 A에서 (차가운) 물체 B로 전달되는 **열량의 함수**라고 제안하기도 했다. 다시 말해, 전체 사이클 C에서 산출되는 일의 양은 $W(C) = g(Q'', T_f - T_i)$이다. 이 두 번째 정리의 증명은 카르노 사이클에서 열이 보존된다는 잘못된 가정과 관련이 있는 것으로 보인다. 열이 보존된다는 가정에 대한 의구심에도 불구하고, 카르노는 카르노 사이클에서 산출되는 일이 A와 B 사이의 칼로릭 **재분배**에 기인한다고 가정했다. 이는 물체 A에서 방출되는 열량 Q_A가 물체 B에서 흡수되는 열량 Q_B와 같은 양이라는 의미로 받아들일 수 있으며, 따라서 모든 열이 물체 A

에서 물체 B로 옮겨갔다는 뜻이기도 하다. 그런 의미에서 카르노의 증명은 다음 수식에 기초하고 있다고 할 수 있다. $Q_{A'} = Q_B = Q''$. 이 수식은 에너지 보존에 대한 진술이며, 카르노의 증명에 핵심적으로 이용되는 것처럼 보이기도 한다. 하지만 여기서 카르노는 다시 한 번 조심스런 태도를 보여준다. 카르노 사이클을 제시하면서 그는 결코 물체 A에서 방출된 열량이 물체 B에 **흡수**되었다고 명시적으로 말하지 않았다. 카르노 사이클 제4단계에서(그림 6.1 및 관련 본문 참조) 카르노는 "공기가 물체 A의 온도를 얻을 때까지 압축이 계속된다"(1824: 18/75)고만 말했다. 이것은 옳은 말이며, 결코 $Q_A = Q_B = Q''$를 함축하지도 않는다. 따라서 카르노는 자신의 법칙을 확립하기 위해 열 보존에 대한 어떤 가정에도 호소할 필요가 없었다.[7]

이 마지막 요점을 좀 더 명확하게 설명하기 위해 우리는 조금 앞질러서 카르노 사이클에 대한 에밀 클라페롱의 설명(1834)을 살펴볼 필요가 있다. 클라페롱은 카르노의 이론에 대해 오늘날 잘 알려진 도해를 처음 제시한 인물이다. 차가운 물체 B와 접촉해 등온 압축된 기체는 결정적 단계인 제4단계가 진행되면서 단열 압축되는데, 클라페롱은 이 단계에 대해 "기체의 압축에 의해 방출되고 물체 B에 흡수된 열이, 사이클 첫 단계에서 A와의 접촉으로 기체 팽창이 일어나는 동안 A가 그 기체에 전달하는 열과 정확히 같아질 때까지 압축은 계속된다"(1834: 76~77)고 말했다. 이것은 명백히 보존을 언급하는 진술이다. 따라서 카르노 사이클의 **해석**에 있어 클라페롱은 $Q_A = Q_B = Q''$, 즉 카르노 사이클에서 열이 보존되기를 원했다.

카르노의 정리와 그 증명에 대한 지금까지의 분석에 비추어 볼 때, 이 정리는 카르노 사이클에서 열이 보존된다는 가설에 의존하지 않는다는 것을 알 수 있다. 실제로 카르노는 사후 출간된 메모—회고록이 출간된 지 얼마 안 된 시점에 쓴—에서 칼로릭 이론을 폐기해야 한다고 말한 바 있다. 그는 칼로릭 이론 내에서는 "왜 열에 의한 동력을 증대시키기 위해 차가운 물체가 필요한지, 그리고 왜 운동이 가열된 물체 안의 열에 의해 산출될 수 없는지를 말하기 어려울 것"(1986: 187)이라고 강조했다. 카르노는 열에 의해 일이 산출되는 과정을 설명할 때 열 보존 가설을 사용하면, 이 가설들이 무너지게 된다고 말했다.[8] 동시에 그는 열에 대한 칼로릭 이론이 주로 마찰에 의한 열 발생과 관련된 일련의 실험 결과에 의해 약화되었다는 점 또한 강조했다.(1986: 185~186) 사후 출판된 그의 노트를 보면, 1824년부터 1832년 사망하기 전 어느 때인가부터 그가 열역학 이론에 호의를 보였음을 확인할 수 있다.[9]

증거에 의한 지지 관계를 국지화하기

잘 확립된 실험적 열량측정의 법칙들, 단열 변화의 법칙, 그리고 카르노의 일 이론에 비추어 볼 때, 칼로릭 이론에 대한 가장 저명한 과학자들의 태도는 이렇게 요약할 수 있다. 열이 물질적 실체라는 가설에 기초한 이론적 법칙이 참일 확률은 높지 않으며, 또한 이 가설이 거짓일 확률 역시 이들 법칙이 참일 확률보다 압도적으로 높은 것은 아니다.

지금까지의 내 설명은 **증거에 의한 지지 관계를 국지화**하는 것이 원리상으로나 실제적으로 가능하다는 전제에 기초한 것이다. 즉 이론의 어떤 부분들이 현재의 증거에 의해 뒷받침되는지, 또는 어떤 부분이 다른 부분보다 더 잘 뒷받침되는지를 보여줄 수 있다는 것이다.[10] 그러나 라우든(1981: 26~27)은 실재론자들이 입증 문제에 있어 전체론자가 되어야 하며, 그렇지 않고서는 해당 이론의 심층 구조적 주장이 잘 뒷받침된 다고 주장할 수 없다고 지적했다. 그는 또한 실재론자라면 어떤 이론에 대한 관찰 증거가 그 이론이 주장하는 모든 것에 대한 증거이기도 하다 는 관점을 받아들여야 한다고 생각하는 듯하다. 그러나 실재론에 대한 라우든의 요구는 증거의 지지에 대한 다소 잘못된 입장에 근거한 것으로 보인다. 이 입장에 따르면, 경험적 증거는 관련된 이론적 주장 가운데 일부만을 뒷받침할 수는 없다고 한다. 다시 말해, 경험적 증거는 이론을 전체로서 뒷받침함으로써 그것을 구성하는 이론적 주장들을 각기 그리고 모두 뒷받침한다는 것이다.

라우든의 주장은 경험적 증거가 이론에 제공하는 뒷받침이 그 이론의 심층 구조적 주장 전체에 확장될 수 있다는 보이드(1981)의 주장을 잘못 읽은 데서 비롯된 것이다. 보이드의 논점은, 경험적 증거가 오로지 이론이 제시하는 경험적 주장만을 뒷받침한다는 경험주의적 주장을 부정하는 데 있었다. 그는 한 이론이 경험적으로 타당하다는 증거가 있다면 그 이론이 참이라는 증거로 삼을 수 있으며, 특히 그 이론적 주장들이 참이라는 증거가 될 수 있다고 강조했다. 하지만 보이드의 입장은 실재론자에게 전체론적 입증을 요구하려는 것이 아니었다. 그가 말하려 했던 것은 입증이 이론적 주장들 모두에까지 확장되며, 단지 관찰의 층위에만 머무르는 것은 아니라는 것뿐이었다. 그러므로 경험적 증거가 이론을 이루는 여러 이론적 구성요소들에 각기 다른 수준의 정당성을 부여할 수 없다고 생각할 이유는 없다. 또한 이론의 모든 부분이 증거에 의해 똑같이 잘 뒷받침된다고 생각할 이유도 없다. 경험적 증거는 어떤 이론의 이론적 요소들 전부를 뒷받침할 수도 있지만, 그 가운데 일부를 다른 요소보다 더 잘 뒷받침하거나 다른 이론적 주장에 대해서는 침묵할 수도 있다. 열에 대한 칼로릭 이론을 검토하면서 확인했듯이, 실제 과학 이론에는 증거에 의해 보증되는 심층 구조적 주장도 있고, 그렇지 못한 주장도 있다.

이제 증거가 이론적 주장들을 미약한 수준으로만 뒷받침하는 몇 가지 경우에 대해 살펴보자.

- 증거의 일부분이 해당 이론을 구성하는 특정한 이론적 주장과 충돌하는 경우.
- 기존 설명에 부합하지 않는 경험이 주어졌을 때, 일부 이론적 주장이 불리한 새 증거에 맞추기 위해 임시방편적으로 수정되는 경우.
- 일부 이론적 주장이 그것과 경쟁하면서 양립 불가능한 주장에 비해 증거의 뒷받침을 덜 받는 경우.
- 일부 이론적 주장이, 그 주장이 참일 확률을 증대시키지 않는 기존의 견실한 배경적 믿음에 대해 '중립적'인 경우.

5장에서 강조했듯이, 예측을 도출하고 관찰 가능한 현상에 대한 잘 뒷받침된 설명을 제공하는 데 있어 이론의 심층 구조에 있는 주장들 모두가 동등한 역할을 수행하는 것은 아니다. 어떤 이론적 주장은 예측을 도출하고 현상을 설명하는 데 필수적일 수 있고, 어떤 주장은 '따로 노는' 주장일 수 있다. 일부 이론적 주장은 근저에 있는 원인을 단순히 시각화한 것에 불과할 수 있다. 이런 종류의 주장은 시험 가능한 예측을 생성하거나, 그 이론을 철저하게 시험할 수 있는 조건을 명시하는 데 쓸 수 없을 것이다. 심층 구조적 주장들이 높은 확률에서 낮은 확률까지 다양한 정도로 증거에 의해 뒷받침될 수 있음을 고려할 때, 이론의 성패에 대한 찬사와 비난을 국지화하고 몇몇 이론적 구성요소에 대한 뒷받침 수준을 구분하는 것은, 입증 대상인 이론 모두에 경험적 제한을 가하는 훌륭한 방법일 것이다. 따라서 경험적 증거가 이론적 층위에 속한 모든 주장을 뒷받침한다고 강조하는 입장은 충분히 일관성 있는 생각이지만, 이런 뒷받침이 무차별적으로 아무런 구별 없이 이루어지는 것이 아님을 인식하는 것이 중요하다.

요약해보자. 증거가 이론 전체를 뒷받침해야 한다는 라우든의 전체론적 요구에 대한 실재론의 대답은 다음과 같아야 한다. 과학자들이 어떤 이론적 믿음을 마음에 품고 있다면, 그것은 그가 손에 쥔 경험적 증거가 다른 견실한 배경지식과 함께할 경우 그 믿음을 잘 입증해주기 때문이다. 이러한 입장은 이론에 대한 입증을 국지화할 여지를 준다. 경험적 증거는 분명 심층 구조적 주장까지 확대 적용될 수 있다. 하지만 거기까지 가는 과정에서 증거는 여러 층위의 주장들을 서로 다른 정도로 뒷받침할 것이다. 실재론자가 입증되지 않은 이론적 주장들을 인정할 필요는 없지만, 어떤 이론적 주장이 경험적 증거와 견실한 다른 배경지식에 의해 잘 뒷받침되는 한, 실재론자들은 그 주장을 인정할 만한 좋은 이유를 지니고 있는 것이다. 증거는 어떤 것이 참일 가능성이 높은 이론적 주장인지, 그리고 어떤 것이 판단을 유보하거나 폐기해야 할 이론적 주장인지 보여줄 수 있다. 따라서 과학적 실재론자는 어떤 이론을 반드시 전체로서 받아들일 필요가 없다. 대신, 실재론자는 성공적이고 성숙한 과학 이론을 이루는 각각의 구성요소에 대해 **차등적인 태도**와 **차등적 수준의 믿음**을 가질 것을 요구하고 옹호한다. 일반적으로 어떤 이론에 대한 믿음의 수준은 이용 가능한 증거가 그것을 얼마나 뒷받침하는지에 따라 달라진다. 이론을 이루는 각각의 구성요소들이 서로 다른 수준의 뒷받침을 받을 수 있기 때문에, 실재론자들은 그것에 맞춰 이론을 어느 정도로 참으로 볼지 결정해야 한다. 따라서 나는 과학 이론에 대한 믿음은 올바른 인식적 태도가 될 수 있지만, 정도의 차이를 허용한다고 강조하고 싶다. 다시 말해서 어떤 이론에 대한 믿음과 그 이론의 구성요소들에 대한 믿음은 많은 경우 정도의 문제라는 것이다.

칼로릭 이론에서 열역학으로

지금까지의 사례 연구에서 얻은 한 가지 주된 결론은, 칼로리 이론의 법칙이 '칼로릭'이라는 명사의 지시 실패와 무관하게, 즉 '칼로릭'이라는 명사의 지시 대상인 자연종의 부재와 무관하게 근사적으로 참이라고 볼 수 있다는 것이다. 따라서 어떤 이론에 의해 수립된 법칙이 핵심적 이론 명사나 관련 가설과 무관한 것으로 판명되더라도, 그 이론이 근사적으로 참이라고 말하는 것은 여전히 의미가 있다고 강조해도 될 것이다.

칼로릭 이론에 중요한 진리 내용이 존재한다는 것은, 우리가 사후약방문으로 도출해낸 결론이 아니다. 이제 나는 현대 열역학의 창시자 가운데 한 사람인 클라우지우스에게 초점을 돌리고자 한다. 열에 대한 칼로릭 이론이 열역학이라는 새로운 이론의 옹호자들에게도 근사적 참으로 받아들여졌다는 점을 보여주기 위해서다.

루돌프 클라우지우스는 일을 산출하는 열용량[*]을 집중적으로 연구했

---

[*] capacity of heat. 어떤 물질의 온도를 1°C 또는 1K(절대온도) 높이는 데 필요한 열량. 열을 가하거나 빼앗을 때 물체의 온도가 어떻게 변하는지 알려주는 값이다. 256쪽 옮긴이 주의 '비열'(比熱)도 참고할 것.

다. 그의 관찰 결과는 다음과 같다.

1. 줄(James Joule)이 실험을 통해 제시한 열과 일의 등가성 원리—일정량의 일이 산출되면 그에 비례하는 일정량의 열이 반드시 소비된다는 원리—는 일이 산출되는 열 사이클에서 어떠한 열도 손실되지 않는다는 카르노의 '보조 진술'과 전적으로 모순된다.
2. 줄의 원리는 열이 항상 더 뜨거운 물체에서 차가운 물체로 흐른다는 카르노의 '핵심 원리'와 전적으로 합치된다. (Clausius 1850: 112)

클라우지우스에 따르면, 일이 산출되는 과정에는 일 산출에 소비되는 열량과 뜨거운 물체에서 차가운 물체로 전달되는 열량 모두가 존재하므로, 두 종류의 열량은 모두 산출된 일과 일정한 양적 관계를 가진다고 한다. 따라서 클라우지우스는 일이 산출되는 과정에서 열이 소비된다는 줄의 실험 결과와 모순되는 칼로릭 이론의 단일 가설 대신에, 서로 구별되지만 양립 가능한 두 가지 가설을 제시했다.

클라우지우스는 카르노 사이클을 분석하면서 기체의 '내부 에너지'라는 새로운 개념을 도입한다. 내부 에너지란 "일반적으로 총열량에 붙일 수 있는 속성으로서, V와 T의 함수이며, 따라서 기체의 초기 및 최종 조건에 의해 그 값이 완전히 결정되는 속성"(1850: 122)이다. 이 내부 에너지는 압력, 온도, 부피 같은 기체의 거시적 매개변수들의 함수이며, 따라서 전체 사이클에서 보존된다.

클라우지우스는 기체(또는 일 물질 일반)에 흡수된 이른바 '총열량'이 실제로는 두 부분으로 구성된다고 보았다. (i) 칼로릭 이론의 옹호자들이 '총열량'에 잘못 귀속시킨 속성인 기체의 내부 에너지와, (ii) 해당 기체가 겪는 변화 과정에 따라 달라지는 양으로, 일의 산출에 소비되는 열량으로 나눌 수 있다는 것이다. 따라서 클라우지우스에 따르면, '칼로릭'은 부분적 지시 대상을 갖는 명사이다. 물질적 실체를 지칭하지는 않지만, 성숙된 공식 하에서는 물질의 내부 에너지를 부분적으로 지시하는 명사로 볼 수 있다는 것이다.

클라우지우스는 계속해서 열역학 제1법칙을 도출했는데, 이 법칙은 부피와 온도가 매우 적게(극미하게) 변화하는 기체로부터 얻는 열의 양은 해당 기체의 내부 에너지와 그 기체가 한 일에 소비된 열의 합과 같다는 것이다. 또한 클라우지우스는 비록 카르노가 열역학 제1법칙을 증명하지는 못했지만, 카르노의 정리는 카르노 사이클 내에서 열이 손실되지 않는다는 가정과는 무관하다고 지적했다.(1850: 133~134) 이 정리는 영구 운동의 물리적 불가능성에서 도출된 것이었다.[11] 결국 클라우지우스는 다음과 같이 결론짓는다.

> 그러므로 카르노가 제시한 가정의 첫 번째이자 정말로 핵심적인 부분 [즉 "열에 의해 이뤄진 일의 등가물은 더 뜨거운 물체에서 차가운 물체로 열이 전도되는 것에서 찾을 수 있다"는 가정]을 유지하는 일은 **이론상** 받아들일 만한 것으로 보이며, (…) 이 가정을 제1원리[열역학 제1법칙]와 함께 제2원리로서 적용하는 일 또한 [마찬가지로 받아들일 만하다]. 그리고 곧 보게 될 것처럼, 이 방법이 옳다는 점은 이미 많은 사례에서 그 **결과**에 의해 입증된 것이기도 하다. (1850: 132, 134)

클라우지우스가 카르노 이론에서 도출한 결론이 **본질적** 부분과 **부수적** 부분의 구분에 기초하고 있다는 것을 눈치 챈 독자들이 많을 것이다.

그런데 이 구분은 무엇으로 정당화될 수 있을까? 여기서 나는 열의 원인이 곧 물질적 실체라는 가정의 핵심 내용에 대해 이미 말했던 내용을 반복하지 않으려 한다. 내가 지적하려는 점은, 당시 과학계가 이 구분을 옹호한 이유를 확인하면 이 구분이 왜 정당한지 알 수 있다는 것이다. 그러면 그 이유가 무엇인지 살펴보자.

1. 과학계의 공통된 요구사항은 카르노와 클라페롱의 수학적 장치와 성공적인 예측들을 최대한 유지하는 것이었다.
2. (클라우지우스에게) 카르노 이론의 핵심부는 증거에 의해 가장 잘 뒷받침되는 부분이었다.
3. 열 보존의 원리라는 논쟁적 원리가 카르노의 법칙을 도출하는 데 있어 필수적이지 않음을 헬름홀츠, 클라우지우스, 윌리엄 톰슨이 보여주었다.
4. 칼로릭 이론 내에서 견실하게 확립되었던 법칙은, 이제 열역학이라는 새로운 이론적 틀 내에서 쉽게 도출되고 설명되었다.
5. 그럼에도 카르노의 이론을 완전히 부정하는 대체 이론은 나오지 않았다.

따라서 우리는 클라우지우스가 카르노 이론 가운데 본질적 원리와 부수적 원리의 구분을 정당화한 일은, 과학계의 **이론적이고 방법론적인 요구**를 반영한 것이라고 결론지을 수 있을 것이다.

칼로릭 이론에서 열역학으로의 이행에 대한 간략한 설명을 마치면서 내가 마지막으로 강조하고 싶은 한 가지는, 열에 대한 역학적 표현의 발전이 칼로릭 이론의 성공 때문에 제약을 받았다는 점이다. 칼로릭 이론은 열에 대한 어떠한 대안적 설명이라도 그것에 부합해야만 하는 일종의 기준 역할을 했다. 그런데 1850년 이후 열에 대한 역학적 표현은 열 과정과 관련된 인과적 메커니즘에 대해 더 참된 설명을 제공했을 뿐만 아니라, 열의 본질에 대한 새로운 인과적 설명의 범위 내에서 기존 이론의 견실한 부분과 부합하는 데도 성공했다. 여기서 중요한 점은, 이런 조정 작업이야말로 이 분야에서 일하는 주요 과학자들의 관행이었다는 것이다. 그들은 열 보존에 대한 잘못된 가설을 두 개의 독립적이고 양립 가능한 가설로 대체하고 그 가운데 견실한 법칙은 유지하는 방식으로, 증거로 잘 뒷받침되는 칼로릭 이론의 내용을 보존하고 제 자리를 찾아 주었다. 이런 의미에서 '칼로릭'의 지시 실패에도 불구하고 칼로릭 이론 자체는 근사적으로 참이라고 말할 수 있었다.

'칼로릭'이라는 명사가 그처럼 과하게 사용되지 않았더라면, 물질의 내부 에너지를 지칭하는 단어로 남았을지도 모른다고 생각할 수 있다. 앞서 살펴본 바와 같이, 내부 에너지는 칼로릭과 마찬가지로 새로운 열 이론 내에서도 물질의 거시적 특성에 대한 함수이다. 따라서 '칼로릭'이 내부 에너지를 지시하는 말처럼 보인다는 데도 의미는 있다.[12] 그도 그럴 것이, 폐기된 이론 명사의 지시에서도 어떤 교훈, 즉 폐기된 명사의 모든 사례가 문제투성이였던 것은 아니라는 교훈을 얻을 수 있기 때문이다. 심각한 것은, 진정으로 성공적인 이론 속에서 정말로 핵심적인 위치를 차지했던 명사의 경우다. 여기서 **핵심적**이라 함은 이런 뜻이다.

- 명사의 추정적 지시체에 대한 기술이 예측을 도출하고 현상에 대한 잘 뒷받침된 설명을 제시하는 데 필수불가결한 경우.
- 어떤 이론의 옹호자들이, 그 이론의 성공이야말로 이론 명사가 지

시하는 자연종이 존재한다는 증거라고 생각하는 경우.

이론 변화 속에서도 지시가 보존되느냐는 문제가 여전히 긴요한 것은 이 같은 명사들 때문이다. 만일 위 조건을 만족시키는 이론 명사가 아무것도 지시하지 못하는 것으로 판명되면, 이론의 경험적 성공과 이론 명사의 성공적 지시 사이에는 아무런 연관성이 없는 것으로 드러날 것이다. 그러나 폐기된 명사 모두가 이처럼 핵심적 역할을 했던 것은 아니다. 폐기된 어떤 명사가 핵심적이지 않다면, 실재론자는 그 명사가 어떻게 지시할 수 있었는지 보여줄 필요가 없다. '칼로릭'은 간단히 말해, 그렇게 핵심적인 명사가 아니었다.

19세기 광학: 이론과 모형

추상적 역학 대 구체적 모형

19세기 광학 연구의 주요 목표 가운데 하나는 빛 전파에 대한 역학적 이론을 구성하는 것이었다. 이 목표는 '발광성 에테르'로 알려진 광파의 전달 매질에 관한 일반 역학 원리로부터 빛의 행동 법칙을 도출하는 것이었다. 이 연구 프로그램은 오귀스탱 루이 코시, 조지 그린, 제임스 매컬라, 조지 가브리엘 스토크스에 의해 발전했는데, 이후 제임스 클러크 맥스웰과 그 동료들이 빛에 대한 새로운 전자기적 개념의 틀 안에서 프로그램을 더욱 발전시켰다.

오귀스탱 프레넬의 선구적인 연구 덕분에 발광 에테르가 횡파(橫波)를 전달하는 보존적 계(界)임이 알려졌지만, 그 물리적 구성과 내적 연관성은 알려지지 않았다는 점을 강조할 필요가 있다. 이런 이유에서 광학에서의 이론적 연구는 일반 역학 이론과 에테르 구성에 대한 구체적 모형 간의 상호 관계를 기반으로 하여 발전했다.

여러 과학자들이 받아들인 이론적 틀은 라그랑주 역학이었다. 과학자들은 광파의 매질을 라그랑주 역학에 의해 그 일반적 거동을 연구할 수 있는 역학적 계로 간주했고, 이 틀 안에서 빛 전파에 대한 일반 법칙을 도출하는 것을 목표로 했다. 랑그랑주 역학을 빛 전파에 대한 역학적 설명을 발전시키는 데 충분한 체계로 보았던 것이다. 라그랑주 방법을 사용함으로써 과학계는 "논의하려는 현상에서 작동하는 메커니즘의 세부 사항과는 무관하게"(Larmor 1893: 399) 광파의 매질이 지닌 역학적 속성과 기능을 연구할 수 있었다. 그런데 라그랑주 역학 하에서 빛의 전파를 수리적으로 다루기 위해서는 운동 에너지 함수와 위치 에너지 함수를 결정할 필요가 있었다. 움직이는 물체의 속도에 따라 달라지는 운동 에너지의 공식은 모든 경우에 동일하며 알 수 있지만, 물체의 위치에 따라 달라지는 위치 에너지의 공식은 일반화할 수 없으며, 논의 대상인 계 각각의 특성에 따라 달라진다. 따라서 이론가들의 최우선적 과제는 에테르의 행동을 적절히 기술할 수 있는 위치 에너지 함수를 결정하는 것이었다. 이 목표를 위해 과학자들은 에테르의 본성과 특질에 대한 몇 가지 가설적 모형을 만들어야 했다.

바로 이 시점에서 에테르에 대한 특정한 이론적 모형이 상당히 유용하다는 것이 입증되었다. 다음 절에서 자세히 살펴보겠지만, 이들 모형은 에테르의 위치 에너지 함수를 결정하는 것을 목표로 했다. 이러한 위치 에너지 함수를 이끌어낸 후, 다음 과제는 빛의 진폭, 강도 등 이미 알려져 있는 빛의 속성을 이 함수와 연결시키는 것이었다. 그 다음으로는 결과로 얻은 이론을 테스트하여 이미 알려져 있는 빛 전파의 법칙에 부합하는지 여부를 검증했다. 빛 전파에 대한 역학적 근거를 제시하는 것이 목적이라면 광파의 매질이 어떤 성질을 가졌는지는 추가로 밝힐 필요가 없었다. 위치 에너지와 운동 에너지 함수를 명시하는 것만으로도 빛 전파를 역학의 틀 안에 충분히 포함시킬 수 있을뿐더러, 그 결과로 얻은 운동 법칙이 이미 알려져 있는 빛 전파 법칙에 부합하는지 여부도 검토할 수 있기 때문이다. 지금 고찰하는 연구의 목적상 여기서 중요하게 다룰 쟁점은, 빛 전파에 대한 역학적 이론의 발전 덕분에 과학자들은 당시 통용되던 특정 모형이 가리키는 대로 에테르가 구성되어 있다고 믿을 필요가 더 이상 없었다는 것이다.[13]

하지만 에너지 함수를 명시하는 데 사용된 모형들은 광파 매질의 구성 방식에 대해 제각기 **가능한** 후보를 내세우고 있었다. 예를 들어 그린(1838)과 스토크스(1849, 1862)가 채택한 모형은, 다른 특성은 알려지지 않은 에테르의 에너지 함수가 통상적인 탄성고체의 에너지 함수와 연관될 수 있다는 가정에 기초하고 있었다. 그런 다음 탄성고체 역학에 기초한 모형(이하 '탄성고체 모형')을 발견법적(heuristic) 수단으로 사용하여 에테르의 구성과 내적 연관성이 탄성고체의 구성 및 내적 연관성에 대응하는지 조사했다. 그와 같은 절차는 에테르가 무엇일 수 있고 또 무엇이 아닌지를 확인하기 위한 발견법으로 유용했다.

탄성고체 모형의 발견법적 가치는 (예컨대 액체의 역학에 기초한 모형과 달리) 탄성고체와 광파의 매질 사이에 **긍정적 유사성**이 있다는 생각에 기초한 것이었다. 특히 프레넬의 연구 이후, 과학자들은 광파가 독특

한 형태의 횡파라는 합의에 도달했다. 이 기초적 발견에는 광파의 매질이 횡파를 유지할 수 있는 특성을 가져야 한다는 함의가 담겨 있었다.[14] 광파의 매질에 대한 그와 같은 모형은, 광파가 탄성고체를 통과할 때 매질에 의해 교란된 파동이 전파된다는 사실을 기초로 하여 구축될 수 있었다. 탄성고체에서는 횡파 유지 능력과 같은 특성이 관찰되는데, 이미 알려져 있는 빛 전파 역시 횡파의 특성을 보여주었기 때문이다. 이 사실 때문에 대부분의 과학자들은 "고체에서 탄성파가 전파되는 현상에 대한 유비를 통해"(Larmor 1893: 392) 빛 전파에 대한 역학적 설명이 가진 문제점을 공박하기 시작했다. 탄성고체에서 교란된 파동이 전파되는 특징을 이용하여, 광파의 매질이 어떻게 구성되어 있는지에 대한 일련의 가정을 제시하게 된 것이다.

그 유용성에도 불구하고 에테르의 구성에 관한 탄성고체 모형은 에테르의 실제 구성을 밝혀주는 모형으로 간주되지는 않았다. 문제는 탄성고체가 횡파와 함께 종파(縱波)도 전달한다는 데 있었다. 탄성고체 모형을 어디까지 믿을 수 있는지의 시금석이 되기도 한 이 사실은, 실상은 횡파가 에테르와 탄성고체라는 두 매질의 경계면에 이르면 횡파 성분과 종파 성분으로 나뉜다는 역학의 법칙에서 비롯된 것이었다. 광파는 순수한 횡파로 알려져 있었기 때문에, 종파 성분의 발생은 탄성고체 모형과 빛의 전파 사이에 중대한 **부정적 유사성**을 보여주는 사례였다. 곧 살펴보겠지만, 종파 성분의 성공적인 중화는 탄성고체 모형을 광파 매질의 구성에 대한 설득력 있는 후보로 보는 견해가 맞닥뜨린 가장 중요한 과제였다. 그러나 탄성고체 모형을 수정하여 종파 성분을 중화시킨 경우에도, 수정된 모형으로는 당시 알려져 있던 빛 전파 법칙을 얻을 수 없었다.

어쨌든 여기서 주목할 점은 다양한 모형들이 발견법적 수단으로 이용되었고, 배경 이론과 물질적 유사성에 기초해 그런 모형들을 구성하고 선택했다는 것이다. 그 모형들은 광파의 매질이 세부적으로 어떻게 구성되어 있건 간에 횡파 유지 능력과 같은 특정 속성을 가진 보존적 계라는 배경 이론에 기초하고 있었다. 그렇다면 라그랑주 역학은 빛의 전파에 대한 이론적 기술의 일반적 틀이었다고 할 수 있고, 이 틀 내에서 특정 모형들이 개발되었던 것이다. 지금까지 19세기 광학에서 이론과 모형의 관계에 대한 일반적 틀을 개괄했으니, 이제부터는 이론적 모형화의 세 가지 구체적인 사례들을 살펴보기로 하자.

그린: 알려지지 않은 에테르에 대한 모형화

탄성고체 모형의 발전에 가장 긴밀하게 관여한 과학자는 조지 그린이다.[15] 그러나 라그랑주 역학의 관점에서 빛의 일반적인 역학적 행동을 탐구하는 것과, 에테르의 구성을 밝히는 데 도움이 될 수 있는 특정 모형화 작업 사이의 차이를 지적한 것도 그린이었다. 그의 지적을 살펴보자.

> 우리는 발광성 에테르의 원소들이 서로 작용하는 방식에 대해 완전히 무지하다. 따라서 자연이 채택하고 있는 메커니즘과 크게 다를지도 모르는 특정한 작용 방식을 가정하기보다는, 어떤 물리적 원리를 추론의 기초로 삼는 것이 더 안전한 방법일 것이다. (1838: 245)

고체 내에서 탄성 교란파의 전파와 빛의 전파 사이의 긍정적 유비를 바탕으로, 그린은 후자에 적합한 역학적 모형을 찾아내기 위해 전자의 현상을 조사하기 시작했다. 그의 목표는 탄성고체 내에서 이뤄지는 교란의 전파에 대한 위치 에너지 함수 ϕ를 결정하는 것이었다.(1838: 245) 이 목표를 위해 그린은 고체에서 전파되는 탄성파의 기초가 되는 역학적 체계에 라그랑주 방법을 적용함으로써, 고체 내에서의 파동 운동에 대해 가장 일반적인 방정식을 결정했다. 일반 탄성고체를 모형으로 선택한 그린은 해당 고체를 이루는 부피 요소 $d\tau\,(=dxdydz)$에 대한 ϕ의 값이 그 **변형**의 함수, 즉 $d\tau$의 형태(모양/부피) 변화의 함수라고 가정했다. 그 다음에 그는 탄성파가 두 매질의 경계면에 도달한 경우를 기술하는 운동 방정식을 결정했다. 변위 벡터 **r**의 데카르트 성분 u가 있을 때, 문제의 방정식은 다음의 잘 알려진 형식을 띤다. 여기서 A와 B는 상수이다.(1838: 255~256 참조)

$$\frac{d^2 u}{dt^2} = B\nabla^2 u + (A-B)\,\mathrm{grad}_x \,\mathrm{div}\, u$$

지금 제시한 파동 방정식의 해는 두 가지다. 하나는 속도 $\sqrt{B}$로 전파되는 횡파에 해당하고, 다른 하나는 속도 $\sqrt{(A-B)}$로 전파되는 종파에 해당한다. 광파가 순수 횡파라는 사실을 고려할 때, 그린은 이 방정식으로 빛의 전파를 기술하려면 파동 운동의 종파 성분을 '생성'하는 부분이 실제로는 효과가 없도록 계수 A와 B를 조정해야 한다고 생각했다. 그는 A가 무한에 가깝고 B는 A보다 훨씬 작다고 생각했다. 따라서 $A-B$는 A와 거의 같고, $\sqrt{(A-B)}$ 역시 $\sqrt{A}$와 거의 같다. 즉 종파는 무한대의 속도로 전달되므로 탐지할 수 없다는 것이다.(1838: 246) 결국 그린은 탄성고체 모형에서 종파의 효과를 중화하는—그러나 제거하지는 못하는—수정 모형을 보여준 셈이다. 그러나 계수를 조정하는 이러한 임시방편적 방법 외에는 종파의 중화에 대한 적절한 설명은 제시하지 못했다. 스토크스(1862: 176)는 광학의 역학적 이론에 대한 보고서에서 다음과 같이 강조했다.

> 비록 [그린의] 이론이 대단히 엄밀하다고는 해도, (…) [상수 A, B를 결정하는] 방정식은 상수들 사이에 강제적 관계를 부여하는 성격이 있으며, 단순한 물리적 관계들에 대한 표현에서 예측될 수 있는 것조차도 말하지 못하거나 심지어 전달하지도 않는다.

탄성고체 모형이 부딪힌 실질적 문제는 이미 알려져 있는 빛 전파의 법칙, 특히 프레넬의 반사 법칙에 부합하는 계산을 제시할 수 없다는 사실에 있었다.[16] 따라서 이 모형은 이 법칙들의 역학적 기초를 구성하는 일련의 가정을 제공할 수도 없었다.(Doran 1975: 156; Whittaker 1951: 142) 이것은 광파 매질의 특성이 무엇이건 간에 이 매질이 일반적인 종류의 탄성고체일 수 없다는 뜻이었다.(Glazebrook 1885: 169; Larmor 1893: 395 참조) 이 모형이 사용한 일련의 가정, 특히 위치 에너지 함수는 빛의 전파의 근저를 이루는 물리적 계에 대한 참된 기술을 제공할 수 없었다. 그럼에도 불구하고 그린의 모형은 에테르가 무엇이 **아닌지**를 제시한 점에서 발견법적 가치를 지니고 있었다. 에테르가 실제로 무엇이든 간에 그것은 탄성고체의 내부 구성과 역학적 관련성을 가진 무엇은 아니다.

매컬라의 회전 에테르

제임스 매컬라(1839)는 그린과는 별개로 라그랑주 방법을 써서 빛의 역학적 행동을 기술할 수 있다고 제안했다. 그는 또한 빛의 전파에 대한 특별한 운동 방정식을 개발했는데, 벡터 표기법으로는 다음과 같은 형식으로 쓸 수 있다.

$$\int \left(\frac{d^2 \mathbf{R}}{dt^2} \right) \delta \mathbf{R} \, d\tau = \int \delta V \, d\tau, \qquad \text{(A)}$$

여기서 $d\tau$는 부피 요소 $dxdydz$를 의미하고, V는 일정한 부피 요소에 적분을 적용하여 해당 계의 위치 에너지를 나타낸 결과이며, 밀도 ρ는 부피 요소 전체에 대한 것이다.

매컬라의 목표는 빛 전파의 근저를 이루는 물리적 계의 위치 에너지 함수 V를 결정하는 것이었다. 하지만 그가 모형화를 위해 사용한 가정은 그린의 것과는 달랐다. 그는 먼저 추상적인 벡터량 $\mathbf{L}(=X, Y, Z)$을 정의했는데, $\mathbf{L} = \text{curl}\mathbf{R}$이며, 이때 $\mathbf{R}$는 잘 알려진 변위 벡터(즉 그린의 $\mathbf{r}$)이다. 그런 다음 그는 수정 결정 속에서 빛이 전파되는 방식에 초점을 맞추어, $\mathbf{L}$을 다음의 함수라고 가정했다. (i) 결정의 중심축 또는 탄성 축에 맞춰 설정된 좌표계에서 볼 때, 광파 매질의 부피 요소 $d\tau$의 **회전 각도**에 대한 함수. (ii) 부피 요소 $d\tau$의 **변형 각도**에 대한 함수. 이러한 가정 위에서 그는 다음과 같은 특징을 갖는 에너지 함수 V를 ($\mathbf{L}$의 함수로) 결정할 수 있었다.

$$V = -1/2 \, (a^2 X^2 + b^2 Y^2 + c^2 Z^2) \qquad \text{(B)}$$

매컬라는 다음과 같이 말한다.

V의 값이 도출됨에 따라, 이제 우리는 이 값을 이론의 출발점으로 삼

고서 우리가 이전에 의존했던 가정을 무시할 수 있게 되었다. 이제 어떤 평면파가 수정을 통과한다고 해보자. 우리는 문제 해결에 필요한 모든 것이 포함되어 있는 방정식 (A)와 (B)를 활용하여 평면파의 운동 법칙을 찾아야 할 것이다. (1839: 156)

따라서 매컬라는 에너지 함수가 일단 결정되면 빛 전파의 근저를 이루는 계의 구성에 대한 실제 세부사항을 생략할 수 있으며, 그 대신에 몇 가지 일반 역학 원리를 통해 그 행동을 기술하면 충분하다는 중요한 관찰을 제시했다.

매컬라는 반사와 굴절의 법칙을 도출하는 데 실제 성공함으로써 이들 법칙에 대한 최초의 역학적 설명을 제시했다. 그러나 그가 제시한 이론의 일반적 특징은 그가 기술한 대로 행동하는 광파의 매질에는 적용할 수 있었으나, 통상적인 탄성고체에 의해서는 모형화할 수 없는 것이었다.(Harman 1982: 26; Whittaker 1951: 142~143 참조) 왜냐하면 빛의 교란을 나타내는 함수인 벡터 $\mathbf{L}$은 통상적인 탄성고체가 지닌 탄성에 의해 진동을 전달하는 매질 내에서의 변위로 모형화할 수 없었기 때문이다. 앞 절에서 살펴본 것처럼, 통상적 탄성고체에서의 진동을 특징짓는 위치 에너지 함수(그린의 함수 ϕ)는 매질의 부피 요소 $d\tau$의 모양과 크기 면에서의 변형이 어느 정도인지에 따라 달라지기 때문이다. 그런데 매컬라의 위치 에너지 함수 V는 매질의 부피 요소 $d\tau$의 회전에 따라 달라진다. 다시 말해서 이것은 통상적인 탄성고체의 특징과는 다른 에너지 함수인 것이다. 따라서 빛의 전파에 대한 매컬라의 역학적 설명은 탄성고체에 대한 기술에 적용될 수 있는 모형화 가정으로는 쓸 수 없는 것이었다. 매컬라의 설명과 연관된 탄성은 순전히 해당 고체의 회전에 대한 것으로, 통상적인 탄성고체의 탄성이 될 수 없었다.

비록 매컬라의 이론이 올바른 광학 법칙을 내놓기는 했지만, 그가 실재한다고 단언했던 회전 매질을 설명할 수 있는 물리적 계는 제시할 수 없었다. 조지프 라머가 언급했듯이, 이로 인해 회전 에테르에 대한 이론은 무시당하고 말았다.(1894: 415) 여기서 주목할 점은, 전자기장에 대한 맥스웰의 성숙된 이론이 나오기 전에는 광파의 매질이 가진 특성을 예시해주는 실제 물리적 상황을 제시하는 것이 빛의 전파를 설명하는 데 있어 필수적인 작업으로 간주되었다는 것이다. 그러나 매컬라의 이론은 나중에 G. F. 피츠제럴드(1878: 1880)에 의해 복권되었다. 피츠제럴드는 매컬라가 제시한 에너지 함수 V가 맥스웰에 의해 발전된 함수와 분석적으로 동일하다고 지적한 인물이다. 이런 사실이 발견되자마자 매컬라의 이론은 맥스웰 이론의 한 부분으로 편입되어 빛에 대한 새로운 전자기적 이론 내에서 광학 법칙을 도출하는 데 기여했다. 사실 매컬라의 에테르를 모형화할 수 있는 물리적 계는 맥스웰의 전자기장밖에 없었다.(FitzGerald 1878; Stein 1982: 315 참조)

스토크스와 탄성 젤리

스토크스 역시 탄성고체 모형의 범위 안에서 연구했다. 그러나 그는 탄성고체 모형과 에테르 사이에 중요한 **중립적 유사성**이 있는데, 그것이 없다면 성립되지 않는 유체 모형들을 통해서 그 유사성이 가장 잘 설명된다는 사실을 알고 있었다. 이런 중립적 유사성은 에테르를 통과하는 고체의 운동과 연관되어 있었다. 만약 모든 곳에 퍼져 있는 에테르가 탄성고체를 기반으로 모형화할 수 있는 대상이라면, 에테르를 통과하는 행성들의 직진 운동과 부합하도록 기술하기는 어려울 것이다. 행성과 같은 고체 물체가 어떻게 다른 고체를 저항 없이 통과할 수 있을까?

스토크스는 에테르의 여러 가능한 구성 방식을 다룬 논문들에서, 물리적으로 실현 가능한 탄성고체 모형을 활용해 이 문제를 해결하려 했다. 문제는 에테르가 통상적인 유체와 같은가, 아니면 통상적인 유체에는 존재하지 않는 어떤 속성을 가지고 있는가 하는 것이었다.(1848: 8 참조) 에테르를 유체로 취급한다면, 그 수학적 모형은 상호 작용하는 두 부분이 접하는 계면에 작용하는 매질 내부의 압력이 균등한 상태를 이루는 것이 되어야 한다. 반대로 에테르를 탄성고체로 취급한다면, 그 내부 압력은 일반적으로 불균등할 것이며, 따라서 두 부분이 접하는 계면에 작용하는 압력에는 언제나 차이가 있을 것이다.(1849: 281 참조)

스토크스는 광파가 고유한 횡파라는 잘 확립된 사실을 고려하여 고체 속 탄성파의 전파에 기초한 광파의 모형화를 받아들였으나, "이런 모형화가 빛을 구성하는 운동을 대상으로 하는 한에서만"(ibid.) 그렇게 했다. 이것은 그가 광파가 전파되는 동안 횡 방향으로 작용하는 힘의 존재를 절대적으로 가정할 수밖에 없었음을 의미한다. 그러나 그는 이런 가정이 "지구와 행성, 그리고 에테르를 통과해서 움직이는 고체 일반에 의해 생성된 것으로 보이는 거대 변위를 고려할 때, 에테르를 탄성고체로 간주해야 한다"는 것을 함축하지는 않는다고 보았다.(ibid.) 탄성고체에 존재하는 것으로 알려진 속성을 지니지만, 또한 탄성고체와는 양립할 수 없는 다른 속성을 지닌 매질이 과연 존재할 수 있을까? 이 지점에서 물리적으로 실현 가능한 모형이 왜 유용한지 분명해진다. 만약 물리적으로 실현 가능하면서 이처럼 서로 모순되는 속성을 함께 지닌 계가 존재한다면, 스토크스는 탄성고체의 일부 속성을 공유하면서도 유체의 일부 속성도 함께 지닌 광파 매질을 물리학에서 받아들이지 않을 어떤 이유도 없다고 주장할 수 있기 때문이다.

광파의 매질이 가진 모순적인 속성을 모형화할 수 있는 물리적 계는 탄성 젤리이다. 그러나 스토크스는 독자들에게 곧바로 경고하기를, "다음 묘사는 에테르의 실제 성질을 설명하기 위한 것이 아니라, 우리가 에테르에 귀속시켜야 하는 고체성과 유체성이라는 명백히 상반된 속성들이 어떻게 조화될 수 있는지 생각하기 위한 설득력 있는 방식을 제공하기 위한 것"(1848:12)이라고 말한다. 즉 스토크스는 독자들에게 자신의 모형을 설명적인 것으로 받아들이지 말고, 그러한 매질의 물리적 가능성을 보여주는 것으로 받아들이라고 경고한 것이다. 그의 구상은 다음과 같다. 탄성 젤리 한 조각을 들어보자. 이 젤리는 경도와 탄성을 모두 가지고 있다는 점에서 탄성고체이다. 젤리를 물에 약간 적신 다음 물을 뿌리는 과정을 계속 반복해보자. 이 과정에서 젤리는 점점 더 말랑말랑해지고 결국에는 액체가 될 것이다. 그러나 스토크스는 이렇게 지적한다. "희석이 어떤 단계를 넘어섰을 때, 변형에 저항하는 접면의 힘[즉 고체의 특성]이 일정 순간부터 갑작스레 중단된다고 가정할 충분한 이유는 거의 없어 보인다."(ibid.) 따라서 희석된 젤리는 변형에 저항할 만큼 충분히 단단하지만, 고체로 된 물체가 그것을 통과할 수 있을 만큼 충분히 유동적이다. 이런 모형이 주어진다면 "우리는 에테르에 대해, 지구와 생성이 그것을 통과해 운동할 때는 유체이고, 빛을 구성하는 작은 진동이 일어날 때는 탄성고체로 간주해도 될 것이다."(1848: 13)

스토크스는 이렇게 물리적으로 실현 가능한 상황을 제시함으로써 중립적 유사성을 어떻게 긍정적 유사성으로 바꿀 수 있는지 보여주었다. 그러나 이로부터 그가 광파의 매질을 탄성 젤리로 간주할 수 있다고 주장한다면, 그가 말했던 내용과는 상반될 것이다. 실제로 그는 어떤 적절한 증거도 아직 나오지 않았기에, 광파의 실제 구성에 대해 '판단 중지'를 요청했다.(1848: 12) 빛의 역학적 행동에 대한 첫 논문을 발표한 지 13년 후인 1862년, 스토크스는 에테르를 "우리가 그 현존에 대한 어떤 직접적 증거도 확보하지 못한 신비로운 실체"라고 언급하면서(1862: 172), 그 구성을 탐구하는 데 있어 모형이 중요한 발견법적 역할을 수행한다는 점을 강조했다. 또한 그는 수학적 관점에서 자신을 포함한 모든 광학 이론가들이 에테르를 "단일한 진동 매질"로 취급한다고 강조하기도 했다.(ibid.: 180) 그가 이렇게 말했던 것은, 단일한 진동 매질에 대한 일반 역학 이론과, 긍정적 유사성을 통해 그 구조를 밝히는 데 사용되는 **특정 모형** 사이의 차이를 강조하기 위해서였다.

맥스웰의 전자기장 이론

광학에 대한 맥스웰의 전자기적 틀과 내가 지금까지 살펴본 이론들을 연결해주는 주된 실마리는 전자기장의 역학에 대한 이론적 가설에 라그랑주 방법이 쓰였다는 점이다. 광파 매질의 일반적 역학을 기술하는 이론적 작업 전체는 맥스웰의 이론으로 '이월'된 반면, 그 작업 가운데 기계적 모형과 관련된 데이터들은 대체되고 결국 폐기되었다. 전자기장은 광파의 전파 현상 근저에 있는 물리적 계로 제시된 것이다. 전자기장은 발광 에테르가 빛의 전파에서 하던 것과 동일한 역할을 수행했지만, 어떠한 특정 기계적 모형으로도 환원되지 않는다.

맥스웰과 그 동료들은 두 가지 중요한 사항을 지적했다. 첫째, 라그랑주 역학이 빛의 전파에서 맡은 **설명적**(explanatory) 역할과, 기계적 모형이 수행한 **묘사적**(illustrative) 역할 사이에는 상당한 차이가 있다는 점이다. 둘째, 전자기장은 독립적인 물리적 실재성을 가지고 있으며, 그 행동은 기계적 모형의 도움 없이 이해될 수 있고 그래야만 한다는 점이다.

앞 절에서 강조했듯이, 이들 지적 가운데 첫 번째는 그다지 선명하지는 않았지만 맥스웰 이전의 광학 이론가들에 의해 이미 제기된 바 있다. 그러나 두 번째 지적은 정말 혁신적인 것이었다. 광파 매질을 기계적인 것으로 모형화하지 않고도 과학자들이 그 매질의 역학적 특성을 곧바로 다룰 수 있음을 암시하는 것이었기 때문이다. 즉 내가 강조하려는 점은, 발광 에테르에서 전자기장으로의 전환 과정에서 일어난 근본적 개념 전환은 광학 및 전자기 현상에 대한 연구에서 기계적 모형이 했던 역할과 관련이 있다는 것이다. 이것을 좀 더 상세히 살펴보자.

맥스웰은 무엇보다도 전기 및 자기 현상에 대한 이론적 이해와 기술에 관심을 기울였다. 광학 현상은 빛이 전자기파에 불과하다는 근본적 발견이 나온 이후에야 그의 관심사가 되었다.(1864: 42 참조) 분명 이 근본적 발견은 맥스웰이 기계적 모형을 사용한 데서 힘입은 바 크다. 그 가운데 하나인 '유동바퀴'(idle wheels) 모형은 패러데이의 '역선'(lines of force, 힘의 선)과 동축을 이루는 분자의 소용돌이 움직임에 의한 자기 작용과, 이 소용돌이와 접해 있는 분자의 움직임에 의한 전기 작용을 모형화한 것이었다.(1861~62[1890]: 489ff. 참조) 이 모형은 똑같은 구조가 전기 및 자기 교란뿐 아니라 광파 전파의 일부 특징에도 적용될 수 있다는 점에서 발견법적 가치가 있는 것이었다. 이 모형은 전기적 상호작용을 원거리 작용이 아닌, 매질에 기초한 방식으로 표현할 수 있음을 보여주는 것이기도 했다. 맥스웰이 말한 바에 따르면, "빛은 전기 및 자기 현상의 원인인, 동일한 매질을 통과하는 횡파로 구성되어 있다"(ibid.: 500)는 것이다.

맥스웰은 자신의 모형이 "자연계에 존재하는 연결 방식"을 보여주는 것이 아니라 "기계적으로 생각할 수 있고 쉽게 탐구할 수 있는 연결 방식"을 제시하려는 목적으로 가정한 것임을 매우 조심스럽게 강조했다.(ibid.: 486) 따라서 맥스웰은 물리적 계를 탐구하기 위해 모형을 사용하는 것과, 이 모형을 탐구 대상이 되는 물리적 계와 **동일시**하는 것은 완전히 다른 문제라고 지적했다. 더 일반화하자면, 그는 스스로 모형과 유비 추론을 사용하기는 했지만, 아무리 풍부한 시사점과 유용성을 지닌 모형도 "물리적 사실을 물리적으로 설명하는 성숙한 이론"의 진정한 대체물은 될 수 없다고 조심스럽게 지적했다.(1855[1890]: 155) 바로 이 "성숙한 이론"은 맥스웰이 전자기장 개념을 소개한 『전자기장의 역학 이론』(1864)에서 제시되었다. 전자기장이란 "전하와 자성을 띤 물체 주변의 공간"(1864: 34)이다. 전자기장의 가장 중요한 특성은 에너지를 유지하는 능력, 즉 맥스웰이 다른 곳에서 말했듯이 "두 가지 형태로 이뤄진 에너지를 저장하는 능력"(1873: 432)이다. 여기서 두 형태란 위치 에너지와 운동 에너지인데, 맥스웰은 위치 에너지를 정전기 에너지와 동일하게, 운동 에너지를 동전기적 에너지와 동일하게 보았다.(1873: XI장 참조) 맥스웰은 이것을 "전자기장의 고유 에너지"(1864: 41)라고 불렀다. 이러한 에너지 기반 접근의 중요성에 대한 그의 입장을 보여줌으로써 그는 독자들에게 자기장의 에너지에 대한 그의 주장을 "문자 그대로" 이해하도록 안내했다.(ibid.: 70) 하지만 그가 제시한 기계적 모형에 대해서는 독자들에게 이 모형을 문자 그대로의 뜻으로 받아들이지 말라고 요청한다. 그는 "다만 독자들의 마음이 전기적 현상을 이해하는 데 도움이 될 기계적 현상으로 향하기를 바랄 뿐, 이 모든 구절들[즉 전자기장에 대한 기계적 표현과 관련된 구절들]은 (…) 일종의 묘사로 취급되어야지 설명으로 간주되어서는 안 된다"(ibid.)고 했다.

전자기장에 대한 맥스웰의 성숙된 역학적 이론은 역학의 일반 원리에 기초하고 있으며, 광파의 매질을 다루는 어떠한 특정 모형과도 무관하다.(Maxwell 1873: 5~9장 및 Klein 1972: 69~70 참조.) 맥스웰은 광학 연구 전통의 핵심을 정확하게 인식하고 있었다. 즉 라그랑주 역학을 통해서 그는, 아직 알려진 바 없는 전자기장의 구성에 관한 특정 가설이 참이라고 인정하지 않고도 전자기장의 가장 일반적인 행동 법칙을 탐구할 수 있었다. 그는 이렇게 강조한다.

> 우리는 전류가 흐르는 물질적 도체에 대하여, 에너지의 자리인 역학적 계를 인식할 만큼 전류에 대해 잘 알고 있다. 이 에너지 가운데 일부는 운동량이고 일부는 전위량일 것이다. 이 계의 각 부분이 맺고 있는 연결의 본질은 우리에게 알려져 있지 않지만, 해당 체계의 메커니즘에 대한 지식을 필요로 하지 않는 역학적 탐구 방법을 우리가 가지고 있는 한, 우리는 그 방법을 지금 다루는 사례에 적용할 수 있을 것이다. (1873: 213)

이렇게 하여 맥스웰은 라그랑주 역학을 전류를 전달하는 회로 체계에 적용할 수 있었다. 여기서 회로란 해당 계의 일반화된 좌표를 말한다. 그는 이 계의 운동 에너지와 위치 에너지를 전기 및 자기의 강도로 정식화한 다음에 이 계의 운동 법칙을 도출함으로써, 그로부터 전자기장의 방정식을 이끌어낼 수 있었다.(1873: 233)[17]

여기서 나는 맥스웰의 전략이 신중한 이론 구축 절차를 보여주고 있다는 점을 강조하고 싶다. 전자기 현상에 대한 새로운 이론은 이용 가능한 증거와 물리적 세계에 대한 배경지식에 맞춰 차근차근 구축되어야 했다. 손에 쥔 증거만으로는 전자기장의 구성에 대한 어떤 긍정적 가설도 제시할 수 없다는 사실에 직면했을 때, 이론가들은 전자기장의 일반적 행동 법칙을 기술하고 설명하는 일에만 자신의 목표를 국한시켜야 한다. 이 과제를 위해 그들은 장이 가진 운동 에너지와 위치 에너지를 전기장 및 자기장의 변수와 연결하고, 그 나머지 그림의 완성은 적절한 증거가 나올 때까지 미뤄 두었다. 맥스웰이 말했듯이, 이론가들은 "실험적 증거에 의해 보증되지 않는 어떠한 [추가적] 가정도 하지 않고"(op. cit.: 218) 일을 진행해야 했다. 맥스웰이 증거와 증거가 뒷받침하는 이론적 구성요소에 자주 호소했다는 사실은, 내가 이미 강조했던 점을 보강해준다. 즉 과학자들은 어떤 증거가 이론을 뒷받침하는지에 따라 이론의 각 부분에 대해 차별화된 태도를 취한다는 것이다.[18] 맥스웰은 전자기장의 역학 법칙을 설명하기 위해 일반 역학 원리를 사용했을 때 자신이 올바른 길을 가고 있다고 확신했다.

이상의 고찰로부터 우리는 라우든이 비관적 귀납을 통해 제시한 논증에 대하여 다음과 같은 결론을 내릴 수 있을 것이다. 광파의 역학적 운동에 관한 연구 프로그램을 뒷받침해준 가장 일반적인 (라그랑주 역학상의) 이론은 전자기학이라는 새로운 틀에서도 그대로 유지되었다. 광파 매질에 대한 과학적 믿음들은 당시 이용 가능한 증거가 보증할 수 있는 한도까지 널리 뻗어 있었다. 그렇다고 해서 그 증거들이 광파의 구성에 대한 굳건한 설명을 제시할 만큼 충분한 뒷받침을 해준 것은 아니다. 그럼에도 불구하고 그 증거들은 광파의 가장 일반적인 역학적 행동에 대해서는 견실한 설명을 형성하도록 도와줄 수 있었다. 따라서 라우든이 거짓으로 밝혀졌다고 추정한 성숙된 과학 이론의 하나로 에테르 이론을 든 것은 잘못이었다. '발광성 에테르' 이론 가운데서 과학자들은 증거에 의해 잘 뒷받침되고 현상에 대한 잘 정립된 설명에 기여한 부분들을 따로 받아들여 후속 이론에서도 그대로 유지했던 것이다. 반면에 전형적으로 버려진 부분은, 광파 매질의 가능한 구성 방식을 탐구하기 위해 발견법적 장치로 사용된 일련의 모형들이었다.

이론과 모형—유비적 접근

이번 절에서는 과학 이론화 작업에서 모형이 수행하는 역할과, 이론과 모형의 차이에 대해 좀 더 자세히 설명하고자 한다. 독자들도 알고 있듯이, 과학 이론에 대한 접근법 가운데는 이론에 대한 **의미론적** 관점이라는 새로운 접근법이 있는데, 이 접근법에서는 이론을 모형들로 구성된 가족으로 볼 때 가장 잘 이해할 수 있다고 한다. 지금은 이 접근법에 대해 논하지 않겠다. (이 접근법은 11장에서 더 자세히 살펴볼 것이다.)[19] 여기서는 특정한 종류의 모형들, 이른바 유비적 모형이라고 하는 것들에 초점을 맞추고, 이것들에 대한 특정 관점 곧 내가 '유비적 접근'이라 부르는 접근법을 옹호하고자 한다.

애친스타인(1965: 1968)과 헤세(1953: 1966)로 거슬러 올라가는 유비적 접근법은 물리적 계를 어떻게 모형화할 수 있는지에 초점을 맞추고 있다. 모형 구축의 주요 시나리오는 다음과 같다. 과학자들은 일련의 현상들을 탐구하거나, 더 일반적으로는 목표로 삼은 물리적 계 X(예를 들어 광파의 매질)의 행동에 대한 일정 법칙을 찾으려 한다. 이런 목적을 위해 과학자들은 X를 다루는 **이론적 모형**을 구성한다. 이 모형은 X의 행동을 탐구하기 위한 출발점이 될 수 있는 가정들의 집합(통상적으로는 복잡한 수학적 구조로 되어 있다)을 활용한다. 이 집합을 모형화 가정이라고 부르자. 가령, 잘 알려진 당구공 모양의 기체 모형은 기체 분자 집단(목표 계 X)의 운동과 충돌에 대한 일련의 가정이다.

X에 대한 모형화 가정은 임의적이지 않은 방식으로 선택해야 한다. 이때 이용될 수 있는 것이 목표 계 X와 다른 물리적 계 Y 사이의 **실질적 유사성**이다. 이런 유사성에 따라 선택된 Y로부터 X의 모형 M을 얻을 수 있다. 여기서 Y는 X의 행동을 탐구하기 위한 일련의 가정들을 제공하는 원천이 된다. 가령 광파 매질에 대한 탄성고체 모형은 광파의 전파(목표 계 X)가 고체에서의 탄성파 전파(원천 계 Y)와 일정 범위 및 일정 측면에서 유사하다는 점을 근거로 하여 선택된 것이다.

나는 이런 모형 구성 접근법을 '유비적 접근'이라고 부른다. 나는 '(원천 계) Y를 기반으로 한 (목표 계) X의 모형 M'이라는 표현법을 채택함으로써, 두 물리적 계 X와 Y 사이의 실질적 유사성에 모형 구성이 의존한다는 점을 보여주고자 한다. 그러나 혼동의 소지를 없애기 위해서는 Y에 기초한 X의 모형 M과, X와 어느 정도 유사하지만 모형 M을 구성하기 위한 이론적 가정의 원천이 되는 계 자체인 Y를 명확하게 구분하는 것이 중요하다. X의 이론적 모형 M은 X에 대한 일련의 가정이며, Y는 조만간 분명하게 드러날 방식으로 이런 일련의 가정을 형성하기 위해 채택된 것이다. 그러나 Y는 X와 유사하지만 특정 측면에서는 X와 구분되는 물리적 계이다. 예를 들어 탄성고체 모형은 광파의 전파(계 X)와 고체에서의 탄성파 전파(계 Y) 사이의 실질적 유사성을 기반으로 한다. 그러나 계 Y가 탄성고체라 하더라도, 그것을 기반으로 한 광파 매질의 모형은 광파의 전파에 대한 일련의 가정에 기초한 것이지 탄성고체에 대한 가정에 기초한 것이 아니다.

헤세(1966: 8~9)에 따라, 나는 원천 계 Y와 목표 계 X 사이의 관계를 다음과 같이 특징지을 수 있다고 본다.

(a) 긍정적 유비, 즉 Y와 X가 공유하는 속성들 또는 속성 간 관계가 있다.
(b) 부정적 유비, 즉 X가 Y와 유사하지 않게 만드는 속성들 또는 속성 간 관계가 있다.
(c) 중립적 유비, 즉 아직 그것이 긍정적 유비인지 여부를 잘 모르는 유사성으로, 긍정적 유비임이 드러날 수도, 부정적 유비임이 드러날 수도 있는 특정한 속성이 있다.

Y와 X 사이의 이러한 긍정적 유비와 중립적 유비는 Y를 기반으로 하여 X의 모형을 만드는 데 활용될 수 있다. 이 유비들은 Y가 물리적 계 X의 일부 속성을 밝히는 데 **발견법적 역할**을 할 수 있음을 시사해준다. 예를 들어, 중립적 유비의 공간을 탐색함으로써(즉 X가 Y의 속성을 더 많이 가졌는지 여부를 알아내는 작업을 통해) 우리는 X가 무엇이고 무엇이 아닌지에 대한 더 나은 지식을 얻을 수 있다. 그렇다면 Y와 X 사이에 부정적 유비가 있을 경우, 이로 인해 Y와 X를 동일시할 수 없음에도 Y에 기초한 X의 모형 M의 발견법적 역할을 가로막지는 못한다는 점이 분명해진다. Y는 X와 구별되지만 X에 대한 일련의 모형화 가정을 제공할 수 있다. 즉 Y는 X의 모형 M을 제시할 수 있다.(그림 6.2 참조)

유비적 접근에 따르면, 모형은 과학적 이론화에 있어 필수불가결한 수단이며, 그 발견법적 가치는 서로 다른 물리적 계 사이의 실질적 유사성과 유비에 기초한다. 헤세(1966: 68)가 강조했듯이, 이러한 실질적 유

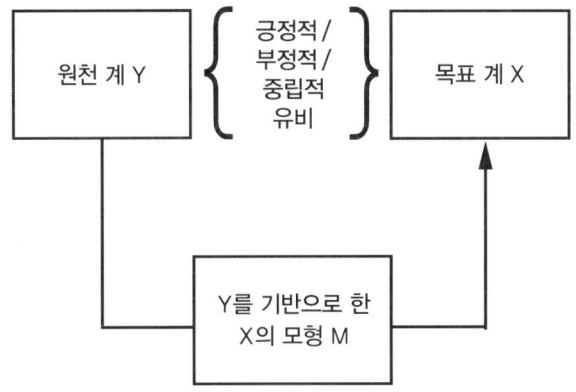

그림 6.2 유비적 모형의 발견법적 역할

사성(또는 유비 추론)에는 형식적 유사성과 물질적 유사성의 두 가지 종류가 있다.

두 물리적 계 X와 Y 사이의 **형식적 유사성**은 X와 Y의 행동을 표현하는 수학적 구조와 관련이 있다. 많은 경우, Y에 기초해 X의 모형 M을 구성한다는 말은 Y에 대한 수학적 기술을 X에 적용한다는 말과 같다. 곧 Y에 기초한 X의 모형 M은 Y에 대한 수학적 기술을 X에 대한 기술로 전환하는 일련의 가정이다. 여기서 주의할 점은 X와 Y가 동일한 속성을 지니고 있다고 가정할 필요가 전혀 없다는 것이다. 필요한 것은 X의 일부 요소가 그것과 대응하는 Y의 요소들과 동일한 관계를 가지고 있음을 보여주는 것뿐이다. 이런 공통점을 가진 Y에 기초한 X의 모형 M은 X를 이해하는 데 유용할 수 있다. 예를 들어 모형 M은 X에 대한 설명을 더 폭넓은 수학적 구조 속에 포함시킬 수도 있음을 보여줄지 모른다. 또는 Y에 대한 수학적 기술 안에서 서로 대응하는 요소들이 이미 어떤 연결을 가지고 있음을 고려하여, X의 요소 사이에도 추가적인 연결이 있음을 보여줄 수 있을 것이다.[20]

물질적 유사성은 속성의 수준에 존재하는 동일성 또는 유사성과 관련이 있다. 두 물리적 계 Y와 X 사이에 있는 일련의 물질적 유사성은 이 계들 가운데 하나(가령 X)가 특정 방식과 특정 범위에서 Y의 관점에 따라 기술될 수 있음을 암시한다. 특히 이런 가능성은 Y와 X가 중립적 유사성의 공간에 있을 때보다 더 많은 측면에서 유사할 수 있음을 보여준다. 따라서 두 계 사이에서 인식된 유사성은 더 많은 유사성을 발견할 수 있다고 가정할 만한 기초를 제공해준다. 따라서 이 유사성들은 X가 지닐 수 있는 속성에 대한 예측을 도출하는 기반이 될 수 있다.

이 시점에서 어떤 계 X의 모형과 X의 이론 사이의 관계를 알아보는 것도 유용하겠다. 헤세(1953: 203)와 애친스타인(1968: 215, 217)에 따라, 나는 원칙적으로 이론이란 문자 그대로 이해되는 진술의 집합으로, 특정한 물리적 계 X의 행동을 정확하게—곧 참인 방식으로—기술하는 것이라고 생각한다. 그러나 모형의 경우에는 상황이 그렇게 명쾌하지 않다. 물리적 계 X에 대한 일련의 가정을 제시하기 위해 이론적 모형 M을 사용하는 경우, 우리는 M이 X를 문자 그대로의 방식으로 기술한다고 믿지는 않는다. 앞서 말했듯이, Y에 기초해 만들어진 X의 이론적 모형 M은 X의 탐구를 위한 발견법적 도구이기 때문이다. 하지만 일반적으로 우리는 모형이 X에 대해 단지 근사적이거나 심지어 단순화되고 부정확하며 어쨌든 문자 그대로 거짓인 표현이라 믿더라도 그 모형을 채택할 수 있다.(Achinstein 1968: 217) 기어리(1988: 81)의 표현을 빌리자면, Y에 기초한 X의 모형 M은 특정 측면(X와 Y 사이의 긍정적 유사성에 의해 결정되는)과 특정 수준(근사성의 조건과 모형에 사용된 이상화 정도에 의해 결정되는)에서만 X를 표현한다는 것을 이미 알고 있기 때문이다.

여기서 누군가는 모형이 그렇듯이 이론도 현상에 대한 근사적이고 단순화된 제한적 기술/설명일 뿐이라는 반론을 마땅히 제기할 수 있다. 나는 이론과 모형 사이에는 약간의 차이가 있다고 생각한다. 내가 강조하려는 것은, X에 대한 모형과 이론 사이의 차이는 정도의 차이이며, 사실은 **믿음**의 정도 차이라는 점이다. 심지어 모형과 이론의 차이는 의도의 차이, 즉 이들이 지닌 인식적 가치에 대해 우리가 취하는 서로 다른 태도와도 관련이 있다고 말할 수 있다. X에 대한 모형은, 아직 X에 대한 기술이라고 완전히 믿지는 않는 일련의 가정으로 이루어진다. 반면, X에 대한 이론은 과학적 이론화 작업의 최종 결과물이다. 따라서 무언가를 X에 대한 이론으로 옹호할 경우, 이 이론이 X를 올바르게 기술/설명한다는 믿음의 수준은 일반적으로 높다.

모형, 발견법, 실재론

이 장을 마무리하기 전에 나는 방금 논의한 모형에 대한 접근법을 두 번째 사례 연구의 세부 사항과 연결해보겠다. 이렇게 하는 이유 가운데 하나는 19세기 광학 연구의 발전이 많은 이론 물리학의 연구 패턴과 상당히 유사하기 때문이다. 일반적으로 과학 이론화의 끝은 연구 중인 현상을 기술하고 설명하는 이론을 만들어내는 것이다. 그러나 19세기 광학이라는 두 번째 사례 연구에서 살펴본 바와 같이, 과학적 이론화는 한편으로는 배경 이론의 틀과 이론적 원리, 다른 한편으로는 연구 중인 현상이 이론적 틀에 부합하도록 그 원리를 구체화하고 풍부하게 해주는 모형, 이 두 가지의 상호 작용에 의존하는 복잡한 과정이다.

그린, 매컬라, 스토크스가 보여준 연구 전략이 그러했듯이, 이론 물리학자들은 목표로 삼은 물리적 계 X의 가장 일반적인 행동을 기술하기 위해 물리적 세계에 대한 현재의 배경지식을 표현하는 일반적인 물리·수학적 원리들의 네트워크에서 시작한다. 그러나 이들 원리를 완성하려면, 구체화는 물론 그 세부 내용을 채우는 작업이 필요하다. 이런 과제는 어떤 모형화 가정을 선택하느냐에 따라 달라진다. 과학자들은 각자 다른 모형화 가정을 사용할 수 있다. 예를 들어, 그린과 매컬라는 광파의 내부 구성에 대해 서로 다른 가정을 채택하여 광파 매질의 위치 에너지 함수를 모형화했다. 그러나 모형 구성에 대한 유비적 접근법이 보여주듯이, 모형화 가정에 대한 선택이 자의적으로 이루어지는 것은 아니다. 이런 선택은 목표 계 X의 행동과, 이러한 일반적 행동을 예시하는 다른 물리적 계 사이의 실질적 유사성에 기초해 이루어진다. 따라서 이런 모형화 가정으로서 유체 모형군(群) 대신 탄성고체 모형군을 선택한 것은, 고체(원천 계)에서 탄성파가 전파되는 것과 에테르(목표 계)를 통해서 광파가 전파되는 것 사이에 실질적 유사성이 있다는 것을 기반으로 한 것이다.

이런 과정을 통해 얻은 목표 계 X의 모형은 이제 설명해야 할 현상에 비추어 시험된다. 예를 들어 에테르에 대한 통상적인 탄성고체 모형이 그렇듯이, 그 모형이 이미 알려져 있는 해당 현상에 대한 법칙과 일치하지 않는다면 목표 계의 행동에 대한 부적합한 표현으로 볼 수밖에 없다. 하지만 그렇다고 해도, 모형은 중요한 발견법적 역할을 수행할 수 있다. 목표 계인 X의 행동이 무엇과 같지 **않은지** 보여주었기 때문이다. 따라서 모형은 대안적 표현을 찾아야 할 필요성을 제기한 것이다. 반면에 매컬라의 사례에서처럼, 모형이 연구 중인 현상에 대해 알려져 있는 법칙을 제시하는 데 성공한다면, 비록 그 이해가 부분적 범위와 수준에 그치더라도 X의 행동에 대한 이해를 높일 것이다.

지금까지 말한 모든 것에 이어 다음과 같은 질문을 해볼 수 있겠다. 내 연구에서 탐구한 관점에 따르면, 이론적 모형에 대해서는 실재론의 입장을 취할 수 없다는 것인가? 여기서 이론적 모형에 대한 실재론적 입장이란, 모형 M이 물리적 계 X를 정확하게—곧 참인 방식으로—표현한다고 믿는 것을 말한다. 분명 두 번째 사례 연구에서는, 이 연구 프로그램에 참여한 과학자들이 스스로 채택한 특정 모형에 대해 실재론적 입장을 취해야 할 어떤 경험적, 이론적 근거도 갖고 있지 않았다는 결론을 얻을 수밖에 없다. 하지만 이로부터 모형을 언제나 '마치 ~인 듯한'(as-if) 것으로 생각해야 한다는 결론이 나오는 것은 아니다. 또한, 이로부터 모형들이 실재에 대한 적절한 표현을 제시하는 상황이 존재하지 않는다는 결론이 나오는 것도 아니다. 요점은, 특정한 **경험적, 이론적** 요인이 존재하는 경우—예를 들어 지속적으로 부정적 유사성이 나타났다거나(그린), 수정 제안한 모형이 임시방편적 성격을 가졌다거나(스토크스), 모형화 가정에 독립적인 뒷받침을 제공하는 증거가 부족한(매컬라) 경우, 이들 과학자들은 자신의 모형에 대해 실재론적 입장을 취하지 않았다는 것이다.

따라서 원칙적으로 어떤 모형에 대해 실재론적 입장을 취하는 것이 불가능하지는 않다고 나는 생각한다. 비록 과학자들이 특정 모형이 물리적 계 X를 문자 그대로 기술한다는 가정에서 출발하지는 않는다 해도, X에 대한 모형 M이 X를 적절하게 표현하는 상황이 가능하기 때문이다. 이런 상황은 주어진 모형이 목표가 되는 계를 얼마나 정확하게 표현하는지와 관련이 있다. 예를 들어, 모형 M을 시험하는 중에 목표인 물리적 계 X와 원천 계 Y 사이의 중립적 유사성이 긍정적 유사성으로 바뀌는 경우가 생길 수도 있다. 긍정적 유사성이 더 많이 발견되고 부정적 유사성이 지속적으로 나타나지 않는다면, 모형 M이 X를 올바르게 표현할 가능성을 확인하는 좋은 출발점이 될 수 있다. M에서 도출된 X에 대한 참신하고 올바른 예측과 같은 증거가 더 많이 쌓인다면, M이 X를 올바르게 표현한다는 사실을 충분히 보여줄 수 있다. 요컨대, 특정 모형에 대해 실재론적 태도를 취하느냐 마느냐의 문제는, 이 모형이 다른 방법으로는 알려지지 않았을 물리적 계의 인과적 측면 모두 또는 거의 대부분을 정확하게 표현한다는 믿음, 그것을 보증하는 증거가 있느냐의 문제인 것이다.

이상의 생각들은 비관적 귀납에 맞서 과학적 실재론을 옹호하는 내 입장을 완성시켜 준다. 실재론자라면 심각하게 받아들일 필요가 있는, 라우든의 '역사적 도박'에 해당되는 이론들―과거에는 성숙하고 진정으로 성공적이었던 이론들―을 상세히 검토하기만 해도, 우리는 그 이론들이 명백히 거짓된 것으로 버려진 적이 없을 뿐만 아니라, 그 성공에 기여하고 경험적 뒷받침을 받은 이론적 구성요소들이 후속 이론에 계승되었다는 사실을 알 수 있다. 따라서 이론의 변화에는 라우든이 생각했던 것보다 훨씬 더 근본적인 이론적 연속성이 존재한다고 볼 수 있다. 실재론자들은 새로운 이론이 대체된 과거 이론이 가지고 있던 이론적 구성요소들을 다수 포함하고 있다는 사실에 근거하여 인식론적 낙관주의를 펼칠 수 있다. 그 결과, 혁명적 변화 속에서도 살아남아 진화하는 과학적 세계상의 일부가 된 이론적 원리와 설명적 가설의 안정적 네트워크가 나타나게 된 것이다.

이 모든 것을 염두에 두고, 이제 좀 더 약한 종류의 실재론에 힘을 실으려 한 워럴의 최근 시도인 **구조적 실재론**을 검토하도록 하자.

7장 워럴의 구조적 실재론

　비관적 귀납에 대한 워럴의 답변은 내가 5장에서 옹호했던 **각개격파 전략**의 하나라고 할 수 있지만, 그 속에는 몇 가지 흥미로운 차이점이 있다.[1] 워럴 역시 폐기된 과거 이론의 어떤 부분들이 이론의 변화 속에서도 유지된다는 점을 보여주려 하지만, 이런 부분들이 이론의 내용보다는 **수학적 구조**와 관련되어 있다고 주장한다.

　워럴은 일단 비관적 귀납이 옳다는 주장에서 출발한다. 즉 관찰 불가능한 존재자, 현상의 원인 및 그 밑의 메커니즘 등을 기술하는 이론의 차원에서 보면, 과학 이론은 급격한 불연속성을 띤다는 것이다. 그는 또한 과학이 성장하더라도 경험적 법칙의 차원에서는 연속성이 확보된다는 사실조차 받아들이려 하지 않는다. 따라서 그는 두 세계에 대해 최선의 설명을 제시할 수 있는 철학적 이론을 구상하려 한다. 즉 이론적 차원에서는 급격한 **불연속성**을, 그리고 경험적 법칙과 메커니즘 및 원인에 대한 이론적 설명 사이의 차원에서는 실질적 **연속성**을 일부 받아들임으로써 둘을 조화시키려는 입장이 그것이다.(Worrall 1989: 111 참조) 그가

'구조적 실재론'이라 부른 이 입장은, 성숙되었지만 대체된 과거 이론 가운데 수학적 내용만큼은 후속 이론에 거의 보존되며, 이러한 보존 관계는 과학 속에 있는 중대한 비경험적 연속성을 보여준다고 주장한다. 어떤 의미에서 워럴은 과학 혁명이 가능함을 인정하면서도, 과학적 실재론을 최대한 구해낼 수 있는 철학적 입장을 수립하는 데 목표가 있었다. 그는 이런 입장이야말로 "기적 없음 논증을 추인하면서도, 과학에서 일어나는 이론 변화의 범위에 대한 정확한 설명을 **동시에** 받아들일 수 있는 유일하게 희망적인 방법"(ibid.: 117)이라고 말한다.

워럴은 자신의 입장을 설명하고 정당화하기 위해, 맥스웰의 이론 내에 프레넬 법칙의 수학적 형식이 보존되어 있음을 보여주는 특별한 사례 연구를 수행했다. 그는 프레넬의 시대 이후 빛의 **본성** 즉 빛이 무엇인지에 대한 이론이나 설명은 달라졌지만, 빛의 **구조**에 대한 규명은 변하지 않았다고 주장한다. 그의 말을 빌리자면, "변화는 연속적이기도 하고 누적적일 수도 있지만, 그 연속성은 내용이 아닌 **형식** 또는 **구조**의 연속성이다."(ibid.: 117)

구조적 실재론은 존재자 또는 그 과정의 **본성**과 **구조**를 구분한 다음, 후자는 존재자의 행동을 기술하는 수식에 의해 포착될 수 있으나, 전자는 정량적인 기술 '너머에' 있다고 주장한다. 바로 이것이 내가 도전하고자 하는 견해다. 내가 제기하고 옹호하려는 논제는, 워럴이 시도한 비관적 귀납과 기적 없음 논증의 화해가 구조 대 내용의 구분에 의해서는 결국 달성될 수 없다는 것이다.

구조적 실재론 대 과학적 실재론

옛 이론에서 새로운 이론으로 이행하는 과정에서 적지 않은 수식들이 보존된다는 것은 부인할 수 없는 사실이다. 이들 수식은 그대로 활용되기도 하고, 새 이론을 특징짓는 다른 수식들 사이에서 뚜렷이 제한된 사례에만 쓰일 수도 있다. 이런 종류의 예는 얼마든지 있다. 뉴턴 법칙의 수식은 특수 상대성 이론과 관련된 법칙의 제한적 사례이고, 6장에서 살펴본 것처럼 열에 대한 칼로릭 이론의 법칙 가운데 대부분의 수식은 열역학 안에 다시 나타났다. 과거의 다른 과학 이론에서도 마찬가지였다. 이 사실은 이론 변화 속에 일종의 연속성 즉 형식적-수학적 차원의 연속성이 있음을 바로 보여주는 듯하다. 그러나 많은 경우, 수학적 기호 체계에 대한 물리학적 해석은 근본적으로 달라진다. 따라서 많은 법칙의 수학적 형식은 변하지 않은 채 남아있지만, 그 내용—법칙이 그 행동 양태를 통해 기술하고자 했던 물리적 과정과 존재자—은 변했다고 할 수 있다. 하워드 스타인은 이 점에 대해 다음과 같이 분명히 말했다.

> 사실상 '인식될 수 있는' 것은 옛 이론에서 새 이론에 이르기까지 **수학적 형식**의 뚜렷한 관계이지, '존재자들'의 유사성이 아니다. 이 사실은 언제나 내게 있어 과학 이론들의 친연성에 관한 가장 놀랍고도 중요한 사실로 보인다. 나는 이 사실에 대해 철학적 '설명'을 제시하고 있는 것이 아니라, 이것을 다만 역사적 증거 위에서 하나의 사실로 인용하고 있는 것이다. (1987: 393)[2]

이론 변화에서 볼 수 있는 이 중요한 연속성은 과학적 실재론과 충분히 조화될 수 있다. 과학적 실재론자들은 수식들이 증거에 의해 잘 뒷받침되고 근사적으로 참인 이론적 내용의 한 부분을 구성하기 때문에 이론의 변화 속에서도 보존되는 것이라고 설명할 수 있다. 그러나 경험적 내용과 (해석되지 않은) 수학 방정식들만이 보존되는 것 **전부**라는 주장은 실재론자들도 거부할 것이다. 일부 이론의 형식이 보존되는 정도를 넘어서 과학자들은 현행 이론의 내용—즉 세계에 대한 예측—이 과거에 비해 증거에 의해 더 잘 뒷받침되고 따라서 참일 가능성이 더 높다고 믿을 만한 충분한 이유가 있다고 본다. 따라서 과학적 실재론은 다음 논제들을 옹호한다고 볼 수 있다.

1. 과거 이론에서 사용된 수학 방정식의 이론적 해석 가운데 일부분은, 이 방정식에 대한 새로운 이론적 해석의 일부로 보존된다. 예를 들어 6장에서 19세기 광학의 이론-모형 관계에 대해 살펴보았듯이, (발광 에테르 속에서 광파가 전달되는 과정을 기술하기 위해 받아들였던) 파동 방정식은 (이제는 전자기장 속에서 전자기파가 전달되는 과정을 기술하는) 빛의 전자기 이론 속에 그대로 보존되었을 뿐만 아니라, 에테르를 통과하는 광파가 가진 것으로 생각된 다수의 실질적 속성—예를 들어 횡파성, 위치 및 운동 에너지를 보존하는 능력, 전파 속도의 유한성 등—도 전자기파의 속성으로 보존되었다. 여기서 중요한 점은 어떤 존재자가 특정한 인과적 역할을 하는 것으로 가정될 때, 그 존재자는 해당 역할을 수행할 수 있도록 여러 속성을 부여받는다는 점이다. 그리고 이들 속성(에 대한 기술)은 그 존재자를 지시하는 데 사용된 명사와, 그 행동을 지배하는 것으로 가정된 법칙에 대한 이론적 해석의 일부분을 이룬다. 새로운 이

론 때문에 과거 이론이 부여한 이론적 존재자의 속성에 변화가 있을 수도 있다. 그러나 과거 이론이 이 추정적 존재자에 부여한 속성의 일부(또는 대부분)가 새로운 이론이 상정한 존재자에게서도 발견되는 경우, 두 이론의 실질적 연속성이 성립할 것이다.

2. 새로운 이론에 보존되어 있는 수식에 대한 이론적 해석은, 대체된 과거 이론이 동일한 수식에 대해 제시했던 이론적 해석보다 현행 증거들에 의해 더 잘 뒷받침된다. 예를 들어, 전자기장의 존재는 '발광 에테르' 등과 같은 물질적 기체(基體)에 대한 주장보다 (가변적이고 독립적인 증거에 의해) 더 잘 뒷받침된다.

3. 지금까지 보존된 방정식에 대한 현행의 이론적 해석은 거짓이기보다 참일 가능성이 높다. 예를 들어, 현행 증거를 고려할 때 전자기장 내에서 전자기파가 전달되는 과정을 파동 방정식이 올바르게 기술하고 있다는 주장은 거짓이기보다 참일 가능성이 더 높다.

워럴은 지금 제시한 온전한 실재론적 입장을 받아들이지 않는다. 그의 구조적 실재론은 방금 확인한 것과는 다른 입장이라는 뜻이다. 하지만 구조적 실재론을 이론이 변화해도 수학적 층위에서는 연속성이 있다는 사실에 대한 단순한 기술이라고 할 수는 없다. 이 입장은 하나의 철학적 논제로서, 과학에서 볼 수 있는 이론 변화의 인식 가능하고 중요한 특징에 대한 어떤 **설명**을 제시하고 있음이 분명하다. 게다가 스타인 (1987: 383)이 언급했듯이, 구조적 실재론이 말하는 이론 변화의 특징은 도구주의와도 비슷해 보인다. 따라서 구조적 실재론을 **실재론적** 입장으로 받아들이려면, 도구주의와는 거리가 먼 것으로 이해해야만 한다.

결국 나는 구조적 실재론을, 알려질 수 있는 것과 과학 이론이 밝혀낼 수 있는 것에 대해 **인식상의 제한**을 두는 입장으로 볼 때 가장 잘 이해할 수 있다고 본다. 과학적 실재론과 달리 구조적 실재론은 과학 이론의 인식적 내용을 **수학적 구조**와 **그에 따른 경험적 귀결**로 제한한다. 그럼에도 불구하고 구조적 실재론은 도구주의와 달리 어떤 이론의 수학적 구조가 세계의 구조를 실제로 반영한다고(즉 관찰 불가능한 것들 사이의 **실제 관계**를 반영한다고) 본다. 따라서 구조적 실재론은 다음 논제를 옹호하는 것으로 볼 수 있다.

(a) 과학 이론이 그 자체의 수학적 구조를 통해 최대한 밝혀낼 수 있는 것은 관찰 불가능한 세계의 구조뿐이다.
(b) 이론 변화 속에서도 보존된 수식은 존재자들 사이의 실제 관계를 표현하긴 하지만, 우리는 그 존재자들이 수리적으로 표현된 관계를 맺고 있다는 것 외에는 아무것도 알지 못한다.
(c) 서로 다른 존재론(그리고 그에 대한 서로 다른 이론적 해석)이 동일한 수학적 해석을 만족시킬 경우, 그 가운데 하나가 다른 것보다 증거에 의해 더 잘 뒷받침된다고 받아들일 이유도 없고, 그것을 올바른 것으로 믿을 이유도 없다.

이것은 상당히 강력한 입장이다. 나는 이것이야말로 워럴이 지지하고자 한 입장이라 생각한다. 워럴 자신의 말을 빌리면, 구조적 실재론자는 "우주의 기본 장치들이 지닌 본성을 우리가 '이해할 수 있다'고 생각하는 것은 실수라고 주장한다."(1989: 122) 뉴턴이 그랬듯이 우리가 발견할 수 있는 것은 "수식으로 표현된 현상들 사이의 관계이며, 이론 명사는 소박한 원시 요소들로 이해되어야 한다"(ibid.)는 것이다. 워럴은 양자역학의 경험적 성공을 언급하면서 이렇게 말한다. "구조적 실재론자들은 (…) 우주의 구조가 (아마도) 양자역학적인 무엇이라고 단순히 주장할 뿐이다."(1989: 123)

푸앵카레 서곡

역사적으로 볼 때 구조적 실재론이라는 입장은 20세기 벽두에 있었던 앙리 푸앵카레의 작업에까지 거슬러 올라갈 수 있다.[3] 푸앵카레는 세기 전환기에 프랑스에서 '과학의 파산'에 대한 논쟁 형식으로 벌어진, 과거 이론의 오류를 둘러싼 주장이 지닌 힘을 잘 깨닫고 있었다. 1900년에 있었던 물리학회 연설에서 그는 이렇게 지적했다.(1900: 14~15, 1902: 173)

세상 사람들은 과학 이론이 얼마나 단명하는지 알면 큰 충격을 받을 것입니다. 잠시 동안의 번성기가 지난 다음 이론은 버려지고 맙니다. 그들은 폐허 위에 폐허가 쌓여 가는 장면을 목격합니다. 그들은 또 모호한 상태에 머물러 있는 오늘날의 이론들이 차례가 오는 족족 죽어버릴 거라 예측할 겁니다. 그리하여 이론들이 결국 무위로 돌아갈 것이라고 결론내리고, 이것을 과학의 파산이라고 부를 겁니다.

푸앵카레는 이렇게 덧붙인다. "그러나 이런 회의주의는 피상적입니다. 그들은 과학 이론의 목표나 역할 어느 쪽도 이해하지 못하고 있습니다. 이것들을 모르면 그들은 폐허가 여전히 무언가에 좋을 수도 있다는 점을 이해하지 못할 겁니다."(ibid.)

푸앵카레는 이론을 경험적 법칙의 조율과 현상 예측을 위한 단순한 도구로 여기는 사람들에게는 이런 주장이 설득력이 없을 것이라고 말한다.(ibid.) 이론이 이 세계의 구조를 올바르게 기술하는 것을 목표로 하지 않는다면, 이론이 가정하는 관찰 불가능한 존재자와 그 메커니즘은 결국에는 버려질 단순한 사변에 불과하기 때문이다. 그가 지적했듯이 "맥스웰 시대 이전과 마찬가지로, 프레넬의 이론은 지금도 광학적 현상을 예측할 수 있다."(1990: 15, 1902: 173)

그러나 2장에서 이미 살펴보았듯이, 과학 이론을 순전히 도구주의적으로 해석하는 입장은 이론의 진정하고 참신한 경험적 성공과 마주치면 곧 무너진다. 따라서 푸앵카레는 중간 입장을 선택한다. 그는 과학 이론이 단지 '실용적인 레시피'에 불과하다는 견해를 거부했다. 대신 그는 성공적인 과학 이론은 관찰 불가능한 세계에 대해 무언가를 말해줄 수 있다고 주장했다. 하지만 정확히 무엇을 말해주는가?

푸앵카레가 주장했듯이, 과학 이론은 관찰 불가능한 존재자들이 서로 맺고 있는 관계에 대해 무언가를 말해줄 수 있다. 푸앵카레는 신칸트주의 노선을 따라, 과학이 가정하는 관찰 불가능한 존재자를 칸트가 말한 '사물 자체'와 같은 것으로 보고 이를 알 수 없는 것으로 간주했다. 그러나 그는 여전히 과학의 성공이, 다른 방식으로는 알 수도 없고 관찰할 수도 없는 존재자들로 가득 찬 세계의 관계 구조에 대해 무언가를 알려준다고 생각했다. "소박한 독단론자들이 생각하는 것과 달리 과학은 여전히 사물 자체에 도달할 수 없으며 사물들의 관계에만 도달할 수 있을 뿐이다. 이들 관계 외에 우리가 알 수 있는 실재는 없다."(1902: 25)

푸앵카레는, 관찰 불가능한 세계가 지닌 관계의 구조를 가장 잘 보여주는 것으로 경험적으로 성공한 이론에 포함된 수학적 구조를 들었다. 특히 개념적 혁명과 급격한 이론 변동 속에서도 살아남은 수식이야말로 관찰 불가능한 존재자들 사이의 실제 관계를 표현한다고 보았다. 그의 말을 확인해 보자.

> 이들 방정식은 관계를 표현합니다. 이들 식이 여전히 참이라면, 그것은 그 관계가 실재성을 간직하고 있기 때문입니다. 그것들은 그때나 지금이나 이 사물과 다른 사물 사이에 이러저러한 관계가 존재한다는 것을 우리에게 알려줍니다. 과거에는 운동이라 불렀지만 지금은 전류라고 부르는 것만 봐도 그러합니다. 그러나 이러한 명명은 자연이 우리에게 영원히 숨길 실제 대상을 대신하는 일종의 이미지일 뿐입니다. 이 실재 대상들 사이의 참된 관계야말로 우리가 도달할 수 있는 유일한 실재일 겁니다. 또한 그러한 도달을 가능하게 하는 유일한 조건은, 우리가 대체물로 상정한 이미지와 동일한 관계가 이 대상들 사이에도 존재하는 경우뿐입니다. (1900: 15, 1902: 174)

다른 곳에서 푸앵카레는 이렇게 말하고 있다.

> [버려진 과학 이론의 역사를] 더 자세히 살펴보면, 우리는 이렇게 포기된 이론들이라는 게 사물이 이러저러하다고 우리에게 가르치는 척하는 이론이라 부를 만한 것들이었음을 알 수 있다. 그러나 그런 이론들 속에도 보통 살아남는 무언가가 있다. 만일 그 이론들 가운데 하나가 우리에게 참된 관계를 알려주었다면, 그 관계는 분명 현행 이론에 포

착되었을 것이며, 또한 과거 이론의 자리를 연속해서 차지할 다른 이론들 속에서 새로운 얼굴로 다시 발견될 것이다. (1905: 182)

따라서 푸앵카레와 그를 이어받은 워럴은, 비록 관찰 불가능한 존재자들의 본성은 알 수 없으나 성공적인 과학 이론은 우리에게 관찰 불가능한 세계의 구조에 대해 여전히 무언가를 말해줄 수 있다고 보는 셈이다.[4]

이 관점을 비판적으로 검토하기에 앞서, 이미 (3장의 '경험론과 균열 없는 실재론' 절에서) 살펴본 바 있는 구조적 실재론의 한 버전, 즉 그로버 맥스웰이 옹호했고 프랭크 램지와 과학 이론에 대한 램지 문장 접근법에서 파생된 버전을 다시 상기해보는 일도 가치 있을 것이다. 워럴-푸앵카레의 입장은 특정 형태의 실재론과 비관적 귀납에 의한 논증을 조화시키려는 **인식적** 필요성에서 나온 것이다. 따라서 이 구조주의적 형이상학은 비관적 귀납에 대한 답변으로 두 사람이 선호한 입장의 직접적인 결과로 볼 때 가장 잘 이해된다. 반면에 램지 식의 구조적 실재론은 세계가 특정한 논리-수리적 구조를 가지고 있으며, 우리가 가진 최선의 과학 이론의 논리-수리적 구조에 이 구조가 반영되어 있다는 (또는 그로부터 추론된다는) 러셀의 관점에서 유래한 것이다. 관찰 불가능한 세계에 대해 알 수 있는 것은 논리-수리적 구조뿐이라는 주장은, 과학이 가능한 한 경험과 가까워야 한다는 경험론의 요구와 과학이 주어진 현상의 원인에 대해 무언가를 발견한다는 실재론적 관점 사이의 절충안이 되어, 램지 식의 구조적 실재론에 수용된다. 나는 구조적 실재론의 두 가지 스타일에 근본적 차이가 있다고 주장하고 싶지 않다. 차이가 있다면 아마도 동기의 측면뿐일 것이다. 사실 관찰 불가능한 세계에 대해서는 오직 그 구조만을 알 수 있다고 주장하는 입장인 워럴-푸앵카레의 구조적 실재론은 램지식 틀에서 그 표준적 공식을 찾을 수 있다. 그렇다면 램지 식의 구조적 실재론에 반대하는 위치에 선 모든 주장은 동시에 워럴-푸앵카레의 입장에 대해서도 반대할 것이다.[5]

구조적 실재론 대 비관적 귀납

얼핏 보기에 구조적 실재론은 매력적인 입장이다. 비관적 귀납에 대해 과연 그것 말고 어떤 실재론적 입장으로 대응할 수 있을까? 그러나 구조적 실재론은 몇 가지 중대한 문제점을 갖고 있는 것으로 보인다. 어떤 이론을 형식적-수학적 구조와 그 내용(또는 해석)이라는 널리 알려진 방식으로 구분한다고 가정해보자. 문제는, 형식적-수학적 구조는 동일하지만 그에 대한 해석은 서로 다른 두 경우가 존재할 수 있다는 데서 나온다. 내가 주목하는 논점은 다음과 같다. 형식적-수학적 차원(수학 방정식의 차원)에서의 보존을 비관적 귀납에 대한 실재론적 답변의 튼튼한 기초로 삼을 수 있는가? 다시 말해서 구조적 실재론은 비관적 귀납에 응전할 수 있을 만큼 충분히 강력한가?

이미 살펴보았듯이, 워럴은 라우든에 반대하여 적어도 **일부** 비경험적 내용은 이론 변화 속에서도 여전히 유지된다고 주장했다. 그의 주요 논거는 이론이 바뀌어도 수학 방정식은 보존된다는 것이었다. 하지만 라우든은 이러한 반응을 이미 예상한 바 있다. 그는 후속 이론 T_2가 대체된 이론 T_1의 "형식적-수리적 관계만을 포획하고 있다는 데 만족할" 철학자도 있기는 할 것이라고 말한다.(1981: 237) 하지만 그는 이 관점이 "밀실에 갇힌 실증주의자들에 대응하기 위한" 것에 불과하며, 설득력 있는 실재론적 입장으로서는 부적절하다고 거부한다.(ibid.)

나는 수학적 연속성에 호소하는 워럴의 입장을 추가 논증 없이 실재론적으로 보기는 어렵다는 라우든의 지적이 옳다고 생각한다. 분명 워럴은, 수학 방정식이 세계의 구조에 대한 **표현**이며, 따라서 이론 변화 속에서도 방정식이 유지된다는 사실이야말로 대체된 이론이 세계의 구조를 올바르게 나타냈음을 보여주는 표지라는 데 대해 별도의 논증을 제시할 필요가 있었다.

이 논증의 필요성은, 다음과 같은 대안적 설명을 감안할 때 더욱 분명해진다. 사람들은 방정식 층위의 보존을 과학 수행에서 나타나는 실용적 특징일 뿐이라고 주장할 수도 있다. 과학계는 다만 편의성과 노동의 절약을 위해 선배 과학자의 수학적 작업 위에서 일하는 것인지도 모른다. 즉 특정한 수학 방정식에 대한 이러한 편애는 세계의 실제 관계에 대한 것이 아니라 과학계의 보수성을 의미할 뿐이라는 주장이다. 이런 생각을 차단하려면 워럴은 과학 이론의 변화 속에서도 수학 방정식이 보존된다는 사실을 단순히 진술하는 데 머무르지 말고, 이렇게 보존된 것이 세계의 **구조**에 관한 무언가를 우리에게 알려준다는 결론까지 가는 논증을 제시할 필요가 있다. 특히 이 결론은 보존된 수학 방정식이 다른 방법으로는 알려지지 않거나 알 수 없는 물리적 존재자 사이의 실제 관계를 표현한다는 내용이어야 할 것이다. 나는 워럴과 푸앵카레의 저술에서 그와 같은 논증을 찾지 못했다.[6] 나는 그와 같은 논증이 불가능하다고 믿지는 않지만, 그런 논증을 실제로 제시하지 않는다면 구조적 실재론은 살아남기 어려울 것이다.

누락된 논증의 가장 좋은 후보는 기적 없음 논증의 한 종류가 아니면 안 될 것이다. 워럴은 (4장에서 논의한) 기적 없음 논증의 성숙된 버전을 만족스럽게 받아들이지 못하는데, 그것은 이보다 더 많은 것을 확립하려는 목표가 있기 때문이다. 워럴의 목표 역시 진정으로 성공적인 과학 이론이라면 근사적 참으로 받아들여야 한다는 주장을 확립하는 데 있다. 여기서 (근사적) 진리란 알려지지 않은 존재자들 사이의 관계뿐만 아니라 이들 존재자가 무엇인지에 대한 것이기도 하다. 워럴은 빛의 파동 이론과 현행 이론을 비교하면서 이렇게 말한다. "고전적 파동 이론을 (…) '상당 정도 경험에 부합한다'고 하면 그렇다고 할 수 있고, '어느 정도 **구조적으로** 정확하다'고 해도 의심 없이 그렇다고 할 수 있지만, '근사적 참'이라고 해서는 안 될 것이다."(1990b: 343) 따라서 구조적 실재론자는 기적 없음 논증의 '구조적 버전'을 추구해야 한다는 것이다. 바로 여기에 가능성이 있다. 구조적 실재론자는 후속 이론이라는 유리한 고지를 발판으로 이렇게 주장할 수도 있다. 즉 버려진 이론이 왜 경험적으로 성공적인지를 설명해주는 최선의 방법은, 보존된 수학 방정식이 이 세계의 관찰 불가능한 존재자들 사이의 실제 관계를 표현하고 있음을 보여주는 데 있다고 말이다. 따라서 구조적 실재론자는 다음의 논증 (W)를 제시할 수 있을 것이다.

> (W) 예측의 성공은 누적적이다. 후속 이론은 이전 이론에서 확인된 경험적 내용을 포함한다. 그런데 수학적 구조 또한 누적적이어서, 후속 이론은 이전 이론의 수학적 구조를 그 안에 포함한다. 따라서 수학적 구조의 축적과 경험적 성공의 축적 사이에는 상관관계가 있다. 성공적인 예측은 그 이론이 어떤 방식으로든 이 세계에 '연결되어' 있음을 보여주기에, 우리는 이론의 '이월된' 수학적 구조가 이 세계의 구조와 '연결되어' 있다고 예상할 수 있다.

나는 실재론을 성공적으로 옹호하려면 위와 같은 종류의 설명적 논증이 필요하다는 것을 한순간도 의심한 바 없다. 이 입장에서 핵심적인 것은, 이론들이 이 세계를 어떤 식으로든 올바르게 포착한다는 것을 받아들이지 않는다면 과학의 몇몇 두드러진 특징—특히 예측의 성공과 같은 인상적인 특징—을 적절히 설명할 수 없다는 점이다. 푸앵카레 자신도 이러한 논증을 자주 이용했다.[7]

그러나 만일 위 논증 (W)로 인해 구조적 실재론이 신뢰성을 얻는다면, 그것은 이론의 수학적 구조가 이론의 예측 성공에 어떤 방식으로든 전적으로 기여한 경우에만 그렇다는 점에 유의하자. 오직 그럴 때만 구조적 실재론자는, 이론의 예측적 성공을 근거로 하여 이론의 수학적 구조가 관찰 불가능한 세계의 구조를 표현한다고 주장할 수 있는 자격을 얻을 것이다. 워럴은 다음과 같은 말로 이런 관점을 옹호하는 듯하다.

> 빛의 파동 이론이 제시한 다수의 수학 방정식이 여전히 과학에 살아남았다는 것은 참이며, 그것도 아주 중요한 의미에서 참이다. 그리고 반복된 실험에서 변함없는 결과가 나온다는 것 또한 참이며 (더욱 명백하게) 중요한 의미에서 참이기에, 파동 이론의 모든 경험적 결과가 여전히 올바르게 나타나는 것이다. 그럼에도 이론의 층위에서는 근본적이고 제거할 수 없는 변화가 존재한다. (1990b: 342)

그러나 이론적 내용이 없는 수학 방정식만으로도 어떻게든 예측을 할 수 있다는 말은 전혀 참이 아니다. 예측에는 무엇보다도 이론적 가설과 보조 가정이 필요하다. 예측을 도출하는 데 사용되는 수학 방정식은 이미 이론적으로 해석된 것으로, 이론적 내용을 담고 있다. 따라서 어떤 예측이 실현되고 그에 따라 예측을 도출한 가설이 신뢰도를 얻는 경우, 모든 공로를 수학 방정식에 돌리는 것은 불공평하다. 방정식의 이론적 내용뿐 아니라 보조 가정에 대해서도 신뢰도를 높인 공로를 어느 정도 인정해야 한다. 나아가 신뢰도를 높인 공로를 방정식과 보조 가정에 모두 돌린다 해도, 일정한 맥락에서는 모든 이론적 가설이 보조 가정으로 쓰일 수 있기 때문에, 예측을 생성하는 데 기여한 모든 이론적 가설이 뒤에 나올 경험적 성공으로 인해 **일정한 정도의** 공로를 인정받을 수 있다. 따라서 구조적 실재론자들이 이론 변화에서 보존된 수학 방정식이 관찰 불가능한 존재자 사이의 실제 관계를 밝혀준다고 주장하기 위해 (W)의 어떤 버전을 사용하려면, 후속 이론에 쓰인 수학 방정식의 몇 가지 이론적 내용이 증거에 의해 잘 뒷받침된다는 사실 또한 인정해야 할 것이다. 이런 이론적 내용이 반드시 경험적이거나 낮은 층위의 이론적 주장이어야 할 이유는 없다. 특히 구조적 실재론자들은 이론적 존재자들에 대한 특정 가설이나 주장들 역시 그것들에 의해 '살을 붙인' 수학 방정식만큼이나 경험적 성공에 공로가 있으므로, 증거의 뒷받침을 받는다는 것을 받아들여야 한다. 어떤 이론의 경험적 성공이 그 이론의 일부가 세계와 '부합된다'고 생각할 수 있는 근거를 제공해준다면, 해당 이론에 포함된 (해석되지 않은) 수학적 방정식만이 그 일부일 수는 없으며, 이론이 상정한 존재자들과 메커니즘의 법칙적 행동은 물론이고 그 실질적 속성들에 대한 몇몇 이론적 주장도 포함되어야만 한다. 즉 이론의 일부는 수학 방정식이지만, 과학 이론은 수식에 살을 붙이는 수많은 내용을 가지고 있다. 나는 뒤에서 워럴이 연구했던 사례, 즉 프레넬 방정식과 맥스웰 이론에서 수학 방정식이 동일하게 유지된 사례를 자세히 살펴봄으로써 이 논지를 옹호할 것이다. 지금은 핵심만을 강조하기로 하자. 구조적-수학적 층위에서 **실질적인**(단지 형식적인 것만은 아닌) 보존이 이뤄졌다는 점을 인정한다면, 일부 이론적 내용 역시 보존된다는 점을 인정해야만 한다. 그러나 그러한 인정은 예측의 성공이 이론의 수학적 구조만을 보증한다는 주장을 약화시킬 것이다.

따라서 기적 없음 논증의 '구조적 버전'은 구조적 실재론자들이 원하는 것보다 더 많은 것을 보증해준다. 과학적 실재론자는 수학 방정식만으로는 어떤 예측 성공도 이끌어낼 수 없고 그것을 설명할 수도 없다는 사실을 강조함으로써, 이론의 예측 성공을 가장 잘 설명해주는 것은 그 이론의 일부 이론적 요소들이 적절하게 참이라는 사실이라고 주장해야 한다. (그런 이론적 요소들에는 존재자들의 이론적 메커니즘뿐 아니라 그것들에 부여된 실질적 속성 및 법칙적 행동까지 포함된다.) 예측 성공의 공로를 수학적 구조에만 돌리려는 시도는 필요하지도 않고 정당하지도 않다. 게다가 기적 없음 논증의 구조적 버전은 완전한 형태의 버전보다 결코 적지 않은 인식적 위험을 수반한다. 유일한 차이는 정도의 차이뿐이다. 즉 **얼마나 많은** 비경험적 내용을 기꺼이 옳은 것으로 받아들이려 하는가의 차이뿐이다. 하지만 과학적 실재론자들이라고 해서 이론이 제시하는 비경험적 주장 **모두**가 똑같이 정당화된다고 생각하는 것은 아니다. 또한 어떤 과정의 구조를 안다고 주장할 때와 이 과정이 **무엇인지** 안다고 주장할 때 다른 종류의 믿음이 개입된다고 보지도 않는다.

요약하자면 워럴의 근본적 통찰, 곧 어떤 이론의 예측적 성공이야말로 관찰 불가능한 세계에 대한 그 이론의 주장 일부가 옳음을 보여주는 증거라는 통찰은 구조(또는 수학 방정식) 대 본성(또는 이론적 내용)의 구분으로는 잘 뒷받침되지 않는다. 5장에서 논의했듯이, 구분선을 그을 수 있는 가장 좋은 위치는 이론의 성공에 핵심적으로 기여하는 구성요소와 '따로 노는' 구성요소 사이이다. 그러나 이 구분은 구조와 본성에 대한 워럴의 구분과는 완전히 다른 방식의 구분이다.

구조 대 본성?

워럴은 자신이 그리고자 하는 구분이 정확히 무엇인지에 대해 다소 모호한 입장을 가지고 있다. 때때로 그는 이론의 구조와 그 이론적 해석 사이의 구분에 대해 말하곤 했다. 그러나 때로는 존재자들의 구조와 그 본성 사이의 구분에 대해 말하기도 한다. 예를 들어 다음 진술을 보자. "프레넬이 빛의 **본성**을 완전히 잘못 이해했다고 말하는 일은 옳은 것처럼 보인다. 그럼에도 그의 이론이 경험적 예측의 측면에서 성공을 거둔 것은 기적이 아니다. 과학자들이 나중에 확인했듯이, 프레넬의 이론이 빛에 올바른 **구조**를 부여했기 때문이다."(1989: 117) 이론의 구조와 그 해석 사이의 구분에 대해 살펴보면, 구조의 보존이 실재론적 입장의 근거가 될 수 있음을 보여주기 위해 워럴은 추가적 논증을 할 필요가 있으며, 이 논증이 방금 살펴본 기적 없음 논증의 한 버전인 한 워럴이 기꺼이 받아들일 수 있는 것보다 더 많은 이론적 연속성을 허용할 수 있다는 점은 앞 절에서 지적한 바 있다. 두 번째 구분 곧 존재자들의 구조와 본성 사이의 구분으로 가면, 이 구분이 과연 의미가 있는지 의심스럽다. 즉 존재자들의 본성과 구조를 구분하여 그 **구조**는 알 수 있지만 **본성**은 알 수 없다고 주장할 수 있는지가 문제라는 것이다. 이번 절에서 나는 두 가지 논제를 제시하고자 한다. 첫째, 존재자의 본성과 구조는 하나의 연속체를 이루고 있다는 것, 둘째, 어떤 존재자, 과정, 또는 물리적 메커니즘의 본성은 그 구조만큼이나 알 수 있는 대상이라는 것이다.

이론적 실체의 본성은 그 구조와 별개인가? 달리 말해서, 어떤 수학적 기호의 물리적 내용(즉 기호가 나타내는 존재자 또는 과정)과, 그것을 나타내는 데 쓰인 해석된 수학 방정식의 총체(즉 그 행동을 설명하는 데 쓰인 법칙의 총체)를 구별하는 일이 유용할까? 과학자들이 어떤 존재자의 본성에 대해 이야기할 때 통상적으로 하는 일은, 인과적 요인을 상정하는 것 외에 한 그룹으로 묶은 기본 속성들과 관계들을 이 존재자에 부여하는 일이다. 그런 다음에는 일련의 방정식을 사용하여 해당 존재자들이 보여주는 법칙적 행동을 기술한다. 달리 말해서, 이 인과적 요소에 특정한 인과적 구조를 부여하고, 이 존재자가 어떤 방식으로 구조화되는지에 대해 이야기한다. 나는 인과적 요소에 대한 구조적 기술(물리학적이고 수학적인)을 넘어 '본성'에 대해 이야기하는 것은 형상과 실체적 존재자에 대한 중세의 담론으로 돌아가는 일과 다름없다고 생각한다. 이런 논의는 17세기 과학혁명에 의해 타도된 지 오래이다.

이러한 주장을 구체화하기 위해 나는 **질량**이라는 사례를 검토해보고자 한다. 질량에 대한 전통적 관념은 어떤 물체가 지닌 '물질(substance)의 양'이었다. 따라서 질량의 본성(즉 이론적 존재자의 본성)은 어떤 물체가 담고 있는 물질의 양과 관련이 있었다. 그러나 과학혁명 이후 이러한 전통적 관념은 **관성** 질량이라는 개념으로 서서히 대체되었다. 이 개념은 물체가 가속도에 저항하여 갖는 속성으로 설명되며, 그 구체적 기술은 뉴턴 제2법칙인 $m_i = F/a$ 방정식에 의해 제시되었다. 따라서 질량은 물체에 어떤 외부적 힘이 가해졌을 때 물체가 가속도에 저항하는 일종의 구조적 속성으로 이해되었다. '구조적 속성'은 좋은 용어가 아닐 수도 있으나, 질량의 속성에 대해 더 많은 것을 발견하면 질량의 본성 곧 질량이 무엇인지에 대해서도 더 많은 것을 발견할 수 있다는 점을 잘 전달하는 용어인 듯하다. 마찬가지로, 중력 질량은 만유인력의 법칙에 의해 한 물체가 다른 거대 물체 M의 중력장 내에서 가속됨으로써 갖게 되는 속성으로 설명되며, 이 속성은 방정식 $m_g = \boldsymbol{F}r^2/GM$에 의해 정량적으로 '포착'된다. 더 나아가 이들 두 속성은 사실 하나이자 동일한 것으로 확인되었다. 물체가 가속에 저항하는 속성은 물체가 중력장에서 가속됨으로써 얻는 속성이다. 즉 $m_g = m_i$이다. 이들 두 속성을 동일하게 봄으로써, 이를테면 더 많은 구조가 **질량** 개념에 더해졌고, 질량이 **무엇인지**에 대한 지식 또한 증대되었다. 따라서 질량이 무엇인지 알아내는 작업이란 곧 질량이 어떤 속성인지, 어떤 법칙을 따르는지, 특히 과학 이론 내에서 질량이 만족시키는 방정식은 무엇인지 알아내는 작업이다.

    존재자가 따르는 법칙을 알아냈다고 해서 그 존재자가 무엇인지 알아내는 작업이 끝나는 건 아니라는 주장은 분명 받아들일 만하다. 하지만 이 주장은 신중하게 해석해야만 한다. 특정 존재자의 인과적 역할에 따라 부여된 속성 중 일부는 수학적 형식의 법칙과 기술로 구체화할 수 없는 경우도 얼마든지 있다. 또한 그 시점이 언제이든 우리는 특정 존재자가 가진 속성 전부를 알 수도 없거니와 일부 속성에 대해서는 잘못 알 수 있다. 그러나 이것은 자연과학 자체에 의해 발견되고 확립되어야 할 경험적 주장이다. 말하자면 이런 주장이, 모든 존재자에게는 그 존재자가 따르는 법칙에 대한 추가적 연구를 통해서도 포착할 수 없는 '초과적 본성'이 항상 존재함을 보증하는 것은 아니다. 오히려 현실의 과학적 관행에서는 어떤 존재자에 대한 지식을 증대시킨다 함은 이 존재자의 행동 법칙에 대한 추가적 지식을 얻는다는 의미임을 알 수 있다.

    다시 정리해보자. 어떤 존재자가 무엇인지 말한다는 것은 **이 존재자가 어떻게 구조화되어 있는지** 말하는 일이다. 그 속성은 무엇이고, 다른 대상과 맺고 있는 관계는 무엇인지 등을 보여주는 것이다. 이런 속성과 관계를 완전히 규명하고 나면, 그밖에 남는 것은 아무것도 없다. 이런 규명이 끝난 다음에도 포착되지 않은 무언가가 남는다는 주장은 내 생각에 모호한 이야기일 뿐이다. 따라서 나는 존재자의 '본성'은 그 '구조'와 연속체를 이루며, 한 쪽을 아는 것은 다른 쪽을 아는 것과 결부되어 있고 그것을 함축한다고 결론짓고자 한다.

빛의 사례

이제 워럴과 푸앵카레가 본성과 구조 사이에 구분선이 있다는 자신들의 논제를 예증하기 위해 활용한 빛의 사례를 살펴보자. 워럴은 프레넬의 법칙과 맥스웰의 법칙 사이의 '구조적 유사성'을 인용한 다음, 푸앵카레가 말했던 대로 빛이 전자기장의 진동으로 구성되어 있다는 발견 때문에 빛의 본성이 밝혀진 것은 아니라고 주장한다. 그보다 "맥스웰은 프레넬이 밝혀낸 관계를 바탕으로, 지금까지 순수하게 광학적인 것으로 간주된 현상과 전기적이고 자기적인 현상 사이에 추가적인 관계가 있음을 보여준 것"으로 이해해야 한다는 것이다.(1989: 120) 다른 곳에서 워럴은 이렇게 언급한다.

> 프레넬과 맥스웰의 이론은 모두 빛의 통과를 한 지점에서 다른 지점으로 전달되는 파동 형태로 구성하고, 동일한 수식을 따르는 것으로 설명한다. 따라서 비록 두 이론이 가정한 주기적 변화는 존재론적으로는 근본적으로 다른 종류—하나는 물질적 입자들의 위치 변동, 다른 하나는 장 벡터의 세기 변동—이지만, 그럼에도 두 이론 사이에는 구조적,

수학적 연속성이 있다. 단순히 경험적 내용이 일치한다는 것 이상으로 중요한 것은, 이론적 층위에서의 연속성 곧 내용보다는 구조의 연속성이 있다는 점이다. (1990a: 21)

프레넬에서 맥스웰로 이행하는 과정에서 '구조'(즉 해석되지 않은 수학 방정식)만이 승계되었다고 말하는 것은 올바른가? 나는 이제 근본적으로 옳은 것으로 판명된 빛 전파의 **이론적 원리**와 광파 매질에 부여되었던 일부 속성들도 여전히 승계되었음을 보여주고자 한다.

두 매질의 경계면에 도달한 광선을 예로 들어보자. 프레넬(1823: 773~774)은 입사광의 진폭, 강도, 편광에 비추어 반사광과 굴절광(즉 투과광)의 진폭과 강도를 계산했다. 그는 반사광과 투과광의 진폭이 입사광의 편광에 의존하는 것을 발견했다. 특히 입사광 가운데 수직 편광 성분과 수평 편광 성분(수직과 수평의 기준은 입사광과 반사광/굴절광이 진행하는 면인 입사평면이다)의 비중에 따라 그랬다. 프레넬은 일반적으로 편광된 빛의 진동은 편광평면(the plane of polarisation)과 수직으로 이뤄진다고 보았다. 그의 잘 알려진 법칙은 다음과 같은 형식을 띤다.

$$R_{par} = \frac{-\sin(i-i')}{\sin(i+i')} I_{par} \qquad (1)$$

여기서 R_{par}는 (위에서 언급한 바와 같이) 편광된 반사광의 진폭이다.
또한 I_{par}는 입사광의 진폭이며, i는 입사/반사각, i'는 (투과된 광선의) 굴절각이다.

해당 입사광이 수직 편광이라고 하자(입사평면 기준). 그렇다면,

$$R_{per} = \frac{-\tan(i-i')}{\tan(i+i')} I_{per} \qquad (2)$$

프레넬은 이 증명에서 다음과 같은 가정을 사용한다.

(a) 에테르 분자의 이동 속도가 광파의 진폭에 비례한다는 **최소한의 기계적 가정**: 정확히 말해서, 프레넬에 의하면 광학적 매질에서 빛이 전파되는 속도는 매질 밀도의 제곱근에 반비례한다는 내용도 여기에 추가되어야 한다.

(b) 두 매질 사이에서 빛의 전파가 이뤄지는 동안의 **에너지**('*forces vives*', 활력) **보존의 원리**: 에너지 보존의 원리를 두 매질의 경계면에서 빛에 효과를 미치는 성분들에 적용함으로써 프레넬은 $\sin i' \cos i (I - R^2) = \sin i \cos i' \, T^2$ 형식의 일반적 관계에 도달했다. 이것에 대해 그는 이렇게 썼다. "이것은 활력(*vis viva*) 보존의 원리에서 귀결한 방정식으로, 입사광이 입사면에 수평 또는 수직으로 편광되었는지와 무관하게 모든 조건에서 만족되어야 한다."(1823: 772—저자 번역)

(c) 두 매질의 경계면에서 광선 배열에 대한 **기하학적 분석**: (b)를 가정한 다음에 프레넬은 각각의 경우에 작용하는 광선의 여러 성분에 에너지 보존 원리를 적용하여 법칙 (1)과 (2)를 도출했다. 마지막으로 그는 광파의 강도를 진폭의 제곱의 함수로 취함으로써 광파의 강도에 대해 유사한 법칙을 도출할 수 있었다. (1823: 775ff. 참조)

이 증명 과정에서 프레넬이 자신의 법칙을 도출하기 위해 에테르에 대한 어떤 특정한 기계적 모형에도 호소하지 않았다는 점은 특기할 만하다. 내가 '최소한의 기계적 가정'(즉 광파의 진폭이 에테르의 이동 속도에 비례한다는 가정)이라고 부른 것은 이 증명에서 보조적인 가정이었으며, 그 유일한 목적은 에너지 보존 원리를 설정하는 것이었다. 이 주장은 "광선은 오직 횡파만으로 이루어져 있다"(1822: 490)는 것을 증명하는 프레넬의 일반적 방법을 고려할 때 더욱 힘을 얻는다. 여기서도 프레넬은 진동의 진폭을 "에테르 분자의 진동이 지닌 진폭에 비례하는 것"(1822: 491)으로 간주했다. 특정한 기계적 모형을 채택하는 대신, 프레넬은 에테르 분자의 속도를 **벡터 양**으로 나타낼 수 있다고 보고, 데카르트 좌표계를 활용하여 벡터를 세 성분으로 분석했다. 그런 다음 그는 "에테르 분자에 의해 이뤄지는 진동의 본성이 무엇이든 간에, 우리는 이 진동이 직각으로 교차하는 세 개의 축에 따라 일어나는 세 계열의 진동이 조합된 결과라고 간주할 수 있다"(1822: 492―저자 번역)고 지적했다. 프레넬의 요점은, 광선의 움직임을 기술하기 위해 에테르 분자의 투사 궤적에 대한 어떠한 특별한 가정도 필요하지 않다는 데 있다. 오히려 에너지 보존의 원리가 성립되기 위해서는 이 진폭을 정확히 어떻게 구체화할 수 있는지와 상관없이, 에너지를 광파의 진폭의 제곱에 해당하는 함수로 보는 것으로 충분하다.(ibid.: 493)

프레넬의 법칙 발견에 대한 지금까지의 설명은 이런 결론으로 이어진다. 프레넬의 이론이 '단지' 빛 전파의 구조에 대해서만 옳고, 빛의 본성에 대해서는 틀렸다고 말할 수 없다. 물론 '구조'를 에너지 보존 원리와 빛 전파의 이론적 메커니즘을 포함하는 넓은 의미로 이해하지 않을 경우 그렇다. 그러나 문제는 용어법에 있지 않다. 오로지 횡파로만 이루어지는 광파 전달의 이론적 메커니즘은 직선 전파, 회절, 간섭, 전파 속도의 유한성, 에너지 보존 법칙의 충족만큼이나 구조적이고 본성적이라는 것이다. 이 모든 빛 전파의 속성은 어떤 식으로든 맥스웰의 이론에 계승되었으며, 심지어 맥스웰의 이론이 에테르 분자에 관한 이론을 충분히 대체할 수 있었음에도 그러했다.

따라서 우리는 구조와 본성의 구별에 의존하지 않고도 프레넬이 옳았던 지점과 그렇지 않았던 지점에 대해 일정한 입장을 취할 수 있다. 가령 프레넬이 빛이란 궁극적으로 기계적 과정이라 믿었다 하더라도, 우리는 그가 광파의 근본적인 속성 몇몇에 대해서는 옳았고, 다른 몇몇 속성, 특히 빛 전파의 기계적 특성과 관련된 속성에 대해서는 틀렸다고 분명하게 말할 수 있다. 프레넬은 빛의 전파가 매질(오늘날 우리가 '전자기장'이라 부르는 것)을 필요로 하는 과정이라고 한 점에서는 옳았지만, 이 매질이 분자로 구성되어 있다고 본 점에서는 틀렸다. 그는 빛을 횡파로 본 점에서는 옳았지만, 그 기계적 토대에 대해서는 틀렸다. 그는 빛의 전파가 에너지 보존 원리를 만족시킨다고 말한 점에서는 옳았지만, 광파의 진폭을 분자의 이동 속도로 환원했다는 점에서는 틀렸다. 그는 빛을 벡터 물리량으로 나타낼 수 있다고 제안한 점에서는 옳았지만, 벡터의 각 성분을 에테르 이동과 동일시한 점에서는 틀렸다. 따라서 무엇이 되었든 프레넬이 광파에 부여한 속성들 중에서 맥스웰 이론에 그대로 유지된 것들을 '구조'에 포함시켜서 이해하지 않는 한, 프레넬이 빛의 구조를 발견했지만 그와 별도로 빛의 본성만큼은 오해했다는 말은 옳지 않다.[8]

맥스웰이 주는 통찰

이 장을 마무리하기 전에 나는 방법론적으로 유용하지만 선명하지는 않은 이분법, 즉 본성과 구조 사이의 구분을 실현할 수 있는 한 가지 방법으로, 제임스 클러크 맥스웰에게까지 거슬러 올라가는 구분법에 대해 언급하고자 한다. 맥스웰(1890a: 763ff.)은 빛 전파 과정의 기하학적 특징과 빛을 구성하는 물리량을 구분했다. 그는 빛 전파의 '기하학적 특징'이란 용어로 빛의 정확한 물리량과는 무관한 이 과정의 모든 속성을 말하고자 했다. 맥스웰은 그가 알고 있는 것을 바탕으로, 빛이 "변위, 회전, 전기적 간섭, 또는 양의 값뿐 아니라 음의 값으로 가정할 수도 있는 모든 물리량"(1890a: 766)이 될 수 있으며, 하나의 벡터로 얼마든지 나타낼 수 있다고 강조했다. 각기 다른 이들 물리량 모두는 공통의 **구조적 또는 기하학적 패턴**을 띠며, 빛의 전파는 다음과 같은 형식의 일차 방정식으로 표현할 수 있다.

$$V(x,t) = A \cos(nt - px + a)$$

*여기서 A는 진동의 진폭,
시간 $2\pi/n$은 진동 주기,
요소 $(nt - px + a)$는 위상이다.

이 방정식의 해는 광파가 특정한 파장 및 특정한 전파 속도를 지녔다는 점을 보여준다.(ibid.: 766) 이 과정의 기하학적 특징만으로는 정확히 어떤 물리량이 전파되는지 알 수 없다. 맥스웰의 요점은, 빛이 어떤 물리량을 구성하는지를 먼저 결정하지 않고도 빛의 전파라는 물리적 과정과 관련된 사실을 연구하고 발견할 수 있다는 것이다.

나는 앞의 구분을 방법론적인 것으로 보는데, 어떤 물리적 과정의 구조와 그것에 관련된 양(물리량) 사이에는 선명한 이분법이 불가능하기 때문이다. 맥스웰의 통찰은 오히려 이렇게 이해해야 할 것이다. 이론가들이 지금 이 시점에 이용할 수 있는 증거로는 빛을 구성하는 물리량에 대한 특정 관점을 결정적으로 뒷받침할 수 없지만, 빛의 구성에 대한 이런 관점이 참임을 인정하지 않고도 빛 전파의 다른 많은 속성을 발견하고 연구할 수 있는 것이 사실이다. 따라서 빛의 여러 속성을 결정지을 수 있는 추가 증거를 찾다 보면, 빛의 구성에 대해서도 더 많은 것을 알아낼 수 있다는 것이다. 맥스웰은 실제로 이런 증거가 나왔을 때 "빛 자체는 전자기 법칙에 따라 전자기장을 통해 전파되는 파동 형태의 전자기 간섭"(1864: 42)이라고 단언할 준비가 되어 있었다.

그러나 이런 근본적 발견 이전에도 맥스웰은 빛 전파의 기하학적 특징과 빛의 본성을 대립된 것으로 보지 않았다. 예를 들어 맥스웰은 간섭, 횡파성 등을 빛 전파 과정의 특징으로 언급하면서 다음과 같이 말했다. "이 과정의 물리적 본성에 대한 추가적 통찰은 (…) 이런 사실에서 얻은 것이다."(1890a: 766) 나중에 그는 빛이 곧 전자기파라는 이론, 즉 빛이란 "서로 직각 방향으로 작용하는 전기적 변위와 자기적 간섭"(ibid.: 766, 772)이라는 이론을 뒷받침하는 몇 가지 증거를 추가로 제시하기도 했다. 따라서 빛 전파의 기하학적 특징이 빛의 본성 즉 빛이 어떤 종류의 물리량인지를 유일하게 결정하는 것은 아니지만, 빛의 본성은 기하학적 특징이 아니고서는 발견하거나 알 수 없는 것이었다.

맥스웰의 통찰은 다음과 같이 일반화할 수 있다.

> 일정한 조건 하에서, 시작 단계부터 어떤 물리 현상에 결부된 물리량이 정확히 무엇인지에 대해 확신하지 않고도 그 현상을 분리하여 연구할 수 있다는 것은 물리 세계에 대한 중요한 발견이다. 누군가는 (맥스웰이 말했던) '기하학적 특징'에 대해 풍부한 증거를 가지고 있을 수도 있고, 또 누군가는 이런 기하학적 특징을 지닌 물리량이 정확히 무엇인지에 대해 처음에는 무지할 수도 있다. 우리가 이미 알고 있는 여러 기하학적 특징을 넘어 그것을 가능케 하는 물리량에 도달할 수 없다고 생각할 이유는 없다. 오히려 충분한 증거가 축적되면, 우리는 이들 존재자가 무엇인지 알게 되었다고 주장할 수 있다. 여기서 얻을 수 있는 교훈은, 주어진 탐구 단계에서 무엇을 어느 정도까지 확신해야 하는지의 증거를 확보한다면, 우리는 더 나은 상태가 될 것이라는 점이다.

하워드 스타인이 말했듯이, 우리는 가능한 한 "어느 정도 확실하게 알려진 것 또는 적어도 약간의 확률은 있는 것과, 허무맹랑하고 심지어 그럴듯하지도 않은 추측을"(1989: 62) 구분해야만 한다.

과학적 실재론 논쟁에서 맥스웰(워럴도 추가되어야 한다)의 통찰이 중요한 것은, 과학적 실재론이 '전부 아니면 전무'의 교리를 따르지 않는다는 점을 보여주기 때문이다. 다시 말해서, 과학적 실재론은 과학 이론이 이 세계에 대해 기술하는 모든 것을 동일한 정도로 믿어야 한다거나 관찰 가능한 현상 외에는 아무것도 믿어서는 안 된다는 주장이 결코 아니다. 과학적 실재론이 설득력을 지니고 대부분의 실재론자가 주장하듯이 실제 과학의 수행과 부합한다면, 증거의 뒷받침에 따라 과학 이론과 그 이론이 세계에 관해 담고 있는 내용을 차등적으로 인정하는 쪽으로 나아가야 한다. 구조적 실재론이 구조와 내용 사이의 선명한 이분법에 의존하여 오직 구조만을 알 수 있고 획득할 수 있다고 보는 한, 그것을 옹호할 적절한 방법은 없을 것이다. 하지만 구조적 실재론을 옹호하려 한 워럴의 시도 덕분에 우리는 과학적 실재론 대 도구주의의 논쟁이 무엇을 의미하는지에 대해 더 현명해졌다고 할 수 있다. 이것이야말로 워럴(그리고 푸앵카레와 스타인)이 이 논쟁에 실질적으로 기여한 점일 것이다.

8장 미결정성 논증에 대한 반박

실재론자들은, 성숙하고 진정으로 성공적인 이론을 받아들인다는 것은 곧 해당 이론이 근사적으로 참임을 믿는 것과 동일하다고 본다. 그러나 일부 경험론자들은 실재론적 논증에 반대하는 간단한 논증, 곧 어떠한 증거로도 서로 경합하는 이론들 가운데 무엇이 더 나은지 결정할 수 없다는 **증거의 이론 미결정성**(underdetermination of theory by evidence) 논증이 있다고 반박한다. 이에 따르면 관찰을 통해 구별할 수 없는 두 이론, 즉 정확히 동일한 관찰 결과를 수반하는 두 이론은 증거로부터 똑같은 뒷받침을 받기 때문에 인식적으로 구별할 수 없다. 따라서 이 논증의 지지자들은 어느 한 쪽을 다른 이론보다 더 옳은 것으로 믿어야 할 어떠한 긍정적 이유도 없다고 결론짓는다. 이 결론은 라우든의 적절한 호명에 따라 **평등주의 논제**라는 이름을 얻었다.(1996: 33) 이 논증은, 증거를 수반하는 모든 이론에는 양립 불가능하고 경험적으로 구분할 수 없는 경쟁 이론이 있기 때문에 어떤 이론도 (근사적) 참임을 합리적으로 믿을 수 없다는 결론으로 나아간다.

이 논증은 과학적 실재론에 대한 공격에서 고전적인 무기로 쓰였다.(Duhem 1908; Putnam 1983a; Quine 1975; van Fraassen 1980 참조) 또한 논증의 결론과 이에 대응하는 몇몇 방법이 관련 문헌에서 여러 번 논의되기도 했다.(Bergstrom 1984; Glymour 1971, 1976, 1980; Horwich 1982, 1991; Jardine 1986; Kukla 1994a; Laudan 1990a, 1990b; Laudan & Leplin 1991; Newton-Smith 1978, 1981, 1987; Sklar 1974, 1985; Worrall 1982 참조)

증거의 이론 미결정성 논증은 최근 바스 반 프라센에 의해 중요하게 쓰이고 있다. 그는 증거의 이론 미결정성 논증이 경험적으로 동등한 두 가지 이론이 있을 때 어느 한 쪽을 더 믿어야 할 이유가 없음을 보여주는 논증이라고 말한다. 반 프라센은 어떤 이론을 참으로 믿는 대신 우리가 할 수 있는 최선의 일은 그 이론을 단지 **경험적으로 적합한 것으로 수용**하는 것뿐이라고 한다. 반 프라센은 경험적으로 등가인 두 이론은 똑같이 경험적으로 적합하기 때문에, 우리가 어느 한 이론을 받아들이겠다고 결정한다면 이 판단은 인식적 근거가 아니라 실용적 근거에 기초해야 한다고 지적한다. 반 프라센에게 이런 수용 방식은 경험적 적합성에 대한 믿음 이상의 것을 포함한다. 절약의 원칙, 설명력 등의 '덕목'을 고려한 판단이라는 것이다. 그러나 이 덕목들은 **실용적**(pragmatic) 덕목일 뿐 이론의 진리 여부와는 아무 관계도 없으며, 이론을 믿어야 하는 이유가 되어서도 안 된다고 그는 말한다. 따라서 실재론자들이 어떤 이론을 근사적 참으로 받아들일 수 있다는 관점을 지키려면, 증거의 이론 미결정성 논증을 반드시 반박해야만 한다.

증거의 이론 미결정성 논증이 가진 구조를 분석하기에 앞서, 우리는 이 논증이 이론 구성의 잘 알려진 두 가지 원칙을 활용하고 있다는 점에 주목해야 한다.

(1) 한정된 범위의 관찰 데이터 조각이 주어졌다고 해서, 이 데이터가 그것을 설명하는 가설을 고유하게 함축하는 것은 아니다.
(2) 동일한 관찰 데이터 집합을 함축하는 다른 이론적 공식이 존재할 수 있다.

첫 번째 원칙은 이른바 '귀납의 문제'의 한 버전이다. 두 번째 원칙은, 가설-연역적 방법으로는 특정 증거를 함축하는 가설이 단 하나뿐이라는 것을 보증하지 못한다는 뜻이다. 두 원칙 모두 증거와 그것을 설명하기 위해 채택된 이론 사이에는 재량에 따른 선택의 여지가 있다고 주장한다. 그러나 이런 상투적인 주장이 과학에서 늘 이뤄지는 확충적 추론의 신뢰성을 훼손하는 것은 아니다. 두 원칙 모두에 동의하는 것도 충분히 합리적이지만, 서로 다른 두 이론이 함축하는 증거가 동일할지라도 그 증거가 한 이론을 다른 이론보다 더 잘 입증할 수 있다고 믿는 것 역시 합리적이다. 모든 것은 이런 입증을 어떻게 설명하는지에 달려 있다. 예를 들어 입증에 대한 표준 베이즈주의 설명에 따르면, 한정된 데이터로부터의 귀납 추론이 법칙적 일반화를 함축하지는 않는다는 사실만으로는 특정 데이터가 다른 데이터보다 그런 일반화를 귀납적으로 더 잘 뒷받침하지 않는다고 말하기 어렵다.(Howson & Urbach 1989 참조) 마찬가지로, 두 가지 대안 이론이 동일한 증거를 함축한다는 사실만으로는 그 증거가 두 이론을 똑같은 정도로 뒷받침한다고 볼 수도 없다. 또한 이런 사실로부터, 미래의 어떤 증거도 두 이론 중 하나를 더 뒷받침하지는 않을 거라 말할 수도 없다.

증거의 이론 미결정성 논증은 이 두 가지 상투적 논지를 활용하고는 있지만 그 이상의 의미도 지니고 있다. 이 논증은 확충적 추론의 신뢰성에 도전한다는 점에서 (1)을 넘어선다. 미결정성 논증은 귀납에 대한 통상적인 회의론의 변종에 불과한 것이 아니다. 실제로 이 논증을 옹호하는 사람들은 전형적인 귀납 회의론자들과는 다르다. 이들은 관찰 가능한 현상에 대해서는 귀납이 안정적으로 작동한다는 것을 기꺼이 인정한다. 이들의 도전은 과학 내에서 이론적 지식이 가능한가에 맞춰져 있다. 더 구체적으로 말해서, 증거의 이론 미결정성 논증은 현상을 넘어서 관찰 불가능한 존재자와 과정을 가정하는 확충적(귀납적) 추론의 신뢰성에 이의를 제기한다. 이의 제기의 요점은, 이런 방법에 의해 자격을 얻게 된 이론이 그렇지 않은 이론보다 객관적으로 더 낫지 않다는 데 있다. 따라서 4장에서 다루었던 귀추의 신뢰성을 옹호하고 증명하는 일은 미결정성 논증에 대한 실재론적 반박의 하나이자 매우 중요한 부분이라 할 수 있다. 또한 미결정성 논증이 (2)를 훨씬 넘어선다는 것도 강조할 가치가 있을 것이다. 통상적으로 이해되듯, 증거의 이론 미결정성 논증은 경험적으로 일치하는 두 이론—즉 동일한 관찰 결과를 함축하는 두 이론—이 결과에 의해 똑같이 **잘 뒷받침된다**는 주장을 확립하려는 의도를 가지고 있기 때문이다.

미결정성 논증의 구조

증거의 이론 미결정성 논증은 다음 두 전제에 기초한다.

(a) **경험적 등가성 논제**: 임의의 이론 T와 임의의 관찰 증거 E에 대해,

E에 비춰볼 때 T와 경험적으로 등가인 또 다른 이론 T'가 존재한다.
(b) **함축 논제**: 증거 E가 함축하는 내용은 어떤 이론을 입증하는 데 있어 유일한 인식적 제한조건이다.

증거의 이론 미결정성 논증을 차단하기 위해서는 최소한 이들 두 전제 가운데 하나를 논파해야 한다. 다행히도 실재론자들은 라우든의 저작(1996)에서 어느 정도 위안을 얻을 수 있다. 이 저작은 곧 이어갈 논의의 배경이 될 것이다.

먼저 첫 번째 전제에 주목해보자. 경험적 등가성 논제는 분명 대담한 주장이지만, 따져보면 이 증명에는 사소한 측면이 있다. 어떤 이론 T가 주어졌을 때, T에 무엇이든 원하는 진술을 집어넣거나 T에 포함된 이론 명사 두 개(예컨대 '전자'와 '양성자')를 달리 배열하기만 해도 다른 이론 T'를 구성할 수 있기 때문이다. 또한 T에 대한 Craig(T)를 취함으로써 경험적으로 등가적인 이론을 만들 수도 있고, "모든 관찰 가능한 현상은 마치 T가 참인 듯 보여주지만 실제로는 거짓이다"라는 '이론' T^*를 제시함으로써 경험적으로 등가인 이론을 만들 수도 있다. 분명히 T와 T^*는 논리적으로 양립 불가능하지만 구성 과정에서 경험적 등가성을 얻은 이론들이다.

그러나 지금 언급한 대안 가운데 어느 것도 정말로 심각한 도전이 되는 것은 아니다. 예를 들어 T^*는 적절한 형태의 과학 이론이 아니다. T^*는 단지 T가 상정한 이론적 존재자가 존재한다는 주장을 부정하는 주장일 뿐이다. 그러나 이미 언급했듯이, 지금 다루는 쟁점은 관찰 불가능한 존재자의 실재성이 아니라 이와 같은 이론적 기술이 옳은지 여부이다. 따라서 증거의 이론 미결정성 논증의 옹호자들은 경험적으로 등가적인 과학 이론, 즉 이론적 존재자를 지시하지만 그에 대해 양립 불가능한 주장을 하는 이론이 실제로 존재하거나 존재할 수 있다는 것을 보여줄 필요가 있다.

라우든은 이런 단편적 전략들과는 별개로, "어떤 주어진 이론에 대해, 진정한 이론적 경쟁자를 생성하는 알고리즘이란 없다"(1996: 61)고 올바르게 지적했다. 그러나 이른바 뒤엠-콰인 논제는 그 자체로 경험적 등가성 논제에 대한 구성적 증명(constructive proof)이라는 견해가 일반적인 것도 사실이다. 간단히 말해서 뒤엠-콰인 논제는, 모든 이론은 보조 가정의 도움을 받음으로써만 관찰 결과를 함축한다는 부인할 수 없는 전제에서 출발하며, 또한 적절한 보조 가정을 더하기만 하면 이론은 어떠한 고집 센 증거에도 부합할 수 있다는 주장도 전제로 포함한다. 따라서 어떠한 증거와 어떠한 경쟁 이론 T와 T'에 대해서도, T'에 부합하면서 T와 T'를 경험적 등가로 만들 수 있는 **적절한 보조 가정**이 존재한다는 결론이 도출된다. 즉 뒤엠-콰인 논제가 참이라면, 어떤 증거로도 이들 두 이론을 구분할 수 없다는 결론이 나오는 것이다.

여기서 강조할 점은, 뒤엠-콰인 논제가 참이라면 이론 검증에 대한 반증주의적(포퍼적) 설명이 무효화되는 심각한 문제가 발생한다는 것이다. 포퍼는 이론이 그것을 반박하려는 시도에 의해, 특히 잠재적인 반증 사례에 의해 시험된다고 보았다. 그런데 뒤엠-콰인 논제는 어떠한 이론이라도 보조 가정을 적절히 조정하면 어떤 증거와도 부합하도록 만들 수 있다고 말한다. 따라서 사실상 모든 이론은 반박으로부터 지켜질 수 있고, 그렇다면 반증주의는 심각한 문제에 부딪힐 것이다. 왜냐하면 '반증 시도'가 이론에 대한 유일한 검사라면(Popper 1963: 37 참조), 증거에 의해 반박되지 않는 두 개의 양립 불가능한 이론은 결국 동등한

정도로 증거의 옹호를 받게 되기 때문이다.(Jardine 1986: 85 참조)

그러나 뒤엠-콰인 논제가 사실이라 해도 귀납론자나 입증주의자에게는 그와 유사한 문제를 야기하지 않는다. 어떤 이론이든 반박에 버틸 수 있도록 적절히 조정될 수 있다는 사실이, 모든 이론이 증거에 의해 똑같이 잘 입증된다는 뜻은 아니기 때문이다. 귀납론자는 경험적 증거가 그것에 부합하는 두 이론에 대해 동등한 **귀납적** 뒷받침을 제공하는 것은 아니라고 언제나 주장할 수 있다. 특히 어느 하나가 반박을 피하기 위해 '요리된' 것이라면 더욱 그렇다. 더 구체적으로 말해서 귀납론자들은 어떤 이론을 반박으로부터 구하는 데 필요한 보조 가정의 여러 조정 작업이 해당 증거에 의해 똑같이 잘 뒷받침되는 것은 아니라고 주장할 수 있다. 어떤 이론에 포함된 보조 가정이 증거로부터 받는 뒷받침의 정도는 전체로서의 이론 체계가 증거로부터 받는 뒷받침의 정도에 반영되어 있다고 보는 것이 합리적이기 때문에, 모든 이론 체계가 동일한 증거를 수반하더라도 그 이론 체계 모두가 증거에 의해 똑같이 잘 뒷받침된다는 결론은 결코 성립하지 않는다.

여기서 우리는 뒤엠-콰인 논제가 사실이기나 한지 물어볼 수 있다. 그 논제에 대한 표준적 반론은 이론 내에 사소하지 않은 보조 가정이 정말로 언제나 있는지 여부는 알 수 없다는 것이다.(Grünbaum 1960, 1962; Laudan 1990a; Laudan & Leplin 1991; Worrall 1982 참조)[1] 따라서 뒤엠-콰인 논제의 값어치는 아무리 높게 쳐도 일종의 약속어음일 뿐이다. 경험적으로 등가적인 이론을 구성하는 요리법이 뒤엠-콰인 논제에 의존하는 한, 그 요리법은 결코 좋은 것이라고 평가할 수 없다.

최근에 라우든은 실재론자들이 그보다 더 강력한 반론을 제시할 수 있다고 지적한 바 있다. 뒤엠-콰인 논제의 앞뒤를 뒤바꾸면 그럴 수 있다는 것이다. 즉 어떤 이론의 관찰 가능한 결과가 대체 무엇인지는 다른 이론과의 경험적 등가성이 성립되지 않음을 보여주는 보조 가정의 도움을 통해서만 결정될 수 있다는 것이다.(1996: 57~59) 두 경쟁 이론 T와 T'가 시점 t에 동일한 종류의 경험적 결과들을 공유한다고 가정해보자. 모든 이론이 보조 가정의 도움을 받아 무엇이 그 이론과 대응하는 관찰 결과인지 정할 수 있다는 점을 감안할 때, 관찰 결과의 범위가 일률적으로 넓어진다거나 미래에도 두 이론에 대해 동일하게 유지될 것이라는 보장은 없다. 시간이 지나 혹시 두 경쟁 이론이 지금까지 이용할 수 없었던 다른 보조 가정과 결합한다면, 두 이론을 구별해주고 기존 관찰과의 연결을 끊을 수 있는 새로운 경험적 결과가 드러날 수도 있다.

예를 들어 빛의 입자 이론과 파동 이론이 한때 경험적 차원에서는 일치했던 사례에서 알 수 있듯이, 라우든의 이런 조처는 역사적으로도 뒷받침된다. 그러나 전체를 일반화해보면, 라우든의 주장은 반대 이론인 뒤엠-콰인 논제만큼이나 추측에 불과한 것이다. 실제로 뒤엠-콰인 논제의 옹호자들은 라우든의 조처가 자신들의 주장을 믿을 수 없는 것으로 만들지는 못한다고 주장할 것이다. 그들은 관찰과의 관계를 끊는 보조 가정이 나올 가능성만큼이나, 관계를 다시 이어주는 또 다른 보조 가정이 나올 수 있다고 말할 것이다. 물론 이는 뒤엠-콰인이 제시한 최초의 주장을 다시 반복하는 것에 불과하다. 그러나 이것은 라우든의 주장이 표준적 주장—뒤엠-콰인 논제의 옹호자들이 경쟁 증거와 조화를 이룰 수 있는 보조 가정의 존재를 증명한 적이 없다는 주장—과 함께 제시될 때만 유효할 수 있다는 점을 암시한다. 여기서 누구에게 입증 책임이 있는지는 그리 분명하지 않다. 따라서 단순히 철학적 의심을 훈련하고 싶은 것이 아니라면, 경험적 증거가 둘 이상의 양립 불가능한 이론과 합치하는 실제 사례를 주의 깊게 살펴보고 해결 가능성을 검토해야 한다.

그런데 경험적으로 구분할 수 없는 이론들의 실제 사례가 있기는 한가? 표준적인 사례는 다음과 같다. NM은 뉴턴 역학, R는 태양계의 질량 중심이 절대 공간에 대해 정지해 있다는 가정, V는 질량 중심이 절대 공간에 대해 속도 v로 움직인다는 가정을 나타낸다고 하자. 물체의 상대 운동과 절대 가속도에 관한 증거를 고려할 때, NM & R와 NM & V는 경험적으로 구별할 수 없는 것이 사실이다.(van Fraassen 1980: 46~47 참조) 그러나 이는 부적절한 사례다. 왜냐하면 NM & R와 NM & V는 공간, 시간, 운동에 대한 정확히 동일한 존재 목록과 이해 방식(ontology and ideology)을 포함하고 있기 때문이다. 따라서 이것은 증거의 이론 미결정성의 흥미로운 사례가 아니다. 두 가정 R와 V의 차이는 중요하지 않다.(Earman 1993 참조)

그럼에도 불구하고 경험적으로 구분되지 않는 이론의 흥미로운 사례는 분명히 있다. 예를 들어 NM이 균일한 4차원 공간에 대해 제시하는 공식은, 공간 구조를 균일하지 않은 것으로 상정하여 중력의 영향을 회피하는 이론과 경험적으로 구분되지 않는다.(ibid. 참조) 나아가 공간의 물리적 구조에 관한, 경험적으로 구분할 수 없는 이론들의 고전적 사례도 있다.(Poincaré 1902, 4장 및 5장) 그림 8.1은 푸앵카레의 요점을 대략적으로 보여준다. 반구 모양의 어떤 장난감 같은 세계가 있어서 2차원 존재가 이 반구 표면에 거주하고 있고, 반구에서 벗어날 수 없다고 가정해보자. (이들이 사는 세계의 횡단면은 A로 주어져 있다.) 이들은 자기들 세계의 기하학적 구조를 알아내려 한다. 이들은 단단한 막대로 선분 CD나 DE 같은 거리를 측정하여 이들 거리가 같은지 확인하려 할 것이다.

그런데 이들이 세계를 삼각 측량하면, 그 결과로 얻은 삼각형의 내각

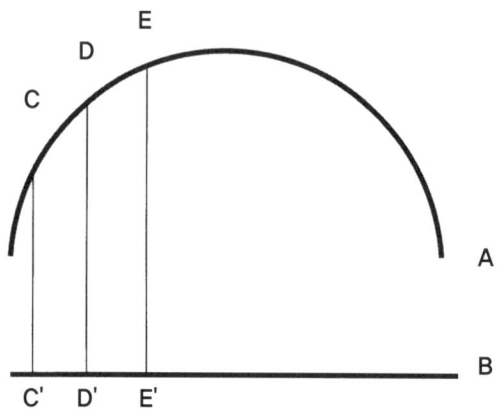

그림 8.1 공간 구조로 인해 경험적으로 서로 비교할 수 없는 이론들
(Poincaré로부터 인용)

의 합이 180°가 넘는다는 점을 발견할 것이다. 따라서 이들은 자기들이 사는 곳이 반구 표면이라는 결론에 금세 도달할 것이다. 그러나 이들의 세상에 괴짜 수학자가 살고 있어서 자기들이 집단적으로 착각하고 있다고 말할 수 있다. 그의 가설은 자신들의 세계가 평면(B)이지 반구 표면(A)이 아니라는 것이다. 그는 **보편력** 곧 이 세계의 모든 대상에 동일하게 작용하는 힘이 존재한다고 제안한다. 특히 이 힘은 이동하는 모든 막대를 중심에서 주변으로 갈수록 수축하게 만든다. 따라서 $C'D'$와 $D'E'$에 상응하는 실제 거리는 서로 동일하지 않다고 그는 말한다. 측정 막대가 $D'E'$에서 $C'D'$로 이동하면서 수축했기 때문에 이 두 거리는 동일하게 보인다는 것이다. (예를 들어, $D'E'$의 간격이 측정 막대보다 3배 길다고 해보자. $C'D'$를 측정하면 역시 측정 막대의 3배 길이로 나타날 것이다. 따라서 그들은 $D'E'$가 $C'D'$와 같다고 결론짓겠지만 실제로는 그렇지 않다. $C'D'$는 $D'E'$보다 짧지만, 측정 막대의 수축으로 인해 더 짧은 길이인 $C'D'$에 대해서도 정확히 막대의 3배 길이로 나타나기 때문이다.) 따라서 이 괴짜 수

학자는, 이 세계 주민들이 측정 막대의 변형을 고려하지 않았기 때문에 자신들이 사는 세계가 반구형이라는 결론에 도달했다고 말한다. 여기서 우리는 두 가지 서로 구분되지 않는 경험적 가설을 만난다. 이 세계의 주민들은 이 선택지 가운데 하나를 어떻게 결정할 수 있을까? 모든 관찰 가능한 현상에 따르면 이 세계의 구조는 구형이다. 그러나 세계가 평평하고 보편력이 모든 물체에 작용한다면, 관찰되는 현상은 정확히 같을 것이다.

이 공상과학 같은 이야기는 좀 더 실제적인 사례로 쉽게 확장할 수 있다. 라이헨바흐(1958: 33, 66)가 보여주었듯이, 우리는 유클리드 기하학을 우주의 기하학적 모형으로 선택할 수 있다. 그런 다음 움직이는 물체(예컨대 이동 막대)를 수축시키는 보편력을 상정하면, 일반 상대성 이론의 모든 경험적 귀결을 도출할 수 있다. 거칠게 말해서 이론 T_1(= 단단한 막대 & 비유클리드 기하학)과 이론 T_2(= 수축하는 막대 & 유클리드 기하학)는 관찰을 통해서는 구분되지 않는다는 것이다.(Carnap 1966: 157 참조) 따라서 강한 논제—어떠한 이론에 대해서든 충분히 의미 있고 경험적으로도 구별 불가능한 대안이 있다는 논제—는 설득력이 없다 해도, 더 약한 논제 곧 경험적으로 등가적인 이론들의 의미 있는 사례가 일부 있다는 논제는 옳다.[2]

그렇다면 실재론자는 이런 식의 약한 논제에 어떻게 대응할 수 있을까? 실재론자는 경험적으로 등가적인 이론들의 존재를 기꺼이 받아들일 수 있다. 이러한 사실이 실재론을 옹호하는 데 아무런 심각한 문제도 야기하지 않기 때문이다. 실제로 실재론은 증거의 이론 미결정성 논증의 첫 번째 전제가 미치는 효력이 **전반적**인 것이 아니라 **국지적**임을 보여줌으로써 이를 해결한다. 동일한 관찰 결과를 공유하는 서로 다른 이론들이 있다고 가정해보자. 이 사실이 과학 연구의 합리성에 심각한 문제를 일으키는 것은 아니다. 여기서 나올 수 있는 결론이란 어떤 연구 영역과 문제는 우리가 접근할 수 있는 범위를 넘어서 있다는 것뿐이기 때문이다. 증거의 이론 미결정성 논증은 어떤 증거나 방법으로도 이론을 근사적 참으로 받아들일 수 없음을 보여주는 것이 아니다. 더 일반화하자면, 경험적으로 등가적인 이론의 존재는 그것이 전체적 현상임이 밝혀질 때만 진짜 문제를 야기할 수 있다. 만일 우주의 청사진을 발견할 수 있다는 어떤 희망도 가질 수 없다고 한다면, 왜 그런지를 증명하는 일은 미결정성 논증의 몫이다. 그러나 이에 대한 증거는 과학사 속에 없다. 실제로 일정 시점까지 경험적으로 일치했던 이론들이 특정한 경험적 증거로 인해 서로 다른 경험적 결과를 갖는 이론으로 밝혀진 사례가 종종 있다. 예를 들어, 빛의 파동 이론과 입자 이론은 공기 중과 물 속에서의 빛의 속도를 관찰한 장 베르나르 푸코의 1853년 실험을 통해 경험적 근거를 얻고 명확히 구분되기에 이르렀다. 또 프톨레마이오스의 이론과 코페르니쿠스의 이론 역시 뉴턴 역학의 틀 내에 후자가 포섭됨으로써 서로 다른 경험적 결과를 갖는 이론으로 분리되었다. 이와 같은 식별이 가능해지면, 증거의 이론 미결정성이 심각하게 문제되는 사례는 곧 사라진다.[3]

증거와 함축

증거의 이론 미결정성 논제의 두 번째 전제인 **함축 논제**를 다루기 전에 잠시 여담을 해보겠다. 별로 놀랄 것도 없이 논리실증주의자들은 미결정성 논제가 그리 방해가 되지 않는다고 생각한다. 그들에게는 경험적으로 등가적인 두 이론 T와 T'에 대한 논쟁이 순전히 언어적 논쟁, 즉 단어를 둘러싼 다툼에 불과하기 때문이다. 경험적으로 등가인 경쟁 이론들은 동일한 사실의 총체를 기술하는 서로 다른 언어('등가적 기술구')로 간주될 따름이다.(Carnap 1966: 153; Reichenbach 1958: 35) 이들의 일반적 입장은 경험적으로 등가적인 두 이론 가운데 무엇이 참인지 묻는 질문이 무의미하다는 것이다. 이런 결론은 유의미성에 대한 그들의 기준에서 자연스럽게 나온다. 즉 어떤 진술의 의미는 그 검증 방법에 기초한다는 것이다. 검증이야말로 관찰된 증거에 대한 답변이다. 따라서 두 이론이 동일한 관찰 결과를 함축하는 경우, 경험적으로 두 이론을 의미 있게 구분할 수 있는 방법은 없다. 그러므로 둘 중 어느 것이 참인가, 어느 쪽이 믿을 만한가의 질문은 무의미하다.(Carnap 1966: 150 참조)

 당연한 얘기지만, 논리실증주의자들은 경험적으로 등가적인 이론 모두가 과학적으로 똑같이 받아들여질 수 있다고 생각하지 않는다. 그러나 이들은 더 나은 과학 이론을 선택하는 문제가 일종의 **규약** 문제라고 생각했다. 특히 이들은 단순성에 대한 판단이 한 이론을 다른 이론보다 먼저 선택하는 데 중심적인 역할을 한다고 생각했다. 예를 들어 카르납은 비유클리드 기하학이 "이러한 선택에서 비롯될 전체 물리학 체계의 전반적인 단순성"을 증가시키기 때문에 더 선호되는 것이 마땅하다고 주장했다.(1966: 164; Reichenbach 1938: 374~375, 1958: 34~35 참조) 그러나 이런 판단이 그저 규약적이기만 한 것이라면, 입증의 힘을 가졌다고 보기는 어렵다. 따라서 이들은 과학자들이 선호하는 이론이 참인지를 파악할 수 없다. 증거의 이론 미결정성 논증에 대해 실증주의자들이 가진 입장의 액면가는 결국 이것이다. 이들에게는 경험적으로 등가적인 두 이론이 공유하는 관찰 결과를 믿는 것만이 유일하게 의미 있는 인식적 태도이다.

  1장에서 이미 살펴본 것처럼, 유의미성에 대한 실증주의자들의 기준은 과학 이론에 적절한 의미론을 제공할 수 없다. 증거의 이론 미결정성 논증에 대한 실증주의자들의 '해결책'이 명백히 부적절한 것으로 드러남에 따라, 이제는 의미론적 실재론 즉 과학 이론을 문자 그대로 이해해야 한다는 주장이 경험론적 의미론을 대체했다. 그런데 문제는 과학 이론을 문자 그대로의 방식으로 이해할 경우, 증거의 이론 미결정성 논증이 더욱 횡행하리라는 데 있다. 진정으로 양립 불가능한 두 과학 이론이 경험적으로 등가적이고 따라서 미결정성 논증이 참이라면, 우리는 어느 한 이론을 다른 이론보다 선호할 어떤 인식상의 이유도 가질 수 없기 때문이다.[4]

  물론 실재론자는 뉴턴-스미스(1978)가 '무지 반응'이라 불렀던 것을 언제나 선택할 수 있다. 즉 실재론자는 경험적으로 일치하는 두 이론 가운데 하나가 참이라고 보는 실재론적 형이상학에 의존하는 길을 택할 수도 있으나, 두 이론 가운데 어느 쪽이 참인지 알 수 있는 위치에 있지 않다고 하는 회의주의적 인식론을 취할 수도 있다. 이런 회의적 대응도 결국에는 실재론적 형이상학을 지켜내는 길인데, 과연 어떤 이론이 이 세계에 대해 참인가의 문제를 '사실'의 문제로 보기 때문이다. 만일 증거의 이론 미결정성이 국지적 현상이라면, 경험적으로 일치하는 두 이론을 구분할 수 있는 어떠한 증거도 방법도 없는 탐구 영역에 대해 '무지 반응'을 택하는 것은 실재론자에게 의미 있는 일일 것이다. '무지 반응'이 미결정성 논증에 대한 실재론의 한 가지 가능한 답변임을 받아들이는 것은 실재론자들이 옹호하는 주요 요점, 즉 경험적으로 일치하는 두 이론 가운데 하나에 합리적 믿음의 여지가 있음을 인정하는 것과 사실상 동일한 태도이다. 그러나 '무지 반응'은 미결정성 논증이 실재론에 제기한 실제 도전―두 이론 가운데 하나를 더 믿어야 할 보증된 이유가 없다는 문제―에 맞서는 대신, 이 문제를 간단히 회피해버린다. 따라서 한 이론을 다른 이론보다 더 선호해야 할 인식적 이유가 어떻게 가능한지 보여주는 일은 실재론자가 결국 피할 수 없는 과제이다. 이 과제는 미결정성 논증의 두 번째 전제, 즉 증거 E가 함축하는 내용이 이론을 입증하는 데 있어 유일한 인식적 제한조건이라는 전제에 직접 도전함으로써 해결할 수 있다.

바로 이것이 라우든의 최근 연구가 실재론자들에게 도움을 주는 지점이다. 라우든은 과학 이론을 검증할 때 그 결과를 관찰하는 것은 경험적 뒷받침을 얻기 위한 필요조건도, 충분조건도 아니라고 지적한다.[5] 어떤 가설의 모든 논리적 귀결이 잠정적으로 그 가설을 뒷받침하는 것은 아닌데, 역으로 가설이 논리적 귀결에 포함되지 않은 증거에 의해 뒷받침될 수도 있기 때문이다.

가설은 반드시 그 경험적 귀결에 의해 입증되는 것이 아니다. 이 점은 저 유명한 '까마귀 역설'*을 다룬 문헌을 보면 실감할 수 있다. 베이즈주의 해법에 따르면, 어떤 가설의 긍정적 사례가 그 가설을 입증한다는 점을 일관되게 부정할 수 있다. 라우든이 든 사례는 더 좋다.(1996: 68) 어떤 환자가 사흘 동안 기도를 올린 끝에 감기에서 낫게 된 사실은 사흘 동안의 기도가 감기를 낫게 한다는 가설을 긍정하는 사례다. 그러나 우리는 이 사실이 문제의 가설을 입증한다고 말하지는 않을 것이다. 이 증거가

---

* 헴펠이 제시한 역설로, 어떤 경험적 증거로 인해 먼저 제시된 가설이 반드시 입증되는 것은 아니라는 역설이다. '모든 까마귀는 검다'와 그 대우 명제인 '검지 않은 모든 것은 까마귀가 아니다'는 논리적으로 동치이다. 그러나 검지 않으면서 까마귀가 아닌 것이 아무리 관찰되었다고 해서 모든 까마귀가 검다는 가설이 입증되는 것은 아니다.

가설을 뒷받침하는 것이 전혀 아니기 때문이다. 가설이 거짓일지라도 (실제로도 그렇지만) 증거는 그대로 있을 것이고, 이 증거는 다른 대안적 가설을 통해서도 아무런 손실 없이 쉽게 설명될 수 있기 때문이다. 이 반례의 요점은 바로 이것이다. 과학자들은 가설을 긍정하는 모든 사례가 입증 사례는 아니라는 점을 알고 있다. 따라서 그들은 증거가 함축하는 내용 외에도 가변성, 가짜 상관관계의 배제와 같은 추가적 조건 하에서 추론을 진행한다.

역으로, **가설은 그로부터 논리적으로 도출되지 않는 경험적 증거에 의해 입증될 수도 있다.** 대표적인 사례로, 브라운 운동에 대한 아인슈타인의 설명이 원자 가설의 귀결에 포함되지 않는데도 원자 이론을 입증해주는 것으로 널리 받아들여진 경우를 들 수 있다. 좀 더 일반화하여, 어떤 증거 E가 가설 H에 함축되어 있고, 이 가설이 더 일반적인 이론 T에 포함된다고 가정해보자. 또한 T가 또 다른 가설 H'도 포함한다고 가정해보자. E는 H'의 논리적 귀결이 아님에도 H'를 **간접적으로** 뒷받침한다고 할 수 있다. 요컨대, 정확히 동일한 관찰 결과를 가진 두 이론은 증거로부터 서로 다른 정도의 뒷받침을 받을 수 있는데, 왜냐하면 그 가운데 하나만이 다른 관련 증거에 의해 간접적인 뒷받침을 받을 수도 있고, 또는 둘 중 하나가 긍정적 사례에 의해 실제로는 뒷받침을 받지 못할 수 있기 때문이다. 이렇게 되면 증거의 이론 미결정성 논증의 두 번째 전제인 **함축 논제**는 무너지게 된다.[6]

덧붙여 말하자면, 라우든은 헴펠(1945)이 제시한 역의 귀결 조건(e가 H를 입증하고 T가 H를 함축한다면 e는 T를 입증한다는 것)과 특수 귀결 조건(e가 T를 입증하고 T가 H'를 함축한다면 e는 H' 역시 입증한다는 것)을 모두 인정하는 것처럼 보이기도 한다. 하지만 이 두 가지 조건을 함께 받아들인다면, 아무 증거로든 아무 가설이나 입증할 수 있다는 까마귀 역설의 불합리한 결론이 나오는 것 아닐까? 그럼에도 불구하고 라우든이 헴펠 식의 이 불합리한 결말을 쉽게 피할 수 있다는 것은 분명하다. 어떤 증거를 함축하고 있다는 사실만으로 이론이 충분히 입증되는 것은 아니라는 그의 핵심 논점에 의거하여, 그는 '역의 귀결 조건'이 범위가 더 큰 이론 T를 입증하는 데 충분하다는 점을 부정할 수 있다. e가 H를 입증하고, T가 H를 함축하지만, 이 사실에 의해 T가 입증되지 않는 경우도 있다. 이것이 바로 앞서 말한 불합리성을 보여주는 사례이다. 이러한 불합리성은 다음과 같은 과정을 통해 발생한다는 점을 기억하자.

임의의 증거 e와 임의의 가설 h가 있다고 하자. (1) e는 e를 함축하며, 따라서 (헴펠의 함축 규칙에 따라) e는 e를 입증한다. (2) e는 e를 입증하며, $h\&e$는 e를 함축하므로, (역의 귀결 조건에 따라) e는 $h\&e$를 입증한다. (3) e는 $h\&e$를 입증하고, $h\&e$는 h를 함축하므로, (특수 귀결 조건에 따라) e는 h를 입증한다.

그러나 라우든은 전제 (2)에 대해 비록 $h\&e$가 e를 함축한다 해도 e가 $h\&e$를 뒷받침하는 것은 아니라는 점을 논증함으로써, e가 더 큰 이론 $h\&e$를 입증한다는 것을 쉽게 부정할 수 있다. 라우든 자신이 (개인 교신에서) 지적했듯이, 분명 그는 이론에 함축되어 있는 증거가 언제 입증의 힘을 지니고 언제 지니지 못하는지를 정확히 명시할 필요가 있다. 더 일반적으로 말해서, 그는 가설에 대한 증거의 지지 관계가 가설과 증거 진술 사이의 논리적-의미론적 관계를 반영한다는 관점과 거리를 두기 때문에, 증거에 의한 뒷받침을 무엇에 의해 설명할 수 있는지에 대한 대안적 설명을 제시할 필요가 있다. 그러나 이에 대한 충분히 발전된 설명—즉 증거의 뒷받침에 대한 모든 판단은 비교에 기반하며, 따라서 어떤 증거에 대해서든 적어도 두 가지 경쟁 이론을 검토해야 한다는 라우든의 관점에 근거한 설명—이 없더라도, 해당 증거가 임시방편적 가설 즉 그 증거를 함축하도록 재구성된 가설을 뒷받침하지 않는다고 주장하는 것은 타당성이 있다.

이론적 덕목의 역할

잘 알려져 있듯이, 과학적 실재론자들은 일반적으로 과학 이론에 대한 증거의 뒷받침을 평가할 때 경험적 적합성만 검토해서는 안 된다고 제안한다. 경험적 적합성은 꼭 필요하지만 그것만으로는 이론을 뒷받침하는 데 충분치 않다. 기존에 확립되어 있는 다른 이론과의 정합성, 일치성, 완전성, 통합성, 임시방편성의 배제, 참신한 예측의 생성 능력과 같은 여러 **이론적 덕목** 또한 고려할 필요가 있기 때문이다. 이들 덕목은 이론의 **설명력**을 증대시키며, 또 이러한 설명력은 잠재적 입증 능력을 높여준다.

예를 들어, 동일한 데이터 집합 $e_1, \cdots, e_n$을 함축하는 두 이론 T와 T'가 있다고 가정해보자. 또한 모든 데이터 조각 $e_i (i = 1, \cdots, n)$에 대해 T'가 독립적 설명 가설 T'_i를 도입하여 T'_i가 e_i를 함축하도록 한다고 가정해보자. 여기서 T가 더 적은 수의 가설을 사용하므로, 독립적으로 받아들인 가설의 수를 줄였음에도 현상을 더 통합적으로 설명한다고 가정해보자. 실재론자들은 이런 통합성으로 인해 T가 T'보다 더 강하게 입증되었다고 본다. 그렇다면 두 이론이 동일한 범위의 관찰 결과와 모두 합치한다 하더라도 설명력의 측면에서는 서로 동등하지 않을 수 있고, 따라서 동일한 정도의 뒷받침을 받지 않을 수도 있다. 이런 추가 덕목들을 고려한다면, 동등한 강도로 뒷받침을 받는 복수의 이론을 확인하기란 매우 어려운 일일 것이다.

실재론의 경쟁자들은 대체로 설명력이 입증이나 진리와 상관있다는 주장을 부정하며, 이론적 덕목이란 인식적인 것이라기보다 실용적인 것이라 주장한다. 반면 실재론자들은 이런 이론적 덕목들이 합리적인 과학적 판단의 핵심적 부분이기 때문에 인식적 힘을 갖는다고 본다. 예를 들어, 맥멀린(1987)은 예측의 정확성만큼이나 설명력 역시 과학 구성의 목표이므로, 설명력이 가장 큰 이론을 선택하는 것이 합리적이라고 주장한다. 그는 과학자들이 "좋은 이론"임을 나타내기 위해 사용하는 특징들은, 전통적으로 "진리의 일반적 조짐이라고 여겨온" 특징들과 정확히 일치한다고 덧붙인다. 그는 이어서 이렇게 말한다. "어떤 이론을 '최선의 설명'으로 만들어주는 가치는 어떤 진술을 '참'으로 규정하게 해주는 가치와 비슷하다."(1987: 66~67) 물론 문제는 어떤 설명적 덕목들이 이론이 참일 가능성과 연결되어 있는지 보여주는 것이다.

이런 연결은 보이드와 새먼의 통찰을 조합하면 얻을 수 있다. 보이드(1973, 1981, 1984)는 어떤 이론의 설명력을 높여주는 덕목들은 간접적인 의미에서 증거적인 성격을 가지는 것으로 볼 수 있다고 제안했다. 이들 덕목은 경쟁중인 여러 이론들이 지닌 **이론적 설득력**에 대한 과학자들의 판단을 인도해준다. 주어진 시점에 이용 가능하거나 이용 가능하게 될 여러 이론 가운데서 과학자들은 자신이 받아들인 다른 배경 이론과 비교하여 가장 설명력이 큰 이론을 선택한다. 이론적 설득력 측면에서 새 이론들의 순위를 매기게 해주는 것은 바로 이러한 배경 이론이다. 배경 이론은 증거의 뒷받침을 받고 있는데다 유사한 이론적 덕목들을 갖고 있기 때문에 그 자체로 받아들여질 수 있는 이론이다. 따라서 이러한 배경 이론이 가진 증거의 뒷받침과 이론적 설득력은 새 이론에도 그대로 전달, 반영된다. 설명력을 구성하는 덕목들이 증거적 능력을 갖는 것은, 이론적 설득력과 증거의 뒷받침을 갖춘 이론들에서도 그 덕목들이 발견된다는 바로 그 이유 때문이다.

이 점을 일단 받아들이면, 남은 일은 이들 덕목이 어떻게 이론의 입증 수준을 담보하는지를 보여주는 것뿐이다. 새먼이 도움이 되는 것은 바로 이 지점이다. 그는 성숙한 과학 이론의 과거 기록이 현행 이론에 사전 확률을 할당하는 데 사용될 수 있다고 설득력 있게 주장했다.(1970: 85~86, 1985: 13, 1990: 186 참조) 과학 이론의 과거 기록은 새로운 과학 이론의 설득력을 판단하고 평가할 때 고려할 수 있는 배경지식이 된다. 더 구체적으로 말하면, 관찰 결과는 동일하지만 몇몇 이론적 덕목에서는 차이가 있는 두 이론 T와 T'가 있을 때, 기록상 T의 덕목을 가진 과거 이론이 T'의 덕목을 가진 과거 이론보다 참일 가능성이 더 높다면 T를 T'보다 더 설득력 있는 것으로 간주해야 한다. 예를 들어 임시방편적 조정을 거치지 않은 이론이 그런 조정을 거친 이론보다 증거에 의해 더 잘 뒷받침되는 경향이 있다면, 임시방편적 성격이 없는 이론의 순위를 높이기 위해서는 이 고려사항을 이용하여 다른 이론의 사전 확률을 평가해야 한다는 것이다. 물론 어떠한 이론적 덕목이 잘 입증된 이론과 상관이 있는지는 실질적인 경험적-역사적 연구를 통해서만 알 수 있을 것이다. **방법론적 자연주의**의 정신이 바로 이것인데, 이 정신은 이번 장 마지막 절에서 설명할 것이다.

다음 주제로 넘어가기 전에, 나는 **함축 논제**에 맞서서 라우든이 택한 반론이, 이론적 덕목이 입증에 영향을 미친다는 실재론자의 주장과 매우 가깝다는 점을 강조하고 싶다. 이론이 그 안에 함축되어 있지 않은 증거로부터 뒷받침을 받을 수 있다는 주장은, 사실상 이론의 핵심 덕목인 통합성이 어떤 가설에 대한 입증을 강화할 수 있다고 말하는 것과 동일한 주장이다. 이제, 한 가설이 그 안에 직접 함축되어 있지 않은 증거로부터 간접적 뒷받침을 받는 두 가지 사례를 살펴보자.

(a) 가설 H가 강력한 증거적 뒷받침을 받는 더 포괄적인 이론 T에 배태되어 있는 경우. 예를 들어, 로렌츠의 전자 이론은 맥스웰의 이론 내에 포섭될 수 있었기 때문에 뒷받침을 받았지만, 맥스웰의 이론이 로렌츠의 이론을 처음부터 함축한 것은 아니었다.

(b) 가설 H가 겉보기에 서로 관련이 없는 다른 가설 H_1과 H_2를 연결하는 '다리' 역할을 하지만 이들을 함축하지는 않는 경우. 예를 들어 원자 가설은 기체의 동역학 이론과 화학 원소의 분자 이론을 연결하는 동시에, 이들 두 이론으로부터 뒷받침을 받는다.

이들 두 사례는 모두 통합에 의한 입증을 보여주는 사례이다. 역으로, 증거를 함축한다는 사실만으로 경험적 뒷받침이 충분히 이루어지는 것은 아니라는 주장은 이렇게 이해할 수 있다. 해당 가설이 임시방편적 조정을 통해 만들어진 것이거나, 다른 독립적 배경 이론에 비추어 증거를 그보다 더 잘 설명하는 가설이 있는 경우, 단순히 증거를 함축한다는 데 근거하여 문제의 가설을 받아들여서는 안 된다는 것이다. 두 사례 모두에 있어, 어떤 가설을 뒷받침하는 증거의 무게는 그 가설에서 도출되는 관찰 결과의 무게보다 못한데, 그것은 경쟁 가설과 비교하여 해당 가설이 지니고 있는 이론적 덕목도 고려해야 하기 때문이다. 이들 덕목은 가설과 그 관찰 결과 사이의 함축 관계에만 기생하는 것이 아니라, 가설의 전반적인 설명 가치 및 그 가설에 수용된 다른 배경 이론과도 함수 관계를 이룬다.

이론적 덕목과 증거의 뒷받침 사이에 어떤 연결이 있다는 주장을 강조하기 위해 조금 결이 다른 이야기를 해보도록 하자. 우선 우리는 입증 문제를 다룬 글리모어의 '부트스트랩 이론'(1980)[*]이 실재론에 기여한 바에 대해 감사하지 않으면 안 된다. 실재론 논쟁에 글리모어가 중요하게 기여한 것은 다음 두 가지이다.

(1) 글리모어는 두 이론이 동일한 관찰 결과를 함축한다고 해도, 여전히 그 결과에 의해 차별적으로 뒷받침될 수 있다는 것을 보여줄 방법이 있음을 밝혀냈다.
(2) 그는 이론적 덕목, 특히 설명력과 통합성이 이론의 입증에 영향을 미친다고 주장했다. 그의 말을 빌리자면, "입증과 설명은 밀접하게 연결되어 있다…."(1980: 376)

따라서 글리모어는 증거의 이론 미결정성 논증에 맞서서 실재론적 반박이 취할 수 있는 두 가지 주요 노선을 하나로 묶었다고 할 수 있다. 다음은 증거의 이론 미결정성 논증(또는 이 논증의 일부 사례)을 물리칠 방법을 보여주는 간단한 예이다.(Glymour 1980: 356~357 참조)

어떤 과학 이론 T에서 기본 물리량 F가 두 개의 시원적 양 F_1과 F_2의 합으로 분석된다고 가정해보자(즉 $F = F_1 + F_2$). 그러면 우리는 F 대신 F_1

---

[*] 클라크 글리모어는 증거란 일반적으로 이론 전체보다는 특정 가설과 관련되어 있기 때문에 개별 증거가 함축하는 가설을 먼저 확정한 이후에 그것에 부합하는 배경 이론 등을 통해 더 큰 사실을 입증해나가는 전략이 필요하다고 보고, 이것을 '부트스트랩 전략'(Bootstrap strategy)이라 불렀다.

과 F_2를 사용하여 T와 경험적으로 등가인 이론 T'를 구성할 수 있을 것이다. 그렇다면 T와 T'는 해당 증거에 의해 동등하게 뒷받침된다고 할 수 있을까? F를 두 개의 구성요소로 나누는 데는 분명 과학적으로 중요한 이유가 있을 것이다. F_1과 F_2의 개별 값을 어떻게 계산할 수 있는지 보여주는 독립적인 논증도 필요할 것이다. 만일 이런 논증이 가능하다면, T'는 T를 초과하는 내용, 즉 F_1과 F_2의 값을 독립적으로 결정할 수 있는 내용을 포함할 것이다. 따라서 F_1과 F_2의 값에 대한 일부 시험도 가능할 것이고, 이것을 통해 T'를 T로부터 구분할 수 있을 것이다. 그러나 이와 반대로, F_1과 F_2를 도입해야 할 과학적 이유가 전혀 없고 개별 값을 계산할 방법도 없다면, T'보다는 T가 더 잘 뒷받침을 받는다고 주장할 수 있다. T'가 T보다 시험되지 않은 가설을 더 많이 가지고 있는 반면, T는 T'보다 더 통합적이기 때문이다. 즉 T는 독립적으로 수용된 가설을 최소한으로만 가지고 있고, 더 적은 가설을 사용하여 동일한 사실을 설명한다. 이처럼 T와 T'가 동일한 관찰 결과를 함축하고 있음에도 T를 T'보다 선호할 좋은 이유가 있다면, T와 T'는 더 이상 인식적으로 일치하지 않는다. 사실, 경험적으로 등가적인 시공간 이론을 만드는 라이헨바흐 식의 요리법과 푸앵카레의 장난감 세계(337~339쪽 참조)는 지금 논의하고 있는 임시방편적 기법의 사례이며, 바로 이러한 이유로 기각될 수 있다.

지금까지 나는 증거의 이론 미결정성 논증을 효과적으로 차단할 수 있다고 주장해왔다. 그렇다면 과학적 실재론 논쟁과 관련하여 우리가 얻을 수 있는 것은 무엇일까? 비록 실재론자들이 라우든의 주장에 편승할 수 있다고는 해도, 라우든은 자신을 과학적 실재론자라고 밝힌 적이 없다. 사실 그는 실재론에 대한 가장 깊이 있는 비판자의 한 명이라 할 수 있다. 그와 실재론자 모두는 과학 방법론의 확충적 성격에 대한 설명이 조야한 가설-연역적 방법에서 제시하는 것보다 더 풍부해야 한다는 데 동의할 것이다. 특히 이들은 이런 풍부한 설명이 주어진다면 경쟁 이론 가운데 어느 것을 택할지에 대한 훌륭한 인식상의 근거를 얻을 수 있다는 데도 동의할 것이다. 하지만 과학적 실재론이라는 문제 앞에서 양쪽은 서로 입장이 나뉜다. 확실히 라우든은 "증거의 뒷받침", "정당한 승인"(1996: 56), "적절한 증거에 의한 보증"(1996: 63)과 같은 표현을 자유롭게 사용한다. 그가 말하는 이론 수용은 아마도 경험적 적합성에 따른 수용과는 다를 것이다. 후자의 입장을 자연스럽게 받아들인다는 것은 곧 증거의 이론 미결정성 논증이 가진 회의적 힘을 인정한다는 뜻이기 때문이다. 그는 심지어 실용주의자들의 주장, 즉 "비인식적 차원의 평가만이 이론에 적용될 수 있으며, 따라서 이론 평가는 배타적이지도 필연적이지도 않으며 특권적인 것도 아니다"라는 주장과도 거리를 둔다.(1996: 63) 그렇다면 이런 라우든의 입장으로부터 어떤 이론이 증거에 의해 잘 뒷받침된다거나 어떤 이론이 다른 이론보다 증거의 뒷받침을 더 많이 받는다는 주장이 어떻게 나올 수 있는지 의아해 하는 사람이 있을 수 있다. 경험적 적합성에 따른 수용과 구분해서, 우리는 '정당한 승인'이란 것이 어떤 이론의 근사적 참됨을 믿는 것과 다를 바 없거나, 아니면 적어도 그 이론이 해당 영역을 근사적으로 참되게 설명하는 최선의 후보라고 주장하는 것과 다름없다고 자연스럽게 생각할 수 있다.

라우든이 내가 윤색한 결과를 마땅치 않아 할 것이라는 데는 의심의 여지가 없다. 두 가지가 이 점을 보여준다. 첫째, 라우든은 크게 볼 때 진리 그리고 진리에 도달할 수 있는 과학의 능력에 회의적이다. 이런 회의적 입장은 그의 메타 방법론인 '규범적 자연주의'에서 나온 것이다. 나는 다음 절에서 그의 '규범적 자연주의'가 이론적 진리에 대한 인식적 낙관주의를 그가 허용하는 것보다 훨씬 더 강하게 보증할 수 있다는 점을 보여주려 한다. 둘째, 증거의 이론 미결정성 논증을 약화시키려는 라우든의 시도는 과학적 실재론을 옹호하기 위한 것이 아니라 견실한 방법론적 판단의 가능성을 옹호하기 위한 것이다.(1996: 20 참조) 라우든에게 방법론이란 **현존하는** 경쟁 이론들에 대한 비교 평가를 가능하게 해주고 합리적인 **비교** 판단이 어떻게 가능한지 보여주는 틀거리다. 증거의 이론 미결정성 논증이 옳다면, 이보다 더 온건한 목표조차 달성하지 못할 것이 분명하다.

그러나 이런 온건한 목표가 일단 달성 가능하다는 것으로 드러나면, 근사적 진리에 대한 **절대적인** 판단이 합리적임을 보여주는 더 큰 목표도 달성할 수 있다. 현존하는 모든 경쟁 이론보다 증거에 의해 더 잘 뒷받침되는 이론이 있다고 가정해보자. 이 이론이 근사적 참이라고 주장하기 위해서는 그밖에 또 무엇이 필요할까? 다시 말해서, 해당 이론을 믿는 것이 합리적임을 보여주기 위해서는 대체 무엇이 더 필요할까? 회의론자는 결국 미결정성 논증의 한 버전으로 돌아갈 것이다. 그는 지금까지 생각지 못한 다른 이론이 출현해서 현재 주어진 최선의 이론만큼이나 증거에 의해 잘 뒷받침될 수 있기 때문에, 이론이 참일 가능성이 그 믿음을 보증할 만큼 충분히 높을 수는 없다고 말할 것이다. 라우든은 스스로 '비고유성 논제'라 부른 논증에서 이러한 방향 전환을 고려한다. 일정한 확충 규칙과 증거에 비춰볼 때 T와 동등한 수준으로 잘 뒷받침되는 또 다른 이론 T'가 있을 수 있다는 논제이다.(1996: 33, 53) 그는 비고유성 논제가 옳은지 여부는 '열린 문제'이지만, 참일 가능성이 있다고 생각했다.(1996: 42~43) 나는 이 논제의 참 거짓을 선험적 기반 위에서

가릴 수 있다고는 생각하지 않는다. 사실 우리로서는 그러한 시나리오의 단순한 논리적 가능성에 대해 염려할 필요가 없다. 또한 이 시나리오가 근사적 진리에 대한 절대적 판단의 합리성을 훼손하는 것도 아니다. 그렇게 생각하지 않는다면, 그것은 확충적 추론이 오류 불가능하다고 주장하는 것이며 어떤 이론이 참으로 입증될 때만 그것을 믿는 일이 합리적이라고 주장하는 것이기도 하다. 이것은 회의론자의 노골적인 요구이겠지만, 만일 라우든이 이 주장들을 지지한다면 그는 비교 판단이 합리적일 수 없다는 주장도 받아들여야만 한다. 이런 비교 판단이야말로 확충적인 것이고 오류의 가능성을 가진 것이기 때문이다.

그런데 과연 이런 회의적 시나리오에 대한 충분한 **경험적** 증거는 없을까? 라우든이 (아마도 뒤엠을 제외하고는) 그 누구보다 더 많은 역사적 관련 증거를 제시했으며, 비관적 귀납을 통해 앞서 논의한 바 있고 잘 알려져 있는 형태로 회의적 시나리오를 통합했다고 주장하는 사람도 있을 것이다. 그러나 이 책 5장과 6장에서 자세히 살펴본 것처럼, 비관적 귀납의 신빙성은 이미 심각한 도전을 받은 바 있다. 내가 그 장들에서 실재론을 옹호하기 위해 제시한 논증이 견실하다면, 다음과 같은 결론을 내릴 수 있을 것이다. 즉 우리가 현재 지닌 최선의 이론이 더 광범위하고 더 나은 경험적 뒷받침을 받는 또 다른 이론에 의해 대체될 수 있다는 사실이, 대체된 이론이 근사적으로 참이라는 판단을 반드시 훼손하지는 않는다. 그 사실이 보여주는 것은 (a) 우리가 진리를 단 한 번에 얻을 수 있는 것은 아니며, (b) 경험적 뒷받침을 통해 근사적 진리에 이른 우리의 판단이, 증거의 뒷받침을 받고 대체된 이론의 성공에 기여했던 이론적 구성요소에 집중하고 있다는 점에서, 더욱 정교하고 신중해야 한다는 것뿐이다. 다시 말해서 회의적 시나리오에 대한 경험적 증거가 아무리 쌓인다 해도, 증거의 뒷받침을 받는 이론적 구성요소와 이 구성요소가 후속 이론에 실제로 남아있다는 데 집중하여 판단이 이루어지는 한, 현재 주어진 최선의 이론의 근사적 참 여부에 대한 절대적 판단의 가능성이 훼손되지는 않을 것이다. 따라서 근사적 참에 대한 절대적인(그러나 조야하지 않은) 판단은 합리적일 수 있다. 라우든처럼 증거의 뒷받침에 대한 합리적인 비교 판단의 가능성 위에 자신의 인식론을 구축한 사람에게는 더욱 그렇다. 그렇다면 아마도 실재론자들에게는 기쁜 소식일 텐데, 증거의 이론 미결정성 논증을 해체하려는 라우든의 작업은 그가 기꺼이 받아들이는 것보다 더 큰 인식적 낙관주의를 보증할 수 있을 것이다.

진리 없는 규범적 자연주의?

나는 앞서 라우든이 진리에 도달할 수 있는 과학의 능력 전반에 대해 회의적이라고 지적한 바 있다. 이 문제를 적절하게 논의하려면, 라우든이 제시한 메타 방법론인 **규범적 자연주의**에 대해 다소 상세하게 검토할 필요가 있다. 나는 이번 절을 이 과제에 할애하고자 한다.

라우든이 제시한 규범적 자연주의의 핵심 요소는 **방법론적 자연주의**로, 방법론은 하나의 경험적 학문 분야—"연구를 지배하는 규칙들"(1996: 110)에 관한 이론—이며, 따라서 자연과학의 일부를 구성한다는 관점이다. 방법론적 자연주의는 특히 다음과 같은 제안을 담고 있다.

1. 모든 규범적 주장은 **도구적**이다. 방법론적 규칙은 목표와 그 목표를 달성할 수 있는 방법을 연결하며, 원하는 목표를 달성할 가능성

이 가장 높은 행동을 추천한다.
2. 방법론적 규칙의 견실성은 그것이 얼마나 성공적인 행동을 이끌어내는지에 달려 있으며, 그 정당성은 목표를 달성함에 있어 그 규칙이 얼마나 효과적인지에 따라 결정된다. 견실한 방법론적 규칙은 원하는 목표를 달성하는 '최선의 전략'을 제시한다. (1996: 103, 128ff. 참조)[7]

어떤 목표의 달성 여부와 목표에 이르는 방법의 유효성은 선험적으로 평가될 수 없다. 그것들은 이 세계의 우연적 특징에 의존하기 때문에, "경험적 이론들을 검사하는 것과 정확히 같은 방식으로"(ibid.: 133) 경험적으로 검사되어야 한다. 그것은 'x를 수행함'과 'y를 달성함' 사이의 상호관계, 인과적 연결(ibid.: 17), 통계적 법칙(ibid.: 134) 등을 살펴봄으로써 가능하다. 어쨌든 우리는 우리의 방법이 이 세계에 대해 효과적이기를 원한다. 즉, 자연으로부터 정보를 추출함에 있어 우리가 올바른 판단을 내리고 효과적 전략을 쓸 수 있도록 이끌어주기를 바란다. 이런 단순한 의미에서 우리가 채택하는 방법은 실제 세계에 대한 실질적 정보와 부합하는 것이어야 한다.

방법론을 도구적인 것으로 보는 라우든의 입장은 **상대주의**에 빠질 위험이 있다. 방법론이 수단-목적의 관계에만 관심을 두고 목적을 명시하지 않는다면, 그리고 방법론이 그 내용과는 무관하게 단지 사람들이 가장 높은 가치를 두는 목표를 달성하는 방법에 불과하다면, 다음과 같은 인식적 상대주의로 나아가는 것이 자연스럽다. 서로 다른 연구 목표를 가진 두 연구자 공동체 또는 그룹이 있다고 하자. 양자가 각기 내세우는 '최선의 전략'의 효과를 단순히 기술하는 것 외에, 이들 사이에서 합리적인 판정을 할 수 있는 방법론이란 것이 가능하기는 할까? 또한 양자가 각기 지닌 '최선의 전략'을 비교할 수 있다고 해도, 여기에는 양자의 효과를 비교 판단할 수 있는 어떤 메타 관점이 전제되어 있는 것 아닐까? 이런 고려사항들로 인해 라우든보다 좀 더 주류에 가까운 인식론자들은 자연주의적 프로젝트에 더 이상 공감하지 않게 되었다. 두 사람만 이름을 들자면, 워럴(1988, 1989a)과 도펠트(1990)는 방법론적 자연주의가 상대주의의 제물이 될 수밖에 없으며 과학적 탐구의 합리성을 뒷받침하지도 못한다는 이유로 반대를 표명했다.

하지만 라우든은 방법론적 자연주의가 합리성을 위협하지 않으며, 일정한 규범적-평가적 귀결을 지닌 것도 아니라고 반박한다. 한편으로, 방법론적 자연주의는 원하는 목표를 가장 잘 달성할 수 있는 방법에 대해 "보증된 조언"(1996: 113)을 제공할 수 있다. 방법 M이 목표 A을 달성하는 데 도움이 된다고 하자. A를 달성하고자 하는 사람이라면 누구든 M을 수행해야 할 것이다. 다른 한편으로, 경쟁 방법론을 비교 평가하는 과제에 있어서도 우리는 "방법론에 관한 이론 모두가 공통적으로 공유하는"(1996: 135) 어떤 원리로 돌아갈 수 있다. 라우든은 적절한 종류의 **열거귀납**(enumerative induction)이 증거적 뒷받침을 받는 그러한 공통 원리가 될 수 있다고 본다. 그는 이 원리를 이렇게 표현한다. 원리 (R): 만일 어떤 방법 M이 과거에 목표 A를 지속적으로 달성하게 해주었고, 방법 N은 그렇지 못했다고 하자. 'A를 원한다면 M을 해야 한다'는 규칙에 기초한 미래 행동은 경쟁 규칙 'A를 원한다면 N을 해야 한다'에 기초해 행동하는 것보다 성공 확률이 더 높을 것이다.

그러나 바로 이 원리는 규범적 판단이 순전히 도구적일 수 없다는 뜻을 내포한다. 원리 R는 모든 방법론적 평가가 궁극적으로 의존하는 규범적 메타 관점의 핵심 부분으로 여겨질 때만, 방법론의 비교 평가에 필요한 "아르키메데스 점"(ibid: 135)을 제공할 수 있다. 여기서 핵심 질문 가운데 하나는 다음과 같다. R 자체는 어떻게 평가해야 하는가? 특히 그것을 도구적으로 평가할 수 있을까? 목적의 내용이 무엇이든 특정 목적을 달성하는 데 성공적임이 밝혀졌기 때문에 그 자체로 보증되는가? 아니면 확충적 추론의 견실한 규칙이기 때문에 보증되는가? 나는 R의 과거 성과를 경험적으로 평가할 수 없다고 주장하고 싶은 것이 아니다. 그러나 두 가지는 지적할 가치가 있다. (a) 원리 R를 평가하는 데 적절한 데이터를 선택하고, 과거의 상관관계가 가짜가 아님을 보여주는 한편, 관련된 술어가 미래에도 적용될 수 있도록 하려면, 더 정교하고 논쟁적인 방법론적 원리를 사용하는 것이 필요하다. (b) 원리 R의 과거 성공이 진짜임을 확인할 수 있다고 할 때, 이런 과거의 성공이 미래에도 적용될 수 있는지의 여부, 따라서 이들 성공이 원리 R를 견실한 규칙으로 보증하는지 여부는 귀납 추론 일반의 견실성 자체에 달려 있다. 그러나 귀납 추론의 견실성을 옹호하는 것은 인식적인 문제이다. 즉 그것은 해당 귀납 추론이 참인 전제로부터 참인 결론을 도출하는 능력이 있는지를 보증할 수 있느냐의 문제와 관련이 있다.

나는 이 마지막 요점을 다음과 같이 일반화하려 한다. **행동의 합리성**은 어림잡아 말하자면, 수단-목적의 문제라고 주장할 수 있다. 즉 합리적 행동이란 행위자의 목표를 달성함에 있어 '최선의 전략'을 따르는 것을 말한다. 그러나 행동의 합리성이 합리적 판단의 내용을 모두 담을 수는 없으며, 그 규범적 차원을 완전히 포착할 수도 없다. 합리적 판단에 대한 설명은 행동의 합리성뿐만 아니라 **믿음의 합리성**에도 부합해야 한다. 순전한 도구주의적 논의는 믿음의 합리성을 설명하지 못한다. 믿음을 갖는 것이 합리적인 때는 언제인가? 믿음은 행동을 이끌고, 특정 목표를 달성하는 데 있어 어떤 전략이 '최선'인지에 대한 도구적 판단을 뒷받침한다. 이런 믿음은 언제 합리적인가? 믿음이 유효한 증거에 의해 보증되는 때는 언제인가? 믿음의 합리성과 증거의 보증을 평가하고, 관련된 규범적 조언을 제시하는 일은 인식적인 문제이다. 그것은 해당 증거와, 증거를 통해 받아들여지는 믿음 사이의 인식적 관계에 관한 문제이기도 하고, 그와 같은 믿음을 산출하고 유지하는 방법의 견실성과 관련된 문제이기도 하다.

라우든의 방법론적 자연주의는 실질적인 경험적 지식을 사용하지 않고서는 견실한 확충적 추론 원칙을 제시할 수 없다고 말하는 점에서 옳다. 또한 정당화 문제는 선험적인 것이 아니라 경험적 탐구와 지식을 요하는 문제라고 지적하는 점에서도 옳다. 이것은 현대 자연주의의 값진 통찰이다. 이 주장은 보이드(1981), 골드먼(1986), 퍼피뉴(1993) 등이 제시한 신빙론적 인식 이론에 의해서도 옹호되었다. 이들의 요지는 이러하다. 방법론과 추론 전략은 그 성공 여부 곧 참된 믿음을 산출하고 유지하는 성향에 따라 평가되어야 하는데, 이러한 성공 여부를 판단하거나 성향을 확인하는 일은 경험적 발견과 탐구를 통해 가능하다. 신빙론은 행동의 합리성뿐만 아니라 믿음의 합리성도 쉽게 설명할 수 있는데, 합리적인 믿음은 잘 뒷받침된 믿음이며, 이들 믿음은 신빙성 있는—즉 진리에 도움이 되고 진리 보존적인—방법과 절차에 의해 산출된다고 주장하기 때문이다. 그러나 라우든의 방법론적 자연주의와는 달리 신빙론적 인식론은 견실한 확충적 추론의 목표가 경험적 탐구의 문제일 수는 없다고 본다. 추론이 지속적으로 잘못된 결론을 내놓는다면 '올바른' 것이라고 할 수 없다. 또한 추론이 단순히 추론자의 목표를 달성했다고 해서 올바르다고 할 수도 없다. 만일 목표 달성만이 유일한 요건이라면, 어떤 잘못된 추론 방법이라도 관련 추론자 공동체가 원하는 목표를 달성하는 데 도움이 되기만 하면 '올바른' 것으로 간주될 것이다. 견실한 추론은 진리와 밀접하게 연관되어 있으며, 참인 전제에서 참인 결론을 산출하고 유지하는 능력과 묶여 있는 것이다. 이로부터 진리는 견실한 추론의 **기본적인 인지적 덕목**이라는 점이 드러난다. 참된 믿음의 달성이야말로 진정한 목표로서, 그것에 비추어 방법론과 추론 전략이 평가되어야 하는 것이다. 신빙론은 진리와 연관된 판단에 대한 규범적 메타 관점을 도입함으로써 방법론적 자연주의를 보강한다.

이 마지막 고려사항들로 인해 라우든의 자연주의는 다른 동료 자연주의자들 및 비자연주의자들 **모두**와 뚜렷이 구별된다. 즉 그의 자연주의는 진리 연관적인 가치론(axiology)은 물론 방법론에 대한 광범위한 신빙론적 설명을 받아들이는 다른 자연주의자들과도 구별되고, 합리성, 인식적 보증, 정당화가 진리를 지향한다고 올바르게 생각하지만 악순환의 문제 때문에 자연주의 프로젝트가 이 문제에 아무런 말도 하지 않는다고 주장하는 비자연주의자들과도 구별된다. 나는 지금 언급한 두 입장 사이 어딘가에 올바른 입장이 있다고 생각한다. 라우든의 주된 공격 대상인 상대주의자와 주관주의자에 맞서 합리적인 방법론적 선택을 옹호하는 일은 진리 연관성을 가진 규범적 메타 관점을 필요로 한다. 이런 옹호 작업은 그 순환성에도 불구하고 경험적 고찰과 과학의 발견에 확고하게 근거할 수 있다. 4장에서 나는 자연주의적 관점에서 최선의 설명으로의 추론을 옹호함으로써, 과학 방법론에 대한 진리 연계적 평가를 고수하면서도 악순환이라는 공격을 어떻게 중화시킬 수 있는지 보여준 바 있다.

공정하게 말하자면, 라우든은 방법론적 자연주의가 "목표와 지향점에 대한 합리적 선택을 지배하는"(1996: 17) 조건에 관한 일반 이론인 자연주의적 가치론과 결합되어야 한다는 점을 인정했다. 그는 현재 그러한 일반 이론이 존재하지는 않지만, 그럼에도 "우리는 이제 이러한 평가 메커니즘 가운데 몇 가지를 꽤 명확하게 이해하고 있다"(ibid.)고 인정한다. 예컨대 그 목표들은 "원칙적으로 달성 가능한 것"(p. 78), "경험적으로 실현 가능한 것", "실제로 실행 가능한 것"(p. 145)이어야 한다. 다만 라우든에 따르면, 이런 목표는 과학에 대한 적절한 인지적 평가에 필요한 규범적 요구사항과는 별다른 관련이 없다.

라우든이 말한 대로, 목표는 바뀔 수 있고 실제로도 그렇다. 하지만 이런 변화를 규제하는 것은 무엇인가? 무엇이 목표의 변경을 합리적이고 정당하게 해주는가? 라우든은 목표의 변경이 "현재 적절한 것으로 간주되는 과학적 설명 작업 가운데 가능한 한 다수를 보존할 수 있어야 한다"(ibid.: 158)고 제안한다. 이러한 요구사항은 가치론에 대한 라우든의 이해에서 핵심 요소를 이룬다. 라우든에게 있어 가치론은 자연화되어야 하지만, 여전히 규범적 요소를 보존해야 한다는 점을 기억하자. 이 두 가지를 만족시키기 위해 라우든은 "위대한 과학의 규범(canon)"(ibid.: 150)이라고도 알려진 "전통의 규범"(ibid.: 156)이라는 개념을 도입한다. 규범이란 과학의 과거에 대한 표준적 표현이다. 즉 위대한 역사적 순간, 중대한 이론적 혁신, 고전적 실험 등등 짧게 말해서 근대의 과학적 전통이 확보한 안정적 요소와 위대한 성과가 바로 그런 것들이다. 라우든은 이러한 규범이 "새로 제안되는 과학의 목표를 인증하거나 취소하는 기준으로 활용된다"(ibid.: 162)고 말한다. 따라서 새로운 목표가 당장의 과학 연구가 다루는 것에 대한 새로운 기술 아래서도 여전히 과학의 규범적 성과를 보존하고 있을 경우에만, 목표의 변경은 정당화될 수 있다.

그렇다면 이런 일은 어떻게 일어날 수 있는가? 나는 오직 두 가지 가능성만 있다고 생각한다. 새로운 목표와 기존 목표가 일치하거나, '규범적 성과'라는 것이 그것을 통해 실현코자 하는 특정 목표와 무관한 경우 이 두 가지뿐이다. 전자의 경우는 목표 변경이라고는 하지만 기존 목표의 단순한 '물타기'에 불과한 것일 수 있다. 확실성을 포기하고 높은 확률에 만족하는 것이 그런 경우다. 후자의 경우, 라우든이 '규범적 성취'가 몇몇 목표를 진전시키는 데 기여한다는 관점을 포기하려 하지 않는다면, 아마도 그는 몇몇 (명시적인) 하위 목표가 변경될지라도 (묵시적인) 핵심 목표는 그대로 유지되어 '규범'을 규제한다는 점을 인정해야 할 것이다. 여기서 '규범'으로 받아들여지는 것이란 곧 핵심 목표를 이루는 데 기여하는 것들이고, 나는 이것이야말로 무지와 오류의 전선을 뒤로 밀어내는 것들이라 설명하고 싶다. 라우든은 '명시적/묵시적 목표'(Worrall 1988 참조) 또는 '이차적/일차적 목표'(Leplin 1990; Rosenberg 1990 참조) 등으로 가치를 구분하자는 제안을 받아들이기 주저하는 것이 분명하다. 그러나 나는 라우든이 "과거의 표준이 겉보기에는 그 분야의 규범적 성과를 산출하는 데 관여한 것처럼 보일지라도, 그러한 성과의 산출에서 실제로 한 역할은 지엽적이고 우발적이었다"(1996: 146)는 것을 인정할 때, 방금 제시한 구분에 매우 가까워진다고 생각한다.

라우든이 과학의 목표에 대해 어떻게 생각하든, 그는 진리(또는 진리 연관성)가 탐구의 목표가 되어야 한다는 관점에 격렬하게 반대한다. 그는 자신의 가치론적 이론을 통해 진리는 실현 불가능한 목표의 한 예라고 주장한다. 그는 진리가 "본질적으로 초월적"이며 "인식적 접근에 대해 닫혀 있다"(1996: 78)고 말한다. 심지어 그는 "어떤 이론의 진리에 대한 지식은 근본적으로 초월적"이며, 또 다른 말로는 "근본적으로 접근 불가능하다"는 생각 위에서 반즈와 블로어의 '대칭성 논제'의 인식적 버전을 받아들이기도 했다. 그의 말대로 "이러한 초월성은 대칭성 논제의 인식적 버전을 함축하는데, 왜냐하면 우리는 임의의 이론을 참과 거짓으로 구분한 다음 그 이론에 대한 믿음을 해당 이론의 참/거짓이라는 상황에 맞춰 서로 다르게 설명해서는 안 되기 때문이다."(ibid.: 195) 반대자들에 대한 그의 주된 불만 중 하나는 이런 것이다. "참 또는 높은 확률로 참인 이론을 과학의 목표로 내걸고 있는 (…) 전통적 인식론자들은 그러한 목표에 부합하는 방법을 확인하기가 상당히 어렵다는 점을 안다. 따라서 규범적 자연주의자들은 실재론자들이 부끄러움도 없이 받아들이고 있는 과학 연구의 목표가 최적의 목표가 될 수 없다고 본다." (ibid.: 179)

진리가 그렇게 달성하기 어려운 목표란 말인가? 진리가 인식적으로 접근 불가능한 유토피아적 목표인가? 우선 증거의 이론 미결정성 논증에 반대하는 라우든의 주장은 진리를 꺼림칙하게 보는 그 자신의 태도와도 맞지 않는다는 점에 주목하자. 앞 절에서 논의했듯이, 미결정성 논증에 대한 그의 반박은 그가 명시적으로 허용한 것보다 더 큰 인식적 낙관주의를 보증한다. 비고유성 논제가 올바른 것으로 입증되지 않는 한, 그리고 미결정성이 과학 이론 구성의 전반적 특징이 아닌 한, 이론적 진리가 달성될 수 없다고 생각할 어떤 이유도 없다. 그러나 라우든은 위 두 가지 조건 가운데 어떤 것도 확고히 하지 않았다. 실제로 그의 주장은 이론적 진리에 대한 일반화된 불가지론의 신뢰성을 크게 떨어뜨리므로, 우리는 여전히 이론적 진리의 달성 가능성이 어떤 불리한 반박에도 직면하지 않았다고 생각할 수밖에 없다.

  진리에 대한 일부 철학자(예를 들어 반 프라센)의 의심은 과학이 경험적 적합성이나 현상의 구제와 같은 다른 표적을 목표로 삼아야 한다는 생각에서 비롯된 것이다. 그러나 이런 생각 그 자체로는 과학이 진리를 목표로 한다는 관점을 훼손할 수 없다. 경험적 적합성은 진리와 부합하며, 실제로 진리의 필요조건이기도 하다. 여기서 문제는 서로 일치하지 않는 두 목표 사이에서의 선택이 아니라, 관찰 불가능한 실재와 관련하여 진리에 반하는 결정적 논증이 없는 상황에서 왜 더 못한 쪽을 선택해야 하는가 하는 부분이다. 내가 아는 한, (경험적 적합성만으로는) 이론적 진리를 달상할 수 없다는 논증 이외에 경험적 적합성에 대한 어떠한 독립적 논증도 없었다. 하지만 논의를 위해 이론적 진리가 실로 유토피아적인 목표라고 가정해보자. 그렇다면 경험적 적합성은 그보다 덜 유토피아적인가? 이 문제는 다음 장에서 상세히 다룰 것이다. 지금 시점에서는 다음 사항을 지적하는 것으로 충분할 것이다. 진리와 경험적 적합성 사이에는 분명 차이가 있지만, 이 차이는 정도의 문제다. 이론적 진리에 대한 주장은 과학 이론이 제시하는 이론적 주장의 참/거짓과 결부되어 있기 때문에 그 이론의 경험적 적합성에 대한 주장을 넘어선다. 그러나 관찰 불가능한 존재자와 과정을 인지하는 것이 (관찰 가능한 것들을 인지하는 것과는 다른) **특별한** 문제라고 생각하지 않는 한, 이론적 진리에 도달하는 것은 '같은 일을 더 잘하는 것'에 불과할 것이다. 반 프라센은 관찰 불가능한 존재자에 대한 추정적 언급을 포함하는 주장은 본질적으로 판단 불가능한 주장이라고 보기 때문에, '같은 일을 더 잘한다'는 이 설명에 대해 이의를 제기할 것이다. 그러나 라우든은 반 프라센의 입장에 동의하지 않는 듯하다. 그는 "이론이 독자적으로 도입한 존재자와 과정은 실험 방법과 탐지 도구의 개선에 따라 종종 관찰 가능하거나 '경험적인' 상태에 도달한다"(1996: 57)고 인정한다. 라우든이 이 세계의 심층 구조를 밝혀내는 과학의 능력에 반대하는 논증을 제시한 것은 분명하지만, 잘 알려져 있듯이 그의 논증은 우리가 가진 직접 관찰 능력의 한계에 근거한 것이 아니라 과학사에 만연해 있는 실패에 대한 좀 더 정교한 고찰에 근거한 것이다. 그러나 5장에서 살펴보았듯, 이런 고찰을 반드시 받아들여만 하는 것은 아니다. 따라서 나는 진리에 대한 라우든의 반론이 대안적이고 좀 더 실현 가능한 목표에, 즉 경험적 적합성이라는 목표의 가능성에 근거해 이뤄질 수는 없다고 결론짓고자 한다.

물론 이런 논의도 가능하다. 진리는 진술과 사실 사이의 신비스러운 '대응 관계'와 관련된 것이다. 그렇다면 진리는 '초월적'일 수밖에 없지 않은가? 이런 노선은 철학자들 사이에서 매우 인기 있는 노선이었다. 나는 파인의 **자연스러운 존재론적 태도**에 대해 논의하는 10장에서 이 쟁점을 다시 다룰 것이다. 그러나 다음 사항은 여기서 지적할 가치가 있다. 라우든이 올바르게 지적했듯이, 진리 대응이론의 밑바탕에는 어떤 믿음도 이 세계에 근거하지 않으면 안 된다는 생각이 있다.(1996: 79 참조) 나는 이 완벽하게 합리적인 주장이 어떻게 진리를 '초월적'으로 만든다는 것인지 알지 못하겠다. 이 주장이 의미하는 바는, 믿음이 그 진리 조건을 획득한 경우이면서 오직 그 경우에만 참이 된다는 것뿐이다. 특히 이것은 진리 조건을 증거 조건과 혼동해서는 안 된다는 라우든의 요점 중 하나와도 부합한다.(1996: 69~73) 진리 조건은 그것이 만족될 경우 관련 믿음을 참으로 만든다. 증거 조건은 그것이 만족될 경우 믿음을 보증하거나 합리적으로 만든다. 여기서 유일하게 남는 문제는 이런 것이다. 우리는 어떤 주장에 대한 진리 조건이 만족되었다고 주장할 위치에 있을 수 있는가? 다시 말해서, 어떤 주장에 대한 진리 조건이 만족되었다고 주장할 증거가 있을 수 있는가?

이 마지막 쟁점을 좀 더 명확히 해보자. 라우든 역시 판단 절차의 확실성이란 유토피아적 목표이므로 포기해야 한다는 점에 동의했다는 것을 명심하자. 그러나 과학적 주장에 확실성이 부족하다는 점을 받아들인다면, 그 주장의 진리 여부를 판단하기 위해 특별히 풀어야 할 문제도 없을 것이다. 이를 확인하기 위해 다음 질문을 고려해보자. 진리가 재귀적이지 않은 속성이라면, 과학에서 연구하는 다른 속성보다 이 속성을 판정하기가 더 힘든가? 이에 대한 답은 본질적으로 카르납(1945/6: 602)의 작업까지 거슬러 올라가는 문제이다.

특정 물질이 어떤 화학적 성분으로 이루어져 있는지 판단하려는 과학자 집단을 상상해보자. 이들은 철저한 검사를 통해 문제의 물질이 산이라고 판정했다. 아무리 많은 검사를 한다 해도 어떤 오류의 가능성도 없이 이 물질이 확실하게 산이라고 판단할 수는 없다. 그러나 증거가 문제의 믿음을 충분히 보증해주는 시점이 분명 존재한다. 이제 '물질 X는 산이다'라는 주장 S의 참/거짓 여부를 몇 가지 과학적 절차에 의해 판정할 수 있게 되었다고, 즉 높은 수준으로 입증할 수 있게 되었다고 해보자. 카르납이 올바르게 관찰했듯이, S가 일정 수준 r만큼 입증된다면, "'물질 X는 산이다'는 참이다"라는 문장 S' 역시 정확히 같은 수준만큼 입증된다. 진리 술어('~는 참이다')의 탈인용적 속성[*]과 영어 쓰임새를

---

[*] 타르스키에 따르면 진리 술어가 들어있는 문장 "'눈이 희다'는 참이다"는 눈이 정말로 흰색일 경우이면서 오직 그럴 경우에만 참이다. 여기서 인용부호 내에 있는 문장은 세계 안에 있는 대상을 지시하는 대상 언어다. 한편 진리 술어는 인용부호 내에 있는 문장이 사실, 실재와 부합한다는 것을 나타내는 메타 술어다. 따라서 진리 술어가 탈인용부호적이라는 말은 대상 언어와 구별되는 층위인 메타 언어의 한 술어가 진리 술어라는 뜻이다.

감안할 경우 S와 S'는 동치이기 때문이다. 카르납은 이처럼 진릿값을 진술하는 문장이 입증 가능하다는 것을 근거로, '~는 참이다'와 '진리' 같은 개념이 정당한 과학적 개념이라고 결론지었다. 어떤 주장 또는 믿음의 참 여부는 그 주장 또는 믿음 자체보다 더 입증 가능한 것도, 덜 입증 가능한 것도 아니다. 어떤 믿음이 참임을 보증하기 위해서는, 그 믿음이 신뢰성 있는 방법의 산물이라는 사실 외에는 어떤 추가적 보증도 필요하지 않다. 물론 신뢰성 있는 방법으로 도출한 믿음이 거짓인 경우도 얼마든지 가능하다. 신뢰성 있는 방법은 또한 반증 가능한 방법이기 때문이다. 어떤 방법이 신뢰성 있다는 사실이, 그 방법으로 도출한 믿음이 참이라는 것을 논리적으로 보증하는 것은 아니다. 신뢰성 있게 산출된 믿음과 참인 믿음 사이의 연결은 분석적인 것이 아니라 종합적인 것이다.

그러나 여기서 어떤 주장이 반증가능성이 있다는 지적이 실제로 그 주장이 거짓임을 함축하지는 **않는다**는 점에 유의하자. 이것이 말해주는 바는, 보증된 주장가능성이나 이상화된 정당화 같은 인식적 개념과 진리를 개념적으로 동일시하지 말라는 것뿐이다. 보증된 주장이나 이상적으로 정당화된 진술 역시 거짓일 수 있기 때문이다. 보증된 주장가능성이나 이상화된 정당화를 거쳤다는 주장 자체가 그 믿음이 참이라는 사실을 함축하는 것은 아니다. 그러나 어떤 믿음이라도 그것이 거짓일 수 없다는 것이 입증되지 않는 한 그것을 합리적으로 참이라 말할 수는 없다고 주장하는 게 아니라면, 문제의 믿음이 참이라 말하는 것은 그것이 거짓일 논리적 가능성이 있음에도 불구하고 충분히 의미를 가진다. 요컨대 판단 절차에서 확실성을 포기할 준비가 되어 있고, 진리 술어가 탈인용적 속성을 가진다는 입장을 받아들일 준비 또한 되어 있다면, 진리가 판단 불가능하거나 유토피아적이라는 주장은 설 자리를 잃을 것이다. 이 세계에 대한 인식적 접근 가능성이라는 문제 전체는, 세계와 상호작용하기 위해 사용하는 방법의 신뢰성과 관련되어 있다. 과학적 실재론자의 유일한 추가 부담은, 이 세계를 탐구하는 우리의 방법이 실제로 신뢰성 있는지를 보여주는 것뿐이다. 물론 이것은 작은 문제가 아니다. 그러나 4장에서 살펴본 것처럼, 과학적 실재론자는 이 문제를 적절하게 다룰 수 있다.[8]

이렇게 하여 과학적 실재론과 겨루기 위해 만들어진 두 가지 주요 논증, 즉 비관적 귀납에 의한 논증과 증거의 이론 미결정성 논증으로부터 실재론을 옹호한 이상, 이제는 과학적 실재론을 대신하려는 최근의 몇 가지 대안에 주의를 돌려야 할 때다. 바로 이것이 제3부의 과제이다. 9장에서 나는 반 프라센의 **구성적 경험론**에 대해 다루고, 10장에서는 파인의 **자연스러운 존재론적 태도**에 대해 논의할 것이다.

III

실재론에 대한 최근의 대안들

9장 구성적 경험론에 대한 상세한 검토

실재론자들은 인식적 낙관주의자들이다. 이들은 대체로 '기적 없음' 논증에 기초하여, 과학이 관찰적 진리에 도달하는 것 못지않게 이론적 진리에도 도달할 수 있고 실제로 도달한다고 설명한다. 그러나 좀 더 회의적인 과학철학자들은 실재론자들의 낙관주의에 저항할 여지가 있다고 강조한다. 물론 불가지론적 경험론자들도 과학 이론을 **해석하기 위해서는** 의미론적 실재론이 필요하다고 인정한다. 따라서 의미론의 측면에서는 과학적 실재론에 동의한다. 하지만 과학적 실재론자들과 달리 이론적 주장(이론 진술)의 인식적 지위에는 이의를 제기한다. 즉 우리가 이론적 주장의 진리 조건이 달성되었다고 보증된 믿음의 위치에 이를 수 있는지 의심한다. 따라서 이들은 이론적 주장의 참 여부에 대한 판단을 유보하는 것이야말로 합리적 선택이라는 관점을 고수하려 한다.

이에 대해서는 이 책의 '들어가는 글'에서 지적한 두 가지 사항이 중요할 것이다. 첫째, 실재론적 낙관주의 입장에 서 있는 과학적 실재론자들로서는 과학이 최소한 어떤 시점에는 이론적 진리에 도달한다고 믿는 것이 **합리적**임을 강조할 필요가 있다. 달리 말해, 실재론자는 이론적 주장이 참(또는 거의 참)이라는 믿음에 대해 일정한 **정당화**가 가능함을 강조해야 한다. 입증이 수행하는 역할이 바로 그것이다. 이론의 관찰적 결과에 대한 입증만이 아닌 그 이론적 주장에 대한 입증은 인식적 낙관주의에 필요한 정당성을 실재론자에게 제공한다. 둘째, 실재론자는 불가지론적 경험론의 두 형태 즉 **소박한 불가지론**과 **세련된 불가지론**을 구분할 필요가 있다. 특히 이 구분은 소박한 불가지론적 경험론에 비해 더 정교한 논지를 갖춘 반 프라센의 구성적 경험론(1980, 특히 1989)에 딱 맞는 반론을 위해서도 꼭 필요하다. 반 프라센의 입장은 다음과 같은 점에서 소박한 불가지론적 경험론과 다르다. 그는 이론적 진리가 우연이 아닌 방식으로 획득될 수 있음을 보여주는 경우에도 실재론을 합리적으로 강제하기는 어렵다고 주장한다. 이론적 진리에 대한 탐구와 그것에 대한 믿음을 전체 그림에서 배제해도 과학 수행에 아무런 손실을 주지 않는 대안적인 **경험론적** 과학상이 존재한다고 보기 때문이다. 따라서 반 프라센은 불가지론적 태도가 소박한 불가지론적 경험론자의 생각처럼 유일하게 합리적인 태도는 아닐지라도, 실재론적 태도보다 덜 합리적이라고 볼 이유가 없다고 주장한다.

나는 이번 장에서 '초비판적 경험론'(hypercritical empiricism)이라고 부를 수 있는 이 입장에 대해 상세하게 논의할 것이다. 우선 다음 절에서는 불가지론적 경험론을 뒷받침하는 몇 가지 일반적인 논증을 살펴보고, 의미론적 실재론을 받아들인다면 이론적 진리에 대한 선택적 불가지론은 유지될 수 없다는 점을 보이려 한다. 물론 여기서 반박하는 불가지론적 주장 가운데 일부는 실재론의 인식적 낙관주의에 대한 반 프라센의 비판에 그 근원을 두고 있다. 그러나 반 프라센이 과학적 실재론에 대해 다른 적극적 대안을 제시한 일은 불가지론에 기반을 둔 것이지만, 더 심대한 영향을 미칠 결과들을 포함하고 있다는 점도 염두에 둘 필요가 있겠다.

소박한 불가지론적 경험론에 반대하여

불가지론적 경험론자들도 이론 담화가 진리 조건을 가진다는 점은 받아들인다. 그러나 이들은 이런 진술이 관찰 불가능한 대상을 추정적으로 지시할 경우, 우리는 그 진술을 참이라고(또는 참에 근접해 있다고) 주장할 위치에 있지 않다는 점도 지적한다. 바로 이런 이유 때문에 그들은 판단을 유보할 것을 권고한다. 그렇다면 어떤 진술을 참이라고(또는 참에 근접해 있다고) 주장할 때, 그것에 필요한 요소는 정확히 무엇일까? 만일 진술 'S'를 주장할 준비가 되어 있다면, 'S'가 참이라고 주장할 준비 또한 되어 있어야 하며, 그 반대의 경우도 마찬가지이다. 이것은 진리 술어의 탈인용적 속성에서 비롯된 특징으로, 진리에 대한 최소주의적 설명(부언하자면, "진리에 귀속되는 속성은 이것만이 **전부다**"라고 말하는 경우)을 지지하는지, 또는 진리에 대한 좀 더 실질적인 '실재론적' 설명("진리 귀속적이기 위해서는 모든 참 진술이 갖고 있는 '실재와의 일치'라는 **속성**이 있어야 한다"라고 하는 경우)을 지지하는지와는 무관하다. 물론 불가지론자도 진리 개념을 어떻게 이해해야 할지에 대해 여러 관점을 가지고 있을 것이다. 예를 들어 반 프라센은 진리 '대응설'을 따른다.(1980: 197 참조) 그러나 이러한 관점의 세부 내용이 무엇이든 간에, '진리'에 대한 개념은 앞서 제시한 탈인용적 도식을 만족시켜야 한다. (과학에서의 진리 귀속성 문제는 10장에서 더 자세히 논의한다.)

이러한 관점에서 볼 때, 특정 진술을 참이라고 주장할 수 있는지 여부는 그 진술을 주장할 수 있는지의 문제로 환원된다.(367쪽 참조) 불가지론자들은 "플라스크 안의 기체는 일산화탄소다", "중성미자가 β-붕괴 과정에서 생성된다"와 같은 이론적 진술들—의미론적 실재론의 견지에서는 더 이상 환원될 수 없는 진리 조건을 가진 진술들—을 문자 그대로만 다룰 것이다. 그런데 왜 그들은 "목성에는 8개의 위성이 있다", "아스피린은 두통을 완화한다", "안개상자 안에 은회색 궤적이 나타난다"와 같이 관찰 가능한 존재자를 지시하는 주장(즉 관찰 진술)이 가능하다고 하면서도, 이론 진술은 참 거짓을 가진 주장이 될 수 없다고 보는가? 이론 진술에 대해 회의적 태도를 유지하려면, 이론 진술과 관찰 진술 사이의 인식적 차이를 찾아내고 그 이유를 제시해야 한다. 바로 이것이 불가지론적 경험론자가 논증해야 할 내용이다. 관찰 진술과 이론 진술을 주장하는 방식에 원칙적으로 인식적 차이가 있다면, 그 진술들이 참인지에 대한 의미론적 판단은 각기 다른 기준에 따라 이루어져야 할 것이다.

바로 이러한 인식적 차이가 소박한 불가지론이 풀어야 할 문제다. 나는 이런 인식적 차이에는 두 가지 후보가 있다고 본다. 즉 **검증**(verification) 방법에서의 차이와 **입증**(confirmation) 방법에서의 차이가 그것이다. 그러나 양자 가운데 어느 쪽도 불가지론이 찾는 **원칙적** 차이라 보기 어렵다. 우선 검증을 '진리임을 증명하는 일'로 이해할 경우, 그것을 만족시키기란 너무 어려운 일이다. 옛 경험론자들이 검증주의를 포기한 것은 이 점을 매우 정확히 깨달았기 때문이다.(1장 참조) 우리는 보편 진술이 아무리 관찰 가능한 대상들만을 지시하고 있다 해도 그 진술을 검증할 수 없을 뿐만 아니라, 단칭 진술 역시 엄격히 말하면 검증할 수 없다. 어떤 진술이 참임을 받아들이기 위해서는 결정적 증거가 필요한데, 우리는 단칭 관찰 진술(예를 들면, '독자가 지금 이 글을 읽고 있다' 같은 진술)조차 증명할 수 없는 모든 종류의 상황을 상상할 수 있기 때문이다.(45쪽 참조) 따라서 이렇게 강한 의미의 검증을 채택한다면, 문제의 진술이 관찰 진술이든 이론 진술이든 그것을 주장하는 과정은 아예 시작도 못할 것이다.

입증 방법에서의 차이를 살펴보는 일은 이보다 유망한데, 왜냐하면 최소한 관찰 진술이 입증 가능하다는 데는 의심의 여지가 없기 때문이다. 이에 비해 이론 진술이 **본래적으로** 입증 불가능하다면, 불가지론적 경험론자는 두 진술 사이에서 적절하고도 의미 있는 인식적 차이를 찾아내면 된다. 하지만 나는 이어지는 글에서 관찰 진술과 이론 진술 사이에는 어떠한 **입증가능성의 차이**도 **원칙적으로** 없다는 점을 보여주려 한다. 나의 요점은 이러하다. 입증가능성 때문에 관찰 진술에 대한 믿음이 합리적이라 한다면, 그리고 관찰 진술과 이론 진술 사이에 실제로 입증가능성의 차이가 없다면, 이론 진술에 대한 믿음 역시 합리적이라는 것이다.

그렇다면 어떻게 이론 진술이 본래적으로 입증 불가능하다고 할 수 있는가? 한 가지 선택지는, 증거가 해당 진술이 참일 확률을 높여주지 못한다고 말하는 것이다. 그러나 이러한 위업을 달성할 수 있는 입증 이론이 있는지는 그리 분명치 않다. 예를 들어 입증에 대한 표준적 베이즈주의 설명에 따르면, 어떤 이론적 가설은 사후 확률이 사전 확률보다 큰 경우에 한해 입증되었다고 한다. 이것은 증거의 확률이 1보다 작기만 하면 손쉽게 달성할 수 있는 조건이다. 따라서 모든 참신한 예측—그 확률이 1이 아닌 예측—은 그 예측을 수반하는 이론적 가설을 입증한다. (나는 참신한 예측만이 가설을 입증한다고 주장하려는 것이 아니다. '오래된 증거'도 입증을 할 수 있다. 그러나 여기서는, 이론적 가설을 입증할 수 있는 증거가 어쨌든 존재한다는 점만 보여주면 충분할 것이다.)

물론 이론적 가설이 0의 사전 확률을 가진다는 관점을 채택할 수도 있다. 그러나 이 경우, 증거가 무엇이든 그 사후 확률을 높일 수는 없으므로 가설을 입증할 수도 없을 것이다. 나는 이런 입장을, 이론 진술이 입증 불가능함을 단순히 **정의**하는 말로 이해한다. 다시 말해서, 이론 진술이 입증 불가능하다는 말은 정의상 그 진술의 사전 확률이 0이라는 말과 같다. 하지만 이런 말이 실질적인 의미를 갖는다고 보기는 어렵다. 모든 이론 진술에 0의 사전 확률을 할당하는 것은 그 진술이 명백히 모순이 아닌데도 모순이라고 주장하거나, 이론적 독단론을 채택하는 입장과 다름없다. 특히 후자의 뜻이라면, 경험론자들은 어떤 경험적 사실로 인해 불가지론자가 된 것이 아니라, 단지 이론적 가설의 입증이 불가능하다고 하는 독단적 방침을 선택한 데 불과하다고 할 수 있다. 어떤 경우든 이런 독단론은 관찰 진술의 입증가능성마저 위협할 수 있다. 불가지론적 경험론자들은 왜 그들의 독단론을 관찰 진술들에는 적용하지 않는지 정당화해야 하기 때문이다. 왜 그들은 하필이면 관찰 가능한 대상에 대한 주장에 대해서만, 특히 보편적 일반화에 대해서만 0이 아닌 사전 확률을 할당하기로 했는가?

불가지론적 경험론자는 아마도 이론 진술이 **모호한** 사전 확률을 갖는다는 반 프라센의 주장을 기꺼이 받아들일 것이다. 여기서 반 프라센의 주장은, 증거 E를 함축하는 이론 진술 H의 사전 확률 $prob(H)$가 닫힌 구간 $[0, prob(E)]$ 내 어딘가에 있다는 주장을 말한다. 반 프라센은 "가장 철저한 불가지론자에게 있어 H는 0의 확률에서 결과적 확률에 이르기까지 모호한 확률을 가질 뿐이며, 어떤 증거가 조건으로 주어진다 해도 그 모호성은 그대로 남는다"(1989: 194)고 말한다. 이에 대해서는 두 가지 답변이 가능하다.

첫째, 사전 확률로 모호한 값을 할당하는 방법으로는 증거가 이론 진술의 확률에 어떤 영향도 끼치지 못한다는 점을 증명할 수 없다. 증거가 주어졌을 때, 즉 $prob(E) = 1$일 때, 사후 확률 $prob(H/E)$가 분포하는 구간은 [0, 1] 사이일 것이다. 그러나 이것은 단지 해당 증거가 H의 사후 확률과 관계가 있다는 것만을 의미할 뿐이다. 이 확률이 해당 증거를 얻기 이전의 확률보다 더 큰 값에서 출발했을 수도 있기 때문이다. 현실의 과학에서는, 새로운 증거로 인해 모호한 확률 값이 변화하면 가설에 대한 우리의 태도도 변할 수 있다. 예를 들어, 내가 받게 될 심장절개수술 후의 생존 확률이 [0.1, 0.4] 사이의 구간에 있다고 가정해보자. 그런데 내 심장 상태에 대한 새로운 증거가 나와서 그 구간이 [0.1, 0.8]로 바뀌었다고 해보자. 나는 분명 이 새로운 정보로 인해 수술을 받지 않기로 했던 애초의 결정을 재고하게 될 것이다.[1]

두 번째 답변은 다음과 같다. 사전 확률이 0인 앞의 경우와 마찬가지로, 모호한 사전 확률이 불가지론적 경험론자에게 뭔가 위안이 되는 점이 있다면, 그 확률이 너무나 많은 것을 입증할 수 있다는 점일 것이다. 관찰 진술에도 똑같이 모호한 사전 확률을 할당할 수 있기 때문이다. 따라서 불가지론적 경험론자는 이론 진술만이 모호한 사전 확률을 가진다는 것을 근거로 제시한다 해도, 여전히 관찰 진술과 이론 진술 사이에 어떤 차이가 있는지 보여주어야만 한다. 일부 불가지론자는 다음과 같은 말로 이 문제를 묵살하고 싶은 유혹을 받을 수 있다. 가령 어떤 실험실에서 무언가 들어있는 것처럼 보이는 시험관 하나를 보았다고 하자. 이 관을 검사하기에 앞서 나는 시험관에 액체가 들어있다는 믿음에 명확한 사전 확률을 할당할 수 있겠지만, 그 액체가 염산이라는 믿음에는 모호한 사전 확률만을 할당할 수 있을 것이다. 따라서 불가지론자는 이론 진술보다는 관찰 진술에 명확한 사전 확률을 할당하는 것이 더 설득력 있다고 말할 것이다.

그러나 이 답변으로 다 끝나는 것이 아니다. 인식적 측면에서 볼 때, 관찰 진술과 이론 진술이 처한 상황은 상당히 유사하다. 위 사례에서 시험관 안에 액체가 있다는 증거로 주어진 것은 '액체 같다는 인상'이다. 이런 인상을 얻은 관찰자에게는 두 가지 선택지가 주어져 있다. 첫 번째는 시험관 안에 액체가 있다는 가설에 모호한 확률을 할당하는 것이다. 이 가설을 H라고 하자. 이 경우 관찰자는 간단하게 불가지론을 선택할 수 있다. 이 증거(액체 같다는 인상)의 확률을 $prob(E)$라고 한다면, H에 할당된 모호한 확률은 구간 $[0, prob(E)]$ 내의 어느 지점이 될 것이다. 두 번째는, 관련 증거를 통해 시험관에 액체가 있다고 추론(꼭 명시적인 추론만은 아니겠지만)하는 경우다. 이런 추론에 따라 H는 명확한 확률 값 $prob(H)$를 할당받는다. 그런 다음에는 H로부터 해당 물질을 다른 시험관에 부어넣을 수 있다거나 마실 수 있다는 등의 추가 예측을 도출할 수 있다. 물론 추가 검사로 H를 입증할 수도 있고 입증하지 못할 수도 있다. 입증이 이뤄진다면, 해당 시험관 안에 정말로 액체가 있다는 것을 더 확신을 가지고 주장할 수 있을 것이다.

그런데 이 두 가지 선택지는 이론 진술에 대해서도 똑같은 방식으로 적용할 수 있다. 시험관 안의 액체가 염산이라는 추가 가설(H^*라고 하자)에 모호한 확률을 할당함으로써 불가지론을 택하거나, 그와 반대로 H^*에 명확한 사전 확률을 할당한 다음 그로부터 도출된 예측을 활용하여 H^*를 추가로 검사할 수도 있다. 이 예측이 만족되면 H^*가 옳다는 것을 더욱 확신하게 될 것이다. 분명 $prob(H)$도 최소한 $prob(H^*)$만큼 커지겠지만, 여기서 중요한 것은 H^*를 검사함으로써 H^* 자체의 확률이 높아졌다는 점이다. 이 확률이 충분히 높으면, H^* 역시 옳은 가설임을 확신을 가지고 주장할 수 있을 것이다. 우리는 어떤 상태의 물질이 시험관 안에 담길 수 있는지에 대한 배경지식에 의존하기 때문에 그 물질이 액체라는 것에 명확한 사전 확률을 할당할 수 있다. 그러나 이와 마찬가지로 우리는 이 액체가 염산이라는 주장에도 명확한 (더 작을 수는 있겠지만) 사전 확률을 할당할 수 있다. 관찰 진술과 이론 진술이 처한 인식적 상황에 이런 대칭성이 존재하는 이상, 불가지론자들은 왜 이론 진술에만 모호한 사전 확률을 할당하는지를 정당화해야 한다. 만일 그들이 단순히 관찰 진술에 모호한 사전 확률을 할당하지 않기로 한 것이라면, 왜 이론 진술에는 모호한 사전 확률을 할당해야 하는지 설명하는 데 상당한 어려움을 겪을 것이다.

지금까지 우리는 이론 진술이 입증 불가능하다고 말할 어떤 좋은 이유도 찾을 수 없었다. 하지만 여전히 해결해야 할 '궁극적 반론'이 있다. 불가지론적 경험론자는 이론 진술이 **궁극적으로** 관찰 불가능한 존재자에 관한 것이고 이런 존재자들은 인식적으로 접근 불가능하기 때문에 입증할 수 없다고 말할 것이다. 이 반론이 흥미로운 이유는 관찰 가능한 존재자에 대한 주장이 입증 가능하다는 것을 전제하고 있기 때문이다. 불가지론적 경험론자들이 이 점을 부인한다면, 그들의 불가지론은 이론적 진술뿐 아니라 어떠한 경험적 주장에 대해서도 적용되어야 할 것이다. 그렇다면 관찰 진술은 입증 가능하지만 이론 진술은 인식적으로 접근 불가능하다고 하는 그 차이는 정확히 무엇인가? 예를 들어, 반 프라센은 관찰 가능한 대상에 대한 전형적 진술로 이런 말을 했다. "우리는 많은 것들에 대해 진리를 알 수 있다. 즉 경험의 즉각성 속에서 우리 자신, 나무와 동물, 구름과 강물 등을 알 수 있다."(1989: 178) 그는 이렇게 덧붙인다. "내가 회의하는 것은 이 모든 것을 항구적인 방식으로 다루려는 일반 이론과 설명이다."(ibid.) 그에게 있어 관찰 진술과 이론 진술 사이의 커다란 인식적 비대칭은 아마도 이런 '경험의 즉각성'이 달라서 벌어지는 일일 텐데, 즉각적 경험을 통해서는 이론 진술(대개의 경우 경험을 설명하기 위해 제시되는 것)의 진리 여부를 알 수 없기 때문이다. 어떻게 그것을 알 수 있겠는가? 하지만 방금 소개한 반 프라센의 표현은 그 자체로 평가하기에는 너무나 모호하다. 여기에 살을 붙이려면 인식적으로 접근 가능한 것과 불가능한 것에 대해 근본적으로 다른 접근방식을 제시하지 않으면 안 된다.

'즉각적 경험'에 **실제로**(actually) 관찰된 것은 무엇이든 포함되고 오직 그것들만 포함된다고 가정해보자. 그렇다면 관찰 가능한 존재자에 대한 주장이 참인지 여부는 우리의 즉각적 경험에서는 드러나지 않을 것이다. 현실에서 실제로 관찰된 것은 관찰 가능하지만, 그 밖의 것은 그렇지 않기 때문이다. 따라서 좁게 이해하면, 즉각적 경험 내에서는 참인지 여부가 드러나지 않는 관찰 가능한 존재자에 대한 진술도 있게 된다. 비록 반 프라센이 "경험은 세계에 관한 정보의 유일한 원천이며 그 한계는 매우 엄격하다"고 주장했지만, 다른 한편으로는 다음과 같이 말했다는 점에 유의하자. "경험은 오로지 관찰 가능한 것과 실제적인 것 양자에 대해서만 정보를 제공할 수 있다."(1985: 253) 따라서 반 프라센은 경험이 실제로 관찰된 대상뿐 아니라 관찰 **가능한** 대상에 대해서도 정보를 제공한다고 보는 셈이다. 그렇다면 반 프라센의 실제주의(actualism)와 '관찰 가능성'이라는 특징 사이에는 어떤 긴장이 존재한다고 보아도 될 것이다. 후자는 양상(modal) 개념, 즉 **가능성**의 개념을 내포하고 있기 때문이다. 이 긴장에 대해서는 로젠(Rosen, 1994)이 상세하게 논의한 바 있는데, 그 내용은 미주로 돌리겠다.[2] 어쨌든 내가 강조하고 싶은 것은 이것이다. 경험이 관찰 가능한 대상에 대한 진리를 드러내준다고 한다면, 이는 곧 관찰 불가능한 대상에 대한 인식적 접근도 경험의 한계 내에서 가능하다는 말과 다름없다는 것이다.

그렇다면 이제 경험의 한계 안에, 실제로 관찰된 것만이 아니라 관찰될 수 있는 것 즉 관찰될 가능성이 있는 존재자도 포함된다고 가정해보자. 그렇다면 관찰될 수 있는 것과 관찰될 수 없는 것을 정확히 어떻게 이해하느냐에 따라 많은 것이 달라질 것이다. 우리 모두는 관찰의 단순한 **논리적** 가능성이 경험의 한계를 획정하기에는 너무 느슨하다는 데 동의할 수밖에 없다. 그 어떤 이론적 존재자도 (그 개념 자체에 모순이 없는 한) 경험의 한계 바깥에 있지 않을 것이기 때문이다. 관찰의 논리적 가능성이 경험론자 입장에서 너무 느슨하다면, 관찰 가능성에 대한 다른 종류의 접근법으로는 무엇을 사용할 수 있을까? 우리는 **법칙적**(nomological) 가능성의 개념을 살펴보아야 할 것이다. 하지만 법칙적 가능성은 양날의 칼이다. 법칙적으로 관찰 가능한 것의 기저를 이루는 대상은 특정한 생물학적 방식으로 구성된 우리들 현실세계의 인간이 관찰할 수 있는 대상이 **아니다**. 분명 토성의 위성은 법칙적으로 관찰 가능한데, 현실에서 인간이 토성 근처까지 날아가서 그것을 육안으로 볼 수 없는데도 그러하다. 오히려 우리 인간이 법칙적으로 관찰할 수 있는 대상들은 **자연법칙**이 우리의 생물학적 능력으로 관찰할 수 있도록 허용하는 것들이다. 자연법칙은 우리에게 토성의 위성을 관찰할 수 있게 해주는데, 토성 근처에 충분히 갈 수 있는 기술을 확보한다면 그렇게 될 것이다. 또한 우리가 이런 희망을 가지는 것은 옳은 일인데, 그것은 인간이 언젠가는 육안으로 볼 만큼 토성의 위성은 충분히 큰 것으로 알려져 있기 때문이다. 그러나 분명 자연법칙은 (현미경을 사용하지 않고도) 우리 눈으로 바이러스를 직접 보게 해줄 수도 있는데, 바이러스의 크기를 증폭시키거나 인간을 미세 캡슐에 들어갈 만큼 축소시켜서 누군가의 혈류 안에 주입할 수 있는 기술이 있다면 그렇게 될 것이다. 이런 이야기가 SF영화에나 나오는 이야기에 불과할까? 그렇다면 지금 당장 토성 근처로 인간을 보내는 것도 마찬가지일 것이다. 어떤 SF가 다른 SF보다 더 쉽게 실현될 수 있을지는 모르겠지만, 인식론적 쟁점과 관련해서는 이런 기술적 (또는 공학적이라는 게 더 낫겠다) 문제에 무슨 차이가 있겠는가?

여기서 핵심은 비록 바이러스가 어떤 식으로든 관찰 가능해진다 하더라도 여전히 우리의 육안으로 관찰할 수 없는 존재자가 있을 것이라는 사실이 아니다. 물론 그런 존재자가 있을 수도 있다. 진짜 핵심은, 지금 논의 중인 경험의 한계에 대한 느슨한 이해를 따르게 되면, 불가지론적 경험론자들이 '관찰 불가능한' 존재자로 부르는 것들의 일부 전형적 사례 역시 그들이 '아직 관찰되지 않았지만 관찰 가능한'(unobserved-but-observable) 존재자라 부르는 것들의 일부 전형적 사례 못지않게 이런 경험의 한계 안에 들어간다고 충분히 말할 수 있다는 것이다. 따라서 '관찰 불가능한 것은 곧 인식적으로 접근 불가능한 것'이라는 등식은 의심스러우며, '관찰 불가능한 것'과 '인식적으로 접근 불가능한 것'의 외연은 서로 다르다.

이처럼 이론적 진술을 입증 불가능한 것으로 확정할 수 있는 논증이 없다면, 나는 헴펠의 다음 주장에 동의해야 한다고 생각한다.

> 그와 같은 이론[관찰 불가능한 존재자에 관한 이론]은 직접적으로 관찰 가능하거나 측정 가능한 대상 및 사건과 거의 동일한 방식으로 검사되거나 입증되므로, 이론적으로 상정된 존재자를 허구라고 거부하는 것은 단지 자의적인 선택에 지나지 않을 것이다. (1965: 81)

지금까지의 논의를 요약하면, 이 절에서 나는 소박한 불가지론적 경험론에서 비롯된 다음 논제를 반박하고자 했다.

> (P) 비록 관찰 진술과 이론 진술이 의미론적으로 동등하다고 해도(즉 양자 모두 진리 조건적이라 해도), 관찰 진술만이 증거에 의해 입증 가능하다는 것을 받아들이는 한, 두 가지 진술 사이에는 유의미한 **인식적** 차이가 존재한다. 또한 이런 인식적 차이는 이론 진술이 입증 가능하다는 주장을 **부인**하는 데 이용할 수 있다.

그러나 지금까지 제시한 논증이 견실하다면, 이론 진술과 관찰 진술 사이에는 (P)에서 말하는 인식적 차이, 즉 입증가능성에서의 차이가 존재하지 않을 것이다. 따라서 불가지론자들이 이론 진술의 입증가능성에 대해서만 반대 논증을 펼치는 것은 이치에 맞지 않는다. 결국 두 진술 사이에는 어떤 유의미한 인식론적 차이도 없기 때문에, 이론 진술이 어떻게 입증 가능한가의 쟁점은 더 이상 문제되지 않는다. 진술이 어떤 종류이건 그 진술을 어떻게 입증할 수 있는가의 문제로 이 쟁점은 축소된다.(위에 인용한 헴펠 참조) 그리고 더 이상의 세부 문제들은 입증 이론의 과제에 속하므로, 여기서는 더 이상 신경 쓸 필요가 없다.

오즈와 이드—두 세계 이야기

이제 실재론에 대한 반 프라센의 대안, 즉 그가 **구성적 경험론**이라고 부른 입장에 대해 체계적인 논의를 할 때가 되었다. 반 프라센은 과학적 실재론에 내포된 인식적 낙관주의를 약화시키려는 시도로서 불가지론을 지지하는 논증을 제시하기도 한다. 그러나 그의 관심은 다른 곳에 있다. 그의 구성적 경험론은 이론적 주장에 대하여 불가지론을 취해야 하는가의 문제를 우회하여, 실재론자들처럼 인식적 낙관주의자가 될 필요가 있는가의 쟁점으로 그 문제를 대체하려는 시도이다. 이 목적을 위해 그는 이론적 진리에 대한 탐구를 과학의 목표로 삼지 않는 철학적 과학상을 제시하려 한다.

그러면 반 프라센(1975)이 추상적 존재자에 대해 제시한 하나의 이색적 이야기를 통해 구성적 경험론이라는 대안을 검토해보자.

옛날 옛적에 오즈와 이드라는 두 가능 세계가 있었다. 두 세계는 서로 매우 유사했고 현실 세계(@라고 부르자)와도 매우 유사했는데, 양 세계는 모두 "보일, 뉴턴, 멘델, 러더퍼드, 보어 등이 @에 만든 낙원"을 받아들이고 있었다.(van Fraassen 1994: 192 참조) 하지만 이들 사이에는 한 가지 차이가 있었다. 이드에서 과학의 목표는 이론적 진리를 달성하는 것이었고, 과학 이론을 받아들인다는 것은 그 이론을 참으로 간주한다는 뜻이었다. 반면, 오즈에서 과학의 목표는 경험적 적합성을 달성하는 것이었고, 과학 이론을 받아들인다는 것은 그 이론을 경험에 부합되는 것으로 간주한다는 뜻이었다. 이론이 관찰할 수 없는 세계에 대해 말하는 경우에는 그 내용의 참 거짓에 대해 아무런 가정도 하지 않았다. 그렇다면 이제 현실의 과학, 즉 '보일, 뉴턴, 멘델, 러더퍼드, 보어 등이 @에

만든 낙원'에 대해 성찰하는 철학자가 있다고 상상해보자. 철학자가 @의 과학이 지닌 인식적, 목표-이론적(aim-theoretic) 특성에 대해 설명할 때, 이 낙원 @ 가운데 오즈 식의 이해는 불가능하거나 근거 없는 것으로 생각해야 한다고 요구하는 무언가가 있을까? 다시 말해서 과학에 대한 철학적 성찰의 결과, **과학 수행과 그 성공을 설명하기 위해서는 과학을 반드시 이론적 진리를 탐구하고 믿는 활동으로** 보아야만 하는 것일까? 우리는 실재론자가 생각하는 것처럼 @를 이드의 세계로 보아야 하는가, 아니면 오즈와 같은 세계로 볼 때 과학을 제대로 이해하는 것인가?

반 프라센이 이 이야기를 통해 전하고자 하는 교훈은 과학에 대한 대안적인 이론적-철학적 이미지가 있다는 것이다. 이론적 진리를 전하고 달성하는 것이야말로 과학의 목표라는 생각을 꼭 받아들이지 않아도, 과학을 성립 가능하고 이해 가능하며 성공적인 활동 또는 실천으로 볼 수 있다는 것이 이 이미지의 내용이다. 그는 현대 경험론이 과학적 실재론과 어깨를 나란히 할 수 있는 것은 바로 이런 과학의 이미지 때문이라고 말한다. 내가 **초비판적 경험론**이라 부르는 그의 구성적 경험론은 오즈가 충분히 근거 있는 세계이며, 따라서 실재론자들의 주장처럼 꼭 이드만을 택할 필요는 **없다**는 것을 보여주려는 시도이다. 그의 주장이 옳다면 @-과학이 이론적 진리에 도달할 수 있는지 여부는 무의미해진다. 중요한 것은 @-과학에 대한 실재론자의 관점을 일개 **선택지**로 만드는 과학의 이미지가 있다는 점이다.

여기서 생길 수 있는 오해를 방지하고 내 설명을 보강하기 위해 두 가지를 먼저 지적해야겠다. 반 프라센(1994, 1997)은 로젠(1994) 및 나(1996)와의 서신 교환을 통해 과학에 대한 그의 일반적인 인식적, 목표-이론적 설명을 개별 과학자(또는 추상명사로서의 '과학자')의 인식적, 목표-이론적 태도에 대한 요약 진술로 보아서는 안 된다고 주장한 바 있다. 로젠(1994)은 반 프라센의 관점을 실제 과학자들의 인식적, 목표-이론적 실천에 대한 기술로 받아들인다면, 그 관점은 경험적으로 검증될 수 있으며 아마도 거짓으로 드러날 것이라고 보았다. 즉 오즈와 이드를 @에 사는 실제 과학자들의 인식적이고 목표-이론적 관점에 대한 대안적 기술로 받아들인다면, 오즈와 이드 가운데 어느 것이 @ 과학자들에 대해 더 정확한 설명을 제공하는지 경험적으로 확인할 수 있다는 것이다. 따라서 반 프라센은 그의 구성적 경험론이 **과학**에 대한 철학적 관점─경험론 철학자들이 고려하고 받아들여야 할 관점─이지 **과학자**와 그들이 수행하는 (의식적이거나 무의식적인) **활동**에 대한 철학적 관점이 아니라고 주장했다.[3] 구성적 경험론이란, 과학을 바라보는 철학의 한 가지 대안적 관점을 담은 이론이라는 것이다. 특히 이것은 불가지론적 경험론자에게 적합한 과학상이기도 하다. 반 프라센은 로젠의 글을 동의의 뜻으로 인용하면서 이렇게 말한다.

> 과학에 대한 구성적 경험론의 해석을 통해 도달하고자 하는 '목표'는 이런 것이다. "과학자들이 말하는 것을 믿을 이유가 없다고 생각하더라도, 보일, 뉴턴, 멘델, 러더퍼드, 보어 등이 만든 낙원에서 [과학적 불가지론자를] 쫓아낼 필요는 없다는 것을 보여주는 것"이다. (1994: 191~192)

그러나 앞으로의 논의를 쉽게 풀어나가기 위하여 나는 이상적인 과학 수행자들의 집합에 대해 말하려 한다. 즉 과학의 목표-이론적이고 인식적인 측면과 개별 과학자들의 태도를 혼동하는 위험을 피하기 위해 이 집합을 간단하게 '이념형'이라 부르고자 한다. 따라서 이념형으로서의 과학자 집합은 오즈 과학과 이드 과학이 각각 지니고 있는 목표-이론적 측면과 인식적 측면을 대리하는 사람들의 집합이라 할 수 있다.

여기서 분명히 해두어야 할 다른 사항이 있다. 과학에 대한 철학적 이론을 통해 설명하고자 하는 대상은 정확히 무엇인가? 실재론자들과 그 반대자들 모두 그것이 현실의 과학자들이 수행하는 활동은 아니라는 데 동의할 것이다. 그렇다면 대체 무엇이 그런 대상인가? 어떤 의미에서 그 대상은 과학 활동의 **현상학**이라 할 수 있을 것이다. 이 현상학에는 과학자들의 의도나 독선적인 태도는 포함되지 않겠지만, 과학자들이 참여하는 활동의 두드러진 특징—가장 중요하게는 과학 수행의 핵심적 특징과 경험적 성공—은 포함되어야 한다. 반 프라센도 이 점에는 동의한다.(1994: 191 참조) 그의 목표는 "어떤 활동을 과학으로 분류할 때 우리 모두가 동의할 수 있는 것"에 대한 해석을 제시하는 데 있으며, 특히 오즈 세계를 가능하게 하고 근거 있게 만드는 해석을 제시하는 데 있다.

일단 오즈 과학의 세부 사항을 밝히기에 앞서, 관찰 가능성 문제를 체계적으로 살펴보는 작업이 중요할 것이다.

관찰 가능성의 변덕스러움

오즈 세계에서 과학 이론은 문자 그대로 이해된다. '전자'나 '양성자'와 같은 이론 명사는 관찰 대상 간의 복잡한 연관성을 유용하게 나타내는 '축약기호'로 이해되기보다는, 관찰 불가능한 존재자를 잠정적으로 지시하는 말들로 간주된다. 반 프라센이 설명했듯이, "문자 그대로라는 말은 진릿값을 매길 수 없다는 뜻이다." 즉 그것이 말해주는 것은 이론이 참일 수도, 거짓일 수도 있다는 것뿐이다.(1980: 10~11) 따라서 오즈 과학의 한 가지 특색은, 과학 이론에는 어떤 이론적(존재론적이고 설명적인) 인정이 함축되어 있다고 보는 것이다. 예컨대 전자 이론은 이미 전자의 존재를 전제하고 있다는 것이다. 그러나 우리가 곧 상세하게 살펴보겠지만, 오즈 과학자들은 전자 이론이 참이라고 주장하기를 주저하기 때문에 전자의 존재를 주장하기도 망설인다. 요컨대 오즈 과학은 의미론적 실재론은 받아들이지만 인식론적 실재론으로까지 나아가는 것은 주저한다.

    오즈 세계에서 이론을 의미론적 실재론에 따라 이해하는 일은 광범위한 철학적 중요성을 지닌다. 오즈의 이론은 관찰 명사와 이론 명사라는 표준적 경험론(카르납적인)의 두 언어 모델에는 들어맞지 않는다.(3장 참조) 반 프라센은 오히려 모든 관찰이 이론에 의존해서 이루어진다고 보는 실재론자들의 주장에 동의한다. 그가 보기에 "우리의 모든 언어는 철저하게 이론에 감염되어 있다."(1980: 14) 우리가 이른바 이론 명사를 전부 내다버린다면 "우리에게 쓸모 있는 것은 아무것도 남지 않을"(ibid.) 정도로 이론 감염은 현실에 널리 퍼져 있다. 반 프라센의 입장이 참신하다면, 그건 그가 과학의 언어를 서로 분리된 두 집합 곧 이론 명사의 집합과 관찰 명사의 집합으로 나눠야 한다는 요구로부터 경험론을 해방시켰기 때문이다. 이 새로운 경험론은 과학 이론의 언어라는 단 하나의 언어만 있다고 선언한다. 경험론은 더 이상 과학의 언어를 계층화하거나 이론 명사의 의미를 문제시하는 입장이 아니다. 오히려 이 입장은, "지각의 한계에 관한 우리의 의견이 과학에 대한 우리의 인식적 태도를 결정하는 데 중요한 역할을 해야 한다"(1985: 258)는 관점에 깊이 가담한 입장으로 보인다.

관찰 가능성('지각의 한계')은 여전히 특권적인 인식적 역할을 맡고 있지만, 이 역할은 이제 믿음의 기원과 정당화에 연결된다. 관찰 가능성은 특정 존재자의 한 속성일 뿐, 해당 존재자를 특별한(이른바 '관찰적인') 어휘로 기술해야 한다는 요구가 아니다. 바로 이것이 핵심적인 변화이다. 경험론은 이제 언어가 아닌 관찰 가능한 존재자와 관찰 불가능한 존재자의 구분 자체에 근거한 입장으로 이해된다. 이 구분은 인식의 중심적인 도구 역할을 하지만, 이론 명사와 관찰 명사를 나누던 (옛 경험론자의) 노선을 반영하지는 않는다.(van Fraassen 1980: 14, 54 참조) 오즈 세계에서 관찰 가능성은 무엇을 믿어야 하는지 안내하지만(실제로는 결정하지만), 이 믿음의 **내용**에 대한 기술은 철저히 이론에 감염된 언어로 제시될 수밖에 없다.

적절한 위치에 있는 관찰자가 보조 도구의 도움 없이 지각할 수 있는 존재자가 있다면, 그 존재자는 **관찰 가능하다**고 할 수 있다.(van Fraassen 1980: 16) 따라서 목성의 위성은 현재 망원경을 통해서만 관찰할 수 있음에도 관찰 가능한 존재자로 간주되는데, 목성 근처에 간 우주비행사라면 이들을 육안으로 관찰할 수 있기 때문이다. 흥미롭게도 반 프라센은 관찰 가능한 대상과 그렇지 않은 대상 사이의 구분이, 철학이 과학에 부과한 구분은 아니라고 주장한다. 만일 그것이 철학이 부과한 구분이라면, 새로운 경험론의 입장은 옛 경험론과 근본적으로 다르지 않을 것이다. 옛 경험론자들이 그들의 철학적 프로그램을 통해 과학을 가능한 한 관찰 가능한 세계에 가깝게 만들기 위하여 관찰 및 이론 명사와 두 종류 술어들을 인위적으로 구분했다면, 새로운 경험론은 인위적 구분의 경계선을 다시 그려서 이제는 **단어**가 아닌 **존재자**라는 용어에 그 역할을 맡기고 있는 것이다. 따라서 반 프라센은 관찰 가능한 존재자와 그렇지 못한 존재자 사이의 구분은 경험적 구분이며, 어떤 존재자가 관찰 가능하고 어떤 존재자가 관찰 가능성의 한계 너머에 있는지를 정하는 것은 철학이 아닌 과학, 특히 현행의 과학 이론이라고 주장한다. 그는 이렇게 말한다. "무엇이 관찰 가능한지 정하려면, 우리는 과학, 그리고 가능한 한 그것에 상응하는 이론을 살펴보아야 하는데, 이것 역시 경험적 질문이다."(1980: 58)

그러나 전자 이론을 생각해보자. 이 이론은 전자를 관찰할 수 있는지 여부에 대해서는 말하지 않는다. 이 이론은 많은 속성이 전자에 귀속되어 있다고 설명하지만, 관찰 가능성이나 불가능성에 대해서는 말하지 않는다. 인간이 전자를 직접 관찰할 수 없다는 것은 이 세계와 인간 생리학의 우연한 사실이지, 전자 이론 자체에 포함되어 있는 내용이 아니다. 전자에 대해 알고 있는 모든 것을 감안할 때, 전자 이론은 전자를 직접 관찰할 수 있는 생명체에 의해 작성될 수도 있었을 것이다. 이 사고실험은 어떤 존재자에 대한 관찰 가능성 여부는 그 존재자를 상정한 이론에 의해 결정되는 것이 아니라는 걸 보여준다. 그럼에도 불구하고 반 프라센은 여전히 유보적인 입장을 취한다. 관찰 가능성의 한계는 "이 세상에서 유기체로 사는 우리가" 경험적으로 발견할 수 있는 사실인지 여부에 따라 결정되며, "이런 사실들에는 이론을 숙고할 때 갖게 되는 심리 상태에 대한 사실도 포함될 수 있다"(ibid.)는 것이다. 그렇다면 관찰 가능한 존재자와 그렇지 않은 존재자의 구분은 우리가 도달한 최선의 인간 생물학, 생리학, 심리학 이론에서 도출된 것이라고 결론지을 수 있다. 이 이론들에 따르면, 인간은 하나의 유기체로서 전자를 관찰할 수는 없지만 탁자는 관찰할 수 있고, 멀리 떨어진 행성도 관찰할 **수 있는 능력**을 가진다. 이들 이론은 우리에게 커다랗고 부피가 큰 대상은 볼 수 있지만, 작고 미세한 대상은 볼 수 없다고 말한다.

여기까지는 모두 괜찮다. 그런데 이것은 특히 오즈 과학의 또 다른 측면, 즉 이론을 경험적으로 적합한 무엇으로 받아들여야 한다는 점과는 잘 맞지 않는다. 문제는 이것이다. 오즈 과학자들은 인간 생물학, 생리학 등이 제시하는 최선의 이론들을 경험적으로 적합한 것으로 받아들인다. 따라서 관찰 가능한 세계에 대해 이들 이론이 말하는 것은 다 참이라고 받아들일 것이다. 그러나 이들 이론은 인간에게 관찰 가능한 것들이 특정한(표준적인) 생리학에 의해 한정된다고 가정한다. 그렇다면 오즈 과학자들은 관찰 가능한 것이 이론에 의해 한정되는데, 이들 이론이 어떤 존재자(및 현상)가 관찰 가능한지 **미리** 알고 있을 경우에만 경험적 적합성을 판단할 수 있다는 점을 받아들여야 한다. 달리 말해서, 오즈의 관찰 가능성은 경험적으로 적합한 오즈 이론들에 의해 결정된다. 그러나 이들 이론이 경험적으로 적합한지 여부는 오즈 관찰 가능성에 대한 기존의 설명에 **의존한다**. 이런 순환의 고리는 어디선가 끊어야만 한다. 하지만 과연 어디서 끊을 수 있을까?

여기서 벗어나는 데는 두 가지 방식이 있는데, 둘 다 반 프라센에게는 매력적으로 보이지 않는 듯하다.

1. 첫 번째 방식은 관찰 가능한 존재자와 그렇지 않은 존재자 사이의 구분 자체를 부정하는 것이다. 둘 사이의 차이가 전혀 없다면, 굳이 두 가지를 구분할 필요도 없을 것이고, 관찰 가능한 존재자의 범위를 어떻게 설명해야 할지 고민할 이유도 없게 된다. 그러나 이런 조치는 구성적 경험론을 택한 본질적 이유를 명백히 약화시킬 것이다.

2. 두 번째는 과학 **바깥으로부터** 구분을 하는 것이다. 과학과 상관없이 관찰 가능하다고 생각되는 존재자들의 전형적 사례가 여럿 있기 때문이다. 이 사례들은 경험적 적합성과 심지어 관찰 가능성에 대한 이론 의존적 설명이 과연 타당한지를 판가름하는 기준을 제공한다. 그러나 여기서 중요한 점은 과학 이전의 **생활세계**(LebensWelt)가 과학에 그 구분을 **부과**한다는 것이 아니다. 더 중요한 점은, 과학 내에서 같은 구분을 할 경우, 관찰 가능한 존재자의 모든 전형적 사례가 정말로 관찰 가능한 것인지 여부를 결코 선험적으로 결정할 수 없다는 데 있다. 예를 들어 중세에는 '그 여자는 마녀다'라는 것이 여성에게 해당되는 관찰 가능한 속성으로 여겨졌지만, 마녀란 어쨌든 존재하지 않기 때문에 어떤 과학적 정당화에 의해서도 관찰 가능한 속성으로 만들 수는 없다.

이 부분과 관련된 고민거리가 또 하나 있다. 반 프라센은 관찰 가능한 존재자의 집합에 분명 **여러 속성**을 포함시키고 있다. 실제로 속성은 경험적 적합성을 판단하는 데 매우 중요한 요소다. 어떤 이론이 관찰 가능한 대상에 대해 말하는 내용이 참이라는 것만으로 그 이론을 경험적으로 적합하다고 할 수는 없다. 대개의 경우, 이론은 다수의 관찰 불가능한 속성을 지닌 관찰 가능한 대상에 대해 이야기하기 때문이다. 예를 들어 이론은, '분자로 구성되어 있다'는 이론적 속성을 탁자가 지녔다고 말한다. 그러나 구성적 경험론자는 이런 주장이 이론적 존재자의 존재를 인정하는 주장은 아니라고 본다. 이들이 받아들이는 것은, 관찰 가능한 속성—탁자의 색깔이나 복통 같은 것—이 관찰 가능한 대상에 귀속되어 있을 때뿐이다. 어떤 이론이 경험적으로 적합하다고 말하는 일은 곧 관찰 가능한 대상이 그것에 귀속되는 관찰 가능한 속성을 지녔다고 말하는 일이다. 그런데 이런 관점은 다음과 같은 문제를 불러온다. 어떤 존재자에 관찰 가능하다는 상태를 귀속시키는 일은 기본적으로 이 존재자에 또 다른 속성을 귀속시키는 일이다. 그렇다면 관찰 가능하다는 이 속성은 관찰 가능한가? 그럴 수는 없다. 육안 관찰로는 어떤 물체가 관찰 가능함이라는 속성을 지녔는지 알아낼 수 없기 때문이다. 나는 탁자를 육안으로 볼 수 있다. 모양, 색깔, 크기 등 관찰 가능한 많은 속성을 탁자에 귀속시킬 수 있다. 하지만 관찰 가능하다는 속성 자체를 어떤 대상에 귀속시킬 때는 관찰에 기초해 그렇게 하는 것이 아니다. 탁자의 색깔을 관찰할 수 있고 따라서 색깔이 관찰 가능한 속성이라고 말할 수는 있겠지만, 탁자의 관찰 가능성을 관찰할 수는 없다. 관찰 가능성은 하나의 이론적 속성으로서, 기껏해야 색깔, 형태, 크기와 같은 관찰 가능한 여러 속성의 존재를 통해 현실에 나타난다고 간주하고 구성해낸 속성에 불과하다. 나는 탁자에 대해 그 크기, 형태, 색깔을 볼 수 있고, 그 위에 앉아있을 수 있기 때문에 관찰 가능하다고 말할 수 있다. 그러나 관찰 가능성은 이론적 속성이므로, 관찰 가능한 여러 속성에 의해 그 존재가 확인된 다른 이론적 속성(예를 들어, 슈테른-게를라흐 실험에서 스크린에 휘어져 나타난 빛의 반점을 통해 확인된 입자의 스핀)보다 전혀 나을 게 없다.

반 프라센은 관찰 가능한 대상이 무엇인지 규정하는 것과 이들 대상을 기술하는 것은 전혀 별개의 문제라고 주장한다. 관찰 가능한 존재자에 대한 기술이 이론에 감염된 언어로 표현될 수는 있지만, 그렇다고 해서 그 존재자가 관찰 가능한 대상이 아닌 다른 것이 되는 것은 아니라는 얘기다. 현대 과학의 용어를 사용하여 탁자를 '상호작용하는 전자, 양성자, 중성자의 집합체'로 기술할 수는 있을 것이다. 하지만 반 프라센은, 관찰 가능한 대상은 전자, 양성자 등이 아닌 탁자라고 덧붙인다. 탁자의 실재성을 믿고 있는 상태에서 이론적 언어를 사용하여 탁자를 기술할 수는 있지만, 그럼에도 현재의 과학이 제시하는 기술이 **옳은지**에 대해서는 여전히 불가론자로 남을 수 있다는 것이다. 반 프라센은 이론적 존재자에 대한 불가지론자일 뿐 제거론자는 아니기 때문에 이 모든 주장을 일관되게 제시할 수 있다. 그는 과학이 상정하는 존재자가 존재하지 않는다고 말하려는 것이 아니다. 또 관찰 가능한 존재자에 대한 현재의 이론적 기술이 거짓이라고 말하려 하지도 않는다. 그렇게 말했다면, 그는 온갖 종류의 심각한 문제에 봉착하고 말았을 것이다. 만일 '탁자는 상호작용하는 전자, 양성자, 중성자의 집합체이다'라는 명제가 거짓이라고 주장한다면, 더 이상 이런 종류의 명제를 사용하여 탁자를 기술할 수 없게 될 것이기 때문이다. 따라서 반 프라센이 말하고자 하는 것은, 오즈 과학이 관찰 가능한 대상의 특성을 설명하기 위해 현행의 설명을 사용한다는 사실이 이 진술의 참 또는 거짓에 대해 어떠한 암시도 하지 않는다는 점 정도이다.

이런 논지 역시 모두 괜찮다. 하지만 꽤나 흥미로운 반전이 기다리고 있다. 이 반전은 주어진 대상이 과연 'X'인지 확인하는 데 쓰는 수단과 관계가 있다. 이제 오즈 과학자가 특정 물체가 X인지 여부를 알고 싶어 한다고 해보자. 그리고 관찰 가능한 것으로 간주되는 존재자들의 집합을 일정한 방법으로 선택했다고 가정해보자. 해당 물체가 탁자인지를 확인하는 것이 지금 풀어야 할 문제라면, 이들은 탁자에 대한 최선의 이론적 설명이 올바른지 여부에 매이지 않고도 이 문제를 다룰 수 있을 것이다. 상황이 좀 더 복잡하다면, 예를 들어 살해 도구에 묻은 피가 피의자의 것인지 밝혀야 할 경우라면, 오즈 과학자들은 혈흔이 보여주는 관찰 가능한 속성에만 의존하지는 않을 것이다. 그들은 그것이 누구의 피인지 확인하기 위하여 분명 흉기에서 발견된 인간 DNA에 관한 **이론적** 기술에 의존하려 할 것이다. 직관적으로는 오즈 과학자들도 이런 기술을 올바른 것으로 받아들일 거라 말할 수 있다. 이런 이론 의존적 방법이 혈흔에서 관찰 불가능한 유사성과 차이를 신빙성 있게 보여줄 것이라고 믿지 못한다면, 이 방법에 의존해 판단을 내리는 것은 불가능하기 때문이다.

이에 대한 자연스런 답변으로, 오즈 과학자들로서는 이러한 기술이 경험적으로 적합하다는 것, 즉 관련된 관찰 가능 현상을 모두 올바르게 포착할 수 있다는 것만 가정하면 된다고 할 수도 있을 것이다. 하지만 피의자와 희생자의 혈흔 사이에는 (육안으로) 관찰 가능한 차이가 없기 때문에 오즈 과학자들은 우회로를 선택해야 한다. 그들은 다음과 같은 조건문에 의존해야 할 것이다. 즉 피의자의 피와 범행 도구에서 발견된 피가 같은 사람의 피라면, 희생자의 DNA에 대한 이론적 기술을 바탕으로 한 혈흔 감식 결과는 문제의 혈흔이 유전적으로 다를 경우에 예상되는 결과와 관찰을 통해 구별할 수 있는 결과일 것이라는 가정이다. 따라서 오즈 과학자들은 DNA 구조에 대한 이론적 기술이 반드시 올바르지는 않다 해도, DNA를 감식하여 얻은 관찰 가능한 결과가 이론적 기술이 올바를 경우에 예상되는 결과와 정확히 일치한다는 점에서 그런 이론적 기술이 경험적으로 적합하다는 것을 인정해야만 할 것이다. 대부분의 사람들에게 이것은 패배를 인정하는 일일 것이다. 이러한 이론 의존적 예측이 이에 관련된 이론적 기술의 올바름을 증명하는 것은 아니지만, 그럼에도 불구하고 그 기술을 높은 수준으로 입증해주는 것은 분명하다. 경험적으로 적합한 결과를 기대할 수 있는 유일한 근거가 이론의 올바름이라면, 해당 이론이 올바르다는 결론에 저항하는 것은 무익한 일이다. 그러나 반 프라센에게 있어, 경험적 적합성의 수준에서 멈추고 이로부터 어떤 결론도 보류하겠다는 생각은 그 자체로 그의 경험론적 대안을 구성하는 핵심이다. 이것은 일종의 유보적 태도라 할 수 있다. 즉 이론이 경험적으로 적합하다는 믿음의 층위에서 멈추고, 특정한 이론적 기술의 올바름이라는 문제에 대해서는 어떤 입장도 취하지 않겠다고 **선택**할 수 있다는 것이다. 그렇다면 여기서는 이런 태도를 취하면 다른 무언가를 잃을 수 있다는 점을 보여줄 필요가 있다. 이에 대한 설명은 다음 절과 그 이후로 미루겠다.

지금 당장은 관찰 가능한 것과 관찰 불가능한 것이 구분 가능한지—그리고 그런 구분의 근거가 있는지—를 떠나서, 이 구분이 어떤 용도로 그리고 왜 사용되는지에 대해 묻는 것도 핵심적인 철학적 쟁점이라는 점에 주목하자. 때로는 완벽한 연속체에 대해 구분선을 그리는 일이 유용할 수도 있다. 하지만 이 선에는 분명 쓸모가 있어야 한다. 『과학의 이미지』(*The Scientific Image*)에서 제시된 반 프라센의 주장을 해석하는 표준적 방식은, 관찰 가능한 것과 불가능한 것의 구분을 인식적으로 접근 가능한 것과 불가능한 것 사이에 경계선을 긋는 제안으로 해석하는 것이다. 즉 관찰 불가능한 세계에 대한 **모든** 진술은, 관찰 불가능한 세계를 대상으로 한 이론적 주장을 보증할 수 있는 어떠한 증거도 없다는 점에서 참, 거짓을 판단할 수 있는 진술이 아니라는 것이다. 이런 지적이 옳다면, 이는 최소한 (급진적인) 경험주의적 인식론의 기반이 될 것이다. 이론적 주장에 대한 믿음은 결코 정당화될 수 없는데, 그것은 어떤 증거로도 구성적 경험론자가 선호하는 인식적 균형에 도달할 수 없기 때문이다.

우리는 이미 이론적 주장이 증거에 의해 뒷받침될 수 없다는 입장이 그다지 설득력을 갖지는 못한다는 점을 살펴본 바 있다. 여기서 두 가지 질문을 추가할 가치가 있을 것이다. 어떤 것은 육안으로 볼 수 있고 어떤 것은 볼 수 없다는 사실이 왜 아무런 인식적 중요성도 갖지 못하는가? 그리고 무슨 이유에서 관찰 불가능성은 인식적 접근 불가능성과 같고 관찰 가능성은 인식적 접근 가능성과 같다고 하는가?

경험론자가 이들 질문에 답을 가지고 있으리라는 건 누구나 예상할 것이다. 한 가지 답은, 관찰 가능한 대상에 대한 주장은 날것 그대로의 감각으로도 판단할 수 있지만 관찰 불가능한 대상에 대한 주장은 그렇지 않다는 것이다. 그러나 도구의 도움 없는 우리의 감각 그 자체만 가지고는 과학자들이 알고 있다고 합리적으로 생각하는 영역 가운데 극히 일부에 대한 주장만 판단할 수 있다는 것도 사실이다. 온도가 높은 물체를 '뜨겁다'고 느끼는 초보적 감각을 제외하면, 온도 측정과 같은 기본적 과정조차도 감각만으로는 결정할 수 없기 때문이다. 그럼에도 불구하고 관찰 가능한 현상에 관한 한, 인간은 날것 그대로의 감각으로도 그에 대한 주장을 판단할 수 있는 위치에 항상 있을 수 있다고 주장하는 사람도 있을 것이다. 이 주장의 문제점은 일반적으로 거짓이라는 데 있다. 날것 그대로의 감각은 이론의 경험적 적합성과 관련된 주장조차 판정할 수 없다. 예를 들어 우리의 이론은 명왕성의 온도가 극도로 낮다고 말한다. 그러나 누구도 명왕성에 가서 이 점을 확인할 수 없을뿐더러, '추위를 느낀다'는 초보적 감각으로는 더더욱 그럴 수 없다. 어떤 인간도 그토록 낮은 온도에서는 생존할 수 없기 때문이다. 따라서 관찰 가능한 것과 불가능한 것의 구분이 인식적 의미를 갖는다고 주장하기 위해 날것의 감각에 호소하는 전략은 너무 허술하다.

게다가 메누즈(1995)가 지적했듯이, 이론적 믿음은 그렇지 않은데 관찰 가능한 것에 대한 믿음은 어떻게든 즉각적으로 정당화될 수 있다고 (더 나쁜 경우로, 정당화가 아예 필요 없다고) 가정하는 것 역시 잘못이다. 아무리 그럴 듯한 이유를 앞세워 관찰 불가능한 것에 대한 믿음(가령 도구에 기초한 믿음)에는 다른 종류의 정당화가 필요하다고 주장해도, 결국에는 관찰 가능한 것에 대한 믿음 역시 같은 종류의 정당화를 요구받게 될 것이기 때문이다. 예를 들어, 도구에 기초한 믿음을 정당화하기 위해서는 먼저 주어진 도구가 신뢰성 있게 작동한다는 믿음을 정당화해야 한다고 누군가 주장한다고 해보자. 그러나 정확히 동일한 요구조건이 눈(眼)에 기초한 믿음을 정당화하는 데도 제기될 수 있다. 인간의 눈 자체가 오류 가능성을 지닌 복잡한 도구이기 때문이다. 그렇다면 어떻게 눈에 기초한 믿음은 즉시 정당화될 수 있다고 주장하면서, 도구에 기초한 믿음은 추가적 정당화가 필요하다고 주장할 수 있는가? 우리는 두 가지 유형의 믿음 모두 근사적으로 정당화될 수 없다고 보거나, 아니면 도구를 사용한 관찰에는 다른 종류의 정당화가 필요하다는 주장을 거부해야 한다. 메누즈가 올바르게 내린 결론은, 날것 그대로의 감각에서 얻은 증거와 도구를 통해 얻은 증거 사이에는 질적 차이가 없다는 것이다. 그는 둘 다 믿음을 보증할 수 있으며, 때로는 날것의 감각에 기초한 믿음이 도구에 기초한 믿음보다 덜 보증될 수도 있다고 말한다.(1995: 66~67)[4]

이처럼 반 프라센이 관찰 가능성에 의존함으로써 일으킨 문제들은 처칠랜드(1985), 해킹(1984), 새먼(1985)을 비롯한 여러 과학철학자들이 폭넓게 논의한 바 있다. 요점은 관찰 가능한 대상과 그렇지 않은 대상 사이의 구분이 인식적 기준으로는 잘 성립되지 않는다는 것이다. 그러나 관찰 가능한 존재자와 그렇지 못한 존재자 사이의 인식적 구분은 반 프라센이 생각하는 경험론을 구성하는 핵심적 요소이다. 그는 이렇게 말한다. "만일 우리가 어떤 조건에서 그리고 어디까지 나갈 것인지에 대한 인식론적 정책을 선택하라고 한다면, 우리는 우리 믿음에 대한 증거를 넘어서려 할 것이고, 그곳에 일정한 경계를 설정하게 될 것이다." (1985: 254) 나는 이 말이 옳다고 생각한다. 그럼에도 불구하고 반 프라센은, 아직 관찰되지는 않았지만 관찰 가능한 현상에 대한 주장만이 이 경계에 포함되어야 하고 관찰 불가능한 현상에 대한 주장은 **모두** 제외되어야 한다는 그의 입장을 정당화하는 데 실패했다. 이것이야말로 그 자신이 설정한 경계에 대해 그가 요구하는 내용일 것이다. 그러나 이것이 반드시 경험론이 이르게 될 결말은 아니다. 가령 새먼(1985, 1994a)이 설득력 있게 주장했듯이, 라이헨바흐는 관찰 불가능한 존재자가 존재하며 알려질 수 있다는 믿음에 부합하는 경험론을 제시한 바 있다.

여기서 내가 제시하려는 일반적 결론은 다음과 같다. 관찰 불가능한 세계에 관한 지식 주장을 살펴볼 때 주의해야 할 한 가지 사항이 있다. 과학자들이 그 세계에 대해 가진 믿음의 일부는 오류일 수 있다. 그러나 육안으로 관찰하거나 느낄 수 있는 것을 넘어서는 모든 주장을 지식에서 배제해야 한다는 급진적 입장을 받아들이는 것은 완전히 다른 문제이다. 경험론자들, 특히 반 프라센은 오류가 있을 수 있다는 데 주의를 기울일 필요성을 지적한 데서는 옳았다. 그러나 이런 필요를 달성하기 위해, 관찰 불가능한 세계에 대해서는 어떠한 종류의 지식도 인정해서는 안 된다고 본 점에서는 틀렸다. 어떤 증거도 관찰 불가능한 존재자를 지시하는 주장을 보증할 수 없다고 말하는 것, 그리고 관찰 불가능한 대상에 대한 모든 주장이 본질적으로 뒷받침될 수 없다고 말하는 것은 경험론 옹호가 아니라 단지 독단론일 뿐이다. 너무 작거나 희박해서 육안으로는 볼 수 없는 대상들이 언제나 우리의 인식 범위 바깥에 남아있어야 한다고 선언하는 것은 단지 탁상공론일 뿐이다.

다시 오즈로 돌아가서

오즈 과학의 핵심 가운데 일부를 다시 조명해보자. 오즈에서의 성공 기준은 모든 측면에서의 참이 아니라 경험적 적합성이다. 어떤 과학 이론을 받아들일 때는 경험적으로 적합해서 받아들이는 것이지 참이어서 받아들이는 것이 아니라는 것이다. 오즈에서 과학 이론의 수용은 그 이론이 목표를 달성하고 성공 기준을 만족시켰다는 믿음, 즉 경험적으로 적합하다는 믿음과 결부되어 있다. 따라서 이론의 수용은 어떤 믿음을 포함하는데, 물론 그것은 그 이론의 진리 여부와는 구별되는 경험적 적합성에 대한 믿음이다. 그러나 오즈에서의 수용은 믿음 이상의 무언가와도 결부되어 있다. 그 무언가는 반 프라센이 '인정'(commitment)이라 부른 것이다. "해당 이론의 틀 내에서 새로운 현상들을 더 많이 알게 될 것이라는 인정, 어떤 연구 프로그램에 대한 인정, 그리고 해당 이론을 포기하지 않아도 모든 관련 현상을 설명할 수 있다는 데 대한 내기" (1980: 88) 등이다. 여기서 중요하게 강조해야 할 점은, 오즈 과학에도 실재론자들이 그러하듯 이론적 진리에 대한 믿음으로 수행되는 과학의 모든 요소가 어떤 형태로든 통합되어 있다는 것이다. (예를 들면, 이론이 본질적으로 현상을 해석하는 데 사용될 뿐만 아니라, 설명과 예측의 기초로도 쓰이며, 이론적 덕목이 이론 선택에 의존한다는 점 등이 그러하다.) 그럼에도 불구하고 이론적 주장이 참임을 믿거나 이론적 참을 지향하는 일 자체는 오즈 과학에서 배제되어 있다.

이 모두를 염두에 둘 때, 우리에게 떠오르는 질문은 다음과 같다. 오즈 내에 있는 개념적 재료만으로도 실제 과학이 지닌 모든 특징을 설명하는 데 충분한가? 다음 두 절에서 나는 두 가지 점을 보여주고자 한다. 첫째, 이론에 대한 오즈의 태도는 특정한 형태의 검증주의를 가정하는 경우에만 의미가 있다는 것이다. 둘째, 과학을 수행하는 데 있어 핵심적 측면을 이루는 '이론간 연언'이 오즈에서는 잘 이해되지 않는다는 것이다.

잠재적 믿음으로서의 '인정'

폴 호위츠(1991)는 심리적 상태로 볼 때 믿음(belief)과 수용(acceptance)은 하나이며 동일한 것이라고 주장했다. 그에 따르면, 믿음은 특정한 인과적 역할을 하는 심리적 상태이다. "그것은 특정한 예측을 낳거나, 특정한 발화를 유도하거나, 특정한 관찰에 의해 일어나거나, 추론 과정에 특유의 방식으로 개입하거나, 숙고를 할 때 특정한 역할을 맡는 등의 특징을 띤다."(1991: 3) 여기에 믿음은 통상적으로 욕구와 그것을 충족시키려는 행동 사이의 인과적 매개자 역할을 한다고 덧붙일 수 있다. 그러나 호위츠는, 주장 내용(assertoric content)을 담은 진술을 수용하는 일은 믿음이 지닌 바로 그 인과적 역할 때문에 (하나의 심리적 상태로) 구현될 수밖에 없다고 지적한다. 따라서 그는 수용이란 믿음과 다를 바 없다고 결론짓는다. 수용은 곧 믿음이다.

나는 이 주장이 꽤 견실하다고 생각한다. 그러나 이 주장은 반 프라센의 주장과 크게 다르지 않다. 반 프라센 역시 오즈 수용성을 수용의 속성이 아닌 믿음의 속성으로 정의하고 있기 때문이다. 확실히 오즈에서의 수용은 관찰 가능한 대상에 대한 주장일 경우 믿음과 동일하다. 하지만 관찰 불가능한 대상을 지시하는 이론(또는 개인적 주장)일 경우에 수용과 믿음은 서로 분리된다. 이 경우 수용은 한편으로는 해당 이론이 경험적으로 적합하다는 믿음을, 다른 한편으로는 그 이론에 대한 공언 혹은 인정(commitment)이라는 측면을 다 포함한다. 그러나 이론에 대한 오즈 인정이 그 이론에 대한 믿음과 거의 비슷하다고 해도, 그 이론이 참되다고 하는 믿음은 포함하지 않는다. 따라서 오즈 수용은 믿음과 달리, 그렇게 수용된 진술이 관찰 불가능한 것을 지시할 때는 그 진술이 참이라는 믿음을 수반하지 않는다. (나는 이것을 간단히 줄여서, 오즈 수용은 이론적 진리에 대한 믿음을 함축하지 않는다고 말한다.)

그렇다면 호위츠가 제시한 논증의 취지, 다시 말해서 반 프라센이 **의도한** 입장에 대해 반박하려는 그의 목표는 어떻게 되살릴 수 있을까? 우리는 오즈 수용에는 두 가지 요소가 들어있다는 데서, 그 하나는 인지적 요소, 다른 하나는 비인지적 요소를 포함하고 있다고 지적하는 데서 출발해야 한다. 인지적 요소는 **믿음**, 곧 경험적 적합성에 대한 믿음이다. 반 프라센은 이렇게 지적한 바 있다. "당신이 어떤 이론을 수용한다면, 적어도 당신은 그 이론이 원하던 목표에 도달했다고, 즉 (그것이 무엇이든) 과학의 성공 기준을 만족시켰다고 말해야 한다."(1983: 327) 오즈에서의 성공 기준이 경험적 적합성임을 감안할 때, 오즈 수용은 최소한 해당 이론이 어떤 진리를, 즉 관찰 가능한 대상에 대한 진리를 '파악하고 있다'는 믿음 위에 서 있다고 할 수 있다. 따라서 오즈 수용의 비인지적 요소로 가정할 수 있는 것은 **인정**이다. 앞 절에서 나는 '인정'에 대해 반 프라센이 했던 말을 인용했다. 다음은 그것과 관련된 다른 구절이다.

이밖에도 수용에는 해당 이론을 과학의 일부로 간주하겠다는 인정이 포함된다. 이 말은 해당 이론의 개념적 틀 안에서 새로운 현상을 이해한다는 뜻이며, 그 현상을 다루는 새 모형이 해당 이론에 속해 있는 다른 모형들과 어울리게끔 구축될 것을 기대한다는 뜻이다. 말할 필요도 없겠지만, 심지어 수용이 이뤄지지 않았다고 해도 이런 인정이 독단적이게 되는 것은 아니며, 열렬하고 전적인 인정이라고 해서 맹목적이거나 광신적이게 되는 것도 아니다. (1985: 281)

따라서 인정이란 경험적 적합성에 대한 믿음 외에 오즈 수용이 지닌 또 하나의 측면이다. 다른 곳에서 반 프라센은 인정을 "어떤 입장을 취하는 것"(1989: 179)에 비유하기도 했다. 그가 든 사례 한 가지를 살펴보자. "내가 보기에 우리는 더 작은 유기체로부터 진화한 것 같다."(ibid.) 이것은 관찰 불가능한 존재자(더 작은 유기체)와 과정(진화)에 대한 언급이 포함된 진술이다. 반 프라센은 이 같은 판단을 내리기 위해서는 믿음을 보고할 필요 없이 그저 그렇게 판단하면 된다고 말한다. 위의 판단은 "진술하거나 서술하지 않으며 다만 공언하는(avow) 문장"일 뿐이고, 판단자가 취한 "명제 태도"*를 표현한다.(ibid.)

우리는 이상과 같이 비인지적 요소를 오즈 수용에 추가함으로써 통상의 수용과 오즈 수용 사이를 **결정적으로** 구분할 수 있을 것이다. 그러나 이런 조치에도 난점이 있다. 인정 혹은 공언이 어떤 점에서 믿음과

---

* 명제 태도란 특정 명제를 대상으로 하는 판단 주관의 태도를 말하며, 믿다, 수용하다, 바라다 등의 술어가 이에 포함된다. 이들 술어의 대상이 된 명제가 참이면서 실제 명제 태도를 가진 주체가 그러한 태도를 가지고 있어야만 해당 명제 태도 문장 전체는 참이 되며, 어느 한쪽이라도 거짓이면 문장 전체가 거짓이 된다. 이로 인해 보통의 술어가 쓰인 문장과 명제 태도 문장은 진리조건이 다르다.

다른지, 따라서 어떤 의미에서 비인지적 태도인지가 전혀 분명치 않다는 것이다. 앞서 인용한 구절에서 설명한 인정의 현상학은 믿음의 현상학과 동일하다. 더구나 인정이 일종의 명제 태도라면, 믿음이나 다른 명제 태도와 마찬가지로 그런 태도가 쓰인 명제 태도 문장에 대해서는 진리 평가가 어려울 것이다. 이 명제 태도를 표명된 '공언'(avowal)으로 부른다고 해서 도움이 되는 것도 아니다. 믿음에는 들어가지만 '공언'에는 들어가지 않는 것이 정확히 무엇인지, 그와 반대로 공언에는 들어가지만 믿음에는 들어가지 않는 것이 무엇인지 파악하기 어렵기 때문이다. 만일 누군가가 내게 인간이 더 작은 생물에서 진화했다는 주장이 미심쩍다고 말한다면, 나는 그에게 "나는 우리 인간이 그렇게 진화했다고 공언한다"고 답할 수 있다. 그리고 이처럼 우리 인간이 더 작은 생물로부터 진화했다고 **공언**한다면, 나는 이미 이 공언 위에서 우리가 더 작은 생물로부터 진화했다고 **믿는** 것과 전혀 다르지 않은 방식으로 행동할 준비가 되어 있는 것이다. 그렇다면 아마도 문제의 핵심은 '마치 ~인 것처럼'(as if) 연산자일 것이다. "나는 p를 공언한다"는 말은 "나는 이 대상이 마치 p인 것처럼 믿는다"로 이해해야 한다. 물론 p를 믿는 일이 어떤 대상이 마치 p인 것 같다고 믿는 일과 동일한 것은 아니다. 그러나 둘 사이의 차이는 정확히 무엇인가?

이에 대해서는 한 가지 제안이 가능하다. '마치 ~인 것처럼' 연산자는 믿음의 진릿값을 (특히 그 값이 참일 때) '괄호친다'. '마치 ~인 것처럼' 믿음은 그 믿음의 진리가 '괄호'로 묶여 있다는 점을 제외하고는 믿음의 모든 특징을 지닌다. 따라서 나는 다음과 같이 말하고 싶은 생각이 든다. 오즈 수용은 **잠재적** 믿음으로 규정할 수 있는데, 그것은 오즈 수용이 이론적 주장을 참으로 받아들이는 것만 빼고는 (경험적 적합성에 대한 믿음과 인정을 통해) 믿음과 관련된 모든 것을 포함하기 때문이다. 따라서 오즈 수용은 **실제적** 믿음, 곧 이론이 지닌 이론적 주장을 참으로 받아들이는 믿음과는 대조된다. 이런 규정이 옳다면 다음과 같은 질문이 떠오를 것이다. 만일 어떤 이론이 오즈 수용된다면, 그 이론을 참으로 주장하기 위해 추가로 필요한 것은 무엇인가? 다시 말해서, **잠재적** 믿음의 모든 요소가 (경험적 적합성에 대한 믿음과 인정을 통해서) 이미 갖춰진 경우, 이 잠재적 믿음을 현실의 믿음으로 바꿔줄 수 있는 것은 무엇인가?

이 물음에 대한 즉각적인 답은, 잠재적 믿음 상태에 있다는 것만으로도 과학 수행을 충분히 설명할 수 있다는 말일 것이다. 하지만 이런 답은 너무 성급한 듯하다. 우리의 관심이 최소주의적 설명을 찾는 것이라면, 오즈 수용의 인지적 측면을 더욱 제한하여, 인정의 지위를 그저 비인지적 태도에 '국한된' 것으로 격하시킬 수도 있기 때문이다. 즉 오즈 수용은, 이론이 실제 근무하는 날에만 현상을 구출한다는 믿음을 그 인지적 차원에 결부시킨 태도라 할 수 있다. 이것을 '작동중인 경험적 적합성'이라 부르자. 이 태도는 경험적 적합성에 대한 **단적인** 믿음보다 확실히 약하지만, 과학의 수행을 설명하기 위해서는 이처럼 '작동중인 경험적 적합성'에 대한 믿음을 별도로 가정해야 할 것이다. 아니면, 아직 반박되지 않은 이론에 대한 믿음만 오즈 수용에 포함시키고, 경험적으로 적합한 이론에 대한 더 강한 믿음은 비인지적인 인정에 불과한 것으로 격하할 수도 있을 것이다. 내가 볼 때 이런 식의 재평가 작업이 시사해주는 바는 다음과 같다. 오즈 수용의 인지적 차원이 이처럼 더 제한될 수 있는 것이라면, 과학의 수행에 대해 최소주의적 설명이 필요하다는 요구 때문에 과학에 대한 철학적 재구성이 좌우되어서는 안 될 것이다.

여기서 가능한 답변은, 오즈 수용의 인지적 차원을 더 제한할 경우,

어떤 설명을 제시하더라도 현실 세계에서 과학이 보여주는 여러 두드러진 특징에는 부합하지 않으리라는 것이다. 수용이란 경험적 적합성에 대한 믿음과 결부된 것이지, 단순히 아직 반박되지 않은 이론이나 '(작동중인) 경험적으로 적합한' 이론에 대한 믿음과 결부된 것은 아니기 때문이다. 수용에 대한 후자와 같은 설명은 로젠이 말한 것처럼 '수정주의적'인 것이리라.(1994: 155) 그 설명이 수정주의적이어서는 안 된다는 요구는 현실 과학에 대해 철학적 설명을 제시하는 이유 가운데 하나이다. 즉 철학적 설명은 과학의 두드러진 특징을 바꾸는 데 목표를 두어서는 안 되고, 그것을 해명하는 데 목표를 두어야 한다. 그렇다면 오즈 수용이 수정주의로 전락하지 않기 위해서는 정확히 무엇을 포함해야 하는가? **오로지** 경험적 적합성에 대한 믿음만을 포함해야 하는가, 아니면 **적어도** 그런 믿음만큼은 포함해야 하는가? 전자라고 한다면, 그것은 왜 수정주의적 주장이 아닌가? 경험적 적합성에 대한 믿음을 넘어서거나 못 미치는 것을 수정주의적이라 말하는 것은, 수용의 인지적 차원에는 **오로지** 경험적 적합성에 대한 믿음만이 포함된다는 주장을 미리 전제하지 않는다면 할 수 없는 말이다. 그와 달리 후자의 뜻이라면(즉 오즈 수용이 **적어도** 경험적 적합성에 대한 믿음만큼은 포함하는 것이라면), 오즈 수용이 진리에 대한 믿음까지 포함할 수 있는지는 열린 문제로 남을 것이다. (여기서 나는 과학자들의 인식적 태도에 대해 말하는 것이 아니라, 반프라센의 요구대로 이론의 수용에 포함되는 요소가 무엇인지에 대한 철학적 해명에 대해 논하는 중이다.) 상황이 이렇다면, 왜 우리는 오즈 수용이 **오로지** 경험적 적합성에 대한 믿음만 포함해야 하고, 그 이상은 **아무것도** 포함하지 않는다고 보아야 하는가? 그 이상의 어떠한 것도 설명적 잉여에 불과하다는 말은 받아들이기 어렵다. 아직 반박되지 않은 이론에 대한 다소 약한 믿음과는 달리 경험적 적합성에 대한 믿음 역시 그런 잉여에 해당할 수 있기 때문이다. 이 문제는 당분간 과제로 남겨두겠다. 다음 절에서 나는 왜 경험적 적합성에 대한 믿음만으로는 수용을 설명할 수 없는지에 대해 더 나아간 논증을 제시하겠다.

다시 나의 요점으로 돌아가 보자. 오즈 수용에서 예시된 잠재적 믿음을 이드 수용에서 예시된 실제적 믿음으로 바꾸거나 바꿔줄 수 있는 것은 무엇인가? 솔직히 내게는 다음을 빼고는 다른 후보가 보이지 않는다. 즉, 이론에 대한 잠재적 믿음을 실제적 믿음으로 바꾸는 데 필요한 것은 그 이론이 참이라는 증거이다. 따라서 이론이 참이라는 증거를 찾을 수 없다면, 그 이론에 대한 잠재적 믿음은 실제적 믿음으로 바뀔 수 없다. 그러나 이런 진단은 반 프라센이 검증주의를 인정한다는 뜻이 될 수 있다. 이것은 확실히 받아들이기 어렵다. 왜냐하면 이론을 믿기 위해 필요한 것이 그 이론이 참이라는 증거라면, 똑같은 이유로 그 이론이 **경험적으로 적합하다**는 믿음에 대한 증거도 필요하기 때문이다. 그런 증거는 제시될 수 없으므로, 진리에 대한 믿음이 경험적 적합성에 대한 믿음보다 더 불확실하다고 볼 이유가 없다. 이 쟁점은 이번 장의 마지막 절에서 자세히 다룰 것이다.

진리에 대한 믿음이 더 낫다

이번 절에서 나는 만일 오즈 과학자들(즉 이념형으로서의 오즈 과학 수행자들)이 경험적 적합성만을 목표로 하고 그들의 이론을 오로지 경험적으로 적합한 무엇으로만 받아들인다면, 그들 자신이 보기에도 이드 과학자들보다 더 나쁜 상황에 빠지게 된다는 점을 보여주고자 한다.

> 반 프라센은 이론적 주장의 진리에 대한 믿음이 불필요한 '잉여'임을 오즈 이야기가 보여준다고 말하려는 듯하다. 한편으로는 이런 믿음이 과학이 작동하는 데 불필요한 것도 사실이다. 오즈 과학은 이론의 경험적 적합성에 대한 믿음에 기초하여 진행되며, 정확히 그렇게 작동하기 때문이다. 다른 한편으로 진리에 대한 믿음은 해당 이론이 참이라고 믿을 때 초래될 수 있는 추가적 위험을 과학자들이 감수한다는 착각을 불러일으킨다.(1985: 255 참조) 그러나 이론의 경험적 적합성에 대한 증거를 통해서만 이론의 진리에 대한 증거를 얻을 수 있음을 고려한다면, 그러한 추가적 위험은 전혀 수반되지 않는다고 할 수 있다. 이론의 경험적 적합성을 믿는 것보다 이론의 진리를 믿을 이유가 더 큰 경우란 우리에게 있을 수 없기 때문이다. 이론의 진리는 언제나 경험적 적합성을 수반하기 때문에, 확률 계산상 어떤 이론이 참일 확률은 그것이 경험적으로 적합할 확률보다 작거나 같아야 한다. 형이상학에 반대하여 제시된 '오컴의 면도날' 원칙에 따르면, 이론의 진리에 대한 믿음은 잉여일 뿐이다.(ibid.)

위의 논증을 평가해보자. 확률 계산이 말해주는 것은, 이론의 진리와 이론의 경험적 적합성 각각에 대해 확률을 할당한다면 후자가 적어도 전자와 같거나 그보다 높은 확률을 할당받아야 한다는 것뿐이다. 그러나 확률 계산은 특정 이론의 진리 확률이 얼마나 높고 낮은지는 말해주지 않는다. 다시 말해 그 계산은 해당 이론의 진리 확률이 높지 않다고 (높을 수 없다고) 말하지도 않으며, 이론이 참이라는 믿음을 보증할 만큼 충분히 높지 않다고 말하지도 않는다. 이것이 결정적인 지점이다. 실재론자들 역시 이론의 관찰적 결과가 참일 확률이 적어도 이론 전체가 참일 확률보다 크거나 같다는 점을 부정하지 않는다. 앞서 살펴본 바와 같이, 실재론자들이 단호하게 거부하는 것은 이론적 주장이 어떤 식으로든 원래부터 뒷받침될 수 없다는 생각, 다시 말해서 참일 가능성이 없다거나 거짓일 가능성보다 참일 가능성이 크지 않다는 생각이다. 따라서 불가지론자들은 이론이 참일 가능성이 결코 높을 수 없음을(또는 0.5보다 높을 수 없음을) 정확히 입증할 필요가 있다. 내가 주장했듯이 이것은 결코 입증할 수 없으며, 그것이 가능하리라는 전망도 하기 어렵다.(373~383쪽 참조)

그렇다면, 어떤 이론을 참이라고 믿는 일에 정말로 위험이 수반될까? 아니면 그 위험이란 단지 환상에 불과할까? 후자로 결론짓는 것은 다소 성급하다. 실재론자들은 어떤 이론을 참으로 믿을 경우 무언가 얻는 게 있다고 본다. 참으로 보이는 두 이론 T_1과 T_2가 있다고 가정해보자. 두 이론의 연언인 $T_1 \& T_2$는 T_1과 T_2가 모두 참이므로 역시 참이라 주장할 수 있다. 따라서 우리는 $T_1 \& T_2$가 참임을 믿고 이것을 현상에 대한 설명에 적용할 수 있다. 하지만 여기서 얻을 수 있는 것이 설명뿐일까? 일반적으로 $T_1 \& T_2$는 개별적으로 취한 T_1, T_2보다 더 많은 관찰 결과를 함축한다. 따라서 이론을 믿음으로써 무언가 여분의 것을 얻게 되는 것이 분명하다. 즉 이론을 따로 취했다면 얻을 수 없었을 여분의 관찰 결과를 얻을 수 있음이 확실하다. 나아가 프리드먼(1983: 244~247)이 설득력 있게 주장했듯이, 이런 추가적 결과는 T_1과 T_2의 개별적인 입증가능성을 더 높여준다. 시간이 지나면 T_1과 T_2는 그 자체로서, 그리고 $T_1 \& T_2$의 일부로서 두 가지 입증가능성을 더 많이 얻게 될 것이다. 이 논증은

'연언 논증'(conjunction argument)으로 알려져 있다.

진리와 경험적 적합성 사이에는 결정적인 차이가 있다. 진리는 연언 연산에서 보존되지만 경험적 적합성은 적어도 필연적으로 보존되지는 않는다. 따라서 'T_1은 참이다'와 'T_2는 참이다'는 '$T_1 \& T_2$는 참이다'를 필연적으로 수반하지만, 'T_1은 경험적으로 적합하다'와 'T_2는 경험적으로 적합하다'는 '$T_1 \& T_2$는 경험적으로 적합하다'를 필연적으로 수반하지 않는다. 경험적으로 적합한 두 이론의 연언은 심지어 서로 정합적이지 않을 수도 있다. 이론을 표상하는 모형을 활용하여 현상을 설명하는 작업에 경험적 적합성을 적용해 보면 이 점이 명확히 드러난다. T_1이 경험적으로 적합하다는 말은 T_1의 모형 ϕ이 존재하며, 이 모형 ϕ에 유형 P에 속하는 모든 현상이 포함된다는 말이다. 이를 $\exists\phi(P)$로 약칭하겠다. 마찬가지로 T_2가 경험적으로 적합하다는 말은 유형 Q의 모든 현상이 ψ 즉 $\exists\psi(Q)$에 포함되도록 하는 T_2의 모형 ψ가 있다는 말이다. 그러나 $\exists\phi(P)$와 $\exists\psi(Q)$는 $\exists\chi(P\&Q)$, 즉 유형 P와 Q의 모든 현상이 그 안에 포함되는 $T_1 \& T_2$의 모형 χ가 있다는 것을 함축하지 않는다. 물론 두 이론의 연언이 실제 이뤄진다면, 의심할 것도 없이 구성적 경험론자는 $T_1 \& T_2$를 (참이라고 믿지는 않을지언정) 경험적으로 적합한 것으로 항상 받아들일 것이다. 그러나 이런 식의 인정은 기생적이다. 즉 $T_1 \& T_2$를 경험적으로 적합한 것으로 받아들일지에 대한 최종 결정은, T_1이 참이고 T_2 역시 참임을 받아들이고 나서 이들의 연언인 $T_1 \& T_2$를 만드는 과정에 **기생하여** 내려진다는 것이다.[5]

'연언 논증'에 대해 경험론자가 즉시 취할 수 있는 대응 방법은, 그것이 견실한 논증이기는 해도 초점에서 벗어난 사항을 다루고 있다고 말하는 것이다. 이 논증은 과학에서 이론에 연언 연산을 적용하는 작업이

혼하다고 가정하지만 실제로는 그렇지 않으며, 따라서 연언 연산에서 나타나는 논리적 문제를 해명할 필요가 없다는 반론이다. 이런 태도는 반 프라센의 초기 반응에서도 엿볼 수 있는 부분이다.(1980: 83~84 참조) 그는 주장하기를, 과학의 실제 수행에 있어 이론들이 직접적인 방식으로 연결되는 것은 아니며 상당한 수정을 거친 후 연결된다고 말한 바 있다.

그러나 이 지적은 사실이기는 해도 과장된 면이 있다. 첫째로, 예측을 이끌어내기 위해 어떤 이론에 다른 보조 이론 및 가설을 결합시킨다고 할 때, 수정 과정은 여기에 관여하지 않고 단지 연언만 이루어지는 경우도 많기 때문이다. 예를 들어, 매질 내부를 진행하는 빛의 속도에 대한 예측을 검증하기 위해 어떤 광학 이론에 기초 유체역학을 결합시킬 때, 어떤 수정 과정도 여기에는 개입하지 않는다. 둘째로, 어떤 이론의 연언 작업이 이론 가운데 하나를 사전 수정하여 진행되는 것도 사실이지만, 새로 수정된 이론 T_1^*와 이론 T_2를 결합하는 작업 또한 정확히 연언 연산이다. 따라서 처음의 논증은 여전히 타당하다.(Hooker 1985 참조)

그러므로 연언 연산은 분명 설명이 필요한 과학의 특징이다. 만일 진리에 대한 믿음이 이론의 수용 여부에 관여하고 있다면 여기서 문제될 것은 없다. 즉 우리가 이드 과학을 수행하고 있는 중이라면 아무런 문제없이 연언 연산을 설명할 수 있다는 얘기다. 하지만 이것이 오즈에서 일어난 일이라고 해보자. 이미 살펴보았듯이, 오즈 과학이 지향하는 것은 오로지 경험적 적합성뿐이며, 오즈 수용은 해당 이론이 경험적으로 적합하다는 믿음만을 함축한다. 따라서 진리에 대한 믿음에 기생하지 않는 한 연언 연산의 활용은 오즈에서 바로 '합리화'될 수 없다.

여기서 주목해야 할 것은 '연언 논증'이 이론(의 진리)에 대한 믿음을 뒷받침하는 **통시적 논증**이 될 수 있다는 점이다. 이드 과학자(즉 이념형으로서의 이드 과학 수행자)는 자신의 이론이 참이라고 여기기에 오즈의 경쟁자보다 통시적으로 더 나은 상황에 있다. 이들은 자신의 이론을 현재 이용 가능하거나 미래에 이용 가능해질 보조 가설(또는 다른 이론)과 언제든 결합시킬 수 있기 때문에, 오즈 경쟁자들이 경험적으로 적합한 이론만을 받아들이는 바람에 놓쳤을 수도 있는 추가적 관찰 결과를 이끌어낼 수 있다.

이 논증은 현재 이용 가능한 보조 가설(또는 이론)뿐만 아니라 미래에 이용 가능하게 될 가설도 포함한다. 이 말의 의미는, 이론이 참임을 믿는 것이야말로 이제까지는 이용할 수 없었던 보조 가설을 해당 이론에 결합시킬 때 얻을 수 있는 미지의 관찰 결과를 과학자들이 놓치지 않도록 보장해준다는 점에서 더 나은 방법이라는 것이다. 또한 이 주장은, 오즈에서의 연언 연산 활용이 이론의 진리에 대한 믿음에 기생하지 않는 한, "보일, 뉴턴, 멘델, 러더퍼드, 보어 등이 창조한 낙원"을 오즈에서 완전히 재창조하기는 어렵다는 의미이기도 하다.

구성적 경험론자들은 과학에서의 이론 연언 작업이 과학 수행의 실제 특징이 아니라고 정당하게 주장할 수 없기 때문에, 나는 이들이 실재론을 뒷받침해주는 통시적 논증에 맞서 제시할 만한 또 다른 답변을 주의 깊게 살펴보려 한다. 그런 답변으로는 다음과 같은 것이 가능하다.

> 오즈 수용이 비록 경험적 적합성에 대한 믿음만을 함축하고 있지만, 오즈 과학은 그럼에도 불구하고 '이론 연언 작업법'을 발전시켜 왔다. 그러나 그에 대한 **정당화** 방식은 다르다. 연언적 수행을 철

> 학적으로 성찰한 끝에 오즈의 구성적 경험론자는 그 정당화가 (2차적) 귀납에 근거할 수 있음을 주목할 것이다. 즉 이론 T_1과 T_2가 과거에 결합된 사례를 보면, 이로부터 나온 새 이론 $T_1 \& T_2$가 이것을 구성하는 선행 이론보다 더 많은 예측을 산출했고 경험적으로 적합할 가능성도 더 컸다는 것이다. 따라서 오즈 과학자들은 (2차적) 귀납이라는 기반 위에서, 과거에 성공적이었던 이 방법을 미래에도 계속 유지할 경우에 그렇지 않은 경우보다 경험적으로 적합한 이론을 산출할 가능성이 더 높기 때문에 연언 연산을 정당하게 활용할 수 있다.

여기서 제시되고 있는 귀납 논증은 과거 시점에 결합 이론 $T_1 \& T_2$가 개별적인 선행 이론 T_1 및 T_2보다 경험적으로 더 적합한 경향이 있었다는 전제에 의존한 것이다. 그러나 이에 대해서는 다음과 같은 반론이 가능하다. (2차적) 귀납 논증은 실제로는 훨씬 더 복잡하게 이루어진다. 언제든 이용 가능한 증거가 충분히 확보되어 있지 않은 이상, 이 논증은 두 단계를 거쳐야 한다. 즉 결합된 이론 $T_1 \& T_2$가 아직 반박되지 않았다는 주장에서 $T_1 \& T_2$가 경험적으로 적합하다는 주장으로 이행하려면, 우선 1차 귀납에 반드시 의존해야 한다. 그래야만 과거에 결합 이론이 경험적으로 적합했다는 주장에 기초하여, 결합 이론이 더 큰 경험적 적합성을 가진 이론을 창출해내는 경향이 있다는 2차 귀납이 가능하다. 난관은 첫 번째 단계, 즉 1차 귀납에 주로 도사리고 있다. 왜냐하면 보이드(1985)가 효과적으로 논증했듯이, 이론이 반박되지 않았다는 사실로부터 이 이론이 경험적으로 적합하다는 결론으로 나아가는 통상의 귀납적 투사는 이론이 제시하는 **투사 가능성*** 판단에 주로 의존하여 내려지기 때문이다. 그런데 특정 시점까지 반박되지 않은 여러 이론 가운데 경험적으로 적합한 것으로 투사되는 이론은 소수에 불과하다. 즉 투사 가능한 이론의 선택은 단순히 관찰 가능한 증거에만 근거해서는 결정할 수 없는데, 그 이유는 반박되지 않은 이론들 모두가 이용 가능한 관찰 증거에 똑같이 부합할 수 있기 때문이다. 결국 여기서 선택되는 이론은 그 옹호자들이 이론적으로 설득력 있다고 여기는 이론, 즉 다른 배경 이론과 배경 믿음에 의해 인증된 이론이다. 그러나 1차 귀납이 이론에 의존하고 이론에 입각한 것이라면, 쉽게 무시할 수 없는 일부 이론적 인정을 담고 있을 것이다. 2차 귀납으로 나아가기 위해 이런 1차 귀납을 수행해야 하는 오즈 과학자들로서는 결국 이드 과학자들 못지않게 이론적 진리를 인정할 수밖에 없다.

물론 누군가는 오즈에서 이뤄지는 이론적 인정을 단지 '실용적 덕목'에 불과한 것이라고 주장할지도 모른다. 그렇게 함으로써 이론적 진리에 대한 인정, 즉 투사 가능성에 대한 판단을 이끌고 가능하게 해주는 인정을 여전히 회피하려 할지 모른다. 이에 대한 내 답변은 다음과 같다. 2차 귀납을 통해 이론 연언 작업을 정당화하려는 시도가 가진 궁극적 문제는, 통시적 연언 논증의 본래 초점을 결국 건드리지도 못한 채 남겨

---

* '투사'(project)는 넬슨 굿맨이 귀납 추론을 통해 수행되는 행위를 지시하기 위해 썼던 말이다. 귀납 추론은 과거의 관찰 결과로부터 얻은 특징이 현재의 유사 사례에도 적용될 수 있다는 결론을 담고 있다. 경험적 내용을 담고 있는 술어는 이러한 투사를 담고 있다. 가령 '파란색'은 과거에 파랗게 보이는 물체로부터 추출한 특징이며, 미래의 모든 파랗게 보이는 물체에 대해 투사될 것이다. '경험적으로 적합한' 역시 과거의 특징으로부터 미래의 사례에 투사될 수 있는 술어다. 한편 굿맨은 어떤 술어가 '자연스럽게' 널리 투사된다면 그것은 인간의 관습과 역사 때문에 가능한 것이며, 자연종에 근거한 것이라고 보지 않는다는 점에서 형이상학적 실재론을 인정하지 않는다. 따라서 '투사'는 실재론에 유보적인 방식으로 귀납을 분석하기 위해 도입된 용어다.

놓는다는 것이다. 비록 이론에 연언 연산을 적용하는 이론적 작업이 경험적 예측의 측면에서 가치가 있음이 명백하다 해도, 사람들은 애초에 이론들을 결합할 수 있게 해준 것이 정확히 무엇인지 여전히 알고 싶을 것이다. 결합된 이론이 경험적 뒷받침을 더 많이 받는 경향이 있음을 경험을 통해 알기 전에는, 왜 그것의 경험적 적합성을 높게 보는지에 대해 충분한 이유를 제시할 수 없기 때문이다. 이것은 다음을 검토해보면 잘 알 수 있다.

두 이론 T_i와 T_j가 있다고 가정해보자. 또한 두 이론이 반박되지 않고 각각이 경험적으로 적합하다는 것을 나타내는 고정 확률 $prob(T_i)$과 $prob(T_j)$를 가정해보자. 이 정보는 그 자체로는 문제의 확률인 $prob(T_i \& T_j$가 경험적으로 적합함$)$에 대해 아무것도 알려주지 않는다. $prob(T_i$는 경험적으로 적합함$)$, $prob(T_j$는 경험적으로 적합함$)$, $prob(T_i \& T_j$는 경험적으로 적합함$)$ 사이에는 어떠한 확률적 관계도 없다. 즉 $prob(T_i \& T_j$는 경험적으로 적합함$)$의 하한선은 없으며, $[0, 1]$의 구간 **어디에나** 위치할 수 있다. 따라서 $prob(T_i \& T_j$는 경험적으로 적합함$)$이 두 이론 각각의 경험적 적합성 확률보다 큰 경우는 말할 것도 없고, 그 확률이 일정한 값을 갖는다고 말하려면, 이 판단은 경험적 적합성에 대한 확률 산정이 아닌 다른 무언가에 근거해야만 한다. 사실 이 판단은 문제의 연언이 이루어지기에 **앞서** 이론이 **참의 속성**을 가지고 있다는 믿음에 기생하여 내려진 것이다. 이에 관한 판단은 다음과 같이 진행될 것이다. T_i가 참이고 T_j가 참이라면, $T_i \& T_j$는 참이다. $T_i \& T_j$가 참이라면, $T_i \& T_j$는 경험적으로 적합할 것이다. 따라서 $prob(T_i \& T_j$는 경험적으로 적합함$)$은 결국 $[prob(T_i \& T_j), 1]$ 사이의 어딘가에 위치할 것이다. 우리는 여전히 $prob(T_i$는 경험적으로 적합함$)$, $prob(T_j$는 경험적으로 적합함), $prob(T_i \& T_j$는 경험적으로 적합함) 사이의 명확한 연관성을 제시할 수 없지만, 더 이상 걱정할 필요가 없다. 일단 이론들을 참으로 받아들이고 나면, 그러한 결합을 왜 수행하는지에 대한 확실한 이유를 가질 수 있기 때문이다. 즉 결합된 이론은 일반적으로 더 많은 관찰 결과들을 산출할 것이고, 따라서 과학자들은 과연 그것이 경험적으로 적합한지를 검사할 수 있는 더 나은 위치에 서게 될 것이다.

최근에 앙드레 쿠클라(1994)는 경험론의 관점에서도 과학에서의 이론 연언 작업을 충분히 설명할 수 있는 길이 있다고 제안했다. 그는 '연언 논증'이 구성적 경험론에는 불리하지만, **연언적 경험론**에는 영향을 미치지 않는다고 지적한다. 연언적 경험론자가 어떤 이론을 받아들일 때는 이론 자체가 아니라 그 이론의 $T\#$ 버전을 받아들이는 것이기 때문이다. 여기서 $T\#$이란 **기존에 수용되어 있는 보조 이론과 연언을 이룬** T의 경험적 결과는 참이라고 하는 변형 이론이다. $T\#$에 대한 믿음은 T 자체에 대한 믿음보다는 약하지만 'T는 경험적으로 적합하다'는 믿음보다는 더 강하다고 쿠클라는 말한다. 따라서 $T\#$에 대한 믿음은 이론에 대한 오즈 태도를 재구성하는 올바른 방법일 수 있다.

그렇다면 이런 식의 연언적 경험론이 구성적 경험론보다 나은 점이 있을까? 한 가지 설득력 있는 생각은, 올바른 관찰 결과를 산출하는 $T\#$의 능력은 오로지 T가 참이라는 점을 수용할 때만 이해된다는 것이다. 간단히 말해서, 미래에 이용 가능하게 될 어떤 보조 가설이 T와 결합되었을 때, 이것이 올바른 관찰 결과를 산출하리라고 보증할 수 있는 근거는 T가 참이라는 것 말고는 아무것도 없다. T가 거짓임에도 올바른 예측을 내놓을 가능성이 있다고 진지하게 믿거나, 지금까지 이용할 수 없었던(신만이 알고 있었던) 보조 가설과 결합했을 때도 여전히 올바른 예측을 내놓을 가능성이 있다고 보는 것은, 던지면 뒷면이 나오도록 심하게 비틀어진 동전을 (신은 알고 있을지언정 이제껏 알지 못한 상황에서) 던졌을 때 뒷면이 나오는 것은 계획된 일이 아니라고 믿는 것과 같다. 가능성은 있겠지만 거의 믿기 어려운 일이다.

그러나 쿠클라는 반박하기를, 완고한 경험론자라면 방금 제시한 논증에서 선결문제 미결의 오류를 찾아낼 것이라고 한다. 왜냐하면 사실상 이 논증은, 올바른 예측을 산출하는 $T\#$의 능력에 대한 (유일한 설명은 아닐지라도) 최선의 설명으로 T가 참이라는 점을 제시하고 있기 때문이다. 쿠클라는 주장하기를, 완고한 경험론자라면 이런 설명의 필요성조차 거부할 것이라고 한다. 그렇다면 이 문제는 일단 한쪽에 밀어놓도록 하자. 내가 여기서 보여주려는 것은, 연언적 경험론이 그 약속에도 불구하고 구성적 경험론에 반대하는 원래의 논지를 위배하고 있다는 점이다. 게다가 $T\#$에 대한 연언적 경험론자의 믿음은 T의 진리에 대한 믿음과 미래에 이용 가능하게 될 모든 보조 가설의 진리에 대한 믿음에 **이중으로 기생**한다. 어째서 그러한지 살펴보자.

연언적 경험론에는 두 가지 결정적 순간이 있다. 첫째, 연언적 경험론자는 $T\#$을 받아들일 때 "이미 수용된 다른 이론과 T의 결합으로부터 나오는 모든 경험적 결과를 현상이 입증해줄 것"이라는 점도 함께 받아들인다.(Kukla 1994: 959) 둘째, $(T_i)\#$으로의 전환이 일단 이루어지면, $(T_1)\#$과 $(T_2)\#$으로부터 $(T_1 \& T_2)\#$을 이끌어내는 추론은 반박 불가능하게 된다.(ibid.) 그렇다면 우선 $(T_i)\#$을 자세히 살펴보도록 하자. $(T_i)\#$을 얻기 위해 연언적 경험론자는 T와 이미 수용된 다른 이론 A를 결합시켜야 한다. 그렇게 결합된 이론은 $T\&A$의 형식을 가진다. 그렇게 할 때만 연언적 경험론자는 T가 아닌 $T\#$에 대한 믿음으로, 곧 T와 A의 결합으로부터 나오는 모든 경험적 결과를 현상이 입증할 것이라는 믿음으로 이동할 수 있다. 그러나 원래의 '연언 논증'을 고려하면, 연언적 경험론자가 믿는 대상인 $T\#$의 형성 과정은 T의 참과 A의 참을 각각 믿는 데 기생한다. 이 가정을 뒤집어 보자. 즉 연언적 경험론자들이 전제하고 있는 것이 (1) 'T는 참인 경험적 결과를 지닌다'와 (2) 'A는 참인 경험적 결과를 지닌다'라는 두 가지라고 하자. 이 두 가지 전제로부터 $T\&A$의 모든 경험적 결과가 참이라는 결론은 나오지 않는다. $T\&A$가 거짓인 경험적 결과를 추가적으로 수반하는 경우가 있을 수 있기 때문이다. 따라서 T와 A를 참으로 받아들이지 않는 한, $T\#$은 연언적 경험론자들의 전제로부터 도출할 수 없다.

하지만 연언적 경험론자들이 어쨌든 $(T_1)\#$들을 제시할 수 있다고 가정해보자. 그들이 과연 쿠클라의 말처럼, 그것들을 참으로 생각하지 않는 경우에도 그것들을 마음껏 결합시킬 수 있을까? 즉 $(T_1)\#$과 $(T_2)\#$으로부터 $(T_1\&T_2)\#$의 추론은 정말로 반박 불가능한가? 앞으로 보여주겠지만, 이 추론은 진리에 대한 믿음에 기생하는 경우에만 그 타당성을 보장받을 수 있다. 이제 일련의 공리 집합에서 도출되는 논리적 귀결의 집합을 통상의 방식대로 C_n이라고 해보자. 쿠클라의 $(T_1)\#$은 $T_i\&A_i$의 관찰 결과들의 집합을 가리키는 약호라는 점을 떠올려보자. 여기서 T_i는 특정한 이론이고 A_i는 일련의 보조 가설들로 이뤄진 집합이다. 쿠클라가 '반박 불가능하다'고 한 추론은 $C_n((T_1)\#\&(T_2)\#) = C_n(T_1\&T_2)\#$이라는 가정에 의존한다. 그러나 $C_n((T_1)\#\&(T_2)\#) = C_n(T_1\&T_2)\#$라는 등식은 분명 거짓일 수도 있다. 반복해서 말하자면, $T_1\&T_2$의 관찰 결과와 $T_2\&A_2$의 관찰 결과를 결합시킨 결과는 $(T_1\&T_2)\&(T_2\&A_2)$라는 연언에서 나올 결과들의 부분집합을 이루기 때문이다. 이 후자의 연언은 추가적 결과를 수반하며, 이 가운데 일부는 관찰 가능한 결과이기도 할 것이다. 위의 등식이 거짓이 아님을 보증할 수 있는 유일한 방법은 $(T_i)\#$이 참임을 받아들이는 것이다.

하지만 아마도 내가 쿠클라에게 불공정한 것일 수도 있다. 왜냐하면 $(T_i)\#$이 참이 아닌 경우에도 어쨌든 $C_n((T_1)\#\&(T_2)\#) = C_n(T_1\&T_2)\#$ 등식을 사용해도 괜찮은 것으로 볼 수도 있기 때문이다. 이어먼(1978)이 암시했듯이, $(T_1)\#$과 $(T_2)\#$이 관찰 결과를 **완전히 설명할 수 있다면**, 즉 관찰 어휘로만 이루어진 $(T_1)\#$의 언어 내에 속하는 임의의 문장 S에 대해, $(T_1)\#$이 반드시 S를 함축하거나 그 부정을 함축한다면(그리고 $(T_2)\#$의 경우에도 마찬가지라면), 위 등식은 성립할 것이다. 이제 쿠클라는 그가 제시한 $(T_i)\#$이 이상과 같은 의미에서 정의상 **완전하다**고 가정할지도 모르겠다. 그러나 이어먼은 "그런 식의 이론으로는 흥미로운 과학 이론을 기대할 수 없기 때문에" 이 옵션을 올바르게 배제했다. 왜냐하면 과학 이론의 관찰 결과는 일반적으로 $S_1 \to S_2$ 형식의 조건문으로 되어 있는데, "위 이론은 그 자체로 S_1의 진리도, S_2의 진리도 판단하지 않기 때문이다."(Earman 1978: 198) 나는 보조 가설 및 다른 동반 이론에 대해서도 같은 지적이 가능하다는 점을 추가하고 싶다. 나는 쿠클라가 제시한 $(T_i)\#$의 한 축을 이루는 보조 가설, 즉 과학 이론에 함축된 관찰 조건문 $S_1 \to S_2$의 전건과 후건 모두를 판정할 수 있는 보조 가설이 언제나 존재할 것이라는 기대는 정당화될 수 없다고 본다. 이어먼이 말한 의미에서 $(T_i)\#$이 완전하다는 것은 아무리 잘 봐줘도 현금화할 희망이 없는 '약속 어음'에 불과하다. 따라서 나는, 연언적 경험론자들의 추론이 '반박 불가능한' 것은 이 추론이 진리에 대한 믿음에 이중으로 기생하기 때문에 그러한 것이라고 결론짓고자 한다. 이론이 참될 것이라는 예측만이 $(T_1)\#$

과 $(T_2)\#$에서 $(T_1\&T_2)\#$로 가는 추론이 타당하다는 것을 보증한다.

그렇다면 무엇이 잘못된 것일까? 나는 쿠클라가 지적한 것이라고는 $(T_i)\#$에 대한 믿음이 경험론자에게 하나의 퇴로가 될 수 있다는 점밖에 없다고 생각한다. $(T_i)\#$에 대한 믿음이 경험적 적합성에 대한 믿음보다 강하다는 것은 분명하지만, 원래의 '연언 문제'를 해결하기보다는 그것을 더 부각시킬 뿐이다. $T\&A$가 수용된 후 그 확률은 의심할 바 없이 $T\#$의 확률보다 작거나 동등할 것이다. 하지만 이것이 $T\#$을 믿기로 선택하기 전에는 $T\&A$를 믿을 필요가 없다는 점을 보여주는 것은 아니다. $T\&A$에 대한 믿음의 정도가 믿음을 보증할 만큼 충분히 높은지 여부는 열린(경험적인) 문제이다. 그러나 그것이 결코 높지 않다거나, 또는 충분히 높지 않을 것이라는 논증은 존재하지 않는다. $T\#$을 구성한 후 $T\&A$에 대한 믿음은 치워두고 $T\#$에 대한 믿음만을 고수하든 하지 않든, 후자에 대한 믿음의 수준은 전자로 인해 가능하다는 사실은 변하지 않는다.

그렇다면 우리는 이로부터 어떤 결론을 내릴 수 있을까? 우리의 주장이 옳다면, 통시적 관점에서 볼 때 이론이 참될 것이라는 믿음은 경험적 적합성에 대한 단순한 믿음보다는 이론을 더 합리적으로 대하는 태도이다. 심지어 이론을 발전시키고 결합하는 작업의 목표가 궁극적으로 경험적 적합성을 증대시키는 데 있다 하더라도, 이 목표는 이론의 참됨에 대한 믿음을 통해 더 잘 성취될 수 있다. 말하자면 오즈 과학은 자기 발등을 찍고 있는 셈이다.

반 프라센의 귀추 비판에 대하여

과학에서의 이론적 믿음은 보통 귀추를 통해 만들어진다. 그런데 이것은 우리 일상에서 통용되는 대부분의 상식적 믿음도 마찬가지다. 실재론자들은 이런 사실을 들어 상식에서 이뤄지는 귀추를 의심할 이유가 없다면 과학에서의 귀추 역시 의심할 이유가 없다고 주장해왔다. 두 경우 모두 추론의 패턴과 정당화 방식에서는 동일하기 때문이다. 벽장에서 이상한 소리가 들린다고 가정해보자. 그리고 그 주변에서 쥐똥이 발견되었고, 전날 밤 주방에 놓아둔 치즈 조각이 사라졌다고 해보자. 쥐는 관찰되지 않은 상태이다. 그러나 벽장 안에 쥐가 있다는 가정은, 무언가 더 관찰된다면 쥐의 존재에 대한 우리 확신을 높일 수 있는 여러 사실들을 함축한다. 예를 들어 이 가정은 쥐똥이 더 많이 발견될 것이라는 사실을 함축한다. 또 쥐덫을 설치하여 쥐가 좋아하는 치즈로 유인한다면 쥐가 덫에 걸릴 확률이 높다는 것도 함축한다. 다른 무언가가 아닌 쥐가 존재한다는 믿음 때문에 우리는 특정 방식으로 행동하는데, 그것은 쥐의 존재를 추론하지 않았다면 (설명은 가능하겠지만) 매우 이상하게 보일 행동이다. 가령 고양이를 싫어하면서도 이웃집 고양이를 빌리기로 결정하는 것이 그 같은 행동일 것이다. 물론 쥐는 관찰 가능하다. 목격될 수 있고, 고양이에게 잡힐 수 있으며, 쥐덫에 걸릴 수 있는 그 무엇이다. 그러나 집주인이 좋아하는 치즈 브랜드가 자기가 좋아하는 것이 아님을 알고 쥐가 집을 떠나기로 결심하는 바람에 그 누구도 쥐를 볼 수 없고 고양이조차 쥐를 찾지 못하게 되었다고 가정해보자. 그렇다면 쥐가 있다는 흔적을 추가로 발견할 기회는 사라질 것이다. 그러나 여전히 쥐가 집에 남아있다고 가정하는 것은 합리적이다. 쥐가 없다면 관련된 증거 모두를 이해할 길이 없기 때문이다. 쥐가 있다는 증거가 더 이상 발견되지 않는다면 우리는 더 열심히 생각할 것이다. 쥐의 존재에 대한 확신이 다소 줄어들 수도 있고, 추가 증거가 나오지 않은 데 대해 다른 설명을 찾을 수도 있다. 즉 쥐가 있었던 것은 일시적인 일로, 한 차례 먹이를 취한 다음에 곧 떠나버렸다고 말이다.

이유가 무엇이든, 쥐의 존재를 가정하는 것은 합당하다. 충분한 이유에 근거한 가정이기 때문이다. 쥐가 있다는 우리의 확신은 새로운 증거가 나오면 높아지거나 낮아질 것이다. 하지만 가정 그 자체는 합리적인 것이다. 우리는 증거에 대하여 가능한 설명들을 만들어보고 배경지식에 비추어 최선의 설명을 선택한다. 일단 하나의 설명을 채택하고 나면, 즉 쥐의 존재를 일단 받아들이고 나면, 우리는 그 설명을 얼마나 확신하는지, 다른 가능한 설명을 얼마나 철저히 찾았는지, 그 설명들을 얼마나 면밀히 검토했는지 등에 의존하여 선택된 설명을 뒷받침하는 추가 증거를 찾을 것이다. 상식선의 귀추를 통해 우리는 신뢰할 만한 배경지식을 형성하고 습득함으로써 이런 절차를 내면화해왔다. 특정 사실을 발견하면 우리는 대체로 쥐의 존재로 그 사실을 설명할 것이다. 하지만 여기서 중요한 것은 추론의 전 과정이 직접 지각이 아닌 추론에 의존하여 진행되었다는 점이다. 위 사례에 관련된 추론 방식은 귀추일 수밖에 없다.

이제 어떤 과학자가 β(베타)-붕괴에 대한 표준 설명이 에너지 보존 법칙에 위배된다는 점을 발견했다고 해보자. 붕괴 중인 중성자의 에너지는 곧이어 생성된 양성자 및 전자의 에너지보다 더 크다는 관찰 결과를 확인했다는 말이다. 여기서 설명해야 할 사실이 쥐똥처럼 간단하지는 않겠지만, 설명이 필요한 무엇임에는 분명하다. 이것을 설명하기 위해 W. 파울리가 중성미자(전하와 질량은 없지만 스핀은 가진 입자)를 가정한 것이야말로 귀추의 또 다른 사례이다. 중성미자의 에너지를 상정하면, β-붕괴에서 에너지 보존 법칙을 버려야 할 이유가 없다. 중성미자의 존재에 대한 확신의 정도는 여러 요인에 따라 달라진다. 그러나 그 존재를 받아들이는 일은 확실히 더 많은 실험적, 이론적 입증을 모색하는 길잡이가 되어줄 것이다. 즉 쥐의 사례와 마찬가지로 β-붕괴에서 중성미자가 생성된다는 말은 중성미자 관련 현상에 대한 어떤 추가적 예측이 나올 수 있다는 것을 의미한다.

이처럼 귀추 추론은 과학과 일상생활 모두에 있어 일일이 지적하기 힘들 만큼 널리 퍼져 있다. 따라서 내가 강조하려는 요점은, 그것이 어떤 심리적 현실에서 진행되는 추론 과정이 아니라는 것이다. 다시 말해서, 귀추가 일상생활에서 존재론적인 인정을 함축하는 추론이라면, 과학에서도 그러한 인정을 함축한다고 보지 않을 이유가 없다.[6]

귀추와 상식적 추론

물론 반 프라센은 이에 동의하지 않는다. 그러나 그는 다소 모호한 태도를 취하고 있다. 『과학의 이미지』에 실린 그의 주장 가운데 일부는 다음과 같이 읽힌다. 그는 귀추(최선의 설명으로의 추론)가 과학의 한 가지 추론 방식으로 쓰일 수 있다고 보면서도, 그 추론의 결론—곧 증거에 대한 최선의 설명이라는 이유로 선택된 가설—이 받아들여지는 것은 그것이 근사적으로 참이어서가 아니라 단지 경험적으로 적합해서라고 주장한다. 관련 구절은 다음과 같다.

설명력은 분명 이론을 선택하는 기준 가운데 **하나**이다. 다양한 가설이나 제출된 이론들을 선택할 때, 우리는 그 각각이 주어진 증거를 얼마나 잘 설명하는지를 평가한다. 어느 이론을 최선의 설명으로 받아들여야 할지 선택하는 경우, 나는 이 평가가 문제를 언제나 결정짓는다고 확신하지는 않지만, 결정적일 때도 있다고 생각한다. 그러나 나는 이 결정이 이론을 경험적으로 적합한 것으로 받아들이는 결정이기도 하다는 것을 덧붙인다. 여기서 새로 얻게 되는 믿음은 그 이론이 참이라는 믿음이 아니라(또는 그 이론이 존재하는 것에 대한 참된 그림과, 그에 더하여 근사적으로 참인 수치 정보를 제시한다는 믿음이 아니라), 그 이론이 경험적으로 적합하다는 믿음이다. (1980: 71~72)

이 구절에 다음의 전제, 곧 해당 이론이 오직 관찰 가능한 세계에 관한 내용만을 담고 있을 때는 경험적 적합성과 진리가 서로 일치한다는 전제를 연결해보자. 이로부터 우리는, 최선 설명으로의 추론을 통해 얻은 설명 가설이 관찰 가능한 대상에 관한 것이라면, 이 가설이 경험적으로 적합하다는 주장은 곧 그 가설이 참되다는 말과 같다는 결론을 얻을 수 있다.

이 짧은 논증이 보여주는 것은, 반 프라센이 벽장 속의 쥐처럼 관찰되지는 않았으나 관찰 가능한 존재자를 지시하는 다수의 '통상적 사례'에서는 최선의 설명으로의 추론이 믿을 만하게 쓰인다는 점을 의심하지 않았다는 사실이다.(1980: 19~20, 21 참조) 그렇다면 반 프라센에게 있어 최선의 설명으로의 추론이 가진 문제는, 그 설명이 관찰 불가능한 존재자에 대한 내용을 포함할 때 일어나는 듯하다. 이 경우에 경험적 적합성과 진리는 더 이상 일치하지 않는다. 즉 '벽장 안에 쥐가 있다'와 '관찰 가능한 모든 현상은 벽장 안에 마치 쥐가 있는 것 같다고 한다'는 전적으로 동치이며, (우리가 쥐에 대해 이미 아는 바를 고려한다면) 서로가 서로를 함축하는 반면, '전자가 안개상자 안에 있다'와 '관찰 가능한 모든 현상은 마치 전자가 안개상자 안에 있는 것 같다고 한다'는 명제는 동치가 아니다. 반 프라센의 입장을 이렇게 읽으면, 관찰 불가능한 대상이 일부 포함된 귀추 문제 상황에서도 최선의 설명 가설이 선택될 수 있지만, 이렇게 선택된 가설은 기껏해야 경험적으로 적합한 것으로만 받아들여질 수 있을 뿐이다. 그 가설이 진리일 수 있다는 주장은 아무런 보증을 받을 수 없으며, 그렇게 되어서도 안 된다.

반 프라센이 최선의 설명으로의 추론에 대해 선택적 태도를 취했다고 보는 것은 (내가 예전에 그렇게 보았듯이) 자연스런 생각이다. 그가 볼 때 최선의 설명으로의 추론은 실제로 관찰된 영역을 넘어서 **아직 관찰되지 않은** 대상이나 과정에 대한 보증된 믿음을 형성하는 수단**이다**. 그러나 그에게 있어 이 추론은 **관찰할 수 없는** 대상이나 과정에 대한 보증된 믿음을 형성하기 위한 수단은 **아니다**. 나는 이렇게 보는 것이 반 프라센에 대한 올바른 해석이라고 생각하며, 이 점을 독자들에게 설득하고자 한다. 그러나 반 프라센과 공저자들은 그렇지 않다고 부인한다.(Ladyman, Douven, Horsten, and van Fraassen 1997 참조) 그들은 귀추로 얻은 가설이 관찰 가능한 대상에 관한 것인지 관찰 불가능한 대상에 관한 것인지에 관계없이 반 프라센이 최선의 설명으로의 추론을 전적으로 반대한다고 주장한다. 벽장 안의 쥐를 예로 든 그의 논증은 다른 목적을 위한 것이라고 말한다. 그것은 실재론자에 맞서서, 귀추가 상식적 추론에 널리 퍼져 있는 요소라는 데 근거하여 과학에서 이뤄지는 귀추의 신뢰성을 정당화할 수 없다고 주장하기 위해서 제시한 사례라는 것이다. 어째서 그렇다는 말인가?

반 프라센과 공저자들은 상식에서의 귀추가 경험적으로 구분할 수 없는 두 가지 추론 형식을 포함하고 있다고 본다. 즉 '최선의 설명으로의 추론'(inference to the best explanation, IBE)과 '마치 최선의 설명으로의 추론 같은 추론'(as-if IBE)이 그것이다. 여기서 as-if IBE는 결론을 마치 참인 것처럼 받아들이는 추론을 말한다. 그런데 '관찰되지는 않았지만 관찰 가능한 대상'(unobserved-observables)에 대한 판단에서는 경험적 적합성과 진리가 일치하므로, 이런 대상을 다룰 경우에 as-if IBE와 IBE는 경험적으로 구별되지 않을 것이다. 상황이 이렇다면, 우리는 상식적 귀추가 IBE인지 as-if IBE인지 어떻게 알 수 있을까? 그리고 경험적 근거로 그것을 알아낼 수 없는데, 실재론자는 어떻게 상식적 귀추를 as-if IBE가 아닌 IBE라고 주장하는 것일까? 여기서 나올 결론은, 상식에서의 귀추가 정당하다고 해서 실재론자처럼 그 정당성을 과학적 귀추로 단순히 옮길 수는 없다는 것이다. 전자가 as-if IBE에 들어가는 사례일 수도 있기 때문이다.

그러나 나는 이런 식의 논증이 엉터리라고 본다. 반 프라센과 그의 동료들이 주장하는 것처럼 as-if IBE의 결론과 IBE의 결론이 관찰 가능한 대상에 대한 주장에 관한 한 서로 동치라면, 양자 가운데 하나를 선택할 필요가 없을 것이다. as-if IBE를 통해 얻은 결론이 (관찰 가능한 대상에 대한 주장에 있어) 신뢰할 만하다면, IBE에서 얻은 결론도 마찬가지일 것이다. 또 관찰 가능한 대상에 대한 주장과 관련해 IBE의 신뢰성을 의심한다면, 반 프라센이 말했듯이 "반실재론적 설명을 지지해주는" 사례인 as-if IBE의 신뢰성 역시 의심해야 한다. 반대로, 관찰 가능한 대상에 대한 주장에 있어 as-if IBE의 신뢰성을 믿는다면, IBE의 신뢰성 역시 믿어야 한다. 어떤 경우든지 관찰 가능한 대상에 대한 주장일 경우, IBE와

as-if IBE에 대해 서로 다른 인식적 태도를 취할 수는 없다. 그렇다면 두 추론의 결론이 관찰 불가능한 대상에 대한 언급을 포함하고 있을 때, 그것들에 대해 각기 다른 인식적 태도를 취한다는 말은 결국 선택적으로 회의적 태도를 취하겠다는 말과 다름없다. 즉 관찰되지는 않았지만 관찰 가능한 쥐에 대해서는 추론해도 되지만, 관찰되지 않았고 관찰할 수도 없는 중성미자에 대해서는 추론하지 말아야 한다는 얘기일 뿐이다.

그러나 엄밀히 말하면, 관찰 가능한 대상만을 언급하는 경우에도 as-if IBE와 IBE는 동치가 아니다. 즉 '벽장 안에 쥐가 있다'와 '관찰 가능한 모든 현상은 벽장 안에 마치 쥐가 있는 것 같다고 한다'는 동치가 아니다. 전자는 후자를 함축하지만, 그 역은 성립하지 않는다. 가령 고양이 톰이 더 이상 할 일이 없어서 버려질 위기에 처했음을 깨닫고는 주인으로 하여금 벽장 안에 쥐가 있다고 생각하게 함으로써 계속 그 집에서 지낼 수 있게 되었다고 해보자. 이런 경우, 심지어 관찰 가능한 현상의 층위에서도 '관찰 가능한 모든 현상은 마치 쥐가 있는 것 같다고 한다'와 '쥐가 있다' 사이에 아무런 차이가 없다고 보기는 어렵다. 우리는 모든 것들을 공평하게 고려한 다음, 향후 행동의 근거가 될 최선의 설명 가설을 있는 힘껏 찾아내고 그대로 따를 것이다. 톰에게 벌을 줄 것인가, 아니면 쥐덫을 설치할 것인가? 여기서의 요점은 as-if IBE라는 게 가능하다는 생각 자체가 일종의 신화라는 것이다. 이 추론에 따르면, 우리는 마치 쥐인 듯한 것이 쥐덫에 걸리지 않는다는 것을 알면서도 쥐덫을 설치하기로 결정해야 한다.

여기서의 문제는, 상식에서의 귀추를 버린다면 관찰되지 않았지만 관찰 가능한 존재자(예를 들면, 관찰되지는 않았지만 관찰 가능한 벽장 안의 쥐)에 대한 인정도 더 이상 뒷받침할 수 없게 된다는 점이다. 놀랍게도 반 프라센과 그의 동료들은 이 결론에 동의한다. "최선의 설명으로의 추론 일반을 거부하는 데 따른 회의주의는 이미 반 프라센이 받아들이고 있는 입장이다."(Ladyman et al. 1997: 319) 그러나 반 프라센과 그의 동료들은 "회의론으로 이어지는 철학적 입장은 스스로 모순에 빠질 수밖에 없다"는 관점 또한 받아들인다.(ibid.: 317) 반 프라센은 관찰 가능한 대상에 대해서든 관찰 불가능한 대상에 대해서든 최선의 설명으로의 추론을 거부할 때 반드시 뒤따르는 회의주의를 받아들이면서도, '직접 경험'을 통해 얻는 진리에 대해서는 회의적이지 않으며, 따라서 자신이 '데카르트적 의미의' 회의론자는 아니라고 말한다.(ibid.: 319) 그러나 이러한 입장은 그가 회의론자가 아니라는 것에 대해 거의 말해주는 바가 **없다**. 이미 지적했던 사항을 다시 짚어보자.(379~383쪽 참조) 경험 속에서 관찰된 대상의 진리를 우리가 파악할 수 있다고 해보자. 그렇다면 아직 관찰되지는 않았지만 관찰 가능한 대상의 진리도 즉각적 경험을 통해 파악할 수 있을까? 무엇이 되었든 즉각적 경험은 관찰된 대상에 대한 것이지, 관찰되지 않았지만 관찰 가능한 대상에 대한 것이 아니다. 관찰되지 않았지만 관찰 가능한 존재자를 가정할 때(가령 당신이 방을 나간 후에도 이 책이 당신이 읽던 그 책으로 존재한다고 주장할 때), 우리는 즉각적 경험에서 출발하여 (과거와 미래에 걸쳐) 이 즉각적 경험을 일으키거나 유지하게 해주는, 관찰되지 않았지만 관찰 가능한 대상을 추정하는 일종의 추론(초보적이고 무의식적이기는 해도)을 수행해야만 한다. 이와 비슷하게 어떤 동물이 멸종되었음을 가정하는 것은 (비록 매우 느슨한 의미에서만 '관찰 가능하다'고 하겠지만) 분명 합리적이다. 하지만 이 주장의 진리는 화석에 대한 즉각적 경험만을 통해서는 결코 알아낼 길이 없다. 이처럼 최선의 설명으로의 추론 일반을 포기한다면, 우리는 오로지 관찰된 대상에 대한 판단만을 인정하는 빈약한 인식론을 가지게 될 것이다. 데카르트적 회의론은 피할 수 있을지 모르지만, 흄의 회의론이 곧 닥쳐올 것이다.

이 지점에서 반 프라센과 그의 동료들은 한 발 물러나서, 관찰 가능한 대상에 대한 최선의 설명으로의 추론을 받아들일 수 있다 해도 이 추론을 관찰 불가능한 대상에 적용할 때는 여전히 문제가 남는다고 주장한다. 왜냐하면 전자의 경우에는 "일반적으로 새로운 존재론적 주장을 도입하는 일이 없지만"(Ladyman et al. 1997: 316), 후자의 경우에는 그렇지 않기 때문이다. 그러나 여기에도 논쟁의 여지가 있다. 관찰 가능한 대상에 대한 최선의 설명으로의 추론 역시 새로운 유형의 존재자를 도입하는 추론이기 때문이다. 예를 들어 어떤 종류의 멸종 동물을 가정하는 것은 최선의 설명으로의 추론의 한 사례인 동시에 새로운 '존재론적 인정'을 도입하는 일이다. 그리고 관찰 불가능한 대상에 대한 최선의 설명으로의 추론이 이미 알려진 유형의 사례들, 예컨대 HIV 바이러스의 도입을 포함하는 경우도 많다. 어쨌든 어떤 가정이 새로운 유형의 존재자를 포함하고 있는지, 아니면 알려진 유형의 사례들만을 포함하고 있는지에 따라 그에 대한 우리의 인식적 태도를 달리 가져야 할 이유는 없다. 어떤 경우든 중요한 점은 그런 가정이 우리의 '즉각적 경험'을 인과적으로 확고히 하기 위해 도입되었다는 사실이다.

이상의 것들만이 내가 우려하는 것 전부는 아니다. 최근 반 프라센은 과학자들이 최선의 설명을 제시하고 선택할 수 있다고 해도 진리를 획득할 수는 없다고 하는 두 가지 흥미로운 논증을 제시한 바 있다. 이 두 논증을 차례로 검토하고 논박하겠다.[7]

불량품목 논증

불량품목 논증(the argument from the bad lot)이라 부를 수 있는 반 프라센의 첫 번째 논증은 다음과 같이 진행된다.

> 과학자들이 증거 e에 대해 잠재적 설명을 제시하는 일련의 이론 $T_1, \cdots, T_n$을 열거하고, 어느 이론이 e에 대한 최선의 설명인지 가려냈다고 하자. 여기서 뽑힌 이론 T_1이 e에 대해 근사적으로 참인 설명이라 말하려면 과학자들은 "[T_1이] 현실의 경쟁 이론보다 낫다는 비교 판단 이상의 단계" 즉 '확충적 단계'로 나아가야 한다. 이 단계는 과학자들이 현재 이용할 수 있는 이론들 내에서 진리가 발견될 확률이 발견되지 않을 확률보다 더 높다는 믿음을 함축한다. 그러나 우리가 가진 최선의 이론은 '불량품목 가운데 최선'일 수 있다. 따라서 최선의 설명으로의 추론을 옹호하는 이들이 이 추론이 참으로 연결된다고 주장하기 위해서는 일종의 특권 원리를 **가정해야** 한다. 즉 "자연이 우리에게 올바른 가설 범위를 발견하게 하는 성향을 부여했다"고 가정해야 한다. (1989: 142~143 참조)

반 프라센은 어떤 의미에서 우리가 가진 최선의 이론이 '불량품목 가운데 최선'일지 모른다고 한 것일까? 나는 다음 세 가지 의미 가운데 하나라고 생각한다.

1. 그는 우리가 가진 최선의 이론이 불량품목 가운데 최선인 상황이

'논리적으로' 가능하다고 보았을 수 있다. 확실히 귀추 모형이 합리적이려면 이런 가능성을 허용해야 한다. 과학자들이 진리를 반드시 발견할 것이라는 선험적 보증 같은 건 분명 존재하지 않기 때문이다. 그러나 여기서 다투는 쟁점 가운데 하나는 다음과 같다. 진리가 이미 제시된 이론들의 범위 내에 있다고 믿을 타당한 이유가 있다고 주장하기에 앞서, 과학자들이 생각해낸 이론들 바깥에 진리가 있을 가능성을 먼저 배제해야만 하는가? 만일 이것이 반 프라센의 요구 사항이라면, 나는 그가 매우 강력한 보증 개념을 사용하고 있다고 말할 수밖에 없다. 실제로 이것은 경험적 적합성에 대한 믿음조차 보증해주지 않을 만큼 강력한 개념이다. 왜냐하면 현재 이용할 수 있는 증거가 제한적임을 생각하면, 아직 반박되지 않은 이론이 경험적으로 적합하지 않은 상황도 논리적으로 가능하기 때문이다. 그렇다고 해서 과연 반 프라센이, 이러한 가능성을 배제할 수 없는 한 주어진 이론의 경험적 적합성에 대한 어떤 믿음도 보증될 수 없다고 말할까? 이것이 노골적인 회의주의로 이어질 수 있다는 사실을 제외하면, 대답 자체에는 잘못된 점이 없다. 그러나 보증의 개념이 어떤 믿음이 거짓일 가능성을 완전히 제거하는 것을 뜻한다면, 보증될 수 있는 믿음은 거의 없을 것이다. 나는 반 프라센이 이 정도로 노골적인 회의론자가 아닌 이상, 무엇이 믿음을 보증하는지에 대해 그토록 강한 개념을 수용하지는 않을 것이라고 본다.

2. 우리가 가진 최선의 이론이 '불량품목 가운데 최선'일지도 모른다는 반 프라센의 주장을 해석하는 두 번째 방법은 다음과 같다. 비록 우리가 가진 최선의 이론이 불량품목 가운데 최선인 상황이 논리

적으로 가능하다 해도, 실제로 그럴 가능성은 거의 없다. 반 프라센이 명백한 근거가 있어서 이런 말을 하지는 않았을 것이다. 이렇게 말한 것은 다만 실재론에 맞춰 이야기를 해 보려는 의도였을 것이다.

3. 반 프라센은 단지 우리가 가진 최선의 이론이 '불량 품목 가운데 최선'일 가능성이 있거나 그럴 확률이 높다는 의미로 그렇게 말했을 수 있다. 나는 이것이 반 프라센의 주장에 대한 유일하게 합리적인 해석이라고 생각한다. 만일 이 주장이 옳다면, 최선의 설명으로의 추론에 대한 실재론의 낙관주의는 위협을 받을 것이다. 따라서 나는 보증되지 않는 특권에 호소하는 것이 아니라면, 반 프라센의 요점은 **아직 태어나지 않은 가설들이 있는 공간에 진리가 있을 가능성이 크다**는 의미라고 본다.

그러면 이제 귀추의 옹호자들이 반드시 인정해야 할 요점 하나를 바로 이야기해 보자. 5장에서 살펴보았듯이, 과학의 역사는 특정 시기에 과학자들이 고려하던 이론의 범위 바깥에서 진리의 전모가 드러나는 경우가 많았음을 보여준다. 심지어 가장 잘 뒷받침되던 이론조차 근사적 참에 불과한 경우가 많았다. 그러나 이런 인정이 (비록 견실하기는 해도) 귀추의 타당성을 훼손하는 것은 아니다. 이것이 의미하는 바는, 과학 탐구의 어떤 단계에서든 과학자들이 발견한 것은 진리의 일부이고 더 많은 진리가 발견되어야 한다는 것뿐이다. 그렇다면 귀추의 옹호자들—대개는 과학적 실재론자들—은 최선의 설명 가설이 반 프라센의 제안과 달리 근사적으로 참인 믿음으로 보증될 수 있음을 보여줄 필요가 있다. 이 과제는 어떻게 달성할 수 있을까?

나는 최선의 설명으로의 추론을 방어하는 가장 좋은 방법은 공격이라고 생각한다. 실재론자는 반 프라센에 맞서서 우리가 특권을 누리고 있고 또 그것을 보장받을 만한 이유가 있다고 말할 수 있다. 나는 이것을 **배경지식 특권**이라 부르려 한다. 좀 더 자세히 설명해보자.

우리는 불량품목 논증이 다음과 같은 가정 위에서만 유효하다는 것을 관찰할 수 있다. 즉 과학자들이 어떤 식으로든 하나의 증거를 함축하는 일련의 가설들을 제시해왔지만, 그 가설들이 증거를 함축한다는 것만이 관련성 있는 유일한 정보이며, 그럼에도 그 가설들 가운데 어떤 것이 참인지 알고 싶어 한다는 가정이 그것이다. 만일 이 상황이 귀추라는 문제 상황에서 일어나는 일을 대표한다면, 말할 것도 없이 과학자들은 이들 이론 가운데 어떤 것이 근사적으로 참일 가능성이 있는지에 대해 조금의 단서도 손에 쥘 수 없을 것이다. 심지어 어떤 이론이 증거에 대한 최선의 설명인지 특정할 수 있다 해도, 최선이라는 기준이 무엇인지 모르는 탓에 최선의 설명과 가장 가능성 높은 설명을 관련짓지도 못할 것이다. 그러나 보이드(1984, 1985)와 립턴(1991, 1993)이 지속적으로 주장했고 내가 4장에서 보여주려고 했던 것처럼, 이런 지적 진공상태에서 이론 선택이 이뤄진다는 주장은 작게 보아도 의심스런 주장이고 크게는 터무니없는 주장이다. 오히려 이론 선택은 배경지식의 네트워크 안에서 그 안내를 받아 이뤄진다. 이런 주장은 과학사의 사례를 통해 얼마든지 입증된다.

간섭과 회절 현상을 발견하고 성공적으로 설명한 이후, 빛의 파동 이론은 설명력 측면에서 방출(emission) 이론을 대체하기 시작했다. 그러나 빛이 파동으로 이루어져 있다고 믿으면서도 파동 이론은 그것이 종

파인지 횡파인지 둘 다인지 여부를 열린 채로 남겨 두었다. 특히 음파 이론이 성공을 거두자, 영과 푸아송의 생각처럼 광파는 음파와 같이 종파로 이뤄져 있다는 입장이 지배적이게 되었다. 빛의 편광 현상이 발견되기 전까지는 광파가 종파라는 가설이 빛 전파 현상을 설명했다. 그러나 편광 현상은 광파가 횡파의 성분을 가진다는 가설을 받아들이지 않으면 설명할 수 없었으므로, 과학자들은 광파가 편광 현상을 보이는 한 이 믿음을 수용할 수밖에 없었다.

1816년, 아라고와 프레넬(1819 참조)은 서로 직각으로 편광된 두 광선은 간섭을 일으키지 않는 반면, 서로 평행하게 편광된 두 광선은 띠 모양의 간섭무늬를 보여준다는 사실을 발견했다. 두 사람에 따르면, 빛의 파동에 대한 배경 이론을 고려해볼 때 이 현상은 광파가 순수 횡파로 이루어져 있다는 가정을 통해 설명될 수 있었다. 그러나 또 하나의 대안적 가설, 곧 빛이 횡파와 종파로 구성되어 있다는 가설도 위의 증거를 설명할 수 있다는 사실을 프레넬은 알고 있었다. 이 가설 역시 문제의 현상에 대한 잠재적 설명을 제공했지만, 광파가 오로지 횡파로만 이루어져 있다는 가설이 제공하는 설명보다는 허술했다. 비록 이 가설로 간섭 현상을 설명할 수 있다 해도, 종파를 함께 가정하는 일은 다루기 힘든 새로운 설명상의 난점을 야기했기 때문이다. 나중에 프레넬은 이렇게 말했다.

> 우리 두 사람은 편광파의 진동(주기적 운동)이 이 편광파의 평면 자체에서 일어난다면 [즉 횡방향이라면], 이들 사실이 매우 간단하게 설명된다고 생각했다. 하지만 광선을 따라 종방향 진동이 일어나는 이유는 무엇인가? 이 진동은 편광 현상에 의해 어떻게 사라지며, 편광된 빛이

유리판에서 반사되거나 굴절될 때는 왜 다시 나타나지 않는가? (1866: 629)

프레넬이 실제로 강조한 것은, 광파가 횡파와 종파 성분을 다 가지고 있다는 가설을 받아들인다면 광파가 편광판을 통과한 후 종파 성분이 소멸한다는 사실 또한 설명해야 한다는 것이었다. 반면에 빛의 전파가 순수 횡파로 이루어진 과정이라는 가설은 이러한 추가 부담이 없으므로 편광 현상을 좀 더 간단하고 완전하게, 그리고 임시방편적 조정 없이도 설명할 수 있다. 바로 이런 이유에서 프레넬은 스스로 '기본 가설'이라 부른 것, 곧 빛이 고유하고 배타적으로 횡파라는 가설을 받아들였다.(1866: 786) 이 가설은 편광 현상에 대한 최선의 가설로 선택되었고, 올바른 설명으로 받아들여졌다. 6장에서 살펴보았듯이(273~285쪽 참조), 프레넬의 '기본 가설'은 그 자체로 빛 현상에 대한 여타의 설명이 따라야 하는 새로운 배경지식의 하나가 되었다.

이 사례는 내가 앞서 '배경지식 특권'이라 불렀던 것의 두 가지 주요 측면을 잘 보여준다. 첫 번째 측면은, 배경지식이 주어진 증거에 대해 잠재적 설명을 제공할 수 있는 가설들의 범위를 최소로 좁힌다는 것이다. (앞서 제시한 사례에서 프레넬은 아라고-프레넬 효과에 대한 잠재적 설명 방식을 결국 두 가지로 좁힐 수 있었다.) 두 번째 측면은 배경지식이 단 하나의 이론적 가설만을 제시하지 않는 경우, 과학자들은 과학이 하는 핵심적인 일인 설명력을 고려함으로써 당면 증거가 가리키는 여러 가설들 가운데 최선의 것을 선택한다는 것이다. (앞의 사례에서 프레넬은 설명력을 고려한 끝에 광파가 순수 횡파라는 가설을 선택했다.) 나는 반프라센의 주장과 달리, '배경지식 특권'의 두 가지 측면으로 인해 최선의 설명이란 곧 현상에 대한 올바른 해명이기도 하다는 믿음에 대한 강력한 증거를 과학자들이 손에 쥘 수 있게 되었다고 본다.

반 프라센은 귀추 문제를 배경지식에 호소하여 해결하는 입장에 대해, 배경 믿음이 결국 근사적 참이 아닐 수도 있다는 이유를 들어 이의를 제기한다. 다시 말해서 그는 그렇게 선택된 이론이 '불량품목 가운데 최선'에 불과할지 모른다고 말한다. 그러나 반 프라센의 도전은 모호하고 부정확한 가정, 즉 증거가 과학자들로 하여금 (근사적으로) 참인 이론적 믿음을 형성하도록 유도하지 못한다는 가정에 기초한 것이다. 5, 6장에서 살펴보았듯이, 어떤 이론적 가설이 이미 확보된 증거를 함축하지 않는 경우에도 이 증거는 그 이론적 가설 일부를 높은 정도로 뒷받침할 수 있다. 문제의 가설이 명백히 거짓임에도 불구하고 해당 증거에 부합하는 일은 거의 없기 때문이다. 바로 이것이 앞서 논의한 프레넬의 사례에서 일어난 일이다. 어떤 이론적 믿음의 확률(즉 신뢰 구간)이 **아무리 높다 해도** 그 믿음에 수반되는 증거의 확률을 넘을 수 없다는 것은 분명 참이다. 또한 어떤 이론적 믿음에 관련된 확률이 1에 도달하기는 어렵다는 것도 참이다. 그러나 핵심 요점을 반복하면(408~410쪽 참조), 이런 사실이 문제의 확률이 결코 높을 수 없다는 뜻은 아니다. 이론적 주장의 확률이 아무리 높아도 그것에 수반되는 증거의 확률보다 더 높을 수 없다는 사실이, 증거에 비추어 볼 때 과학자들이 어떤 이론적 주장에 대해 결코 높은 수준의 확신을 가질 수 없다는 것을 의미하지는 않는다. 압도적 뒷받침을 제공하는 증거를 확보한 이론적 믿음이라면, 그것은 보증된 배경 믿음의 양을 늘리고 보증된 믿음을 새로이 형성하는 구심점으로 작용한다.[8]

이 지점에서 독자들은 내가 배경지식을 끌어들임으로써 선결문제 미결의 오류를 범하고 있다고 반박할지도 모르겠다. 즉 지금 다루어야 할 쟁점은 실제로 과학자들이 근사적으로 참인 배경 믿음의 환경에서 활동하는가 하는 점인데, 내 주장이 이 문제를 미결 상태로 놓아두었다고 생각할 수 있다.

이 반론을 다루기 위해서는 다음 두 가지를 구분하는 것이 적절할 듯하다. (a) 귀납이나 최선의 설명으로의 추론과 같은 확충적 추론은 선결문제 미결의 오류를 범하지 않고는 입증할 수 없다는 (흄 식의) **일반적인** 회의론의 우려. (b) 귀추라는 달콤한 케이크를 취하고 그것을 먹기 위해 (즉 귀추가 근사적으로 참인 믿음을 산출하는 경향이 높음을 보여주기 위해) 귀추의 옹호자들이 스스로에게 보증되지 않은 특권을 부여하고 있다는 반 프라센의 **특수한** 우려.

나는 이미 4장에서 귀추의 일반적인 신뢰성을 옹호하면서 (a)를 다룬 바 있다. (b)의 한 사례인 반 프라센의 불량품목 논증과 관련해서 볼 때, 그와 실재론자 사이의 쟁점은 과학자들이 과연 올바른 배경 믿음으로 이루어진 환경에서 활동하는지 여부가 아니라, 올바른 배경 믿음의 **범위**가 어디까지냐는 데 있다. 그러나 반 프라센마저도 경험적 적합성에 대한 자신의 주장을 뒷받침하기 위해 배경 믿음을 필요로 한다. 따라서 나는 반 프라센과의 논쟁에서 제시한 내 논증이 선결문제 미결의 오류를 범한 것은 아니라고 생각한다. 내 논증이 보여주는 것은 과학자들이 반 프라센의 생각보다 배경지식 특권을 더 누린다는 것뿐이다.

지금 다루는 쟁점이 과학자들이 받아들이는 배경지식의 범위라는 것을 이해하기 위해서는 다음 질문을 던져보는 것이 좋겠다. 배경지식 특권은 실재론을 택하면 추가로 책임져야 할 부담인가? 아니면, 경험적 적합성에 대한 반 프라센의 주장 역시 비슷한 특권을 필요로 하는가?

실재론자가 필요로 하는 특권이란, 과학자들이 최선의 설명 이론을 선택할 때 의존하는 배경 믿음 안에 이미 진리가 일부 존재한다는 의미임을 떠올려보자. 여기서 잠깐 오즈 세계의 상황을 되짚어보자. 오즈에서 과학자들은 참일 가능성이 가장 높은 이론을 선택하는 데는 관심이 없으며, 단지 경험적으로 적합해 보이는 이론에만 관심이 있다. 그러나 그렇게 선택된 최선의 이론 역시 불량품목 가운데 경험적으로 가장 적합한 이론에 불과할 수 있다는 점을 그들은 어떻게 부인할 수 있는가? 다시 말해서, 경험적으로 가장 적합한 이론이 아직 탄생하지 않은 이론 가운데 포함되어 있을 수 있다는 점을 어떻게 부인할 수 있는가?

이처럼 불량품목 논증과 관련하여 실재론자의 입장과 구성적 경험론자의 입장 사이에는 **대칭성**이 있다. 구성적 경험론자의 적합성 개념은, 해당 이론이 과거, 현재, 미래의 모든 현상을 설명할 수 있고 모든 현실적이고 가능한 관찰과 부합하는 경우이면서 오직 그런 경우에만 경험적으로 적합하다는 것이다. 그러나 현재 이용 가능한 최선의 이론, 즉 제한된 수의 현실적 관찰 및 현상에 잘 들어맞는 이론이라 해도 미래의 현상이나 아직 시도되지 않은 시공간 영역에서의 관찰 내지 아직 검증되지 않은 데이터에는 부합하지 않을 가능성이 얼마든지 있다. 이러한 가능성 하에서도 구성적 경험론자는 이미 관찰된 데이터를 설명하는 이론이 경험적으로 훨씬 적합하다고 말할 수 있을까? 만약 그렇게 말한다면, 그것은 경험적 적합성에 대한 구성적 경험론자 자신의 이해를 위배하는 진술이 된다. 따라서 현재 이용 가능한 최선의 이론이 경험적으로 적합하다는 주장을 하기 위해서는, 과학자들이 이미 경험적으로 적합한 이론을 확보해 왔다고 하는 확충적 주장이 필요하다. 특히, 지금까지의 관찰에 부합하는 이론이 미래 또는 아직 시도되지 않은 시공간 영역에서 관찰에 부합하지 않을 가능성은 거의 없다고 주장해야 할 것이다. 결국 구성적 경험론자들은 현상들 사이에 보편적 규칙성이 존재한다는 데 호소하거나, 이론이 그런 규칙성들을 이미 확보하고 있다는 어떤 특권의 원리에 호소해야 할 것이다. 그런 다음에 그들은 주어진 범위의 현상을 설명하는 이론이 경험적으로 적합한 이유가 바로 이런 사실 덕분이라고 주장해야 할 것이다. 이렇게 되면 구성적 경험론자들은 자신이 부인했던 실재론자들의 '배경지식 특권'에 실제로 호소하는 셈이 된다. 따라서 구성적 경험론자들은 '배경지식 특권'이 존재한다는 것을 부정할 수 없다. 즉 과학자들이 어느 정도는 올바른 배경 믿음으로 이루어진 환경 안에서 활동한다는 것을 그들 역시 인정하지 않을 수 없다. 결국 그들이 반박할 수 있는 부분은 과학자들이 어느 정도까지 특권을 누리는가 하는 점뿐이다. 이런 의미에서 나는 내 주장이 선결문제 미결의 오류라고 생각하지 않는다.

혹시 있을지 모를 오해를 피하기 위해 다음 사항을 지적하고자 한다. 래디먼 등(Ladyman et al. 1997)은, 각 이론에는 경험적으로 등가인 경쟁 이론이 무수히 많기 때문에 그중 하나가 경험적으로 적합하다고 말하는 것은 불합리하다는 나의 지적을 반박한 바 있다. 즉 그들은 이것들 가운데서 하나를 선택할 필요도 없다고 말한다. 그러나 경험적 등가성에 대해 우리가 제시할 수 있는 논증은, 어떤 이론 그룹에 있어 T_i가 특정한 경험적 결과를 함축한다면 T_j도 마찬가지라고 하는 논증(여기서 i, j = 1, 2, ⋯)밖에 없다는 것에 주목하자. T_i와 T_j가 경험적으로 등가라면, T_i가 경험적으로 적합한 경우에 T_j 역시 그럴 것이다. 그러나 어떤 주어진 시점에 T_i를 뒷받침해줄 수 있는 데이터의 양은 한정되어 있다. 주어진 시점에서 우리가 이 그룹 내의 모든 이론에 대해 알고 있는 것은 기껏해야 (a) 아직 반박되지 않았다는 점과 (b) 한 이론이 함축하는 증거가 다른 이론에도 함축되어 있다는 점뿐이다. 반 프라센은 제안하기를, 어떤 이론을 받아들일 때는 기껏해야 경험적으로 적합한 것으로만 받아들일 수 있을 뿐이라고 한다. 하지만 그는 또 이렇게 말한다. "당신이 어떤 이론을 수용한다면, 적어도 당신은 그 이론이 원하던 목표에 도달했다고, 즉 (그것이 무엇이든) 과학의 성공 기준을 만족시켰다고 말해야 한다."(1983: 327) 그렇다면 앞서 말한 이론 그룹에 속하는 어느 한 이론이나 그 이론들 모두를 경험적으로 적합한 것으로 수용하려면 (현재 이용 가능한 데이터가 한정되어 있는 상황에서는) 어떤 특권이 필요하다는 것이 분명하다. 즉 이 이론 그룹은 보편적인 규칙성을 발견했고, 그 덕분에 각 이론을 경험적으로 적합한 것으로 투사해도 좋다는 특권이다. 이 특권은 무한히 강한 것이기도 한데, 그 이유는 이 그룹에 속한 각각의 T_i를 반박할 수 있는 방법이 무한히 많고, 실제 데이터와는 일치하지만 아직 이용할 수 없는 데이터에 관해서는 상이한 예측을 수반하는, 미처 탄생하지 않은 이론이 무한히 많을 것이기 때문이다. 그렇다면 T_i 가운데 하나가 근사적으로 참이라는 실재론의 주장이 그보다 더 많은 특권을 요구하는가? 추가 특권으로 무엇을 요구하든 그것은 동일한 유형에 속한다. 관찰 불가능한 대상에 대한 주장에는 다른 유형의 특권이 필요하다고 가정하는 것이야말로 선결문제 미결의 오류이다. 그 가정에는, 관찰 불가능한 대상에 대한 주장이 참이라는 주장은 관찰 가능한 대상에 대한 주장이 참이라는 주장과 본래적으로 다르다는 것이 전제되어 있기 때문이다.

구성적 경험론자들은 여기서 한 발 물러나서 그들 자신들이야말로 현행 이론이 경험적으로 적합하다는 판단을 뒷받침할 어떤 특권을 부여받아야 한다고 주장할 수 있다. 또한 그들은 자신들이 필요로 하는 특권이 실재론자들의 특권보다 인식적 위험이 적다고 주장할 수도 있다. 내 생각에, 반 프라센은 어차피 도둑으로 잡혀 죽는다면 새끼양 말고 어미양을 훔치는 게 낫다고 말하고 있는 것 같다.(1980: 72 참조) 현상들 사이에 보편적 규칙성이 있고, 그래서 어떤 이론이 그것을 발견했다면, 그 이론이 경험적으로 적합해서일 것이라고 주장하는 것이 근사적 참이라 주장하는 것보다 위험 부담이 적은 건 분명하다.

인식적 위험이라는 문제는 안전의 문제와도 대조되기 때문에 흥미롭다. 더 많이 믿고자 하는 사람일수록 오류에 빠질 수 있는 길도 많아지기 때문이다. 우리가 믿는 것에 대해 적절한 근거를 가져야 한다는 의미에서, 우리의 믿음이 안전하다는 것은 중요하다. 그러나 이로부터 배경 과학 이론의 근사적 참에 대한 믿음이 안전하지 않다는 결론이 나오는 것은 아니다. 그 믿음은 잘해야 단순한 규칙성에 대한 믿음만큼만 안전할 뿐이지만(배경 이론의 근사적 참에는 보편적 규칙성의 존재가 함축되어 있으므로), 배경 이론이 근사적으로 진리라고 주장함으로써 감수해야 하는 추가적 위험을 보증해줄 만큼은 충분히 안전할 수 있다.

인식적 위험은 무지와 대조된다는 점에도 주목하자. 믿으려는 마음이 덜할수록 오류를 범할 확률도 낮아지고, 무지의 장벽을 허물 가능성도 낮아진다. 물론 실재론자는 배경 이론이 근사적 참이라고 말할 때 떠안게 되는 추가적인 인식적 위험을 감수하지만, 이 추가적 위험은 무지의 장벽을 허물고 특히 현상의 관찰 불가능한 원인에 대해 더 많은 것을 알고자 하는 열망에 반드시 따를 수 밖에 없는 결과이다. 이런 추가적 위험을 감수하면서 실재론자는 구성적 경험론자보다 과학 이론에 대해 더 많은 것을 알고자 한다. 그래서 구성적 경험론자는 안전을 이유로 이러한 위험을 감수할 가치가 없다고 제안하지만, 이는 정당하지 않다. 그 이유는 첫째, 구성적 경험론자 역시 현행 증거를 넘어서는 귀납적 위험을 감수하고 있기 때문이고, 둘째, 위험이 무지의 장벽을 허물기 위해 치러야 하는 대가라면 충분히 그것을 치를 가치가 있기 때문이다.

무차별성 논증

이제 반 프라센이 최선의 설명으로의 추론에 맞서서 제시한 두 번째 논증으로 넘어가 보자.(1989: 146 참조) 나는 이것을 **무차별성 논증**(argument from indifference)이라 부르고자 한다. 이 논증의 내용은 다음과 같다.

> 우리가 증거 e를 가장 잘 설명하는 이론 T를 선택했다고 해보자. T에 부합하지는 않지만 적어도 T만큼 e를 잘 설명하는, 아직 태어나지 않은 가설이 수없이 많이 있을 것이다. 그렇다면 T만이 참이거나 지금까지 나온 이론들 가운데 하나만이 참이고 나머지는 모두 거짓일 것이다. 우리는 T가 e를 설명하는 (아마도 무한대일) 이론들의 집합에 속한다는 것 외에는 T의 진릿값에 대해 아무것도 알지 못하기 때문에, T를 '이 집합의 임의적 구성원'으로 취급해야 한다. 이 경우 우리는 T가 참일 확률이 매우 낮다고 추론할 수 있다.

무차별성 논증의 초기 버전에 대해 암스트롱은 매우 재치 있는 말을 남겼다. "나는 반 프라센이 조금 우스운 소리를 하고 있다고 본다."(1988:

228) 나는 암스트롱이 전적으로 옳다고 생각한다. 반 프라센의 논증은 논쟁적인 가정에 기초해 있다. 즉 우리가 최선의 설명 이론 T에 대해 알고 있는 유일한 것은 그것이 e를 똑같이 잘 설명하는 (아마도 무한대일) 이론들의 집합에 속한다는 점뿐이라는 가정이다. 그러나 이것은 어불성설이다. 반 프라센은 T가 여러 번의 검사를 거쳐 e에 대한 최선의 설명으로 수용되었다는 점을 인정한 다음, (증거에 대한 최선의 이용 가능한 설명인) T가 아직 **태어나지 않은** 다른 모든 **잠재적** 설명과 같은 확률로 e를 설명한다고 주장한다. 이렇게 주장하기 위해서는 다른 잠재적 설명 가설이 언제나 존재하며, 이들이 최소한 해당 증거를 T만큼 잘 설명한다는 것을 먼저 보여주어야만 한다. 그런데 우리가 이것을 어떻게 미리 알 수 있겠는가? 물론 해당 증거를 함축하지만 T를 사소한 방식으로 대체하는 이론, 예를 들어 T와 표기법만 다른 이론이나 T와 별다른 관계가 없는 진술 하나를 연언하여 만든 이론이 얼마든지 있을 수 있다. 하지만 이 사실만으로 T가 이런 대안 가설들과 같은 수준의 확률을 가진다는 주장을 뒷받침할 수는 없다. 어쨌든 증거를 함축하고 있다는 점만이 이론이 참일 확률을 결정하는 유일한 요소일 때만 T는 다른 대안만큼의 확률을 가질 것이다. 그러나 8장(340~346쪽)에서 살펴본 바와 같이 이것은 잘못된 생각이다. 증거 e에 대해 아직 태어나지 않은 잠재적 설명이 항상 존재한다는 점을 인정하더라도, 과연 이런 설명이 T가 제시하는 설명만큼 좋다고 말할 수 있는가? 그렇지 않다면, 이 대안적 설명이 T만큼 참일 확률을 가진다고 보아서는 안 된다.

나는 T에 대한 어떤 대안 이론이라 하더라도, 과학계가 그 이론을 T와 경험적으로 등가인 진정한 경쟁 이론으로 받아들일 만한 독립적인 이론적 이유가 있을 경우에만 그 대안을 과학적으로 흥미로운 이론으로 인정할 수 있다고 본다. 오직 이 경우에만 과학자들은 다른 이론이 아닌 바로 이 이론을 믿어야 하는지, 그리고 어떤 근거로 믿어야 하는지에 심도 깊은 논쟁을 벌일 수 있기 때문이다. 이제 현재 가진 어떠한 증거로도, 또 어떠한 설명적 검토를 진행해도 구별할 수 없는 진정한 경쟁 이론인 T와 T'가 있다고 상상해보자. 그렇다면 둘을 구별해줄 추가적 증거를 찾는 동안에는 판단을 **일시적으로** 유보하는 것이 올바른 태도일 것이다. 그러나 무차별성 논증은 이런 견실한 태도를 훨씬 뛰어넘는다. 이 논증은 증거에 대한 최선의 설명을 제시하는 이론이 있더라도, 그것과 버금가게 증거를 잘 설명하는 아직 태어나지 않은 이론이 있다는 데 근거하여 **판단을 영구적으로 유보하는 것**이 올바른 태도임을 입증하려는 의도가 있다. 이것은 결코 쉽게 받아들일 수 있는 가정이 아니다. 반 프라센은 이 가정이 왜 믿을 만한지 논증해야 한다. 특히 그는 그 어떤 이론에 대해서도 사소하지 않은 대안이 존재한다는 사실, 즉 어떤 증거와 어떤 방법에 의해서도 영영 구별되지 않는 두 이론이 있다는 사실을 보여줄 필요가 있다. 8장에서 살펴보았듯이, 그에 대한 증명은 고사하고 이용 가능한 논증조차 없는 것이 사실이다.

반 프라센은 무차별성 논증을 뒷받침하기 위해 언제든 자신의 설명 이론에 호소할 수 있다. 우선 그는 이론의 정보 덕목과 입증 덕목은 서로 다르다는 사실을, 즉 이론 T가 이론 T'보다 더 많은 정보를 가지고 있다고 해서 T가 T'보다 참일 확률이 더 높은 것은 아니라는 사실을 지적할 수 있다. 그런 다음 그는 비록 설명력이란 실제로 이론이 현상에 부합하는 정도를 뛰어넘어 이론을 받아들일 이유를 제공해주는 덕목이지만, 이것 역시 이론의 **정보** 덕목이라고 주장할 수 있다. 따라서 어떤 정보 덕목도 이론의 신뢰도를 높이지는 않으므로, 설명력도 그러하다고 주장할 수 있다.(van Fraassen 1983a: 166~169; 1985: 247, 280; 1989: 185, 192 참조)

그러나 이처럼 정보라는 카펫 아래로 설명을 쓸어 넣으려는 시도는 논란의 여지가 크다. 반 프라센은 어떤 잠재적 설명이 당면 현상의 원인에 대한 정보를 적잖이 제공한다 해도, 이 사실로 인해 그 자체로 참인 설명이 되는 것은 아님을 보여준 점에서는 분명 옳았다. 그럼에도 불구하고 이런 추정적 정보를 얻는 일은 잘 입증된 이론적 믿음을 찾는 과학자들의 탐구에서는 첫 번째 단계에 불과하다. 설명적 가설이 임시방편적 조정에 의한 것으로 볼 수 없을 만큼 충분히 굳건하고, 증거에 의해 잘 뒷받침된 다른 배경적 믿음과 일치하며, 나아가 참신한 예측을 산출하거나 지금까지는 관련이 없었던 현상까지 통합한다면, 이 가설은 해당 현상에 대해 침묵을 지키거나 빈약한 설명만을 내놓는 다른 가설보다 더 잘 뒷받침되었다고 주장할 수 있다.

이제 단일한 현상 e_i ($i = 1, \cdots, 10$)를 각각 설명하는 이론 $T_1, \cdots, T_{10}$이 존재하는 경우를 생각해보자. 또 어떤 과학자가 이 모든 다양한 이론을 통합하고 이를 통해 e에 속한 모든 현상을 설명하는 거대 이론 T^*를 제안했다고 가정해보자. 이 T^*는 개별 이론보다 더 많은 내용을 함축할 가능성이 있다. T^*는 분명 어떤 개별 이론보다 더 많은 정보를 가지며, 이 이론들의 단순 연언보다 더 그렇기 때문이다. 그리고 이것은 분명 T^*의 한 덕목이다. 그런데 T^*가 지금껏 서로 관련 없던 현상(또는 영역)을 통합하여 참신한 예측을 내놓았다는 사실은 정보값이 있을 뿐만 아니라 **입증도 역시 높여준다**. 순전히 확률만 보더라도 T^*의 확률이 개별 이론 $T_1, \cdots, T_{10}$의 확률보다 낮거나 같다(T^*는 이들 이론 각각을 함축하기 때문에)는 사실만으로 T^*의 확률이 해당 이론이 참이라는 믿음을 보증할 만큼 충분히 높을 수 없다는 뜻은 아니다. 물론 어떤 이론이 정보값 높은 이야기를 들려준다는 사실만으로 그 이론이 참일 가능성이 높아지는 것은 아니다. 그러나 이것은 잠재적 설명력을 구성하는 특징의 하나로서, 그것이 지닌 입증적 가치를 통해서 이론이 참일 확률을 높여주는 그런 특징이라 해야 할 것이다. 반 프라센은 설명의 이런 특징들을 정보 덕목이라는 카펫 밑으로 쓸어 넣고서 입증과의 관련성을 성급하게 무시하고 있다.

무차별성 논증이 약간이나마 흥미롭다면, 이 논증이 과학적 실재론과 구성적 경험론 모두에 동등하게 위협을 가한다는 점도 주목할 만하다. 어떤 사람이 경험적 적합성에 대한 판단에 근거를 대고 싶어 한다고 하자. 특히 현행 이론이 경험적으로 적합하다고 주장하고 싶지만, 그 진릿값에 대해서는 판단을 유보하려 한다고 해보자. 그러나 경험적 적합성에 대한 판단이라 해도 진리에 대한 판단보다 무차별성 논증에 더 잘 견딜 수 있는 것은 아니다. 우리가 현재 경험적으로 적합할 것으로 **투사하는** 최선의 이론 T_{ea}가 있다고 가정해보자. 물론 T_{ea}가 설명하는 특정 데이터에 부합하는 이론의 수는 무한히 많다. 이 모든 이론은 관찰 가능한 일부 측면에 있어서만 T_{ea}와 다른 주장을 한다. 예를 들어 T'_{ea}는 우리 은하 서쪽에 있는 첫 번째 블랙홀의 입구에 하얀 까마귀가 있다고 진술한다. (그리고 T_{ea}의 한 변종으로 다른 섬뜩한 술어들을 포함하는 T'''_{ea}도 있다고 하자.) 그러나 이들 이론 가운데 정말로 경험적으로 적합한 것은 오직 하나뿐이다. 무차별성 논증에 따르면 우리가 가진 최선의 이론 T_{ea}(와 그 그룹)의 경험적 적합성과 관련하여 우리가 아는 유일한 것은 그 이론이 이용 가능한 데이터를 설명하는 (아마도 무한히 많은) 이론들의 집합에 속한다는 것뿐이므로, 우리는 T_{ea}를 이 집합의 임의적 구성원으로 취급할 수 있다. 따라서 T_{ea}가 경험적으로 적합할 확률이 더 높지는 않다는 결론을 내릴 수 있다.

물론 어떤 이론에 대해 경험적으로 등가인 경쟁 이론이 많다면, 그 이론이 경험적으로 적합할 경우 그것과 경쟁하는 이론 모두가 경험적으로 적합할 것이다. 실제로 이렇게 되면, 우리는 경험적으로 적합한 이론 그룹을 가지게 된 것이다. 하지만 이런 상황은 무차별성 논증이 거꾸로 구성적 경험론자에게 가하는 공격으로부터 그들을 구하는 데 아무런 도움도 되지 못한다. 왜냐하면 우리가 아무리 경험적으로 적합한 이론 그룹이 있다고 말하더라도, 이것은 하나의 투사에 불과하기 때문이다. 주어진 시점에 이용 가능한 데이터의 양이 제한되어 있는 한, 우리가 경험적으로 등가인 이론 그룹에 투사할 수 있는 특징이라고는 그것이 경험적으로 적합한 이론들의 그룹이라는 점밖에 없다. 왜냐하면 이용 가능한 데이터 모두에 대해서는 그룹 내 각 구성원 및 모든 구성원과 일치하지만, 아직 이용 불가능한 데이터에 대해서는 그룹 내 각 구성원 및 모든 구성원과 일치하지 않는 이론 역시 무수히 많을 것이기 때문이다.

구성적 경험론자들이 노골적인 회의주의를 피하고 경험적 적합성에 대한 판단에 근거를 부여하고자 한다면, 실재론자보다 오히려 무차별성 논증이 더 부담스러울 것이다. 따라서 그들은 주어진 현상을 현재 설명해주는 최선의 이용 가능한 이론 T_{ea}가, 그 현상을 마찬가지로 설명해주는 이론들(그 대부분은 아직 태어나지 않은 이론들인데) 가운데 일개 이론에 불과하다는 주장에 저항할 필요가 있다. 그런데 이용 가능한 데이터에는 부합하지만 이용 불가능한 데이터에는 부합하지 않는 아직 탄생하지 않은 이론들에 비해 T_{ea}가 특권적 위치에 있다고 주장하려면, T_{ea}가 그 이론들보다 경험적으로 적합할 확률이 훨씬 높다는 것을 보여주어야 한다. 그러나 가정상 T_{ea}는 아직 태어나지 않은 모든 경쟁 이론과 정확히 동일한 증거 위에 서 있기 때문에, 그 판단은 현재 이용 가능한 증거에만 기초해서는 이뤄질 수 없다. 따라서 T_{ea}가 아직 태어나지 않은 경쟁 이론들보다 경험적으로 적합할 확률이 더 높다는 믿음은 경쟁 이론들이 갖지 못한 입증적 덕목(예컨대 단순성이나 설명력 같은 것)을 T_{ea}가 가지고 있다는 주장에 근거해야 한다. 구성적 경험론자는 이런 사실에 의거해 T_{ea}가 보편적 규칙성을 파악했다고 믿는 것이 정당하다고 주장할 수 있으며, 이 주장을 이용하여 T_{ea}가 경험적으로 적합하다는 판단에 근거를 부여할 수 있다. 그러나 구성적 경험론자들은 어떻게 그러한 이론적 덕목이 실재론자들에게도 동일한 혜택을 준다는 것을 부정하면서도 그 덕목들을 이용할 수 있을까?[9]

나는 무차별성 논증에 대한 구성적 경험론자의 입장이 실재론자의 입장과 다른 점은 단지 그 강도뿐이라고 생각한다. 실재론자는 최선의 이론이 아직 태어나지 않은 모든 가설과 같은 정도의 (근사적으로) 참일 가능성을 갖는다는 주장을 터무니없다고 본다. 한편 경험론자는 현재 이용 가능한 최선의 이론이 아직 태어나지 않은 모든 가설과 같은 정도의 경험적으로 적합할 가능성을 갖는다는 주장을 터무니없다고 본다. 그러나 과학 이론에서 요구되는 인식적 덕목에 대해 근거 있는 판단을 내리려면, 양측 모두는 비경험적이지만 잠재적으로 입증과 관련된 이론적 덕목에 호소할 필요가 있다. 이들 각각이 감수해야 하는 위험들에 어떤 차이가 있는지는 이미 앞 절 말미에서 다룬 바 있다.

따라서 나는 무차별성 논증으로는, 현재 이용 가능한 최선의 설명을 증거에 대해 잠재적으로 설명하는 이론들(대부분이 아직 태어나지 않은) 가운데 일개 구성원으로 취급해야 한다는 결론이 성립될 수 없다고 본다.

실제로 이 논증을 견실한 것으로 받아들인다면 너무 많은 것을 포기해야 한다. 왜냐하면 경험적 적합성에 대한 판단에 근거를 부여하려는 반 프라센의 시도에도 그 논증은 마찬가지 효력을 미칠 것이기 때문이다.

새로운 인식론?

반 프라센은 자신의 구성적 경험론을 '새로운 인식론'(1985, 1989)이라 부른 이론에 포함시키고자 했다. 이 '새로운 인식론'은 어떤 믿음을 합리화하거나 보증하거나 정당화하는 조건에 대해 더 이상 관심을 기울이지 않는다는 점에서 표준적(또는 전통적) 인식론과 구별된다. 대신 이 인식론은 믿음보다는 의견, 그리고 의견의 변화를 합리적이게 하는 조건에 대해 초점을 맞춘다. 최근 반 프라센과 그의 공저자들은 이렇게 썼다. "[반 프라센은] 보증(곧 믿음의 합리성)에 관심이 있는 것이 아니라 믿음의 변화가 합리적인지에 관심이 있다."(Ladyman et al. 1997: 315) 반 프라센의 철학에 대한 완전한 논의를 위해서는 확실히 이 '새로운 인식론'에 대해 상세한 비판적 검토가 필요할 것이다. 그러나 이것은 또 다른 프로젝트를 기약해야만 하는 일이다.

나는 이번 장을 몇 가지 일반적이고 대략적인 이야기로 마치고자 한다. 과학적 실재론과 구성적 경험론 사이의 논쟁에서 새로운 인식론의 목표는, 최선의 설명으로의 추론 일반에 대한 구성적 경험론의 반대와, 관찰에 근거한 진술 이외의 모든 것을 부정하는 회의주의 사이에서 균형을 잡는 데 있는 듯하다. 그 방법은 다음과 같다. 최선의 설명으로의 추론도 가능하고, 경험적 적합성에 대한 판단에 근거를 부여하는 일도 역시 가능하다. 하지만 이론의 진리에 대해 불가지론적 태도를 취하는 한에서는 이론의 경험적 적합성에 대해서도 믿지 **말아야** 한다. 그러나 새로운 인식론 하에서는 믿음을 합리적인 것으로 정당화할 필요가 없기 때문에 그에 대한 회의론도 등장하지 않을 것이다.(Ladyman et al. 1997: 315 참조)

이 입장에 대해 내가 제안하려는 것은 다음과 같다. 합리성을 완전히 해명했다고 하더라도, 그것으로는 믿음의 변화를 다룰 수 없다. 모든 믿음이 동등하게 합리적인 것은 아니라는 주장은 충분히 타당하다. 그 믿음의 전문가들이 베이즈주의적 조건화 같은 방법으로 문제의 믿음이 참일 확률을 고르게 만들었다 해도 마찬가지다. 예를 들어 창조론의 시나리오는 적어도 우리 중 일부에게는 진화론과 같은 수준의 합리성(보증)을 가지지 못하며, 왜 창조론을 믿는 것보다 진화론을 믿는 것이 더 합리적인지 설명하는 것이야말로 인식론의 과제에 포함되어야 할 사항이다. '새로운 인식론'의 주요 논지 가운데 하나를 살펴보자. "합리적으로 믿는 것에는 합리적으로 믿지 않기가 어려운 것도 포함된다."(ibid.: 315) 그러나 우리는 여전히 어떤 종류의 대상이 합리적으로 믿지 말아야 할 대상인지, 즉 어떤 종류의 믿음이 정당화되지 않는지 알 필요가 있다. 합리적 믿음에 대한 완전한 이론은 확실히 열려 있어야 하며, 독단론을 피하기 위해 노력해야 한다. 그러나 이 이론은 또한 믿음 사이의 **비교 판단**을 허용해야 한다. 어떤 믿음은 다른 믿음보다 더 합리적이다. 중간 크기의 물질적 대상의 존재에 대한 믿음은 확실히 감각자료와 그 구성요소의 존재에 대한 믿음보다 더 합리적인 토대를 지닌 믿음으로 평가되어야 한다. 그 밖의 어떤 믿음이든 '새로운 인식론'은 비교 판단을 허용하는 이론이어야 한다. 물론 설명력을 고려해 물질적 대상에 대한 믿음의 합리성을 높인다면, 내 몸의 분자들에게는 훨씬 좋은 일일 것이다.

10장 자연스러운 존재론적 태도, 인지적으로 완벽하다는 것, 존재자 실재론

아서 파인은 과학적 실재론 논쟁에서 중립적 입장을 옹호해왔다. 잘 알려져 있듯이 그는 자신의 입장을 '자연스러운 존재론적 태도'(natural ontological attitude, NOA)라고 불렀다. 파인의 주장에 따르면, 실재론적 접근이나 반실재론적 접근은 과학에 대한 '부자연스러운 태도'이며, 과학이라는 몸통에 붙은 외생적 부착물일 뿐 자연스러운 귀결이라고 할 수 없다는 것이다.(Fine 1986a 참조) 그러나 파인이 제시한 과학에 대한 '자연스러운 태도'에 문제가 없는 것은 아니다. 반복적으로 지적되는 점은 파인의 NOA가 태생적으로 불안정하다는 것이다. 면밀히 검토해보면 이 태도는 실재론이나 그 경쟁 이론으로 함몰할 수밖에 없다. 예를 들어 반 프라센(1985: 246)은 "약간의 수정만 가하면" NOA가 구성적 경험론과 양립할 수 있다고 생각했고, 데빗(1991: 45)은 NOA가 그가 이해하는 실재론과 어떻게 다른지 의아해 했다.

이번 장의 처음 몇 절에서 나는 파인의 NOA를 구성하는 주된 요소에 대해, 즉 진리 개념에 대한 그의 축소주의적 접근과 그것을 둘러싼 철학적 논쟁에 대해 논의하고자 한다. 파인은 다음과 같은 말로 NOA를 홍보한다.

> 현재 퍼져 있는 여러 유사 견해와 구별되는 NOA의 결정적 특징은, 어떤 이론이나 분석(또는 은유적 그림)을 제시하여 진리의 개념을 확대하는 것을 단호히 거부한다는 점이다. 오히려 NOA는 이미 사용되고 있는 개념을 '진리'로 인정하고, 그 표준적 사용 규칙을 준수하자고 제안한다. (1986: 133)

파인은 실재론 대 반실재론의 논쟁이 '이미 사용되고 있는' 진리 개념을 부풀리려는 시도라고 주장한다. 그는 어떠한 부풀리기도 필요하지 않으며, 철학자들은 과학에서 진리에 대해 말하는 모든 것이 '이미 사용되고 있다'는 개념에 의해 포착된다는 사실을 기꺼이 받아들여야 한다고 제안한다. "나의 기본 아이디어는 이미 고착된 용법을 받아들이되, 그 용법들이 '진리의 본성'이나 진리를 창출하는 어떤 심층적 속성에 기초해 있다고 보는 기획을 피해야 한다는 것이다. 따라서 NOA는 진리를 어떤 설명적인 개념으로 생각하거나, 진리를 진리로 만드는 일반적인 무언가가 있다고 생각하지 않는다."(1986a: 175) 그는 좀 더 최근에 쓴 글에서 자신의 입장을 이렇게 설명한다. "NOA는 진리 개념 자체를 거부하는 것이 아니다. 다만 이 개념을 국지적이고 특수한 맥락마다 서로 다르게 작동하는 것으로 보며, 따라서 오랫동안 과학철학에 먹을거리를 장만해준 일반 이론(또는 '해석' 및 메타서사)과는 배치되는 것으로 본다."(1996: 174)

그렇다면 파인이 진리에 대해 말하려는 것은 정확히 무엇인가? 그는 정확히 무엇을 부정하고 무엇을 긍정하는가? 위의 구절(그리고 관련 저술의 전반적인 기조)만으로는 파인의 입장이 충분히 명확하게 드러나지 않기 때문에, 우리로서는 일정한 해석 작업이 필요하다. 특히 우리는 파인의 저술로부터 충분히 상세한 입장을 추출하여 철저한 평가를 내릴 필요가 있다. 나는 진리에 대한 파인의 설명을 '소극적 태도'와 '적극적 태도'라는 두 가지 방식으로 읽을 수 있다고 본다. **소극적 태도**는 과학 내에 '이미 사용되고 있는' 진리 개념이 있다는 가정에서 출발하지만, 진리가 추가적인 철학적 탐구와 분석을 요하는 더 깊은 본성을 지니고 있는지에 대해서는 의문을 제기하는 태도이다. **적극적 태도**는 진리의 실효적 개념에 대해 무언가 더 구체적인 사항을 말하려는 태도이다. 요컨대, 파인의 입장은 최소주의적-축소주의적(minimalist-deflationist) 설명만으로도 진리를 적절히 규정할 수 있다는 의미로 해석할 수 있다.

파인의 설명이 지닌 두 측면을 분석하면서, 나는 다음 네 가지 논지를 주장하려 한다.

1. 과학에 '이미 사용되고 있는' 진리 개념이 존재한다는 NOA의 주장이 옳다면, NOA는 전통적인 형태의 (실증주의적) 반실재론에는 부합하지 않는 태도이다.
2. 파인이 실재론 대 반실재론 논쟁에서 '핵심 입장'이라 부른 것, 즉 과학적 탐구의 결과가 참일 수는 있지만 "평범한 일상의 진리와 동등한" 의미에서 참이라는 주장은 진리 개념에 관한 주장이 전혀 아니다.
3. **진리 대응론**이야말로 '이미 사용되고 있는' 진리 개념을 적절히 설명해주는 입장이다.

4. NOA의 철학적 최소주의는 과학에서 인식론을 수행할 가능성 자체를 부정하는 입장이다.

파인의 축소주의

과학에 대한 파인의 축소주의적 설명은 다음 두 가지 사항을 고려한 데서 나온 것이다.

1. 실재론과 반실재론은 모두 과학에서 '이미 사용되고 있는' 진리 개념을 부풀리려고 한다. 실재론은 과학적 진리를 '외부 방향'으로 부풀림으로써 마음 독립적인 세계에 대한 진리로 만든다. 반면 반실재론은 과학적 진리에 '내적 차원'을 더한다. 즉 진리를 인간 중심의 인식적 개념으로 환원하고, 진리를 인간의 인식 범위 내로 제한한다. (1986: 133; 1986a: 150)

2. 실재론이든 반실재론이든 철학 이론은 과학에 덧붙인 부자연스러운 부착물이다. 그들은 과학을 '인증'(authenticate)하려 한다. 특히 실재론은 과학에 대한 '외적' 인증, 즉 과학이란 **세계에 관한** 것임을 인증하려 한다. 반면에 반실재론적 입장은 과학을 '내적'으로 인증하려 한다. 즉 과학은 **우리 인간**에 관한 것이고, 관찰 가능한 세계와 우리 사이의 관계를 다룬다는 것이다.

이들 팽창적이거나 '해석적인' 철학적 태도에 맞서서 파인은 축소주의를 내세운다. NOA는 "과학을 그 자체의 용어로 받아들이도록 노력하고, 사물들을 과학 안에 넣어 해석하려고 하지 말라"(1986:149)고 권고한다. 다시 말해서 "NOA는 과학 스스로 말할 수 있게 하려고 노력하며, 형이상학적이거나 인식론적인 보청기에 의존하지 않고도 메시지를 들을 수 있는 우리의 타고난 능력을 신뢰한다"(ibid.: 150)는 것이다.

파인에 따르면, NOA는 "진리에 대한 모든 해석, 구성, 그림 등"을 거부하며, 진리가 어떤 대응 관계를 갖고 있든, 아니면 어떤 수용 관계를 갖고 있든, 우리가 그것에 덧붙인 철학적 구성물 모두를 거부한다.(1986: 149) 대신에 NOA는 '진리'라는 말을 과학(및 일상생활)에서 '이미 사용되고 있는' 기초적인 의미론적 개념으로 이해하며, 그 '표준적 사용 규칙'을 따르자고 제안한다.(1986: 133) 이들 규칙은 통상적인 '데이비슨-타르스키적 지시 의미론'과 관련이 있으며, '철저한 고전적 추론 논리'를 따른다.(ibid.) 파인은 "지시된 존재자가 지시 관계 내에 있을 경우 그 문장(또는 진술)이 참이 되는 그런 통상적 지시 방식을 통해서" (1986: 130) 진리 귀속성 일반과 특히 과학에서의 진리 귀속성을 이해해야 한다고 본다.

따라서 NOA는 존재론적 인정의 표준적 기준을 따른다. 이에 따르면 어떤 진술을 참이라고 받아들인 사람은 "참이라고 받아들인 과학적 진술이 지시하는 개체, 속성, 관계, 과정 등의 존재"(ibid.)에 대해서도 이미 인정한 것이다. 특히 NOA를 취하는 사람은, 참이라고 추정된 과학적 진술이 관찰 불가능한 대상에 대한 언급을 포함한다면 이 대상의 존재를 기꺼이 인정해야 한다. 과학 이론에 대한 인식적 태도와 관련하여, NOA는 어떤 과학 이론을 참으로 믿는 확신의 수준은 그 이론이 상정한 존재자의 현존에 대한 믿음의 수준을 결정한다고 주장한다. 여기서 해당 과학 이론이 참이라는 데 대한 확신의 수준은 "입증 및 증거의 뒷받침이라는 통상적 관계의 지도를 받으며, 보통의 과학적 규범을 따른다."(ibid.)

'이미 사용되고 있는' 진리 개념의 '표준적 사용 규칙'에는 의심의 여지 없이 통상의 탈인용적(disquotational) 속성이 포함될 것이다. 어떤 진술 'P'에 대하여 'P'는 P가 참인 경우이면서 오직 그런 경우에만 참이라는 규칙이다. 나아가 파인이 통상적인 '데이비슨-타르스키적 지시 의미론'을 공공연히 따르고 있음을 고려하면, 그의 진리 개념은 지시 개념과도 관련된 것으로 이해할 수 있다. 즉 진술 'P'의 의미론적 값(특히 그 진릿값)은 그 진술을 구성하는 명사와 술어의 의미론적 값에 의해 결정된다는 것이다. 따라서 가령 눈이 하얗다고 주장할 준비가 되어 있다면 '눈이 하얗다'라는 진술 역시 참이라고 주장할 준비가 되어 있는 것(그 역도 마찬가지)이며, 지시된 대상(눈)이 지시된 속성(하얗다)을 지니기 때문에 '눈이 하얗다'라는 진술이 참이라고 주장할 준비가 되어 있는 것이다. 많은 철학자들은 이런 입장을 타르스키 자신이 제시한 '진리에 대한 의미론적 접근법'과 다름없는 것으로 여기며, 이른바 '진리 대응론'의 배후에 있는 직관을 설명하는 것으로 받아들인다. 그 예로 앨런 머스그레이브는 파인의 견해에 대해 다음과 같이 언급한 바 있다. "나는 언제나 (타르스키 자신과 마찬가지로) 진리에 대한 의미론적 접근을 상식적인 진리 대응이론의 한 버전으로 생각해왔다."(1989: 37) 그는 계속해서 강조하기를, "실재론자는 타르스키가 자신들에게 그들이 원하는 만큼의 대응이론을 건네주었다고 생각할 수 있다"고 한다.(ibid.: 38) 여기서 우리는 막다른 골목에 이르게 된다. 왜냐하면 파인의 제시한 개요만 보면, '이미 사용되고 있는' 진리 개념은 실재론자들이 줄곧 그들의 것이라고 생각해왔던 개념인 것처럼 보이기 때문이다. 또한 만일 '대응'이라는 개념이 정확히 타르스키와 데이비슨이 제시한 방식(즉 지시된 존재자가 지시 관계 내에 있을 경우 그것에 대한 진술이 참이라는 것)과 일치한다면, 파인의 NOA는 진리에 대한 실재론적 설명을 더 보강해주는 입장에 불과할 것이다.

그러나 사태가 그렇게 단순한 건 아니다. 파인은 자신이 진리에 대한 실재론적 설명을 추인한 것은 아니라고 생각한다. 파인은 실재론자들이 어떻게든 특별한 해석을 덧붙여서 NOA가 옹호하는 진리의 개념을 부풀리고 싶어 한다고 주장한다. 실재론자들은 "책상을 치고 발을 구르면서 '이 존재자가 실재한다!'라고 외친다"(1986: 129)는 것이다. 따라서 파인의 전투가 싱겁게 끝나는 일 같은 건 없다. 그는 '이미 사용되고 있는' 진리 개념이 거기 덧붙여진 다양한 해석에 대해 중립을 견지한다고 주장한다. 나는 이 주장이 전적으로 옳다고 생각하지는 않지만(반면에 머스그레이브의 지적은 확실히 옳다고 생각하지만), 이 문제를 다루기 전에 파인의 입장이 무엇인지 이해하는 것이 중요할 것이다.

진리에 대한 여러 관점들

먼저 파인이 반대하는 '해석적' 입장을 조심스럽게 분석해보자. '실재론'이나 '반실재론' 같은 용어는 여러 측면을 가지고 있으며 사람에 따라 서로 다른 의미로 쓰이곤 한다. 그러나 우리가 실재론 대 반실재론 논쟁이 관심 갖는 진리의 기초 문제에, 즉 파인이 공격하는 그 특징에 초점을 맞추면, 사안을 좀 더 명확히 할 수 있을 것이다. 진리에 대한 실재론적 해명은 진리 귀속에 대하여 다음을 특히 강조한다. 실재론에서 사용하는 진리 개념은 '결정적 검증', '보증된 주장가능성', '이상적 정당화'와 같은 환원 불가능한 인식적 용어와 개념적으로 연결되어 있지 않다는 점에서 비인식적 개념으로 이해해야 한다. 그 이유는 실재론자들이 다음 두 생각을 진지하게 받아들이기 때문이다. (a) 어떤 주장이든 그것이 주장인 한에서는 진리 담지자(truth-maker)이다. (b) 이러한 진리 담지자가 정말로 참인지는 궁극적으로 우리의 이론과는 독립해 있는 세계의 존재론적 구조에 의해 결정되는 것이지, 우리가 사용하는 인식적 평가 기준에 의해 결정되는 것이 아니다. 진리 개념에 대한 비인식적 접근은, 과학이 '마음 독립적' 세계에 대한 것이라는 직관을 최선의 방식으로 제시하려는 동기에서 나온 것이다. 즉 세계가 가진 구조와 내용은 과학이 어떤 이론을 알리기 위해 사용하는 인식적 기준과는 독립되어 있다는 직관이 그것이다. 만일 '진리'가 궁극적으로 인식적 개념이라면, 관련된 인식적 개념이 적용되는 상황과 특정 주장이 참인 상황은 서로 구별되지 않을 것이다. 가령 자주 선호되는 인식적 개념인 '이상적 정당화'를 검토해 봐도, 어떤 주장이 이상적으로 정당화되는 상황과 그 주장이 참인 상황 사이에는 차이가 있을 수 없다. 따라서 어떤 주장이 인식적 조건을 만족하면서도(예컨대 이상적으로 정당화되면서도) 거짓인 상황은 불가능할 것이다. 그렇다면 이 세계에 대해 참인 주장과 일정한 인식적 평가 기준에 의해 인증된 이 세계에 대한 기술은 서로 다를 수 없다는 결론이 나온다. 그렇게 인증된 것이 곧 참이 될 것이다. 따라서 이 세계의 존재 방식은, 그에 대한 일련의 인식적 평가 기준을 만족시키는 기술들의 집합과 독립해 있는 것으로 볼 수 없을 것이다.

진리에 대한 실재론적 이해와 달리, 반실재론은 진리 개념이 본질적으로 인식론 층위에서 제한을 받는다고 주장한다. '들어가는 글'(26쪽)에서 언급한 대로, 나는 이 입장을 **반실재론**이라고 부른다. 이 입장은 주로 더밋과 퍼트넘의 작업과 관련이 있다. 더밋은 '보증된 주장가능성'(warranted assertibility)이라는 개념을 사용하는 반면, 퍼트넘은 '이상적 정당화'(idealized justification)에 대해 말한다. 물론 반실재론자들도 진리 담지자가 있다는 주장을 받아들인다. 그러나 이들은 다음과 같은 점에서 실재론자들과 다르다. (a) 이들은 진리 담지자가 일련의 (이상적인) 인식 조건이라 여긴다. 여기서 인식 조건이란 어떤 진술을 보증된 주장으로 만드는 조건을 말한다. (b) 또한 이들은 어떤 주장의 진리를 그 주장의 가지성(knowability) 또는 인지가능성(recognizability)과 연결시킨다. 일반적으로 반실재론적 설명에서는 참인지 여부를 알 수 없거나 참임을 인식할 수 없는 주장이 있다면, 그 주장은 참이 아니다. 더밋이 말했듯이, "어떤 진술이 적어도 간접적으로나마 참임을 우리가 알 수 없거나, 그런 지식에 도달할 수단이 없거나, 아니면 그런 지식을 우리가 알 수 있음에도 그것을 얻을 수 있는 방법이 존재하지 않는다면, 그것은 참일 수 없다."(1982: 108)[1] 확실히 '보증된 주장가능성'이라는 개념은 크리스핀 라이트(1992)가 보여주었듯이 직관적으로 받아들이지 않을 수 없는 진리의 측면을 포착하기에는 너무 약하다. 일상 소비재와 달리 진리에는 '유통기한'이 없다. 어떤 것이 참이라면, 우리가 축적할 수 있는 추가 정보가 무엇이고, 우리가 확보할 수 있는 추가 증거가 무엇이든 간에 그것은 참이다. 라이트(1992: 45)의 말을 빌리면, 진리는 (어떤 추가 증거에 의해서도 무너지지 않는다는 점에서) '안정적'이고, (어떤 추가 정보에 의해서도 더 개선될 수 없다는 점에서) '절대적'이다. 그러나 '보증된 주장가능성'은 (추가 증거에 의해 보증이 무효화될 수 있다는 점에서) 불안정하고, (추가 정보에 의해 보증 수준이 높아진다는 점에서) 상대적이다.

이 모든 것이 의미하는 바는, 반실재론자들로서는 진리를 축소하는 데 사용하는 인식적 개념을 적절히 강화하여, 특정 진술에 '보증된 주장 가능성'을 부여해주는 보증을 안정적이고 절대적인 것으로 만들 필요가 있다는 것이다. 라이트(1992)는 정의에 의해 이 요건을 충족하는 개념으로서 **초주장가능성**(superassertibility)을 제안한 바 있다. 이 개념이 중요할 수도 있지만, 지금 여기서 이것을 다룰 필요는 없다. 앞의 논의는 다음 두 가지 요점을 파악하는 데 목적이 있기 때문이다.

1. 진리에 대한 실재론의 비인식적 접근은 그 경쟁자인 반실재론의 인식적 접근과 마찬가지로, 진리는 진리 담지자를 필요로 한다는 **실질적 의미로** 진리 귀속을 이해한다. 실재론자와 반실재론자는 진리 담지자가 무엇인지에 대해서는 서로 다른 접근법을 취하지만, 참된 진술들이 무언가 실질적인 내용을 가진다는 점은 공통적으로 받아들인다. 실재론적 접근에서는 이 세계에 대해 진리 담지자가 확보한 사실이 바로 그 내용이며, 반실재론적 접근에서는 (초)주장가능성이라는 조건을 통해 확보한 사실이 그 내용이 된다.

2. 위와 같은 이해 위에서 실재론 대 반실재론의 논쟁은 궁극적으로 다음 쟁점을 중심으로 전개된다. 즉 세계를 이론화하는 수단으로부터 독립해 있고, 보증된 방식으로 우리의 이론 및 의견을 주장하게 해주는 환경에서도 독립해 있는 진리 담지자를 통해 어떤 주장을 참이라고 보증하는 것만이 진리의 개념인가? 진리에 대한 실재론적 이해에서는 이런 독립성을 인정하지만, 반실재론적 이해에서는 이 세계에 대해 참인 사실과 이 세계에 대해 안다는 사실을 개념적으로 서로 연결시킴으로써 독립성을 부정한다.

그러나 진리 개념에 대한 이 논쟁에는 또 다른 대안적 접근법이 있다. 진리 술어 '~는 참이다'를 가지고 말할 수 있는 것은 무엇이든 그 술어 없이도 말할 수 있기 때문에, 이를 통해 진리란 어떤 실질적 분석을 필요로 하는 개념이라는 생각을 간단히 부정할 수 있다. 진리 술어는 쓸데없이 붙은 것이거나 잉여이기 때문에 진리 개념에 대한 복잡한 설명은 불필요하다는 것이 이 대안적 주장의 핵심이다. 어떻게 그럴 수 있는가? 다음 관찰에서 시작해보자. 진리 술어의 탈인용적 속성에 따라 "'P'는 참이다"라고 주장하는 것은 P 자체를 주장하는 것과 동치이기 때문에(여기서 P는 초언어적 명제가 아니라 언어적 진술을 가리킨다), "'P'는 참이다"라는 도식의 형태를 띤 모든 발화에서 '~는 참이다'는 불필요하게 붙은 것이다. 따라서 "'P'는 참이다"라는 도식의 모든 발화 사례는 P라는 진술 자체로 대체될 수 있다. (예를 들어, "'눈은 하얗다'는 참이다"는 "눈은 하얗다"와 동치이다.)

만일 이것이 진리 술어 용법의 전부라면, 우리는 이 술어를 완벽하게 제거할 수 있을 것이다. 진리 술어를 포함하는 말들은 그렇지 않은 말로 어떠한 정보 손실도 없이 바꿔 말할 수 있기 때문이다. 어떤 진술 'P'에 '~는 참이다'를 추가해도, 우리는 'P'라는 진술 자체를 단순히 주장할 때 말하는 내용을 정확하게 말할 수 있다. 하지만 불행히도 그런 식으로 제거할 수 없는 진리 술어를 가진 발화도 많다. 예를 들어 "참인 전제를 가진 모든 타당한 논증의 결론은 참이다", 또는 "플라톤이 말한 것은 모두 참이다"와 같은 형식의 진술은 진리 술어를 포함하지 않는 다른 진술로 대체할 수 없다. 왜냐하면 진리 술어를 사용하지 않을 경우, 방금 제시한 진술과 같은 **전칭** 진술은 각 진술을 무한하게 연언하거나, 유한하지만 엄청나게 길게 연언한 진술(예를 들면, 플라톤은 P라고 말했다 & 플라톤은 Q라고 말했다 & …)로 대체해야 하기 때문이다. 술어 '~는 참이다'가 없으면, "플라톤이 말한 것은 모두 참이다"라는 주장을 바꿔 쓴 진술은 말 그대로 끝이 없을 것이다. 이것이 바로 현재 우리 언어에서 진리 술어가 필요한 이유이다. 우리는 방금 살펴본 이유, 오직 그 이유에서 진리 술어를 사용해 일반화를 표현한다. 따라서 진리 술어는 그것 없이는 적절히 (또는 완전히) 진술할 수 없는 특정한 일반화를 표현하기 위한 준-논리 장치로만 제한하여 사용해야 한다. 이것을 때로는 '진리에 대한 최소주의적 이론'이라 부르기도 한다.(Horwich 1990; Williams 1986 참조)[2] 이 설명은 나중에 다시 다루겠지만, 진리가 그에 대한 실질적 이론이나 분석을 허용하는 '복합적 속성'이라는 입장을 이런 설명이 단호히 부정한다는 점만큼은 염두에 두는 것이 중요하다. 특히 이런 최소주의적 설명은 진리가 진리일 수 있는 어떤 심층적 속성이 있다는 점을 부정한다.

지금 개괄한 논쟁은 많은 사람들에게 상당히 친숙하고 중요한 주제이다. 그러나 파인이 이것을 통해 주장하려는 것은 정확히 무엇일까? 그는 진리에 대한 실질적 해명이 과학에서 '이미 사용되고 있는' 진리 개념의 본질적 부분이라는 (또는 그래야 한다는) 입장을 분명 거부한다. 그는 우리에게 "진리를 실질적인 무언가로, 다시 말해서 이론, 해석, 심지어 그림을 붙일 수 있는 무언가로 생각하지 말 것"(1986: 142)을 역설한다. 하지만 그가 정확히 무엇을 부정하려 하고, 정확히 무엇을 주장하려고 하는지는 애매하다. 나는 파인의 입장을 두 가지로 읽을 수 있다고 생각한다. 첫째는 그가 순수하게 **소극적인** 태도를 취하고 있다는 것이고, 둘째는 또 한편으로 **적극적인** 태도 역시 취하고 있다는 것이다. (둘은 서로 부합하기 때문에, 파인은 둘 다 택할 수 있다.) 소극적 태도는 과학 내에 '이미 사용되고 있는' 진리 개념이 있다고 단순히 가정하고서, 실재론과 반실재론이 여기에 어떤 해석적 광택을 더하려는 부당한 시도를 하고 있다고 항의하는 것이다. 최근 그는, NOA는 "진리에 대한 통상의 개념을 유지하는 데 중점을" 두며, "표준적인 이원론의 양 측면, 곧 실재론과 반실재론 모두를" 거부한다고 말한 바 있다.(1996: 174) 이러한 소극적 태도 위에서 파인은 '이미 사용되고 있는' 진리 개념에 대해 우리가 말할 수 있는 (또는 말해야 하는) 것은 거의 없다고 보는 듯하다. 그는 "'참이다'는 말을 원초적 의미로 받아들여야" 하며, "실재론이든 반실재론이든 이른바 진리 이론이라 부르는 입장과 협상해서는 안 된다"고 강조한다.(ibid.: 184)

그러나 파인의 견해를 앞서 개괄한 최소주의적 설명을 지지하는 입장으로 해석하고 싶은 유혹이 들 수도 있다. 그런데 이런 유혹 역시 애매한 점이 있다. 파인 스스로 언급하기를, "나는 호위츠(1990)가 옹호한 바 있는 진리에 대한 축소주의적 접근에 공감하지만, 여전히 평범한 '이론 없음'(no-theory) 태도를 선호한다"(1996: 184)고 말했기 때문이다. 이러한 '이론 없음' 태도가 앞서 언급한 해석 배제적 태도와 어떤 점에서 구별되는지는 불분명하다. 진리에 대한 '이론 없음' 접근법을 처음 소개할 때, 파인은 그것을 진리에 대한 최소주의적 접근법과 같은 종류로 묘사했기 때문이다. 이처럼 '진리의 본성'이나 '어떤 심층의 진리 담지적 속성'이 존재함을 부정하면서 '진리를 (그 잉여적 속성까지 포함하여) 통상의 논리와 문법으로' 받아들이는 태도는 최소주의자들이 그들의 설명에 살을 붙일 때 옹호했던 태도이기도 하다.(Horwich, 1990 참조)

나는 이 점에 대해 약간의 해석이 필요하다고 본다. 내가 방금 언급한 대로라면, 진리에 대한 파인의 입장은 **불가지론**이나 **진리부정론**(atheistic)

으로 해석할 수 있다. 진리 개념이 더 심층적인 본성을 가지는지 알 수 없거나, 진리의 더 심층적인 본성을 탐구하는 것이 철학적으로 무의미하다고 보는 한, 파인의 노선은 불가지론적이다. 그러나 진리 개념이 어떠한 심층적 본성도 갖고 있지 않으며, 앞서 말한 최소주의적(준-논리적) 설명으로 그 내용이 다 해명된다고 주장하는 한, 그의 노선은 진리 부정론적 입장이다. 이어지는 논의에서 나는 (앞서 말한 파인의 '소극적' 태도와 '적극적' 태도에 각기 상응하는) 이 두 가지 해석을 좀 더 상세히 검토하고자 한다.

소극적 태도

파인의 주요 논지 가운데 하나는 반실재론자뿐 아니라 실재론자도 그가 말한 진리에 대한 '핵심 입장'을 받아들이고 있다는 것이다. 즉 과학 탐구의 결과가 참일 수 있으며 "평범한 일상의 진리와 동등한" 의미에서 참이라는 입장이 그것이다. 그런데 그는, 실재론자의 경우에는 이들 진리가 세계에 의해 만들어진 것이자 세계에 관한 것이라고 말함으로써 핵심 입장에 무언가를 '추가하는' 반면, 반실재론자의 경우에는 올바른 인식적 조건 때문에 그것이 참이 된다고 주장함으로써 핵심 입장에 무언가를 '추가한다'고 말한다.(1986: 128~129 참조) 나는 두 가지 근거에서 파인의 주장에 이의를 제기할 수 있다고 본다. 첫째, 파인의 '핵심 입장'은 반실재론의 일부 형태에는 맞지 않는 주장이다. 둘째, 파인의 '핵심 입장'이 (오늘날의 반실재론과 실재론 모두에) 보편적으로 수용되고 있다 해도, 이 입장은 진리 개념에 대한 것이 전혀 아니다. 오히려 그것은 참으로 받아들여지는 진술 유형들 사이에 의미론적 차이가 있는지 여부에 초점을 둔 것이다. 이 마지막 지적이 옳다면, '핵심 입장'에 무언가를 추가하는 작업이 부당하다는 결론은 나오지 않는다. 이러한 '추가'는 진리 개념에 대한 것이지만, '핵심 입장'은 진리 개념을 설정하는 일과는 아무 관련이 없기 때문이다. 이 두 논점을 차례로 옹호해보겠다.

'핵심 입장'과 실증주의적 반실재론

실재론 논쟁의 양 편 모두가 진리에 대한 '핵심 입장'을 공유한다는 파인의 주장은, 이론적 존재자의 지위와 이론적 주장에 관한 논쟁이 어떻게 전개되어 왔는지를 도외시한 데서 나온 것이다. 과학적 실재론자들은 관찰 불가능한 존재자에 대한 과학자들의 주장을 언제나 '액면 그대로' 받아들여 왔다. 이들의 요점은 (a) 이 세계는 잘 입증된 과학 이론이 상정한 자연종으로 채워져 있으며, (b) 잘 입증된 과학적 믿음은 탁자와 의자에 대한 상식적 믿음이 그 대상에 대해 참인 것과 마찬가지의 이유 및 방식으로, 그것이 상정한 대상에 대해 참이라는 것이다. 사실 대부분의 현대 실재론자들은, 이론적 존재자에 대한 존재론적 인정이란 상식적 대상에 대한 존재론적 인정의 확장판일 뿐이라고 본다.(Devitt 1984; Newton-Smith 1989a 참조)

그러나 1~3장에서 이미 자세히 살펴보았듯이, 이러한 실재론적 견해는 도구주의자, 현상론자, 환원주의자, 규약주의자, 허구주의자들의 도전을 받아왔다. 우리는 이 견해들을 더밋과 퍼트넘의 반실재론과 구별하기 위해 **실증주의적 반실재론**(positivist anti-realism)이라 총칭할 수 있겠다. 여기서 이 입장들을 다시 논의할 필요는 없다. 그러나 내 요점을 분명히 하기 위해서는 독자들에게 짧게나마 다음과 같은 점을 상기시키는 것이 중요하겠다. 즉 실증주의적 반실재론은 이론적 존재자를 관찰 가능한 대상, 가설적 구성물, 보조 장치, 발화 방식, 유용한 허구 등의 복잡한 관계를 축약하기 위한 도식으로 취급해 왔다. 또한 실증주의적 반실재론은 이론적 주장을 관찰 가능한 존재자의 현실적/가능적 행동, 도구적 절차, '만일 ~이라면'이라는 일련의 진술들을 가리키는 축약 기호, 관찰 가능한 진술들로 환원할 수 있는 것 등으로 취급해 왔다. 좀 더 일반화해서 말하면, 실증주의적 반실재론은 이론 담화를 관찰 가능한 내용으로 환원할 수 있는 주장 내용을 담은 담화로 보거나, 아예 주장 내용을 지니지 않은 담화로 취급해 왔다. 예를 들어, 환원적 경험론자는 관찰 불가능한 추정적 존재자에 대한 주장을 관찰 가능한 존재자에 대한 주장으로 **환원할 수 있다**고 보는 까닭에, 관찰 가능한 상황이 확보되면 이론적 주장도 참이 될 수 있다는 주장을 쉽게 받아들인다. 그러나 그들은 이론적 주장의 진리가 관찰 불가능한 존재자라는 독립적(환원 불가능한) 실재에 귀속된다는 점은 부인할 것이다. 마찬가지로 허구주의자들은 이론적 담화가 어떤 내용을 지닌 주장이고 따라서 일정한 진릿값을 가진다는 점을 부인할 것이다. 물론 실재론자들이 과학의 이론적 주장이 참이라는 강건한 관점을 받아들이는 한편, 이론 명사의 지시 대상이 독립적으로 (그리고 환원 불가능하게) 존재한다는 입장을 취하는 것 역시 관찰 불가능한 대상을 재해석하려는 시도에 속한다고 볼 수 있다. 인식 조건과는 독립해 있는 존재를 인정하는 실재론자의 입장은, 이론적 존재자에 대한 주장을 '문자 그대로' 받아들여야 하며, 이론적 진술의 진리와 관련된 주장은 환원할 수 없는 주장 내용을 지닌 것으로 보아야 한다는 관점에 기초한 것이다. 마찬가지로, 이론 명사가 사실을 지시한다(factual reference)는 주장은, 이론적 존재자에 관해 경험적으로 드러난 증거와 이들 존재자에 대해 **참인** 진술 사이의 구별에 기초한 것이다.

 이론 담화의 완전한 환원 가능성을 옹호하는 사람들을 제외하면, 실증주의적 반실재론자들은 파인이 말한 '핵심 입장'을 실재론과 공유하지 않는다. 그들은 이론적 주장이 진릿값을 가진다거나, 평범한 일상의 진리와 동등한 수준에서 참이라는 것조차 인정하지 않는다. 파인은 "전자(電子)는 **정말로** 존재한다"는 주장을 할 때, "책상을 치고 발을 구르는" 실재론자의 태도야말로 과학에서 '이미 사용되고 있는' 진리 개념을 부풀리는 것이라고 생각한다. 그는 실재론자들이 진리 주장에 확고한 의미를 부여하기 위해 "전자는 정말로 존재한다, 정말로!"(1986: 129)라고 말한다고 경멸적으로 지적한다. 이런 식으로 실재에 관해 "과연 사실이 정말로 무엇인지"(ibid.) 말하려 한다는 것이다. 그러나 '이미 사용되고 있는' 진리 개념을 부풀리려 한다는 실재론자들의 시도는 다른 무엇보다도 과학을 문자 그대로 받아들이라는 요구일 뿐이다. 스마트(1963: 35)가 지적했듯이, 실재론자들이 쓰는 '실제로' 또는 '정말로' 같은 말은 이론적 존재자를 이론적 허구(예컨대 역선 line of force)나 논리적 구성물(평균고도)이나 존재하지 않는 대상(유니콘)과 동등하게 보지 말아야 한다는 바로 그런 뜻일 뿐이다. 요약하면, 이른바 '핵심 입장'은 실재론과 반실재론에 보편적으로 수용되는 입장이 아니며, 오히려 "책상을 치고 발을 구르는" 실재론자의 태도야말로 파인이 NOA의 한가운데 위치시킨 '핵심 입장'을 지원하고 옹호하는 데 정확히 그 목적이 있다. 그리고 나의 이런 생각이 옳다면, NOA는 반실재론의 일부 형태와는 양립할 수 없다. 왜냐하면 실증주의적 반실재론이야말로 NOA가 주장하는 (몇 안 되는) 것 중 하나를 부정하는 입장이기 때문이다.

'핵심 입장'은 무엇에 관한 것인가?

그러나 앞에서 언급했듯이 가장 중요한 문제는 파인이 제시한 '핵심 입장'이란 것이 결국 진리 개념에 관한 것이 아니라는 점일 것이다. 실증주의적 반실재론자와 달리 현대의 반실재론자가 과학 이론을 문자 그대로의 의미로 받아들인다는 점은 의심의 여지가 없다. 또한 이들이 파인의 '핵심 입장', 즉 과학 탐구의 결과가 참일 수는 있지만 '평범한 일상의 진리와 동등한' 의미에서 참이라는 입장을 받아들인다는 점도 의심의 여지가 없다. 그렇다면, 실재론과 반실재론 사이의 철학적 논쟁은 논란의 여지조차 없는 '핵심 입장'을 둘러싸고 벌이는 부당하고 이유도 없는 부가물일 뿐인가?

파인이 정식화한 '핵심 입장'을 자세히 살펴보면, 진리가 무엇인지를 다루는 입장으로 볼 수 없다는 점이 분명해진다. 오히려 이 입장은, 과연 어떤 진술을 정당하게 참으로 받아들여야 하는지, 그리고 진술 유형이 다르면 진릿값도 다르게 부여해야 하는지를 다룬다. 동일한 진술 집합을 참이라고 받아들이고, 어떤 담화 내에 있는 모든 유형의 진술이 동일한 진릿값의 기준을 따른다는 데 동의하는 두 그룹이 있다고 하자. 그러나 두 그룹은 어떤 진술이 참이라고 말할 때, 그 진술에 정확히 어떤 속성이 귀속되는지에 대해서는 동의하지 않을 수 있다. 따라서 '핵심 입장'을 살펴보는 작업은 담화에서 어떤 진리 개념이 작동하는지의 쟁점을 밝히는 데는 아무런 도움도 되지 못한다.

문제의 구조는 매우 분명하다. 두 개념은 그 외연에서는 일치할지 모르지만 서로 다른 개념일 수 있다. 여기에 진리 개념의 후보인 둘 또는 그 이상의 개념이 있다고 하자. 이들이 ('핵심 입장'이 주장하는 대로) 같은 외연을 갖고 있을지는 모르지만, 과연 내용에서도 동일한지, 또는 적어도 진리 개념과 관련된 측면에서 서로 일치하는지는 여전히 따져보아야 할 쟁점이다.

과학에 초점을 맞춰보자. '핵심 입장'은 관찰적(익숙한) 어휘로 구성된 진술과 이론적(이색적인) 어휘로 구성된 진술 사이에 어떠한 의미론적 차이도 없다는 것을 그 내용으로 한다. 이제 실재론자와 반실재론자를 생각해보자. 이들은 서로 다른 의미론적 기준을 진술에 적용하지만, 이 기준을 적용하는 방식은 서로 동일하다. 실재론자들은 익숙한 진술과 이색적인 진술 모두에 대해 환원 불가능하고 독립적인 진리 조건을 부여한다. 반면 반실재론자들은 증거 제약적인(evidence-constrained) 의미론을 택할 것이다. 즉 이들은 두 유형의 진술 모두에 예컨대 (초)주장 가능성 조건을 부여하고, 이 진술들이 (초)주장가능성 조건을 만족시키는 경우이면서 오직 그 경우에만 참이라고 말할 것이다. 이런 차이가 있다 해도, 실재론자와 반실재론자 모두는 동일한 그 진술 집합이 참인 진술의 집합이라는 데 (우연하게) 동의할 수 있다. 예를 들어, 이들은 모두 '중성미자가 β-붕괴 과정에서 방출된다'가 참이고, '장미는 봄에 개화한다'도 참이라는 데 동의할 것이다. 그렇다면 이들의 차이는 무엇일까? 분명한 것은 이들이 서로 다른 진리 개념을 갖고 있다는 점이다. (물론 양쪽 다 진리 술어의 탈인용적 속성과 관련된 특징을 받아들인다는 점에서는 서로 일치하지만 말이다.) 실재론적 접근방식에서는 어떤 진술이 참이 아니어도 (초)주장 가능하고, 그 역도 마찬가지이다. 그러나 반실재론적 접근방식에서 이것은 택할 수 있는 선택지가 아니다. (이 장의 458~459쪽에서 이미 지적했듯이, 실재론자들은 참인 진술의 집합과 (초)주장 가능한 진술의 집합의 외연이 서로 다를 수 있다고 보는 반면, 반실재론자들은 그렇지 않기 때문이다.) 파인은 이들이 핵심 입장에 무언가를 더하고 있다고 생각한다. 이들은 분명 그렇게 한다. 그러나 '핵심 입장'은 진리 개념에 대한 것이 아니므로, 이들이 더하려는 내용은 '핵심 입장' 속에는 포함되어 있지 않은 진리 개념일 것이다. 이러한 추가 내용을 부당한 것으로 폐기해서는 안 된다. '핵심 입장'이 비록 다른 개념들과 양립 가능하다 해도, 그 자체만으로는 진리 개념을 해명하지 못하기 때문이다.

여러 문헌에서 파인은 '핵심 입장' 자체만으로도 과학에 대한 철학적 반성을 수행하는 데 충분하다는 관점을 취한다. 그는 이렇게 강조한다. "핵심 입장은 그 자체로 우리가 기꺼이 받아들여야 할, 설득력 있는 입장이다"(1986: 130) 그리고 뒤에서 이렇게 부연한다. "NOA는 과학적 진리와 일상적 진리가 동등한 지위에 있고 두 가지 모두를 진리로 수용해야 한다는 입장 안에 이미 [실재론과 반실재론이 덧붙이려는] 추가적 특징이 포함되어 있다고 본다. 그러므로 이에 대한 어떤 추가도 합당하지 않으며 필요하지도 않다."(ibid.: 133) 나는 이 주장이 아무리 잘 봐줘도 부분적으로만 옳다고 생각한다. 실재론자와 현대 반실재론자 양자가 현대 과학과 진리에 대한 그 열망을 진지하게 받아들이기 위해서는 '핵심 입장'을 공유하는 것으로 족한 게 사실이다. 그러나 '핵심 입장'은 그 자체만으로는 어떤 주장이 참이라고 할 때 그 주장에 귀속되는 것이 무엇인지에 대해 아무런 단서도 제시하지 않는다. 그리고 실재론자와 반실재론자는 바로 이 부분에서 서로 다르다. 심지어 파인이 어떤 주장이 참이라고 할 때 그 주장에 귀속되는 속성은 아무것도 없다는 강력한 (진리부정론적) 관점을 취한다 해도, 그것은 실재론과 반실재론 모두와 경합하는 또 다른 철학 이론에 불과할 것이다.

이 단계에서 나올 만한 반론이 있다면, 파인의 소극적 (또는 불가지론적) 태도는 진리 개념에 대한 논쟁이 더 이상 중요하지 않다는 점을 보여주는 데 그 의도가 있다는 주장일 것이다. 그러나 진리 개념에 대한 논쟁은 실재론자와 반실재론자 모두가 '핵심 입장'에 동의한다는 그 사실에서 출발한 것이 아니다. 양측은 붉은 장미를 보고 있다는 데 동의할 수 있지만, 장미가 붉다고 할 때 장미에 귀속되는 것이 무엇인지에 대해서는 동의하지 않을 수 있고, 장미가 어떤 속성에 근거하여 붉다고 할 수 있는지, 또는 어떤 관계로 인해 다른 붉은 물체와 같은 것으로 분류되는지에 대해서는 동의하지 않을 수 있다. 따라서 파인은 자신의 소극적 태도를 방어하기 위해 추가적인 철학적 논증을 할 필요가 있다. 어쨌든 나는 여기서는 진리 개념에 대한 철학적 논쟁이 쟁점이며, 논쟁의 모든 편이 어떤 진술을 참으로 받아들여야 하는지에 대해 (우연하게) 동의하는 경우라 해도 마찬가지라고 주장하고 싶다. 진리를 만드는 것이 (궁극적으로) 이 세계이든 인식적 기준이든, 심층적 진리 담지 속성은 없다는 주장이 아직 입증되지 않은 한, 진리가 심층적 본성을 지니는지 여부를 검토하는 일은 이론적으로 중요하고 도전적인 과제이다. 따라서 어떤 담화 내에서 작동하는 진리 개념을 최소주의적으로 완전히 해명하지 못하는 한, 진리가 실질적 속성인지 아닌지는 아직 답이 내려지지 않은 열린 질문이다. 그리고 그것이 열린 질문이라면, 우리(철학자)는 그에 대한 이론을 고안하고 답변해야 한다. 이런 상황은, 모든 붉은 물체가 붉은 것은 어떤 심층적 속성이 있기 때문인지를 검토하는 문제와 유사하다. 이것은 이론적 문제로, 특정 물체들의 집합이 모두 붉다는 데 동의하는지 여부로는 해결할 수 없는 문제이다. 우리에게 필요한 것은 속성에 대한 실질적 이론이다. 왜 이 집합에 속하는 모든 물체가 일정한 특징을 지니는지를 설명해주는 이론 말이다. 이것이 바로 이론적 탐구가 진행되는 방식이며, 진전이 일어나는 방식이다. 파인이 이 문제를 종결짓기 위해서는(즉 그의 소극적 태도를 성공적으로 만들기 위해서는) 어떤 진술을 참으로 받아들여야 하는지에 대한 외연적 진술뿐만 아니라 진리 개념에 대한 적극적 태도 또한 필요하다. 특히 파인의 전략에서는 진리가 어떤 실질적 속성이 아니라는 주장을 옹호해야 하는데, 진리가 그러하다면 그에 대한 실질적 설명을 찾는 작업도 무의미해기 때문이다. 따라서 우리에게 남겨진 것은 진리의 본성에 대한 몇 가지 **이론들**뿐이며, 진리가 실질적 속성이 아니라는 (명백히 파인의 관점인) **이론** 역시 그 가운데 하나라 할 수 있다. 결국 특정 이론을 옹호하기 위해서는 진리에 대한 실질적 이론이 옳은지를 묻는 철학적 논쟁에 개입하지 않을 수 없다. 이 철학적 논쟁에서 벗어날 방법은 파인에게 보이지 않으며, 다른 누구에게도 이것은 마찬가지이다.

나는 파인이 진리 개념에 대한 철학적 논쟁에서 택한 소극적 태도를 쉽사리 포기할 거라 생각하지는 않는다. 사실, 때때로 그는 과학에서의 진리 귀속에 대한 문자 그대로의 이해가 그가 말한 '이론 없음' 접근방식을 가감 없이 설명해준다고 생각하는 듯하다. 예를 들어, 그는 진리에 대한 자신의 '이론 없음' 입장이 "반 프라센이 일반적으로 진리를 '문자 그대로'의 방식으로, 즉 기본적이고 쉽게 이해되는 비분석적 용어로 받아들인다고 할 때의 의미와 유사하다"(1986a: 175)고 말한다. 또한 그는 "'문자 그대로'란 실재론이 사용하는 대응이라는 은유를 배제한다는 뜻"(ibid.: 157, n. 6)이라고 지적하기도 한다. 이런 주장에 대해 '핵심 입장'이 그 자체로 진리 개념에 관한 것이 아니라는 점을 다시 말할 필요는 없을 것이다. 따라서 나는 다른 길을 찾아보고자 한다.

과학적 주장의 진리를 문자 그대로 받아들이는 작업이 추가적 분석을 요구하지 않는 '기본적이고 쉽게 이해되는' 진리 개념에 기초해 있다는 파인의 제안이 옳다고 가정해보자. 그렇다면 모든 실증주의적 반실재론자는 이론을 문자 그대로 받아들이지 않음으로써 기본 개념을 이해하지 못하고 있는 셈이다. 따라서 그들에게 이런 기본 개념을 (말하자면 책상을 내리치면서까지) 설명하는 일은 정당한 철학적 개입이 될 것이다. 그런데 진리 개념이 '분석 불가능한' 것이라는 파인의 생각이 옳다면, 실증주의적 반실재론자들에게 설명해야 할 것은 진리 개념 그 자체가 아니라 이 개념을 **어떻게 사용해야 하는가** 하는 측면이다. 그러나 이것은 부질없는 일이다. 그들의 문제는 개념을 사용하는 방법을 모른다는 점에 있지 않기 때문이다. 무엇보다 그들은 관찰적 담화만큼은 진릿값을 지닐 수 있다고 생각하기에 그런 방식으로 진리 개념을 사용한다. 오히려 그들의 문제는 진리 개념(과 그 동종 개념)이 이론 담화에는 적합하지 않다고 보는 데 있다. 다시 말해 반실재론자들은 이론적 담화가 환원 불가능하고 독립적으로 존재하는 존재자에 대해 아무것도 (심지어 추정적으로도) 보고하지 않는다고 생각하기 때문에, 진리 개념을 이론 담화에 적용할 수 없다고 본다. 그렇다면 이론 담화를 **문자 그대로** 받아들이도록 그들을 설득하는 일은 '분석 불가능'하고 '이미 사용되고 있는' 진리 개념을 어떻게 사용할 것인지를 설명하는 정도에서 그칠 수 없다는 점이 명백해진다. 오히려 이러한 설득 작업은 진리 개념을 분석하는 경우에만 가능할 것이고, 나아가 진리 개념의 일관된 적용이 관찰 담화에 대해서뿐만 아니라 이론 담화에 대해서도 허용된다는 점을 보여줄 때 가능할 것이다. 이 분석을 진행하는 가장 적절한 방법은, 관찰적 진술들 못지않게 이론적 진술들도 **진리 담지자를 가진다**는 것을 받아들일 수밖에 없음을 보여주는 것이다. 즉 관찰적 진술이 관찰 가능한 대상에 관한 진술인 동시에 관찰 가능한 대상이 그 진술에서 묘사된 대로 존재할 경우 참이 되는 것처럼, 이론적 진술 역시 관찰 불가능한 대상에 관한 진술인 동시에 관찰 불가능한 대상이 그 진술에 묘사된 대로 존재할 경우 참이라는 것을 보여주어야 한다는 것이다.

따라서 과학 이론을 문자 그대로의 의미로 이해해야 한다는 (일견 순진한) 주장은, 적어도 이론적 진술이 진리를 담지할 수 있다는 진리 개념을 함축하고 있는 주장이다. 가령 '중성미자가 β-붕괴 과정에서 방출된다'는 주장이 참이라고 말하는 것은 파인이 생각하는 것보다 훨씬 더 실질적인 의미를 가진다. 왜냐하면 이 진술의 옹호자들은 '중성미자가 β-붕괴 과정에서 방출된다'는 진술에 대한 여러 가지 가능한 해석 가운데 적어도 중성미자와 β-붕괴의 존재만큼은 인정하고 있기 때문이다. 이 해석이 문자 그대로의 해석인 이유는, 이론적 진술이 환원 불가능한 진리 담지자를 갖는다는 주장을 이미 인정한 것이기 때문이다.[3] 실재론자와 반실재론자는 이들 진리 담지자가 그것을 알기 위해 사용하는 수단과 독립해 있는지에 대해서만 의견을 달리한다.[4] 그러나 여기서의 요점은 누가 옳고 그른지에 있지 않다. 중요한 것은, 이론적 주장을 문자 그대로 이해해야 한다는 생각 자체가 추가 분석을 필요로 하는 진리 개념을 함축하고 있으며, 이 개념은 파인이 생각하는 것보다 훨씬 더 실질적이라는 점이다.[5] 따라서 과학에서 '이미 사용되고 있는' 진리 개념이 과학 이론에 대한 문자 그대로의 이해 속에 함축되어 있음을 받아들인다 해도, 실재론자나 반실재론자 모두 이 개념을 부당하게 부풀리고 있다고 볼 수는 없다.

정리해 보자. 파인의 소극적 태도는 유지될 수 없다. 그가 제안하는 '핵심 입장'은 과학에서 작동하는 진리 개념에 관한 것이 아니다. 심지어 그 진리 개념이 모든 유형의 과학적 주장을 문자 그대로의 의미로 받아들이는 데 필요한 특징을 모두 지니고 있다고 인정하더라도, 이러한 진리 개념은 과학적 주장이 진리 담지자를 가져야 한다는 요구를 (따라서 가질 수도 있다는 인정 또한) 담고 있다.

적극적 태도

이미 우리는 파인이 최소주의적-축소주의적 진리 이론을 그다지 지지할 수 없다는 것을 살펴보았다. "나는 호위츠가 옹호한 바 있는 진리에 대한 축소주의적 접근에 공감하지만, 여전히 평범한 '이론 없음' 태도를 선호한다"(1996: 184)고 한 그의 말을 떠올려보자. 그러나 파인은 때때로 관찰적 진술과 이론적 진술에 모두 적용될 수 있는 표준적 일상 개념으로 일종의 **얇은**(최소주의적-탈인용적인) 진리 개념을 옹호함으로써 실재론에 반대하는 것처럼 보이기도 한다. 예를 들어 그는 진리가 어떤 본질을 지니고 있고(1986: 142 참조), 진리가 '설명적 개념'이며, "참인 것들을 참이게끔 하는 어떤 일반적 대상이 있다"(1986: 175)는 관점을 거부한다. 이것을 호위츠의 다음 주장과 비교해보자. "'~은 참이다'라는 말을 **진리**라는 복잡한 속성—언젠가는 철학적 또는 과학적 분석에 의해 그 근저에 놓인 본질이 밝혀질 것으로 기대되는 실재의 한 구성요소—에 붙이는 것은 정당하지 않으며 잘못된 일이다."(1990: 2) 또한 그것을 다음 주장과도 비교해보자. "대부분의 술어와 달리 '~는 참이다'는 그것이 지시하는 대상에 대한 어떤 심층 이론에, 즉 그 단어가 뜻하는 바를 상술하는 것 이상의 이론에 관여하는 것으로 기대해서는 안 된다."(ibid.) 그렇다면 호위츠의 최소주의적-축소주의적 이론은 앞서 개괄한 내용(462~463쪽) 이상도 이하도 아니다. 즉 진리 술어는 "모종의 논리적 필요를 위해서만 존재하는"(1990: 2) 형식적 술어이고, "플라톤이 말한 것은 참이다"라는 형식을 일반화하기 위한 술어에 다름 아니다.(Williams 1986 참조) 이 관점에 따르면, 우리는 "진리에 관해 그 이상의 아무것도 가정할 필요가 없다."(Horwich 1990: 6)

파인은 이 문제에 대해 호위츠만큼 적극적 주장을 펴지는 않지만, 호위츠만큼 부정적 입장을 가진 듯하다. 왜냐하면 호위츠는 적어도 진리 술어의 의미와 역할에 대한 설명을 제시한 반면, 파인은 이마저도 기피하는 것처럼 보이기 때문이다. 그렇기에 파인은 다음과 같이 말했다.

> 만일 무언가가 참이라는 말이 무엇을 의미하는지(또는 이러저러하게 참되다는 것이 무엇을 인정하는지)의 질문에 답하라고 한다면, NOA는 특정 주장에 의해 생성된 논리적 관계를 지적하고, 그런 다음 특정한 진리 판단의 근거가 되는 구체적인 역사적 상황에 초점을 맞춰 답할 것이다. 어쨌든 그 이상으로는 할 말이 없기 때문이다. (Fine 1986: 134)

그러나 이것은 믿기 어려운 말이다. 앞서 살펴본 바와 같이, 파인은 진리 개념에 대해 타르스키-데이비슨적 의미론, 진리 술어의 잉여적 특성을 고려하는 등의 몇 가지 적극적 이야기를 하고 있기 때문이다. 그리고 어쨌든 "특정한 진리 판단의 근거가 되는 구체적인 역사적 상황"에 대해 논의하는 것은 특정 담화 속에서 작동하는 진리 개념의 문제와는 아무런 관련이 없다. 그 논의는 특정한 진리 판단이 이루어진 상황과 관련된 것이지, 이 특정 판단에 관여하는 진리 개념에 대한 것이 아니기 때문이다.

그런데 파인은 진리에 대한 판단이 이뤄지는 각각의 사례마다 서로 다른 진리 개념이 작동한다는 관점을 채택하려 할지도 모른다. 그러나 사실이 과연 그러하다면, 우리에게는 확실히 더 많은 철학적 논증이 필요해진다. 과학적 담화를 예로 들면, 어떤 경우에는 진리 개념이 실재론적으로 작동하고, 어떤 경우에는 반실재론적으로 작동하며, 또 다른 경우에는 최소주의적으로 작동하는 것에 대해 추가적 논증을 해야 한다는 것을 의미한다. 물론 이런 논증의 부담은 파인이 짊어져야 할 몫이다. 어떤 경우든 우리는 라이트(1992: 23)의 노선을 따라, 일단 어떤 진리 술어가 진리 술어로서 기능하는 데 필요한 최소한의 속성을 충족한다면, 그 진리 술어가 다른 맥락에서 발화되었을 때 하나 또는 그 이상의 실체적 내용(예컨대 과학적 내용, 도덕적 내용, 미적 내용)을 갖는지 여부는 열린 문제로 남는다는 것을 설득력 있게 주장할 수 있다. 이 경우에, 다양한 맥락에 적용할 수 있는 통일된 진리 개념이 존재하는가 여부도 열린 문제로 남는다고 할 수 있다. 하지만 파인의 논점은 이와는 다른 것으로 보인다. 그는 심지어 과학적 담화와 같은 동일한 담화 내에서도 서로 다른 진리 개념이 작동할 수 있는 것처럼 암시하고 있기 때문이다. 나는 진리 개념에 대한 노골적인 **상대주의** 없이는 이런 결론에 도달할 수 없다고 본다. 따라서 파인이 과연 이런 의미로 주장을 펴고 있는 것이라면, 이를 뒷받침할 논거가 필요하다고 생각한다.

이어서 나는 파인의 적극적 태도가 과학적 담화에서의 진리에 대한 최소주의적-축소주의적 해명을 옹호한다고 가정하려 한다. 이미 살펴본 것처럼 파인이 이 문제에 대해 명확한 것은 아니지만, 나는 그가 진리에 대한 최소주의적-축소주의적 해명을 수용해야만 명료한 주장을 할 수 있다고 생각한다. 만일 그렇게 한다면, 그는 과학적 담화에서 작동하는 진리에 대한 일률적이지만 최소한의 개념이 존재한다는 것마저 부정하는 불편한 입장에 더 이상 서지 않아도 되기 때문이다. 나아가 파인은 진리에 대한 최소주의적-축소주의적 해명을 명시적으로 채택함으로써 자신의 '이론 없음' 접근방식에서 물러서지 않을 수 있는데, 일반적으로 축소주의자들은 자신들의 설명이 진리에 대한 '무거운' 이론으로 나아가지 않는다고 주장하기 때문이다.(Williams 1986: 223 참조)

이번 장을 통해 나는 지금까지 실재론과 반실재론 논쟁에서 어느 한 편을 들지 않았음을 밝혀둔다. 실재론에 분명 마음이 기울어져 있음에도 그렇게 했다. 나는 파인이 말한 것과는 달리, 진리라는 개념에 대한 철학적 논쟁이 여전히 필요하다는 점, 즉 진리가 실질적 개념인지 여부는 여전히 열린 문제라는 점을 강조하기 위해 어느 한 편을 드는 것을 자제해 왔다. 하지만 지금부터 나는 실재론을 옹호하고자 한다. 우선 실재론의 '대응이론적' 해명과 축소주의적 관점 사이의 논쟁에 초점을 맞추고, 이어서 진리에 대한 전형적인 반실재론적 해명 몇 가지에 이의를 제기함으로써 그렇게 하고자 한다.

진리에 대한 얇은(최소주의적) 접근법을 논의하는 표준적인 방식은 그와 같은 진리 개념이 진리와 관련된 **모든** 사실을 설명할 수 있는지 알아보는 것이다. 여기서의 쟁점은 얇은 해명이 **설명적 완전성**을 갖추었는지 여부이다. 호위츠와 다른 축소주의자들(예를 들면, Willams 1986)은 그들의 해명이 설명적으로 완전하다고 주장한다. 즉 한 언어에서 진리 술어가 하는 역할에 대해 알아야 할 모든 것을 설명한다는 것이다. 이들의 반대자들은 실재론자이든 반실재론자이든 진리에는 얇은 해명에 의해서는 충분히 설명되지 않는 중요한 사실이 있다고 주장한다.(Devitt 1984; Field 1972; 1992; Papineau 1993; Putnam 1985; Wright 1992 참조)

이 쟁점은 여러 문헌에서 충분히 논의되어 왔고 진리에 대한 두꺼운 설명을 옹호하기 위해 위 철학자들이 제시해온 내용에 추가할 것이 별로 없다는 점에서, 나는 다른 방식으로 논의를 진행하고자 한다. 내 목표는 진리에 대한 두꺼운 **대응이론**을 통해서도, "지시된 존재자가 지시 관계 내에 있을 경우 그 문장(또는 진술)이 곧 참이 되는 그런 통상적 지시 방식을 통해서 진리를 다루자"(1986: 130)는 파인의 제안에 내포된 진리 개념을 적절히 해명할 수 있음을 보여주는 데 있다.

진리에 대한 대응론적 해명과 축소주의적 해명은 '절반의 라이벌' 관계에 있다. 서로 유사한 측면을 먼저 살펴보면, 두 접근법은 모두 진리 개념이 비인식적이라는 점을 받아들인다. 실재론자들은 이것을 진리 개념을 정의하는 특징으로 보는 반면, 축소주의자들은 이 특징이 자신들의 최소주의적 진리 개념에 함축되어 있다고 본다. 예를 들어 윌리엄스는, 축소주의적 관점에서 볼 때 "진리는 순수 대응이론에서 말하는 것 외에는 아무런 인식적 속성도 갖지 않는다"(1986: 224)고 지적한다. 또한 그는 "진리가 일종의 인식적 속성이어야 한다고 믿는 사람은 진리에 대한 탈인용적 해명을 일종의 최소주의적 실재론으로 충분히 생각할 수 있다"(ibid.)고 덧붙인다. 나아가 실재론자와 축소주의자는 모두 예컨대 "'눈이 하얗다'는 참이다"와 "눈이 하얗다"는 말 사이에 매우 밀접한 연관성이 있다는 데 동의한다. 따라서 축소주의적 해명과 '최소주의를 넘어서는' 실재론적 해명의 차이는, 그러한 비인식적 해명 속에서도 여전히 진리가 실질적 속성으로 간주되고 있는지 여부에 있다. 특히 둘의 차이는, "'눈이 하얗다'는 눈이 하얀 경우이면서 오직 그 경우에만 참이다"와 같은 진술이 진리에 대한 더 실질적인 대응이론적 해명을 함축한다고 보는지 여부에 있다.

이른바 진리 대응론은, 어떤 진술이 참이라고 말하는 일은 곧 그 진술이 기술하는 대로 진술의 대상이 존재한다고 말하는 일이라는 생각(라이트의 표현에 따르면 '뻔한 이야기'—Wright 1992: 25)에 의존한다. 축소주의자들은 이 생각에 매우 기꺼이 동의한다. 예를 들어 호위츠와 윌리엄스는 진리 개념을 각자 해명하면서 이러한 진리 귀속적 요소를 담아내고자 한다. 호위츠는 "'눈이 하얗다'는 말은 눈이 하얗기 **때문에** 참이다"(1990: 111)라는 생각을 기꺼이 받아들이며, 이와 같은 진술이야말로 "각각의 진리는 대응하는 사실이 존재함으로써 참이 된다"는 생각이 가진 직관적 설득력을 충분히 포착하고 있다고 생각한다.(ibid. 112) 또한 윌리엄스는 축소주의적 접근이야말로 "언어적 요소와 언어 외부의 실재가 서로 대응한다는 실재론적 주장에서 표현되고 있는 최소주의적 '대응'"을 가능하게 만든다고 주장한다.(1986: 233) 그런데 대응이론의 기반이 되는 사고방식이 그토록 강력해서 축소주의적 접근법조차 그것을 포착하는 것을 목표로 한다면, 실재론적 '대응'설에 대체 무슨 문제가 있다는 말인가?

라이트는, 축소주의가 일부 대응론적 '어법'(1992: 27)을 정당화할 수는 있겠지만 호위츠의 상세한 해명으로도 실재와의 대응에 대한 실재론자들의 주장이 지닌 강력한 의미를 포착할 수 없다고 불평한다.(ibid.: 83) 라이트에 따르면, 대응에 대한 실재론적 이해는 "어떤 진술의 진리란 그 진술이 무언가 외적인 것을 표상하는 데에, 즉 세계에 대한 거울상을 제시하는 데에 있다"(ibid.)는 생각을 진지하게 받아들이는 것이라고 한다. 윌리엄스도 확실히 라이트의 불만에 동의하는 듯하다. 왜냐하면 그는 축소주의자들의 "최소주의적 대응 개념"으로는 실재론자들의 "물리적 대응 개념 또는 다른 실질적 대응 개념"을 포착하는 데 충분치

않다고 주장하고 있기 때문이다.(1986: 233)

나는 "세계에 대한 거울상을 제시한다"와 같은 은유를 어떻게 이해해야 할지 잘 모르겠다. 그러나 나는 "'눈이 하얗다'는 눈이 하얗기 **때문에** 참이다"라는 형식의 이야기가, 실재론이 생각하는 의미의 '대응'을 포착하기에 충분히 견고하다고 주장하려 한다. 호위츠에 대한 라이트의 불만은, 이런 식의 이야기로 실재론적 대응 개념을 포착하기 위해서는 "어떤 사태"(눈이 하얗다는 것)가 "'눈이 하얗다'는 문장을 진리로 만드는 **원천**"(Wright 1992: 26)이어야만 한다는 사실에 있다. 호위츠의 축소주의적 해명이 진리의 원천에 대한 생각을 포착하지 못했다는 라이트의 지적은 아마도 옳을 것이다. 호위츠가 정말로 이 생각을 포착했다면, 진리가 실질적 속성이 아니라는 그의 설명은 의심스러운 것이 되기 때문이다. 그러나 '대응'에 대한 실질적 이해가 라이트가 지적했던 것(또는 그 변종) 이상의 무언가를, 즉 눈이 실제로 하얗다는 사실이 '눈은 하얗다'라는 문장을 참으로 만드는 원천이라는 것 이상의 무언가를 인정하는 일이라고 볼 이유는 없다. 나는 이런 식의 타르스키적 대응 개념이 여기서 인정할 수 있는 것 모두라고 생각한다. '대응'이 진리에 대한 실질적 설명을 제시한다는 실재론적 생각은 "문장 'P'를 참으로 만드는 원천은 P이다"라는 형식의 주장을 통해 충분히 포착된다. 여기에 해당 진술의 특정 부분이 지닌 의미론적 속성, 즉 용어가 지시하는 대상과 술어의 외연을 통해 진리 조건이 결정된다는 타르스키의 만족(지시) 개념을 덧붙여보자. 이렇게 해서 얻을 수 있는 것은 진리에 대한 충분히 두꺼운 이해이다. 그렇다면 왜 실재론자들은 더 많은 것을 얻어내려고 노력하는가? 돌아보면 우리가 이렇게 해서 도달하는 지점은 결국 진리에 대한 한 가지 해명—어떤 진술 'P'를 참으로 만드는 원천은 지시된 존재자들이 지시된 관계에 있다는 것—일 뿐이다. 지시 관계 내에 있는 지시 대상이 어떤 진술을 참으로 만드는 **원천**인 이유는 지시 대상이 실제로 지시 관계 내에 있기 때문—즉 눈이 하얗다는 속성을 가지고 있기 때문—이다. 지시된 존재자가 지시된 관계 내에 있다는 진술은 실재와 대응한다. 요컨대 진리에 대한 실재론의 '대응론적' 해명은, 지시된 존재자가 지시된 관계 내에 있거나 지시된 속성을 가지기만 하면 언제나 그 진술은 참이라는 주장을 요약한 데 지나지 않는다. 이 주장이 옳다면, 실재론적 대응론은 "지시된 존재자가 지시 관계 내에 있을 경우 그 문장(또는 진술)이 곧 참이 되는 그런 통상적 지시 방식을 통해서 진리를 다루자"(1986: 130)는 파인의 제안에 포함된 진리 개념을 단순히 풀이한 이론일 뿐이다.

여기서 즉시 제기될 수 있는 반론은 내가 방금 진리의 개념에서 **지시**의 개념으로 초점을 옮겼다는 의견일 것이다. 다른 어떤 것도 아닌 특정 존재자가 특정 명사나 술어에 의해 지시되는 것은 무엇 때문일까? 여기가 바로 전체 쟁점이 전환되는 지점이다. 이 쟁점은 실재론적 대응 개념을 설명하기 위한 것이 아니다. 문제는 더 쉽다. 이것은 실재론적 대응 개념을 **두껍게** 만드는 데 필요한 지시 이론이 과연 무엇이냐는 문제이다. 그리고 바로 이 지점에서 실재론자와 축소주의자의 의견이 갈린다. 실재론자들은 지시에 대한 실질적 이론, 즉 어떤 언어의 의미론적 속성은 언어적 원자(명사와 술어)를 그 지시 대상에 연결해주는 인과적 사슬에 의해서 고정되고, 그에 따라 진술 역시 그 진리 조건에 연결된다는 크립키-퍼트넘의 인과 이론(Field 1972: 366~367 참조)에 통상적으로 의존한다. 반면에 축소주의자들은 지시에 대한 실질적 이론이 있다는 것을 부인하고, 지시가 어떻게 고정되는지에 대한 준-형식적(semiformal) 설명을 제시한다.(Horwich 1990: 122~123 참조) 나는 12장에서 인과적 지시 이론을 논의하고, 그중에서 특히 실재론에 부합하는 이론을 옹호할 것이다. 지금은 다음을 지적하는 데 만족하고자 한다. "어떤 문장에서 지시된 존재자가 문장이 제시하는 관계 내에 있을 경우 그 문장(또는 진술)이 곧 참이 되는 그런 통상적 지시 방식을 통해서 진리를 다루자"(1986: 130)는 파인의 제안이 혹시 언어적 단위가 지닌 의미론적 값을 고정하는 실질적(인과적) 지시 이론을 인정하는 것이라면, 그의 제안은 진리에 대한 진리에 대한 두꺼운 실재론적 '대응' 개념과 완전히 일치한다. 하지만 나는 파인이 이 논쟁에서 정확히 어디에 위치하는지 잘 모르겠다. 그는 이 쟁점에 대한 논의를 의도적으로 삼가고 있지만, 실재론자들이 "이 세계의 구조가 지닌 특징에 대한 실질적인 인식적 접근이라는 [그들의] 모호한 요구를 재검토해야 한다"(1985: 157)는 퍼트넘의 '모형-이론적' 논증에 설득된 듯하다. 그러나 파인은 이에 대해서도 더 많은 설명을 해야 한다.

상호성과 오염

확실히 파인은 진리에 대한 실질적 대응론에 반대하는 일반적 논증을 제시하려고 노력했다. 그는 다음과 같은 질문에서 출발한다. "만일 우리가 어떤 진술을 그에 대응하는 사태와 비교하려고 한다면 무엇을 해야 하는가? 우리가 어떤 사태를 실재론적 스타일에 따라 세계에 대한 특징으로 이해한다고 할 때, 우리는 어떻게 그 사태에 도달할 수 있는가?"(1986a: 151) 그런 다음, 그는 두 가지 관찰을 제시한다.

1. 우리는 세계와 인과적으로 상호작용하기 때문에, 세계는 우리와 독립적일 수 없다. 우리와 세계 사이에는 **상호적인**(reciprocal) 관계가 존재한다.
2. 우리가 세계와의 상호작용을 통해 얻는 정보가 무엇이든 그것은 모두 대상과의 상호작용으로 인해 **오염된**(contaminated) 정보이다.

"그렇다면 상호성과 오염 앞에서 어떻게 우리는 독립적이면서 객관적인 존재자에 도달할 수 있는가?"(ibid.) 이 질문에 대해서는 빠른 답변이 이어지는데, 파인은 이런 식의 답변을 즐겨한다. "실재론자는 그의 세계에 직접 접근할 수 없다." 따라서 진술과 독립적 세계 사이의 대응 관계로서 진리를 해명하려는 실재론의 시도는 실패한다는 것이다.

여기서도 파인의 주장은 다른 해석을 허용한다. 만일 파인이 강조하고자 하는 것이 세계에 대한 우리의 이론화가 세계에 대한 인과적 의존을 통해서만 가능하다는 이야기라면, 그의 주장은 진리에 대한 실재론적 해명에 위협이 되지 않는다. 오히려 파인의 주장은 실재론적 해명을 보완한다. 인과적 상호작용은 상호작용하는 대상에 대해 아는 것을 막지 않기 때문이다. 우리가 세계에 대한 인식적 접근을 할 수 있고, 우리 믿음에 대한 진리 조건이 충족될 경우 그것을 오류 가능한 방식으로 주장할 수 있는 것은, 우리와 세계 사이의 인과적 상호작용이 세계에 대한 사실을 발견할 수 있는 신뢰성 있는 수단을 우리에게 제공해주기 때문이다. 우리가 개념화하고 이론화하는 정보는 분명 우리와 상호작용하는 대상에 대한 정보이다. 그러나 그것 외에 또 어떤 것이 있을 수 있는가? 인과적 상호작용과 연결이 세계에 대한 우리 지식의 원천인 한, 이 세계에 대한 진리에 접근하는 데는 아무런 문제도 없다. 어쨌든 진리에 대한 실재론의 요점은 세계와의 인과적 주고받기에 관한 것이 아니다. 이미 여러 번 강조했듯이, 진리는 인간의 의견과 논리적으로 독립해 있다. 어떤 진술의 진리와 그것을 인식하고 주장하는 우리의 능력 사이에는 어떠한 개념적, 논리적 연관성도 없다는 얘기다. 우리의 믿음은 우리와 상호작용하는 대상에 대한 것이다. 우리와 상호작용하지 않는 대상에 대해서는 믿음을 가질 수 없기 때문이다. 그러나 그 믿음이 참이라면, 믿음의 진리는 검증, 정당화 등의 방법과는 논리적으로 독립해 있다. 즉 우리가 상호작용하는 대상에 대해 주장하는 것이 (이상적으로) 정당화되었다는 사실에서 그 진리가 나오는 것이 아니다. 마찬가지로, 실재론자가 볼 때 우리와 상호작용하는 대상은 우리와 단순히 인과적으로 상호작용하는 대상이다. 이들 대상이 독립적이라 함은 인과적 의미에서 그렇다는 것이 아니라 오로지 논리적 의미에서 그렇다는 것이다. 즉 그것들은 (어떤 의미로든) 우리의 개념화와 이론화의 결과가 아니다. 파인의 주장을 이렇게 해석하면, 그것은 실재론의 입장에서 볼 때 아무런 문제가 되지 않는다.

이러한 점을 고려할 때, 파인의 주장은 상호성과 오염의 결과로 인해 세계가 우리의 이론화에 논리적-개념적으로 의존한다는 것을 암시하려는 의도일 수 있다. 만일 그러하다면, 파인의 주장은 그가 취하려는 중립성을 어기고 진리에 대한 비실재론적 입장으로 그를 끌어가는 것이 된다. 만일 파인이 우리가 받아들이는 정보에 대한 우리의 개념화와 이론화가 어떤 식으로든 우리와 상호작용하는 대상을 결정한다는 뜻으로 말했다면, 즉 그런 이론화가 대상들을 지금의 모습으로 만들었다는 뜻이라면, 이런 시각은 진리가 우리의 인식 능력으로부터 개념적으로 독립되어 있다는 생각을 위협할 것이다. 앞서 살펴본 바와 같이, 파인은 진리에 대한 이런 식의 해명을 의도하지는 않았다. 그러나 만일 파인이 '상호성'과 '오염'을 통해 세계가 우리의 이론화에 논리적으로 의존한다고 주장하는 것이라면, 그와 같은 해명을 어떻게 피할 수 있는지 알 수 없다. 파인은 그의 주장을 제시한 직후에 토머스 쿤의 다음 구절(1970: 206)을 인용하며 동의를 표한다. "내 생각에 '정말로 참'과 같은 문구를 재구성할 수 있는 이론 독립적인 방법은 존재하지 않는다. 어떤 이론의 존재론과 자연 속에 '실재하는' 그 대응물 사이의 합치라는 개념은 내게 원리상 환상으로 보인다." 이것은 파인이 '진리 대응론'의 가능성을 논박하면서, 진리에 대한 일종의 인식적 해명 또는 '내재적 실재론'에 이끌리고 있음을 보여주는 대목처럼 보인다.

성공과 진리

그러나 실재론의 두꺼운 대응 개념에 대한 나의 옹호는 여전히 '대응'이 실질적 속성임을 보여주기에는 부족한 주장일 수 있다. 그러나 결국은 이것이야말로 실재론자와 축소주의자가 동의하지 않는 부분 아닐까? 예를 들어, 윌리엄스가 축소주의자들의 '최소주의적 대응' 개념과 실재론자들의 '물리적 대응' 개념을 대조하면서 지적하려고 했던 바가 바로 이것 아닐까? 따라서 이 절에서는 진리에 대한 실질적인 대응론적 해명을 지지하는 잘 알려진 주장을 옹호할 것이다. 즉 하트리 필드(1986, 1992)와 몇몇 사람이 제시한 이른바 '성공 논증'이 그것이다. 먼저 약간의 배경 설명으로 논의를 시작하겠다.

진리 조건에 대한 실재론자들의 해명을 진지하게 받아들인다는 것은 무슨 의미인가? 필드(1986: 59)에 따르면, 그것은 진리 조건을 "발화나 사고 상태의 객관적 특징으로 생각하는 것이다. 여기서 객관적 특징이란 우리가 그것을 알든 모르든 관계없이 발화나 사고 상태가 가질 수 있는 특징이며, 발화 또는 사고 상태와 우리 주변 세계 사이의 관계에 대한 사실들에 힘입어 갖게 된 특징이다." 이러한 객관적 특징을 기꺼이 받아들이는 태도야말로 진리에 대한 실재론적 이해의 일부를 이룬다. 그러나 이런 생각이 들 수도 있다. 이 '중장비'가 '따로 노는 바퀴'라면, 다시 말해서 그러한 객관적 진리 조건을 상정하는 일이 세계에 대한 우리의 이론화에서 어떠한 인과적-설명적 역할도 수행하지 않는다면, 왜 이 모든 중장비를 받아들여야만 하는가? '성공 논증'은 객관적 진리 조건이 정확히 그러한 인과적-설명적 역할을 수행한다는 것을 보여주는 것을 목표로 한다. 간단히 말해, 이 논증은 성공적인 행동이 왜 성공적인지를 설명하는 데 진리 조건에 대한 호소가 본질적으로 관여한다는 주장이다. 즉 이 설명은 성공적인 행동이 기초한 믿음의 진리 조건이 실현되어 있다는 주장에 근거한다. 더 구체적으로 말하면, 다양한 영역에서의 성공을 위해서는 모든 종류의 신뢰성 있는 믿음이 필요하며, 그 믿음을 신뢰할 수 있으려면 믿음이 그 진리 조건을 신뢰성 있게 제시해야만 한다는 주장에 근거한다.(Field 1986: 90, 92~95 참조)

축구팀의 수비를 예로 들어보자. 수비수는 상대 팀의 공격수가 오프사이드를 범하도록 유도할 것이다. 그들은 오프사이드와 관련된 일련의 믿음을 가지고 있다. 간단히 설명하면, 그들은 경기를 진행하다가 기회가 오면 움직임을 맞춰 공격수보다 뒤쪽에 위치하려 할 것이다. 그러면 공격수는 오프사이드를 범하게 되어 경기가 멈추고 공격은 실패할 것이다. 축구 팬들이 잘 알고 있듯이 이 작전을 수행하려면 상당히 섬세한 조율이 필요하다. 그러나 종종 그렇듯이 작전이 성공했다면, 이 성공은 수비수들이 움직임을 맞추고 공격수보다 후방에 정렬하는 등 수비수들의 관련 믿음을 참으로 만드는 데 필요한 조건들이 모두 실현되었기 때문이다. 성공에 대한 이와 같은 설명은 본질적으로 진리 조건에 의존한다. 최종적으로 분석해보니, 믿음의 진리 조건이 실현될 수 있다는 사실 때문에 그 믿음에 바탕을 둔 행동이 성공할 수 있었던 것이다. 그렇다면 어떤 믿음의 진리 조건이 실현된다고 할 때, 그 믿음을 가진 행위자들이 더 성공하는 경향이 있다는 말로 요점을 쉽게 일반화할 수 있을 것이다. (다음과 비교해보자. 어떤 질병의 치료에 있어 의사의 처방이 효과적이었음을 설명하는 것은 의사의 믿음에 대한 진리 조건이 실현되었다는 말과도 같다. 즉 문제의 환자가 이런저런 바이러스에 감염되었고, 이 바이러스는 이런저런 약물(변경 이유-항생제는 세균 대상)에 의해 파괴된다는 결과가 실현되었기 때문이다.)

축소주의자들은 이런 지적에 맞서 자신들의 최소주의적 설명으로도 각각의 **특정한** 성공적 행동에 대해 설명할 수 있다고 재빨리 반론할 것이다. 예를 들어, 호위츠(1990: 23~24, 44~45)는 각각의 특정한 성공적 행동을 다음과 같이 설명할 수 있다고 주장한다. 성공적인 행동을 이끈 어떤 믿음이 참이라고 말하는 것은 다만 그 믿음의 내용에 관한 주장을 제시하는 것에 불과하다는 것이다. 따라서 그는 진리 조건에 호소할 필요가 전혀 없다고 말한다. 그에 따르면, 이런 설명은 "진리의 **본성**에 대한 어떠한 설명도 (…) 필요하지 않다는 견해를 입증해준다."(1990: 24; 또한 Williams 1986: 232 참조) 그러나 나는 이런 결론에 동의하기 어렵다. 나는 두 가지를 지적하고 싶다.

1. 모든 성공적인 행동을, 그것을 이끌어낸 믿음의 내용을 언급하여

설명할 수 있다 하더라도, 왜 실재론과 다르게 이 내용을 믿음의 진리 조건이 아닌 다른 것으로 보아야 하는지가 그리 명확하지 않다. 분명히 축소주의에게는 믿음의 내용을 그 진리 조건과 분리하는 내용의 이론이 필요하다. 그러나 이것은 여전히 열린 쟁점이다.(Field 1992: 328~329 참조)

2. 특정한 성공적 행동을 이끌어내는 모든 믿음의 공통점은 무엇이며, 무엇에 의해 성공의 체계적 패턴이 만들어지는가 하는 질문은 지극히 타당해 보인다. 이 질문에 대해 '그런 것은 없다'는 답이 이미 확립되어 있지 않은 한, 질문에 대한 답을 막으려는 시도는 무엇이든 받아들이기 어렵다. 만일 그러한 부정적 답변이 확립되어 있지 않다면, 나는 이 질문에 답하는 시도 자체에는 아무런 문제도 없다고 생각한다. 특정한 성공적인 행동을 이끌어내는 모든 믿음이 공통적으로 이러한 성공의 체계적 패턴을 만들어낼 수 있는 것은 그 믿음의 진리 조건이, 즉 **지시 관계가 포착한 지시 대상**이 현실로 실현되었기 때문이다. 이런 종류의 체계적 설명은 모든 과학적 탐구가 추구하는 목표이기도 하다. 여기서 흥미로운 부분은, 이러한 설명이 주어지면 그 설명을 성공적인 행동의 근거가 된 믿음이 '실재에 대응한다'[6]는 말로 의역할 수 있다는 점이다. 우리는 이러한 '실재와의 대응'을 모든 믿음이 공유하는 속성으로 보고, 이것을 진리의 본성에 대한 실질적 해명으로 간주할 수 있다. 여기에는 어떤 부당한 시도도 포함되어 있지 않다. 어쨌든 이 시도는, 모든 색깔 있는 물체가 특정 주파수의 광파를 반사하고 다른 모든 주파수의 광파를 흡수하는 공통적 속성이 있다고 가정하는 것만큼이나 합당

하다. 만일 NOA가 방금 제시한 속성을 모든 색깔 있는 물체에 기꺼이 귀속시킨다면, 나는 왜 앞서 논의한 실재와의 대응이라는 속성을 참인 모든 믿음에 기꺼이 귀속시킬 수 없는지 이해하기 어렵다. '대응'에 대한 이런 식의 설명은 파인이 지지하는 진리 개념의 '고착된 용법'에 마땅히 포함되어야만 한다.(1986a: 175 참조)

우리에게 과학의 인식론이 필요한가?

파인의 입장에 대한 논의를 마무리하면서, 나는 마지막으로 NOA와 그것에 동의하지 않는 철학자들을 가르는 일반적 쟁점을 다루고자 한다. 과학에 대한 규범적 인식론이 정말로 계속 필요한가? 나는 파인이 그 필요성을 제거하려 했다고 본다. 확실히 그는 "과학철학에서 '~주의'(-ism)라고 불리는 전체론적 해석"에 대해 경멸을 표시했으며, 이런 해석을 "필요하지도, 보증되지도, 결국에는 이해할 수조차 없는, 과학에 무용하게 덧씌운 부속물"(1986: 149)에 불과하다고 보았다. 파인은 이 모든 것에 대한 해독제로 NOA를 받아들여야 한다고 촉구한다.

규범적 인식론에 대한 파인의 경멸이 그의 자연주의에서 나왔다고 생각하는 독자들도 있을 것이다. 콰인의 '자연화된 인식론'에서 비롯된 전통 중에는 인식론을 포기하거나 특수 과학의 영역에 속하는 논의로 취급해야 한다고 제안하는 입장이 있다는 것을 아는 한 그러하다. 그러나 여기서도 다음 두 가지를 지적할 필요가 있다. 첫째, 파인은 콰인의 자연주의를 비난한다.(1996: 176~177 참조) 둘째, 8장에서 살펴본 것처럼 자연주의가 반드시 제거적일 필요는 없다. 과학에 우선하는 인식론적 방법은 없으며 인식론적 탐구는 경험과학의 방법과 결과물에 연속된 것이자 그것에 의존한다는 주장(올바른 주장)과, 과학 및 그 실천에 대한 규범적 판단, 평가, 해석의 자리는 없다는 주장(잘못된 주장)은 완전히 다른 종류의 주장이다. 자연주의적 과학철학을 다루는 최근의 연구들은 실재론적이든(Boyd 1989; Kitcher 1993, 1995) 그렇지 않든(Laudan 1996), 자연주의가 규범적이고 평가적인 인식론적 탐구를 위한 자리를 여전히 마련해줄 수 있다고 말한다.

파인이 과학에 대한 규범적 인식론의 필요성을 제거하지 못했다는 점을 보여주기 위해, 나는 여기서 이론 수용이라는 문제에 초점을 맞추고자 한다. 현대 과학에 대한 인식론의 핵심 관심사 가운데 하나는 과학 이론을 수용할 때 꼭 필요한 것이 무엇인지를 밝히는 것이다. 과학적 실재론자들은 이론을 수용한다는 것은 그 이론이 근사적으로 참임을 믿는 것과 동등하며, 이 믿음은 보증될 수 있고 합리적일 수 있다고 생각한다. 이에 대한 반대 견해는 일률적이지 않다. 반실재론자들은 수용이 참에 대한 믿음과 결부되어 있다는 주장에 동의하지만, 앞서 살펴본 것처럼 진리 개념에 특정한 인식론적 광택을 더하려 한다. 반면, 구성적 경험론자들은 도구주의 전통에 따라 이론 수용에는 근사적 참에 대한 믿음보다 더 작은 것이 결부되어 있을 뿐이고, 근사적 참에 대한 믿음은 증거에 의해 보증되지도 않고 과학 이론의 발전에 필요하지도 않다고 주장한다.(van Fraassen 1980 참조)

이 모든 것에 반대하여 파인은 자신만의 축소주의적 이론을 전개한다. 다음은 그 특징적인 주장이 담긴 진술이다.

> 실재론은 두 가지 요소를 필요로 한다. 믿음을 필요로 하는 동시에, 그 믿음에 대한 특정한 해석을 필요로 한다. 따라서 반실재론, 특히 도구

주의는 다음과 같은 전략을 추구한다. 만일 실재론이 믿음을 포기하지 않는다면, 그 대신에 믿음에 대한 비실재론적 해석을 제시하겠다는 것이다. (…) 그러나 독자들은 흥미로운 제3의 방식도 존재한다는 것을 알게 될 것이다. 믿음을 계속 가지고 가되, 실재론이나 반실재론과 다르게 어떤 특별한 해석도 덧붙이지 않으면 된다. 이것이 바로 NOA의 방식이다. (1986a: 176)

그러나 이 진술은 불만족스럽다. 파인처럼(1996: 184) 전자, DNA, 공룡 등을 믿는 사람을 가정해보자. 더 구체적으로 말해서, 파인처럼(ibid.) 그런 존재자들에 대한 믿음을 통해 "과학이 이들 존재자를 어떻게 뒷받침하는지"를 묻기보다 "이들 존재자를 받아들인다"는 뜻으로 보는 사람이 있다고 하자. 그렇다면 과학 이론을 **받아들인다**는 것은 정확히 무엇을 의미할까? 이 말이 의미하는 바는 철학자마다 (심지어 과학자마다) 다르다. 어떤 이론을 경험적으로 적합한 것으로 받아들인다는 뜻일까? 그렇게 생각한다면, 이 철학자는 파인과 달리 전자나 DNA가 존재한다고 주장하지 않는 것이며, 전자, DNA 등을 믿는다고 하기도 어렵다. 이 말이 문제의 이론을 참으로 받아들인다는 뜻인가? 그렇다면 파인과 마찬가지로 그 철학자는 전자, DNA 등의 존재를 믿는 것이다. 그러나 그처럼 믿는다고 해도, 전자에 대한 보증된 믿음이 전자 이론이 거짓일 가능성을 없애주느냐고 묻는 것은 분명 의미가 있다. 이 질문은 진리에 대한 실재론적 접근방식을 옹호하느냐, 반실재론적 방식을 옹호하느냐에 따라 서로 다른 답변으로 이어질 것이다. 그러나 그냥 그 경계선에만 머무를 수는 없다. 경계선에 있겠다는 것은 단순히 논쟁에 참여하지 않겠다는 태도가 아니다. 그것은 애매한* 태도이며, 이 태도에는 아무런 내용도 없다고 말할 수 있다.

파인은 이 애매성을 유지하더라도 그럭저럭 해나갈 수 있다고 믿을지 모른다. 그는 이렇게 말한다. "실재론적/도구주의적 질문을 제기하지 않는 데서 발생하는, 과학에서 수용이라는 특징이 지니는 애매함은 우리가 얼마든지 함께 살아갈 수 있는 모호함일 것이다."(1991: 93) 물론 우리는 어떤 애매함을 선택하든 그것과 함께 살아갈 수 있다. 그러나 이것이 애매성을 제거해서는 안 된다는 것을 의미하지는 않는다. 이것이 바로 과학의 인식론이 반드시 필요한 이유이다. 일상의 과학적 실천이 지닌 애매성을 정확히 찾아내고, 검토하고, 아마도 가능하다면 제거하는 작업은 반드시 필요한 일이다. 그러나 아마도 파인은 과학에서의 이론 수용이라는 일반적 개념이 철학적 해명을 필요로 하는 개념은 아니라고 생각할 것이다. 예를 들어 그는 이렇게 지적한다. "이론이 계속 우리에게 남아있는 한, 우리는 흔히 이론의 수용에 대한 질문(가령 분자는 '정말로' 존재하는가?)을 과학적 논의에서 제외하고 이론들을 처음부터 있었던 것으로 가정하곤 한다."(1991: 94) 따라서 "NOA는 이론을 수용한다는 것이 무엇을 의미하는지에 대한 질문이 과학적으로 그다지 중요하지 않은 한, 우리는 그 질문에 관계없이 잘 해나갈 수 있다고 본다." (ibid.)

그렇다면 이론 수용에 대한 질문이 과학적으로 의미 있는 때는 언제이고, 그렇지 않은 때는 언제인가? 결국은 **언제나** 의미가 있기 때문에,

---

* 언어철학에서는 명확히 구분되는 선택지 가운데 어느 쪽인지 명확히 결정되지 않은 상태를 애매함(ambiguity), 선택지의 경계 자체가 불분명한 상태를 모호함(vagueness)이라고 구분하여 말한다. 가령 '말[馬/言]이 많다'는 문장은 동음이의어로 인해 맥락이 제시되지 않을 경우 애매하다. 한편 영아와 유아 사이의 경계는 모호하다. 파인의 태도는 명확히 구분되는 입장 사이에서 입장을 정하지 않은 것이므로 애매한 경우다.

파인은 말하기를 회피하는 듯하다. 그렇다면 어떻게 이 질문을 피할 수 있을까? 어떤 이론을 참(또는 거의 참)으로 받아들이는 것과 경험적으로 적합한 것으로 받아들이는 것은 전혀 다른 문제이다. 또한 이론의 수용이란 세계가 어떻게 구조화되어 있는지에 대한 믿음에 답하는 일이 아니라 관련된 사회적 규범의 다발에 답하는 일이라고 말하는 것 역시 완전히 다른 이야기이다. 파인은 특정 존재자에 대한 주장이 실제 과학에 수용되는 경우를 간략히 논하면서, "특정 존재자에 대한 주장을 참으로 받아들이겠다는 결정은 그것을 뒷받침하는 판단의 복잡한 네트워크를 수용하겠다는 결정이기도 하다"고 말한다. 이러한 존재 주장은 "관련 과학계가 받아들이는 규범적 판단의 네트워크와 그에 수반되는 이론의 범위 안에서만 참으로 받아들여진다"(1986: 153)는 것이다. 또한 "참에 대한 특정 판단은 훨씬 더 일반적인 판단의 네트워크와 그에 수반되는 이론의 범위 안에 매여 있다"(ibid.)고도 한다. 나는 이론의 수용과 존재 주장의 수용에 대한 파인의 이 주장들을 어떻게 해석해야 할지 잘 모르겠다. 그러나 이 주장들은 비록 '얇은' 이론이기는 해도 수용에 대한 한 가지 **이론**으로 이해할 수 있을 것이다. 어쨌든 파인은 자신의 주장이, 존재 주장의 근거를 '실재와 맞닿아 있다'는 데서 찾는 실재론의 **대안**이 될 수 있다고 본다. 따라서 파인의 핵심 노선을 다음과 같이 말해도 부당하지는 않을 것이다. 즉 과학적 주장이 참이라고 할 때, 그 참됨을 인증해주는 것은 관련 과학계의 규범, 이론적 믿음 및 관행이다. 파인이 이 견해를 옹호한다면, 두 가지 귀결이 나올 것이다. 첫째, NOA는 과학 이론의 수용에 무엇이 관여하는지에 관한 이론을 제공한다는 점에서 주요 인식론적 논쟁에 참여하고 있는 것이다. 둘째, 이 이론은 그 자체로 해석과 평가에 열려 있다. 이 이론의 취지가, 과학에서 쓰이는 인식적 기준이란 바로 과학계에 널리 퍼져있는 기준임을 보여주는 데 있다고 하자. 이를 액면 그대로 받아들인다면, NOA는 결국 수용에 대한 **구성주의적 반실재론**의 관점에 기울어진 것으로 볼 수밖에 없다. 과학계에 어떤 기준이 널리 퍼져 있든, 바로 그것이 과학자들의 믿음, 존재 주장 등에 대한 인식적 평가와 관련된 모든 것을 고정하는 기초가 되기 때문이다. 그렇다면 "과학계가 특정한 믿음, 존재 주장 등을 채택하는 타당한 이유를 가지고 있는가?"와 같은 규범적 질문은 들어설 여지가 없어 보인다. 간단히 말해서, 이 설명에 따르면 과학계가 타당한 이유를 가지고 있다는 말은 과학계가 그런 이유를 가지게 되었기 때문에 그러하다는 말, 다시 말해서 과학계의 지배적 기준에 의해 인증된 이유를 가지게 되었기 때문에 그러하다는 말에 지나지 않는다. 더욱이 이 기준이 사회적으로 주입된 것이라면, 그것이 인식론적 힘을 가지고 있든 없든 그 기준은 궁극적으로 사회적 요인에 의해 결정되며, 이 요인이 바뀔 때마다 변화할 수밖에 없다.

이 문제를 여기서 상세히 논의하려는 것은 아니다. 다만 내가 하고 싶은 말은 방금 제시한 구성주의적 독해가 파인이 제시한 수용 이론의 정신과 부합한다는 점이다. 파인은 진리 자체가 과학계의 지배적 기준에 따라 정의될 수 있다고 말하지 않기 때문에 확실히 진리 상대주의와 과격한 형태의 사회 구성주의를 피할 수 있다. (그럼에도 그의 입장은 진리가 과학계의 지배적인 기준에 따라 정의될 수 없다고 말하지는 않기 때문에 진리 상대주의와 일치한다.) 그렇지만 인식적 규범이 과학계의 지배적인 기준에 따라 정의될 수 있다는 것이 파인의 생각이라면, 파인은 분명 약한 형태의 상대주의를 취하고 있다고 보아야 한다. 과학의 개별 분과가 가진 기준이 옳은지 그른지 검토할 만한 여지가 여기에는 없기 때문이다. NOA는 침묵한 채로 있을 수 없다. 그러나 NOA가 무언가를 적극적으로 말한다면, 그것 역시 철학적 이론화(단순한 해석적 입장일지라도)에 참여하는 것이다. 반대로, 과학과 그 안에서 발생하는 핵심적인 인식론적 쟁점을 다루기를 거부한다면, 과학의 인식론을 수행하는 정당성 자체를 거부하는 것이다. NOA가 문제를 '손절'한다면, 그것은 철학적 제거주의일 뿐이다.

그렇다면 우리는 '노아(NOA)의 방주'를 포기해야 하는가? 나는 그래야 한다고 본다. 그러나 나는 그것을 버린다는 것이 무슨 뜻인지 아는 것이 더 우선적이라고 본다. 앞의 분석은 우리가 NOA를 선택할 때 정확히 무엇을 받아들이고, NOA를 버릴 때 정확히 무엇을 잃는지 명확하지 않다는 것을 보여준다. 나의 해석 작업이 이 문제를 명료하게 하는 데 도움이 되었기를 바란다. 또한 나의 적극적 논증이 왜 NOA의 방주가 가라앉을 수밖에 없는지를 잘 보여주었기를 바란다. 어떤 경우든 NOA의 모호성은 파인이 애초에 보여주려고 했던, "어떻게 최소주의적이면서 (경험적으로) 적합한 과학철학이 가능한가"(1986: 133)라는 목표를 배반하는 것만은 분명하다.

자연스러운 존재론적 태도 이상의 것

NOA는 실재론 진영에서 몇몇 동맹군을 찾았다. 예를 들어, 뉴턴스미스는 실재론에 우호적인 NOA 입장을 구성하고자 했다. 그는 이것을 '온건한 실재론'(MOdest Realism, MOR)이라고 불렀다. MOR는 NOA와 두 가지 본질적인 차이점이 있다. (1) MOR는 NOA에 과학에서의 '진보주의'(progressivism)를 혼합하여, 진리, 근사적 진리 및 수렴 등의 일부 개념이 정당하다는 점을 인정한다.(Newton-Smith 1989: 187~188) (2) MOR는 과학철학이 과학 자체와는 무관하다는 NOA의 태도를 거부한다. MOR에 따르면, 과학에서 발생하는 어떤 문제들, 예를 들어 미결정성 문제나 과학에서의 존재론적 인정의 본성과 같은 문제들은 특별한 철학적 취급이 필요하다.(ibid.: 187) 그러나 MOR는 여전히 뉴턴스미스가 NOA의 기본 요소라고 생각한 것들, 즉 관찰 가능한 대상에 대한 판단에 적용되는 정당화 절차는 관찰 불가능한 대상에 대해서도 마찬가지로 작동한다는 점을 받아들인다. 그의 표현을 빌리자면, "NOA와 MOR는 과학의 담론을 일상의 담론과 동일한 것으로 본다."(1989: 188)

그러나 더 자세히 살펴보면 NOA와 MOR가 과연 서로 일치하는지 의문이 든다. 가령 MOR는 최선의 설명으로의 추론을 관찰 불가능한 과학적 대상에 대한 믿음을 형성하는 보증된 방법으로 받아들이는 반면, NOA는 이에 대해 완전히 침묵하며, 더 나아가서 파인은 귀추를 신뢰성 있는 것으로 옹호할 수 있다는 견해에 대해 늘 이의를 제기해왔다. 다만 MOR가 여전히 NOA가 취하는 일반적 태도를 계승하고 있다는 점은 지적할 만하다. 즉 이들 모두는 과학의 언어 게임을 삶의 한 양식으로 보고 있으며, 진리와 믿음의 기능에 대한 일반적이고 계몽적인 기술은 어떤 것도 가능하지 않다고 본다.(Newton-smith 1989: 188)

나는 앞 절에서 이러한 비관적인 태도는 옳지 않다고 주장했다. 여기서 나는 이와 관련된 문제에 대해 몇 가지 의견을 제시하고자 한다. 다른 글에서 뉴턴스미스는 MOR가 진리를 단지 과학에서 '이미 사용되고 있는' 개념으로 취급하는 것은 아니며, 그보다 더 많은 것을 말하고 있다고 주장한다.(1989a: 45) 그러나 MOR가 말하는 것은 실재론자가 말하는 것과 그리 다르지 않다. MOR는 타르스키의 만족 개념과 인과적 지시 이론을 통합하여 단어와 세계 사이의 관계를 고정시킨다. 또한 진리에 대한 인식적 접근방식에 대해서도 경고를 보낸다.(1989: 188; 1989a: 45) MOR와 진리에 대한 표준적인 비인식적 접근방식 사이의 유일한 차이점은, MOR가 뉴턴스미스의 이른바 '관대한 제안'이라는 대안을 받아들인다는 것이다. 이 제안에 따르면, 어떤 진술의 진리가 관찰적으로 전지전능한 존재(즉 우주의 모든 관찰 가능한 상태에 접근할 수 있는 존재)에 의해서도 결정될 수 없다면, 이 진리는 성립되지 않는다는 것이다.(1989a: 43~44 참조) 다시 말해서, MOR의 제안은 어떤 현실적이거나 가능적인 관찰로도 진술의 참 거짓을 결정할 수 없다면, 과학이 그 진리를 규명해야 할 대상으로서의 사실은 존재하지 않는다는 것이다.

여기서 실재론자들이 이러한 '관대한 제안'을 수용할 경우 무언가 잃는 것이 있기는 한지 궁금해 하는 사람도 있을 것이다. 결국 MOR는 '진리'를 인식적 개념으로 받아들이고 있지 않기 때문이다. MOR는 그저 진리가 **근본적으로** 비인식적이라는 점을 부인할 뿐이다. 이 입장은 개념을 검증하고, 인지하고, 정당화하고, 관련짓는 우리의 능력에 진리를 연결시키지 않는다. MOR는 이상적 위치의 관찰자, 즉 관련된 모든 관찰에 접근할 수 있는 관찰자조차 진술 'S'의 진리를 입증할 수 없을 경우에만 진술 'S'의 진리와 연결된 사실이 존재하지 않는다고 말한다. 그럼에도 실재론자들이 '관대한 제안'을 받아들인다면 무엇을 얻을 수 있는지에 대해서도 궁금해 하는 사람이 있을 것이다. 그러나 '관대한 제안'이 진리에 대한 실재론자들의 주장을 특별히 온건하게 만들지는 않을 것이다. 관찰적 지식에 대한 '전지전능한 상태'가 성립할 가능성은 'S'의 참 또는 거짓에 대응하는 사실이 존재할 가능성보다 형이상학적으로는 더 부풀려진 것이 아니기 때문이다. 'S'가 지시하는 사실이 관찰의 차등적 능력을 요하지 않는 경우에도 그러하다. 따라서 나는 진리에 대한 실재론적 이론이 '관대한 제안'을 받아들인다고 해서 더 개선되지도, 더 악화되지도 않을 것이라고 본다. "어제 자정에 우주 안의 모든 것이 두 배로 커졌다"는 진술의 진리에 대응하는 사실이 있다고 믿는다 해서 더 강한 실재론자가 되고, 이 진술의 참 또는 거짓에 대응하는 사실이 없다고 믿는다 해서 약한 실재론자가 된다고 볼 이유는 없다고 본다.

이렇게 말하면서도, 나는 다음의 (온건한) 이유로 '관대한 제안'을 조심스럽게 거부하고자 한다. 첫째, 진리가 근본적으로 비인식적이라는 점을 받아들이면, 사실에 대응하는 주장과 그것에 대응하지 않는 주장을 **인간 중심적 방식으로** 구분하지 않고도 실재론의 존재론적 인정을 좀 더 통일적인 방법으로 제시할 수 있다. 둘째, 어떤 관찰로도 판단을 내릴 수 없는 주장이 있을 경우 그 주장이 여전히 참이거나 거짓일 수 있다고 논하는 일은 무의미하다고 믿기보다, 실재의 어떤 부분이 인간의 인지 범위를 영원히 넘어서 있고, 심지어 완벽한 관찰 지식을 가진 누군가의 범위도 넘어서 있다고 믿는 편이 더 설득력 있다고 나는 생각한다. 선택을 해야 한다면, 나는 인간(또는 전지전능한 존재)이 만물의 척도라는 이론보다는 인간의 인식 능력이 도달할 수 있는 범위 너머의 독립적 실재가 있을 수 있다는 이론을 택할 것이다.

'인지적으로 완벽한 상태'

진리에 대한 인식적 이해는 진리를 보증된 주장가능성, 검증, 이상적 정당화 등과 같은 **인식 조건**과 개념적으로 연결시킨다. 따라서 이런 이해방식은, 진리가 어떤 진술의 진리 조건이 충족되었는지 여부를 인식하는 우리의 능력과는 무관하다거나, (어떤 진술이 보증된 주장임에도 여전히 거짓일 수 있다는 의미에서) 보증된 주장가능성, 이상적인 정당화 등을 뛰어넘는다는 실재론의 일반적인 주장을 거부한다.

최근에는 진리를 일종의 **이상적 정당화**로 보는 몇몇 접근방식이 과학적 실재론에 부합하는 진리 개념으로 옹호되고 있다.(Ellis 1985; Jardine 1986 참조) 이들은 일반적으로 진리를 모든 경험적 증거가 '입수된' **이상적인 과학 탐구 상태**에 연결시킨다. 엘리스에게 진리란 "우리의 지식이 완벽하고, 전체 증거에 기초하며, 내적으로 일관성 있고, 이론적으로 가능한 한 최선의 방법으로 통합되어 있다면, 우리가 믿지 않을 수 없는 것"(1985: 68)이다. 엘리스도 '완벽한 상태'라는 개념 자체가 설명하기 어렵다는 것을 인정한다. 그럼에도 그는 "진리가 존재한다면 이것이 바로 진리여야 한다"(ibid.)고 생각한다. 비슷한 방식으로 자딘은 진리를 "인간 탐구의 한계선이자, 충분히 유리한 환경에서 인간의 탐구가 무한하게 진행되었을 때 하나로 수렴될 이론"(1986: 14)이라고 본다.

엘리스와 자딘의 진리 개념은 많은 부분에서 문제가 있다. 뉴턴스미스(1989a)가 이들의 견해에 대해 자세한 비판을 가했으므로, 나는 그 이상의 자세한 논증을 삼가도록 하겠다. 다만 세 가지 점을 강조하고 싶은데, 엘리스를 언급함으로써 이를 설명하고자 한다.

1. 진리에 대한 인식적 해명의 주된 동기는, 진리를 인식하고 유용하게 활용하기 위해서는 그 진리가 인간 중심적이어야 한다는 데 있다. 그러나 이 해명을 논증하는 방식은 그다지 결정적이지 않다. 예를 들어 엘리스는 인식적인 진리 개념이 회의론을 방지한다고 주장했는데, 그것은 "우리의 인식적 가치가 참인 것을 발견하려는 목

표에 **맞춰져** 있고, **진리**란 바로 이 가치에 맞게 자연을 연구하고 추론하는 과정의 정점이기 때문에"(1985: 69) 그러하다고 했다. '진리'를 우리의 인식적 가치를 전달하는 것으로 정의한다면, 이 인식적 가치는 진리를 산출하는 데 적응된 것(또는 그렇게 운명지어진 것)이라 말할 수 있다. 그런데 왜 진리가 그런 식으로 정의되어야 하는가? 우리의 인식적 가치가 진리에 이바지한다는 것을 (아마도 이런 진화론적 근거를 통해) 보여줄 수 있다면, 그것은 중요한 성과가 될 것이다. 물론 그렇다고 해도 이것으로 우리의 인식적 가치가 무오류임을 보여주지는 못할 것이다. 그러나 적어도 이 주장은 그런 가치의 신뢰성을 뒷받침하고 회의론에 맞서는 설득력 있는 논거를 제공할 것이다. 그럼에도 불구하고 우리의 인식적 가치가 인증하거나 이끄는 모든 것에 '진리'라는 딱지를 붙인 다음, 이들 가치가 진리를 산출하는 데 맞춰져 있기 때문에 그럴 수 있다고 말하는 것은, 탐구의 어느 시점에 가면 우리가 진리만을 갖게 될 것이라고 확신하는 잘못된 방식이다. 엘리스는 회의론자들의 주장을 직접 공략하기보다는 진리를 기본적으로 인간의 손이 닿는 범위 내에 둠으로써 회의론을 타격하려 한다.

2. 두 번째 요점은, 겉보기에는 상반된 견해처럼 보임에도 불구하고 지금 검토 중인 인식적 접근방식이 표준적인 비인식적 해명만큼이나 진리 개념을 부풀린다는 것이다. 예를 들어, **인지적으로 완벽한 상태**(즉 모든 증거가 주어져 있고 우리의 이론 체계가 최선의 방식으로 통합된 상태)라는 말로 진리를 규정하는 엘리스의 정의는, 우리가 가진 이론의 참 또는 거짓에 대한 증거가 될 수 있는 관찰의 양

이 유한하다는 관점을 선험적으로 인정하지 않으면 성립하지 않는다. 또는 이 정의는, 이론의 참 거짓에 대응하는 이 세계의 모든 가능한 인과적 상호작용을 우리가 확보하였거나, 아직 확보하지 못한 모든 상호작용이 이미 확보한 것과 일치함에 따라 더 이상 이론을 반박할 수 없는, 그런 시점이 인간의 탐구 과정 안에 존재한다는 관점을 받아들일 때만 가능하다. 이런 관점은 우리가 인지적으로 완벽한 상태에서 믿는 이론조차도 논리적으로 거짓일 수 있다는 실재론의 관점에 비해 형이상학적으로 더 억지스러운 것이다.

3. 모든 증거가 '입수된' 상태와 우리의 이론 체계가 최상의 방식으로 통합된 상태를 상상할 수 있다 해도, 우리는 어떻게 그런 상태에 도달했다고 말할 수 있는가? 인지적으로 완벽한 상태에 도달했다는 것을 우리는 어떻게 알 수 있는가? 우리가 참으로 생각하는 것과 인지적으로 완벽한 상태에서 볼 때 참인 것을 우리는 구별할 수 있는가? 만일 인지적으로 완벽한 상태가 도달 불가능한 것이라면, 이 개념은 인식적 가치와 진리의 연결을 제공할 수 없기 때문에 원래 의도한 역할을 수행할 수 없을 것이고, 이럴 경우 쓸모없는 군더더기가 될 것이다. 반면에 인지적으로 완벽한 상태가 존재하고 도달 가능하다면, 어떻게 그 상태가 인지적으로 완벽한 상태임을 알 수 있는지 보여주어야만 한다. 그렇지 않다면 의도한 역할을 수행할 수 없기 때문이다.

그렇다면 지금 논의하고 있는 진리에 대한 인식적 접근방식의 전망은 어떠한가? 나는 가망이 없다고 생각한다. 이런 인식적 진리 개념은 설득력이 없거나 비인식적 개념과 충분히 차별화되지 않는다. 이것은 우연이 아니다. 진리에 대한 인식적 개념을 옹호하는 사람은, 자던의 말에 따르면 "너무 **범속**하지도, 너무 **초월적**이지도 않은"(1986: 35) 진리 개념을 고안해야 하는 지난한 과제에 직면할 수밖에 없다. 이들은 진화 중에 있는 인식적 가치의 변덕스러움에 진리가 어색하게 의존하는 상황을 피하려 하면서도, 여전히 진리를 인식적 정당화 개념과 연결시키려고 노력한다. 즉 진리에 대한 범속한 개념에서 벗어나 진리를 일종의 영속적 속성으로 만들려는 시도함으로써 그들은 초월적 개념으로 나아가려고 하는데, 이 정당화 절차가 너무 이상적인 탓에 인간적으로 실현 가능한 조건과 어떤 식으로든 원래 의도한 연결을 이루지 못한다. 이 모든 것을 고려할 때, 진리에 대한 인식적 접근방식은 결국 범속한 길로 빠지고 상대주의를 낳음으로써 오히려 설득력이 떨어지게 되거나, 아니면 초월적인 길로 나아감으로써 진리에 대한 비인식적 이해와 뚜렷하게 구별하기 어렵게 될 것이다.

존재자 실재론?

최근에는 이른바 '존재자 실재론', 즉 과학 이론이 상정하는 모든 종류의 존재자(예컨대 전자, 유전자, 힉스 입자 등)를 믿으면서도 이 존재자를 기술하는 데 쓰이는 이론에 대해서는 실제로 믿지 않거나 보류하는 입장을 옹호하려는 시도가 나오고 있다. 존재자 실재론은 카트라이트(1983)와 해킹(1983)이 받아들이는 입장이다. 존재자 실재론, 즉 "많은 이론적 존재자가 실제로 존재한다"(1983: 27)는 논제를 소개하면서 해킹은 이렇게 말한다. "그러나 어떤 존재자는 그 존재자가 내포된 특정 이론을 믿지 않고도 믿을 수 있다. 심지어 우리는 존재자에 대한 일반적인 심층 이론이 참일 수 없다고 주장할 수도 있다. 그런 식의 진리란 없기 때문이다."(ibid.: 29) 맥멀린이 멋지게 지적한 것처럼, 존재자 실재론은 우리가 "전자가 무엇인지에 대한 비슷한 확신이 없다 해도 전자가 존재한다는 것은 알 수 있다"(1987: 63)고 강조한다.

존재자 실재론의 주요 동기는 실험실 생활에서 비롯된 것이다. 해킹과 카트라이트 모두는 실험자들이 관찰 불가능한 특정 존재자를 믿을 만한 좋은 이유를 가지고 있다고 보는데, 이들이 관련 이론을 받아들이기 때문이 아니라 이러한 존재자를 가지고 무언가를 **하기** 때문이다. 즉 실험자들은 이들 존재자를 조작하고, 여러 가지 효과를 내기 위해 흔들고, 다른 존재와 상호작용하게 하기도 한다. 실험실 생활의 이러한 측면들은 이들 존재자가 존재하지 않는다면 설명될 수 없을 것이다. 해킹은 쿼크에 대해 이렇게 말한다. "내가 아는 한, 그것을 흩뿌릴 수 있다면 그것은 실재하는 것이다."(1983: 23)

존재자 실재론은 관찰 불가능한 존재자의 실재를 옹호하는 한 실재론적 입장임이 분명하다. 그러나 존재자 실재론은 보증된 믿음을 존재자에만 국한하고, 동료 실재론자들이 존재자에 대한 이론적 기술을 근사적 참으로 주장하는 것은 잘못이라고 보기 때문에, **선택적** 실재론의 입장을 취한다고 할 수 있다. 이론에 대한 이러한 회의주의는 다름 아닌 비관적 귀납으로부터의 논증에서 동기를 부여받은 것이 분명하다.(Hacking 1983: 27 참조) 바라는 바이지만, 5장에서 비관적 귀납에 대해 내가 제시한 논증들은 존재자 실재론자들에게 더 강한 인식적 낙관주의도 보증 가능하다는 점을 설득하는 데 충분할 것이다.

그러나 내가 지적하고 싶은 쟁점은 다른 데 있다. 존재자에 대한 실재론과 이론에 대한 실재론의 구분은 잘못이다. 물론 '전자'라는 용어와 관련된 우리의 기술 중 일부(또는 대부분)가 거짓일지라도 전자는 존재할 수 있다. 그러나 지금 다루는 쟁점은 그것과 다르다. 우리는 전자가 실재한다고 주장할 수 있는가? 즉 전자가 최선의 과학 이론이 부여하는 속성들 가운데 일부를 가지고 있다고 주장하지 않고도, 그것이 세계를 이루는 요소의 하나로 존재한다고 주장할 수 있는가? 나는 두 주장이 성립한다면 함께 성립하고, 하나가 무너지면 다른 것도 무너진다고 생각한다. 실험자가 자신이 조작하는 대상에 대한 최소한의 이론적 기술조차 채택하지 않는다면, 그는 자신이 무언가를 조작하고 있다는 것은 알 수 있어도 그가 조작하는 것이 무엇인지는 정확히 알지 못한다. 이론적 기술이라는 수단을 통해 실험자는 자신이 다루는 대상을 식별하고 다른 대상과 구별한다. 전자를 중성미자와 구별할 수 있는 이유는 이들이 서로 다른 속성을 지녔기 때문이며, 다른 법칙을 따르기 때문이다. 이들 존재자를 효과적으로 조작하고 그 인과적 힘을 추출하기 위해서는 이러한 이론적 기술에 의존해야만 한다.

이런 반론에 대해 구성적 경험론자는 실험실의 관행을 재해석하여, 어떤 추정적 존재자를 조작 대상으로 삼을 때는, 이미 관찰되었거나 관찰 가능한 현상을 자신의 범위 안에 끼워 맞추는 방식으로 그 현상을 해석하는 이론적 이야기가 만들어진다고 말한다. 그러나 이들은 그렇게 상정된 존재자의 실재성 **그리고** 그것을 기술하는 이론적 이야기의 올바름에 대해서는 판단을 유보한다. 나는 9장에서 이 입장의 취약점에 대해 논의했다. 존재자 실재론과 구성적 경험론 사이에는 흥미로운 차이점이 있는데, 존재자 실재론은 이론이 상정한 존재자에 대해서는 실재론자이기를 원한다는 점에서 구성적 경험론과 다르지만, 그 이론적 기술이 참인지에 대해서는 판단을 유보하려 한다는 점에서 구성적 경험론과 동일하다는 것이다. 그러나 이런 식의 조합은 두 가지 점에서 문제가 된다.

(a) 존재자가 지닌 인과적 힘에 대한 일부 이론적 기술을 참으로 받아들이지 않는다면, 존재자를 단순히 상정하는 것만으로는 이 존재자를 조작할 경우 어떤 현상이 일어날지에 대한 어떤 견실한 예측도 제시할 수 없을 것이다.
(b) 이와 똑같은 과정이 임의의 존재자의 실재성을 받아들이는 데 관여할 뿐 아니라, 그 이론적 기술이 (근사적으로) 참임을 받아들이는 데에도 관여한다.

두 경우는 모두 설명적 고려에 기초한 판단이다. 존재자는 이미 관찰된 현상을 설명하기 위해 상정된 것이며, 그것에 대한 이론적 기술의 정확성 역시 해당 존재자를 어떻게 성공적으로 조작하여 그 인과적 힘의 범위 내에서 산출할 수 있는 현상을 실제로 산출하게 만들 수 있는지를 설명하기 위해 일단 받아들여진 것이다.

예를 들어, 해킹은 이렇게 지적한다. "자연의 좀 더 가설적인 부분에 개입하기 위해 잘 이해된 전자의 여러 인과적 속성을 이용하는 새로운 종류의 장치를 만드는 데 우리가 성공하고 이 장치가 규칙적으로 작동할 때, 우리는 전자의 실재에 대해 완전히 확신하게 된다."(1983: 265) 나는 지금 설명한 전자의 실재를 '완전히 확신하는' 과정이 두 단계로 구성되어 있다고 본다. 첫 번째는 전자와 같은 어떤 자연종을 상정하는 단계이고, 두 번째 단계는 특정 효과를 예측하거나 산출하기 위하여 해당 자연종의 구성원이 가진 '잘 이해된' 인과적 속성에 의존하는 단계이다. 두 단계는 모두 동일한 유형의 논증, 즉 최선의 설명으로의 추론을 전제로 한다. 두 단계 모두에 있어 가설은 관련 증거를 설명하는 최선의 방법에 (암묵적으로) 근거하여 채택된다. 첫 번째 단계에서는 전자가 존재한다는 가설의 수용이 필요하다. 이 가설이 수용된다면, 예를 들어 이 현상에 원인이 없다거나 다수의 이질적인 원인이 있다거나 또는 현상에 대해 당신이 아는 다른 무언가보다 더 나은 설명을 제시하는 기반을 가지게 된다. 두 번째 단계는 전자가 특정한 인과적 힘을 가진다는 가설의 수용이 필요하다. 이 가설이 수용된다면, 전자가 가질 수 있는 다른 인과적 힘에 대한 가설보다 현상에 대해 더 나은 설명을 제시하는 기반이 될 것이다. 즉 단계는 두 단계이지만 하나의 논증인 것이다.[7]

'존재자 실재론'에는 **얇은** 버전과 **두꺼운** 버전의 두 가지가 있다는 점을 지적할 수도 있겠다. 얇은 버전은 현상 배후에 있는 인과적 요소의 실재를 받아들인다. 두꺼운 버전―더 흥미롭고 정보가 많은―은 이러한 행위자(존재자)에게 인과적 속성을 부여하고, 이를 기반으로 하여 특정 효과를 산출하도록 이들을 추가 조작한다. 그런데 내가 말했듯이 두꺼운 버전 역시 최선의 설명으로의 추론에 의존하므로, 여기서 말하는 존재자와 그 인과적 속성에 대한 이론적 기술 가운데 일부는 넓은 의미에서 참이라고 할 수 있다. 따라서 존재자 실재론의 두꺼운 버전은 존재자에 대한 실재론과 이론에 대한 실재론 사이의 구분을 무너뜨린다. 전자 이론이 전체로 볼 때는 틀렸다 하더라도, 그로부터 이 이론의 구성물 모두가 진리에 근접해 있지 않다는 결론이 도출되는 것은 아니다. 또한 이론에 대한 실재론이 성립하기 위해 전체 이론이 참이어야 할 필요도 없다. 반대로 존재자 실재론의 얇은 버전도 존재자 실재론과 이론 실재론 사이의 구분을 유지하는 데 도움이 될 수 있다. 왜냐하면 얇은 버전이 귀추 전략에 의존한다는 점—물론 나는 추정상의 인과적 행위자를 그 밖의 어떤 방법으로 상정할 수 있는지 모르지만—을 받아들이더라도, 얇은 버전의 옹호자가 존재자에 대한 이론 또는 이론적 기술이 본질적으로 참이라는 것을 받아들일 필요가 없는 경우도 있을 수 있기 때문이다. 그렇다 해도 얇은 버전은 유용한 정보가 없고 적절한 표적을 겨누지도 못한 이론이라는 점에서 문제가 있다. 인과적 행위자를 상정하는 것만으로는 어떻게 그것을 조작될 수 있는지를 설명할 수 없기 때문에 이 버전에는 유용한 정보가 없다. 이것을 위해서는 인과적 속성을 그 존재자에 귀속시켜야만 한다. 또한 관찰 불가능한 자연종의 실재를 거부하는 제거적 도구론자와 현상론자를 반박할 때는 얇은 버전도 효과적일 수 있지만, 이들 존재자가 무엇인지는 결국 알 수 없다고 의심하는 불가지론적 경험론에 대해서는 침묵하기 때문에 이 버전은 표적이 잘못되었다.[8]

나는 이상과 같은 생각으로 Ⅲ부를 마무리한다. 다음 Ⅳ부에서 나는 실재론자의 철학적 도구상자에서 핵심 역할을 하는 두 개념에 초점을 맞추고자 한다. **근사적 참**과 **지시**가 바로 그것이다.

IV

실재론의 도구상자

11장 진리 근접성

과학적 실재론자들은 일반적으로 우리가 가진 최선의 과학 이론을 진리에 근접한 것으로 보아야 한다고 주장한다. 하지만 실재론자들의 이런 입장에 반박하기 위해, 진리 근접성(truth-likeness) 또는 박진성(迫眞性, verisimilitude)에는 어떠한 종류의 일관된 형식적 개념도 없다는 사실을 지적하는 경우가 많다. 이것은 곧 실재론의 주장이 충분히 옹호되기 어렵다는 의미다. 이번 장은 진리 근접성이라는 개념이 겪어온 무용담을 제대로 정리하는 데 목적이 있다. 놀랄 것도 없이 나는 이제부터 진리 근접성이라는 직관적 개념을 형식화하려는 시도들이 지금까지 모두 실패했다고 주장할 것이다. 하지만 이 실패 때문에 절망할 필요는 없다. 진리 근접성이라는 직관적 개념이 반드시 형식화되어야만 유용하게 사용될 수 있는 것은 아니기 때문이다. 이번 장의 마지막 두 절에서 나는 진리 근접성이라는 실재론적 개념 배후에 있는 직관을 설명하고 옹호할 것이다.

'박진성'에 대한 포퍼의 견해

과학이 발전할수록 새 이론은 이전 이론보다 진리에 더 가까워진다는 생각의 원조는 칼 포퍼이다. 잘 알려져 있듯이 포퍼(1959, 1963)는 과학에 대한 반증주의적 관점, 즉 이론 검증은 그것에 대한 여러 논박 시도를 통해 이뤄진다는 관점을 제시했다. 포퍼에 따르면, 어떤 단계에 이르더라도 과학자들이 자기 이론의 진리를 믿어도 된다는 보장은 이루어지지 않는다고 했다. 그런 믿음은 오직 문제의 이론이 증거에 의해 적절히 뒷받침되거나 입증되었다는 주장에 근거할 때만 가능한데, 이런 주장은 어디까지나 귀납적일 수밖에 없기 때문이다. 귀납적 주장은 이론에 대해 현재 이용 가능한 증거를 한참 넘어서는 것까지 이야기할 수 있다. 그런데 포퍼에 따르면, 과학 속에는 이런 귀납과 입증이 자리할 곳이 없다. 오히려 과학에서의 이론 검증은 연역적으로 진행된다. 이론 또는 이론적 가설이 **추측**을 통해 만들어지고 거기서 도출된 관찰 결과가 확인될 때 그 이론은 검증된다. 포퍼에게 있어 어떤 이론이 받아들여진다는 말은 곧 그 이론이 입증되었다는 말이다. 이들 이론은 (a) 더 이상의 논박을 받지 않고, (b) 가혹한 검사를 거친 다음에야 입증되었다고 할 수 있다.

포퍼의 반귀납주의적 관점이 왜 부적절한가는 이미 여러 문헌(Worrall 1989b 참조)에서 자세히 논의한 바 있으므로 여기서 반복할 필요는 없다. 내가 여기서 초점을 두려는 것은 박진성에 대한 포퍼의 관점이다. 포퍼는 과학의 목표가 더 높은 수준의 박진성(진리 근접성)을 가진 이론을 발전시키는 데 있어야 한다고 생각했다. 이 관점에 따르면, 존재하는 모든 과학 이론은 거짓이거나 거짓일 가능성이 높지만, 동시에 이전 이론보다는 진리에 더 가깝다고 주장할 수 있다. 만일 과학이 성장하면서 더 높은 박진성을 가진 이론으로 나아가는 것이 사실이라면, 이런 과정을 통해 과학이 진리에 더 가깝게 다가간다는 말은 (물론 특정 시점에 과학이 얼마나 진리에 가까이 다가섰는지는 정확히 알 수 없지만) 분명 의미가 있을 것이다. 이것은 확실히 중요한 생각이다. 하지만 이 생각을 **형식적으로** 규명하기 어렵다는 데 난점이 있다. 포퍼가 한 가지 형식적 해명을 제시하고는 있지만, 앞으로 살펴볼 것처럼 이 해명에는 결함이 있다. 각각의 이론이 지닌 박진성의 측면에서는 이들 이론을 서로 **비교할 수 없다**는 점이 포퍼의 해명에서 드러나기 때문이다. 그러면 포퍼가 제안한 상대적 박진성의 정의를 살펴봄으로써 어떻게 이런 결과가 나오는지 알아보자.

두 이론 A와 B가 있다. 이때 (a) 두 이론의 진리 내용이 비교 가능하고, (b) A의 진리 내용이 B의 진리 내용보다 적거나, B의 허위 내용이 A의 허위 내용보다 적거나 같은 경우이면서 오직 그 경우에만, 또는 A의 진리 내용이 B의 진리 내용보다 적거나 같고, B의 허위 내용이 A의 허위 내용보다 적은 경우이면서 오직 그 경우에만, 이론 A는 이론 B에 비해 박진성이 낮다. 여기서 이론 T의 진리 내용 T_T는 T의 모든 참인 결과의 집합이며, 거짓 내용 T_F는 T의 모든 거짓 결과의 집합이다.

데이비드 밀러(1974)와 파벨 티히(1974)는 각기 독립적으로 포퍼의 정의가 결함이 있음을 밝힌 바 있다. 다음은 그 증명이다.

A와 B가 모두 거짓이고 서로 다른 이론이라고 가정하자. 포퍼의 정의에 따르면, A는 다음 둘 가운데 하나인 경우이면서 오직 그 경우에만 B보다 박진성이 낮다.

(1) $A_T \subset B_T$ 그리고 $B_F \subseteq A_F$

또는

(2) $A_T \subseteq B_T$ 그리고 $B_F \subset A_F$

여기서 A_T와 B_T는 A와 B의 참인 내용, A_F와 B_F는 그 거짓 내용, $\subseteq$는 집합론의 부분집합 기호, $\subset$는 진부분집합 기호라 할 때, (1)의 두 조건은 함께 만족될 수 없으며, (2)의 두 조건 역시 함께 만족될 수 없음을 알 수 있다.

(1)에서 $A_T \subset B_T$인 동시에 $B_F \subseteq A_F$라고 가정하자.

그러면 최소한 B는 여분의 참 결과를 가질 텐데, 이것을 q(즉 $q \in B_T$)라고 하자. 또한 B_F가 A_F에 포함되고 공집합이 아니라면, 분명 A와 B 모두에는 공통의 거짓 결과가 있을 것이다. A와 B에 공통된 이들 거짓 결과 가운데 어떤 것을 p(즉 $p \in B_F$인 동시에 $p \in A_F$)라고 하자. 그렇다면 $p \& q$는 B의 거짓 결과이지만($p \& q \in B_F$), A의 거짓 결과는 아니다($p \& q \notin A_F$). 결국 B의 거짓 결과이지만 A의 거짓 결과는 아닌 것이 최소한 하나 이상은 존재하게 된다. 따라서 처음의 가정과 달리 $B_F \subseteq A_F$가 아닌 사례가 있게 된다.

> (2)에서 $A_T \subseteq B_T$인 동시에 $B_F \subset A_F$라고 가정하자.
> 그러면 최소한 A는 여분의 거짓 결과를 가질 텐데, 이것을 $r(r \in A_F)$라고 하자. 여기서 A의 거짓 결과이면서 B의 거짓 결과이기도 한 어떤 것을 k(즉 $k \in A_F$이자 $k \in B_F$)라고 하자. 그렇다면 $k \to r (\equiv \sim k \vee r)$는 분명 A의 참인 결과이지만($k \to r \in A_T$), B에 대해서는 그렇지 않다($k \to r \notin B_T$). 그것은 r이 B에 속하지 않기($r \notin B$) 때문이다. 결국 A의 참인 결과이지만 B의 참인 결과는 아닌 것이 존재하게 된다. 따라서 처음의 가정과 달리 $A_T \subseteq B_T$가 아닌 사례가 있게 된다. 증명 끝(QED).

이 증명의 요점은 이렇다. 포퍼의 접근법을 사용해서는 거짓인 여러 이론들을 각 이론의 박진성이라는 척도에 비춰 비교할 수 없다. 어떤 거짓 이론 A에 대해 몇 가지 참인 결과를 **더하여** 더 박진성을 띤 이론 B를 얻는다고 해보자. 이때 우리는 A의 거짓 결과에 포함되지 않는 거짓을 B에 추가한 것일 수도 있다. 마찬가지로, 어떤 거짓 이론 A로부터 거짓 결과를 **제외하여** 더 박진성 있는 이론 B를 얻고자 할 때, 우리는 B의 참인 결과에 포함되지 않는 참을 A에서 제외할 수도 있다. 결국 포퍼의 정의에는 결함이 있다.

포퍼의 박진성 이론이 유효하다고 가정해보자. 이 이론이 보여주려는 것은, 과학이 성장할수록 새로 제안된 이론은 이전 이론보다 더 참되거나 덜 거짓된 관찰 결과를 수반하며, 바로 이 점을 입증하는 방식으로 이론을 관찰 결과의 측면에서 비교할 수 있다는 것이다. 이 주장은 확실히 우리에게 무언가를, 즉 과학이 성장함에 따라 이론은 관찰된 참 내용에 비춰 비교될 수 있다는 점을 보여주려 한다. 하지만 이 방법이 유효하다고 해도, 실재론의 대의에 얼마나 도움이 될까? 그럴 것 같지는 않다. 왜냐하면 실재론자들은 (a) 어떤 이론의 진리 근접성이란 관찰 결과의 수준에 멈추지 않고 이론적 내용에까지 해당되며, (b) 현행 이론이 이미 진리 근접성의 측면과 수준을 갖고 있다고 주장하기 때문이다. 포퍼의 주장은 위의 두 주장 가운데 어느 것도 옹호할 수 없으므로, 실재론자들에게는 진정한 도움이 되지 못한다.

포퍼에 따르면, 현행 이론에는 진리 근접적이라고 할 측면과 수준이 존재하지 않는다. 그가 말하는 이론의 박진성은 그 이론이 함축하는 참된 관찰 결과의 함수이지, 세계와의 총괄적인 부합도가 아니기 때문이다. 포퍼의 박진성 척도는, 현행 이론이 그에 앞선 이론보다 더 많은 참된 결과를 수반하는 경우 진리에 더 근접한 것으로 보자고 제안한다. 그러나 이 해명에 따르면, 이들 이론은 다른 거짓 이론만큼이나 진리에서 멀리 떨어진 것일 수 있다. 과학의 성장에 대한 포퍼식 설명에 따르면, 거짓 이론으로 이루어진 연쇄 역시 (누군가 바라는 대로) 점차적으로 진리에 이르는 박진성을 증대시킴으로써 진리를 향한 행진을 구성할지 모른다. 하지만 여기서 진리 그 자체와 현행 이론의 진리 근접성은 그것이 무엇이든 부차적 역할만을 수행할 뿐이다.(Popper 1972: 57~58 참조)[1]

박진성에 대한 포퍼의 설명을 반박하는 사람들은 흔히 그 설명이야말로 과학적 실재론자가 진리 근접성이라는 개념에 의존할 수 없음을 보여주는 증거라고 생각해 왔다.(Laudan 1984: 91 참조) 그러나 설사 포퍼의 이론이 그대로 유지된다 해도, 과학적 실재론자가 지지할 만한 이론은 되지 못할 것이다. 과학적 실재론자들은 과학이 수천 년 동안 진리에 더 가까워지고 있는지를 알려주는 진리 근접성 이론을 필요로 하는 게 아니라, 현행 이론이 진리에 가까운지 판단하는 근거를 제공할 수 있는 이론을 추구한다. 포퍼의 이론은 이에 대해서는 침묵한다.

박진성에 대한 포퍼의 정의가 실패했다고 해서, 진실 근접성의 직관적 개념을 형식화하려는 모든 시도가 실패했다는 의미는 아니다. 그러나 곧 살펴보겠지만, 진리 근접성에 대한 형식적 설명은 너무나도 어려운 과제임이 이미 밝혀진 바 있다.

'가능세계' 접근법

진리 근접성에 대한 '가능세계 접근법'은 그레이엄 오디(1986)와 일카 니닐루오토(1987)가 발전시킨 것으로서, 임의의 가능세계와 현실세계 사이의 거리를 기준으로 진리 근접성을 특정하려는 접근법이다. 이 접근법의 기본 틀은 다음과 같다. 과학 이론은 그 이론이 세계에 부여하는 기본 상태 또는 특성이 무엇인지에 따라 특징지어진다. 각 기본 특성에는 임의의 개체가 그 특성을 가지고 있음을 말해주는 원자 식(atomic formula)을 대응시킬 수 있다. 이를 원자 상태(atomic state)라 부르자. 가능세계는 이들 원자 상태에 대해 생각할 수 있는 모든 진릿값의 분포에 대응할 것이다. 따라서 n개의 기본 특성에 대응하는 n개의 원자 상태가 존재한다면, 2^n개의 가능세계 W_i ($i = 1, 2, \cdots 2n$)가 존재할 것이다. 그 식은 다음과 같다.

$$W_i = \bigwedge_{i=1}^{n} \pm p_i$$

여기서 p_i(i = 1, 2, ⋯ n)는 기본 상태 전체를 망라하며, ±는 p_i가 부정되지 않았을 때나(그에 대응하는 원자 상태가 세계 W_i에서 참) 부정되었을 때나(그에 대응하는 원자 상태가 W_i에서 거짓) 모두 가능하지만, 이 두 개의 값을 동시에 지니지는 않는다는 것을 나타낸다.

모든 이론은 가능세계 W_i를 기술하고 특징짓는다. 현실세계 W_A는 이들 가능세계 가운데 하나이다. 이론 T는 현실세계 W_A를 기술하는 경우이면서 오직 그런 경우에만 **참**이고, 다른 가능세계를 기술하는 경우이면서 오직 그런 경우에는 **거짓**이다. 그럼에도 불구하고 현실세계 W_A에 대해 거짓인 이론 T는 그것이 기술하는 가능세계 W_i가 어떤 원자 상태에서는 '목표 이론' 즉 현실세계를 참되게 기술하는 이론과 합치할 수도 있다는 의미에서 **진리 근접성**을 띨 수 있다. 우리는 이 같은 부분적 일치 개념이 이용해 진리 근접성의 개념을 설명할 수 있다.

예를 들어 덥다(h), 비가 온다(r), 바람이 분다(w)의 세 가지 기본 특성으로 이뤄진 단순한 날씨 세계를 상상해 보자. 이 경우 표 11.1에서 볼 수 있듯이 8개의 가능세계가 있을 수 있고, 그 가운데 하나는 현실세계일 것이다.

이제 W_1이 현실세계(덥고, 비 오고, 바람 부는 세계)라고 가정해보자. 다른 일곱 개의 가능세계는 W_1과 특정 부분에서 다르다. 다른 가능세계를 택한 이론, 예를 들어 $W_3(h \land \sim r \land w)$는 거짓이지만, 그럼에도 불구하고 진리 $W_1(h \land r \land w)$에 얼마나 근접해 있는지를 적절하게 보여줄 수 있다.

'가능세계' 접근법은 각 이론이 진리로부터 얼마나 멀리 떨어져 있는지를 멋지고 간단한 방식으로 측정하는 방법을 제공한다. 집합론적으로

표 11.1 날씨 가능세계

	덥다 (h)	비 온다 (r)	바람 분다 (w)
W_1	T	T	T
W_2	T	T	F
W_3	T	F	T
W_4	T	F	F
W_5	F	T	T
W_6	F	T	F
W_7	F	F	T
W_8	F	F	F

볼 때 하나의 **명제**는 어떤 사태와 대응하는 가능세계들의 집합으로 특징지을 수 있다. 예를 들어, '덥다'라는 명제는 집합 $\{W_1, W_2, W_3, W_4\}$와 대응하는 반면, '비가 오지 않는다'는 명제는 집합 $\{W_3, W_4, W_7, W_8\}$과 대응한다. 이들 명제에 대한 진리 함수 연산은 집합론의 용어들로 정의될 수 있다. 따라서 명제들의 연언은 각 연언 항에 대응하는 집합들의 교집합으로 정의된다. 예를 들어 '덥고 비가 오지 않는다'는 $\{W_3, W_4\}$이다. 마찬가지로 명제들의 선언은 각 선언 항에 대응하는 집합들의 합집합으로 정의된다. 그렇다면 어떤 명제의 진리 근접성은, **그 명제가 참인 세계의 전체 숫자**에 대해, **현실세계와 그 명제가 가리키는 여러 가능세계 사이의 거리의 합**이 보여주는 비율이 대응하는 함수로 정의될 수 있을 것이다.

여기서 가능세계와 현실세계 사이의 거리(또는 대칭적 차이)란 두 세계에서 서로 불일치하는 기본 상태의 함수이다. **거리 함수**를 정의하기 위해 우리는 n개의 기본 특성에 가중치 t_i ($i = 1, \cdots, n$)를 할당하여 다음과 같은 식을 만들 수 있을 것이다.

$$\sum_{i=1}^{n} t_i = 1$$

그런 다음 임의의 가능세계와 현실세계 사이의 수적 차이를, 두 세계에서 서로 불일치하는 기본 상태(특성)에 부여된 가중치의 합으로 정의할 수 있다. 당연히 가능세계와 현실세계 사이의 거리는 닫힌 구간 [0, 1]의 값을 가지는데, 여기서 현실세계에 대해 완전히 거짓인 이론의 거리는 1이고 참인 이론의 거리는 0이다. 그렇다면 임의의 명제 q와 진리의 거리는 다음과 같을 것이다.

수식 (1) $$Dt(q) = \frac{\sum_{W_i \in \{q\}} Dt(W_i/W_A)}{|q|}$$

여기서 $Dt(W_i/W_A)$는 임의의 세계 W_i와 현실세계 W_A 사이의 거리이다. 즉 현실세계 W_A와 임의의 세계 W_i가 서로 불일치하는 여러 기본 상태에 부여된 가중치의 합이다. $\{q\}$는 q라고 주장하는 가능세계의 집합이다. $|q|$는 $\{q\}$집합의 농도이다.

임의의 명제 q가 지닌 진리 근접성의 수준은 다음과 같다.

수식 (2) $$Vs(q) = 1 - \frac{\sum_{W_i \in \{q\}} Dt(W_i/W_A)}{|q|}$$

이렇게 하면 우리는 모든 명제가 지닌 각각의 박진성이 얼마만큼의 값인지 알 수 있다. 예를 들어 앞서의 날씨 세계를 가정하고 각 특성에 1/3의 동일한 가중치 t_i를 할당해보자. 그러면 명제 ~b가 진리에서 얼마나 떨어져 있는지 계산할 수 있다. ~h는 집합 {W_5, W_6, W_7, W_8}에서 성립하며, 이 집합의 농도는 4이다. 그런 다음 ~h에 대응하는 각각의 세계와 현실세계 사이의 거리를 계산하고, 그 합을 $Dt(W_5/W_1) + Dt(W_6/W_1) + Dt(W_7/W_1) + Dt(W_8/W_1)$로 구할 수 있다. 그 결과로 얻는 값은 $1/3 + 2/3 + 2/3 + 3/3 = 8/3$이다. 이 값은 수식 (1)의 분자에 해당한다. 이 값을 4, 즉 ~h인 집합의 농도로 나눠야 한다. 그 결과는 $Dt(\sim h) = 2/3$가 된다. 이 과정 전체를 순서대로 기술해보자.

$$Dt(\sim h) = [Dt(W_5/W_1) + Dt(W_6/W_1) + Dt(W_7/W_1) + Dt(W_8/W_1)]/4$$
$$= (1/3 + 2/3 + 2/3 + 3/3)/4$$
$$= 2/3$$

여기에 수식 (2)를 적용하면, ~h의 박진성은 1/3임을 알 수 있다. 마찬가지 방식으로 계산하면, $\sim h \wedge r$의 박진성은 0.5, $\sim h \wedge \sim r$의 박진성은 1/6, $\sim h \wedge r \wedge w$의 박진성은 2/3, $\sim h \wedge \sim r \wedge \sim w$의 박진성은 0이다.

박진성에 대한 '가능세계' 접근법은 매력적이다. 이 접근법은 포퍼 이론에서 가장 찜찜하게 남아있던 부분을 제거하고, 각기 다른 이론들을 진리 근접성의 견지에서 비교할 수 있는 깔끔한 방법을 제공한다. 또 이 접근법은 박진성에 대한 단순 비교뿐 아니라 그것을 정량적으로 측정할 수 있는 길을 열어주기도 한다. 그럼에도 불구하고 이 접근법은 몇 가지 중요한 문제에 봉착해 있다. 첫째, 데이비드 밀러(1976)가 지적했듯이, 이 접근법은 언어 의존적이다. 즉 논리적으로 동치인 두 이론이 서로 다른 수준의 박진성을 가질 수 있다. 어떻게 이런 일이 일어나는지 간략히 살펴보자.

두 가지 새로운 날씨 술어를 도입해보자. '미네소타의'(m)가 그 하나, '애리조나의'(a)가 다른 하나다. 덥고 비가 오거나, 춥고 건조하거나 한 경우는 미네소타의 날씨이고, 덥고 바람이 불거나, 춥고 바람이 없거나 한 경우는 애리조나의 날씨이다. 따라서 새로운 술어 문자 $m =_{df} (h \wedge r) \vee (\sim h \wedge \sim r)$로, $a =_{df} (h \wedge w) \vee (\sim h \wedge \sim w)$로 정의된다. 여기서 $(h \wedge r) \vee (\sim h \wedge \sim r) \equiv (h \leftrightarrow r)$이고 $(h \wedge w) \vee (\sim h \wedge \sim w) \equiv (h \leftrightarrow w)$라는 데 주의하자. 이렇게 하면 $h \wedge r \wedge w$는 논리적으로 $h \wedge m \wedge a$와 동치임을, 즉 두 진술이 모두 표적 이론에 대해 서로 동치임을 쉽게 알 수 있다. 표적 이론(현실세계 W_1)이 $h \wedge r \wedge w$라면, 진술 $\sim h \wedge r \wedge w$(W_5에 해당)는 진술 $\sim h \wedge \sim r \wedge \sim w$($W_8$에 해당) 보다 더 높은 진리 근접성을 가진다. 그러나 다음의 사실도 쉽게 증명될 수 있다. 현실세계를 $h \wedge r \wedge w$와 논리적으로 동치인 진술 $h \wedge m \wedge a$를 통해 기술한다면, 진술 $\sim h \wedge m \wedge a$($\sim h \wedge r \wedge w$와 동치)는 $\sim h \wedge \sim m \wedge \sim a$($\sim h \wedge \sim r \wedge \sim w$와 논리적으로 동치)보다 진리 근접성이 더 낮다. 그런데 우리는 $\sim h \wedge m \wedge a$로 W_8를 포착할 수 있고, $\sim h \wedge \sim m \wedge \sim a$로는 W_5를 포착할 수 있다. 따라서 논리적으로 동치인 두 개의 식은 서로 다른 수준의 박진성을 갖게 된다.

실제로는 더 강한 주장도 증명될 수 있다. 동치 전환을 여러 차례 거칠 경우 두 이론의 진리 근접성은 아예 뒤바뀔 수 있기 때문이다.[2]

그러나 위의 예제에는 무언가 이상한 점이 있는데, 이것을 적절히 설명한다면 이런 전환에서 일어나는 문제에 대한 한 가지 답변이 될 것이다. 비록 $h \wedge m \wedge a$와 $h \wedge r \wedge w$의 두 식이 논리적으로 동치이더라도, 사람들은 분명 후자를 이론적으로 더 중요한 식으로 받아들일 것이다. 후자만이 **덥다, 비가 온다, 바람이 분다**와 같은 자연적 속성을 기술하는 명사, 곧 '자연종' 명사를 사용하고 있기 때문이다. 물론 '미네소타의', '애리조나의' 같은 술어 역시 자연종 술어로 정의할 수 있다. 그러나 이 술어들이 무슨 의미로 받아들여지든 간에 '덥다', '비가 온다', '바람이 분다'와 같이 더 근본적인 자연적 속성의 견지에서 정의되는 술어에 비해 덜 근본적인 술어로 간주되어야 한다. 사실 '미네소타의', '애리조나의' 등은 '덥다', '비가 온다', '바람이 분다'와 같은 술어에 기생하는 술어들이다. 따라서 '미네소타의', '애리조나의'와 같은 술어를 사용하는 공식은 '덥다', '비가 온다', '바람이 분다'와 같은 술어를 사용하는 공식에 비해 덜 근본적인 (또는 덜 자연적인) 논리적 의미를 추가적으로 가진 것일 수 있고, 바로 그 이유 때문에 파기될 것이다. 이런 추론을 견실한 것으로 인정할 수 있다면, 진리 근접성에 대한 판단은 순전히 구문론적이기만 해서는 **안 된다**는 결론이 나온다. 진리 근접성에 대한 판단은 굿맨의 '초랑색(grue) 문제'와도 흡사한 방식으로 관련 술어가 어떤 내용을 가진 것인지 따져보아야 하며, 이런 술어들 가운데 오직 자연종 술어를 사용하는 이론만을 제대로 된 이론으로 받아들여야 한다.

한편 '가능세계' 접근법에는 더 치명적인 문제도 존재한다. 애런슨 (1990)이 지적했듯이, 과학적 발견의 결과로서 세계에 대한 기술에 더 많은 특성이 추가될 때마다 명제의 박진성은 달라진다. 날씨 모형을 다시 생각해보자. 처음에, 즉 세 가지 기본 상태만 있을 때 h의 박진성은 $Vs(h) = 0.67$이다. 그런데 네 번째 기본 속성, 예를 들어 흐림(c)을 추가하면 h의 박진성은 $Vs(h) = 0.625$로 낮아진다. 상태를 하나 더 추가하면 $Vs(h)$의 값은 0.6까지 떨어진다. 더 흥미로운 점은 네 번째 상태가 추가

표 11.2 상태의 수효에 따른 진리 근접성의 변화

상태의 수효	h	$\sim h$	$\sim h \wedge r$	$\sim r \wedge h$	$h \wedge \sim r \wedge w$	$\sim h \wedge r \wedge \sim w$
$n=2$	0.75	0.25	0.5	0.5		
$n=3$	0.67	0.33	0.5	0.5	0.67	0.33
$n=4$	0.625	0.375	0.5	0.5	0.625	0.375
$n=5$	0.6	0.4	0.5	0.5	0.6	0.4
*	*					
*	*					
$(n+1)/2n$	$(n-1)/2n$					

*n의 수가 무한대임을 의미

되면 거짓 명제 $\sim h$의 박진성이 $Vs(\sim h) = 0.33$에서 $Vs(\sim h) = 0.375$로 증가되고, 다섯 번째 상태가 추가되면 $Vs(\sim h) = 0.4$로 더 증가한다는 것이다. 일반적으로 h의 진리 근접성은 상태의 수효에 대한 함수로서, 공식 $(n+1)/2n$을 따르고, $\sim h$의 진리 근접성은 공식 $(n-1)/2n$을 따른다. 결국 상태의 수효 n이 늘어날수록 h의 박진성은 $\sim h$의 박진성에 점차 가까워진다. n이 무한대로 커진다면 h와 $\sim h$의 박진성은 $1/2$에 근접하게 된다. 즉 기본 특성의 수가 무한대가 될수록 거짓 명제의 진리 근접성은 참인 명제와 같은 값을 가지게 되며, h가 무엇을 말하고 $\sim h$가 무엇을 부정하든 그 진리 근접성은 0.5로 '동결'된다.(표 11.2 참조)

상태의 수효에 진리 근접성의 값이 의존한다는 이런 결론은 찜찜하다. 왜냐하면 새로 추가된 상태가 이미 존재하는 상태와 어떤 연관성도 없다면, 우리는 이 세계에 대한 기술에 그것과 무관한 상태—예컨대 나비가 빗속을 난다는 등의—를 아무리 추가해도 인과적으로 독립된 사실을 기술하는 진술의 진리 근접성에는 전혀 영향이 없어야 한다고 예상하기 때문이다. 또한 날씨 모형에서는 몇몇 우연한 명제, 즉 두 개의 연언 항 중 하나가 부정인($\sim b \wedge r$ 또는 $\sim r \wedge b$) 분자 명제가 상태의 수효와 무관하게 정확히 0.5라는 동일한 박진성을 갖는다는 점도 지적할 만하다. 새로운 상태를 추가해서 진리 근접성이 증가하는 경우는 명제에 연언 항이 모두 부정인 경우뿐이다.

앞의 논의는 '가능세계' 접근법이 그 독창성에도 불구하고 진리 근접성에 대한 적절한 해명을 제시하는 데 실패했다는 점을 보여준다. 이 접근법을 따르게 되면, 진리 근접성은 세계의 상태가 얼마만큼의 숫자인지에 (균일하지 않게) 의존하는 이상한 특징을 지닌 것이 되며, 참인 명제는 결국 거짓 명제와 동일한 박진성을 갖게 된다. 몇몇 우연한 명제는 이 세계의 상태와 관계없이 고정된 박진성을 지니며, 또 다른 종류의 우연한 명제는 단순히 세계에 새로운 상태를 더하기만 하면 그 진리 근접성이 증대된다.

그럼에도 이 문제에 대해 한 가지 고려해볼 답변이 있다. 니닐루오토는 (개인 서신에서) 진리 근접성의 측정이라는 과제는 '맥락 의존적'이기 때문에 이런 비판이 부적절하다고 지적했다. 어떤 명제의 박진성에 대한 질문은 그 표적이 어떤 정보와 관련하여 설정된 것인가에 따라 상대적이며, 따라서 정보가 변화하면 특정 진술의 진리 근접성 수준 역시 변화할 수 있다는 것이다. 예를 들어, 니닐루오토 교수의 눈 색깔을 말해달라는 질문을 받고 파란색이라고 (정확하게) 말하는 가설 b가 있다고 가정해보자. 하지만 맥락상으로는 이 답변이 눈, 머리칼, 피부색에 대한 질문을 받았는데 눈에 대해서만 답변한 경우라고 하자. 이런 맥락에서 제시된 답변 b는 눈에 대해 질문을 받았을 때보다 관련 진리에 대해 훨씬 적은 정보만을 제공하기 때문에 더 낮은 박진성을 가질 것이다.

　진리 근접성에 대한 판단이 맥락에 따라 상대적이라는 사실은 다소 불편한 얘기이지만, 니닐루오토의 이런 지적에는 분명 타당한 점이 있다. 그럼에도 그의 답변이 전적으로 적절한 것은 아니다. 앞서 살펴본 바와 같이, 정보의 양이 극대화되고 인지된 기본 상태의 수효가 매우 많아진 상황에서 어떤 진술의 박진성을 판단할 때, 가능세계 접근법에서 진술 h와 그 부정인 ~h의 박진성은 h가 무엇을 말하고 ~h가 무엇을 부정하는지에 관계없이 0.5에서 '동결'되는 경향이 있기 때문이다. 따라서 어떤 의미에서는 정보가 더 완전해질수록 박진성의 측면에서 진술 h와 그 부정 ~h를 구별하기가 더 어려워진다. 대부분의 현실적 상황에서는 관련된 기본 상태의 수가 매우 많기 때문에, 가능세계 접근법에 의존하는 사람은 어떤 진술과 그 부정의 박진성을 비교할 어떤 유의미한 방법도 찾을 수 없을 것이다. 따라서 나는 가능세계 접근법이 진리 근접성에 대한 설득력 있는 형식적 해명을 제시하는 데 실패했다고 결론짓는다.

'유형간 위계' 접근법

　최근 저서(1994)에서 애런슨(Aronson), 하레(Harré), 웨이(Way)—이하 'AHW'로 약칭—는 과학 이론을 자연종들 사이의 구조적 관계를 포착하기 위한 유형간 위계 구조로 해석한다. 일반적으로 유형간 위계(더 넓게는 일종의 의미론적 연결망)는 각 노드가 선으로 이어진 트리 구조로 표시된다. 여기서 노드는 대상이나 개념을 나타내고 선은 이들 사이의 관계를 나타낸다. 유형간 위계를 특징짓는 가장 유용한 방법 중 하나는 가장 상위의 노드를 상위 유형, 중간 노드를 하위 유형, 말단 노드를

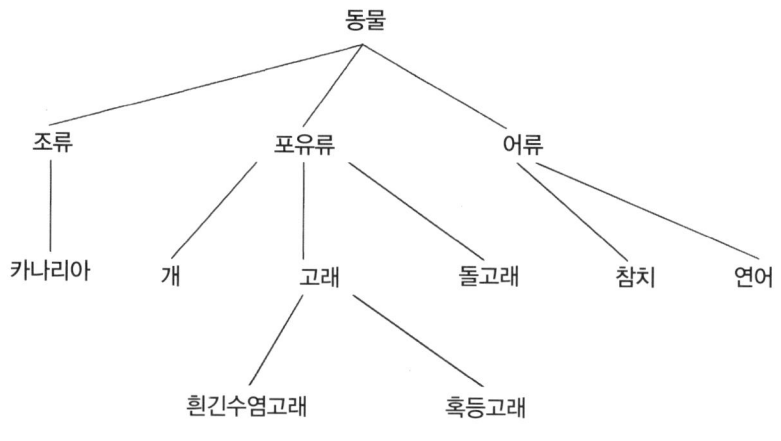

그림 11.1 동물의 유형간 위계

개체 차원에 할당하는 것이다. 예를 들면 '동물'은 상위 유형, '개'는 하위 유형, '해피'는 개체를 나타낸다. 그 다음에는 이 위계 구조 안의 각 노드들이 맺고 있는 '종' 관계 또는 '사례' 관계를 예화하기 위해 연결선이 사용된다. 이런 종류의 표현 방식은 상당히 유용한데, 왜냐하면 그 표시가 덜 구체적인 것에서 더 구체적인 것으로(예를 들면 '동물' 유형에서 '개' 하위 유형으로) 내려가고, 그러는 가운데 어떤 속성이 상속되는지(예를 들어, 동물이 살아있는 유기체이면 개도 그러하다)를 함께 보여주기 때문이다. 실용적으로 볼 때 이것은 유형간 위계 구조가 지식의 표현과 특히 추론(예를 들어 '해피'는 개 유형의 한 사례이므로 또한 동물이기도 하다는 식의 추론)을 용이하게 해줄 수 있음을 의미한다. 그림 11.1은 동물의 유형간 위계 구조를 보여주는 사례이다.

과학 이론에 대한 이러한 유형간 위계적 접근법은 흥미로운 쟁점을 여럿 가지고 있다. 하지만 여기서는 AHW가 박진성에 대해 규정한 부분에만 관심을 갖도록 하자. AHW는 과학 이론을 유형간 위계에 대한 담론으로 대체하면서, 유형간 위계 내의 유사성 관계를 통해 박진성을 해명하고자 한다. AHW의 참신함은 박진성의 특징을 어떻게 규명하는가의 문제 상황을 반대로 뒤집었다는 데 있다. '가능세계' 접근법이 전체 진리와의 거리를 기준으로 박진성을 정의했다면, 이들은 박진성을 기준으로 진리를 정의한다. AHW에게 진리란 '박진성의 한계 사례'(1994: 123)이다. 이들의 생각은 대략 이러하다. 박진성이란, 선택된 임의의 유형이 현실의 유형과 유사할 경우 선택된 유형에 귀속되는 성질이다. 반면 진리는 두 유형이 실제로 부합하는 경우에 귀속되는 성질이다. 더 정확히 말하면, 두 가지 유형(대상)이 동일한 상위 유형의 하위 유형으로 표현되면(예를 들어, 고래와 개는 모두 상위 유형인 포유류의 하위 유형이다) 서로 유사하다고 말할 수 있다.

AHW는 아모스 트버스키(Amos Tversky)에게서 빌려온 거리 함수를 이용해 박진성을 정의한다. 두 유형간의 거리(유사도)는 (a) 두 유형이 공통으로 지닌 속성과 (b) 두 유형이 서로 공유하지 않는 속성 사이의 차이에 가중치를 붙여 얻는다. 그런 다음 어떤 진리 주장의 박진성 수준은 이 주장이 언급하는 유형과 현실적 대상의 유형 사이의 거리를 구함으로써 계산한다. 예를 들어 현실의 대상이 혹등고래라고 한다면, 이 대상이 돌고래라는 주장의 박진성은 유형간 위계 구조에서 돌고래 유형과 혹등고래 유형 사이의 거리를 통해 정의된다. 이 해명에 따르면, C라는 임의의 주장(주어진 대상이 돌고래라는 주장)은 다른 주장 C*(문제의 대상이 대구라는 주장)에 비해 현실의 대상(혹등고래)과의 거리가 C*의 거리보다 작거나 큰 데 따라 더 박진성을 띠거나 덜 띠게 될 것이다. 마찬가지로, 진리는 언급된 유형이 현실의 대상에 해당하는 유형과 동일한 경우에 성립하며, 이런 의미에서 박진성의 한계 사례로 제시된다.

이 접근법은 진리 근접성을 규정하는 혁신적인 시도임이 분명하다. 그러나 유사성을 이용해 박진성을 해명하려면 한 가지 일반적인 문제를 넘어서야 한다. AHW는 유사성을 유형간 위계 구조 내에 있는 위치의 관점에서 해석한다. 유형간 위계 구조가 처음부터 고정되어 있다면, 무엇과 무엇이 유사한지는 유형간 위계 구조 내에서 각각이 차지하는 위치에 따라 결정된다고 말해도 될 것이다. 그러나 위계 구조를 계층화하기 위해 선택된 유형들 사이에 모종의 사전 유사성 관계가 없다면, 유형간 위계는 애초에 어떻게 결정할 수 있을까? 그렇다면 유형간 위계를 통해 유사성의 정도를 결정한다는 것은 설명력 없는 사소한 방법일 뿐이며, 유형간 위계란 것도 단지 유사성 관계라는 기초 위에 건설된 구조물에 지나지 않을 것이다.

유사성 관계는 맥락에 따라 달라진다. 여기서는 이른바 '자격 문제'(qua problem)에만 주목해보자. 두 동물이 있다. 이들은 수중생활을 한다는 점에서는 동일하다. 하지만 새끼를 먹이는 방식이나 꼬리 모양에서는 서로 다르다. 박진성이 유사성에 따라 달라진다면, 유사성 역시 맥락에 따라 달라진다고 해야 할 것이다. 유사성 관계가 다르면 유형간 위계 관계도 다를 것이고, 특정 주장의 박진성을 평가하는 방법도 달라질 것이다. 그렇다면 특정 주장의 박진성을 결정하기 위해 우리가 택해야 할 유형간 위계는 무엇인가? 만일 박진성이 유형간 위계 내의 위치에 의존한다면, 임의의 주장이 지닌 박진성은 어떤 유형간 위계를 선택하는지에 따라 달라질 것이다. 예를 들어 어떤 임의의 대상이 돌고래라는 주장은, 이 유형을 포함하는 상위 유형이 포유류인지 수중동물인지에 따라 서로 다른 박진성을 지닐 것이다. 마찬가지로 현실의 대상이 돌고래일 경우, 어떤 대상이 개라는 주장은 포유류를 상위 유형으로 하는 유형 간 위계에서는 박진성이 높겠지만, 꼬리 있는 동물을 상위 유형으로 하는 유형간 위계에서는 박진성이 낮을 것이고, 수중동물을 상위 유형으로 하는 유형간 위계에서는 박진성이 전혀 없을 것이다. 이들 가운데 문제의 주장이 지닌 박진성 수준을 결정하는 항목은 무엇인가? AHW의 정의 방식은 언어 의존적이라는 표준적 반론을 피하려 하지만, 앞서 논의한 '가능세계' 접근법보다 덜한 맥락 의존성을 갖는다고 말할 수는 없을 듯하다. AHW의 이론을 따르게 되면, 박진성 주장은 특정 맥락 속에서 특정한 유형간 위계를 통해서만 제시될 수 있으며, 다른 유형간 위계가 선택되는 맥락에서는 의문시될 수밖에 없다.

이러한 '맥락주의'로 인해 AHW의 접근방식은 두 가지 중요한 철학적 문제에 부딪힌다.

1. 특정한 진리 주장이 지닌 진리 근접성을 판단하는 데 있어 그것에 관련된 맥락은 무엇 또는 누가 결정할 것인가? 다시 말해, 무엇 또는 누가 맥락상 적절한 유형간 위계를 선택하는가? 객관적 기준이 없다면 진리 주장의 박진성 수준은 규약의 문제가 되거나 심지어 모호한 문제로 남을 것이다.

2. 1번 문제에 대해, 적합한 맥락(유형간 위계)을 고르기 위해서는 실용적 고려(예컨대 우리가 현재 관심 갖는 사항)에 호소해야 한다고 답하는 경우를 가정해보자. 예를 들어, 우리가 수중동물에 관심이 있다는 가정 하에 어떤 대상이 돌고래라는 주장이 얼마나 진리 근접적인지 판단한다고 해보자. 그렇다면 현재 검토되는 답변에서

는, 수중동물에 대한 우리의 관심이 특정 주장의 진리 근접성을 판단하는 맥락을 사실상 고정시킨다는 답이 나올 것이다. 그러나 나는 이런 실용적 요소 또는 관심에 대한 호소가 진리 근접성 주장이 모호해질 수 있는 위험을 해소하지는 못한다고 생각한다. 왜냐하면 특정한 관심사와 실용적 요소를 제시하더라도, 임의의 주장이 지닌 진리 근접성을 판단하는 데는 두 가지 이상의 유형간 위계가 있을 수 있기 때문이다. 예를 들어 실제 대상은 황새치이지만, 우리는 그것을 돌고래라고 추측하고, 우리의 현재 관심은 수중동물에 있다고 가정해보자. 여전히 우리는 그 대상이 바다 포유류의 유형간 위계에 속하는지, 아가미 동물의 유형간 위계에 속하는지, 아니면 다른 무엇인지 선택할 수 있다. 어떤 관심사를 택하느냐에 따라 상대적이겠지만, 그 진리 주장이 각각의 유형간 위계마다 매우 다른 수준의 박진성을 띨 수 있다는 점은 명약관화하다.

결국 맥락주의로는 박진성에 대한 실재론적 이해를 포착할 수 없다. 실재론의 관점에서 볼 때, 우리는 주장 C가 주장 C*보다 더 높은 박진성을 띤다는 형식의 진술에 의미를 부여하고자 한다. 그러나 주장 C가 이 유형간 위계에서는 이런저런 박진성을 띠지만 저 유형간 위계에서는 다른 박진성을 띤다고 말한다면 어떻게 될까? 어떤 주장의 박진성을 결정할 단 하나의 유형간 위계를 골라낼 방법이 없는 한, 우리는 특히 박진성의 수준이 맥락에 따라 극적으로 달라질 때마다 어느 수준의 박진성을 옳은 것으로 간주해야 하는지에 대해 영영 알지 못할 것이다. 따라서 나는 박진성에 대한 이 유형간 위계 접근법이 유망하다는 점은 인정하지만, 위계 분류 방식이 맥락에 의존하는 상황은 벗어날 필요가 있다고 생각한다. 그 분류는 이 세계가 가진 인과적 구조를 추적할 수 있는 것이 되어야만 한다. 다시 말해서, 유형간 위계가 박진성의 수준을 판단하는 데 적합하려면 자연종들의 객관적 의존관계를 포착하는 것이어야 한다는 얘기다. 유형간 위계가 자연적일수록, 즉 자연적 속성들 간의 객관적 연결과 관계를 더 많이 반영할수록, 박진성 판단은 더 튼튼한 근거를 가질 것이다. AHW가 제안한 대로, 만일 "무엇이 생물학적 유형 사이에 실재하는 질서인지에 대해 답할 방법이 없다면, 그리고 그 질서가 이런 유형 또는 저런 유형의 위계가 가진 목적에 따라 달라진다면"(1994: 134), 과학 이론에 대한 유형간 위계 접근법이 어떻게 박진성에 대한 실재론적 해명과 진리(박진성의 한계 사례인)에 대한 해명까지 제시할 수 있는지 나로서는 알 수 없다.

진리 근접성에 대한 기어리의 접근법

진리 근접성에 대한 형식적, 정량적 접근법이 실패함에 따라, 몇몇 실재론적 과학철학자들, 특히 로널드 기어리는 진리 근접성에 대해 말하기를 포기하고 그 대신 이론적 모형(비언어적 존재자로 해석되는)과 실재하는 계(界) 사이의 유사성을 비교하는 쪽을 택했다.(Giere 1988: 82~86, 106~110) 기어리의 관점에 따르면, 모형과 실재하는 계가 얼마나 유사한지에 따라 우리는 이 모형이 실재하는 계에 대해 더 나은 근사치를 제공하거나 더 못한 근사치를 제공한다고 말할 수 있다. 그는 모형과 실재하는 계 사이의 유사성이라는 개념이 과학에서의 근사치를 이해하는 데 필요한 자원을 제공할 뿐만 아니라, 근사적 진리라는 "사생아와도 같은 의미론적 개념"(ibid.: 106)을 피할 방법도 제공할 것이라고 보왔다. 기어리의 접근법은 여기서 소개한 다른 방법들보다 더 주목받을 가치가 있다. 그러나 이 절에서 나는, 기어리의 접근법이 지닌 장점이 무엇이든 간에 진리 근접성의 개념을 피하기란 거의 불가능하다는 점을 지적하고자 한다.

기어리는 이론을 모형들의 가족으로 보는 이른바 이론에 대한 의미론적 관점을 지지한다.[3] 그에게 있어 모형은 특정한 **이론적 정의**(일반적으로는 수학 방정식이나 그 집합)를 만족하는 추상적 존재자로 간주된다. 그렇다면 모형과 이론은 어떻게 물리적 세계 및 그것에 대한 주장과 연결될 수 있는가? 기어리는 **이론적 가설**에 의해 이런 연결이 가능하다고 제안한다.

이론적 가설은 다음과 같은 형식을 띤다. 물리적 계 X는 M과 같거나 매우 가깝다. 여기서 M은 이 모형이 기술하는 추상적 존재자이다. 따라서 이론적 가설은 모형과 세계 사이의 연결을 제공한다. 기어리가 말했듯이, 이론적 가설은 "이론적 모형과 그것이 모형이 됨으로써 그려낸 것"(1988: 80) 사이의 연결을 제공한다. 여기서 이론적 가설의 한 사례를 들어보자. 지구-달 계(물리적 계 X)에서 지구와 달의 위치 및 속도는, 역제곱의 중심력을 가진 계(모형이 기술하는 추상적 존재자 M)를 이루는 두 입자의 위치 및 속도와 매우 유사하다. 또는 등가적 표현으로, 지구와 달은 상당 수준의 근사치로 뉴턴의 이체 계(two-particle system)를 형성한다.

추상적 구조로 이루어진 모형이 구체적인 물리적 계를 표현하고, 이론이 경험적 내용을 확보할 수 있는 것은 바로 이런 가설이라는 수단을 통해서이다. 이론적 가설은 세계에 대해 실질적인 주장을 한다. 즉 어떤 물리적 계의 거동은 모형이 기술하는 추상적 존재자의 거동과 특정한 관계에 있다고 주장한다. 추상적 존재자 M의 거동을 기술하는 모형이 있고, 또 이 거동이 구체적인 물리적 계 X와 특정한 관계에 있다면, 우리는 X의 거동을 알 수 있고 예측할 수 있으며 테스트할 수 있다. 따라서 우리는 구체적인 물리적 계 X에 대해 몇 가지 실질적인 정보를 확보할 수 있다.

하지만 모형과 물리적 계 사이에는 여전히 어떤 관계가 있어야 할 것이다. 그 관계란 무엇인가? 이러한 의미론적 관점을 옹호하는 견해는 여기서 여러 갈래로 나뉜다. 수피(Suppe 1977: 223~225; 1979: 324)는 모형 M이 물리적 계 X와 동형사상적(isomorphic)이거나 준동형적(homomorphic)이어야 한다고 제안하며, 여기서 모형 M은 현상의 이상적인 복제품으로 볼 수 있다고 말한다. 경험론자인 반 프라센(1987a: 111)은 이론의 경험적 적합성에만 관심을 제한하고, 모형과 물리적 계 사이에 필요한 관계는 맞춤(embedding) 관계—즉 관찰 가능한 현상이 이론적 모형의 경험적 하부구조와 동형사상 관계를 이루어야 한다는 것—라고 한다. 기어리에 따르면, 여기서 요구되는 관계는 유사성(similarity) 관계라고 한다.(1988: 81) 기어리 식의 이론적 가설은 구체적인 물리적 계의 행동이 모형에서 기술된 추상적 존재자의 행동과 **유사하다**고 할 것이다.

그러나 유사성이란 기어리가 원초적인 것으로 받아들이는 개념이다. 확실히 그는 모형 M과 물리적 계 X 사이의 유사성이란 언제나 **수준**과 **측면**의 문제이며, 따라서 유사성 주장에는 반드시 관련된 측면과 수준이 무엇인지에 대한 내용이 함축되어 있을 수밖에 없다고 말한 바 있다.(1988: 81) 그러나 이런 말로는 X가 M과 유사한지 여부를 판단하는 데 필요한 측정 기준을 확실히 밝혔다고 하기 어렵다.

어쨌든 여기서 주목할 만한 점은, 이론이 경험적 내용을 확보하기 위해 수행해야 하는 모든 표상 작업을 이론적 가설이 수행한다는 것이다. 사실 이론적 가설은 진리 값을 지닌 언어적 존재자로서, 물리적 계 X가 모형 M과 얼마나 유사한지에 따라 참이나 거짓이 된다. 나는 이런 말이, 모형이 제공하는 실제 계에 대한 기술이 진리에 근접해 있다는 말을 우회적으로 표현한 방식에 불과하다고 생각한다. 확실히 기어리는 이론적 가설이 언어적 존재자와 실제 대상 사이의 관계를 명시하는 것이 아니라, "추상적 대상과 실제 대상이라는 두 대상"(1988: 82) 사이의 연결성을 명시한다고 주장하긴 했다. 그러나 이것이 사실이라면 그 차이는 그다지 중요하지 않다. 모형이란 결국 언어적 기술들에 일종의 허가증을 발급하는 절차에 불과하기 때문이다. 이론적 가설은 추상적 계에 대한 기술들(대체로 일련의 방정식으로 제시되는 기술들)을 실재하는 계에 대한 이상화된 기술과 연결한다. 그런 다음 두 설명이 특정 측면에서 특정 수준만큼 유사하다고 말한다. 예를 들어 지구-달 계의 거동에 대한 연구를 생각해보자. 이론적 가설은 지구-달 계의 거동이 뉴턴의 중력 법칙에 의해 기술된 추상적인 수학적 존재자인 이체 계의 거동과 유사하다고 말한다. 이런 유사성 판단은 몇 가지 이상화에 근거를 두고 있다. 엄밀히 말하면 달은 점 질량(point-mass)이 아니고, 지구나 달이 완전한 구도 아니며, 두 물체 사이에 달과 지구 사이의 중력만 작용하는 것도 아니다. 그러나 적절한 이상화 덕분에 지구가 달에 미치는 영향은 뉴턴 역학의 이체 계에 대한 수학적 기술에 포함시켜 적절히 연구될 수 있었다. 이체 계에 대한 뉴턴의 설명이 지구-달 계에 대해 근사적으로 참이며 따라서 진리 근접적 설명이라는 것은 사소한 부분이고, 여기서 중요한 점은 진리 근접성의 수준이 실제로 존재하는 지구-달 계에 대한 기

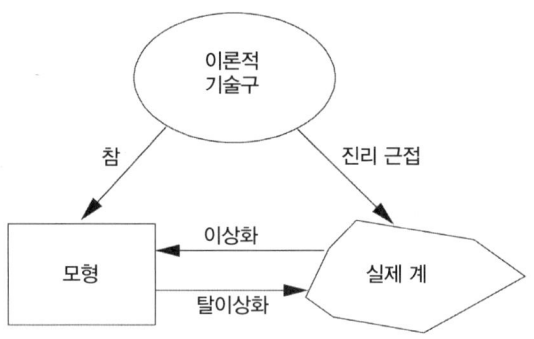

그림 11.2 모형에 대한 이론적 기술은 실제 계에 대한 이상화된 기술과 관련이 있다.

술에 개입된 이상화와 근사치의 함수라는 것이다. 그림 11.2는 바로 이 점을 말해준다.

이 모든 것의 결론은, 나로서는 진리 근접성 개념에 대한 기어리의 의혹을 공유할 수 없다는 것이다. 사실 나는 그의 접근법이 진리 근접성에 대한 논의로서 합당할 수도 있다고 본다. 진리 근접성이 직관적으로 호소하는 점을 포착한 접근법이기 때문이다. 이론적 기술은 그것이 기술하는 대상에 대해 무엇을 말하든지 대체로 옳은 정도로 진리 근접성을 띤다는 직관이 바로 그것이다. 아마도 우리는 이보다 더 나은 방법으로 진리 근접성 개념에 대한 더 명확하고 실질적인 해명을 제시할 수 있을 것이다. 다음 절에서는 이것을 시도해보고자 한다.

'직관적' 접근법

진리 근접성은 과학에서 이미 쓰이고 있는 진리를 포착하는 개념이다. 우리와 세계 사이의 상호작용에 있어, 특히 관찰 불가능하고 시공간적으로 멀리 떨어져 있는 세계의 측면들에 대해서는 일반적으로 정확한 진리를 얻기 힘들다. 이론과 세계 사이의 완전한 합치는 거의 불가능하다. 여기에는 아주 많은 이유가 있다. 자연 현상의 복잡성과 상호 작용하는 성질은 일정 수준의 이상화와 단순화를 하지 않는 한 통일되고 포괄적인 이론으로 자연을 효과적으로 연구하고 표현할 도리가 없게 만든다. 과학 이론에는 점 질량이나 이상기체 같은 수많은 이상화가 포함되어 있으며, 이것은 세계를 좀 더 단순화하고 좀 더 쉽게 연구할 수 있는 형태로 표현해준다. 자연 현상을 지배하는 법칙은 자유낙하 법칙에서의 공기 저항과 같이 몇 가지 왜곡된 특징과 조건을 괄호에 넣어 표현한다. 어떤 법칙들은 특정 조건이 근사적이고 다른 조건이 변함없다는(ceteris paribus) 가정 하에서 다른 법칙으로부터 도출되기도 한다. 이론적 예측은 실험 결과에 기대어 시험되지만, 오류가 없는 실험 결과는 거의 없으며, 실험 결과와 정확히 일치하는 예측도 거의 없다. 그 차이가 아무리 작다고 하더라도 대부분의 예측은 실험 결과로부터 ε라는 오차범위 내의 차이를 지니며, 실험 결과 자체에도 추정적 오차가 있게 마련이다. 과학에서 정확한 진리를 요구한다는 것은 사실상 모든 근사치, 단순화, 이상화, 근사도 함수, 측정과 계산의 오류 가능성 등을 배제하라는 요구와 같다. 설령 이런 종류의 과학이 가능하다고 하더라도 그것은 우리에게 익숙한 과학이 아닐 것이다.

 그러나 과학 연구의 결과는 대부분 자기 수정적(self-corrective)이다. 과학자들은 이론적 법칙과 메커니즘에 포함된 이상화와 근사치를 명시할 뿐만 아니라, 자연 현상이 어떤 측면에서 어떤 정도로 이론적 표현으로부터 벗어나 있는지를 가능한 한 정확히 명시한다. 예를 들어 뉴턴의 역제곱 법칙으로부터 케플러의 제1법칙을 도출한 사례와 같이, 어떤 법칙이 더 근본적인 다른 법칙으로부터 도출되는 경우를 생각해보자. 이 도출은 엄밀히 말하면 거짓이다. 엄밀히 말해 거짓인 전제, 즉 화성의 태양 공전을 이체 문제로 보는 전제에서는 실제로 화성의 궤도가 타원형이라는 잘못된 결론이 도출된다. 그러나 화성의 공전 궤도가 타원형이라는 결론이 화성의 실제 궤도와 어떤 측면에서 어느 정도로 어긋나 있는지의 문제처럼, 이런 도출 과정이 지닌 정확도의 수준은 명확히 규정할 수 있다. 이것이 바로 진리 근접성이라는 개념이 과학에 들어오는 지점이다. 위 도출 과정의 전제(이체 문제)와 결론(화성 궤도는 타원형)은 일정한 의미에서 진리 근접성을 지니기 때문이다. 예를 들어, 케플러의 법칙은 높은 수준의 정확도로 행성의 운동에 가까이 다가가 있기 때문에 진리 근접적이다. 뉴턴의 보편중력 법칙에서 케플러의 제1법칙을 도출할 때 사용하는 이체 접근법은, 다른 행성의 중력이 화성의 운동에 미치는 효과가 태양의 중력장에 비해 미미하기 때문에 진리 근접적이다.

만일 진리를 일종의 **부합성**(fittingness)으로 이해한다면, 즉 어떤 이론이 세계에 부합하는 경우이면서 오직 그런 경우에만 그 이론을 참으로 인정한다면, 진리 근접성은 **근사적 부합성**으로 이해해야 한다. 즉 어떤 기술, 진술, 법칙, 이론은 일정 측면에서 일정 정도로 사실에 부합하는 경우이면서 오직 그런 경우에만 진리 근접적이라는 것이다. 토머스 웨스턴은 이 문제를 다음과 같이 멋지게 표현했다. "어떤 진술이든 그것이 주장하는 바가 어느 정도 정확하기만 하다면 그것은 근사적 참으로 간주될 것이다."(1992: 54)

나는 내가 지금 옹호하는 접근법을 '직관적'이라 부르려 한다. 이 접근법이야말로 진리 근접성에 대한 우리의 직관에 가능한 한 가까이 다가선 것이기 때문이다. 이 직관에 따르면, 이론 속에서 중심적인 인과적 역할을 수행한다고 가정된 일반적 종류의 존재자가 실제로 존재하는 경우, 그리고 이론이 가정하는 기본 메커니즘과 법칙이 특정한 근사적 조건 하에서 이 세계에 있는 것들에 근접해 있는 경우, 그 이론은 근사적으로 참이다. 어떤 법칙이나 존재자에 대한 거짓 기술이 진리 근접성을 지닌다는 주장에 대해서는 다음과 같은 긍정적 논거를 댈 수 있다. 엄밀히 말해 거짓된 기술이라 해도 인지적으로는 유의미할 수 있으며, 그것이 기술하고자 하는 사실에 더 잘 부합하거나 더 부합하지 않을 수 있다. 거짓인 기술들도 목표인 영역을 더 낮거나 더 높은 정확도로 표현할 수 있다. 빛의 파동 이론은 엄밀히 말해 거짓이다. 그러나 간섭 현상에 대한 이 이론의 기술은 입자 이론의 기술보다 진리에 더 근접해 있다. 유사한 사례는 얼마든지 있다. 즉 여기서의 요점은, 진리 근접성을 지닌 주장이 엄밀하게는 모두 거짓이라는 이유로 진리 근접성에 대한 이야기를 포기하기보다는, 그 표현이 관련 사실에 가능한 한 정확히 부합되도록 해주는 조건을 적절히 포착하는 쪽이 더 낫다는 것이다.

다음은 이러한 직관 개념을 자연스럽게 설명하는 한 가지 방법이다.[4]

> 어떤 기술구 D와 상태 S가 있다. 이때 또 다른 상태 S'가 있어서 S와 S'가 특정한 근사 조건에 의해 연결되어 있고 D가 S'에 부합한다면(D가 S'에 대해 참이라면), 이 기술구 D는 상태 S에 근사적으로 부합한다(D는 S에 대해 근사적으로 참이다).

그렇다면 예를 들어 어떤 이론적 법칙이 특정 조건 하에서 우리 세계와 비슷한 세계에 대해 엄밀히 말해 참이라면, 그 이론적 법칙은 이 세계에 대해 근사적으로 참이다. 그 사례로 이상기체 법칙 $PV = RT$를 생각해보자. 이 법칙은 실제 기체에 대해서는 근사적으로 참인데, 그것은 우선 이 법칙이 이상 기체에 대해 참이고, 특정 조건 하에서는 실제 기체의 움직임이 이상 기체의 움직임과 비슷하기 때문이다.

이상은 진리 근접성 이론의 뼈대에 불과하다. 그러나 이 이론은 '가능세계' 접근법의 이면에 있는 건전한 직관뿐 아니라 앞 절에서 살펴본 기어리의 관점 이면에 있는 직관 역시 잘 포착한다. 이 직관들에 따르면, 근사적 진리에 대한 판단에는 현실 세계(또는 그에 대한 기술)와 이론이 기술하는 세계 또는 그 상태 사이의 비교가 내포되어 있다.[5]

진리 근접성을 형식적으로 적합하게 보여주는 이해가 없다는 사실이 과연 이 개념의 온전성을 훼손하거나 과학의 목표로서는 별로 설득력 없는 것으로 만드는가? 라우든의 경우 이런 견해를 더욱 힘주어 주장한다.(1996: 78 참조) '진리 근접성'이 파악하기 어려운 개념이라면 라우든의 말이 맞을 수도 있다. 하지만 형식적 해명이 없다고 해서 꼭 결함이 있는 것은 아니다. 나는 형식화와 명료성을 혼동해서는 안 된다고 본다. 나 개인적으로는 진리 근접성 개념을 **형식화**할 가능성에 대해 회의적이다. 근사성의 개념에는 환원할 수 없는 **질적** 요소, 즉 어떤 기술이 다른 기술과 근사적이라고 말할 수 있게 해주는 측면과 수준이라는 요소가 존재한다. 그러나 나는 과학에서 이미 쓰이고 있는 진리 근접성에 대한 직관적 개념이 그리 불명료하다고는 보지 않는다. 여기서 진리 근접성을 진리에 대한 타르스키적인 형식적 이해 방식과 비교하는 것은 도움이 되지 않는다. 형식화에 대한 타르스키의 요구는, 진리에 대한 직관적 개념이 '거짓말쟁이 역설'과 같은 결과를 낳는다는 사실에서 부분적으로 비롯된 것이다. 그러나 근사적 진리 또는 진리 근접성에 대한 직관적 이해에 대해서는 이와 유사한 역설이 알려져 있지 않다. 따라서 '근사적으로 참'이라는 술어나 '진리 근접적'이라는 술어에 대해 어떤 형식화를 시도해야만 할 적실한 필요성은 없다.

근사적 진리라는 직관적 개념이 모호하다는 반론도 있을 수 있다.[6] 어느 정도는 맞는 말이다. 특히 근사적이라는 개념이 질적이라는 점을 고려하면 그러하다. 그러나 나는 이 모호성이 해결 불가능한 문제는 아니라고 생각한다. 모호성을 극복하기 위해 반드시 '진리 근접적'이라는 새로운 술어를 형식화하여 제시할 필요는 없다. 오히려 우리는 근사성의 개념에 초점을 맞출 필요가 있다. 이 개념은 그 어떤 이론에도 추상적으로 적용되는 일반 개념으로서는 모호할지 몰라도, 적어도 특정 이론에 적용되는 분절적 개념으로서는 훨씬 정밀하고 정확한 개념일 수 있다. 진리 근접성을 설명하는 데 있어 결정적 역할을 하는 개념인 '유사성'의 각 측면들과 수준들은 확실히 특정한 이론적 기술을 검토할 때 더 정밀하고 구체적이 될 수 있다.[7] 이러한 판단이 의미 있게 이루어질 수 있는 한, 진리 근접성이라는 직관적 개념에 필요한 명료성은 쉽게 확보될 수 있다.[8]

또 다른 반론으로는, 이런 직관적 개념이 실재론의 요구를 뒷받침하기에는 충분히 **견고**하지 않다는 의견도 있을 수 있다. 직관적 개념은 기본적으로 근사성이라는 개념에 의존하기 때문에, 현행 이론이 근사적으로 참이라는 실재론의 인식적 낙관론을 옹호하는 데 불충분할 수 있다는 것이다. 그러나 나는 이 반론이 오해에서 비롯된 것이라고 생각한다. 왜냐하면 어떤 이론이나 이론적 기술구가 근사적으로 참이라는 주장을 해명하는 것—즉 어떤 이론이나 이론적 기술구가 근사적으로 참이라고 주장할 때 그 의미가 무엇인지를 해명하는 것—과, 어떤 이론적 기술구나 이론이 근사적으로 참이라는 판단에 대해 근거를 제시하는 일은 전혀 다른 문제이기 때문이다. 전자는 넓게 보면 의미론의 문제이고, 후자는 인식론의 문제이다. 이 장에서 내가 말한 내용 가운데 그 어떤 것도 후자의 문제와는 뚜렷한 관련이 없다. 이 장의 당면 목적은, 근사성의 개념이 명확하고, 어떤 기술이나 상태를 다른 것과 근사적이게 만드는 조건이 명시될 수 있는 한, 어떤 진술 D가 상태 S에 대해 근사적으로 참이라는 말은 S와 유사한 S'에 대해 진술 D가 참이라는 말과 같다는 점을 보여주는 데 있었다. 이런 해명이 무엇을 의미하든, 적어도 그 해명은 근사성의 구체적 조건들이 명시되기만 한다면 근사적 진리에 합당한 지위를 부여해줄 것이다.[9] 물론 이런 지위 부여 작업이 합당하다고 밝혀진다 하더라도, 특정 진술이나 이론이 근사적 참인지 여부는 **여전히** 문제로 남을 것이다. 과학적 실재론과 관련된 인식적 낙관주의는 그러한 근사적 진리를 어떤 주장에 부여하는 일이 가능하며 보증될 수 있다고 주장한다. 이런 낙관주의에 대한 논증을 제시한 것이 다름 아닌 앞선 장들의 내용이며, 특히 4장의 내용이다. 간단히 말해서, 성숙하고 진정으로 성공적인 과학 이론에 근사적 참의 지위를 부여할 수 있는 근거는, 그 이론을 근사적 참으로 볼 때만 그 이론이 내놓은 예측이 인상적인 성공을 거두었다는 사실을 가장 잘 설명할 수 있다는 데서 온다.

12장 이론 명사의 지시

이론 변동 속에서도 지시가 유지된다는 점을 입증하는 것이 과학적 실재론을 옹호하는 데 있어 핵심적 요소인 이유는 무엇인가? 과학적 실재론자들은 일반적으로 과학에 대한 누적적 이해를 옹호한다. 과거의 이론이 새로운 이론으로 대체되지만, 이런 과정을 통해 후속 이론은 이전 이론보다 더 진리에 가까워진다는 것이다. 과학이 발전함에 따라 과학 이론은 이 세계에 거주하는 자연종(관찰 가능하든 불가능하든)과 그 속성 및 인과적 힘에 대해 더 정제되고 참된 설명을 제시한다. "세계를 그 관절에서 자르는 일"이라는 플라톤의 은유는 보이드(1993)의 말을 빌리자면, 실재론에서 "이론을 구성하는" 방식에 대한 은유이기도 하다. 실재론자들은, 이론이 제시하는 이론적 기술구에 의해 궁극적으로 그 답이 밝혀지는 자연종들로 세계가 이미 구성되어 있다고 할 뿐만 아니라, 새로운 이론이 제시하는 자연종 분류체계가 이 세계의 객관적인 자연종 구조를 더 근사적으로 반영한다고 주장한다.

이 책 전체에 걸쳐 나는 방금 제시한 논제를 옹호하려고 노력해왔다.

하지만 실재론적 과학상이 지닌 누적적 측면을 받아들이는 데는 몇 가지 실질적 난관이 도사리고 있는 듯하다. 실재론의 낙관주의를 받아들일 수 있게 해주는 유일한 증거, 즉 과학의 성장과 함께 우리의 세계상에 안정적인 자연종 분류체계가 등장했다는 사실은 과학사 대부분에서 볼 수 있는 근본적인 이론 변동으로 인해 훼손되는 듯하다. 쿤(1970)과 파이어아벤트(1958) 등이 제시한, 의미와 지시의 근본적 변동에 대한 이론은 (적어도 그 '표준적' 해석에 따르면) 과거의 분류체계와 이를 대체한 분류체계를 비교할 방법조차 없다고 주장한다. 각각의 이론적 전통 곧 '패러다임'이나 '개념적 틀'이 저마다의 분류체계를 가지고 있고 이 분류체계들을 비교할 어떤 방법도 없다면, 우리는 이론 구성에 대한 또 다른 은유를 택하는 것이 더 나을지도 모른다. 즉 각 패러다임이 '저마다의 고유한 세계', 자연종에 대한 그것만의 원초적 분류체계를 가지고 있다고 말하는 것이다.(Kuhn 1970: 150 참조)[1]

잘 알려져 있듯이, 근본적 통약불가능성에 기초한 이 비판은 인과적 지시 이론(causal theory of reference)에 의해 반박된 바 있다. 인과적 지시 이론은 이론과는 독립해 있는 자연종의 초이론적 분류체계를 말하는 것이 어떻게 가능한지 보여줌으로써 실재론을 옹호한다. 또한 이 이론은 이론 변동 속에서도 실질적 연속성이 존재한다는 점을, 다시 말해서 한 이론에서 다른 이론으로의 전환에서 일어나는 개념적 변동이란 동일한 존재자를 더 잘 규명하고 과학의 언어적 범주를 이 세계의 인과적 구조에 더 잘 들어맞게 조정하려는 시도임을 보여준다. 과학이 성장함에 따라 의미는 변하지만, 대개의 경우 이런 변화 속에서도 지시는 안정적으로 유지된다. 새로운 이론, 새로운 기술구 역시 결국에는 동일한 이론 독립적 자연종 또는 물리량에 관한 이론이자 기술구라는 것이다. '전기'라는 말의 의미는 앙페르(André-Marie Ampère, 19세기 프랑스 물리학자인 그의 이름에서 '암페어'가 나왔다) 이후 많이 달라졌을지 모르지만, 이후의 모든 사람과 모든 이론은 동일한 자연종, 즉 **전기** 또는 익히 알려진 전기적 현상과 같은 돌출적 효과들의 인과적 요인을 기술하려고 노력해왔다.

이 마지막 장에서 나는 두 가지 과제를 수행하고자 한다. 첫째, 인과적 지시 이론은 그것을 겨냥한 몇몇 비판에 부응해 적절히 수정될 수 있는 이론임을 보여주고자 한다. 그러나 그렇게 하기 위해서는 데이비드 루이스(1984)가 '인과적 기술주의'(causal descriptivism)라 불렀던 것에 자리를 내주어야 할 필요가 있다. 순수 인과적 이론과 순수 기술적 이론을 효과적으로 혼합한 지시 이론의 필요성은, 내 생각에는 에번스(1973)가 크립키의 인과적-역사적 지시 이론에 대한 중대 논문을 발표한 이래 반복적으로 제기되어온 것이다. 하지만 이론 명사를 위한 적절한 지시 이론을 개발하는 과제는 아직 완수되지 않았다. 이제부터 나는 베렌트 엥스(Berent Enç 1976: 271)의 다음 제안에 기초하여 이 이론을 진전시키려 한다. "종 단어 또는 이론 명사의 지시는, 해당 이론이 발전시킨 설명 메커니즘을 통해 대상에게 부여된 **종 구성 속성**에 의해 수행된다"는 것이다.

두 번째 과제는 기존의 이론 명사가 폐기되는 개념 전환에서도 여전히 지시가 유지된다는 점을 인과적 기술 이론이 어떻게 설명할 수 있는지 보여주는 일이다. 이것은 별도로 다룰 가치가 있는 흥미로운 논제이다. 왜냐하면 순수 인과적 이론만으로는 결론이 잘못 도출될 수 있는데다가, 5장 말미에서 이미 강조했듯이 기존의 이론 명사가 폐기되는 상황에서도 지시가 유지될 수 있음을 보여주는 것은 실재론자에게 매우 긴요한 일이기 때문이다. 여기서 내가 검토하려는 사례는 '발광성 에테르'에서 '전자기장'으로 용어가 이행한 과정이다.

인과적 지시 이론

현재 받아들여지고 있는 기술적 지시 이론(descriptive theory of reference)에 따르면, 고유명이나 단칭 명사와 같은 지시적 표현의 지시 대상은 기술구에 의해 정해진다. 즉 어떤 표현의 지시 대상은 통상적으로 그 표현의 **의미**를 명시해준다고 이해되는 기술구에 의해 지정된다는 것이다. 각각의 명사 또는 고유명은 그것을 한정하는 기술구 또는 더 정확히 말해서 (더 큰 가중치를 가진) 일단의 기술구들과 연관되어 있다. 명사 t와 연관된 기술구 또는 (더 큰 가중치를 가진) 대부분의 기술구들을 개체 y가 만족시킨다면, t는 y를 지시하는 것이다. 그러나 이들 기술구를 만족시키는 개체가 존재하지 않는다면, t는 아무것도 지시하지 않는다. 기술적 지시 이론의 핵심은 단어와 그 지시 대상 사이의 관계가 단어의 '의미'에 의해 매개된다는 데 있다. 이 이론에 따르면, 지시적 표현은 그 의미를 통해 지시 대상을 얻는다.

그러나 잘 알려져 있듯이, 솔 크립키(1980)는 어떤 고유명을 포함한 기술구가 거짓일지라도(또는 그 고유명의 사용자가 해당 개체에 대해 참인 기술구를 제시하지 못하더라도), 그 고유명은 여전히 해당 개체를 지시할 수 있다고 지적한 바 있다. 역으로, (크립키가 제시한 슈미트-괴델 사례에 따르면) 어떤 개체가 임의의 고유명을 포함하고 있는 일련의 기술구에 부합하더라도, 그 고유명 자체는 해당 개체를 지시하지 못할 수도 있다. 따라서 어떤 고유명이 주어졌을 때 그것이 기술구를 만족시키는지는 지시의 필요조건도 아니고 충분조건도 아니다. 간단히 말해, 기술적 지시 이론의 주된 문제는 일반적으로 너무 많은 기술구를 명사 및 고유명과 연관시킨다는 데 있다. 즉 지시된 개체가 그 고유명과 관련되어 있는 기술구 모두를 만족시킬 필요는 없을뿐더러, 때로는 참이 아닌 기술구에 의해서도 그 개체가 지시될 수 있다는 것이다.[2]

크립키의 잘 알려진 대안에 따르면, 고유명의 지시는 현재의 용법과 '명명식'(어떤 개체에 이름을 붙이는 행위) 사이를 잇는 인과적-역사적 사슬에 의해 고정된다. 어떤 고유명에 대한 기술구 모두가 거짓일 수도 있지만, 그 용법이 과거의 명명식에까지 이어져 있는 인과적 연쇄의 일부인 한, 그 고유명은 여전히 동일한 개체를 지시한다는 것이다. 이름을 처음 도입할 때 쓰이는 표현에는 도입되는 개체에 대한 기술구도 **일부** 포함될 수 있다. 예를 들면 해왕성이나 '살인마 잭'의 경우처럼 일정한 기술구 없이는 해당 존재자나 개체를 도입할 수 없는 경우도 있기 때문이다.(Kripke 1980: 79~80, 96 참조) 하지만 전통적인 기술 이론의 입장과 달리, 기술구들은 해당 명사와 분석적인 관계를 갖지 않는다. 기술구는 단지 "어떤 대상을 우연히 표시하는 바람에 지시를 고정하게 되었을" 뿐이다.(ibid.: 106) 인과적 지시 이론에 따르면, 어떤 명사의 지시를 고정하는 것은 결국 그 명사와 관련된 기술구가 아니라, 해당 명사와 명명식에서 이름을 얻은 대상 사이를 이어주는 인과적 사슬이다. 따라서 이 이론의 핵심은 단어와 그 지시 대상 사이의 관계가 개념의 매개를 거치지 않고 직접적으로—즉 직접적인 인과 사슬로—이어진다는 점을 보여주는 데 있다. 특히 인과적 지시 이론은 어떤 단어의 지시를 고정하는 장치는 그 단어의 의미가 아니며, 단어의 지시 대상은 그 단어를 처음 도입한 명명식에서 단어의 기초가 되었던 존재자라고 제안한다. 고유명에 대한 인과적 지시 이론의 우수성은 그에 대한 가장 예리한 비판자들조차 수긍하는 부분이다.(Unger 1983 참조)

퍼트넘이 관찰했듯이, 크립키(1980)의 고유명 이론은 일상과 과학 이론에서 볼 수 있는 '자연종' 명사의 지시에 대해서도 한 가지 모형을 제공해준다. 자연종 명사의 지시는 그 명사를 도입한 사건에 의해, 즉 그 명사를 어떤 물질이나 종에 부착시키고 또한 그 물질의 견본들이나 같은 종의 사례들에 부착시킨 사건에 의해 성립된다. 퍼트넘에 따르면, 지시는 "현존 상태로 주어진 대상들"(1983b: 73)에 의해 고정된다. 예를 들어 '물'이나 '호랑이' 같은 자연종 명사의 경우, 명명하는 사람은 **즉물적 지시**(ostension)를 통해 대상을 고르고 이름 붙인 다음, 명명식에서 드러난 것과 동일한 본성을 지닌 모든 대상과 오직 그런 대상에만 그 이름이 적용된다고 주장한다. 따라서 "어떤 명사가 현존하는 대상과 올바른 관계를 맺고 있을 경우(즉 고유명의 경우에는 인과적 연속성을, 자연종 명사의 경우에는 '본성'의 동일성을 지닐 경우), 그 명사는 명명된 대상을 지시한다."(Putnam 1983b: 73) 새 명사를 도입하는 의식이 마무리되면, 이제 이 명사는 언어공동체를 통해 전달될 것이다. 다른 사용자도 이 명사를 차용해서 쓸 것이고, 사용자가 명사 전달의 인과적 사슬을 통해 처음의 도입 의식과 관계를 맺고 있는 한, 이 차용에서도 지시 관계는 계속 보존될 것이다.

일정한 '물리량' 명사의 지시를 고정하는 일 역시 동일한 주제의 변주라 할 수 있다. 관찰 가능한 어떤 현상과 마주쳤을 때, 그 현상을 일으킨 물리량 또는 존재자가 있다고 가정하는 것은 합리적이다. 우리(또는 그 현상을 처음 알아챈 사람)는 이 물리량을 명사 t로 명명하고 그 크기 또는 강도를 특정 현상의 발생과 연관시킬 것이다. 이것이 바로 t라는 명사가 문제의 물리량을 지시하는 단어로 도입되는 방식이다. 대개의 경우 이 명사는 어떤 기술구를 동반할 것이다. 즉 해당 물리량의 특성을 설명하고 그 물리량이 일으킨 관찰 가능한 효과를 설명하는 기술구—일종의 인과적 이야기—가 그 명사를 에워싸고 있을 것이다. 이러한 초기 기술구는 많은 경우 불완전하거나 심지어 잘못된 설명일 가능성이 있다. 심지어 이 인과적 요인의 특성을 완전히 잘못 설명한 기술구일 수도 있다. 하지만 순수 인과적 지시 이론의 설명에 따르면, 이러한 경우에도 우리는 지시 대상—t라는 명사가 지시하는 특정 효과의 인과적 요인이 되는 존재자—을 **현존하는** 대상으로 도입할 수 있다.

인과적 지시 이론이 직관적으로 매우 매력적이라는 점은 이론의 여지가 없다. 이 매력은 널리 수용된 구분에 근거한다. 명사 t가 지시하는 존재자가 **있다고** 주장하는 것과, 이 존재자의 정확한 본성을 **아는** 것은 전혀 다른 문제이다. 후자를 통해 우리는 추정상의 존재자를 지시하는 데 이용된 명사 t에 대한 기술구를 올바르게 명시할 수 있다. 물론 명사 t의 사용자가 지시 대상에 대해 가지는 믿음은 처음에는 부정확할 수 있다. 그러나 이 믿음은 사용자와 문제의 존재자 사이의 인과적 상호작용이 더 정교해지고 완전해짐에 따라 변화하고 수정되기 마련이다. 해당 존재자와의 인과적 작용이 발전함에 따라 그 존재자의 본성에 대한 지식도 발전한다고 보는 것은 자연스러운 일이다. 그러나 특정 효과의 발생에 인과적 원인이 된 존재자에 대한 최초의 선택은 이 존재자에 대한 믿음에 어떤 변화가 일어난다 해도 변하지 않는다. 즉 **이 존재자를 정확히 무엇으로 보아야 하는지**는 바뀔 수 있지만, **이 존재자가 존재한다는 것** 자체는 바뀌지 않는다.

인과적 지시 이론이 어떻게 의미론적 통약불가능성을 퇴치할 수 있는지는 쉽게 확인할 수 있다. 예를 들어, '전기'라는 명사의 지시체가 '현존하는' 대상을 통해 일단 고정된다면, 즉 이 명사와 연관된 믿음이나 기술구가 이 명사의 지시체에 의해 결정되지 않은 상태라면, 전기에 대한 다른 모든 이론들은 현존하는 물리량 즉 **전기**를 동일하게 지시하거나 또는 눈앞에 나타난 전기적 효과의 인과적 요인을 지시하고, 그것에 대해 논의할 것이다. 인과적 지시 이론은 과거의 과학자들이 어떤 인과적 요인의 속성에 대해 부분적이거나 전적으로 잘못된 믿음을 지녔다 하더라도, 이들의 연구가 후대 과학자들의 연구와 연속성을 가진다는 주장에 신빙성을 부여해준다. 어쨌든 이들 과학자는 동일한 인과적 요인, 즉 특정 현상의 발생에 인과적 역할을 한다고 가정된 요인의 본성을 확인하는 데 공통의 목표를 두고 있기 때문이다. 따라서 우리는 후속 이론이 동일한 인과적 요인과 그 밖의 인과적 요인에 대해 더 나은 설명을 제공하는 한, 과학은 이 세계에 대한 우리의 이해를 증진시킬 것이라고 결론내릴 수 있다. 그리고 후속 이론이 이러한 인과적 요인의 본성을 기술함에 있어 이전 이론보다 더 진리에 근접해 있는 한, 과학은 이 세계의 객관적인 인과적 구조에 더 가까운 이론을 얻었다고 주장할 수 있다. 그렇다면, 인과적 지시 이론은 여러 이론들을 상호 비교할 수 있는 방법과 후속 이론이 과거 이론보다 더 진리에 근접해 있다고 주장할 수 있는 방법을 가능케 해주는 이론이라고 할 수 있다. 만일 이 이론들이 동일한 인과적 요인—'물리적 실재를 구성하는 요소'가 더 나은 표현이겠지만—을 기술하려는 목표를 지니고 있지 않다면, 우리는 실재론적 방식으로 진리 근접성을 비교 판단할 수 있는 어떤 직접적인 방법도 가질 수 없을 것이다.

인과적 지시 이론이 지닌 또 하나의 훌륭한 특징은, 실재론자들로 하여금 인식론과 의미론의 문제를 '자연화'하여 해결할 수 있게 해준다는 점이다. 어떤 명사의 지시와 의미를 결정짓는 것은 개념 분석이라는 선험적 방식으로는 거의 해결하기 어려운 문제이지만, 이 세계와 그 속에 거주하는 자연종의 특징에 대한 경험적 탐구를 통해서는 충분히 해결 가능하다. 세계가 구성되어 있는 방식, 그리고 세계와 언어 사용자가 인과적으로 상호작용하는 방식은 세계에 대해 이야기할 때 쓰는 언어의 지시 및 의미의 고정을 다루는 이론과 실천에 대해 불가피한 제약을 가한다. 즉 우리가 세계에 대한 이야기에 사용하는 개념적, 언어적 범주는 세계의 인과적 구조에 맞춰 조율된 결과이다.

이 모든 것이 그대로 진행된다면 훌륭하고 바람직한 일일 것이다. 하지만 일이 그렇게 쉽게 진행되지는 않는 듯하다. 이 기획의 핵심적인 세부 내용으로 들어가면, 인과적 지시 이론은 어떻게 지시를 고정하는 과정이 인과적 과정이 되는지를 보여주겠다는 그 약속을 방해하는 몇 가지 중대한 문제와 마주치게 된다. 이 문제들은 관련 문헌에서 이미 폭넓게 논의되어 왔다.(Berk 1979; Devitt and Sterelny 1987: 72~75; Enç 1976; Evans 1973; Fine 1975; Papineau 1979: 161, 165; Unger 1983 참조) 다음에서 나는 먼저 자연종 명사의 경우와 이론 명사에 초점을 맞춰 이 문제를 요약해보고자 한다. 동시에 내가 옹호하고자 하는 이론인 **인과적 기술 이론**의 구성요소들도 함께 정리해보고자 한다.

자연종 명사에 얽힌 문제들

인과적 지시 이론에 따르면, 자연종 명사는 그것이 도입된 사건, 즉 그 종에 속하는 특정 사례나 견본이 우리에게 처음 나타난 상황을 통해 그 지시 대상을 얻는다. 이런 근사적 도입에서는, 어떤 자연종을 하나의 종이게끔 해주는 것이 무엇인지에 대한 지식을 갖기에 앞서, 원칙적으로는 즉물적 지시를 통해 그 자연종에 대한 이름이 도입된다고 말하는 것이 옳다. 우리는 그러한 자연종이 예시되었다고 믿어지는 상황을 근거로 하여 이런 자연종 명사를 도입한다.(Boyd 1993: 492 참조) 그러나 즉물적 지시만으로는 자연종 단어의 지시를 명확하게 고정하기가 어렵다. 즉물적 지시에서는 한 단어가 하나 이상의 자연종을 지시하거나 그 반대의 경우도 흔히 벌어지기 때문이다. 게다가 즉물적 지시는 어떤 종의 견본 혹은 사례를 우리에게 제시할 뿐, 그 종의 외연 전체를 제시하지는 못한다. 하지만 자연종 단어는 지금 눈앞에 현존하는 견본만을 지시하는 것이 아니다. 이 명사는 그 외연에 속하는 모든 것을 지시한다. 그렇다면 처음의 도입 사건에 있었던 견본 또는 사례와 그 명사의 외연에 속하는 다른 대상들을 '하나로 묶어주는' 것은 무엇인가? 즉물적 지시로는 이런 트릭이 가능하지 않다. 따라서 지시 고정에는 즉물적 지시 이상의 것이 포함되어 있는 게 분명하다. 데빗과 스티렐니(1987: 72)는 '구조적 요소'가 포함되어 있다고 주장한다. 자연종 명사의 외연에는 즉물적으로 지시된 견본과 동일한 **내적 구조**를 가진 모든 대상이, 그리고 오직 그런 대상이 포함된다는 것이다. 우리가 보는 현시적 속성은 자연종의 경계를 구획할 만큼 충분히 견고하지 않다. '직관적 종'(Quine 1969: 40 참조)으로 함께 묶을 수 있는 두 대상의 유사성 및 차이는 대개는 내적 구조의 유사성 또는 차이에서 오는 것이다. 얼음이 물의 일종인 것은 우리에게 현시된 속성 때문이 아니라 그 내적 구조 때문이다. 또한 외양이 물처럼 보이는 액체라 하더라도 그것이 H_2O라는 구조를 가지고 있지 않다면, 마시고 죽을지도 모른다.

그런데 이처럼 지시가 내적 구조에 의해 성립된다면, 지시의 부담은 그 명사를 포함하고 있는 **이론적 환경**이 지게 된다. 물론 어떤 대상이 그 종의 외연에 속한다고 말할 수 있는 것은, 그 대상이 종 명사를 처음 도입하던 당시에 주어졌던 견본과 적절히 닮았기 때문이다. 그러나 견본과 닮았다고 간주되는 그 **속성들**은 이 견본의 내적 구조에 대한 이론적 기술을 통해 밝혀진 속성들이다. 결국 이들 견본과 현재의 대상이 다함께 속해 있는 자연종이 존재하는지를 결정하는 것은 바로 이런 속성들인 것이다. 우리가 접한 견본들과 대상들 모두를 하나의 **자연**종으로 묶고 그 밖의 것들을 배제할 수 있는 이유는 이들 견본이 모두 동일한 내적 구조를 지니고 있기 때문이다. 그러나 동일한 종의 구성원들이 지닌 내적 구조를 구성하는 것이 무엇인지를 이론 독립적인 방식으로 명시할 수 있는 방법은 없다. 어떤 종 명사의 외연이 게리맨더링 식으로 구획된 게 아님을 보여주는 것이 바로 내적 구조에 대한 이론적 기술구이다. 내적 구조에 대한 이론적 기술구에 의존하여 자연종 명사의 지시를 고정하지 않는다면, 우리는 이 종 명사의 외연이 자연종이라고 주장할 어떠한 방법도 가질 수 없을 것이다. 이 문제를 이해하기 위해서는 다음 예가 도움이 될 것이다. 인과적 지시 이론은 '물'이라는 단어가 H_2O라는 화학 구조를 지닌 물질을 지시한다고 말할 때는 확실히 옳다. 그러나 이 주장은 우리가 접하는 견본의 **현시적** 속성이 '물'이라는 종 명사의 외연을 결정하기에는 충분히 견고하지 않음을 인정한다는 뜻이기도 하다. 그 외연이 어디까지인지는 견본이 지닌 관찰 불가능한 속성에 호소하여 결정할 수밖에 없다. 이때 견본이 지닌 관찰 불가능한 구조가 H_2O라고 주장하는 것은 곧 이 물질의 구조에 대한 **이론**을 채택하는 것이다. 따라서 '물'이라는 말의 지시에 대한 부담은 그 단어를 포함하고 있는 이론적 환경의 몫이 된다.

　인과적 지시 이론의 옹호자들은 여전히 지시를 결정하는 것이 믿음이나 이론적 기술구가 아니라 내적 구조라는 점을 반복적으로 주장하는 데 만족할지 모른다. 즉 내적 구조에 대한 우리의 믿음과 이론적 기술구가 모두 틀렸을지라도, '물'이라는 단어는 그 명사를 도입할 때 사용되었던 견본의 몇 가지 현시적 속성을 보여주는 **어떤 물질**을 여전히 지시한다고 주장할지 모른다. 하지만 그렇다 할지라도, 예컨대 이런 현시적 속성 모두를 보여주는 고유 물질(자연종)이 존재한다는 점을 보여주고, 그 물질의 (알려지지 않은) 내적 구조 덕분에 그런 속성이 나타난다고 설명하는 **일정한** 이론적 기술구 내지 믿음은 여전히 필요하다. 그러나 문제는 이보다 더 복잡하다. 예를 들어, 우리가 '물'이라는 명사를 도입할 때 사용한 견본의 화학 성분이 H_2O가 **아니라는** 사실을 새로 발견했다고 가정해보자. (이런 가정이 SF에나 나올 이야기라고 생각된다면, 물 대신 플로지스톤을 떠올려보자.) 이 경우 인과적 지시 이론에는 두 가지 대안이 있을 뿐이다. 즉 '물'이라는 말이 물을 지시하지 않는다고 말하거나, 여전히 지시한다고 말하는 방법뿐이다.

　순수 인과적 지시 이론이 선호하는 전략은 분명 이러할 것이다. '물'이라는 명사를 도입할 때 사용된 견본의 현시적 속성을 동일하게 지닌 것이라면 그것이 무엇이든, 심지어 그 견본의 실제 구성성분이 H_2O가 아니라고 해도, 물은 여전히 그 무엇을 지시한다고 말하는 것이다. 그러나 이 전략은 순수 인과적 지시 이론이 지시를 결정하는 요소들 가운데 무엇을 우선시하는지를 생생하게 보여준다. 가령 인과적 지시 이론이 '물'이라는 명사가 지시하는 자연종을 충분히 상정할 수 있을 만큼 견본들 간의 유사성이 견고하다고 주장하려면, 그 종의 내적 구조를 일부 견본이 지닌 현시적 속성보다 **우선시**해야 한다. 하지만 그렇게 상정된 종의 내적 구조가 잘못 확인된 것이라면, 인과적 지시 이론은 순서를 바꾸어 내적 구조보다 현시적 속성을 우선시할 수밖에 없다. 즉 같은 현시적 속성을 가진 견본들(또는 대상들)이 우리가 생각한 것과 같은 내적 구조를 지니고 있지 않더라도 다른 내적 구조를 지닌 자연종으로 묶을 수 있을 만큼 유사하다고 주장하기 위해서는, 그 속성을 지시의 우선적 요소로 삼을 수밖에 없다는 애기다.

이렇게 우선순위를 뒤바꾸는 일은 아무리 봐도 임시방편에 지나지 않는 듯 보인다. 왜냐하면 우리가 가진 최선의 이론이 제시한 내적 구조가 자연종 명사의 지시 대상을 확인하기 위해 쓰였다면, 자연종 명사의 지시 대상을 잘못 확인한 경우에도 현시적 속성보다는 내적 구조를 우선시하는 것이 마땅하기 때문이다. 그게 아니라면 현시적 속성이 자연종을 충분히 결정할 만큼 견고하다고 생각해야 하는데, 이는 문제가 있는 생각일 수밖에 없다.

내가 보기에, 지금 논의한 문제는 한 가지 피할 수 없는 딜레마를 인과적 지시 이론에 던져준다. 어떤 종을 자연종으로 상정하고 그것을 자연종 명사의 지시 대상으로 받아들이는 데 있어 일관되게 그 내적 구조를 현시적 속성보다 우선시한다고 해보자. 그렇다면 지시 대상의 내적 구조를 잘못 확인한 상황에 부딪혔을 때, 인과적 지시 이론은 지시 고정에 있어 내적 구조와 현시적 속성의 역할을 뒤바꾸거나, 아니면 우리가 현재 가진 최선의 이론적 기술구에 의해 그 지시 대상이 잘못되었음이 밝혀진 자연종 명사는 아무것도 지시하지 않는다고 결론지어야만 한다. 딜레마의 첫 번째 뿔을 잡는 일(현시적 속성을 우선시하는 것)은 정당화가 어려운 임시방편적 선택이 될 것이고, 두 번째 뿔을 잡는 일(내적 구조를 우선시하는 것)은 이론적 기술구가 지시 고정에서 중심적 역할을 한다는 사실을 사실상 인정하는 것과 같다. 내가 생각하기에 여기서의 결론은, 인과적 지시 이론이 자연종의 내적 구조에 대한 이론적 기술구의 역할을 진지하게 받아들여야 한다는 것이다. 특정한 내적 구조를 지닌 자연종을 상정하는 일은, 현존하는 종에 대해 미래의 과학이 제시하게 될 이론적 기술구의 자리를 미리 맡아두는 일이 되어서는 안 된다. 오히려 자연종의 상정은 그 속성에 대한 기술—즉 그 내적 구조가 무엇인지에 대한 기술—을 수반해야만 하며, 그런 속성을 가진 자연종이 존재하지 않는다면, 우리는 이 자연종을 지시하기 위해 취한 단어가 결국은 아무것도 지시하지 않는다는 점을 받아들여야만 한다.

방금 말한 바와 같이, 순수 인과적 지시 이론의 약점은 그것과 경쟁하는 이론이자 자연종 명사의 지시를 고정하는 또 하나의 방식인 기술적 지시 이론의 품으로 우리를 이끈다는 점일 것이다. 하지만 또 다른 대안도 있다. 순수 인과적 지시 이론과 전통적 기술 이론의 자원을 모두 활용하되, 가능한 한 두 이론의 약점에 빠지지 않는 해명을 제시하는 노선이 그것이다. 우리는 루이스의 조언(1984)에 따라 이 노선을 '인과적 기술주의 이론'(causal descriptivist theory)이라 부를 수 있겠다. 루이스는 (이후 Kroon 1985, 1987이 따르기도 했듯이) 지시를 고정하는 기술구가 인과적 명사로 표현되어야 한다고 제안한 바 있다. 하지만 나는 이 대안을 더 개선할 수 있다고 생각한다. 지시를 고정하는 데는 일부 기술구가 포함될 수밖에 없음을 받아들이면서, 또 한편으로는 인과적 지시 이론의 주된 통찰, 즉 인과 자체—인과적 이야기만이 아닌—가 지시 고정에서 빼놓을 수 없는 역할을 수행한다는 통찰도 동시에 받아들이는 것이다. 인과적 기술 이론에 이 제안을 포함시키는 데는 엥스(1976)의 주장이 큰 도움이 될 것이다. 즉 지시 고정이라는 과제는 상정된 종이나 물질 또는 대상이 지니는 **종 구성 속성**(kind-constitutive properties)에 맡겨져 있다는 주장이 그것이다.

엥스의 생각을 일반화하면, 우리는 특정 종 명사와 관련된 정보 다발이 그 **인과적 기원**을 해당 종의 종 구성 속성에 두고 있는 덕분에 그 종 명사가 자연종을 지시한다고 말할 수 있다는 것이다. 이 말은, 문제의 종이 종 구성 속성을 지니고 있기 때문에 그 정보들이 명제적 내용을 가진다는 의미이기도 하다. 예를 들어, '물'이라는 명사와 관련된 정보의 **인과적 기원**이 물의 화학적 구성에 있다고 해보자. 이 말은 이런 뜻이다. 무색무취하고, 거품이 나지 않으며, 마시면 갈증이 해소되고, 끓는점이 섭씨 100도, 어는점이 섭씨 0도인 액체가 H_2O가 아니라면, 그 액체는 이런 현시적 속성들을 갖지 않을 것이며, '물'이라는 명사와 관련된 정보의 명제적 내용도 바뀔 것이라는 뜻이다.[3] 하지만 앞에서 지적했듯이, 어떤 자연종이 지닌 종 구성 속성을 이론 독립적으로 확인할 수 있는 방법은 없다. 따라서 어떤 종명사와 관련된 정보의 인과적 기원이 그 자연종이 지닌 종 구성 속성에 있다는 앞서의 설명은, 우리의 종 분류체계가 올바른 것인지 아닌지를 가르는 **외적 기준**만을 제공해주는 설명이라고 보아야 한다. 즉 어떤 분류체계는 그것이 상정한 종과 연관된 정보가 해당 종의 종 구성 속성에 그 인과적 기원을 두고 있는 경우이면서 오직 그 경우에만 올바르다. 예를 들어 플로지스톤에 기초한 종 분류는 잘못된 분류인데, 그것은 플로지스톤이라는 대상에 부여된 종 구성 속성을 지닌 자연종이 존재하지 않기 때문이다. 반면에 산소에 기초한 분류는 옳은 분류인데, 그것은 그 구성요소들이 화학적 종의 종 구성 속성과 일치하기 때문이다.

어떤 종(또는 물리량)의 종 구성 속성은 이론 독립적으로 접근할 수 있는 종류의 것이 아니기 때문에, 우리는 이론과 그 이론이 상정하는 존재자에 대한 인과적 기술구에 의존해야만 한다. 다른 길은 없다. 오직 이론만이 내부 속성이나 메커니즘뿐만 아니라 어떤 법칙적 연결에 근거하여 특정 물질이 그것만의 속성을 띄고 그에 따른 행동을 할 것인지 말해줄 수 있다. 마찬가지로, 오직 이론만이 어떤 대상의 내적 속성에 근거해 이 대상은 그 자연종이 아니라 이 자연종에 속한다고 말해줄 수 있다. 또한 이론만이 어떤 존재자, 어떤 견본, 어떤 대상의 집합이 자연종의 후보가 될 수 있는지에 대해 알려줄 수 있다. 이 모든 것은 경험적 탐구의 일부이므로 변경되거나 수정될 수 있다. 더 중요한 부분은, 우리가 의존하는 이론이 정말로 옳거나 거의 옳다면 우리는 자연종을 지시하는 데 성공할 것이고, 그렇지 않다면 실패할 거라는 점이다. 따라서 우리가 가진 최선의 이론이 진리 근접성을 지닌다는 주장을 옹호하는 일은, 과학이 성장함에 따라 이론이 이 세계의 인과적 구조를 더 정확하게 기술한다는 주장을 옹호하는 것과 다르지 않다.

　종 구성 속성이란 어떤 대상을 특정한 종에 속하게 만드는 그 대상 안의 무언가를 말한다. 나는 여기서 자연종의 존재 여부에 대해서는 논하지 않겠다. 그러나 어쨌든 자연종이 존재한다면, 종 구성 속성 역시 존재할 것이다. 물론 종 구성원이 모든 속성을 공유하는 것은 아니다. 모든 물 견본이 동일한 크기, 모양, 부피, 밀도를 갖지는 않는다. 그러나 분자 구조가 H_2O인 한 이들은 모두 물의 견본이다. 종 구성 속성이란 어떤 일군의 대상들로 하여금 같거나 매우 비슷한 현시적 속성을 띠게 하고, 같은 인과적 행동 및 인과적 힘을 갖게 만드는 속성을 말한다. 물이 대체로 갈증을 해소하고 표준 기압에서 끓는점에 이르면 증발하는 것은 궁극적으로 그렇게 작용하는 분자 구조를 가지고 있기 때문이다. 이 것은 논리적 필연성의 문제가 아니라 **법칙적** 필연성의 문제이다. 자연 법칙이 다르다면 물의 속성도 달라졌을 것이다. 하지만 그 법칙이 지금 보는 바와 같기 때문에 물도 지금과 같은 종 구성 속성을 가지고 있는 것이다. 이러한 종 구성 속성을 확인하는 것은 당연히 경험적 연구의 문제다. 마찬가지로 경험적 연구는 경계선에 걸쳐 있는 사례나 비전형적인 사례(특히 생물종에서와 같은 사례)가 있다는 것도 보여줄 것이다. 그러나 이런 비전형적이거나 경계선에 걸친 사례가 존재할 가능성은, 전형적이고도 분명하게 어떤 종의 외연에 속하는 사례가 존재한다는 것을 전제로 한다. 일반적으로 어떤 종이 자연종이라는 말은, 그 구성원들이 서로 충분히 유사하고 다른 종의 구성원들과는 충분히 다른 어떤 종 구성 속성을 공통으로 가지고 있다는 말이다.[4]

지금까지 나는 인과적 기술 이론의 몇 가지 핵심 요소를 짚어보고 그 이유를 밝혀보았다. 그것이 무엇인지 간단히 요약해보자. 이 이론은 **인과적** 요소를 가지고 있는데, 그것은 지시가 궁극적으로 해당 명사와 연관된 정보의 인과적 기원에 의해 고정되기 때문이다. 하지만 이 이론은 **기술적** 요소도 가지고 있다. 어떤 정보의 인과적 기원(즉 상정된 종의 종 구성 속성)을 확인하려면 우리는 이론과 그 이론의 인과적/설명적 기술구에 의존해야만 한다. 그런 인과적 기원을 확인하기 위해 의존할 수 있는 이론 독립적인 방법은 존재하지 않기 때문에, 지시의 과제를 맡는 것은 종 구성 속성에 대한 이들 인과적/설명적 기술구이다. 그러나 지시 고정 과정 속에는 제거 불가능한 인과적 요소가 있기 때문에 이 입장은 순수 기술적 지시 이론과는 다르다. 지시가 성공적이기 위해서는 상정된 종 대한 인과적/설명적 기술구가 해당 종의 종 구성 속성을 인과적 기원으로 삼고 있어야만 하기 때문이다.

이론 명사에 얽힌 더 많은 문제들

지금까지 제안한 인과적 기술 이론의 윤곽을 마저 그리기 전에, 나는 이론 명사(또는 물리량 명사)의 지시 사례를 자세히 살펴봄으로써 순수 인과적 이론의 실패가 인과적 기술 이론의 필요성을 불러일으킨다는 내 주장을 뒷받침해 보이겠다.

앞서 언급했듯이, 인과적 지시 이론은 순수 현존 상태로 주어진 대상을 통해 지시 고정이 이루어진다고 제안한다. 또한 관찰 가능한 자연종의 경우에는 즉물적 지시가 자연종 명사의 지시를 고정하는 데 일정한 역할을 한다는 데 동의한다. 그러나 이론 명사의 지시 문제에서는 즉물적 지시가 전혀 도움이 되지 못한다. 예를 들어, 벤저민 프랭클린이 '전기'(electricity)라는 명사를 도입했을 때 그가 제시한 것은 다음과 같은 것이었다. 즉 스파크 현상과 번개-방전 현상은 그것들을 일으키는 어떤 물리량이 있음을 지시 또는 암시하며, 나아가 그가 '전기'라 부른 그 원인이 흐르거나 움직이는 물질일 가능성이 있음을 보여준다.(Putnam 1975a: 199 참조) '전기'라는 이름으로 지칭된 물리량은 즉물적 지시를 통해서 주어진 것이 아니라 우리에게 드러난 그 효과 가운데 일부를 언급하거나 인과적 힘에 대한 기초적 기술을 통해, 다시 말해서 그것이 무엇이든 전기는 흐를 수 있다는 것을 언급함으로써 주어질 수 있었다. 이 명사는 다른 현상을 통해 도입될 수도 있었다. 실제로 앙페르는 전류와 전자기 현상 같은 다른 효과들을 설명하기 위해 '전기'(électricité)라는 프랑스 단어를 도입했다. 그는 이 명사를 미립자 전기 유체설과 같은 또 다른 기술을 통해 도입했다.

그렇다면 '전기'라는 말이 도입된 이 상황들 모두에 무슨 공통점이라도 있을까? 즉 프랭클린의 'electricity', 앙페르의 'électricité' 그리고 다른 누군가가 도입했을 수도 있는 '전기' 사이에 공통된 부분이 있는가? 퍼트넘은 이렇게 답한다. "전기라는 명사가 처음 쓰인 각각의 사건들은 전기에 대한 기술구가 기술한 상황과 특정한 인과적 사슬에 의해 연결되어 있다. 여기서 말하는 기술구란 일반적으로는 **인과적** 기술구로, 전기란 특정 방식으로 특정 효과를 일으키는 데 **원인**이 되는 **바로 그** 물리량이라는 기술구이다."(1975a: 200) 설령 전기에 대한 이런 기술구들 모두가 틀렸다고 해도, 인과적 기술 이론에 따르면 그것은 전혀 아무것도 기술하지 않는다기보다는 전기에 대한 잘못된 기술이라고 할 수 있다.(ibid.: 2001) 따라서 퍼트넘의 답변은 다음과 같은 주장으로 요약될 것이다. 서로 다른 이론과 기술구에 도입된 '전기'라는 명사는 모두 눈앞에 드러난 전기적 현상의 인과적 원인이 되는 물리량을 지시한다는 데 그 공통점이 있다. 이 물리량은 '전기'라는 명사의 지시체이며, 이 명사가 쓰일 때마다 동일 대상을 가리킨다는 것을 보장해준다. 따라서 이론 명사의 지시에 있어 '현존하는 대상'이라 할 만한 것은 오로지 인과적 요인—즉 특정한 효과를 발생시키는 인과적 힘을 가진 것으로 가정된 요인—밖에는 없다는 결론이 도출된다.[5]

여기서 즉시 떠오르는 한 가지 걱정은 전류, 번개, 자기적 편향 등의 현상 모두를 일으키는 인과적 요인이 단 한 가지라는 보장이 없다는 점이다. 이것은 충분히 제기될 만한 우려이지만, 인과적 지시 이론가는 이 모든 현상이 전기 때문임을 어떻게 주장할 수 있느냐와 같은 인식론적 문제에는 관심이 없음을 피력함으로써 이런 우려를 재빨리 일축할 것이다. 그가 관심 갖는 것은 '전기'라는 명사의 모든 다른 용례가 어떻게 같은 존재자를 지시할 수 있는지를 보여주는 것뿐이라고 그는 지적할 것이다. 그의 견해에 따르면, 전기가 번개를 일으키지 않는다면 결국 프랭클린의 'electricity'는 **전기**를 지시하는 명사가 아닐 것이다. 하지만 우리가 그렇게 생각할 이유는 없다.

더 유망한 비판은, 인과적 효과를 일으키는 요인이 일련의 현상 배후에서 작용한다는 단순한 주장으로 지시 안정성의 조건을 축소하기만 해도, 인과적 지시 이론은 지시의 연속성과 동일성을 매우 쉽게 만족시킬 수 있다는 것이다. 즉 어떤 현상 배후에 있는 관찰 불가능한 인과적 요인을 오로지 현존하는 대상에만 한정한다면, 그리고 그 본성에 대한 어떠한 기술구도 해당 요인을 지시한다고 주장되는 종 명사의 지시 고정에 쓰이지 않는다면, 이론 명사는 관련된 현상의 원인이 무엇이든 간에 그것을 지시하는 데 **결코** 실패하지 않을 것이다. 같은 비판을 부정적으로 표현하면, 순수 인과적 이론에서는 문제의 이론 명사가 지시하지 못하는 것이 과연 하나라도 있는지 분명히 보여줄 수 없다는 것이다. 이론 명사의 지시가 순수하게 현존하는 대상에 고정되어 있다면, 관련된 현상의 배후에 인과적 요인이 존재하는 한 이 명사는 결국 그 요인을 지시하게 되어 있다. 따라서 성공적인 지시를 기대할 수 없는, 직관에 반하는 경우에도 지시 실패란 있을 수 없는 일이다. 인과적 지시 이론은 문자 그대로 지시가 필연적으로 성공한다는 이론이 되고 만다.

예를 들어 '플로지스톤'의 경우를 생각해보자. 이것은 순수 인과적 이론이 반직관적 결과로 이어짐을 보여주는 적절한 사례이다. '플로지스톤'은 인과적 기술구에 의해 연소에 인과적으로 관여하는 물리량을 가리키는 단어로 도입되어 많은 상황을 해명하는 데 쓰였다. 하지만 **플로**

지스톤은 존재하지 않으며 연소에 인과적으로 관여하지도 않는다. 대신 산소가 존재할 따름이다. 그렇다면 이것은 플로지스톤 이론가들이 그동안 내내 산소를 지시해왔다는 의미인가? 만일 우리가 인과적 지시 이론의 설명 그대로, '플로지스톤'이 연소에 인과적으로 관여하는, 순수하게 현존하는 대상을 지시하기 위해 만들어진 것이라고 받아들인다면, 플로지스톤이 산소를 지시한다는 결론은 피할 수 없을 것이다. 산소야말로 연소에 인과적으로 관여하는 것이기 때문이다. 이 결론은 분명 억지이다. 조지프 프리스틀리와 플로지스톤 이론의 다른 옹호자들은 산소와 인과적으로 연결되어 있었다. 즉 이들은 산소로 호흡했고, 이들이 연소를 연구하기 위해 수행한 실험에도 산소는 인과적으로 관여했다. 그러나 산소의 속성들 가운데 어떤 것도 그들이 플로지스톤에 연관시킨 정보의 인과적 기원은 아니었다. 그리고 자연 속의 그 어떤 것도 이런 정보의 인과적 기원이 될 수 없었다. 결국 '플로지스톤'은 아무것도 지시하지 않는다고 말하는 것이 옳다. 하지만 이렇게 말하기 위해서는, 플로지스톤이 가지고 있다고 생각되는 속성을 지닌 대상은 자연 안에 없다고 말해야 한다. 즉, 연소에서 일정한 인과적 역할을 수행하는 데 필요한 속성을 플로지스톤에 부여하는 기술구에 부합하는 무언가는 존재하지 않는다고 말해야 한다. 따라서 다시 한 번 우리는 이론적 기술구에 의존해야 한다. 더 일반적으로 말해서, 추정된 인과적 요인이 존재하지 않는다는 것을 입증하는 방법은, 이 요인에 귀속되는 속성을 가진 존재자가 존재하지 않음을 보여주는 것 외에는 없다. 이 절차에는 이 요인을 지시하는 명사와 연관된 기술구를 만족시키는 무언가가 있는지 여부를 검토하는 작업이 포함된다. 일정한 기술구에 호소하지 않고서는 지시가 실패했는지 평가할 수 없으며, 지시가 성공한 경우에도 이 점은 마찬가지라고 나는 생각한다. 인과적 기술주의는 여기서 다시 한 번 도움을 준다. 만일 어떤 지시체에 귀속되는 종 구성 속성이 지시에 사용된 명사와 연관된 정보의 인과적 기원이 아니라면, 그 명사는 지시에 실패할 것이다. 좀 더 직설적으로 말해보자. 인과적 기술주의에 따르면, 이론 명사의 지시라는 과제는 어떤 지시체로 하여금 그 인과적 역할을 수행하도록 해주는 종 구성 속성이 무엇인지 명시해주는 기술구의 몫이다. 만일 이 인과적 기술구에 대응하는 존재자가 있다면, 해당 명사는 그 존재자를 지시한다. 반대로 그런 존재자가 없다면 이 명사는 지시하지 못한다. 이런 해명에 따르면, '플로지스톤'이라는 명사는 문젯거리가 되지 않는다. 플로지스톤에 귀속되는 종 구성 속성에 대응하는 것이 없기 때문에 '플로지스톤'은 공집합을 지시하는 명사에 불과하다. 결국 이들 이론 간의 지시 연속성은 더 이상 성립하지 않는다.

인과적 기술주의와 이론 변동

어떤 존재자가 속한 종이나 그 종 구성 속성에 대한 기술구가 지시 고정에 필수적이라는 점은 두 개의 서로 다른 명사가 동일한 존재자를 지시하는지 여부를 판단할 때 분명히 드러난다. 5장에서 살펴본 바와 같이, 이러한 기술구의 가능성을 옹호하는 일은 과학에 대한 실재론적 설명의 핵심을 이룬다. 실재론자들이 혁명적 이론 변동에도 불구하고 어떤 실질적 연속성이 존재한다는 주장을 옹호하기 위해서는, 폐기된 이론 명사 모두가 플로지스톤과 같은 처지에 있는 것은 아님을 보여주어야 한다. 즉 다른 이론 속에 있는 또 다른 명사들도 동일한 존재자를 지시하는 것으로 받아들일 수 있음을 설득력 있게 보여주어야 한다. 심지어 그 가운데 어느 하나가 폐기된다 해도 그러하다. 과거의 성숙되고 진정으로 성공적이었던 이론을 진리 근접적인 것으로 간주하려면, 적어도 그 이론의 핵심을 이룬 이론 명사가 후속 이론의 명사가 지시하는 존재자를 인지 가능하게 지시하는 경우여야 한다.

하딘-로젠버그 대 라우든

인과적 지시 이론에 근거하여 하딘과 로젠버그(1982)는 '발광성 에테르'라는 명사가 **전자기장**을 지시했다고 생각하는 것이 타당하다고 주장했다. 이들은 발광성 에테르가 "현재 우리가 전자기장에 귀속시키는 인과적 역할"(1982: 613)을 수행했다고 말함으로써 자신들의 주장을 옹호한다. 이들에 따르면, 지시가 어떤 인과적 역할을 수행한다는 것을 받아들이고, 에테르와 전자기장이 광학 및 전자기적 현상과 관련해 동일한 인과적 역할을 수행했다고 가정한다면, "에테르가 처음부터 전자기장을 지시했다고 말하는 실재론자들의 주장"(ibid.: 614)은 전혀 불합리하지 않다는 것이다.

나는 하딘과 로젠버그의 결론에 동의하지만, 이런 인과적 역할의 동일성을 통해 지시를 설명하는 방식이 이 결론을 주장하는 최선의 길이라고 생각하지는 않는다. '인과적 역할의 동일성'에 의한 설명은 라우든이 제기한 두 가지 중요한 반론을 극복하기 어렵기 때문이다.

라우든의 첫 번째 반론은 이러하다. 하딘과 로젠버그의 설명은 "모든 잘못 발전된 이론에 대해서도 정말로 지시가 이루어진 양 묵인하기 때문에 실재론의 목적에 비해 너무 **관대하다**"(1984b: 160)는 것이다. 이렇게 되면, 이미 폐기된 어떤 존재자에 대해서도 현재 상정되어 있는 존재자와 마찬가지로 다양한 현상에 대하여 동일한 인과적 역할을 수행해왔다고 말할 수밖에 없다. 예를 들면, 아리스토텔레스가 말한 **자연스러운 위치**(natural place), 뉴턴이 말한 **원거리 상의 중력 작용**(gravitational action-at-a-distance), 아인슈타인의 **시공간 곡률**(space-time curvature) 모두가 중력 현상에 대해 동일한 인과적 역할을 수행해왔다고 말할 수 있게 된다는 것이다. 따라서 라우든은 '인과적 역할의 동일성'을 문자 그대로 해석할 경우, 지시 안정성에 대한 주장은 사소하고 흥미 없는 것이 된다고 주장한다. 이 주장이 사소한 이유는 지시 안정성이 너무 쉽게 도출되기 때문이다. 그 주장은 모든 현상에는 원인이 있다는 말과 다를 바 없다. 위에 제시한 사례에서 지시 연속성을 주장하는 것은, '자연스러운 위치', '원거리 중력 작용', '시공간 곡률' 모두가 자유낙하의 원인을 지시한다고 주장하는 것과 다를 바 없다. 또한 이 주장이 흥미 없는 이유는, 라우든이 지적했듯이 "설명 구조의 차원에서 인과적 역할 사이의 어떤 흥미로운 공통점도"(ibid.) 제시하지 못하기 때문이다.

하딘과 로젠버그에 대한 라우든의 두 번째 반론은, 지시에 대한 '인과적 역할의 동일성' 방식의 설명이 "각 이론이 공유하는 설명 의제(즉, 공통으로 해결해야 할 문제)와 설명 존재론(즉, 설명을 위해 상정된 존재자의 특징)을 혼동하고 있다"(1984b: 161)는 것이다. 라우든에 따르면, 설명해야 할 현상 속에 있는 단순한 유사성을 제시한다고 해서 이런 현상을 일으키는 내적 구조의 동일성이 보장되는 것은 아니다. 자유낙하의 사례는 추정상의 내적 원인이 서로 동일하기보다는 단지 유사하다고 말해야 하는 사례이다. 라우든은 이렇게 말한다. "지시를 설명하는 것이 아니라 설명되는 것에 지시를 기생시키려는 시도는, 이론이 주장하는 내용에 대한 세부적 분석도 없이 해당 이론이 무엇을 지시하는지를 확정하겠다는 뜻에 다름 아니다."(ibid.)

나는 라우든이 제시한 두 가지 반박이 모두 공정하다고 생각한다. 인과적 역할의 동일성이 상정된 존재자의 설명적 구조에 기초하지 않는 한, 지시의 공통성에 대한 주장은 사소하고 흥미 없는 것에 불과하다고 강조한 점에서 라우든은 옳다. 또한 이론 변동에서의 지시 안정성을 옹호하는 이들이 보여주어야 할 것은 단지 설명하고자 하는 현상의 연속성만이 아님을 지적한 점에서도 라우든은 옳다. 이것만으로는, 문제의 현상을 설명하기 위해 상정된 존재자의 차원에도 연속성이 있음을 보여주기에는 충분치 않다.

인과적 역할의 동일성만으로는 지시 동일성에 대한 실질적이고도 흥미로운 설명이 어렵다면, 실재론자가 품을 수 있는 다른 희망으로는 무엇이 있을까? 실재론자들은 인과적 기술 이론으로 돌아가야 한다. 지시 안정성이 있다는 판단을 내리려면, 지시 이론은 추정적 지시체에 귀속된 속성, 즉 그 존재자에게 귀속된 인과적 역할을 수행하는 속성에 어떤 실질적인 연속성이 있다는 점을 보여주어야 한다는 말이다. 지시에 대한 이런 해명이야말로 추정상의 존재자가 동일한 인과적 역할을 공유한다는 주장을 근거 짓고 설명해줄 수 있는 방법이며, 이로써 라우든의 반박에도 부응할 수 있는 길이다. 바로 이 지점에서, 지시라는 과제는 어떤 명사의 지시체가 지닌 종 구성 속성에게 맡겨진 몫이라는 생각이 효과를 보고 결실을 맺는다.

대단원: 이론 명사는 어떻게 그 지시를 획득하는가?

위에서 제시한 유형의 인과적 기술구에 의해 지시가 고정된다고 주장함에 있어 나는 엥스의 지침을 따른 바 있다.(Enç 1976 참조) 그러나 엥스가 충분히 다루지 않은 문제로 다음과 같은 것이 있다. 새로 상정된 존재자와 연관된 인과적-설명적 구조가 충분히 주어진다면, 그 존재자가 어떤 메커니즘에 의해 인과적 역할을 수행하는지 설명할 수 있을 것이다. 하지만 이것을 통해 이론 변동 속에서의 지시 연속성이 보장되는 것은 아니다. 왜냐하면 후속 이론에 의해 상정된 존재자가 이미 포기된 존재자에 귀속된 인과적-설명적 구조에서 더 큰 부분을 차지하는 경우는 거의 없기 때문이다. 반대로, 새로 상정된 존재자에 귀속되는 인과적-설명적 구조가 상대적으로 축소된 경우, 새로운 기술구가 고유의 자연종을 포착하고 있다고 보장하기는 어렵다.

이 문제를 해결하기 위해 우리는 다음과 같이 나아갈 수 있다. 이론 명사와 연관된 세부 기술구를 통해 지시가 고정된다는 노선을 취한다고 하자. 대개의 경우 새로운 이론에서 상정된 존재자 가운데 어떤 것도 이런 엄격한 조건을 만족시키지는 못할 것이다. 그렇다면 새로운 이론이 위치한 유리한 지점에서 볼 때, 과거 이론의 옹호자들이 새 이론에 의해 상정된 존재자는 과거 이론에 의해서도 지시되고 있었다는 주장은 별로 의미가 없을 것이다. 그럼에도 불구하고 과거 이론과 새로운 이론 모두가 동일한 현상을 다루고 있음을 옹호하는 이들이 있다면, 그들은 이 현상 배후에 있는 원인을 확인하려 할 것이다. 이 목적을 위해 그들은 특정한 인과적 요인을 상정하고, 그 효과를 일으킨다고 생각되는 몇몇 속성을 그 인과적 요인에 귀속시킬 것이다. 두 이론은, 이들 인과적 요인에 귀속되는 속성을 완전히 기술한 부분에서는 서로 다를 수 있다. 그러나 두 이론 사이에는 **실질적으로 겹치는** 부분도 얼마든지 있을 것이다. 이 경우, 두 이론 사이에는 일정 정도 지시 연속성이 있다고 할 수 있다.

여기서 주장하는 것은, 과거 이론이 일련의 현상에 대한 추정상의 원인으로 상정했던 존재자를 어떤 후속 이론의 존재자가 단순히 대체했다는 것이 아니다. 중요한 것은 포기된 추정상의 존재자가 가진 일부 **속성**, 즉 포기된 존재자에서 어떤 효과를 발생시킨다고 생각되던 속성이 후속 이론이 상정한 존재자에게 귀속된다는 점이다. 따라서 포기된 존재자 α에 귀속된 속성 모두를 가진 것은 이 세계에 존재하지 않을지라도, α에 귀속된 속성 가운데 일부(또는 대부분)를 가진 현행 이론의 존재자 β는 존재할 수 있으며, 마찬가지로 α가 발생시킨 것으로 생각되는 현상에 대해 β가 인과적으로 원인이 된다고 간주할 수도 있다. 이런 상황이 벌어진다면, 우리는 포기된 존재자 α를 지시하는 명사가 오늘날의 β를 지시하는 명사라고, 또는 어느 정도는 **근사적으로 지시**하는 명사라고 충분히 말할 수 있다.

이 주장을 좀 더 정확하게 제시하기에 앞서, 내 입장에 대해 즉시 제기될 수 있는 반론을 막아보겠다. 여기서의 반론이란 두 가지 추정상의 존재자가 공통된 속성을 갖는 것은 가능하므로 서로 겹치는 속성을 찾는 것은 사소한 일이라는 반론이다. 하지만 이것은 내 설명에 대한 반론이 되지 않는다. 왜냐하면 지시 연속성은 단순히 속성이 겹치는 것만이 아니라, 상정된 존재자에게 귀속되어 있는 인과적 역할을 설명하고 근거 짓는 속성들 사이의 실질적 연속성을 필요로 하기 때문이다. 이런 공통의 설명적 속성이 존재한다는 것은 결코 사소한 일이 아니다.

그러면 이제 이론 변동에서도 지시 연속성이 성립할 수 있는 조건은 무엇인지 설명하는 과제로 돌아가자. 이론적 존재자를 상정하는 과정, 즉 이론 명사의 지시를 고정하는 문제는 어떤 현상의 원인을 나타내기 위해 특정 존재자를 도입하는 문제 상황과 관련이 있다. 이런 문제 상황에서 어떤 명사가 선택되는 것은 추정상의 존재자를 지시하기 위해서다. 어떤 존재자를 상정할 때는, 일반적으로 이 존재자가 의도된 인과적 역할을 수행하기 위해서는 반드시 가져야만 하는 어떤 근본적인 종 구성 속성에 대한 설명도 함께 제시되기 마련이다. 이런 속성은 새로운 실험적 지식뿐 아니라 배경 이론에 의해서도 제시된다. 따라서 상정된 존재자를 지시하는 데 사용되는 명사는, 일련의 현상에 대해 인과적 역할을 수행하는 속성을 기술하는 **핵심 인과적 기술구**와 연관되어 있다. 이러한 종 구성 속성이 해당 명사와 연관된 핵심 정보의 인과적 기원을 이루는 한, 그 명사는 문제의 존재자를 지시한다고 할 수 있다.

종 구성 속성은 지시를 성립시키는 데 필수다. 궁극적으로 명사의 지시를 고정하는 것은 바로 이러한 속성이기 때문이다. 핵심 인과적 기술구 내에 이런 속성에 대한 기술구가 존재한다는 것은, 해당 명사가 지시하는 추정상의 존재자가 **최소한** 하나 이상 존재하며, 해당 명사가 지시하는 존재자가 **최대한** 하나는 존재한다는 뜻이다. 해당 명사가 지시하는 하나이자 유일한 존재자는 그와 관련된 종 구성 속성에 의해 규정되는 존재자이다. 따라서 해당 명사와 관련된 핵심 인과적 기술구는 다음과 같은 방식으로 지시체를 확인할 것이다. (a) 이 기술구를 만족시키는 존재자가 아무것도 없다면(즉 이 기술구가 어떤 존재자에 대해서도 참이 아니라면), 해당 명사는 아무것도 지시하지 않는다. (b) 임의의 존재자 y가 다른 임의의 존재자 x의 핵심 인과적 기술구를 만족시키지 않는다면, y와 x는 동일한 인과적 역할을 수행하지 않는다. 결국 이 관점에 따르면, 우리는 지시의 성공과 실패를 적절하게 설명하는 수단을 이미 가지고 있는 셈이다.

핵심 인과적 기술구에는 상정된 존재자의 구체적 구성이나 그것이

가동하는 특정한 인과적 메커니즘에 대한 세부적 설명이 꼭 포함될 필요는 없으며, 일반적으로 포함되지도 않는다. 왜냐하면 간단히 말해서 그러한 세부 정보는 존재자를 상정하는 데 꼭 필요한 것이 아니며, 상정된 존재자가 인과적 역할을 어떻게 수행하는지에 대한 일반적 설명을 제시하는 데도 필요치 않기 때문이다. 이것은 과학에서 새로운 존재자를 상정하는 과정이 원래 그렇기에 그러한 것이다. 여기에서 우리는 과학적 개념과 과학적 탐구 그 자체가 가진 개방적 성격을 알 수 있다. 추정상의 존재자가 가진 더 완전한 특성은 추가적인 과학적 탐사를 통해서만 발견될 수 있다. 또한 그 특성을 완전히 밝혀내기 전에 과학자들이 사용하는 관련 명사로는 아무것도 지시하지 못한다고 주장하는 것 역시 전혀 합리적이지 않다. 이 명사들은 핵심 인과적 기술구를 만족시키는 (추정상의) 존재자를 지시하며, 과학자들의 목적은 그 존재자에 대해 더 많이 아는 데 있다. 이들이 세계와 인과적 주고받기를 더 진행하면 할수록, 상정된 존재자에는 더 많은 속성이 부여될 것이고, 그것이 발생시키는 효과에 대해서도 더 세부적인 설명이 제시될 것이다. 이런 기술구가 핵심 인과적 기술구에 대해 단순한 추가와 구체화 역할을 하는 데 지나지 않는 한, 지시 변동은 일어나지 않는다. 변화가 있다면, 해당 존재자가 인과적 역할을 수행하는 방식에 대한 이해가 증진되는 것뿐이다.

여기서 내가 덧붙이고 싶은 것은, 일부 기술구가 삭제된다 해도 별로 문제가 되지 않는다는 점이다. 즉 핵심 인과적 기술구가 그대로 유지되는 한, 해당 명사와 연관된 전체 기술구 가운데 일부가 지시 변화 없이도 폐기되거나 다른 기술구로 대체될 수 있다. 이것 역시 원래 그렇기에 그러한 것이다. 예를 들어, 상정된 존재자의 구조에 대한 세부 기술구

일부가 잠정적이거나 탐색적인 특징만을 지니고 있다고 해보자. 그 구조가 이러저러하게 다르다고 해서 그 존재자의 행동이 달라질까?

요약해보자. 이론 명사 t는 일반적으로 일련의 종 구성 속성에 대한 핵심 인과적 기술구에 의해 지시를 한다. t가 그럴 수 있는 것은 그 지시체인 x가 일련의 특정 현상과 관련된 인과적 역할을 수행한다고 여겨지기 때문이다. 이 점을 고려하면, 다음 조건들은 쉽게 도출된다.

1. 임의의 명사 t는, 존재자 x가 t와 관련된 핵심 인과적 기술구를 만족시키는 경우이면서 오직 그 경우에만 x를 지시한다.
2. 두 명사 t''와 t는 (a) 두 명사의 추정상 지시체가 어떤 현상의 네트워크와 관련하여 동일한 인과적 역할을 수행하고, (b) t''의 핵심 인과적 기술구가 t와 연관된 핵심 인과적 기술구의 종 구성 속성인 경우이면서 오직 그 경우에만 동일한 존재자를 지시한다.

한 가지 예를 통해 이 추상적인 진술들을 구체화해보겠다. 6장 (273~277쪽 참조)에서 빛에 대한 19세기 동역학적 파동 이론을 통해 살펴본 것처럼, 에테르를 광파의 매질로 보던 가설은 이 추정상의 존재자가 인과적 역할을 수행하려면 반드시 갖추어야 하는 몇 가지 근본적인 종 구성 속성을 염두에 두고 있었다. 특히 발광성 에테르는 두 개의 중요하고 서로 연결된 속성을 가진 동역학적 구조로 가정되었다. 첫 번째 속성은 넓게 말해서 운동역학적(kinematical) 특성이다. 빛이 유한한 속도로 전파된다는 것은 실험을 통해 알려져 있었기 때문에, 빛의 전파 법칙은 원격 운동에 기초한 것이 아니라 매질에 기초한 것이어야 했다.[6] 두 번째 속성은 넓게 말해서 동역학적(dynamical) 특성이다. 발광성 에테르는 빛이 전파되는 동안 광파를 유지하고 운동 에너지를 저장하는 저장고로 생각되었다. '에테르'라는 명사는, 만일 그것이 존재한다면 앞서 언급한 종 구성 속성을 지니고 있음이 분명한 존재자를 지시하기 위해 사용된(사실상 차용된) 용어였다. 즉 '에테르'라는 명사는, 그 용어가 의도한 인과적 역할을 수행한다고 보이는 속성에 대한 핵심 인과적 기술구와 관련된 것이었다.[7]

이제 우리는 '발광성 에테르'라는 명사가 전자기장을 지시한다고 볼 수 있는 이유를 설명할 수 있게 되었다. 그것은 하딘과 로젠버그의 이론에서 제안한 것처럼 발광성 에테르가 빛 현상에서 수행한다고 가정된 인과적 역할을 전자기장이 수행한다는 것 때문만은 아니다. 더 주된 이유는 '전자기장'이라는 명사와 관련된 핵심 인과적 기술구가 '에테르'라는 명사와 관련된 핵심 인과적 기술구를 계속해서 쓰고 있기 때문이다. 전자기장에 대한 맥스웰의 가정은 본질적으로 에테르에 대한 가정과 연관되어 있는 일련의 동일한 속성들, 곧 더 폭넓은 범위의 전자기적 상호작용과 연관되어 있었다.(Maxwell 1873: 432, 493; Hesse 1970: 299 참조) 따라서 우리는 에테르를 가정하는 데 바탕이 된 종 구성 속성이 전자기장의 개념으로 '이월'되었다고 결론지을 수 있다.[8] 특히 '에테르'와 '장'이라는 명사의 지시 대상은 (넓게 말해서) 그것에 부여된 인과적 역할을 수행하는 몇 가지 근본적 속성을 공유하는 존재자라고 결론지을 수 있다. 이 점을 인정한다면 '발광성 에테르'와 '전자기장'이 동일한 존재자를 지시한다고 결론짓는 것은 어렵지 않을 것이다. 그렇다면 '에테르'는 지시할 수 있으며, 그 지시체는 다름 아닌 전자기장이다.[9]

지시에 대한 이와 같은 설명은 라우든이 하딘과 로젠버그에 대해 제기한 반론에 구애되지 않는다. 지시 동일성에 관한 판단은 단순히 두 명사의 추정상 지시체에 유사한 인과적 역할을 부여하는 문제가 아니기 때문이다. 물론 나도 '발광성 에테르'와 '전자기장'이라는 명사의 지시체가 동일한 인과적 역할을 공유한다고 주장한 바 있다. 그러나 이러한 인과적 역할의 공통성은, 관련 명사와 연관된 핵심 인과적 기술구가 기술하는 기본 속성들의 공통성에 기초한다. '발광성 에테르'와 '전자기장'은 각각의 핵심 기술구에 나타나 있듯이 동일한 핵심적 설명 구조를 공유하기 때문에 정확히 동일한 존재자를 지시한다. 마찬가지로 지금 제안한 지시 이론에 따르면, 어떤 이론들이 같은 설명 안건을 가지고 있다고 해서 그로부터 같은 존재론을 공유한다는 추론은 성립하지 않는다. 오히려 존재론의 공유는 설명을 가능하게 해주는 것이 무엇인지에 대한 이론적 견해의 핵심을 공유하는 데서 비롯된 결과이다. 앞서 언급한 예를 들면, 광파의 매질이 지닌 종 구성 속성에 대한 이론적 기술구는 발광성 에테르로부터 전자기장으로의 이행에서 지시 안정성을 보장하는 역할을 했다.

내가 지적했듯이, 지시의 성공과 그 안정성을 판단하기 위해서는 관련된 핵심 인과적 기술구를 명시하는 것이 필수적이다. 그러나 이런 핵심 기술구를 언제 어떻게 고를 수 있는지 묻는 반론이 있을 수 있다. 이 질문은 적어도 세 가지 쟁점으로 나뉘는 듯하다. (a) 핵심 기술구는 어떻게 고정되는가? (b) 누가 그것을 고정하는가? (c) 핵심 기술구가 포함해야 하는 내용은 무엇이며, 그 이유는 무엇인가? 핵심 기술구가 명시되어야 한다는 주장에는, 관련 존재자가 처음 상정되던 당시의 실제적 문제 상황을 **합리적으로 재구성**할 수 있다는 생각이 포함되어 있는 것이 분명하다. 그러나 독자는 이런 재구성이 임시방편적인 것이 아닌지 의심할 수 있다.

이들 쟁점은 충분히 심각한 것들이다. 하지만 다루기 어려운 문제들은 아니다. 존재자를 상정하는 데 관련된 기술구들을 찾아 분류하고, 이 추정상의 존재자에 귀속된 인과적 역할에 대한 기술구들을 그 중요도에 비추어 분석하는 것은 원칙적으로 가능하며, 에테르/전자기장 사례가 보여주듯이 실제로도 가능하기 때문이다. 예를 들어, 어떤 명사와 연관된 몇몇 기술구는, 그 기술구가 참이 아니더라도 그렇게 상정된 존재자가 인과적 역할을 수행한다는 점에서 볼 때는 덜 근본적이다. 발광성 에테르를 예로 들면, 그린의 탄성고체 모형, 매컬라의 회전 탄성 모형(277~282쪽 참조) 등은 에테르 구성 방식에 대한 여러 가능한 설명 가운데 덜 근본적인 설명이다. 정말로 필요한 것은 다음과 같은 작업들이다.

1. 특정 존재자를 상정하고 이름 붙이게 된 상황을 주의 깊게 검토하는 일.
2. 이 존재자에 귀속된 인과적 역할에 대한 그 중요도에 비추어 관련 기술구들을 분석하는 일.
3. 추정상의 존재자가 지닌 이력을 주의 깊게 추적하여, 핵심 기술구에서 일어날 수 있는 변화를 탐지하는 일.

내가 강조하려는 요점은, 핵심 인과적 기술구를 특정하려는 이 시도가 결코 임시방편적인 것이 아니라는 점이다. 물론 독자는 핵심 기술구를 확정하려는 시도 자체가 취사선택에 노출된 것이라고 생각할 수 있다. 어떤 명사와 연관되어 있는 기술구들 모두가 지시를 고정하는 핵심 인과적 기술구는 아니라는 점에서 그럴 수 있다. 하지만 그렇다고 해서 핵심 기술구의 특징을 이루는 종 구성 속성마저 자의적이고 임시방편적으로 선택된 것이라고 결론지을 수는 없다. 또한 지시가 계속 유지될 수 없게 만드는 기술구 상의 차이를 자의적으로 무시한 결과라고 결론지을 수 있는 것도 아니다. 핵심 인과적 기술구의 특징을 이루는 속성의 선택은, 주어진 일련의 현상에 대해 인과적 역할을 한다고 가정된 존재자의 필수 속성이 무엇인지를 고려함으로써 이루어진다. 이 선택은 확실히 그 존재자를 가정하는 과학자의 기술 방식에 따라 제약을 받는다. 그러나 이런 나의 설명이, 폐기된 모든 이론 명사가 지시를 한다는 의미는 아니다. 어떤 이론 명사가 과연 대상을 지시하는지 여부는 그 대상이 핵심 인과적 기술구를 만족시키는지 여부에 달려있다. 예를 들어, 앞서 제시한 핵심 인과적 기술구를 고려하지 않고서는 19세기 광학의 맥락에서 사용된 '에테르'라는 명사의 용법을 이해하기 어렵듯이, 연소 과정에서 방출되는 물질의 속성이 핵심 인과적 기술구에 포함되어 있지 않다면 '플로지스톤'이라는 명사의 용법을 이해하는 것도 마찬가지로 어려울 것이다. '플로지스톤'이라는 명사가 산소를 지시한다고 말해야 했던 **순수 인과적 지시 이론**에 비해, 또한 '발광성 에테르'라는 명사가 아무것도 지시하지 않는다고 말해야 했던 **순수 기술적 지시 이론**에 비해, 이것은 큰 진전이다. 나는 지시 안정성을 너무 쉽게 얻지 않으면서, 그와 동시에 지시 안정성을 얻는 것이 불가능하지 않음을 보여준 것이 지금까지 제시한 지시 이론의 큰 장점이라고 생각한다.

독자들은 '에테르'처럼 비록 버려지긴 했지만 무언가를 지시하던 명사와, '플로지스톤', '절대 공간'처럼 더 이상 쓸모가 없어서 폐기된 명사의 차이점에 대해 여전히 걱정할 수 있다. 물론 내가 제안한 것처럼, 핵심 기술구가 지시에 실패하는 것은 추정된 존재자가 존재하지 않기 때문이라고 주장할 수는 있다. 따라서 '플로지스톤'이 아무것도 지시하지 않는 것은 그 때문이라고 설명할 수 있다. 그러나 이런 주장만으로는, 핵심 기술구가 옳았음에도 왜 '에테르'와 같은 명사가 버려졌는지에 대해서는 설명할 수 없을 듯하다. 아마도 지시에 대한 철학적 이론은 결국은 사회학(과학사회학)에 속하는 이런 문제에 관심을 가질 필요가 없을지도 모른다. 하지만 '에테르'와 같은 과학 용어가 오로지 외연적 지시(denotation)만 하는 것은 아니라는 점은 지적할 만한 가치가 있다. 그것에는 내포적 의미(connotation)도 있기 때문이다. 예를 들어, 에테르를 탄성고체 성분으로 보는 모형은 '발광성 에테르'라는 명사의 핵심 인과적 기술구에 속하지는 않더라도 그 명사의 내포에 속한 내용으로 간주할 수 있다. 따라서 '에테르'라는 명사가 폐기된 것은, 광파의 매질과 연관된 명사가 '에테르'에 내포된 내용까지 포함하지 않도록 하는 것이 바람직했기 때문이라고 설명할 수 있다. 어쨌든 반복해서 말해야 할 것은, 실재론자들로서는 폐기된 모든 명사가 무언가를 지시했다는 것을 보여 줄 필요가 없다는 점이다. 5장과 6장에서 설명했듯이, 실재론자는 과거의 성숙되고 진정으로 성공적이었던 이론들에서 중심적 요소를 이루었던 명사들이 무언가를 지시했음을 주장하기만 하면 된다. 여기서 '중심적'이라 함은, 예측을 도출하고 주어진 현상에 대한 잘 짜인 설명을 제시함에 있어 이 명사의 추정상 지시체에 대한 기술구가 얼마나 필수적 역할을 하는지에 따른 것이다. 폐기된 명사들에 대한 이런 선택적 태도를 통해 우리는 이론 변동이 문제되는 맥락에서도 지시 연속성을 성립함을 충분히 보여줄 수 있다.

니닐루오토(1997: 549)는 내가 제시한 이 설명의 이전 버전에 대해 논평하면서, "많은 실제 사례에서는" 이론 명사의 핵심 인과적 기술구조차 "어느 정도는 오류를 범하고 있다"고 불평한 바 있다. 예를 들어 그는 HIV 바이러스의 사례를 들면서, 이 바이러스를 상정할 때 제시된 "인과 과정의 최초 가정이 너무 단순화되었다"고 주장한다. 그러나 이 '최초 가정'이 해당 명사와 연관된 핵심 인과적 기술구의 일부분이 아닐 수도 있다는 점을 지적하지 않을 수 없다. 그저 탐색을 위한 것이거나 사변의 결과로 제시된 것일 수 있다는 얘기다. 핵심 인과적 기술구가 유효하려면, 해당 존재자가 그것에 부여된 인과적 역할을 수행하기 위해 갖춰야만 하는 속성에 대한 몇 가지 명확한 이론적 가설이 발전해야 한다. 이 가설들이 증거에 의해 더 많이 뒷받침될수록, 해당 존재자의 인과적 역할에 대해 올바른 근거를 대고 그것을 잘 설명할 가능성도 높아진다. 따라서 이론 명사는 처음에는 일련의 현상을 일으키는 원인에 대한 추상적 사변의 일부로 시작하지만, 결국에는 핵심 인과적 기술구와 연관되어 있는 더 확고한 이론의 일부가 될 가능성이 얼마든지 있다. 비록 내게는 니닐루오토가 언급한 HIV의 사례에 대해 판단할 능력이 없지만, 내가 상세히 논한 에테르로부터 전자기장으로의 이행은 '발광성 에테르'라는 이론 명사가 더 발전된 이론의 일부가 되어 핵심 인과적 기술구와 연관되는 사례를 정확히 보여준다.

이 사례가 이론 변동에서 전형적으로 볼 수 있는 사례라면, 그것은 실재론에 대한 긍정적 논거를 제공해줄 것이다. 반대로, 이론 명사와 연관된 인과적 기술구의 전부 또는 대부분이 대체로 오류임이 밝혀진다면 실재론은 위기에 빠질 것이다. 그러나 니닐루오토의 주장을 심각하게 받아들이기 위해서는 추가적인 논증이 필요하다. 이론 명사와 연관된 핵심 인과적 기술구가 "어느 정도 오류"라는 말은, 이 기술구의 적용 범위를 광범위하게 잡을 경우 사소한 지적이 될 수 있다. 즉 추정상의 존재자가 어떤 현상에 관한 인과적 역할을 수행함에 있어 별로 본질적이지 않은 속성을 그 기술구가 지시하는 경우라면, 그 지적은 사소한 일이 될 것이다. 오늘날의 수준에서 볼 때, 기술구에 포함된 요소 가운데 잘못된 **일부** 요소를 찾는 것은 비교적 쉬운 일이기 때문이다. 예를 들어, '발광성 에테르'에 대한 핵심 인과적 기술구가 광파 매질의 구성에 대한 특정 모형을 포함하고 있다고 하자. 이 경우, 우리는 그 명사가 아무것도 지시하지 않는다고 손쉽게 주장할지 모른다. 그렇다면 문제는 너무 광범위하지도, 너무 협소하지도 않게 핵심 인과적 기술구의 범위를 정하는 데 달려있다. 그런 후에도 해당 기술구가 거짓임이 밝혀지면, 우리는 그 명사가 아무것도 지시하지 않는다는 것을 인정해야 한다. 하지만 앞의 말을 다시 반복하자면, 이것을 입증하기 위해서는 추가 작업과 논증이 필요하다.

지금까지 제시한 지시 이론은 더 자세하게 설명할 필요가 있는 이론임이 분명하다. 그러나 내 주장이 타당하다면, 이것은 지시 안정성에 대한 주장을 더 확실하게 뒷받침하는 설명의 공간을 열어줄 것이다. 지시 안정성은 단순한 인과적 역할의 동일성에 따른 것이 아니라, 해당 존재자들이 지닌 설명적 구조의 연속성에 대한 실질적 주장에 근거한 것이다. 따라서 지시에 대한 이 설명에 따르면, 지시 안정성은 사소한 주제라 할 수도, 흥미 없는 주제라 할 수도 없다.[10]

바라건대, 이렇게 하여 마지막 매듭이 지어졌으면 한다. 인과적 기술 이론은 과학이 성장함에 따라 더 진리에 근접한 이론으로 나아간다는 실재론의 주장을 가장 잘 뒷받침할 수 있는 이론이다. 상호 경쟁하거나 과거의 이론을 계승한 이론들은 세계에 대한 주장들로서 서로 비견될 뿐 아니라, 이론 변동 과정이 진보적이라는 점에도 분명한 의미를 던져준다. 이론 변동의 과정은 세계의 인과적 구조를 더욱 잘 기술하고, 언어적 범주와 개념을 세계의 인과적 구조에 더 잘 부합하도록 조정해나가는 과정이다.

(끝)

주

들어가는 글

1 과학적 실재론과 사회 구성주의(또는 구성적 반실재론)가 양립 불가능하다는 입장이 바로 과학적 실재론이 가진 형이상학에 함축된 입장이라는 논제가 이러한 논의에 암묵적으로 깔려 있다. 하지만 구성주의에 반대하는 논증은 이 책의 핵심이 아니며, 다른 프로젝트를 기다리는 것이 좋겠다.
2 가령 퍼트넘은 이렇게 말한다. "당연하게도, 나는 양전자가 실재가 아니라고 말할 의도가 없다."(Marsonet 1995: 61에서 인용)
3 진리에 대한 비인식적 해명은 진리의 '대응' 이론, 또는 최소주의적-축소주의적 진리 이론의 실질적 핵심일 수 있다. 나는 실재론자란 곧 실질적으로 '진리 대응론자'일 수 있고 그래야 한다는 논제를 10장에서 옹호할 것이다.
4 여기서 나는 아주 좋은 동료들과 의견을 함께한다. 과학적 실재론에 대한 재럿 레플린의 저술(1997)이 바로 이 견해를 옹호하고 있기 때문이다.

1장 경험론과 이론 담화

1 나는 **의미론적 도구주의자**라는 이름을 이들 모든 환원적 경험론자들에게 붙이려 한다. 다시 말해, 이론 담화는 관찰 담화로 환원될 수 없으며, 따라서 이론 담화는 무의미하다고 보는 경험론자들은 곧 의미론적 도구주의자들이다.
2 이 시점(1928)의 카르납의 생각은 정의항의 경우 오직 '기초 경험' 차원을 지시하는 명사와 술어로만 이뤄져야 한다는 데 있었다. 그러나 카르납은 곧 이러한 목표를 버렸다. 그리고 물질로 된 (중간 크기의) 대상 집합을 환원 토대로 받아들였다. 그리고 이들 대상의 관찰 가능한 속성과 관계(크기, 색깔, 형태, 무게 등등)를 환원을 위한 기초 개념으로 간주하였다.
3 슐리크의 입장에 맞춰 이뤄진 논의를 검토하려면 카르납(1937a: 321) 참조.

2장 이론은 도구인가?

1 웨슬리 새먼(1984)은 이 사건에 대해 상세히 논의하였다. 그가 택한 해명 노선은 원자의 존재에 대한 페랭의 논증을 동일원인 원리의 한 사례로 보여주는 것이었다. 나는 이 견해가 옳다고 본다. 원자 가설에 대한 19세기의 논쟁은 역사가 메리 조 나이(1976)가 폭넓게 조사한 바 있다.

2　크레이그(1956) 스스로 자신의 정리가 가진 철학적 중요성을 입증한 바 있다. 더 많은 논의와 정리의 증명을 확인하려면 퍼트넘(1975) 참조.
3　이 사항은 실재론이 도구주의보다 더 나은 방법론적 전략이라는 점을 입증하기 위해 진행된 이어먼의 1978년 작업에 의해 밝혀진 것이다.
4　여기서는 헴펠 스스로 제시한 사례를 사용하겠다. 다음 두 가지 이론 명사만 있는 간단한 이론이 있다고 하자. '백린'(P), '발화온도 30℃'(I). 이 이론은 다음 두 일반 원리를 가질 것이다. '백린은 30℃에 발화한다.' '발화온도에 도달하면, 백린은 화염을 내뿜으며 탄다.' 두 원리를 형식화할 수 있다.

(1) $\forall x(Px \rightarrow Ix)$
(2) $\forall x(Ix \rightarrow Px)$

그런데 여기에 백린이 존재하면 일어나게 되는 몇 가지 필연적인 귀결도 알고 있다고 하자. 다시 말해 '백린 냄새는 마늘 냄새와 비슷하다'(G), '테레빈유에 녹는다'(T), '식물성 식용유에 녹는다'(V), '에테르에 녹는다'(E), '피부에 닿으면 피부를 태워버린다'(S)를 식으로 나타내보자.

(3) $\forall x(Px \rightarrow Gx)$
(4) $\forall x(Px \rightarrow Tx)$
(5) $\forall x(Px \rightarrow Vx)$
(6) $\forall x(Px \rightarrow Ex)$
(7) $\forall x(Px \rightarrow Sx)$

이들 일곱 문장이 이론 T의 모든 내용을 나타낸다고 하자. 분명 원리 (1)과 (2)은 어떠한 관찰 가능한 귀결도 가지지 못한다. 따라서 이들은 이론 T를 활용한 어떠한 연역적인 체계화에도 쓰일 수 없다. 하지만 이들 원리는 관찰 가능한 대상과 이론 T 사이의 귀납적 연결을 확보하는 데는 쓰일 수 있다. 가령 어떤 물체 b가 마늘 냄새가 나며, 테레빈유, 식물성 식용유, 에테르에 녹고, 닿았을 때 피부를 태워버린다고 하자. 그럼 누구든 문장 (3)~(7)로부터 b는 백린이라는 귀납적 결론을 내릴 것이다. 또한 문장 (1)과 (2)로부터는 b가 30℃에 도달하면 불타기 시작한다고 추론할 것이다. 다시 말해, 이러한 추론에 성공했다면 그는 경험적 문장 'Gb', 'Tb', 'Vb', 'Eb', 'Sb'로부터 문장 (3)~(7)을 거쳐 탐구 대상이 된 물체 b가 백린이라는 이론적 결론 즉 'Pb'라는 결론에 이르는 경험적 예측을 실제로 해낸 것이다. 이 예측은 귀납 추론이 없었다면 결코 도출할 수 없는 것인데, 반면에 동일한 귀납적 이행 과정이 본래의 이론을 변환한 $Craig(T)$에서는 진행될 수 없다.

5　이러한 지적의 한 버전은 퍼트넘(1963)에게서 이뤄졌으나, 핵심 아이디어 자체는 이미 파이글(1950a)에게서 제시된 것이다.

6 뒤엠의 철학 전반에 대한 좀 더 세밀한 연구를 검토하려면 1990년의 『Synthese』 83호, 특히 브레너, 맥멀린, 러그의 논문을 참조할 것.

7 뒤엠은 원자론에 격하게 반대하였으며, 에너지 역학에 대한 현상학적 프로그램을 옹호하였다. 바로 이것이 뒤엠이 생각하는 과학 연구의 이론적 틀거리였다. (그는 이를 마흐, 오스발트와 공유하였다.) 뒤엠은 에너지 역학에 대해 이렇게 썼다.

> 이 연구[에너지 역학]가 품은 원리, 그리고 그 결론을 도출한 원리는, 우리가 인식한 물체, 인식할 수 없는 물체에서 유래한 움직임 또는 숨겨진 움직임 모두를 포괄할 수 있을 원리로서 열망되고 있는 것이 아니다. 에너지 역학은 물질의 본성을 드러내는 것도 아니다. 이 역학은 아무것도 설명하지 않는다고 주장한다. 이 역학은 단지 실험가들이 특정 사례에서 관찰한 법칙 속에 있는 일반적 규칙을 제시할 뿐이다. (1913: 183)

그러나 에너지 역학은 일종의 전망, 다시 말해 어떤 지점에 도달하게 되면 과학자들이 결국에는 '가설적 메커니즘'을 옆으로 치워버린 채 원자를 언급하지 않는 법칙을 활용해 경험법칙을 분류하게 될 것이라는 희망이 담긴 노트 말고는 아무것도 아니었다.

8 뒤엠은 참신한 예측을 일시적인 것으로 보는 견해를 가진 듯하다. 즉 참신한 예측이란 알려지지 않은 현상을 예측했다는 점에서 참신한 것이라고 본 듯하다. 나는 5장에서 이론의 참신성에 대한 이런 관점은 너무 제한적이라고 주장할 것이다. 이론은 이미 알려진 사실과 규칙성에 대해서도 새로운 설명을 제시할 경우 충분히 지지를 확보할 수 있다.

9 러그(1990)는 뒤엠이 실재론자였다고 주장한다. 하지만 본문에서 이야기했듯이, 이렇게 단정적인 평가는 정당화되기 어렵다.

3장 카르납의 중립주의

1 여기서 나는 카르납(1958)이 제시한 L_T에 대한 기술을 사용할 것이다. 이 기술은 MCTC와 동일하며, 차이는 오직 세부사항에 있다.

2 이 문제에 흥미가 있는 독자라면 카르납의 구별에 대한 좀 더 포괄적인 비판을 제시한 맥스웰(1962), 콰인(1951, 1985), 셀라스(1963)의 글을 읽어보아야 한다.

3 파이글은 그의 의미론적 실재론에 대한 옹호 논증을 매우 훌륭한 1956년 논문에서 제시한 바 있다.

4 이 강연에 여러 주석이 달려 있으며 내가 서론을 붙이기도 했던 버전은 지금은 『Studies in History and Philosophy of Science』에서 확인할 수 있다.

5 이러한 옹호 논증은 카르납(1961)에서 확인할 수 있다. 더 상세한 논의는 프실로스(2000) 참조.

6 이론 명사를 하나도 포함하지 않는 문장 S를 아무것이나 하나 도입해 보자. 본래 이론에서부터 다음 증명이 도출되는 경우이자 오직 그 경우에만 다음과 같은 램지 문장을 통해 다

음을 증명할 수 있다. 문제의 증명은 다음과 같다.

$$\vdash \exists u \Phi(u,o) \rightarrow S$$
$$\Leftrightarrow \vdash \neg S \rightarrow \neg \exists u \Phi(u,o)$$
$$\Leftrightarrow \vdash \neg S \rightarrow \neg \forall u \Phi(u,o)$$
$$\Leftrightarrow \vdash \neg \forall u (\neg S \rightarrow \neg \Phi(u,o))$$
$$\Leftrightarrow \vdash \forall u \Phi(u,o) \rightarrow S$$
$$\Leftrightarrow \vdash \Phi(t,o) \rightarrow S$$

7   헴펠(1958: 81)은 다음과 같이 말하며 브레이스웨이트의 해명을 따른다.

> 그러나 이것은, 해석된 이론 T''에 대한 램지 문장이 가설적 존재자에 대한 지시를 실제로 하기는커녕 문자로만—라틴 알파벳 상항을 그리스 알파벳 변항으로 대체하여—하는 것조차 피한다는 뜻이다. 물론 램지 문장은 여전히 이론 T''에 의해 상정된 이러한 종류의 특정 존재자들이 현존한다고 주장하기는 한다. 하지만 그 주장 가운데서 T''가 상정한 존재자들이 관찰 가능하다는 주장, 또는 적어도 관찰 가능한 대상을 언급하는 명사를 통해 온전히 규정될 수 있는 존재자들이라는 주장을 빼면 어떠한 것도 참이라고 보장된 것은 아니다. 따라서 램지 문장은 이론적 개념을 피할 어떠한 만족스러운 방법도 제공하지 못한다.

8   파이글(1950: 46~47)은 통사론적 실증주의는 **곧** 도구주의라는 규정을 아주 명민한 방식으로 제시하고 있다.

> 이 관점은, 이론과학의 법칙을 제시하기 위해 사용되는 존재자들이 유용한 형식적 구성물일 뿐이라고 본다. 이론 그 자체는 수학적 모형 이외에 아무것도 아니다. 이런 식의 견해가 무슨 뜻인지는 아주 명확하다. 이론적 구성물은 곧 보조 장치이며, 말하는 방식이고, 관찰 가능한 대상 사이에 있는 극도로 복잡한 관계에 대한 기술을 제공하기 위해 쓰이는, 약호로 된 도식들이라는 것이다.

9   카르납은 n_p의 사례를 이렇게 말하고 있다. '행성의 기수'.
10 카르납의 접근은 그의 강연록인 『The Philosophical Foundations of Physics』 1958-1959 (제 14강, Carnap Archive 111-23-01)에 상세하게 설명되어 있다.
11 카르납(1966: 253) 참조.
12 동일한 관점이 에른스트 네이글(1960: 151~152)에 의해 널리 알려졌다.
13 이는 본질적으로 카르납이 이론 언어에서의 분석성 문제를 어떻게 풀려 했는지에 따라 달

라지는 문제이다. 램지 문장 $^R(TC) \to (TC)$은 어떠한 경험적 내용도 가지지 않는다. 따라서 카르납은 이를 단지 의미 공준으로 받아들였을 뿐이다. 이 쟁점에 대한 더 상세한 논의는 프실로스(2000) 참조.

14 이는 카르납에 대한 크리스의 규정 즉 '융화적 실재론자'(1985: 18)라는 규정과 근접한 것이다. 다만 나는 이런 식의 용어 사용이 꼭 적절하다고는 보지 않는다. 카르납의 경험주의에 있는 중립주의적 요소를 모두 담는 명명법이 필요한 것처럼 보이기 때문이다. 모든 면에서 볼 때 크리스의 관점은 이와 다르다. 그는 카르납이 스스로가 받아들이려 했던 것보다 더더욱 과학적 실재론자에 가깝다고 강조하였다. 관찰 담화가 존재론적으로 인정된다면, 그리고 관찰 담화와 이론 담화 사이에 뚜렷한 구분 같은 것이 불가능하다면, 그에 따라(연속적으로) 이론 담화 역시 존재론적으로 인정될 수밖에 없다. 내가 제기하려던 쟁점은 이것이다. 카르납 역시 이 모든 것을 알고 있었으며, 그럼에도 불구하고 그의 경험주의는 물리적으로 관찰 불가능한 존재자를 인정하지 않으려 했다.

15 자연수 집합의 경우, 그 전체 구조는 본질적으로 자연수의 2차 구조라는 이름으로 불리는 구조이다. 2차 변항이 자연수의 모든 멱집합에 대응하도록 하면, 그리고 페아노 산술의 전체 모형만을 고려해야 한다는 제한을 걸면, 페아노 산술의 비표준 모형은 배제할 수 있게 된다. 따라서 우리는 페아노 공리를 통해 자연수를 규정할 수 있으며, 자연수에 동형사상적으로 대응하는 집합을 얻을 수 있다.

16 데모풀로스/프리드먼(1985)은 러셀이 이 사실을 뉴먼에게 인정했다는 문헌을 확인했다. 뉴먼에게 보내는 편지에서 러셀은 이렇게 말한다. "당신은 그 구조를 제외하면 물리 세계에 대해서는 어떠한 것도 알 수 없다는 내 입장이 사소하면서도 거짓이라는 것을 아주 명확하게 드러냈습니다. 그리고 이러한 사실을 내 스스로 깨닫지 못했다는 점은 역시 조금은 부끄럽습니다." 러셀은 계속해서 그는 자신은 중요한 관계란 지각할 수 있는 세계와 지각되지 않는 대상들의 세계 사이에 있는 시공간적 연속성 또는 인과성이라고 암묵적으로 가정했다고 밝힌다. 그렇지만 이것은 단지 일종의 패배 인정이라는 것을 명확히 해야만 할 것이다. 관찰 불가능한 세계에 대해, 순전히 구조적인 주장만이 아닌 무언가 알 수 있는 것들이 있거나, 관찰 불가능한 대상에 대한 어떠한 실질적인 지식도 불가능하거나, 현실은 둘 중 하나이다.

17 유사한 지적이 G. H. 메릴의 실재론 옹호 작업에서 이뤄졌다.(1980) 이 작업은 퍼트넘의 모형 이론적 논증에 대항하기 위한 것이었다.(Putnam 1978 참조)

4장 과학적 실재론에 대한 옹호

1 동일한 방식의 사고가 관찰 불가능한 존재자의 현존을 옹호하는 라이헨바흐의 논증에서 채택된 바 있다.(1938: 114~124, 특히 주4 참조)
2 1981: 618~618, 1984: 59~60, 1989: 8, 1990: 181, 1990a: 360.
3 하나의 사례가 이 점을 분명히 하는 데 도움이 된다. 광전 현상에 대한 고전적인 설명 방식은, 이 설명이 빛으로 인해 발생한 광전류를 금속 표면에서 발생한 전자의 방출을 통해 해

명한다는 점에서 옳다. 그러나 이렇게 광전 효과를 전자의 방출—로렌츠 힘에 기초한—로 설명하는 고전적 설명 방식은 아인슈타인의 설명과 대조하지 않더라도 '충분히 좋지는' 않은 것임이 분명하다. 물론 이 설명 방식을 통해 광전류의 강도가 왜 금속 표면에 도달하는 빛의 강도가 증대되면 함께 증대하는지 설명할 수는 있다. 그러나 이 방식은 방출된 전자의 최대 속도가 빛의 강도와는 독립적이며 오히려 전자기 방사선의 주파수에 의존한다는 명백한 사실은 설명하지 못했다. 이 사실은 빛이 양자화되어 있다는 아인슈타인의 가설을 통해 설명되었다. 광자—이 입자의 에너지는 방사선의 주파수에 의존한다—가 원자의 껍질에 자리한 전자와 '충돌해' 광전류가 발생한다는 것이다.

4   방금 제시한 분석에 따르면, 연역 논증은 결론이 암묵적으로 전제에 함축되어 있다는 점에서 내용을 증대시키는 논증이 아님에도 악순환이 **아니라는** 점을 지적할 가치가 있다. 이러한 '암묵적 함축'이라는 생각은 몇 가지 해명을 필요로 한다. 이 말은, 몇 가지 명제의 집합이 있을 때 올바른 추론 규칙을 따르는 사람이 있다면, 그는 이들 명제 집합으로부터 그 논리적 귀결을 도출할 수 있다는 것이다. 이들 논리적 귀결은 전제에 함축되어 있다. 전제의 진리가 그 귀결의 진리를 보증한다는 의미에서 그렇다. 하지만 이러한 논리적 귀결은 전제와 동일한 것도 아니고 전제를 단순히 바꿔 쓴 진술인 명제인 것도 아니다. 사소한 사례를 제외하면(가령 $p \rightarrow p$), 이러한 논리적 귀결은 추론 규칙의 적용보다 앞서 알려지지 않는다. 따라서 연역 추론에서도 적절한 전제 집합을 선택하는 것만 가지고 추론자가 검토 중인 명제의 진리를 증명할 수 있는 것은 아니다. 연역 추론은 증명력을 가지는데, 이러한 연역 추론은 입증될 필요가 있는 것을 가정하고 이뤄지는 추론이 아니기 때문이다.

5   이 점은 반 클레브(1984)에 의해 제기되고 발전된 바 있다.

6   '추론 기계'라는 아이디어는 브레이스웨이트(1953: 291)에 의해 처음 제시된 것이다. 폴 처칠랜드(1979: 6, 137ff.) 역시 유사한 아이디어를 떠올렸는데, 이때 그는 믿음 형성 과정을 일종의 인식적 엔진의 구동 과정으로 보아야 한다고 제안했다.

7   반 맥기(1985)는 다음과 같은 반례를 들었다. "만일 공화당이 선거에서 이기고, 레이건이 승리하지 못했다면, 앤더슨이 이겼을 것이다. 그런데 공화당(레이건)이 선거에서 이겼다. 따라서 만일 레이건이 승리하지 못했다면 앤더슨이 이겼을 것이다." 전제는 모두 참이지만 결론은 거짓이다. 맥기는 왜 이런지에 대해 이렇게 말한다. 만일 레이건이 1980년 미국 대선에서 패배했다면 민주당 후보인 카터가 이겼을 것이기 때문이다. 라이컨(1994: 233)은 다음과 같은 반례도 제시했다. "만일 당신이 나를 모욕한다면, 나는 정중함을 잃지 않았을 것이다. 하지만 당신이 내 아내를 모욕했다면, 나는 그렇지 않았을 것이다. [이 말을 들은 사람이 나와 내 아내를 모두 모욕했다면,] 모순이다!" 누군가 나를 모욕했지만, 나는 더 이상 정중하게 굴지 않았기 때문이다.

8   이런 식의 숙고는 프리드먼(1988: 157)가 탐구한 것이고, 이 탐구는 더밋(1974)의 작업을 많은 부분 계승한 것이다.

9   혹시 규칙 순환 논증이 너무 많은 것을 증명하는 것은 아닌가? 이 질문에 대한 표준적 입장(Salmon 1965 참조)은 규칙 순환 논증이 '반 귀납'을 옹호하기 위해, 또는 후건 긍정식의 오류를 옹호하기 위해 제시될 수 있다는 데 있다. 예를 들어, 전제 '대부분 A로 관측된 것은

B이다'로부터 결론 '다음 A는 B가 아닐 것이다'는 결론으로 가는 반 귀납이 바로 그것이다. 반 귀납론자는 이 규칙을 규칙 순환 논증으로 지지할 수 있다. 다시 말해 대부분의 반 귀납이 실패했다면, 반 귀납에 의해 다음번 시행될 반 귀납은 성공할 것이라는 결론을 내릴 수 있다. 마찬가지로 후건 긍정식의 오류는 다음과 같은 규칙 순환 논증을 통해 옹호될 수 있다. 만일 후건 긍정식의 오류가 진리 보존적이라면, 2+2=4이고 2+2=4이다. 따라서 후건 긍정식은 진리 보존적이다. 그러나 이런 식의 반대는 너무나 섣부른 것이다. 우선 반 귀납의 신빙성을 의심할 만한 아주 좋은 이유가 여럿 있다. 반 귀납은 대체로 성공적이지 않기 때문에, 규칙 순환 논증은 결국 초점을 잃고 말 것이기 때문이다. (1958년 맥스 블랙이 지적했듯이, 만일 반 귀납 추론을 성공적인 사례에 맞춰 다시 정식화한다면 규칙 순환 논증 자체가 정합성을 잃고 말 것이다.) 한편 후건 긍정식의 오류의 경우, 논리 연결사의 의미가 주어져 있다면 결코 후건 긍정식은 진리 보존적일 수 없다. (바로 이것이 우리가 이 오류를 필요로 하는 이유다. 후건 긍정식의 오류는 연역 규칙으로 간주되기 때문이다.) 따라서 이들 쟁점을 옹호하기 위한 규칙 순환 논증 역시 초점을 상실한 것으로 보아야 한다.

10 관찰 가능한 대상에 대한 통상적인 귀납 추론은 이론 의존성을 가지며, 이는 크레이그 정리에 대한 헴펠의 비판에서 이미 지적된 사실이다.(이 책 79~81쪽 참조)

5장 비관적 귀납에 맞서기

1 실재론에 반대하는 라우든의 논증을 살펴보려면 다음을 보라. Laudan 1981: 32~33, 36~45, 1984: 91~92, 1984a: 121, 1984b: 157.

2 이 지적은 워럴에 의해 반복적으로 제시되었다.(1982, 1994 참조)

3 '참신성' 개념은 과학적 실재론에 대한 재럿 레플린의 1997년 저작에서 주의 깊게 분석되었다. 그는 '참신성'을 두 가지 요구 조건에 기초하여 분석한다. 독립성 그리고 고유성. 여기서 핵심 아이디어는 이것이다. 이미 알려졌든 아직 예측되지 않았든 어떤 현상 O가 있다고 하자. 이론 T는 다음 두 조건을 만족할 경우 O에 대해 참신하다. O에 대한 어떠한 정보도 T에 의한 O의 예측에 필수적이지 않을 경우, 그리고 왜 O가 그와 같이 일어날 것으로 예상되는지를 설명할 다른 어떠한 이론도 활용할 수 없을 경우. 내가 제시하려는 참신성에 대한 관점은 레플린의 관점과 사실상 일치한다.

4 이 같은 임시방편적 조정의 전형적인 사례는 로렌츠의 빛 이론 수정이다. 즉 피츠제럴드-로렌츠 수축을 수단으로 하여, 에테르에 대한 지구의 상대 운동이 전혀 관측되지 않았다는 사실에 맞춰 빛 이론을 조정했던 과학사의 사례가 그것이다. 엘리 자허(1989: 17~19)는 이러한 관측 실패의 정보가 수축 가설을 통해 간섭무늬의 부재를 예측하는 데 어떻게 사용되었는지에 대한 상세한 설명을 제시해 주었다. (이후 제시된 로렌츠의 '분자력 가설'은 피츠제럴드-로렌츠 수축에 대해 비-임시방편적 조정 방식을 제공해 주었다. 그러나 자허는 이러한 조정이 정확하게 임시방편적인 것은 아니라고 말했다. 로렌츠의 분자력 가설은 초과적인 이론적 내용을 가지고 있었기 때문이다.) 또 다른 임시방편적 조정 사례로는 프실로스(1993)를 참조.

5   하지만 나는 사용 참신한 예측과 시간적으로 참신한 예측 사이에 어떤 **입증 가중치**를 줄 것이냐는 쟁점은 순전히 이론적인 관점에서는 풀 수 없는 문제라고 생각한다. 현실의 과학 실천에서 이는 아주 밀접한 문제다. 가령, 현실의 과학 실천에서 알려진 어떤 사실에 의한 비임시방편적 조정은 해당 이론이 제시한 시간적으로 참신한 예측보다 문제의 이론을 더 강하게 입증할 수 있다. 가령 수성의 근일점 변동 현상이나 적색 편이 현상은 이미 잘 알려져 있었으나 일반 상대성 이론을 입증하는 강력한 근거로서 사용되었다.(Earman 1992: 114 참조)

6   예측의 시간적 순서가 가진 중요성을 무시한 사람으로 잘 알려진 존 메이너드 케인스는 어떤 이론이 증거에 의해 '무르익었다'는 주장을 하게 되는 데는 어떠한 '논리적 기반'도 없다는 관찰을 제시했다.(1921: 338) 또한 그는, 현장 과학자들이 시간적 참신성의 중요성을 강조하는 이유는 자신들이 받아들이는 이론을 수용하기 위해 데이터를 조작할 가능성이 언제나 존재하며 이런 유혹은 때로 매우 강력하기 때문이라고 말한다. 휴얼이 시간적 참신성을 강조했던 동기 가운데 하나 역시 이론을 알려진 사실에 맞춰 임시방편적으로 조정하는 작업의 가능성을 검토했기 때문이라는 점 역시 강조할 가치가 있다. 휴얼은 "새로운 사태가 발견되면, 우리가 그와 같은 사태에 맞춰 가설을 **조정할**" 가능성에 대해 우려했다.(1989: 155, 강조는 저자) 휴얼의 경우에는 시간적으로 참신한 예측에 추가적인 입증 가중치를 부과하는데, 그와 같은 예측은 문제의 이론에서 인위적이지 않은 방식으로, 즉 '조정 없이' 또는 '그 구성에 대해 고려하지' 않은 채 제시된 것이기 때문이다.(ibid.)

7   키처와 나는 이론 명사의 지시라는 쟁점에서 이론적 입장이 다르다. 키처의 입장에 대한 비판은 프실로스(1997)를 보라.

6장 역사적 소묘

1   라플라스는 이렇게 말했다. "소리의 실제 속도는 다음과 같다. 뉴턴 공식에 따른 속도[즉 $c = \sqrt{(dP/d\rho)}$]에, 압력이 일정할 때 온도에 따라 변화하는 공기의 온도를, 공기의 부피가 일정할 때 공기의 온도로 나눈 비율에 제곱근을 씌운 값을 곱한 결과가 바로 속도 값이다." (1816: 181)

2   1822년 라플라스는 다시 소리의 속도를 계산했다. 그런데 이때는 게이뤼삭과 벨터에 의해 좀 더 정확해진 γ값을 사용할 수 있었다.(Laplace 1825: 303~304 참조) 결과는 337.8m/sec였다.

3   나는 1993년의 논문에서 라플라스의 진보된 칼로릭 이론에 대한 해명을 다룬 바 있다. 칼로릭 이론의 발전에 대한 이 연구에서, 나는 칼로릭과 칼로릭-물질 상호작용에 대한 라플라스의 해명, 즉 『Traite de Mechanique Celeste, Livre XII』(1823)이나 1824년과 1825년 『Connaissance des Temps』에 실린 일련의 논문은 미뤄두려 한다. 다만 이러한 방침은 이 장의 주장에 영향을 미치지 않을 것이다.

4   카르노 논문의 인용에는 쪽 번호가 두 개 제시되어 있다. 이는 카르노 회고록의 두 번역판인 멘도사 판과 폭스 판을 활용했기 때문이다. 숫자가 하나일 때는 멘도사 판의 쪽수다.

5 이 인용문은 다음 진술, 즉 카르노 회고록 속 초고에 담긴 더 근본적인 가설을 선호하는 진술로 대체할 가치가 있을 것이다. "우리가 입증하기 위해 제시한 바로 이 근본 법칙은, 의심을 넘어선 곳에 자리잡은 것 같다. … 우리는 이제 앞서 표현했던 이론적 아이디어들을 지금까지 열의 원동력이 현실에 구현되는 현상을 설명하기 위해 제안되었던 여러 다른 방법을 점검하는 데 적용해 보려 한다."(Carnot 1824: 46) 문제의 근본 가설에 대한 또 다른 의심에 대해서는 19/76쪽을 보라.

6 카르노의 말을 직접 살펴보자. "열의 원동력은 그것을 현실로 만드는 요인에 대해 독립적이다. 열량은 운동으로부터 영향을 받으며 결국 칼로릭을 전달받는 물체의 온도에 의해서만 결정된다."(1824: 20/76~77)

7 동일한 쟁점은 클라인(1976: 216~217, 219)을 보라.

8 카르노는 이미 발간된 논문에서 영구 운동의 불가능성 원리를 정립하기 위해, 영구 운동이란 "칼로릭 또는 다른 어떤 요인이든 그것의 **소모** 없이 열의 원동력을 무제한 생성하는 작용"(1824: 12/69, 강조 추가)이라고 말했다. 이런 진술을 단지 실수라고 보기는 어렵다. 그런데 열은 일을 만들어내는 열적 과정 도중에 소모될 수밖에 없다는 말은 영구 운동의 불가능성 법칙을 함축한다. 따라서 영구 운동의 불가능성은, 일을 산출하는 열의 보존 원리와는 어긋나는 것처럼 보인다. 실제로 이러한 생각은 카르노의 정리를 활용했던 클라우지우스에게서 활용되었다.

9 카르노의 초고를 검토하면서 멘도사(1959: 389)는 이렇게 제안했다. "다수의 노트는 실질적으로 회상과 동시기에 저술된 것으로 보인다. … 실제로 그가 증명을 수정하기 시작하던 시점에(또는 최종 초고가 하나뿐이었다면 최종 초고를 작성하던 시점에), 그는 자신의 서술에 대해 자신을 잃어가고 있었다. 놀라운 것은 그가 자신의 책을 어찌되었던 출판했다는 그 사실이다."

10 이런 식으로 증거 관계를 국지화하는 일은, 내 생각에 글리모어(1980)가 채택했던 입장과 유사하다. 입증에 대한 글리모어의 부트스트랩 이론이 가진 정신은 이렇다. 경험적 증거는 다른 이론보다 더 나은 이론에 의해 제시된 이론적 주장을 지지할 것이다. 또한 이들 증거는 이론의 각 부분에 대해 통일되지 않은 방식으로 도달할 것이다.

11 같은 곳에서 클라우지우스는 이렇게 말한다. "[카르노의] 그와 같은 관계의 필연성에 대한 증명[카르노 사이클의 최대 효율성에 대한 증명]은 무에서 동력을 이끌어낼 수 없다는 공리, 다시 말해 영구 운동이란 불가능하다는 공리에 기반하고 있다." 클라우지우스는 아래와 같이 덧붙인다.

> 그럼에도 나는 카르노의 이론, 즉 클라페롱이라는 아주 뛰어난 전문 분석가를 찾아낸 이론 역시 완전히 거부되어야 한다고 생각한다. 반대로, 내게 카르노에 의해 제시된 공준은, 한 부분을 분리하고 나머지 부분을 적절하게 형식화할 경우 현재의 열과 일 사이의 등가성 법칙과 일치할 것이며, 또한 중요한 결론을 도출하는 데 함께 사용될 수 있을 것이다. (Clausius 1867: 406~407)

헬름홀츠 역시 1847년에 동일한 결론에 도달했다. 영구 운동이 불가능하다는 원리의 일반적 중요성을 이야기하면서 그는 이렇게 말하고 있다. '이 명제[영구 운동의 불가능성 원리]를 통해 카르노와 클라페롱은 여러 자연물의 잠열을 다루는 일련의 법칙을 이론적으로 도출할 수 있었다. 이 법칙은 부분적으로는 실험을 통해 도출되었으며 부분적으로는 아직 이 실험에 의해 시험되지 않았다.(1848: 93)

12 이런 관점은 폴 처칠랜드(1979: 19)가 제시한 것이다.

13 이 상황을 검토하며 조지프 라머는 이렇게 강조했다.

> 부분적으로 폐쇄된 동역학적 계, 가령 에테르와 같은 계의 구성을 결정짓는 문제는 두 개의 독립적인 부분으로 나뉜다. 첫 번째 부분은 해당 계에 대해 지금 인지된 동역학적 속성을 설명하고, 더불어 추가적인 검사를 통해 새로운 속성을 발견할 때 응용할 수 있는 에너지 함수의 수식을 결정하는 부분이다. 두 번째 부분은 그와 같은 에너지 함수가 통과하는 매질의 작용을 보여주는 모형, 또는 모사를 담고 있는 일정한 메커니즘 체계를 현실에, 또는 가상적으로 만들어 내는 부분이다. (1894: 417)

14 기계적 표현을 사용하면, 이 매질은 빛이 특정한 속도로 전파될 수 있도록 제한할 만큼 충분한 강도를 가지며, 또한 횡파의 전파를 허용할 만큼 일정한 탄성—또는 변형의 능력—을 가진다.

15 그린의 이론에 대한 더욱 상세한 해명은 R. T. 글레이즈브룩(1885: 159~163)과 케네스 섀프너(1972: 46~58)를 참조하라.

16 이러한 문제는 탄성 고체에서 일어나는 진동의 전파와 공간에서의 광파의 전파 사이에 있는 부정적인 유비 관계와 관련되어 있다는 것을 지적할 만하다. 그린의 모형에서, 입사광은 입사면에 대해 직각으로 편광되어 있어야만 한다. 하지만 이러한 모든 조건을 만족시키는 것은 반사광이 종파로 이뤄져 있다는 가정이 만족되지 않고서는 불가능한 일이다.(Whittaker 1951: 140 참조) 따라서 단지 '적합한' 모형을 만들기 위해 이러한 부정적인 유비를 무시해서는 결코 안 된다.

17 맥스웰이 전자기장 방정식을 도출한 과정에 대한 간략한 설명은 앤드루 보크(1967)를 보라. 헌트(1991: 122~128, 245~247)는 오늘날 잘 알려져 있는 대칭적인 형태의 방정식을 도출하는 과정에 대해 좀 더 상세한 역사적 해명을 제시해준다.

18 동일한 종류의 생각을 확인하려면 스타인(1970: 280)을 참조.

19 이론에 대한 의미론적 관점은 헨드리/프실로스(1998)에서 검토 및 비판되었다.

20 모형 구성의 이러한 형식적 측면은 마이클 레드헤드(1980)에 의해 더욱 상세히 검토된 바 있다. 그는 이러한 수학적 모형이야말로 이론물리학에서 벌어지는 교차수정 과정을 설명해주는 가장 중요한 사례라고 이야기했다.(ibid.: 149)

7장 워럴의 구조적 실재론

1 워럴은 과학적 실재론을 방어하려면 무엇보다도 각개격파 작전과 유사한 무언가를 진행해야만 한다고 이야기했다.
2 이후 논문에서 스타인은 이 문제를 해명하고 이론과학이 다음을 보여준다고 주장했다.

> [이론과학에서는] 아리스토텔레스는 전적으로 틀렸고, 플라톤—적어도 내가 선호하는 독해에 따르면—은 놀랍게도 올바르게 답했던 특정한 매우 심층적인 질문을 확인할 수 있다. 다시 말해, 우리의 과학은 '실재'를 이해하는 데 점점 더 가까워져 간다. 즉 '실체'와 그 종류에 대한 설명에 점점 더 가까워지는 것이 아니라 어떤 현상이 '모사'하는 '형상'(여기서 '형상'은 '이론적 구조', '모사'는 '표상되는 것'으로 보면 된다)에 대한 해명에 점점 더 가까워져 간다. (1989: 57)

스타인은 이렇게 구조적으로 더욱 심층적인 것을 찾는 방향은, 존재자와 그 속성 및 관계가 지속적으로 바뀌어온 이론 변화 속에서도 거의 변화하지 않았다고 덧붙였다.(ibid.: 58)

3 2장에서 지적했듯이, 뒤엠 역시 구조적 실재론자로 이해할 수 있다. 이론이 표상적 부분과 설명적 부분으로 나뉜다는 뒤엠의 구분은, 구조와 내용을 구별하는 워럴의 구분과 그 외연이 비슷해 보인다.
4 푸앵카레를 규약론자의 원형으로 볼 수 있을까? 나는 이 쟁점을 푸앵카레와 기계론적 설명의 문제를 다룬 1995년 논문에서 심층적으로 논한 바 있다. 여기서 나는 푸앵카레가 어떤 규약의 구성에 대해 상당히 복잡한 이론을 가지고 있었다는 것을 보여준 바 있다. 특히 그는 기하학과 뉴턴 역학의 일반 원리가 선험적 참도 아니고 경험에 의해 결정된 것도 아니라는 사실에 기초하여 '규약'이라고 보아야 한다고 말했다. 그런데 그는 규약에는 언제나 경험적 요소가, 즉 규약의 채택을 안내하는—물론 결정하지도 않는—특정한 경험적 사실이 있다고 강조하기도 했다. 실제로 그는 여러 규약 사이에서 그가 '편의성'이라고 부른 덕목들에 기초한 합리적 선택이 어떻게 이뤄질 수 있는지에 대한 이론을 가지고 있었다. 따라서 규약이란 어떤 선험적으로 참인 원리 없이, 그리고 특정한 경험적 입력에 기초하여 이론적 틀거리를 구성하는 일반 원리라고 할 수 있다. 푸앵카레에게 맥스웰 법칙이나 광학의 법칙과 같은 더 구체적인 단계의 가설은 진정한 경험적 가설이다. 어떤 경우든 푸앵카레가 이론적 원리에 대한 규약론자라는 관점은, 이론적 원리란 그것을 알 수 있기만 하다면 다른 방식으로는 알 수 없는 존재자 사이의 구조적 관계를 알려준다는 입장과 조화롭게 해석할 수 있는 관점이다.
5 제임스 래디먼(1998)은 구조적 실재론의 스타일을 극복하려 했을 뿐만 아니라 해당 학설의 순수 형이상학적 버전을 옹호하려는 시도 또한 제시하려 했다.
6 자허(1989)는 푸앵카레가 "편의성, 그리고 오직 편의성만을 박진성의 지표로 삼았다"고 주장했다. 그는 이어서 푸앵카레의 편의성은 곧 "특정 명제의 수학적 구조에 기초한 순수 통사론적 개념이며, 해당 이론이 사용하는 명사와 언어 바깥의 실재 사이에 있는 어떠한 의

미론적 관계도 나타내지 않는다"(1989: 161)고 말한다. 자허에게 푸앵카레는, 우리 인간은 "물리 세계를 모사할 수 있을 뿐이지 직접 지시할 수는 없다"(ibid.)는 논제를 받아들인 신칸트주의자였다. 이는 구조적 실재론을 택할 만한 철학적 동기에 대한 아주 흥미로운 주장이다. 하지만 나는 여전히 이런 주장이 여러 보완을 필요로 하는 주장이라고 생각한다.

7 프톨레마이오스 천문학과 코페르니쿠스 천문학을 비교하면서, 푸앵카레는 두 이론이 운동역학적으로 동치라고 지적한다. 그렇지만 그는 코페르니쿠스 천문학은 프톨레마이오스 이론이 우연의 일치로 취급하였던 몇몇 현상에 대해 더 우월한 동역학적 설명을 제시한다는 관찰을 내놓는다. 이어서 그는 "이것이 우연에 불과한가?"라고 묻는다. 그의 답은 이렇다. 코페르니쿠스 천문학은 "현상 사이의 접착제를 제공하며", 이 접착제는 "진리"다.(1905: 185)

8 휘터커는 에테르에 대한 기계론적 모형이 프레넬의 빛 이론에서 중심적이지 않다고 지적했다. 가령 그는 이렇게 말한다.

> 프레넬의 연구는 엄격한 의미에서 동역학적 이론이라고 볼 수는 없다. 매질의 특성을 규정하지 않은 채 이뤄졌기 때문이다. 그의 방법은 빛의 알려진 속성에서 출발해서, 그러한 속성에 귀속시킬 수 있는 메커니즘에 도달하도록 역추적해 나가는 데 있었다. 그는 몇 가지 단순한 원리에 기초하여 빛 현상을 해명하는 데 성공하였다. 그러나 이때 이들 원리를 설명할 수 있는 에테르가 어떤 물질인지 명확히 하지는 못했다. 프레넬이 말하는 '변위'는 일반적인 탄성 고체의 변위일 수 없다. 이는 탄성 고체의 변위는 두 매질의 계면 양편에서 연속되지는 않기 때문이다. (1951: 125)

나는 이것이 일반적으로 참이라고 본다. 다만 휘터커(1951: 19)는 프레넬이 자신의 추론 결과에 도달하기 위해 기본적으로 기하학적 추론을 사용했고 동역학적 틀을 여기에 맞춰 고안했다고 주장한다. 나는 이것이 거짓이라고 본다. 내가 보여주었듯이, 프레넬은 그의 추론 과정에서 물리적 원리, 특히 에너지 보존 법칙과 같은 역학적 원리를 사용했다.

8장 미결정성 논증에 대한 반박

1 실제로 콰인은 "내가 그 논문에서 이야기했던 것은 아마도 아주 사소한 문제일 것이다"(Grünbaum 1962: 132)라고 말한 바 있다.

2 이 주제에 대한 추가 논의는 이어먼(1992: 6장), 클라크 글리모어(1977), 데이비드 말라먼트(1977), 로런스 스클라(1974)를 보라.

3 최근 쿠클라(1993)는 경험적으로 동치인 이론을 구성하는 요리법이 있다고 주장했다. 쿠클라에 따르면, 만일 그것이 무엇이든 이론 T를 받아들인다면, 이론 T'를 구성할 수 있다. 여기서 T'는 몇 가지 관찰이 가능한 우주에서는 T가 참이지만 해당 관찰이 되지 않는 우주에서는 T^*의 법칙이 참이라고 말하는 이론이다. 여기서 T^*는 T와는 양립 불가능한 이론이면 무엇이든 무방하다. T'가 일관성 있는 이론이라는 점을 의심하기는 어렵다. 그러나 T'를

'이론'이라고 부르는 한, T'를 T의 맞수 이론이라고 보기는 사실 어려운 일이다. T'를 진지한 이론으로 보려면, 우리는 결국 수많은 우연을 받아들이지 않을 수 없다. 한편 라우든과 레플린이 1993년에 지적했듯이, T'는 T가 내놓는 설명적, 예측적 메커니즘에 전적으로 기생한다고 볼 수 있다. T'를 T의 중요한 라이벌 이론으로 받아들일 만한 이유는 귀납적 회의론, 즉 얼마나 높은 수준으로 입증된 상태든 간에 T는 결국 그것을 지지하는 관찰에 의해 참이라는 것이 증명되지 않았다는 주장뿐이다.

4   나는 실재론자라면 두 개의 경험적으로 동치인 이론이 완전히 동일한 사실의 총체를 단지 언어적으로 구별되는 형식으로 제시한 것일 뿐이라고 말해서는 안 된다고 주장하려는 것이 아니다. 이 쟁점에 대해, 두 개의 이론적 형식화가 서로 동치가 되게 만드는 조건에 대한 세부적 분석을 포함하는 흥미로운 논의로는 다음을 참조. Bouvere(1965), Glymour(1971), Putnam(1983a).

5   라우든(1996)의 책 제3장 핵심부는 재럿 레플린과 함께 쓴 것이다.

6   세심한 독자라면, 어떤 이론은 그것이 함축하지 않는 증거로부터도 간접적인 지지를 받을 수 있다는 내 주장과, 어떤 과학 이론의 예측 성공을 가져오는 데 본질적으로 기여한 구성요소를 명확히 하려는 내 시도(5장에서 상술했다) 사이에 일정한 긴장이 있다고 볼 수도 있을 것이다. 반대 논증은 이런 식이다. 나는 증거 조각 E는 그것이 H'에 의해 함축되는 것이 아니더라도 가설 H를 간접적으로 지지할 수 있다고 본다. 이는 E가 H' 역시 함축하는 더 '폭넓은' 가설 H^*를 지지할 수 있기 때문이다. 하지만 이 경우, H'는 E를 예측하는 데 본질적인 기여를 했다고는 할 수 없다. 상황이 이러함에도, H'는 E로부터 지지받는다고 할 수 있는가? 이러한 반대에 응답하려면, 문제의 증거에 의해 간접적으로 지지받는 몇 가지 이론적 구성요소를 허용한다고 해서 별다른 문제가 생기지는 않는다고 지적해야만 할 필요가 있다. 이러한 이론적 요소들은 이론의 예측에 본질적으로 기여하지 않는다. 특히 이들 요소가 그렇게 기여하는 요소들의 또 다른 이론적 귀결인 경우 그렇다. 다만 나는 다음과 같은 관점은 확실히 받아들이지 않는다. 가설 H가, 예측 E에 의해 지지받는 또 다른 이론적 가설 H'를 함축한다고 하자. 5장에서 서술했듯 H가 E를 도출하는 데 본질적이지 않다면, H'는 결국 E에 의해 지지받는다고 볼 수 없다는 관점이 바로 그것이다. 또한 H'의 다른 귀결인 H'' 역시 간접적 지지를 받지 못한다는 관점 역시 마찬가지로 받아들일 수 없다.

7   동일한 관점이 기어리(1985)에 의해 옹호되었다.

8   여기서 나는 이론적 진리에 대한 모든 질문을 다루었다고 주장하지는 않을 것이다. 하지만 회의적 주장은 이론적 진리 같은 것 자체가 불가능하다고 말한다는 점을 꼭 염두에 두어야 한다고도 말하고 싶다. 만일 내 논증이 건실하다면, 이런 회의적 주장은 거짓이다.

9장 구성적 경험론에 대한 상세한 검토

1   유사한 사항을 확인하려면 소버(1993)를 참조.

2   나는 로젠(1994: 171~174)이 반 프라센의 입장이 가진 진정한 문제를 식별해냈다고 본다. 그 내용은 이렇다. 반프라센이 양상적 사실에 대해 불가지론적이라고 보는 것은 합리적이

다. (양상적 사실은 전자와 같은 이론적 존재자만큼이나 관찰 불가능하다.) 그런데 어떤 존재자가 관찰 가능하다고 말하는 것은 곧 양상적 사실에 대해 말하는 것이다. 문제의 존재자를 관찰하는 것이 가능하다는 말이기 때문이다. 만일 양상적 사실에 대한 불가지론자가 있다면, 그는 관찰 가능한 존재자에 대해서도 불가지론자가 되어야만 한다. (더 정확히 말하면 여기서의 핵심은 이것이다. 불가지론자이든 누구든 어떤 존재자를 관찰할 수 있다는 것을 알고 있다면 바로 그 존재자를 관찰할 수 있다는 양상적 사실을 도출하는 것은 사소한 사실일 것이다. 그럼에도 양상적 사실에 대한 불가지론은, 이들 존재자들을 관찰 가능한 존재자로 규정하는 일반화를 활용할 수 없게 만든다.) 만일 이 논증이 견실하다면 반 프라센의 입장은 그 기반을 상실하게 될 것이다. 만일 관찰가능성이 어떤 이론을 경험적으로 적합하다고 수용할 때 필요한 것이라고 하자. 관찰 가능한 존재자(그리고 현상)가 참이라고 말할 수 있는 경우이면서 오직 그 경우에만 어떤 이론은 경험적으로 적합할 것이다. 그런데 어떤 존재자가 관찰 가능하다고 규정할 어떠한 방법도 없다면, 어떤 이론이 경험적으로 적합하다는 믿음에 실질적인 내용을 부여할 어떠한 방법도 없을 것이다. 결국 문제의 이론이 어떤 존재자에 대해 참인지 규정할 방법 같은 것은 전혀 있을 수 없다.

3 반 프라센은 그의 구성적 경험론을 다음 두 논제로 구분한다.

(1) 모든 (또는 대부분의) 과학자들은 경험적으로 적합한 이론을 구성하기를 원하며, 자신이 수용하는 모든 이론이 경험적으로 적합하다고 믿는다.
(2) (모든 또는 대부분의) 과학자들은 과학의 목표는 경험적으로 적합한 이론을 산출하는 데 있다고 의식적으로 이해하고 있다. (1994:181, 187, 188)

4 아주 흥미로운 예시는 Chihara & Chihara(1993)에서 확인할 수 있다.

5 이론 T_1과 T_2를, 경험적으로 적합한 유사 진술 즉 $\exists\phi(P)$, $\exists\phi(Q)$로 다시 제시할 수 있을까? 그런데 경험적 적합성에 기초한다면 $\exists\phi(P)$, $\exists\phi(Q)$에서 $\exists\phi(P\&Q)$이 논리적으로 도출된다고 할 수는 없다. 프리드먼(1983: 245~246)이 지적하듯, (a) 현상 P를 구조 ϕ에 대응시키는 매핑 방식 M, 그리고 (b) 현상 Q를 구조 ϕ에 대응시키는 매핑 방식 M'이 있다는 사실로부터, 현상 $P\&Q$를 구조 ϕ에 대응시키는 공통의 매핑 방식 M''이 있다는 결론이 도출되지는 않는다. 이는 '기체 현상을 분자 구조에 대응시키는 매핑 방식 M이 있다'와 '화학 현상을 분자 구조에 대응시키는 맵핑 방식 M'이 있다'는 사실이 '기체 현상과 화학 현상을 분자 구조에 대응시키는 맵핑 방식 M''을 함축하지 않는다는 뜻이다.

6 귀추의 논리적 구조를, 이를 계산 모형화하기 위한 몇 가지 시도와 함께 점검한 작업은 프실로스(근간) 참조. 맥멀린(1992) 또한 참조할 수 있다.

7 길버트 허먼(1996), 데이/킨케이드(1994: 285~287)는 IBE가 정합성이 없다―그것을 하나의 추론 규칙으로 생각한다면―고 보는 반 프라센의 주장에 반대하는 논증을 성공적으로 제시한 바 있다. IBE의 정합성에 대한 최근의 옹호 논증은 Douven(1999) 참조.

8 동일한 생각을 확인하려면 포레스트(1994)와 노턴(1993)을 참조.

9 동일한 논점이 머스그레이브(1985: 202~203)에 의해 제시된 바 있다.

10장 자연스러운 존재론적 태도, 인지적으로 완벽하다는 것, 존재자 실재론

1 반실재론을 규정하기 위해 더밋은 이렇게 적었다. "반실재론자는 논쟁중인 집합에 대한 진술임에도, 이런 진술들을 그러한 집합에 대한 진술과 관련된 증거에 따라서만 이해할 수 있다고 보는 [실재론적] 관점에 반대한다."(Dummett 1963: 146)

2 내게는 여기서 이 관점이 램지가 1927년 내놓은 진리에 대한 '잉여 이론'과 어떻게 관련되어 있는지 논의할 생각은 없다. 더 많은 논의를 위해서는 커크햄(1992: 317~321)과 퍼피뉴(1993)을 보아야 한다. 그런데 호위츠와 달리 램지는 왜 "'P' 형태의 진술이 P가 올바른 경우이면서 오직 그 경우에만 참"이냐는 문제를 다룬 일반 이론이 필요하다고 이야기했다. 필드(1986)는 램지가 진리에 대한 '대응이론'을 택했다고 본다. 그는 램지가 왜 어떤 진술은 그에 해당하는 진리 조건을 가지는지에 대한 실질적인 이론을 가지고 있었다고 보기 때문이다.

3 이것은 너무 성급한 주장 아닌가? 가령 이론적 주장을 이해하기 위해, 실질적인 진리 담지자를 설정할 필요 같은 것은 없다는 주장을 할 수도 있기 때문이다. 어떠한 이론적 진술 p라도, 형식 'p'로 된 진술은, [세계가] p인 경우이면서 오직 그 경우에만 메타언어로 받아들여질 수 있다. 이런 식의 생각만으로도 이론 언어의 축자적 해석을 바로잡기 위해 충분하다. 나는 다른 식으로 이야기하고자 한다. 가령 메타언어적 장치는 오직 이론적 대상 언어가 정확히 이해된 상태에서만 정확히 작동할 수 있다. 달리 말해, 메타언어적 장치는 어떠한 종류의 해석도 결정지을 수 없다. 실증주의적 실재론자나 그와 유사한 사람들, 즉 이론 언어는 이해할 수 없다고 보는 이들(다시 말해, 이론 언어는 참이나 거짓이라고 말할 수 없다고 보는 이들)이 옳다면, 메타언어 장치가 제대로 작동할 가망 같은 것은 없을 것이다. 카르납은 이를 인지하고 있었다.(1939: 62~63)

4 이 모든 것은, 어떤 주장이 문자 그대로의 의미로 이해되었다고 해서 이렇게 이해한 사람들이 이 주장의 진리 담지자를 그대로 믿어야 한다는 뜻은 아니다. 반 프라센에 의해 채택된 반실재론에서는 불가지론적 입장이 가능하다고 본다. 그러나 일단 그와 같은 이론적 존재자에 대한 주장을 문자 그대로 이해하게 되면, 결국 이론적 주장에 대한 질문은 인식론적 질문으로 바뀌게 될 것이다. 여기서 쟁점은 이론적 주장이 진리 담지자인지 여부가 아니라, 과학 탐구가 진리 담지자들에 대한 보장된 믿음을 산출하는 것을 목표로 하는 것인지 여부라고 볼 수 있다.

5 따라서 나는 반 프라센이 '과학 이론에 대한 문자 그대로의 이해'를 심화시켜 가는 가운데 '진리 정합론'을 수용했다는 것은 결코 우연이 아니라고 생각하게 되었다.(1980: 197) 내게는 그가 이론 담화의 문자적 이해는 진리 담지자를 필요로 한다는 것을 결국 인정하였으며, 진리 담지자를 규정하기 위해 실재론자와 같은 방식을 택했던 걸로 보인다.

6 키처(1993: 167~168)는 대응으로서의 진리에 대해 성공적인 행동 개념에 기초한 훌륭한 옹호 논증을 제시하였다.

7 라이너와 피어슨(1995) 역시 실재론에 대한 해킹의 논증이 IBE에 의존해 있다고 지적했다. 그러나 이들은 IBE가 해킹의 논증에 대해 다른 종류의 귀추적 실재론 논증만큼 중요한 문제를 남겼다고 생각했다. 나는 해킹의 논증이 귀추라는 사실은 이 논증이 가진 하나의 힘

이라고 생각한다. 어떤 식이든 내 핵심은 귀추적 방법에 따른 해킹의 논증이 그 자신이 원했던 것보다 더 강한 실재론적 입장을 창출한다는 데 있다.
8 맥멀린은 "해킹이 그의 실험적 실재론은 도구주의에 반대되는 것이 아니라 오히려 관념론에 반대되는 것이라고 말했다는 걸 깨닫는 게 중요하다"(1987: 61~62)고 말한 바 있다.

11장 진리 근접성

1 1982년 『실재론과 과학의 목표』에 수록된 머리말에서 포퍼는, 박진성이라는 아이디어는 "[내] 이론의 핵심이 아니다"(1956[1982]: xxxvii)라고 밝혔다.
2 그러나 파벨 티히(1978)는 방금 제시한 증명이 건실하지 않다는 반대를 제기하였다.
3 이론에 대한 의미론적 관점, 적어도 어떤 이론을 모형의 가족으로 보는 의미론적 관점의 '강한 버전'에 대해서는 헨드리/프실로스(1998)가 비판한 바 있다.
4 이러한 제안의 핵심은 웨스턴(1992: 61)에 의해 옹호된 바 있다. 동일한 견해가 데이비드 루이스(1986: 21~27)에 의해 옹호되었다.
5 니닐루오토는 이 주장의 한 변종을 제시한 바 있다.(개인 서신) "T는 S에서 참인 몇몇 T'와 근접한 경우 S에서 근사적으로 참이다." 이런 형식화의 장점으로 니닐루오토는 진술 사이의 근접성 또는 유사성을 정의하는 것이 구조 사이에서 그렇게 하는 것보다 쉽기 때문이라고 밝혔다.
6 이는 파인(1984: 90~91)에 의해 제시된 반대 견해다.
7 과학에서 사용되는 몇 가지 근사와 이상화의 개념에 대한 주의 깊은 연구로는 물린느(1976)를 참조.
8 진리 근접성 개념을 형식화하여 포착하려는 시도가 최근에 어떻게 발전해 왔는지에 대한 연구는 니닐루오토(1998)를 참조.
9 최근 피터 스미스(1998)은 '근사적 참'이라는 개념이 '근사'라는 개념의 기초 위에서 가장 잘 분석될 수 있다고 지적했다. 그의 제안은 이렇다. 'P'가 근사적 참이라는 주장은 P라는 주장과 동치다. 따라서 'P'는 근사적으로 P인 경우이면서 오직 그 경우에만 근사적으로 참이다(도식 AP). 나는 이런 분석이 근본적으로 참이라고 본다. 다만 나는 스미스가 이러한 분석이 진리에 대한 축소주의적 해명과 함께 간다고 생각하는 데는 동의할 수 없다. 도식 AP는, 근사적 진리에 대해 좀 더 강건한 실재론적 해명에서 도출되는 것이다.

12장 이론 명사의 지시

1 이러한 쿤의 은유에 대한 포괄적인 논의, 그리고 쿤이 말하는 통약불가능성이라는 쟁점 전반에 대해서는 호이닝겐-후에네(1993: 특히 6.3) 참조.
2 기술 이론에 대한 포괄적 논의를 위해서는 데빗/스티렐니(1987: 3장), 바흐(1987) 참조. 이들은 고전적 형태(프레게-러셀), 현대적 형태(비트겐슈타인-설) 모두 논의한다.

3   만일 *xyz*라는 특정 구조를 가지는 것이 쌍둥이 지구에서 겉보기에 물처럼 보이는 물질의 종 구성 속성이라면(Putnam 1975b), 쌍둥이 지구인들은 어떤 식으로든 물을 마시는 것이 아닐 것이다. 미세구조 측면에서 서로 구별되는 두 물질이 정확히 동일한 종류의 관찰 가능한 속성을 공유하는 사태를 자연법칙이 허용한다는 상상은 충분히 가능하다. 그렇지만 이러한 상상은, 이들 미세구조 측면의 차이를 충분히 탐지할 수 있는 물리적 가능성 또한 상정하고 있는 것이다. 이러한 상황이 지구상에서 발생한다면, 우리는 '물'의 외연이 H_2O와 *xyz* 모두에 해당한다는 관점을 택해 상황을 해결할 것이다.

4   나는 자연종 개념에 대한 비판을 제시할 의도가 없다. 필요한 방어 논변은 콘블리스(1993: 3장)에서 확인하면 된다. 유사한 제안을 확인할 수 있는 문헌으로 보이드의 논문(1989, 1991, 1993)이 있다. 보이드는 자연종이라는 아이디어를 '항상적 속성 다발'이라는 개념을 통해 해명할 수 있다고 올바르게 강조했다. 어떤 종을 자연스럽게 만드는 것은, 다수의 속성들의 공현존 상태를 유발하고 유지하는 항상적 메커니즘의 존재다.

5   다만 퍼트넘은 '근사적으로 올바른 한정 기술구'가 성공적인 지시를 위해 필요하다고 말하기도 했다.(1975a: 200 참조)

6   J. S. 밀은 이렇게 지적했다.

> 빛의 전파를 가능하게 하는 물리적 매질에 대한 가설을 제시하는 데 있어 가장 큰 기여를 한 것은, 빛이 움직인다는(이는 중력에 의한 것이 아닌 것으로 입증된 운동이다) 바로 그 사실, 통신이 일순간에 이뤄지지 않으며 약간의 시간을 필요로 한다는 바로 그 사실, 그리고 중간 방해물에 의해 (중력이 아닌 힘으로) 방해받는다는 바로 그 사실이다. (1872: 501)

7   지금 언급한 일련의 운동역학적-동역학적 속성이 종 구성 속성이라는 주장을 더욱 강화하려면, 1820년대 광학에 대한 연구를 전기와 자기 현상에 대한 동시대의 연구와 대조할 필요가 있다. 전자기 유도에 대한 패러데이의 작업이 있기 전까지, 특히 맥스웰의 이론적 작업이 있기 전까지 전기 현상은 원격 작용으로 간주되었다. 전기 전파의 법칙은 매질과 무관한 것으로 간주되었으며, 뉴턴적 상호작용의 유형으로(쿨롱의 법칙처럼), 또는 전기 포텐셜의 유사 연속 작용(푸아송 방정식)으로 모형화되었다. 따라서 전자기 작용의 전파가 이뤄지는 매질―새로운 자연종으로서―은 전혀 새롭게 제시되지 않았다. 만일 실제로 전기 전파가 원격 작용 현상이었다면, 그러한 매질은 정말로 불필요했을 것이다. G. F. 피츠제럴드는 다음과 같이 쟁점을 요약한 바 있다.

> 당신과 같은 관찰자와 물체 사이에서 전달되는 데 일정한 시간이 걸리는 어떤 작용을 설명하려 한다고 하자. 그러면 당신은 어떤 매질을 지시하고 수식에서 활용할 수 있도록 일정한 기호를 도입해야만 할 것이다. 그런데 가령 태양, 그리고 예를 들어 지구 사이를 이동하는 빛의 이동을 설명하기 위해 빛의 매질로 작용하는 무언가를 도입하는 것은 절대적으로 필요한 일이었던 반면, 전기 작용을 설명할 때는 비슷한 무언가를 도입하는 것

이 전혀 필수적이지 않았다.

8 분명 '에테르'라는 말은 18세기부터 쓰인 것이다. 따라서 나는 여기서 오직 19세기 빛의 파동 이론의 맥락에서 광파의 전파 매개로 상정된 것—물론 '에테르'라는 말의 용법은 그것을 지시하는 데만 쓰인다—에만 초점을 맞추고 있다고 강조하고 싶다.

9 독자들은 이런 결론이 절대 기준틀로서 에테르의 기능을 이해하는 데 큰 도움을 주지 못할 뿐만 아니라 아인슈타인의 특수 상대성 이론으로 이어지는 발전을 이해하는 데도 별다른 도움이 되지 않는다는 점을 들어 문제의 결론을 거부할 수도 있다. 이러한 우려를 온전히 다루기 위해서는 지금보다 더 많은 분량을 들여 서술을 제시해야만 할 것이다. 그러나 다음 사항만은 여기서 언급할 가치가 있다. 잘 알려져 있다시피 맥스웰 이론—특히 로렌츠에 의해 개선된 공식의 경우—은 맥스웰 방정식이 훌륭하게 포착하고 있는 절대 기준틀이 실제로 존재한다는 함축을 가지고 있다. 이는 빛의 속도가 전파의 방향이나 국지적 운동 상태와 무관하게 잘 알려진 상항 c가 되도록 만드는 특권적인 기준틀이 존재한다는 뜻이다. 로렌츠에 따르면 이러한 특권적 기준틀은 부동의 에테르와 연관된 방식으로 거동할 것이다. 따라서 충분히 발전된 전자기 이론에 따르면, 에테르는 다른 종류의 속성을, 다시 말해 절대 기준틀과 연관된 속성을 부여받게 될 것이라고 말할 수 있다. 우리는 이런 종류의 속성 집합을 위치적 속성이라고 부를 수 있다. 나는 여기서 이러한 에테르의 위치 기능이 특수 상대성 이론에 의해 완전히 대체된 기능이라는 점을 강조하고 싶다. 반대로 말하자면, 에테르의 동역학 및 운동역학적 속성은 전자기장에 의해 흡수된 셈이다.

10 키처(1993) 또한 인과적 지시 이론과 기술 이론을 결합한 지시 이론을 고안하려고 시도한 바 있다. 하지만 그의 이론은 맥락 의존적이다. 그의 이론에 따르면, 동일한 표현 유형에 속하는 개별 표현 사례들은 체계적으로 서로 다른 존재자를 지시할 수도 있다. 즉 어떤 개별 표현은 실제로 지시하지만, 다른 표현은 그렇지 않은 식으로 지시 대상이 다를 수 있다. 키처는 그의 이론을 조지프 프리스틀리의 '탈플로지스톤 기체'에 적용하며, 이를 통해 유형으로서 이 표현은 통일된 지시를 하는 데 실패했지만 이 표현 가운데 일부 예제는 산소를 지시했다고 주장한다. 과학 이론의 변화 속에서 지시가 연속적인지, 변화한다면 어떻게 변화하는지에 대한 논쟁을 평가하고 해결하기 위한 시도를 통해서 키처는 인간성의 원리 그리고 각각의 표현 사례의 생성에 대한 '올바른 역사적 설명'이라는 개념을 도입한다. 프실로스(1997)에서 나는 키처의 이론을 세밀하게 검토하였으며, 이를 통해 인간성의 원리를 적용하는 작업은 역사적 행위자들이 동일한 표현 타입에 속하지만 서로 다른 표현 사례를 여러 지시 방법으로 활용하였다는 것을 보여주는 적절한 방법이 아니라는 점을 보여주었다. 나는 인간성의 원리, 그리고 표현 유형 사례가 체계적으로 서로 다른 대상을 지시할 수 있다는 키처의 관점은 모두 개념적 진보를 너무 쉽게 만들어 그다지 흥미롭지 못한 일로 만들어버린다고 말하고 싶다.

참고문헌

Achinstein, P. (1965) 'The Problem of Theoretical Terms', *American Philosophical Quarterly* 2; repr. in B. Brody (ed.) *Readings in the Philosophy of Science* (1970), Englewood Cliffs, NJ: Prentice-Hall.

Achinstein, P. (1968) *Concepts of Science: A Philosophical Analysis*, Baltimore, MD: Johns Hopkins University Press.

Arago, F. and Fresnel, A. (1819) 'On the Action of Rays of Polarised Light upon Each Other', *Annales de Chimie et de Physique* 10: 288; translated in F. Crew (ed.) *The Wave Theory of Light: Memoirs by Huygens, Young, and Fresnel*, New York: American Books Company (1902).

Armstrong, D. (1988) 'Discussion: Reply to van Fraassen', *Australasian Journal of Philosophy* 66: 225-229.

Aronson, J. L. (1990) 'Verisimilitude and Type Hierarchies', *Philosophical Topics* 18: 5-28.

Aronson, J. L., Harre, R. and Way, E. (1994) *Realism Rescued*, London: Duckworth.

Bergstrom, L. (1984) 'Underdetermination and Realism', *Erkenntnis* 21: 349-365.

Berk, E. (1979) 'Reference of Theoretical Terms', *Southwest Journal of Philosophy* 10: 139-146.

Bach, K. (1987) *Thought and Reference*, Oxford: Clarendon Press.

Black, J. (1803) *Lectures on the Elements of Chemistry*, ed. J. Robison, Edinburgh: all page references are for the excerpts as they appear in D. Roller 'The Early Development of the Concepts of Temperature and Heat: The Rise and the Decline of the Caloric Theory', in J. B. Conant (ed.) *Harvard Case Histories in Experimental Science*, Cambridge, MA: Harvard University Press (1950).

Black, M. (1958) 'Self-supporting Inductive Arguments', *Journal of Philosophy* 55: 718-725.

Bork, A. (1967) 'Maxwell and the Electromagnetic Wave Equation', *American Journal of Physics* 35: 83-89.

Boyd, R. (1973) 'Realism, Underdetermination and the Causal Theory of Evidence', *Noûs* 7: 1-12.

Boyd, R. (1981) 'Scientific Realism and Naturalistic Epistemology', in P. D. Asquith and T. Nickles (eds) *PSA 1980, Vol. 2*, East Lansing, MI: Philosophy of Science Association.

Boyd, R. (1984) 'The Current Status of the Realism Debate', in J. Leplin (ed.) *Scientific Realism*, Berkeley: University of California Press.

Boyd, R. (1984a) 'Lex Orandi est Lex Credenti', in P. M. Churchland and C. A. Hooker (eds) *Images of Science*, Chicago: The University of Chicago Press.

Boyd, R. (1985) 'The Logician's Dilemma: Deductive Logic, Inductive Inference and Logical Empiricism', *Erkenntnis* 22: 197-252.

Boyd, R. (1989) 'What Realism Implies and What it Does Not', *Dialectica* 43: 5-29.

Boyd, R. (1990) 'Realism, Conventionality and "Realism About"', in G. Boolos (ed.) *Meaning and*

Method: Essays in Honour of Hilary Putnam, Cambridge: Cambridge University Press.

Boyd, R. (1990a) 'Realism, Approximate Truth and Philosophical Method', in C. W. Savage (ed.) *Scientific Theories*, Minnesota Studies in the Philosophy of Science, Vol. 14, Minneapolis: University of Minnesota Press.

Boyd, R. (1991) 'Realism, Anti-Foundationalism and the Enthusiasm for Natural Kinds', *Philosophical Studies* 61: 125–148.

Boyd, R. (1992) 'Constructivism, Realism and Philosophical Method', in J. Earman (ed.) *Inference, Explanation and Other Frustrations*, Berkeley: University of California Press.

Boyd, R. (1993) 'Metaphor and Theory Change: What Is a 'Metaphor' a Metaphor for?', in A. Ortony (ed.) *Metaphor and Thought*, Cambridge: Cambridge University Press.

Braithwaite, R. B. (1953) *Scientific Explanation*, Cambridge: Cambridge University Press.

Brenner, A. A. (1990) 'Holism a Century Ago: The Elaboration of Duhem's Thesis', *Synthese* 83: 325–335.

Bridgman, P. W. (1927) *The Logic of Modern Physics*, New York: The Macmillan Company.

Carnap, R. (1928) *The Logical Structure of the World*, trans. R. George, Berkeley: University of California Press.

Carnap, R. (1936) 'Testability and Meaning', *Philosophy of Science* 3: 419–471.

Carnap, R. (1937) 'Testability and Meaning—Continued', *Philosophy of Science* 4: 1–40.

Carnap, R. (1937a) *The Logical Syntax of Language*, London: RKP.

Carnap, R. (1939) 'Foundations of Logic and Mathematics', *International Encyclopaedia of Unified Science* 1(3), Chicago: The University of Chicago Press.

Carnap, R. (1945) 'The Two Concepts of Probability', *Philosophy and Phenomenological Research* 5; repr. in H. Feigl and W. Sellars (eds) *Readings in Philosophical Analysis*, New York: Appleton-Century-Crofts (1949).

Carnap, R. (1945/46) 'Remarks on Induction and Truth', *Philosophy and Phenomenological Research* 6: 590–602.

Carnap, R. (1947) *Meaning and Necessity: A Study in Semantic and Modal Logic*, 3rd enlarged edition, Chicago: The University of Chicago Press (1956).

Carnap, R. (1950) 'Empiricism, Semantics and Ontology' *Revue Intérnationale de Philosophie* 4: 20–40; repr. in *Meaning and Necessity: A Study in Semantic and Modal Logic*, Chicago: University of Chicago Press (1956).

Carnap, R. (1956) 'The Methodological Character of Theoretical Concepts', in H. Feigl and M. Scriven (eds) *The Foundations of Science and the Concepts of Psychology and Psychoanalysis*, Minnesota Studies in the Philosophy of Science, Vol. 1, Minneapolis: University of Minnesota Press.

Carnap, R. (1958) 'Beobachtungssprache und Theoretische Sprache', Dialectica 12: 236–248; trans. as 'Observation Language and Theoretical Language', in J. Hintikka (ed.) *Rudolf Carnap, Logical Empiricist*, Dordrecht: Reidel (1975).

Carnap, R. (1961) 'On the Use of Hilbert's ε-operator in Scientific Theories', in Y. Bar-Hillel et al. (eds) *Essays on the Foundations of Mathematics*, Jerusalem: Magnes Press.

Carnap, R. (1963) 'Replies and Systematic Expositions', in P. Schilpp (ed.) *The Philosophy of Rudolf*

Carnap, La Salle: Open Court.
Carnap, R. (1966) *Philosophical Foundations of Physics*, New York: Basic Books.
Carnap, R. (1968) 'Inductive Intuition and Inductive Logic', in I. Lakatos (ed.) *The Problem of Inductive Logic*, Amsterdam: North-Holland Publishing Company.
Carnap, R. (1974) *An Introduction to the Philosophy of Science*, New York: Basic Books.
Carnot, S. (1824) 'Reflections on the Motive Power of Fire', in E. Mendoza (ed.) *Reflections on the Motive Power of Fire by Sadi Carnot and other Papers on the Second Law of Thermodynamics by E. Clapeyron and R. Clausius*, New York: Dover Publications (1960); also in R. Fox (ed. and trans.) *Reflections on the Motive Power of Fire, A Critical Edition with the Surviving Manuscripts*, Manchester: Manchester University Press (1986).
Carnot, S. (1986) 'Notes on Mathematics, Physics and Other Subjects', in R. Fox (ed.) *Reflections on the Motive Power of Fire, A Critical Edition with the Surviving Manuscripts*, Manchester: Manchester University Press (1986).
Cartwright, N. (1983) *How the Laws of Physics Lie*, Oxford: Clarendon Press.
Chihara, C. and Chihara, C. (1993) 'A Biological Objection to Constructive Empiricism', *British Journal for the Philosophy of Science* 44: 653-658.
Churchland, P. M. (1979) *Scientific Realism and the Plasticity of Mind*, Cambridge: Cambridge University Press.
Churchland, P. M. (1985) 'The Ontological Status of Unobservables: In Praise of Superempirical Virtues', in P. M. Churchland and C. A. Hooker (eds) *Images of Science*, Chicago: University of Chicago Press.
Churchland, P. M. and Hooker, C. A. (eds) (1985) *Images of Science*, Chicago: University of Chicago Press.
Clapeyron, E. (1834) 'Memoir on the Motive Power of Heat', in E. Mendoza (ed.) *Reflections on the Motive Power of Fire by Sadi Carnot and other Papers on the Second Law of Thermodynamics by E. Clapeyron and R. Clausius*, New York: Dover Publications (1960).
Clausius, R. (1850) 'On the Motive Power of Heat, and the Laws which can be Deduced from it for the Theory of Heat', in E. Mendoza (ed.) *Reflections on the Motive Power of Fire by Sadi Carnot and other Papers on the Second Law of Thermodynamics by E. Clapeyron and R. Clausius*, New York: Dover Publications (1960).
Clausius, R. (1867) *Die Mechanische Warmetheorie*; all page references for the excerpts are to S. Sambursky (ed.) *Physical Thought from the Presocratics to the Quantum Physicists*, London: Hutchinson (1974).
Craig, W. (1956) 'Replacements of Auxiliary Assumptions', *Philosophical Review* 65: 38-55.
Creath, R. (1985) 'Carnap's Scientific Realism: Irenic or Ironic?' in N. Rescher (ed.) *The Heritage of Logical Positivism*, Lanham: University of America Press.
Day, T. and Kincaid, H. (1994) 'Putting Inference to the Best Explanation in its Place', *Synthese* 98: 271-295.
Davy, H. (1799) 'An Essay on Heat, Light, and the Communication of Light', *The Collected Works of H. Davy*, Vol. 2: 1-86, London: Smith, Elder & Co. Cornhill (1839); repr. New York: Johnson Reprint Corporation (1972).

de Bouvere, K. (1965) 'Synonymous Theories', in L. Henkin *et al.* (eds) *The Theory of Models*, Amsterdam: North-Holland Publishing Company.

Demopoulos, W. and Friedman, M. (1985) 'Critical Notice: Bertrand Russell's *The Analysis of Matter*. Its Historical Context and Contemporary Interest', *Philosophy of Science* 52: 621–639.

Devitt, M. (1984) *Realism and Truth*, 2nd rev. edn, Oxford: Blackwell (1991).

Devitt, M. (1991) 'Aberrations of the Realism Debate', *Philosophical Studies* 61: 43–63.

Devitt, M. and Sterelny, K. (1987) *Language and Reality*, Oxford: Blackwell.

Doppelt, G. (1990) 'The Naturalist Conception of Methodological Standards in Science', *Philosophy of Science* 57: 1–19.

Doran, B. G. (1975) 'Origins and Consolidation of Field Theory in Nineteenth Century Britain: From the Mechanical to the Electromagnetic View of Nature', *Historical Studies in the Physical Sciences*, Vol. 6: 133–260, Princeton, NJ: Princeton University Press.

Douven, I. (1999) 'Inference to the Best Explanation is Coherent', *Philosophy of Science* (Proceedings, PSA 1998).

Duhem, P. (1893) 'Physics and Metaphysics' in R. Ariew and P. Barker (eds) *Pierre Duhem: Essays in the History and Philosophy of Science*, Indianapolis: Hackett (1996).

Duhem, P. (1906) *The Aim and Structure of Physical Theory*, trans. P. Wiener, Princeton, NJ: Princeton University Press (1954).

Duhem, P. (1908) *To Save the Phenomena*, trans. E. Doland and C. Mascher, Chicago: University of Chicago Press (1969).

Duhem, P. (1913) 'Examen logique de la théorie physique', trans. P. Barker and R. Ariew as 'Logical Examination of Physical Theory', *Synthese* 83: 183–188 (1990).

Dummett, M. (1963) 'Realism', in *Truth and Other Enigmas*, London: Duckworth.

Dummett, M. (1974) 'The Justification of Deduction', *British Academy Lecture*, Oxford: Oxford University Press.

Dummett, M. (1982) 'Realism', *Synthese* 52: 55–112.

Earman, J. (1978) 'Fairy Tales versus an Ongoing Story: Ramsey's Neglected Argument for Scientific Realism', *Philosophical Studies* 33: 195–202.

Earman, J. (1992) *Bayes or Bust? A Critical Examination of Bayesian Confirmation Theory*, Cambridge, MA: MIT Press.

Earman, J. (1993) 'Underdetermination, Realism, and Reason', *Midwest Studies in Philosophy* 18: 19–38.

Ellis, B. (1985) 'What Science Aims to Do', in P. M. Churchland and C. A. Hooker (eds) *Images of Science*, Chicago: University of Chicago Press.

Enç, B. (1976) 'Reference of Theoretical Terms', *Noûs* 10: 261–282.

Evans, G. (1973) 'The Causal Theory of Names', *Proceedings of the Aristotelian Society*, 47: 187–208.

Feigl, H. (1943[1949]) 'Logical Empiricism', in D. D. Runes (ed.) *Twentieth Century Philosophy*, New York: Philosophical Library; repr. in H. Feigl and W. Sellars (eds) *Readings in Philosophical Analysis*, New York: Appleton-Century-Crofts, Inc.

Feigl, H. (1950) 'Existential Hypotheses: Realistic versus Phenomenalistic Interpretations', *Philoso-

phy of Science 17: 35-62.

Feigl, H. (1950a) 'Logical Reconstruction, Realism and Pure Semiotics', *Philosophy of Science* 17: 186-195.

Feigl, H. (1956) 'Some Major Issues and Developments in the Philosophy of Science of Logical Empiricism', in H. Feigl and M. Scriven (eds) *The Foundations of Science and the Concepts of Psychology and Psychoanalysis*, Minnesota Studies in the Philosophy of Science, Vol. 1, Minneapolis: University of Minnesota Press.

Fermi, E. (1936) *Thermodynamics*, New York: Dover Publications.

Feyerabend, P. (1958) 'An Attempt at a Realistic Interpretation of Experience', *Proceedings of the Aristotelian Society* 58: 143; repr. in *Realism, Rationalism and Scientific Method: Philosophical Papers*, Vol. 1, Cambridge: Cambridge University Press.

Feyerabend, P. (1965) 'Problems of Empiricism', in R. Colodny (ed.) *Beyond the Edge of Certainty*, Englewood Cliffs, NJ: Prentice-Hall.

Field, H. (1972) 'Tarski's Theory of Truth', *Journal of Philosophy* 69: 347-375.

Field, H. (1986) 'The Deflationary Conception of Truth', in G. Macdonald and C. Wright (eds) *Fact, Science and Morality*, Oxford: Blackwell.

Field, H. (1992) 'Critical Notice: Paul Horwich's *Truth*', *Philosophy of Science* 59: 321-330.

Fine, A. (1975) 'How to Compare Theories: Reference and Change', *Noûs* 9: 17-32.

Fine, A. (1984) 'The Natural Ontological Attitude' in J.Leplin (ed.) *Scientific Realism*, Berkeley: University of California Press.

Fine, A. (1986) *The Shaky Game*, Chicago: University of Chicago Press.

Fine, A. (1986a) 'Unnatural Attitudes: Realist and Instrumentalist Attachments to Science', *Mind* 95: 149-179.

Fine, A. (1991) 'Piecemeal Realism', *Philosophical Studies* 61: 79-96.

Fine, A. (1996) 'Afterword' in *The Shaky Game*, 2nd edn, Chicago: University of Chicago Press.

FitzGerald, G. F. (1878) 'On the Electromagnetic Theory of the Reflection and Refraction of Light', *Proceedings of the Royal Society* (1879); repr. in FitzGerald (1902).

FitzGerald, G. F. (1880) 'On the Electromagnetic Theory of the Reflection and Refraction of Light', *Philosophical Transactions of the Royal Society* (1878); repr. in FitzGerald (1902).

FitzGerald, G. F. (1902) *The Scientific Papers of the Late G.F. FitzGerald*, ed. J. Larmor, Dublin: Hodges & Figgis.

Forrest, P. (1994) 'Why Most of Us Should Be Scientific Realists: A Reply to van Fraassen', *The Monist* 77: 47-70.

Fresnel, A. (1822) 'Second Mémoire Sur la Double Refraction', in *Oeuvres Completes D'Augustin Fresnel*, Vol. 2: 479-596, Paris.

Fresnel, A. (1823) 'Mémoire sur la Loi des Modifications que la Reflexion Imprime a la Lumiére Polarizèe' in *Oeuvres Completes*, Vol. 1: 767-799, Paris.

Fresnel, A. (1866) 'Considerations Mécaniques sur la polarisation de la lumiére', in *Oeuvres Completes*, Vol. 1: 629-630, Paris; trans. in Swindell (ed.) *Polarized Light*, Stroudsburg, PA: Dowden, Hutchinson & Ross, Inc. (1975).

Friedman, M. (1974) 'Explanation and Scientific Understanding', *Journal of Philosophy* 71: 5-19.

Friedman, M. (1983) *Foundations of Space-Time Theories*, Chicago: University of Chicago Press.

Friedman, M. (1988) 'Truth and Confirmation', in H. Kornblith (ed.) *Naturalising Epistemology*, Cambridge, MA: MIT Press.

Giere, R. (1985) 'Philosophy of Science Naturalised', *Philosophy of Science* 52: 331-356. Giere, R. (1988) *Explaining Science: A Cognitive Approach*, Chicago: University of Chicago Press.

Glazebrook, R. T. (1885) 'Report on Optical Theories', *Reports of the British Association*: 157-261.

Glymour, C. (1971) 'Theoretical Realism and Theoretical Equivalence', *Boston Studies in the Philosophy of Science*, Vol. 8, Dordrecht: D. Reidel Publishing Company.

Glymour, C. (1976) 'To Save the Noumena', *Journal of Philosophy* 73: 635-637.

Glymour, C. (1977) 'Indistinguishable Space-Times and the Fundamental Group', in J. S. Earman, C. N. Glymour and J. J. Stachel (eds) *Foundations of Space-Time Theories*, Minnesota Studies in the Philosophy of Science, Vol. 8, Minneapolis: University of Minnesota Press.

Glymour, C. (1980) *Theory and Evidence*, Princeton, NJ: Princeton University Press.

Goldman, A. I. (1986) *Epistemology and Cognition*, Cambridge, MA: Harvard University Press.

Goodman, N. (1946) 'The Problem of Counterfactual Conditionals', *Journal of Philosophy* 44: 113-28; repr. in his (1954).

Goodman, N. (1954) *Fact, Fiction, and Forecast*, Cambridge, MA: Harvard University Press.

Green, G. (1838) 'On the Laws of the Reflexion and Refraction of Light at the Common Surface of Two Non-Crystallised Media', *Transactions of the Cambridge Philosophical Society*; repr. in Green (1871) pp. 245-269, and Schaffner (1972).

Green, G. (1871) *Mathematical Papers*, ed. N. M. Ferrers, New York: Chelsea Publishing Company.

Grünbaum, A. (1960) 'The Duhemian Argument', *Philosophy of Science* 27: 75-87.

Grünbaum, A. (1962) 'The Falsifiability of Theories: Total or Partial? A Contemporary Evaluation of the Duhem-Quine Thesis', in M. Wartofsky (ed.) *Boston Studies in the Philosophy of Science 1961/1962*, Dordrecht: D. Reidel Publishing Company.

Hacking, I. (1983) *Representing and Intervening*, Cambridge: Cambridge University Press.

Hacking, I. (1984) 'Experimentation and Scientific Realism', in J. Leplin (ed.) *Scientific Realism*, Berkeley: University of California Press.

Hardin, C. and Rosenberg, A. (1982) 'In Defence of Convergent Realism', *Philosophy of Science* 49: 604-615.

Harman, G. (1996) 'Pragmatism and the Reasons for Belief, in C. B. Kulp (ed.) *Realism/Anti-Realism and Epistemology*, New Jersey: Rowan & Littlefield.

Harman, P. M. (1982) *Energy, Force and Matter: The Conceptual Development of Nineteenth-Century Physics*, Cambridge: Cambridge University Press.

Helmholtz, von H. (1848) 'The Conservation of Force', in S. Brush (ed.) *Kinetic Theory*, Vol. 1: *The Nature of Gases and of Heat*, Oxford: Pergamon Press (1965).

Hempel, C. (1945) 'Studies in the Logic of Confirmation', *Mind* 54: 1-26.

Hempel, C. (1950) 'A Note on Semantic Realism', *Philosophy of Science* 17: 169-173.

Hempel, C. (1958) 'The Theoretician's Dilemma: A Study in the Logic of Theory Construction',

Concepts, Theories and the Mind-Body Problem, H. Feigl, M. Scriven and G. Maxwell (eds) Minnesota Studies in the Philosophy of Science, Vol. 2, Minneapolis: University of Minnesota Press.

Hempel, C. (1963) 'Implications of Carnap's Work for the Philosophy of Science', in P. Schilpp (ed.) *The Philosophy of Rudolf Carnap*, La Salle: Open Court.

Hempel, C. (1965) *The Philosophy of Natural Science*, Englewood Cliffs, NJ: Prentice-Hall, Inc.

Hendry, R. F. and Psillos, S. (1998) 'Theories as Complexes of Representational Media', presented at the *Philosophy of Science* Association 1998).

Hesse, M. B. (1953) 'Models in Physics', *British Journal for the Philosophy of Science* 4: 198-214.

Hesse, M. B. (1966) *Models and Analogies in Science*, 2nd printing, Notre Dame: University of Notre Dame Press.

Hesse, M. B. (1970) 'On the Notion of Field: Comment by Mary Hesse', in R. Stuewer (ed.) *Historical and Philosophical Perspectives of Science*, Minnesota Studies in the Philosophy of Science, Vol. 5, Minneapolis: University of Minnesota Press.

Hesse, M. B. (1970a) 'Is there an Independent Observation Language?', in R. Colodny (ed.) *The Nature and Function of Scientific Theories*, Pittsburgh, PA: University of Pittsburgh Press; repr. as 'Theory and Observation', in M. B. Hesse, *Revolutions and Reconstructions on the Philosophy of Science*, Brighton: The Harvester Press (1980).

Hesse, M. B. (1976) 'Truth and Growth of Knowledge', in F. Suppe and P. D. Asquith (eds) *PSA 1976*, Vol. 2, East Lansing, MI: Philosophy of Science Association.

Hooker, C. A. (1968) 'Five Arguments Against Craigian Transcriptionism', *Australasian Journal of Philosophy* 46: 265-276.

Hooker, C. A. (1985) 'Surface Dazzle, Ghostly Depths', in P. M. Churchland and C. A. Hooker (eds) *Images of Science*, Chicago: University of Chicago Press.

Horwich, P. (1982) 'How to Choose Between Empirically Indistinguishable Theories', *Journal of Philosophy* 79: 61-77.

Horwich, P. (1987) *Asymmetries in Time*, Cambridge, MA: MIT Press.

Horwich, P. (1990) *Truth*, Oxford: Blackwell.

Horwich, P. (1991) 'On the Nature and Norms of Theoretical Commitment', *Philosophy of Science* 58: 1-14.

Howson, C. and Urbach, P. (1989) *Scientific Reasoning: The Bayesian Approach*, La Salle: Open Court.

Hoyningen-Huene, P. (1993) *Reconstructing Scientific Revolutions*, Chicago: Chicago University Press.

Hunt, B. (1991) *The Maxwellians*, New York: Cornell University Press.

Jardine, N. (1986) *The Fortunes of Inquiry*, Oxford: Clarendon Press.

Keynes, J. M. (1921) 'A1reatise on Probabilhy', *The Collected Works of J. M. Keynes*, London and Cambridge: Macmillan and Cambridge University Press, Vol. 7.

Kirkham, R. L. (1992) *Theories of Truth: A Critical Introduction*, Cambridge, MA: MIT Press.

Kitcher, P. (1981) 'Explanatory Unification', *Philosophy of Science* 48: 207-231.

Kitcher, P. (1993) *The Advancement of Science*, Oxford: Oxford University Press.
Kitcher, P. (1993a) 'Knowledge, Society and History', *Canadian Philosophical Quarterly* 23: 155-178.
Kitcher, P. (1995) 'Author's Response', *Philosophy and Phenomenological Research* 55.
Klein, M. J. (1972) 'Mechanical Explanation at the End of the 19th Century', *Centaurus* 17: 58-82.
Klein, M. J. (1976) 'Closing the Carnot Cycle', in *Sadi Carnot et L'essor de la thermodynamique*, Paris: Edition du Centre National de la Researche Scientifique.
Kornblith, H. (1993) *Inductive Inference and its Natural Ground*, Cambridge, MA: MIT Press.
Kornblith, H. (1994) 'In Defence of Deductive Inference', *Philosophical Studies* 76: 247-257.
Kripke, S. (1980) *Naming and Necessity*, Oxford: Blackwell.
Kroon, F. (1985) 'Theoretical Terms and the Causal View of Reference', *Australasian Journal of Philosophy* 63: 142-166.
Kroon, F. (1987) 'Causal Descriptivism', *Austrnlasian Journal of Philosophy* 65: 1-17.
Kuhn, T. S. (1970) *The Structure of Scientific Revolutions*, 2nd enlarged edn, Chicago: University of Chicago Press [1962].
Kukla, A. (1993) 'Laudan, Leplin, Empirical Equivalence and Underdetermination', *Analysis* 53: 1-7.
Kukla, A. (1994) 'Scientific Realism, Scientific Practice and the Natural Ontological Attitude', *British Journal for the Philosophy of Science* 45: 955-975.
Kukla, A. (1994a) 'Non-Empirical Theoretical Virtues and the Argument from Underdetermination', *Erkenntnis* 41: 157-170.
Ladyman, J. (1998) 'What is Structural Realism?', *Studies in History and Philosophy of Science* 29: 409-424.
Ladyman, J., Douven, I., Horsten, L., and van Fraassen, B. C. (1997) 'A Defence of van Fraassen's Critique of Abductive Reasoning: Reply to Psillos', *The Philosophical Quarterly* 47: 305-321.
Lakatos, I. (1968) 'Changes in the Problem of Inductive Logic' in I. Lakatos (ed.) *The Problem of Inductive Logic*, Amsterdam: North-Holland Publishing Company.
Lakatos, I. (1970) 'Falsification and the Methodology of Scientific Research Programmes' in I. Lakatos and A. Musgrave (eds) *Criticism and the Growth of Knowledge*, Cambridge: Cambridge University Press.
Laplace, P. S. (1816) 'Sur la Vitesse du Son dans l'air et dans l'eau', *Annales de Chimie et de Physique*, Vol. 3; trans. in R. B. Lindsay (ed.) *Acoustics: Historical and Philosophical Development*, Stroudsburg: Dowden, Hutchinson & Ross, (1972) pp. 180-181.
Laplace, P. S. (1825) 'Sur la Vitesse du Son', *Connaissance des Temps*, repr. in *Oeuvres Completes de Laplace*, Paris: Gauthier-Villars, Vol. 13: 303-304 (1904).
Laplace, P. S. and Lavoisier, A. (1780) 'Mémoire sur la Chaleur', *Oeuvres Completes de Laplace*, Paris: Gauthier-Villars, Vol. 10: 149-200 (1904).
Larmor, J. (1893) 'A Dynamical Theory of the Electric and Luminiferous Medium', *Proceedings of the Royal Society* 54: 438-446; repr. in Larmor (1929).
Larmor, J. (1894) 'A Dynamical Theory of the Electric and Luminiferous Medium (Part I)', *Philosophical Transactions of the Royal Society* 185: 719-822; repr. in Larmor (1929).
Larmor, J. (1929) *Mathematical and Physical Papers*, Vol. l, Cambridge: Cambridge University Press.

Laudan, L. (1981) 'A Confutation of Convergent Realism', *Philosophy of Science* 48: 19-49.
Laudan, L. (1984) 'Explaining the Success of Science', in J. Cushing *et al.* (eds) *Science and Reality*, Notre Dame: Notre Darne University Press.
Laudan, L. (1984a) *Science and Values*, Berkeley: University of California Press.
Laudan, L. (1984b) 'Discussion: Realism Without the Real', *Philosophy of Science* 51: 156-162.
Laudan, L. (1990) 'Demystifying Underdetermination', in C. W. Savage (ed.) *Scientific Theories*, Minnesota Studies in the Philosophy of Science, Vol. 14, Minneapolis: University of Minnesota Press.
Laudan, L. (1990a) *Science and Relativism*, Chicago: University of Chicago Press.
Laudan, L. (1996) *Beyond Positivism and Relativism*, Boulder, CO: Westview Press.
Laudan, L. and Leplin, J. (1991) 'Empirical Equivalence and Underdetermination', *Journal of Philosophy* 88: 449-472.
Laudan, L. and Leplin, J. (1993) 'Determination Underdeterred: Reply to Kukla', *Analysis* 53: 8-16.
Lavoisier, A. (1789) *Traite Élémentaire de Chimie*, Paris; trans. R. Kerr, As *Elements of Chemistry* (1790); repr. New York: Dover Publications (1965).
Leplin, J. (1990) 'Renormalising Epistemology', *Philosophy of Science* 57: 20-33.
Leplin, J. (1997) *A Novel Defence of Scientific Realism*, Oxford: Oxford University Press.
Lewis, D. (1970) 'How to Define Theoretical Terms', *Journal of Philosophy* 67: 427-446.
Lewis, D. (1984) 'Putnam's Paradox', *Australasian Journal of Philosophy* 62: 221-236.
Lewis, D. (1986) *On the Plurality of Worlds*, Oxford: Blackwell.
Lilley, S. (1948) 'Attitudes to the Nature of Heat about the Beginning of the Nineteenth Century', *Archives Internationales d'Histoire des Sciences* 27: 630-639.
Lipton, P. (1991) *Inference to the Best Explanation*, London: Routledge.
Lipton, P. (1993) 'Is the Best Good Enough?', *Proceedings of the Aristotelian Society* 93: 89-104.
Lugg, A. (1990) 'Pierre Duhem's Conception of Natural Classification', *Synthese* 83: 409-420.
Lycan, W. (1994) 'Conditional Reasoning and Conditional Logic', *Philosophical Studies* 76: 223-245.
Lycan, W. (1994a) 'Reply to Hilary Kornblith', *Philosophical Studies*, 76: 259-261.
Mach, E. (1893) *The Science of Mechanics*, trans. T. J. McCormack, 6th edn, La Salle: Open Court.
Mach, E. (1910) *Popular Scientific Lectures*, Chicago: Open Court.
Malament, D. (1977) 'Observationally Indistinguishable Space-Times' in J. S. Earman, C. N. Glymour and J. J. Stachel (eds) *Foundations of Space-Time Theories*, Minnesota Studies in the Philosophy of Science, Vol. 8, Minneapolis: University of Minnesota Press.
Marsonet, M. (1995) *Science, Reality, and Language*, Albany: State University of New York Press.
Maxwell, G. (1962) 'Theories, Frameworks, and Ontology', *Philosophy of Science* 29: 132-138.
Maxwell, G. (1962a) 'The Ontological Status of Theoretical Entities', *Scientific Explanation, Space and Time*, H. Feigl and G. Maxwell (eds) Minnesota Studies in the Philosophy of Science, Vol. 3, Minneapolis: University of Minnesota Press.
Maxwell, G. (1970) 'Theories, Perception and Structural Realism', in R. Colodny (ed.) *The Nature and Function of Scientific Theories*, Pittsburgh: University of Pittsburgh Press.

Maxwell, G. (1970a) 'Structural Realism and the Meaning of Theoretical Terms', in *Analyses of Theories and Methods of Physics and Psychology*, Minnesota Studies in the Philosophy of Science, Vol. 4, Minneapolis: University of Minnesota Press.

Maxwell, J. C. (1855 [1890]) 'On Faraday's Lines of Force', in *The Scientific Writings of James Clerk Maxwell*, Vol. 1: 155–229.

Maxwell, J. C. (1861–62 [1890]) 'On Physical Lines of Force', in *The Scientific Writings of James Clerk Maxwell*, Vol. 1: 451–513.

Maxwell, J. C. (1864) *A Dynamical Theory of the Electromagnetic Field*, edited with introduction by T. F. Torrance, Edinburgh: Scottish Academic Press (1982).

Maxwell, J. C. (1873) *A Treatise on Electricity and Magnetism*, Vol. 2, 3rd edn, Oxford: Clarendon Press.

Maxwell, J. C. (1890) *The Scientific Papers of James Clerk Maxwell*, ed. W. D. Niven, Vols. 1 and 2: published in one volume by Dover Publications.

Maxwell, J. C. (1890a) 'Ether', in *The Scientific Writings of James Clerk Maxwell*, Vol. 2, New York: Dover.

McCullagh, J. (1839) 'An Essay Towards a Dynamical Theory of Crystalline Reflexion and Refraction', *Transactions of the Royal Irish Academy*; repr. in S. Haughton and J. H. Jellett (eds) *The Collected Works of J. McCullagh*, Dublin: Hodges and Figgis (1880); also in Schaffner (1972).

McGee, V. (1985) 'A Counter-Example to Modus Ponens', *Journal of Philosophy* 82: 462–471.

McMullin, E. (1984) 'A Case for Scientific Realism', in J. Leplin (ed.) *Scientific Realism*, Berkeley: University of California Press.

McMullin, E. (1987) 'Explanatory Success and the Truth of Theory', in N. Rescher (ed.) *Scientific Inquiry in Philosophical Perspective*, Lanham: University Press of America.

McMullin, E. (1990) 'Comment: Duhem's Middle Way', *Synthese* 83: 421–430.

McMullin, E. (1991) 'Comment: Selective Anti-Realism', *Philosophical Studies* 61: 97–108.

McMullin, E. (1992) *The Inference that Makes Science*, Milwaukee: Marquette University Press.

Mendoza, E. (1959) 'Contributions to the Study of Carnot', *Archives Internationales d'Histoire des Sciences* 12: 377–396.

Menuge, A. (1995) 'The Scope of Observation', *Philosophical Quarterly* 45: 60–69.

Merrill, G. H. (1980) 'The Model-Theoretic Argument Against Realism', *Philosophy of Science* 47: 69–81.

Mill, J. S. (1872) *A System of Logic, Ratiocinative and Inductive*, 8th edn; repr. in *J. S. Mill: Collected Works*, Vol. 7, ed. J. M. Robinson, Toronto: University of Toronto Press and London: Routledge & Kegan Paul (1974).

Miller, D. (1974) 'Popper's Qualitative Theory of Verisimilitude', *British Journal for the Philosophy of Science* 25: 166–177.

Miller, D. (1976) 'Verisimilitude Redeflated', *British Journal for the Philosophy of Science* 27: 363–380.

Miller, R. (1987) *Fact and Method*, Princeton, NJ: Princeton University Press.

Moulines, U. C. (1976) 'Approximate Application of Empirical Theories: A General Explication', *Erkenntnis* 10: 201–227.

Musgrave, A. (1985) 'Realism vs Constructive Empiricism', in P. M. Churchland and C. A. Hooker (eds) *Images of Science*, Chicago: The University of Chicago Press.

Musgrave, A. (1988) 'The Ultimate Argument for Scientific Realism', in R. Nola (ed.) *Relativism and Realism in Sciences*, Dordrecht: Kluwer Academic Press.

Musgrave, A. (1989) 'NOA's Ark—Fine for Realism', *The Philosophical Quarterly* 39: 383-398.

Nagel, E. (1950) 'Science and Semantic Realism', *Philosophy of Science*, 17: 174-181.

Nagel, E. (1960) *The Structure of Science*, 2nd edn, Indianapolis: Hackett (1979).

Newman, M. H. A. (1928) 'Mr. Russell's "Causal Theory of Perception"', *Mind* 37: 137-148.

Newton-Smith, W. H. (1978) 'The Underdetermination of Theory by Data', *Proceedings of the Aristotelian Society* 52 (supplement): 71-91.

Newton-Smith, W. H. (1981) *The Rationality of Science*, London: RKP.

Newton-Smith, W. H. (1987) 'Realism and Inference to the Best Explanation', *Fundamenta Scientiae* 7: 305-316.

Newton-Smith, W. H. (1989) 'Modest Realism', in A. Fine and J. Leplin (eds) *PSA 1988*, Vol. 2, East Lansing, MI: Philosophy of Science Association.

Newton-Smith, W.H. (1989a) 'The Truth in Realism', *Dialectica* 43: 31-45.

Niiniluoto, I. (1987) *Truthlikeness*, Dordrecht: Reidel Publishing Company.

Niiniluoto, I. (1997) 'Reference Invariance and Truthlikeness', *Philosophy of Science* 64: 546-554.

Niiniluoto, I. (1998) 'Verisimilitude: The Third Period', *British Journal for the Philosophy of Science* 49: 1-29.

Norton, J. (1993) 'The Determination of Theories by Evidence: The Case for Quantum Discontinuity 1900-1915', *Synthese* 97: 1-31.

Nye, M. J. (1976) 'The Nineteenth-Century Atomic Debates and the Dilemma of an "Indifferent Hypothesis"', *Studies in History and Philosophy of Science* 7: 245-268.

Oddie, G. (1986) *Likeness to Truth*, Dordrecht: Reidel Publishing Company.

Papineau, D. (1979) *Theory and Meaning*, Oxford: Clarendon Press.

Papineau, D. (1993) *Philosophical Naturalism*, Oxford: Blackwell.

Parrini, P. (1994) 'With Carnap, Beyond Carnap: Metaphysics, Science, and the Realism/Instrumentalism Controversy', in W. Salmon and G. Wolters (eds) *Logic, Language and the Structure of Scientific Theories*, Pittsburgh: University of Pittsburgh Press.

Perrin, J. (1913) *Les atomes*, Paris: Alcan.

Planck, M. (1909) 'The Unity of the Physical World-Picture'; repr. in S. Toulmin (ed.) *Physical Reality*, Harper Torchbooks (1970).

Poincaré, H. (1900) 'Les Relations Entre la Physique Expérimentale et la Physique Mathématique', *Rapports Présentés au Congrés International de Physique de 1900*, Paris, pp. 1-29; (repr. in *La Science et L'Hypothèse*, chapters 9 and 10).

Poincaré, H. (1902) *La Science et L'Hypothèse*, repr. Paris: Flammarion (1968).

Poincaré, H. (1905) *La Valeur de la Science*, repr. Paris: Flammarion (1970).

Poincaré, H. (1913[1963]) *Mathematics and Science: Last Essays*, New York: Dover.

Poisson, S. D. (1823) 'Sur la Chaleur des Gaz et des Vapeurs', *Annales des Chimie et de Physique*, 23;

trans. J. Herapath, 'On the Caloric of Gases and Vapours', *Philosophical Magazine* 62: 328–338 (1923).

Popper, K. (1956/1982) *Realism and the Aim of Science: From the Postscript to the Logic of Scientific Discovery*, ed. W. W. Bartley III, London: Hutchinson.

Popper, K. (1959) *The Logic of Scientific Discovery*, London: Hutchinson.

Popper, K. (1963) *Conjectures and Refutations*, 3rd rev. edn, London: RKP (1969).

Popper, K. (1972) *Objective Knowledge*; repr. with corrections, Oxford: Clarendon Press (1973).

Psillos, S. (1993) 'Laplace and the Caloric Theory of Heat: A Case of ad hoc Modifications', paper presented at the 19th International Congress of the History of Science, Zaragoza, Spain, August.

Psillos, S. (1995) 'Poincaré's Conception of Mechanical Explanation', in Jean-Louis Greffe, Gerhard Heinzmann and Kuno Lorenz (eds) *Henri Poincaré: Science and Philosophy*, Berlin: Academie Verlag and Paris: Albert Blanchard.

Psillos, S. (1997) 'Kitcher on Reference', *International Studies in the Philosophy of Science* 11: 259–272.

Psillos, S. (forthcoming) 'An Introduction to Carnap's "Theoretical Concepts in Science" (together with the hitherto unpublished lecture by Carnap: "Theoretical Concepts in Science")', *Studies in History and Philosophy of Science*.

Psillos, S. (forthcoming a) 'Abduction: Between Conceptual Richness and Computational Complexity', in A. K. Kakas and P. Flach (eds) *Abduction and Induction: Essays in Their Relation and Integration*, Dordrecht: Kluwer Publishing Company.

Putnam, H. (1962) 'What Theories Are Not', *Philosophical Papers*, Vol. 1: *Mathematics, Matter and Method*, Cambridge: Cambridge University Press (1975).

Putnam, H. (1963) '"Degree of Confirmation" and Inductive Logic', in P. Schilpp (ed.) *The Philosophy of Rudolf Carnap*, La Salle, IL: Open Court; repr. in *Philosophical Papers*, Vol. 1: *Mathematics, Matter and Method*, Cambridge: Cambridge University Press (1975).

Putnam, H. (1965) 'Craig's Theorem', *Philosophical Papers*, Vol. 1: *Mathematics, Matter and Method*, Cambridge: Cambridge University Press (1975).

Putnam, H. (1975) *Philosophical Papers*, Vol. 1: *Mathematics, Matter and Method*, Cambridge: Cambridge University Press.

Putnam, H. (1975a) 'Explanation and Reference', *Philosophical Papers*, Vol. 2: *Mind, Language and Reality*, Cambridge: Cambridge University Press.

Putnam, H. (1975b) 'The Meaning of "Meaning"', in *Philosophical Papers*, Vol. 2: *Mind, Language and Reality*, Cambridge: Cambridge University Press.

Putnam, H. (1978) *Meaning and the Moral Sciences*, Routledge & Kegan Paul.

Putnam, H. (1983) *Philosophical Papers*, Vol. 3: *Realism and Reason*, Cambridge: Cambridge University Press.

Putnam, H. (1983a) 'Equivalence', *Philosophical Papers*, Vol. 3: *Realism and Reason*, Cambridge: Cambridge University Press.

Putnam, H. (1983b) 'Reference and Truth', *Philosophical Papers*, Vol. 3: *Realism and Reason*, Cambridge: Cambridge University Press.

Putnam, H. (1985) 'A Comparison of Something With Something Else', *New Literary History* 17: 61-79.

Quine, W. V. (1951) 'Carnap's Views on Ontology', repr. in *The Ways of Paradox and Other Essays*, Cambridge, MA: Harvard University Press (1966).

Quine, W. V. (1969) 'Natural Kinds', *Ontological Relativity and Other Essays*, Cambridge, MA: Harvard University Press.

Quine, W. V. (1975) 'On Empirically Equivalent Systems of the World', *Erkenntnis* 9: 313-328.

Quine, W. V. (1985) 'Carnap's Positivistic Travail', *Fundamenta Scientiae* 5: 325-333.

Ramsey, F. P. (1926) 'Truth and Probability' repr. in D. H. Mellor (ed.) *Foundations: Essays in Philosophy, Logic, Mathematics and Economics*, London: RKP (1978).

Ramsey, F. P. (1927) 'Facts and Propositions', repr. in D. H. Mellor (ed.) *Foundations: Essays in Philosophy, Logic, Mathematics and Economics*, London: RKP (1978).

Ramsey, F. P. (1929) 'Theories', repr. in D. H. Mellor (ed.) *Foundations: Essays in Philosophy, Logic, Mathematics and Economics*, London: RKP (1978).

Redhead, M. (1980) 'Models in Physics', *British Journal for the Philosophy of Science* 45: 145-163.

Reichenbach, H. (1938) *Experience and Prediction*, Chicago: University of Chicago Press.

Reichenbach, H. (1958) *The Philosophy of Space and Time*, New York: Dover Publications.

Reiner, R. and Pierson, R. (1995) 'Hacking's Experimental Realism: An Untenable Middle Ground', *Philosophy of Science* 62: 60-69.

Rosen, G. (1994) 'What is Constructive Empiricism?', *Philosophical Studies* 74: 143-178.

Rosenberg, A. (1990) 'Normative Naturalism and the Role of Philosophy', *Philosophy of Science* 57: 34-43.

Russell, B. (1927) *The Analysis of Matter*, London: RKP.

Salmon, W. (1965) 'The Concept of Inductive Evidence', *American Philosophical Quarterly* 2: 265-280.

Salmon, W. (1970) 'Bayes's Theorem and the History of Science', in R. Stuewer (ed.) *Historical and Philosophical Perspectives of Science*, Minnesota Studies in the Philosophy of Science, Vol. 5, Minneapolis: University of Minnesota Press.

Salmon, W. (1984) *Scientific Explanation and the Causal Structure of the World*, Princeton, NJ: Princeton University Press.

Salmon, W. (1985) 'Empiricism: The Key Question', in N. Rescher (ed.) *The Heritage of Logical Positivism*, Lanham: University Press of America.

Salmon, W. (1990) 'Rationality and Objectivity in Science, or Tom Kuhn Meets Tom Bayes', in C. W. Savage (ed.) *Scientific Theories*, Minnesota Studies in the Philosophy of Science, Vol. 14, Minneapolis: University of Minnesota Press.

Salmon, W. (1994) 'Carnap, Hempel and Reichenbach on Scientific Realism', in W. Salmon and G. Wolters (eds) *Logic, Language and the Structure of Scientific Theories*, Pittsburgh, PA: University of Pittsburgh Press.

Salmon, W. (1994a) 'Comment: Carnap on Realism', in W. Salmon and G. Wolters (eds) *Logic, Language and the Structure of Scientific Theories*, Pittsburgh, PA: University of Pittsburgh Press.

Schaffner, K. (1972) *Nineteenth Century Ether Theories*, Oxford: Pergamon Press.

Scheffler, I. (1963) *The Anatomy of Inquiry*, New York: Alfred A. Knopf.

Sellars, W. (1963) 'Empiricism and Abstract Entities', in P. Schilpp (ed.) *The Philosophy of Rudolf Carnap*, La Salle, IL: Open Court.

Sklar, L. (1974) *Space, Time and Spacetime*, Berkeley: University of California Press.

Sklar, L. (1985) *Philosophy and Spacetime Physics*, Berkeley: University of California Press.

Smart, J. J. C. (1963) *Philosophy and Scientific Realism*, London: RKP.

Smart, J. J. C. (1979) 'Difficulties for Realism in the Philosophy of Science', in L. J. Cohen *et al.* (eds) *Logic, Methodology and the Philosophy of Science* VI, Amsterdam: North-Holland Publishing Company.

Smith, P. (1998) '"Approximate Truth" and Dynamical Theories', *British Journal for the Philosophy of Science* 49: 253–277.

Sober, E. (1993) 'Epistemology for Empiricists', *Midwest Studies in Philosophy* 18: 39–61.

Stein, H. (1970) 'On the Notion of Field in Newton, Maxwell and Beyond', in R. Stuewer (ed.) *Historical and Philosophical Perspectives of Science*, Minnesota Studies in the Philosophy of Science, Vol. 5, Minneapolis: University of Minnesota Press.

Stein, H. (1982) '"Subtler Forms of Matter" in the Period Following Maxwell', in G. N. Cantor and M. J. S. Hodge (eds) *Conceptions of Ether*, Cambridge: Cambridge University Press.

Stein, H. (1987) 'After the Baltimore Lectures: Some Philosophical Reflections on Subsequent Development of Physics', in R. Kargon and P. Achinstein (eds) *Kelvin's Baltimore Lectures and Modern Theoretical Physics*, Cambridge, MA: Cambridge University Press.

Stein, H. (1989) 'Yes, but···. Some Skeptical Remarks on Realism and Antirealism', *Dialectica* 43: 47–65.

Stich, S. (1991) 'Do True Believers Exist?', *Proceedings of the Aristotelian Society*, Vol. 65 (supplement): 229–244.

Stokes, G. G. (1848) 'On the Constitution of Luminiferous Ether', *Philosophical Magazine* 32; repr. in *Mathematical and Physical Papers of G. G. Stokes*, Cambridge: Cambridge University Press, Vol. 2: 8–13.

Stokes, G. G. (1849) 'On the Dynamical Theory of Diffraction', *Transactions of the Cambridge Philosophical Society* 9; repr. in *Mathematical and Physical Papers of G. G. Stokes*, Cambridge: Cambridge University Press, Vol. 2: 243–328.

Stokes, G. G. (1862) 'Report on Double Refraction', *Reports of the British Association* 253–282; repr. in *Mathematical and Physical Papers of G. G. Stokes*, Cambridge: Cambridge University Press, Vol. 4.

Suppe, F. (1977) 'The Search for Philosophic Understanding of Scientific Theories', in F. Suppe (ed.) *The Structure of Scientific Theories*, 2nd edn, Urbana: University of Illinois Press.

Suppe, F. (1979) 'Theory Structure', in P. D. Asquith and H. E. Kybourg (eds) *Current Research in Philosophy of Science*, East Lansing, MI: Philosophy of Science Association.

Thomson, B. (Count Rumfort) (1798) 'An Inquiry Concerning the Source of the Heat which is Excited by Friction', *Philosophical Transactions of the Royal Society* 88: 80–102; repr. in S.

C. Brown (ed.) Men of Physics, *Benjamin Thomson-Count Rumford*, Oxford: Pergamon Press (1967).

Thomson, B. (Count Rumfort) (1799) 'An Inquiry Concerning the Weight Ascribed to Heat', *Philosophical Transactions of the Royal Society* 89: 179-194; repr. in S. C. Brown *Men of Physics, Benjamin Thomson-Count Rumford* (1967), Oxford: Pergamon Press.

Tichy, P. (1974) 'On Popper's Definition of Verisimilitude', *British Journal for the Philosophy of Science* 25: 155-160.

Tichy, P. (1978) 'Verisimilitude Revisited', *Synthese* 38: 175-196.

Unger, P. (1983) 'The Causal Theory of Reference', *Philosophical Studies* 43: 1-45.

van Cleve, J. (1984) 'Reliability, Justification, and the Problem of Induction', *Midwest Studies in Philosophy* 9: 555-567.

van Fraassen, B. C. (1975) 'Platonism's Pyrrhic Victory' in A. R. Anderson *et al.* (eds) *The Logical Enterprise*, New Haven, CT, and London: Yale University Press.

van Fraassen, B. C. (1980) *The Scientific Image*, Oxford: Clarendon Press.

van Fraassen, B. C. (1983) 'Theory Confirmation: Tension and Conflict', *Seventh International Wittgenstein Symposium*, Vienna: Hoedler-Pichler-Tempsky.

van Fraassen, B. C. (1983a) 'Glymour on Evidence and Explanation', *Testing Scientific Theories*, J. Earman (ed.) Minnesota Studies in the Philosophy of Science Vol. 10, Minneapolis: University of Minnesota Press.

van Fraassen, B. C. (1985) 'Empiricism in Philosophy of Science', in P. M. Churchland and C. A. Hooker (eds) *Images of Science*, Chicago: University of Chicago Press.

van Fraassen, B. C. (1987) 'Armstrong on Laws and Probabilities', *Australasian Journal of Philosophy* 65: 243-260.

van Fraassen, B. C. (1987a) 'The Semantic Approach to Scientific Theories', in N. Nersessian (ed.) *The Process of Science*, Dordrecht: Martinus Nijhoff Publishers.

van Fraassen, B.C. (1989) *Laws and Symmetry*, Oxford: Clarendon Press.

van Fraassen, B. (1994) 'Gideon Rosen on Constructive Empiricism', *Philosophical Studies* 74: 179-192.

van Fraassen, B., Ladyman, J., Douven, I. and Horsten, L. (1997) 'A Defence of van Fraassen's Critique of Abductive Reasoning: Reply to Psillos', *The Philosophical Quarterly* 47: 305-321.

Weston, T. (1992) 'Approximate Truth and Scientific Realism', *Philosophy of Science* 59: 53-74.

Whewell, W. (1989) *Theory of Scientific Method*, ed. and introduced by R. Butts, Indianapolis: Hackett.

Whittaker, E. (1951[1910]) *A History of the Theories of Aether and Electricity*, rev. enlarged edn, London: Thomas Nelson & Sons Ltd.

Williams, M. (1986) 'Do We (Epistemologists) Need a Theory of Truth?', *Philosophical Topics* 14: 223-242.

Worrall, J. (1985) 'Scientific Discovery and Theory-Confirmation', in J. Pitt (ed.) *Change and Progress in Modern Science*, Dordrecht: D. Reidel Publishing Company.

Worrall, J. (1982) 'Scientific Realism and Scientific Change', *The Philosophical Quarterly* 32.

Worrall, J. (1988) 'Review Article: The Value of Fixed Methodology', *British Journal for the Philosophy of Science* 39: 263-275.

Worrall, J. (1989) 'Structural Realism: The Best of Both Worlds?', *Dialectica* 43: 99-124.

Worrall, J. (1989a) 'Fix it and Be Damned: A Reply to Laudan', *British Journal for the Philosophy of Science* 40: 376-388.

Worrall, J. (1989b) 'Why Both Popper and Watkins Fail to Solve the Problem of Induction', in F. D'Agostino and I. C. Jarvie (eds) *Freedom and Rationality: Essays in Honour of John Watkins*, Dordrecht: Kluwer Publishing Company.

Worrall, J. (1989c) 'Fresnel, Poisson and the White Spot: The Role of Successful Predictions in the Acceptance of Scientific Theories', in G. Gooding *et al.* (eds) *The Uses of Experiment*, Cambridge: Cambridge University Press.

Worrall, J. (1990) 'Scientific Realism and the Luminiferous Ether: Resisting the "Pessimistic Meta-Induction"', unpublished manuscript.

Worrall, J. (1990a) 'Scientific Revolutions and Scientific Rationality: The Case of the "Elderly Holdout"' in C. W. Savage (ed.) *Scientific Theories*, Minnesota Studies in the Philosophy of Science, Vol. 14, Minneapolis: University of Minnesota Press.

Worrall, J. (1994) 'How to Remain (Reasonably) Optimistic: Scientific Realism and the "Luminiferous Ether"', in D. Hull, M. Forbes and R. M. Burian (eds) *PSA 1994*, Vol. 1, East Lansing, MI: Philosophy of Science Association.

Wright, C. (1992) *Truth and Objectivity*, Cambridge, MA: Harvard University Press.

Zahar, E. (1973) 'Why Did Einstein's Programme Supersede Lorentz's', *British Journal for the Philosophy of Science* 24: 95-123 and 223-262.

Zahar, E. (1989) *Einstein's Revolution*, La Salle, IL: Open Court.

Zahar, E. (1996) 'Poincaré's Structural Realism and his Logic of Discovery', in Jean-Louis Greffe, Gerhard Heinzmann and Kuno Lorenz (eds) *Henri Poincaré: Science and Philosophy*, Berlin: Academie Verlag and Paris: Albert Blanchard.

옮긴이 해제

이 책은 하나의 작전 지도이자 전투의 기록이다. 이 전투는 과학적 실재론이라는 한 진영이, 이들과 생각을 달리하는 여러 진영이 걸어오는 공격에 응전하면서 진행된다. 저자 프실로스는 이 응전을 하나의 방향으로 이끌어간다. 때로는 상대의 논증에 직접 대응하면서, 때로는 상대 논증의 기반을 허물면서, 때로는 주변을 둘러싼 기초 개념들이 자신의 입장과 일치한다는 것을 보여주면서. 열두 장에 걸쳐 이어지는 이 전투 기록을 점검하면, 과학적 실재론이 왜 반박하기 어려운 입장인지 명확해진다.

1. 초과

프실로스는 과학적 실재론이라는 입장에 대한 방어를 20세기 초 '분석철학 운동'을 살펴보면서 시작한다. 이들은 경험론자들이다. 관찰 가능한 무언가로 모든 것을 환원할 수 있다고 본 입장이다. 그런데 묘하게도 근대 과학은 경험으로는 관찰할 수 없는 것으로 관찰할 수 있는 대상을 설명하는 데 점점 더 능숙해져 가고 있었다. 당시 그 실체가 조금씩 잡혀가던 원자와 아원자 입자들을 생각해 보라.

지금이야 원자를 넘어 그보다 더 기초적인 입자들도 관찰 가능한 것이라고 보는 데 엄청난 문제는 없다. 그러나 당시에서 볼 때 원자는 현상을 설명하기 위한 이론적 구성물이었다. 이런 이론적 존재자들이 이론 물리학자들에 의해 제시된 이후에는, 그것이 실제로 발견되거나 아니면 기각되는 과정이 이후 물리학사의 줄거리다. 이렇게 뭔가 새로운 게 발견되고, 과거의 무언가는 기각되는 치열했던 과정을 돌아보는 과정 속에 철학의 자리가 있었다.

과학적 실재론은 이렇게 과학에 대한 철학적 입장의 한 사례를 보여준다. 성공한 이론 가운데 상당수가 공유하는 특징이 무엇인가? 과학적 실재론은 '실재와의 관계'가 바로 그것이라고 말한다. 성공한 이론은 실재를 거의 정확히 서술하고 있다고, 즉 해당 이론의 서술은 근사적 참이고 그 이론이 모사하는 대상 그 자체는 근사적 진리의 담지자라고 말한다. 실재, 참 또는 진리, 모사, 근사성, 이런 것들이 과학적 실재론이 관찰과 실험을 초과하여 도입하는 핵심 철학적 어휘다.

그런데 외따로 떼어놓고 보면 실재론의 주장은 단순히 상식을 풀어쓴 말에 지나지 않는 것처럼 보인다. 하지만 이런 주장도 논적이 있기 때문에 논쟁이 된다. 수많은 논적들의 핵심은 이것이다. 이처럼 경험적 세계를 넘는다는 의미에서 '초과적' 어휘, 특히 실재는 과학적 탐구에 불필요하다는 것이다. '경험적 성공'과 같이 지금 사람들이 경험할 수 있는 세계에 대한 어휘들로 과학의 성공을 해명하면 충분한데, 왜 그런 어색한 개념 체계를 추가로 도입해야 하는가? 논적들의 주장은 결국 이것이다.

2. 실재

물론 이런 논점을 이해하더라도 이게 왜 중요한 이야기인지 감이 오지 않을 수 있다. 출발점은 과학적 실재론 논쟁이 무엇의 실재성을 문제 삼는지 명확히 하는 데 있다.

가장 표준적인 실재는 무엇인가? 인간의 감각으로 파악 가능한 중간 크기(우주와 아원자 입자 규모의 중간 정도라는 의미)의 사물들이 바로 그것이다. 이것이 마음 독립적으로 실재한다고 믿지 않는 반실재론은 버클리 같은 철학사 속 경험론의 한 극단에 있다. 우리에게 익숙한 존재자들 역시 마음 의존적 존재자임을 보이기 위해 버클리는 신을 요청했었다. 하지만 우리에게 익숙한 사물의 마음 독립성에 대한 논란은 결국 영원히 끝나지 않을 문제인 만큼 지리멸렬해지기도 쉽다.

과학의 발전에 따라 우리의 지식 체계에 도입되었거나 늘 도입되고 있는 새로운 유형의 존재자들이 있다. 그것이 바로 과학 이론이 제시하는 여러 이론적 추정이 제안하는 이론적 존재자들이다. 이들은 과학이 인식적으로 어떤 목표를 추구하는 활동인지 애매하게 만든다. 과학은 경험에 충실해야 한다. 그러면서도 과학은 경험의 빈틈을 채울 이론적 추측을 과감히 던져야 한다. 이론적 존재자들은 이런 추측의 결과다. 감각은커녕 실험을 통해 증거를 포착하기 위해서라도 거대한 장비가 필요한 경우가 많다.

과학적 실재론 논쟁의 쟁점은 바로 이런 이론적 존재자들이다. 이 이론적 존재자를 어떻게 이해할 것인지, 이것이 문제다. 이들이 마음 독립적으로, 사람들이 어떻게 생각하는지와 무관하게 실재한다고 볼 수 있는가? 과학 이론이 몸을 담고 있는 존재자들에 대해, 그들의 실재성을 얼마만큼 인정하면 과학을 이해하는 데 충분한가? 이것이 쟁점이다.

경험론에 충실하려는 철학자들은 이렇게 생각할 것이다. 경험론자들은 결국 경험할 수 있는 사물에 대한 진술로 모든 지식을 환원할 수 있다고 생각한다. 경험 가능한 대상에 대한 이들 진술이 인정하는 일상적인 수준의 형이상학에서 크게 벗어나지 않는 것이 필요하다. 세계에 존재한다고 인정하는 존재자의 유형을 경험가능성의 기준—즉 인식적 기준—으로 최소화하는 것이 이 기획의 초점이다. 일종의 형이상학적 축소주의, 불가지론이 과학적 실재론에 반대하는 모든 입장이 공유하는 동기다.

반면 실재론자들은 좀 더 적극적인 입장을 여전히 고수한다. 이들은 충분히 성숙한 과학의 이론적 존재자와 적어도 근사적으로 닮은 무언가가 세계에 실재한다는 주장을 옹호한다. 특히 과학은 경험과 거리가 먼 무언가를 제시한다. 그것들이 정말로, 과학 이론이 말하는 방식대로 존재한다는 것이 실재론이 옹호하는 **형이상학적 주장**이다. 이와 더불어 실재론은 그런 실재들을 포착하는 것이 바로 과학이라는 **인식적 주장**을 옹호하며, 과학의 언어는 실재에 대응하는 함수라는 **의미론적 주장**을 옹호한다.

3. 두 원칙

실재론자들은 위의 입장을 인식적 낙관주의라고 말한다. 과학이 실재를 향해 나아가고 있고, 실제로 많은 부분 도달했다는 입장이기 때문이다. 그렇다면 반대로 경험론자들 또는 반실재론자들은 일종의 비관론자이다. 이들의 주장은 과학이 실재를 향해 나아가고 있는지 명확하지 않고, 그에 도달하는 데는 근본적인 한계가 있다는 말이기 때문이다.

실재론자들은 왜 낙관론을 펼칠 수 있는가? 자연주의가 그 바탕에 있다. 형이상학 차원에서, 자연주의는 적어도 현실세계 내에 있는 존재자들이 하나의 커다란 종류에 속한다고 본다. 초자연주의적 존재자, 뭔가 특별한 유형의 존재자는 없거나 있더라도 현실세계에 인과적 영향을 미치지 않는다. 그렇다면 결국에는 현실세계의 존재자들 전반에 적용되는 통합적 설명을 찾아낼 수 있을 것이다. 더불어 이런 설명이 통하지 않는 초자연적 현상도 원리상으로는 없을 것이다.

과학은 어떤 식으로든 경험과의 관계가 없다면 과학이 아니다. 따라서 적어도 방법론적으로는 경험론 없이 작동하지 않는다. 그리고 논란이 있을 수 있으나 자연주의를 거부하는 것은 적어도 어려운 일이다. 어느 한 쪽도 결코 포기하기 어려운 과학의 철학적 원칙이다. 그렇다면 과학적 실재론 논쟁은 이 원칙 사이의 관계에 대한 토론으로 보면 된다.

경험론 진영의 핵심 공격은 이것이다. 더 많은 것의 존재를 인정하는 이론일수록 그 이론을 믿기 위해서는 각각의 존재자마다 정당화가 필요하다. 더 많은 정당화가 필요할수록 그 이론을 믿기 어렵고 틀릴 확률이 올라간다. 이 확률을 낮추려면, 자연주의처럼 광범위한 형이상학적 주장에 대해서는 불가지론자로 남는 것이 좋다. 우리가 믿을 수 있는 최소한의 기반이 있다면 그것은 경험할 수 있는 사실들뿐이다. 이것만으로도 과학을 충분히 이해할 수 있다는 것을 보여주면, 경험론이 이긴다.

실재론 진영의 핵심 방어는 이것이다. 경험할 수 있는 사실만으로는 과학의 결과를 충분히 이해할 수 없다. 성숙한 과학 이론에서 이론적 존재자들을 언급하는 용어는 단순히 경험적 사실의 축약이 아니다. 문자 그대로 과학 이론이 제시하는 존재자가 있기 때문에 관찰 가능한 자연 현상이 벌어지는 것이다. 이렇게 자연주의적 틀 안에 있는 존재자인 이상, 이론적 존재자가 실재한다고 보는 것이 바로 과학의 성과에 대한 최선의 설명이다. 정말 그렇다는 것을 보여주면, 실재론이 이긴다.

4. 연역

그렇다면 이 싸움의 승패는 어떻게 되어가고 있을까? 프실로스가 이 전쟁에서 어떻게 싸웠는지 보여주는 장면을 조금 더 구체적으로 살펴보면 답을 얻을 수 있다. 과학 이론 구성에서 연역 추론이 쓰인다는 사실로 상대를 역습하는 장면이 바로 그 가운데 하나다. 9장의 '진리에 대한 믿음이 더 낫다' 절에서 집중적으로 다루고 있는 연언 논증(conjunction argument)이 그런 사례다. 논리학, 그 타당성을 의심하기 가장 어려운 논증의 방법이 실재론을 지지한다. 이 전투를 정식화해본다.

(1) 참인 이론 T_1과 T_2가 있다.
(2) (1)에 따라 $T_1 \& T_2$는 필연적으로 참이다.(논리학의 연언 규칙)
(3) $T_1 \& T_2$가 필연적으로 참이라는 추론은 과학의 현장에서 이론에서 예측을 끌어내기 위해, 가령 보조가설을 결합할 때 흔하게 쓰이는 추론방법이다.
(4) 그런데 경험론자는 T_1, T_2를 단순히 경험적으로 적합한 이론일 뿐이라고 본다.
(5) 따라서 경험론자는 T_1, T_2에서 $T_1 \& T_2$를 도출하는 추론을 연언 규칙으로 정당화할 수 없다.

실재론자들은 논리학이 진리치를 보존하는 연역 추론을 중심으로 구축되어 있다는 걸 활용한다. 한편 경험론은 이런 추론 역시 진리치를 보존하지 않는 확충적 추론의 일종으로 전락시킨다. 실재론이 과학적 추론의 확실성을 논리학에 정박시키는 곳에서, 경험론은 과학적 추론의 확실성을 약화시킨다.

이 연언 논증은 경험론의 공격이 부실하다는 것을 보여주기 위한 실재론자들의 방어 가운데 하나다. 경험론(정확히는 반 프라센)은 어떤 이론적 존재자, 가령 중성미자에 대한 진술은 경험적으로 적합한 것이라고만 말할 수 있다고 본다. 하지만 이렇게 되면 우리는 이론 진술에 대해서는 우리 주변의 중간 크기의 존재자에 대한 진술, 즉 통상적인 진술에는 쓸 수 있는 논리학의 도구도 쓸 수 없게 된다는 것이 실재론자의 공격이다. 이렇게 되면, 경험론적 그림이 실재론과 동등한 수준으로 과학을 설명한다는 주장은 의심을 받기 좋다.

5. 귀추

이렇게 경험론 진영―또는 실재론보다 더 좁은 범위의 존재자들만 인정하는 입장―에 대한 의심이 커질수록 실재론이 과학에 대한 낙관론을 지지하는 입장이라는 것이 그만큼 더 잘 드러날 것이다. 이를 위해 프실로스가 선택한 여러 전장들이 있다. 20세기 초반 분석철학의 흐름, 과학사에 대한 비관적 귀납, 계승된 과학 이론 사이에서 보존된 수학적 형식의 지위, 미결정성 논제, (방금 살펴본) 반 프라센의 구성적 경험론, 자연스러운 존재론적 태도, 박진성, 자연종 또는 자연분류…. 그러나 이 많은 전장 가운데서 실재론자들이 진땀을 뺐던 지점도 분명 있다. 이들의 핵심 논증이 일종의 순환 논증에 빠져 있다는 것이다.

1. 과학 이론은 쟁점 현상에 대한 최선의 설명을 위해 몇 가지 이론적 존재자를 상정한다.

2. 과학적 실재론은 과학 이론이 상정한 존재자가 실재한다고 보는 것이 과학에 대한 최선의 설명이라고 본다. 과학의 성공을 기적으로 만들지 않을 수 있는 자연주의적 설명이라는 것이다.
3. 반대론자들은 이처럼 과학 이론에서 쓰이는 것과 동일한 방식의 설명을 사용해 실재론을 옹호하는 논증(즉 기적 없음 논증)은, 실은 논증을 통해 정당화해야 하는 논거로 주장을 뒷받침한다는 의미에서 순환 논증이라고 주장한다.

여기에 답하려면 실은 그런 것이 아니라는 말을 하기 위해 먼 길을 돌아야 한다. 그리고 이 길에서는 조금 논란의 여지가 있는 논거까지 사용해야만 한다. 이를 위해 프실로스는 정당화 문제에 대한 외재론이 기적 없음 논증이 나쁜 종류의 순환이 아니라는 것을 보여준다고 말한다.(4장) 외재론에 따르면 어떤 방법을 정당화하려면 그것이 참인 믿음을 산출할 정도로 신빙성이 있으면 되지, 그 내부의 무언가를 파악할 필요는 없다. 가령 우리는 기억이 신빙성 있으므로 사용하는 것이지, 기억의 메커니즘을 확실히 알고 있기 때문에 과거에 대한 믿음을 얻는 방법으로 사용하는 것은 아니다.

이렇게 신빙성 있는 방법의 이름이 바로 귀추(abduction) 또는 '최선의 설명으로의 추론'(inference to the best explanation)이다. 우리는 귀추를 신뢰한다. 귀추를 신뢰하지 않고서 과학은커녕 일상생활도 이뤄질 수 없을 것이다. 그리고 개별 과학이 내놓은 수많은 귀추의 결과를 철학의 차원에서 압축한 결과가 바로 '기적 없음 논증'이다.

이렇게 귀추를 사용한 방어는, 결국 실재론자들이 상식은 물론 과학이 몸을 담고 있는 형이상학과 인식론을 옹호하고, 낙관하는 입장임을 보여준다. 한편 여기에 대해 여러 방식으로 의심하고 공박하는 경험론자 또는 반실재론자들은 현대 과학 역시도 이런 의심 없이는 쉽사리 믿어서는 안 되며, 다시금 논리적 가능성을 따져 비관론적 접근을 해야 할 허점은 없는지 따져 물어야 할 대상이라고 생각한다.

6. 읽기

어떤 작업을 하든 이 책의 글을 보통 사람들도 읽었으면 좋겠다는 것이 언제나 저자/역자로서 가진 욕심이다. 이 책이 속한 분석철학 책은 어떤 면에서 민주적이다. 대부분 축자적으로 읽으면 되도록 쓰이기 때문이다. 그렇지만 동시에 고도의 귀족주의적 책들일 수도 있다. 축자적 읽기는 그 자체로 훈련이다. 게다가 이 실재론 전쟁은 쟁점은 단순하더라도 전장의 범위가 꽤나 광범위하여 금세 눈에 들어오지도 않는 전쟁이다.

이렇게 철학을 전쟁에 빗대는 것은 '들어가는 글'에 인용된 칸트의 말을 빌린 표현이기도 하다. 서로 다른 입장을 가진 여러 진영이 상대를 제압하기 위해 싸운다. 이들의 전투를 모두 세심하게 검토하려면, 전술적 차원인 개별 논증까지 꼼꼼히 읽으면 좋긴 하다. 하지만 그것은 까다롭고 시간도 많이 걸린다. 각 장 수준은 아마도 하나의 완결된 논의를 이루는 작전일 것이다. 철학사적 배경을 검토하려면 1~3장을, 귀추를 둘러싼 논란을 검토하려면 4장과 9장, 비관적 귀납―즉 과학사에는 실패한 이론이 가득한데 과학의 성공을 근거로 실재론을 옹호해도 되느냐는 문제―을 다루려면 5~6장 등등. 이들 여러 작전은 그 자체로도 흥미롭다. 한 권씩 책이 나와도 좋을 것이다. 그렇지만 이들을 한데 모아 전략적 차원에서 실재론을 주장하는 이유를 제시하는 부분들이 역시 이 책을 읽고 나서 머리에 남게 될 쟁점일 터이다.

그렇다면 저자 프실로스는 왜 이런 식의 낙관론을 광범위하게 펼쳐야만 했던가? 그 한 맥락은 바로 분석철학의 경험론적 측면, 반형이상학적 경향일 것이다. 실재론보다(즉 많은 과학자들의 직관보다) 형이상학적 인정을 최소화한 채 과학을 이해하는 건 정말로 불가능한 것인가? 또 하나의 맥락은 토머스 쿤 이후 강조된 과학의 역사적, 사회학적 성격에 대한 주목일 것이다. 과학은 전혀 몰역사적이지 않으며, 이를 둘러싼 역사석, 사회학적 과정이 아직 진행 중이다. 과학은 역동적인데, 그것이 제시하는 존재자들을 일상을 구성하는 중간 크기의 존재자들만은 진지하게 믿어야 할 필요가 과연 있는가? 이에 대한 낙관론의 답, 곧 실재론의 진지한 답이 이 책에 담겨 있고, 나는 여기에 설득되어 오랫동안 탐구를 이어왔다.

7. 회고

이 책을 알게 된 것은 10여 년 전이고, 번역을 시작했던 것도 문자 그대로 10년 전이었다. 공부가 늦어져 서른 살이 다 되어 갔던 군에서 이등병일 때 시작했던 원고다. 막사에서, 전투휴무 중에 먼지가 휘날려 들어오던 천막에서, 얼음보다 더 차갑던 장갑차 안에서 A4 용지 뒷면에 손으로 쓴 원고가 초고였다. 당시만 해도 나온 지 10년 정도 된 좋은 책이었던 원저는 시간이 지나 이제는 사반세기가 지난 현대의 고전이 되었다.

내게도 많은 일들이 있었다. 철학을 함께 논하던 스승 가운데 한 명은 작고했다. 새로운 시도를 담은 책도 여러 권 썼고, 그 과정에서 인생의 동반자도 얻었다. 지금은 '철도 3부작'의 마지막 권(가제는 『도시 속의 철도』)에 쓰기 위한 계산을 하던 중 짬을 내어 이 글을 쓰고 있다. 이 모든 변화 속에서 이 원고는 몇 년 동안 잠을 자고 있었고, 나는 과학철학에 대한 글도 많이 쓰지 못했다. 그럼에도 이 책을 내야만 했던 이유는 분명히 있다. 과학은 지금까지 그래왔듯이 앞으로도 더욱 중요해질 것이다. 일상에서는 상상도 하지 못한 온갖 존재자, 미시/거시 현상들의 보고를 과학은 우리에게 열어주었다. 내가 다른 작업에서 주력하는 기후 문제 역시 그 과정에서 인류가 알게 된 것이고, 이렇게 막강한 과학의 인식적 힘에 대해 어떤 태도를 취해야 할 것인지 정해야 할 때가 있을 것이다. 이들이 진리에 근접하지 못하리라고 비관하는 게 실제로 더 나은가? 그와 달리 진리에 계속 근접하리라고 낙관한다면, 왜 그렇게 해야 하는가? 실재론 논쟁을 검토하면, 여기에 대해 독자들 자신의 답을 정할 수 있을 것이다.

쉽지 않은 주제였지만 나는 주변의 여러 사람들 덕분에 지난 10년 간 이 책이 필요하다는 생각을 놓지 않을 수 있었다. 오랜 친구 김찬현은 물리학도로서 실재론에 깊은 관심을 보여주면서 초반 여러 장을 함께 점검하였다. 개발자 서상현 님은 독회에 여러 차례 참여하면서 과학철학이 철학계 바깥에서 가진 가치를 다시 확인할 수 있게 도와주었다. 과학철학을 가르치는 이정민 교수(한경국립대)가 2018년 열었던 과학적 실재론 수업에 참여한 덕에 실재론에 대한 내 이해가 이상하지 않은지 점검하고, 이 책 이후 철학계의 동향에 대해서도 귀중한 의견 교환을 할 수 있었다. 번역의 가치를 무시하던 많은 학자들과 달리 이들은 번역을 통해 한국어를 가꾸는 것이 중요한 가치를 가진다는 걸 인정했다. 서울시립대 자연과학연구소에서는 여러 차례의 세미나를 통해 이 책에 담긴 과학철학의 내용이 물리학자들에게 어떤 의미가 있는지 깊이 있는 대화를 나눌 수 있었다. 박인규 소장을 비롯한 연구소 구성원 모두에게 다시 감사드린다. 철도 3부작 작업이나 생업으로 인해 이 원고는 빛을 보지 못할 뻔했다. 안희곤 대표가 아니었다면 이 책은 읽기 어려운 상태 그대로 남아있었을 것이다. 그의 편집이 얼마나 놀라운 변화를 가져왔는지 독자들과 함께 살펴볼 수 없어 아쉽다. 마지막으로 이 지겨울 정도로 이어지는 분석철학 책을 읽고, 이 해제에서 무슨 말을 해야 할지에 대해 귀중한 의견을 준 아내 신새벽에게 감사한다.

2024년 8월 15일
밤동산에서

찾아보기

19세기 광학 이론 32, 234, 243-44, 273-85; 라그랑주 역학 274, 277-78, 279, 285, 288; 맥스웰 285; 에테르 모형 245, 274-75 →비관적 귀납

가설-연역적 방법 331, 352
검증 조건 39, 46, 59; 검증 조건 대 진리 조건 59
검증주의 22, 27, 39-46, 54-55, 111; 검증주의와 관찰 명사의 문제 45, 374; 검증주의와 형이상학 102; 의미에 대한 검증성 기준 38, 40, 341
경험론 20, 37-9; 개념 경험론 38; 경험론과 검증주의 54; 경험론과 구조주의 123, 152; 경험론과 램지 문장 129-36, 144-45; 경험론과 반실재론 27; 경험론과 실재론 56, 57-59; 경험론과 의미론적 실재론 54-55; 경험론의 완화 46-51, 120-21, 147; 러셀의 입장 152; 반 프라센의 입장 372, 388, 399; 세련된 불가지론적 경험론 372; 소박한 불가지론적 경험론 372, 373, 383; 초비판적 경험론 372, 385; 카르납의 입장 46; 환원적 경험론 23, 31, 38, 56, 67, 165 →경험적 등가성/관찰가능성-관찰불가능성 구분/구성적 경험론/이론 담화
경험적 등가성 332-33; 경험적 등가성과 논리실증주의 340-41; 경험적 등가성과 실재론 339
경험적 성공 28, 221, 224, 229; 진리 근접성 185, 223, 236, 541-42; 참신한 예측 229-30
경험적 적합성 88, 330, 396, 437; 경험적 적합성과 수용 402-3; 경험적 적합성에 대한 믿음 400; 경험적 적합성에 대한 판단 446, 447-48; 과학의 목표로서의 경험적 적합성 364, 384; 관찰 가능성 391-92; 램지 문장 150-52; 모형 이론적 설명 410; 최선의 설명으로의 추론 424-25 →구성적 경험론/연언 논증/합리성
골드먼, A. I. 190; 신빙론에 대한 입장 359
과학 이론 183-84; 과학 이론에 대한 카르납의 견해 107-10; 블랙박스로서의 과학 이론 28, 171, 176; 성숙하고 진정으로 성공적인 과학 이론 234; 진술의 집합으로서의 과학 이론 294 →유형간 위계/이론에 대한 의미론적 관점/입증/진리
과학 활동의 현상학 387
과학의 성공 28, 166-67, 223; 과학의 성공에 대한 반 프라센의 다원주의적 설명 215-17; 과학의 성공에 대한 성향적 해명 209-10; 과학적 실재론 204-210 →맥스웰, G./실재론에 대한 설명주의적 옹호/파인
과학의 수행 19, 25; 과학적 실재론 327; 도구주의 95-96; 명시적 정의 40-41; 사전 확률 174; 설명적 논증 105; 예측의 역할 588-주5; 이론 명사 66; 조작주의 41 →이론 수용
과학적 실재론 19, 143, 228; 경쟁하는 철학적 입장 25-26; 고유한 자연종 구조 161; 구조적 실재론 301-2, 303-7, 314-16; 램지 문장 133-34; 마음 독립성 56-59, 458; 비관적 귀납 221-23; 의미론적 논제로서의 과학적 실재론 21, 23; 의미론적 실재론 23, 54-60; 인식론적 논제로서

의 과학적 실재론 22, 24; 증거의 이론 미결정성 329-32; 지시의 문제 543, 564-65, 566-67; 추가적 위험 409; 형이상학적 논제로서의 과학적 실재론 21-22, 164; 환원적 경험론 23, 56 →과학 수행/과학의 성공/구성적 경험론/실재론에 대한 설명주의적 옹호/이론 수용/인식적 낙관주의/카르납

관념론 22, 116; 관념론에 대한 마흐의 입장 67

관찰 불가능한 존재자 17, 19, 37, 107-8; 관찰 불가능한 존재자에 대한 믿음의 합리성 165-66, 178; 관찰 불가능한 존재자에 대한 보증된 믿음 165, 371; 관찰 불가능한 존재자에 대한 인식적 접근가능성 380, 396; 관찰 불가능한 존재자에 의한 경험의 이해 68; 관찰 불가능한 존재자의 독립적 현존 466; 관찰 불가능한 존재자의 설명적 가치 85; 구조주의 123, 152-53, 310; '궁극적 반론' 379; 라우든의 견해 365-66; 상식 175; 상식적 대상 465; 수학적 존재자로서의 관찰 불가능한 존재자 134-35; 의미론적 실재론 117-18; 이론적/설명적 가설 91; 존재자 실재론 503-4 →관찰가능성/불가능성 구분/라이헨바흐/자연스러운 존재론적 태도/파이글/헴펠

관찰가능성/불가능성 구분 50, 76-78; 관찰가능성/불가능성 구분과 경험론 52, 388; 관찰가능성/불가능성 구분과 법칙적 가능성 381; 관찰가능성/불가능성 구분의 인식적 중요성 397

광학 에테르 223, 245-6, 577; 전자기장으로의 이행 246, 285, 546, 565, 573-74

괴델, K. 203

구성적 경험론 32, 371, 384-86; 과학적 실재론 385; 상식적 귀추 423-29; 세련된 불가지론적 경험론 372; 소박한 불가지론적 경험론 372; 최선의 설명으로의 추론 423-25 →경험적 적합성/로젠/반 프라센/배경지식 특권/불가지론/연언 논증/이론적 덕목/이론적 진리의 수용/인정/존재자 실재론

구조 122, 137, 301, 320;
  전체 구조 154, 158, 585-주15
  구조와 해석 155, 317
  구조와 자연종 159
  관찰 불가능한 세계의 구조 153-55, 314
  구조 대 본성 306, 317-20

구조적 실재론 103, 301, 306; 구조적 실재론과 도구주의 305-6; 램지-맥스웰 버전 152-53, 310; 비관적 귀납 301, 311-16; 빛의 사례 320-24; 예측 성공 313-14; 워럴-푸앵카레 버전 310-11 →과학적 실재론/기적 없음 논증/뒤엠/램지 문장/맥스웰, G./스타인/위럴/이론 변동 속의 연속성/푸앵카레

구조주의 107-8, 121-23; 관찰 불가능한 세계에 대한 지식 163-64; 구조주의와 램지 문장 137; 구조주의와 실재론 162; 구조주의와 자연종 159-64; 러셀의 입장 152 →경험론/관찰 불가능한 존재자/카르납

굿맨, N. 43-44, 523

귀납 198-200, 217, 331; 귀추에 대한 귀납 211, 214; 이론적 인정 214, 414 →순환 논증

귀납주의 335; 반귀납주의(→반증주의) 512

귀추(귀추추론) 179, 182-83, 186, 204, 211-13, 421-23, 594-주6; 귀추에 대한 요구 수준 낮추기 211-12 →구성적 경험론/순환성/신빙성(신뢰성)/최선의 설명으로의 추론

규범 357; 규범과 상대주의 360; 규범적 인식론 490 →자연주의
그륀바움, A. 335
그린, G. 273, 275, 281, 296, 297; '탄성고체 모형' 277-79 →스토크스
근사적 진리(참) 206-208, 225, 244, 538, 596-주9; 근사적 진리에 대한 절대적 판단 353; 근사적 진리와 도구적 신뢰성 213-14; 근사적 진리와 이상화 535-36; 기어리의 견해 532-36 →열에 대한 칼로릭 이론/이론적 구성요소
근사치 294-95, 532, 537 →진리 근접성
글레이즈브룩, R. T. 279, 590-주15
글리모어, C. 330, 592-주2; 입증에 대한 견해 350, 589-주10
기술적 지시 이론 546, 596-주2; 고유명의 지시 546-547
기어리, R. 294, 540, 593-주7; '이론의 의미론적 관점' 532-40 →근사적 진리
기적 없음 논증 28, 31, 166, 229; 과학의 역사 29-30, 217, 221-23; 구조적 실재론 303-4, 312-13; 도구주의 28, 176, 308; 맥스웰 버전 171-74; 순환논증 29, 202; 스마트 버전 169-71; 퍼트넘-보이드 버전 167-68, 170, 172 →실재론에 대한 설명주의적 옹호/참신한 예측/퍼트넘
기하학: 비유클리드 기하학 339, 341; 유클리드 기하학 339

나이, J. M. 581-주1(2장)
내재론 193-94
네이글, E. 53, 584-주12; 도구주의에 대한 견해 63
노턴, J. 594-주8
뉴먼, M. H. A. 108, 153, 157; 뉴먼의 도전 152-56 →러셀/카르납
뉴턴 이론 87, 231, 235, 303, 318, 340; 절대공간 337; 케플러의 법칙 94, 538
뉴턴스미스, W. H. 186, 330, 342, 496, 500; '관대한 제안' 498-99; 온건한 실재론에 대한 제안 496; 자연스러운 존재론적 태도에 대한 입장 496-97
니닐루오토, I. 517, 577-78; 진리 근접성에 대한 견해 517, 525, 596-주5, 596-주8

더밋, M. 22, 26-27, 465, 586-주8; 반실재론 459
데모폴로스, W. 152
데빗, M 229, 451, 478, 551, 552, 596-주2(12장) →자연스러운 존재론적 태도
데이비, H. 249
데이비슨, D. 457
도구주의 53, 63, 110-11, 165, 491; 도구주의와 과학의 목표 63-65, 103; 도구주의와 마흐 66-68; 도구주의와 통합성 99-101; 도구주의와 확률 진술 82-84; 반설명주의적 도구주의 23, 85; 비제거적 도구주의 23, 64, 165; 의미론적 도구주의 581-주1(1장); 제거적 도구주의 23, 31, 64, 66, 169, 175-79; 크레이그 정리 73-76; 통사론적 도구주의 23, 63-64; 콰인의 견해 204 →과학 수행/구조적 실재론/기적 없음 논증/네이글/뒤엠/램지 문장/이론 담화/이론적 덕목/참신한 예측/카르납/푸앵카레
도런, B. G. 279
도펠트, G. 357
독립성 21-22, 116, 162, 484; 논리적/개념적 독립성 26, 485; 마음 독립성 18, 22, 56-59, 116, 458; 인과적 독립성 484; 형이상학적 의미의 독립성 113
두 언어 모형 108-10
두벰, I. 425, 594-주7
뒤엠, P. 20, 28, 64, 85-106, 177, 330, 354;

과학 이론의 목표에 대한 견해 86; 과학의 방법 104; 관찰의 이론 의존성 89; 구조적 실재론 103, 591-주3; 도구주의 비판 95-101; 비관적 귀납 92; 설명에 대한 입장 86; 에너지 역학에 대한 언급 583-주7; '완벽한 이론' 100; 원자론에 대한 언급 89, 102; 자연 분류(자연스러운 분류)에 대한 주장 98, 99-100, 101-3; 진릿값의 문제 88; 참신한 예측에 대한 입장 97-99, 583-주8; 코페르니쿠스 이론에 대한 견해 87; 통합성에 대한 견해 99-101; 허구론적 입장 90
뒤엠-콰인 논제 334-35

라머, J. 274, 276, 279, 282, 590-주13
라부아지에, A. 242, 247-48, 253, 254
라우든, L. 21, 186, 238, 264, 311-12, 491; 가치론에 대한 입장 360-61; 동일한 인과적 역할에 대한 견해 565-66; 라우든과 비관적 귀납 221-26, 234, 240, 298, 354; 라우든과 상대주의 356-57; 비고유성 논제에 대한 주장 353; 비교 판단에 대한 견해 346, 353; 열의 칼로릭 이론에 대한 입장 243, 254; 열거귀납에 대한 주장 357; 증거와 함축에 대한 견해 343; 증거의 이론 미결정성에 대한 견해 333-36; 진리에 대한 견해 362-63; 평등주의 논제의 제시 329 → 관찰 불가능한 존재자/규범적 자연주의/이론 수용/이론적 덕목
라이너, R. 595-주7
라이컨, W. 197, 586-주7
라이트, C. 459, 477, 480-81
라이헨바흐, H. 339, 341; 관찰 불가능한 존재자에 대한 입장 399, 585-주1
라플라스, P. S. 237, 242, 247, 248, 253, 588-주1; 공기 중 소리의 속도 255-57
래디먼, J. 425, 428, 439, 449, 591-주5

램지, F. P. 123, 195; 램지 문장에 대해 129; 램지와 진리 개념의 불필요성 595-주2
램지 문장 31, 107, 123-24, 127, 129, 144, 163; 도구주의 145-46, 152; 램지 문장과 구조적 실재론 148; 램지 문장과 이론의 구조 137; 램지 문장과 이론적 존재자 132; 램지 문장과 해석된 과학 이론 149-53; 램지 문장의 비정합성 157-59 →경험론/경험적 적합성/과학적 실재론/구조주의/맥스웰 G./브레이스웨이트/진리/카르납/헴펠
러그, A. 583-주6(2장), 583-주9
러셀, B. 108, 152, 153; 뉴먼의 지적에 대한 반응 585-주16 →경험론/구조주의/맥스웰, G.
러커토시, I. 231
레드헤드, M. 590-주20
레플린, J. 238, 330, 335, 362, 581-주4 →참신한 예측
로렌츠, H. 349, 598-주9; 피츠제럴드-로렌츠 수축 587-주4
로젠, G. 381, 385-86; 양상과 구성적 경험론에 대한 견해 593-주2
로젠버그, A. 362; 지시의 인과적 역할 이론에 대한 견해 565-67
루이스, D. 33, 161-62, 163, 596-주4; 인과적 기술주의 33, 545, 556
립턴, P. 186, 216, 433

마르소넷 581-주2(들어가기)
마흐, E. 20, 65-71; 과학의 목표에 대한 견해 65; 연속성의 원리 69; 원자 이론에 대한 이해 66; 유명론 65; 직접적 기술구에 대한 언급 66, 30 →관념론/도구주의/자연법칙
말라먼트, D. 592-주2
매컬라, J. 273, 279-82, 296-97

맥멀린, E. 186, 229, 347, 583-주6(2장); 존재자 실재론에 대한 견해 504, 596-주8(10장)

맥스웰, G. 105, 168, 180; 과학의 성공 171; 구조적 실재론 148; 규약적 결정에 대한 견해 120; 램지 문장에 대한 견해 148; 맥스웰과 러셀 152; 맥스웰과 카르납 148, 583-주2; 실재론에 대한 베이즈주의적 논증 172-74 →기적 없음 논증

맥스웰, J. C. 101, 176, 273, 285, 308, 320, 590-주17; 라그랑주 역학 285; 맥스웰의 방법론적 통찰 325-27; 맥스웰의 이론 285-90, 302, 315, 597-주7, 598-주9; 모형의 사용 286; 전자기장 이론 573

머스그레이브, A. 186, 594-주9; 타르스키의 진리론에 대한 견해 456

메누즈, A. 398

메릴, G. A. 585-주17

멘도사, E. 588-주4, 589-주9

명시적 정의 39-46

모형 290; 가정들의 집합으로서의 모형 290; 모형과 실재론 295-98; 모형과 언어적 기술 535; 모형과 유비 277, 292; 모형과 이론 294-295; 모형과 이상화 295, 536; 모형과 표상 535; 모형에 대한 유비적 접근법 290-95; 발견법적 수단으로서의 모형 275, 292; 이론적 모형 224, 532-33; 추상적 존재자로서의 모형 533 →반 프라센/이론에 대한 의미론적 관점

목표와 지향점 361-63; 목표의 합리적 변경 362

문자 그대로의 해석 24, 165, 342, 466; 문자 그대로의 해석과 진리 담지자 473-74, 595-주3, 595-주4; 반 프라센의 이해 387; 반실재론의 견해 468; 불가지론자의 견해 374; '핵심 입장' 468

물린느, U. 596-주7

밀, J. S. 597-주6

밀러, D. 513; 언어 의존성에 대한 지적 521

바흐, K. 596-주2(12장)

반 맥키 197, 586-주7

반 클레프, J. 188, 586-주5

반 프라센, B. 21, 84, 177-79, 205, 330, 364, 372, 384, 428-29, 436, 443, 472; 검증주의 407; 경험에 대한 견해 380; 과학의 목표에 대한 견해 384-85; 과학의 연언적 수행 411; 관찰가능성에 대한 견해 389, 393; '두 세계 이야기' 384; 모형에 대한 견해 534; 모호한 사전 확률에 대한 주장 376; 미결정성 337; '새로운 인식론' 449-450; 설명에 대한 견해 444-45; 세련된 불가지론적 경험론 25, 32, 372; 소박한 불가지론적 경험론 372; 실제주의 380; 양상에 대한 견해 593-주2; 진리에 대한 믿음 407-8; 회의주의적 입장 380, 428-29 →경험론/경험적 적합성/과학의 성공/구성적 경험론/두 언어 모형/문자 그대로의 해석/이론적 덕목/직접 경험/진리/진리 대응론

반실재론 22, 26, 451, 453, 454, 457, 458, 460, 464, 595-주1; 구성주의적 반실재론 495; 실증주의적 반실재론 465-66 →더밋/문자 그대로의 해석/실재론/이론 담화/이론 수용성/진리/퍼트넘

반증주의 334, 512

배경지식 특권 433, 435-36; 배경지식 특권과 구성적 경험론 439; 배경지식 특권과 인식적 위험 441

번역가능성 39, 46; 이론 담화의 번역가능성 63

법칙 진술 43; 법칙 진술과 이론 명사 52; 법칙 진술을 설명하는 추론의 티켓 45

베르그스트룀, L. 330

베이즈주의 331, 343, 450; 베이즈주의와 입증 375 →맥스웰, G.
보이드, R. 21, 167-68, 179-80, 233, 265, 359, 433, 491, 543, 597-주4; 이론적 덕목에 대한 언급 347; 투사 가능성 214, 413-14 →실재론에 대한 설명주의적 옹호
보증된 주장가능성 27, 367, 457, 459-60, 499; 초주장가능성 460, 469
불가지론 19, 24, 89, 179, 363, 384; 불가지론과 구성적 경험론 386; 불가지론과 모호한 사전 확률 376; 선택적 불가지론 372; 세련된 불가지론 372; 소박한 불가지론 372, 373-74 → 문자 그대로의 해석/이론 담화/입증/합리성
브레너, A. A. 583-주6
브레이스웨이트, R. 124, 586-주6; 규칙 순환에 대한 언급 188
브리지먼, P. W. 41
블랙, J. 247, 248, 250
블랙, M 587-주9
비관적 귀납 21, 92, 185; 19세기 광학 이론 289; 각개격파 작전 32, 235-43, 301; 라우든의 '역사적 도박' 224, 227-28, 298; 열의 칼로릭 이론 243-44 →과학적 실재론/구조적 실재론/뒤엠/라우든/참신한 예측/키처/헤세

사회 구성주의 581-주1(들어가기)
새먼, W. 144, 148, 398; 규칙 순환논증에 대한 견해 586-주9; 이론의 사전 확률에 대한 견해 348; 전건 긍정식에 대한 견해 197' 페랭의 논증에 대한 견해 581-주1(2장)
새프너, K. 590-주15
설득력 논증 105, 170; 사전 확률 173; 합리성 175

설명 92-95, 289-90, 409; 설명 수준에 대한 축소주의적 접근 211; 설명과 틀거리의 선택 119; 최선의 설명 180, 423-24, 435-36
설명적 논증 105-6, 181-82 →최선의 설명으로의 추론
설명적 연속성 95; 설명적 연속성과 지시 568
셀라스, W. 225, 583-주2
소버, E. 593-주1
수피, F. 534
순환논증 168, 360; 귀납추론 198-201; 귀추와의 관계 195, 196, 201; 규칙 순환 188-90; 기본적 추론 행위 196; 연역추론 196-97, 586-주4; 외재론/내재론 192-94; 전제 순환 188-90 →기적 없음 논증/브레이스웨이트/새먼/파인
슈리크, M. 45, 581-주1(1장)
스마트, J. J. C. 105, 168, 170, 177, 467 →기적 없음 논증
스미스, P. 596-주9
스클라, L. 330, 592-주2
스타인, H. 282, 327, 590-주18; 구조적 실재론에 대한 견해 303-4, 305, 591-주2
스토크스, G. G. 273, 275, 296, 297; 그린에 대한 견해 278-79; 탄성 젤리 모형 282-85
스티렐니, K. 551, 552
신뢰성 29, 179, 181; 귀추의 신뢰성 102-3, 204; 기억의 신뢰성 195; 도구적 신뢰성 180-81, 204-10, 211-14; 신뢰성과 반증 가능성 367; 신빙성과 진리 359; 실용적 신뢰성 207-9; 추론 규칙의 신뢰성 190-91 →외재론/최선의 설명으로의 추론/합리성
실재론 26; 경험적 실재론 20, 116-17; 실재론과 반실재론 453-54; 실재론에 대한

폭넓은 이해 26; 형이상학적 실재론 116 →과학적 실재론/구조주의/진리/진리 근접성/진리 조건

실재론에 대한 설명주의적 옹호 179-87

실현 131, 138, 149; 고유 실현 161; 복수 실현 155; 사소한 실현 156, 160-1 →램지 문장

아라고, F. 434

아인슈타인, A. 344, 566, 585-주3

암스트롱, D. 442-43

애런슨, J. L. 523

애친스타인, P. 77, 290, 294

언어적 틀거리 113-14, 119-20, 142

엉거, P. 548, 551

에번스, G. 545, 551

에테르 모형 274-85; 탄성고체 모형 275-76, 282, 291, 296; 에테르 모형과 행성의 운동 282; 회전 에테르 모형 279-82 →19세기 광학 이론/그린/매컬라/맥스웰, J. C./스토크스

엘리스, B. 500; 진리 개념 500-2

엥스, B. 545, 551, 556, 567

연속성, 이론 변동 속의 30-31, 226, 243, 298, 301, 303-5; 속성 수준의 연속성 324, 567, 568; 연속성과 구조적 실재론 311; 연속성과 포기된 명사의 지시 565-66, 577; 형식적 연속성 303

연언 논증 419; 경험적 적합성 415; 구성적 경험론 412, 416-17; 연언적 경험론 416-19; 진리에 대한 믿음 411; 통시적 논증으로서의 연언 논증 412 →반 프라센/쿠클라

열에 대한 칼로릭 이론 32, 222, 234, 240, 243-44, 247-64; 상태 함수로서의 열 257; 열량 보존의 원리 253, 257, 259, 262-64, 271; 열역학 248-49, 257; 영구 운동 261; 일 258, 269-70; 카르노 사이클 260-63, 269-70; 칼로릭 이론과 근사적 진리 244, 268, 272 →라우든/비관적 귀납/카르노/클라우지우스

오디, G. 517

오시안더, A. 85

외재론 192; 외재론과 신뢰성 193

우르바흐, P. 331

워럴, J. 29, 94, 103, 236-37, 238, 299, 301-28, 330, 357, 362, 512, 591-주1; 참신한 예측에 대한 견해 231 →구조적 실재론

웨스턴, T. 538, 596-주4

윌리엄스, M. 462, 478, 479, 486, 488

유비 290-93 →모형

유사성 291; 구조적 유사성 320; 유사성과 이상화 535; 유사성의 수준과 측면 534 →유형간 위계/진리 근접성

유형간 위계 526; 과학 이론에 대한 이해 526; 박진성 528-532; 유사성 관계 528 →진리 근접성

의미론적 실재론 53-54, 165, 388; 마음 독립성 58-59; 반환원적 입장으로서의 의미론적 실재론 55; 불가지론적 경험론 371-72 →경험론/과학적 실재론/관찰 불가능한 존재자/미결정성/이론 담화/파이글/헴펠

의미론적 전체론 60

이론 담화 20, 37; 경험론과 이론 담화 37; 도구주의의 견해 53, 66; 반실재론의 입장 27; 불가지론적 경험론의 입장 273; 불가피성 52-53; 실재론적 전통 37; 실증주의적 반실재론의 입장 465; 의미론적 실재론의 견해 54-60, 372; 이론 담화의 '초과적 내용' 63, 84; 입증 49; 진리 개념 473; 진리 담지자 473; 진리 조건 54-55; 허구론의 견해 90; 환원가능성 46; 환원적 경험론의 견해 39 →번역가능성

이론 명사 20, 37, 108-9; 성향 명사로서의 이론 명사 43; 이론 명사에 대한 조작적 이해 41; 이론 명사와 의미 공준 146-47; 이론 명사의 내포 139-40; 이론 명사의 제거불가능성 48; 이론 명사의 지시 112, 245, 545; 통사적 구조로서의 이론 명사 64, 82; 폐기된 이론 명사 272-73, 564-65, 576 →과학 수행/법칙 진술/이론 변동 속의 지시 연속성/인과적 지시 이론/지시/카르납/키처/퍼트넘

이론 변동 속의 지시 연속성 543, 568-69, 598-주10; 지시 연속성과 에테르-전자기장 사례 573; 지시 연속성과 의미 변동 544; 지시 연속성과 인과적 기술주의 575; 지시 연속성과 종 구성 속성 570; 지시 연속성과 핵심적 이론 명사 576; 지시 연속성의 조건 569-70, 572

이론 수용 182; 과학 수행 405; 과학적 실재론의 이해 329, 491; 구성적 경험론의 입장 491; 구성주의적 반실재론의 입장 495; 규약 341; 라우든의 견해 352; 반 프라센의 주장 401; 반실재론의 입장 491; 사회적 규범 494; 실용적 덕목 330, 414; 파인의 견해 491-93

이론 의존성 89; 관찰의 이론 의존성 388; 귀납 추론의 이론 의존성 587-주10; 방법론의 이론 의존성 180-81 →뒤엠

이론에 대한 의미론적 관점 290, 533, 308-주19; 실제 계와 모형의 관계 535; 이론적 가설 533-35; 이론적 정의 533 →기어리

이론의 확률 408-9, 436, 442-43

이론적 구성요소 30, 298; 진리 근접성 535; 이론적 구성요소의 핵심적 기여 237, 593-주6; 이론적 구성요소와 성공 340-41

진리 근접적인 이론적 구성요소 185, 235-36

이론적 덕목; 구성적 경험론 448; 도구주의 205; 라우든의 견해 348; 사전 확률 348; 설명력 346; 실용적 덕목 330; 입증 348; 합리적 판단 346 →보이드

이론적 독단론 376

이어먼, J. 29, 230, 337, 419, 582-주3, 588-주5, 592-주2

인과적 구조 318; 세계의 인과적 구조 532, 544, 550, 558, 580; 질량의 인과적 구조 318

인과적 기술 이론 33, 246, 545, 551, 556, 559-60, 564, 567; 실재론 579; 에테르/전자기장 사례 572-75; 이론 변동 564-80; 핵심 인과적 기술구 570-79

인과적 연속성 70

인과적 지시 이론 483, 497-98, 545; 고유명 546; 기술구 546; 물리량 명사 548, 560; 이론 명사 560-62; 자연종 명사 544-45, 548, 551-59; 자연화 551; 지시 성공/실패 562-64; 진리 근접성 550; '플로지스톤' 562-64 →자연종/통약불가능성/퍼트넘

인식적 낙관주의 24-25, 30, 166, 298, 353, 363, 371, 384, 542

인정 400, 402; 공언으로서의 인정 403; 인정 대 실제적 믿음 405; 인정 대 잠재적 믿음 405

인지적으로 완벽한 상태 499-503; 인지적으로 완벽한 상태와 진리에 대한 인식적 해명 500-501

임시방편성; 임시방편성 조건 231; 임시방편성과 참신한 수용 231-32

입증 50-51, 78, 331, 343-44; 과학 이론의 입증 165-66, 178, 233; 관찰 주장의 입증 49-50, 375, 379; 이론 주장의 입증 49-50, 375-83; 일반화에 대한 입증

213-14; 입증과 0의 사전 확률 376; 입증과 검증 48-49, 374-75; 입증과 소박한 불가지론적 경험론 373-79; 입증과 통합성 346, 349; 입증과 합리적 믿음 165, 372; 전체론적 입증 265 →글리모어/라우든/베이즈주의/이론 담화/이론적 덕목/진리/진리 근접성/참신한 예측/헴펠

자딘, N. 330, 335; 진리에 대한 견해 500, 502-3
자허, E. 231, 587-주4, 591-주6
자연법칙 44; 자연법칙과 관찰가능성 381-82; 자연법칙과 자연종 559; 자연법칙에 대한 마흐의 견해 65
자연스러운 존재론적 태도(NOA) 32, 365, 451, 454-55; NOA와 관찰 불가능한 존재자 543; NOA와 존재론적 인정 455, 497; NOA와 '핵심 입장' 467, 470; 데빗의 견해 451; 반 프라센의 견해 451; 축소주의적 접근 454-55 →뉴턴스미스/파인
자연종 21, 108, 508; 루이스의 견해 11-164; 자연종과 실재론 21-22; 자연종과 이론 558; 자연종과 인과적 지시 이론 552-57; 자연종과 종 구성 속성 557-59 →구조/구조주의/자연법칙/콰인
자연주의 21, 168, 179-80, 203, 359, 491; 규범적 자연주의 32, 352-53, 355-68; 방법론적 자연주의 348, 355; 자연주의와 규범성 491; 제거적 자연주의 490 →인과적 지시 이론
전건 긍정식 197; 전건 긍정식에 대한 반박 사례 197-98, 586-주7 →새먼/순환논증
전자기장 112, 285, 286, 287, 304-5, 326, 55 →광학 에테르/맥스웰, J. C.
정당화 25, 271, 372; 방법적 규칙의 정당화 356; 상식적 믿음의 정당화 421; 이론적 믿음의 정당화 398; 추론 규칙의 정당화 192-93
조작주의 41
존재론적 인정의 기준 455
존재자 실재론 32, 503; 구성적 경험론과의 비교 505-6; 존재자 실재론과 이론 실재론 504-5, 507; 존재자 실재론의 두꺼운 버전 507; 최선의 설명으로의 추론과의 관계 507, 595-주7 →관찰 불가능한 존재자/맥멀린/해킹
종 구성 속성 545, 557-60, 567, 570
즉각적 경험 380, 428; 즉각적 경험과 관찰가능성 380
증거 조건 60; 증거 조건과 진리 조건 54-55, 365
증거의 이론 미결정성 30, 32, 329-32; 공간의 사례 337-39; 국지적 미결정성 대 전반적 미결정성 339; 무지 반응 342; 의미론적 실재론 342-43 →경험적 등가성/과학적 실재론/라우든/반 프라센/쿠클라/함축 논제
증거적 지지(또는 경험적 뒷받침) 30, 73, 264-68, 343-44, 353; 증거적 지지의 국지화 264, 589-주10
지시 33; 고유명의 지시 546-47; '광학(발광성) 에테르'의 지시 245-46, 565, 573; 이론 명사의 지시 245, 273, 560-64; 이론적 기술구 554-56; 자연종 명사의 지시 548; 즉물적 지시 548, 552, 560; 지시된 속성의 겹침 568; 지시에 대한 축소주의 견해 482-83; 지시와 내적 구조 552-53; 지시와 내포 577; 지시와 현시적 속성 552; '칼로릭'의 지시 272; 타르스키의 '만족' 개념 481 →과학적 실재론/기술적 지시 이론/로젠버그/이론 명사/이론 변동 속의 연속성/인과적 지시 이론/지시에 대한 인과적 기술 이론/진리/진리 근접성/진리 대응론/키처/파인

진리(참) 17, 19, 355, 365, 373; 과학 이론의 진리 19, 149-50, 159, 169, 313, 354; 과학의 목표로서의 진리 24-25, 100, 225, 363, 384; 관찰적 진리 24, 379-80; 근본적으로 비인식적인 진리의 이해 498; 기본적인 인지적 가치로서의 진리 32, 360; 박진성과 진리 511-13; 박진성의 한계 사례 528, 532; 반 프라센의 견해 373, 595-주5; 반실재론 26-27, 458-59; 부합성으로서의 진리 538; 설명적 완전성 478; 실증주의적 반실재론의 진리 개념 465-66, 473; '유토피아적' 목표로서의 진리 32, 363; 이론적 진리 24-25, 179, 183, 228, 363, 371, 408-9; 이상적 정당화로서의 진리 457-58, 458, 500; 진리 연관적인 가치론 360; 진리에 대한 믿음 367, 385, 406; 진리에 대한 비인식적 이해 26, 458, 479; 진리에 대한 실재론적 이해 26-27, 457, 458, 498-99; 진리에 대한 실질적 이해 460, 462, 472, 474, 479; 진리에 대한 얇은 접근 475, 478; 진리에 대한 '이론 없음' 입장 463, 472, 478; 진리에 대한 이론들 457-64, 472; 진리에 대한 인식적 이해 26, 367, 458-59, 485, 498-503; 진리와 검증주의 55, 485; 진리와 램지 문장 146-47, 150-51; 진리와 보증된 주장가능성 27, 459; 진리와 상대주의 477; 진리와 성공 486-90; 진리와 입증 367; 진리와 정당화 192; 진리와 지시 455, 466, 482; 진리와 진리 근접성 536; 진리와 진리 담지자 26, 458, 459, 460, 473, 595-주3; 진리와 회의주의 500-1; 최소주의적/축소주의적 진리 개념 373, 471, 479, 475-82; 타르스키-데이비슨 지시 의미론 455, 476; 타르스키의 진리 개념 455; 판단 절차 366-67 →뒤엠/라우든/램지/머스그레이브/신뢰성/엘리스/이론 담화/인지적으로 완벽한 상태/자딘/진리 대응론/최선의 설명으로의 추론/파인/필드/호위츠

진리 근접성 33, 511, 516-17, 536, 538; 가능세계 접근법 517-26; 경험으로부터의 배움 227; 과학의 목표로서의 진리 근접성 540; 근사적 부합성으로서의 진리 근접성 538; 라우든의 견해 516, 540; 맥락 의존성 525, 529-30; 모호성 541; 밀러-티히 증명 513-4; 상태의 수효에 따른 진리 근접성의 변화 523-24; 성공 236; 실재론 516, 531; 언어 의존적이라는 반론 521, 530; 유사성 529, 541; 유형간 위계 접근법 526-32; 이상화 535-36; 자연종 명사 523; 지시 565-66; '직관적' 접근법 526-42; 형식화 540 →경험적 성공/니닐루오토/인과적 지시 이론/진리(참)

진리 대응론 365, 373, 453, 472, 478-80, 595-주6; 반 프라센의 입장 373; 상호성/오염 483; 얇은 해명 475-78; 지시 문제 481-82; 진리의 원천 481-82; 최소주의적 진리 해명 478-80; 축소주의적 진리 해명 479-80; 타르스키 456-57; 파인의 제안 482, 483 →진리; 진리 조건/성공/실재론/최소주의-축소주의적 개념

진리 술어 366, 461-62; 진리 술어의 불필요성 461; 진리 술어의 여러 실체적 내용 477; 진리 술어의 탈인용적 속성 366, 373, 456, 461, 469

진리 조건 23, 59, 84, 90, 169, 365-66; 관찰적 주장의 진리 조건 374; 실재론의 입장 516, 469, 486; 실재와의 대응 489; 의미론적 실재론의 이해 21-22, 54; 이론적 주장의 진리 조건 373; 진리 조건과 입증 61-62; 진리 조건에 대한 앎 58-59, 371, 484; 최소주의 488; 환원적 이해 23, 38-39 →검증 조건/이론 담화/증거 조건

진릿값 82, 90, 131, 466-67, 473

참신한 예측 29; 레플린의 분석 587-주3; 사용 참신성 29, 232-33; 시간적 참신성 29, 230; 참신성 대 임시방편적 조정 231; 참신한 예측과 기적 없음 논증 104, 229; 참신한 예측과 비관적 귀납 229; 참신한 예측과 입증 232, 375; 참신한 예측에 대한 도구주의 입장 176 →경험적 성공/뒤엠/워럴

처칠랜드, P. 398, 586-주6, 590-주12

최선의 설명으로의 추론(IBE) 29, 167, 180-81, 360; IBE와 참(진리) 167, 202, 204-5, 207-8, 216, 347, 432-36; IBE의 도구주의 버전 204-5; IBE의 신뢰성 182; IBE의 정합성 594-주7; 관찰 가능한 대상 424-26; 무차별성 논증 442-49; '불량품목' 논증 430-42; 상식적 추론 423-29; 실재론 옹호 179-86, 204-10 → 구성적 경험론/귀추/경험적 적합성/순환논증/실재론에 대한 설명주의적 옹호/존재자 실재론/회의주의

추론 기계 191, 586-주4

치하라, C. 594-주4

카르납, R. 20, 39-54, 62, 107-49, 161, 163, 341, 366-67, 581-주2(1장), 595-주3; 경험적 실재론 116; 귀납적 직관에 대한 논증 199-201; 내적/외적 질문 113-14; 내포적 언어에 대한 견해 138-41; 뉴먼의 도전 156; 도구주의에 대한 입장 112, 138, 143-45; 불가피성 논증의 제시 52-53; 의미 원자론 129; 이론 명사 52; 이론 변동에 대한 언급 142; 이론 언어의 분석성 129, 584-주13; 이론/관찰 구분 49-50; 이중적 존재 표준 112; 중립주의 20, 110, 116, 121-23, 134, 138, 146-48; 카르납과 과학적 실재론 143-47; 카르납과 구조주의 121-23; 카르납과 램지 123-29; 카르납과 램지 문장 127, 134-39, 144-48; 카르납과 파이글 117-18; 카르납과 헴펠 110, 124-28, 137 →경험론/두 언어 모형/맥스웰, G./명시적 정의/크레이그 정리/파이글/환원 문장

카르노, S. 242, 250; 카르노와 칼로릭 이론 258-64; 카르노와 클라우지우스 268-71, 589-주11 →열에 대한 칼로릭 이론

카트라이트, N. 503

칸트, I. 18

캐럴, L. 196-97

커크햄, R. L. 595-주2

케인스, J. M. 588-주6

코페르니쿠스 85, 340

콘블리스, H. 198, 597-주4

콰인, W. v. O. 330, 334, 583-주3 '자연화된 인식론' 490 '직관적 자연종'에 대한 견해 552

쿠클라, A. 330; 미결정성 논증에 대한 견해 592-주3; 연언적 경험론 416-20

쿤, T. S. 486, 544

크레이그, W. 73, 582-주2

크레이그 정리 73, 124, 169; 단순성 79; 연역적 체계화 80; 이론가의 딜레마 80; '총체 과학' 80; 카르납과 이론의 존재 양화 127; 통시적 뒷받침 79 →도구주의

크룬, F. 556

크리스, R. 144, 585-주14

크립키, S. 482, 546-47, 548

클라우지우스, R. 250, 268; 열에 대한 칼로릭 이론 268-71 →카르노

클라인, M. J. 288

클라페롱, É. 250, 263

키처, P. 236, 491, 595-주6; 비관적 귀납에 대한 견해 240-41; 설명에 대한 견해 94;

이론 명사의 지시에 대한 견해 588-주7, 598-주10
킨케이드, H 594-주7

톰슨, B. (럼퍼드 백작) 249-50,
통사론적 실증주의 136
통약불가능성 544; 통약불가능성과 인과적 지시 이론 544, 549
통합성 99-101, 349, 445
트버스키, A. 528
티히, P. 513

파리니, P. 116
파이글, H. 20, 48, 53, 54, 116; 경험적 실재론에 대한 입장 117; 관찰 불가능한 존재자에 대한 견해 117-18; 의미론적 실재론에 대한 옹호 53, 117-18; 카르납의 비판 137-39; 파이글과 규약주의 117-19 →카르납
파이어아벤트, P. 77, 544
파인, A. 32, 365, 451; 과학의 성공 204-10; 과학의 인식론 454, 490-91; 불가지론 463; 사회 구성주의 495; 상대주의 495; 순환논증에 대한 비판 168; 실재론 비판 186; 지시에 대한 견해 482-83, 551; 진리 개념에 대한 견해 451-53, 455, 462-64, 472-75, 475-79; 진리부정론 463; 축소주의에 대한 입장 463, 475; 축소주의 451; 파인과 호위츠 475-76; '핵심 입장'에 대한 주장 453, 464-75; 힐베르트 프로그램에 대한 호소 203 →도구주의/이론 수용성/자연스러운 존재론적 태도/진리 대응론
퍼트넘, H. 22, 27, 330, 465, 478, 581-주2(들어가기); 기적 없음 논증에 대한 견해 166-67; 반실재론 22, 459; 이론 명사에 대한 견해 77; 인과적 지시 이론 482, 548, 561, 597-주5
퍼피뉴, D. 21, 188, 478, 551, 595-주2
페랭, J. 71, 85
포레스트, P. 594-주8
포퍼, K. 234; 박진성에 대한 포퍼의 견해 512-14; 입증에 대한 포퍼의 견해 512
푸아송, S. D. 257-58, 434
푸앵카레, H. 20, 103, 320, 328, 591-주6; 경험적으로 구별할 수 없는 공간에 대한 설명 337-39; '과학의 파산'에 대한 견해 307; 규약론자로서의 푸앵카레 591-주4; 도구주의에 대한 입장 308; 원자론에 대한 견해 71-72; 푸앵카레와 구조적 실재론 307-11; 푸앵카레와 신칸트주의 308
프레넬, A. 97, 237, 274, 275, 302, 308, 315, 317, 320, 434, 592-주8; 프레넬 법칙 279, 320-23
프리드먼, M. 94, 152, 409, 586-주8, 594-주5
프리스틀리, J. 563, 598-주10
플랑크, M. 70
피어슨, R. 595-주7
피츠제럴드, G. F. 282, 597-주7
필드, H. 478, 482, 595-주2; 진리에 대한 축소주의적 이해 486-87

하딘, C. 565, 573
하레, R. 526
함축 논제 333, 343-44, 348-49
합리성 29; 믿음의 합리성 358-59, 450; 불가지론적 경험론의 합리성 25, 371; 진리에 대한 믿음 대 경험적 적합성에 대한 믿음 420; 합리성과 믿음의 변화 449; 합리성과 신뢰성 29, 201; 합리적인 이론 선택 30, 353
행동의 합리성 358 →개연성 판단
해킹, I. 398, 503-4, 506, 595-주7 →존재

자 실재론
허구론 90
허먼, G. 594-주7
허먼, P. M. 281
헌트, B. 590-주17
헤세, M 77, 290, 292-93, 294, 573; 헤세와 비관적 귀납 226
헨드리, R. 590-주19, 596-주3
헬름홀츠, von H. 271, 590-주11
헴펠, C. 42, 48, 53, 587-주10; 관찰 불가능한 존재자에 대한 주장 382; 램지 문장에 대하여 584-주7; 의미론적 실재론 60-62; 이론가의 딜레마 75, 80, 582-주4; 입증에 대하여 344-45 →카르납
현상론 56, 116, 169, 508
호슨, C. 331
호위츠, P. 44, 330, 462, 475-76, 595-주2; 수용 대 믿음 401-2; 진리에 대한 최소주의적 이해 463, 475-76, 480-81 →파인
호이닝겐-후에네, P. 596-주1(12장)
확실성 362, 366
확충적 추론 24, 106, 174, 192, 331-32, 352, 353-54, 358
환원 문장 47-49
환원가능성 20, 46, 466-67; 인식상의 특권 57
회의주의 24, 149, 225; 귀납에 대한 회의주의 437; 데카르트적 회의주의 428; 오류 불가능성 354; 최선의 설명으로의 추론 428, 436-8, 449; 흄의 회의주의 429 → 반 프라센/진리
후커, C. 79, 411
휘터커, E. 279, 281, 590-주16, 592-주8
휴얼, W. 588-주6